PREVIDÊNCIA DO SERVIDOR PÚBLICO

REGIME PRÓPRIO E COMPREV

NELSON NERY COSTA

PREVIDÊNCIA DO SERVIDOR PÚBLICO

REGIME PRÓPRIO E COMPREV

6ª edição

GZ
EDITORA

Rio de Janeiro
2020

6ª edição – 2020

Diagramação
Olga Martins

Presidente do Conselho Editorial
Nelson Nery Costa

CIP – Brasil. Catalogação-na-fonte.
Sindicato Nacional dos Editores de Livros, RJ.

C874p
6. ed.

Costa, Nelson Nery,
Previdência do Servidor Público: Regime Próprio e Comprev / Nelson Nery Costa. – 6ª ed . – Rio de Janeiro: GZ, 2020.
516p; 23cm

Inclui bibliografia e índice

ISBN 978-85-9524-076-6

1. Previdência Social – Brasil. 2. Previdência Social – Legislação – Brasil. 3. Brasil – Servidores Públicos. I. Título.

20-63993
CDU: 349.3:(81)

contato@editoragz.com.br
www.editoragz.com.br

Av. Erasmo Braga, 299 – Sala 202 – 2º andar – Centro
CEP: 20020-000 – Rio de Janeiro – RJ
Tels.: (0XX21) 2240-1406 / 2240-1416 – Fax: (0XX21) 2240-1511

Impresso no Brasil
Printed in Brazil

"Outros que contem
Passo por passo:
Eu morro ontem

Nasço amanhã
Ando onde há espaço:
Meu tempo é quando".[1]

1 MORAES, Vinicius de. *Poética* (I). *In*: *Livro de Sonetos*. 15ª reimpressão. São Paulo: Companhia das Letras, 2001, p. 89.

À *Lavínia, que é tudo.*

ABREVIATURAS

A

ART.	Artigo

C

CADIN	Cadastro Informativo de Créditos não Quitados
CAJ	Câmaras de Julgamento da Previdência Social
CADPREV	Sistema de Informações dos Regimes Públicos de Previdência Social
CAPFESP	Caixa de Aposentadoria e Pensões dos Ferroviários e Empregados em Serviços Públicos
CAUC	Cadastro Único de Convênios
CPD-EN	Certidão Positiva de Débito com Efeitos de Negativa
CDC	Código de Defesa do Consumidor
CEME	Central de Medicamentos
CF	Constituição Federal
CEI	Cadastro Específico do INSS
CID	Classificação Internacional de Doenças
CLT	Consolidação das Leis do Trabalho
CLPS	Consolidação das Leis da Previdência Social
COFINS	Contribuição para Financiamento da Seguridade Social
CNIS	Cadastro Nacional de Informações Sociais
CNPS	Conselho Nacional de Previdência Social
CMP	Conselho Municipal de Previdência
CMN	Conselho Monetário Nacional
CPP	Contribuição Patronal Previdenciária

CND	Certidão Negativa de Débito
CNPJ	Cadastro Nacional de Pessoa Jurídica
CRP	Certificado de Regularidade Previdenciário
CTC	Certidão de Tempo de Contribuição
CTN	Código Tributário Nacional
CTPS	Carteira de Trabalho e Previdência Social
CONFEA	Conselho Federal de Engenharia, Arquitetura e Agronomia
CFM	Conselho Federal de Medicina
COMPEV	Compensação Previdenciária
CSSL	Contribuição Social Sobre o Lucro
CVM	Comissão de Valores Mobiliários

D

DATAPREV	Empresa de Processamento de Dados da Previdência Social
DEC.	Decreto
DNRC	Departamento Nacional de Registro do Comércio
DRAA	Demonstrativo de Resultado da Avaliação Atuarial

E

EC	Emenda Constitucional

F

FERS	*Federal Employees Retirement System*
FINSOCIAL	Fundo de Investimento Social
FMI	Fundo Monetário Internacional
FGTS	Fundo de Garantia do Tempo de Serviço
FPE	Fundo de Participação dos Estados e do Distrito Federal
FPM	Fundo de Participação dos Municípios
FUNABEM	Fundação do Bem Estar do Menor
FUNRURAL	Fundo de Assistência e Previdência do Trabalhador Rural

G

GFIP — Guia de Recolhimento do Fundo de Garantia por Tempo de Serviço e Informações à Previdência Social

I

IAPAS — Instituto de Administração Financeira da Previdência Social
IAPB — Instituto de Aposentadoria e Pensões dos Bancários
IAPC — Instituto de Aposentadoria e Pensões dos Comerciantes
IAPE — Instituto de Aposentadoria e Pensões da Estiva
IAPI — Instituto de Aposentadoria e Pensão dos Industriários
IAPFESP — Instituto de Aposentadoria e Pensões dos Ferroviários e Empregados em Serviços Públicos
IBGE — Instituto Brasileiro de Geografia e Estatística
INCRA — Instituto Nacional de Colonização e Reforma Agrária
INSS — Instituto Nacional de Seguridade Social
INPC — Índice Nacional de Preços ao Consumidor
INPS — Instituto Nacional de Previdência Social
INAMPS — Instituto Nacional de Assistência Médica e Previdência Social
IPC — Instituto de Previdência dos Congressistas
IPI — Imposto sobre Produtos Industrializados

L

LBA — Legião Brasileira de Assistência

M

MPS — Ministério da Previdência Social

N

NEP — Nova Política Econômica

O

OAB	Ordem dos Advogados do Brasil
OIT	Organização Internacional do Trabalho
ONU	Organização das Nações Unidas

P

PASEP	Programa de Formação do Patrimônio do Servidor Público
PIS	Programa de Integração Social
POSDR	Partido Operário Democrata da Rússia
PRORURAL	Programa de Assistência ao Trabalhador Rural

R

RBPS	Regulamento de Benefícios da Previdência Social
RGPS	Regime Geral de Previdência Social
RPPS	Regime Próprio de Previdência Social
RPPSs	Regimes Próprios de Previdência Social

S

SEBRAE	Serviço Brasileiro de Apoios às Micros e Pequenas Empresas
SENAI	Serviço Nacional de Aprendizagem Industrial
SENAC	Serviço Nacional de Aprendizagem Comercial
SENAR	Serviço Nacional de Aprendizagem Rural
SENAT	Serviço Nacional de Aprendizagem do Transporte
SELIC	Sistema Especial de Liquidação e de Custódia
SESCOOP	Serviço Nacional de Aprendizagem do Cooperativismo
SESC	Serviço Social do Comércio
SESI	Serviço Social da Indústria
SIAFI	Sistema Integrado de Administração Financeira do Governo Federal

SISOBI	Sistema de Óbitos
SNSS	Sistema Nacional de Seguridade Social
SPS	Secretaria de Previdência Social
SINPAS	Sistema Nacional da Previdência e Assistência Social
SUSEP	Superintendência de Seguro Privado
STF	Supremo Tribunal Federal
STJ	Superior Tribunal de Justiça
SUS	Sistema Único de Saúde

T

TCU	Tribunal de Contas da União
TRT	Tribunal Regional do Trabalho
TST	Tribunal Superior do Trabalho
TSP	*Thrift Saving Plan*

PREFÁCIO

Nelson Nery Costa, eminente jurista com extensa lista de publicações e de serviços prestados à academia e à administração pública, nos brinda com esta peça rigorosa e inovadora a respeito dos Regimes Próprios de Previdência Social (RPPS).

O trabalho prima pela análise das fontes doutrinárias da Previdência Social e da sua vertente voltada à cobertura dos servidores públicos titulares de cargos efetivos. Apesar da importância deste regime de previdência para as contas públicas, ele efetivamente só começou a despertar maior interesse dos gestores públicos e dos estudiosos da área previdenciária a partir do final dos anos noventa, quando o Governo Federal estabeleceu as primeiras diretivas para a regulamentação dos RPPS.

Este livro tem uma vantagem importante para os interessados no assunto, na medida em que não se restringe às questões legais, por si só já bastante complexas, mas contempla os aspectos atuários, financeiros e de gestão dos Regimes Próprios. A perspectiva adotada por Nelson Costa é de oferecer ao leitor uma análise cuidadosa do conjunto de elementos que são necessários para garantir a regularidade de um RPPS frente aos órgãos de controle e para preservar o equilíbrio financeiro e atuarial de longo-prazo do plano de previdência.

Temos uma rica discussão das reformas a que foram submetidos estes RPPS nos anos recentes e das suas conseqüências tanto para o legislador quanto para o gestor destes regimes. Dado que estes regimes são responsáveis pelo pagamento dos benefícios previdenciários de um grupo importante da população brasileira, caracterizado pelo seu maior grau de instrução e pela capacidade de mobilização em defesa de seus direitos, não é de se estranhar que modificações nas regras de concessão e cálculos de benefícios despertem debates por vezes acalorados. É com grande mestria que o autor destaca os aspectos centrais destes debates e aponta para as conseqüências das decisões tomadas.

Justamente por tratar-se de matéria nova no direito brasileiro, esta contribuição de Nelson Costa é oportuna. Como seria de se espera do autor, o tratamento dos aspectos legais dos Regimes Próprios é exaustivo e muito bem fundamentado. A relação dos RPPS com os demais regimes de previdências é outro ponto que merece a atenção do leitor. A discussão dos benefícios pagos pelos Regimes Próprios é atualizada e remete às fontes jurídicas e previdenciárias pertinentes.

Os três últimos capítulos do livro são aqueles que extrapolam a análise legal e nos proporcionam uma melhor compreensão dos outros eixos fundamentais de um Regime de Previdência. Ao abordar a questão do custeio dos RPPS, o autor envereda em tópico de suma importância para o gestor público. Uma vez que o custeio destes regimes frequentemente consome uma fatia importante dos recursos públicos, este é um debate que interessa ao conjunto da sociedade e que precisa ser enxergado em toda a sua complexidade pelo próprio legislador. O tratamento conferido por Nelson Costa a este item é equilibrado e coloca todos os elementos importantes para o processo decisório.

Uma novidade deste livro é a inserção da compensação financeira entre os Regimes de Previdência, mais conhecida como COMPREV. Esta inclusão é pertinente e útil, uma vez que os recursos obtidos com esta compensação podem representar uma fonte importante para o custeio dos RPPS. A realidade hoje é que muitos Entes Federativos não têm conseguido operacionalizar de modo eficiente esta compensação, privando-se, pois de recursos para o financiamento de suas previdências próprias.

Por fim, só nos resta agradecer a Nelson Nery Costa o esforço dedicado a este empreendimento, algo louvável, sobretudo quando se conhece a atribulada agenda do autor. Mais uma prova de seu desprendimento e de dedicação à causa pública.

Flávio Rabelo

PREFÁCIO À 5ª EDIÇÃO

A criação do Regime Próprio de Previdência Social (RPPS) ocorre por meio de edição de lei estadual ou municipal que dispõe sobre a concessão de aposentadoria e de pensão aos servidores público. O Regime Próprio deve ser administrado pelo próprio Município ou Estado-membro que deve destinar um órgão para ser a sua unidade gestora para tal fim constituída como fundo especial ou, ainda, pode funcionar por meio de uma autarquia criada pelo Poder Público, com personalidade jurídica própria.

É vedada a existência de mais de um Regime Próprio de Previdência Social (RPPS) para servidores titulares de cargos efetivos, bem como só pode haver uma única unidade gestora do regime em cada Município ou Estado-membro, ressalvadas as peculiaridades referentes aos servidores militares, conforme previsto no art. 142, § 3º, X, da Constituição Federal.

Várias são as vantagens do Regime Próprio de Previdência Social (RPPS) sobre o Regime Geral de Previdência Social (RGPS), podendo destacar, além da melhoria da gestão do sistema de previdência, a gestão administrativa, patrimonial e financeira própria desonerando gastos do Município, em especial, maior agilidade e qualidade no atendimento aos servidores.

Vantagens da Criação do Regime Próprio de Previdência:

1ª) O Regime Próprio representa uma economia média de cinquenta por cento em relação à despesa que o Município efetua para a manutenção dos benefícios dos servidores públicos no RGPS. Isto se dá em razão de que a contribuição patronal para a Receita Federal do Brasil ser de vinte e dois por cento enquanto que no RPPS, a contribuição patronal é estabelecida no mínimo legal de onze por cento e limitada a, no máximo, o dobro do percentual da contribuição do servidor. Assim, a contribuição patronal para o RPPS pode ser reduzida para onze por cento sobre a remuneração do servidor.

2ª) O percentual exato depende do plano de custeio a ser adotado e definido em lei, estabelecido por meio do estudo atuarial inicial e revisado anualmente. A legislação federal exige que o plano de custeio esteja de acordo com os estudos atuariais que atestem a sua viabilidade. Tal estudo implica em uma série de hipóteses matemáticas para encontrar a melhor alíquota de contribuição e a melhor forma de financiamento do sistema de previdência, definindo o custo do Regime Próprio (RPPS).

3ª) A instituição de contribuição previdenciária aos inativos e pensionistas para o custeio das aposentadorias e das pensões por morte que ultrapassem o teto máximo estipulado pelo RGPS possibilita a redução do custo administrativo para a sua manutenção.

4ª) No Regime Geral (RGPS) o Município não tem a garantia de que as eventuais "sobras" das receitas de contribuições menos despesas previdenciárias, estejam sendo capitalizadas para custear o pagamento dos futuros benefícios dos segurados.

5ª) O objetivo da capitalização dessas "sobras" acima é garantir o pagamento dos benefícios previdenciários a médio e a longo prazo.

6ª) No Regime Próprio (RPPS) a contribuição é estabelecida por meio de avaliação atuarial, realizada anualmente, suficiente para garantir o pagamento dos benefícios previdenciários do exercício e cobrir as despesas administrativas.

7ª) Além de capitalizar o superávit corrente, o Município ainda pode utilizar a economia que deixa de contribuir para o Regime Geral (RGPS) para investir em áreas sociais, fomentando o seu desenvolvimento sócio-econômico.

8ª) A contabilização da avaliação atuarial permite que o Município verifique se há déficit atuarial, com valores projetados de todos os benefícios que já foram concedidos e dos que ainda serão.

9ª) Os servidores públicos vinculados ao Regime Geral (RGPS) não acompanham o seu histórico previdenciário. A contribuição previdenciária representa apenas uma despesa para o Município que corre o risco de contribuir, no futuro, com percentuais ainda maiores do que os atualmente praticados para a manutenção dos benefícios existentes.

10ª) Para os servidores públicos, a previsão legal que lhes confere o direito à participação direta na gestão do Regime Próprio (RPPS), permite a proximidade com o sistema de previdência e o acompanhamento da garantia do direito às suas aposentadorias e pensões de seus dependentes por meio do Conselho de Administração e Conselho Fiscal.

11ª) O Regime Próprio (RPPS) assegura o pagamento dos mesmos benefícios previdenciários que são concedidos pelo Regime Geral (RGPS).

12ª) Não há carência para a concessão de benefícios no Regime Próprio (RPPS).

13ª) Os segurados vinculados ao Regime Próprio (RPPS) não se encontram sujeitos ao fator previdenciário previsto na Lei nº 8.213, de 24.07.1991 que leva em conta, no momento da concessão do benefício, a expectativa de sobrevida, acarretando, na maioria das vezes, uma significativa redução em seus proventos.

14ª) No cálculo dos proventos de aposentadoria voluntária por idade e tempo de contribuição no Regime Próprio (RPPS) são consideradas apenas as remunerações utilizadas como base de contribuições do servidor que ingressou no serviço público a partir de 31.12.2003 – média aritmética simples das maiores remunerações correspondentes a oitenta por cento de todo o período contributivo desde a competência julho de 1994, ou desde o início da contribuição, se posterior àquela competência.

15ª) Garantia de atualização monetária dos benefícios concedidos pelo Regime Próprio (RPPS), ou seja, todas as remunerações consideradas para o cálculo do valor inicial dos proventos, serão atualizadas monetariamente, ou de conformidade com o reajuste do Regime Geral (RGPS) ou dos servidores ativos, conforme regra de aposentadoria.

16ª) No Regime Próprio (RPPS), o servidor que opte por permanecer em atividade tendo completado as exigências para determinadas regras de aposentadoria voluntária, tem direito a um abono de permanência equivalente ao valor da sua contribuição previdenciária, que não existe no Regime Geral (RGPS).

17ª) Os Municípios que têm hoje Regime Próprio (RPPS), mas que no passado recolheram a contribuição de seus servidores ao INSS, bem como os servidores que antes de ingressarem no serviço público contribuíram para o Regime Geral (RGPS), o Regime Próprio (RPPS) pode reaver os recursos para custear no pagamento desses servidores nas suas aposentadorias pelo serviço público, ou seja, efetuar a compensação previdenciária (COMPREV).

18ª) Os Municípios, ao criarem o RPPS, tornam-se credores do INSS, hoje Receita Federal do Brasil, visto que os valores contribuídos para o INSS serão recuperados pelo RPPS em forma da Compensação Previdenciária (COMPREV).

19ª) Os recursos financeiros provenientes do repasse da Compensação Previdenciária fortalecem e aumentam significativamente a capitalização para o (RPPS), garantindo o pagamento das aposentadorias e pensões por morte e outros benefícios previdenciários devidos pelo Município, além de amortizar o déficit atuarial, contribuindo para o equilíbrio financeiro e atuarial do Regime Próprio (RPPS).

20ª) A gestão dos recursos é feita pelo próprio Regime Próprio (RPPS). Com a gestão e a aplicação dos recursos previdenciários deve respeitar as normas de aplicação financeira estabelecidas pelo Conselho Monetário Nacional (CMN) e as metas de rentabilidade anual.

O Regime Próprio (RPPS) pode e deve conter representantes dos servidores nos conselhos de administração e fiscal. A participação dos servidores na gestão de seu próprio regime previdenciário garante maior transparência e responsabilidade das ações dos gestores previdenciários, podendo sugerir melhorias e participar da gestão previdenciária. Já no Regime Geral (RGPS) os servidores não têm acesso à Diretoria e aos Conselhos do INSS para poder averiguar a correta administração de recursos públicos. Fica evidente que, para os Municípios, a constituição do Regime Próprio (RPPS) é a melhor solução para a previdência social de seus servidores.

Nelson Nery Costa

PREFÁCIO À 6ª EDIÇÃO

Era consenso, entre o mercado e entre as forças conservadoras, a necessidade de se empreender uma nova Reforma da Previdência Social, especialmente por questões de seguidos déficit, no Regime Geral de Previdência Social (RGPS) e nos Regimes Próprios de Previdência Social (RPPS). No plano do Instituto Nacional de Seguridade Social (INSS), era uma falácia, pois o cálculo do déficit envolvia a retirada de trinta por cento da receita das contribuições sociais previdenciárias, com base no art. 76, do Ato das Disposições Constitucionais Transitórias, pois sem isto o sistema seria superavitário. No entanto, algumas questões sociais surgiram e, assim, alguma coisa tinha que ser feita para equilibrar a balança que envolvia os direitos sociais – a elevação da expectativa de vida, a maior inserção da mulher no mercado de trabalho e o fato de ter uma expectativa de vida maior do que a dos homens e, ainda, o acirramento da informalidade.

Com o novo Governo Federal, em 2019, tudo foi feito para que houvesse a mudança, de modo que no final do ano foi aprovada a Emenda Constitucional nº 103, de 12.11.2019, que acabou mais voltada para o Regime Geral de Previdência Social (RGPS), que implicou no aumento do tempo de contribuição e nas dificuldades de acesso a outros benefícios, como o auxílio-doença, a aposentadoria por invalidez e a pensão por morte. Não foi possível, porém, avançar nos Regimes Próprios de Previdência Social (RPPS), com a reforma limitando-se a proibir a criação de novos regimes, especialmente para os Municípios, e com a submissão da fiscalização destes por parte da União. Foram criadas regras, especialmente, para os servidores públicos federais, bem como para os Regimes de Previdência Complementar e para os Regimes Parlamentares.

Quanto aos militares, das Forças Armadas, das Polícias Militares e dos Bombeiros Militares, houve também a Reforma da Previdência dos Militares, por meio da Lei Federal nº 13.954, de 16.12.2019, aumentando a idade para a reforma e ampliando as alíquotas de suas contribuições sociais. Não obstante, para compensar, ocorreu a reestruturação das carreiras do Exército, da Marinha e da Aeronáutica, de modo que o ganho financeiro aos longos dos próximos dez anos foram praticamente anuladas pelas vantagens concedidas, mostrando a força dos militares na atual política brasileira, pois os esquivou de pagar uma conta com a previdência social, cujo ônus sobrou para o trabalhador e para o servidor público civil.

Nelson Nery Costa

ÍNDICE SISTEMÁTICO

EPÍTETO V

DEDICATÓRIA VII

ABREVIATURAS IX

PREFÁCIO – Flávio Rabelo XV

PREFÁCIO À 5ª EDIÇÃO – Nelson Nery Costa. XVII

PREFÁCIO À 6ª EDIÇÃO – Nelson Nery Costa XXI

INTRODUÇÃO 1

Capítulo 1
DESENVOLVIMENTO DO DIREITO À PREVIDÊNCIA

1.1. Cidadania Civil e Política 5

1.2. Cidadania Social no Século XIX 10

1.3. Cidadania Social no Século XX 29

1.4. Cidadania e Bem-Estar Social 33

1.5. Desenvolvimento da Previdência Social 41

Capítulo 2
DIREITO PREVIDENCIÁRIO BRASILEIRO

2.1. Direito Público e Privado 47

2.2. Direito Constitucional 52

2.3. Direito Administrativo 57

2.4. Direito Tributário 60

2.5. Direito do Trabalho 63

2.6. Direito Previdenciário. 65

Capítulo 3
FONTES DO DIREITO PREVIDENCIÁRIO

3.1. Fontes Formais do Direito Previdenciário 73

3.2. Constitucionalização da Previdência Social 78
3.3. Previdência Social na Constituição Federal de 1988 85
3.4. Reformas Constitucionais da Previdência Social 90
3.5. Plano de Benefícios do Regime Geral (RGPS) 136
3.6. Plano de Custeio da Seguridade Social 164
3.7. Legislação do Regime Próprio de Previdência Social (RPPS) 188

Capítulo 4

PREVIDÊNCIA SOCIAL E REGIME PRÓPRIO

4.1. Espécies de Regimes de Previdência Social. 205
4.2. Regime Geral de Previdência Social (RGPS) 206
4.3. Regime Complementar Fechado 218
4.4. Regime Complementar Privado Aberto 225
4.5. Regime de Previdência Complementar do Servidor Público 236
4.6. Regime Próprio de Previdência Social (RPPS) Estadual ou Distrital 246
4.7. Regime Próprio de Previdência Social (RPPS) Municipal 252
4.8. Gestão de Regime Próprio de Previdência Social (RPPS) 259
4.9. Fiscalização do Regime Próprio de Previdência Social (RPPS) 277
4.10. Regime Próprio da União 279
4.11. Regime Militar 284
4.12. Regime Parlamentar 287

Capítulo 5

BENEFÍCIOS DO REGIME PRÓPRIO DE PREVIDÊNCIA SOCIAL (RPPS)

5.1. Benefícios Previdenciários do Regime Próprio 289
5.2. Segurados e Dependentes 297
5.3. Servidores Públicos e Aposentadoria 300
5.4. Aposentadoria e suas Espécies do Regime Próprio. 306
5.5. Pensões e Auxílios do Regime Próprio 311

5.6. Demais Benefícios Previdenciários do Regime Próprio 315
5.7. Aspectos Relevantes da Previdência Social.................................... 320

Capítulo 6
CUSTEIO DO REGIME PRÓPRIO DE PREVIDÊNCIA SOCIAL (RPPS)

6.1. Custeio de Seguridade Social na Constituição 325
6.2. Contribuição Patronal do Regime Geral... 332
6.3. Cobrança de Contribuição Social do Regime Geral 340
6.4. Contribuição do Servidor Ativo e Inativo e Pensionista do Regime Próprio (RPPS). 343
6.5. Custeio do Ente Público do Regime Próprio.................................. 346
6.6. Contribuição Social Quando da Implantação de Regime Próprio .. 348

Capítulo 7
COMPENSAÇÃO PREVIDENCIÁRIA (COMPREV)

7.1. Direito à Compensação Previdenciária (COMPREV) 351
7.2. Legislação da Compensação Previdenciária (COMPREV) 356
7.3. Regulamento da Compensação Previdenciária (COMPREV) 360
7.4. Processo Administrativo de Aposentadoria e de Pensão................ 367
7.5. Registro de Aposentadoria e de Pensão no Tribunal de Contas...... 370
7.6. Compensação Previdenciária (COMPREV) junto ao INSS 380
7.7. Procedimento de Compensação Previdenciária 386
7.8. Questão de Compensação Previdenciária 397
7.9. Processos com Divergência do CNIS... 398
7.10. Ausência de Vínculo no CNIS 401
7.11. Servidor que Possui Outro Benefício no INSS 403
7.12. Procedimento de Compensação Previdenciária............................ 404

Capítulo 8
ADMINISTRAÇÃO PREVIDENCIÁRIA

8.1. Certidão Negativa de Débito (CND) e Outras Exigências 421
8.2. Certificado de Regularidade Previdenciária (CRP) 424

8.3. Certidão de Tempo de Contribuição.......... 427
8.4. Equilíbrio Financeiro e Atuarial do Regime Próprio.......... 432
8.5. CNIS e Seus Problemas.......... 434
8.6. Administração Financeira do Regime Próprio.......... 440
8.7. Defeitos no Processo de Aposentadoria.......... 446
8.8. Aplicação Financeira e Outros Investimentos.......... 448
8.9. Aplicação em Imóveis.......... 470
8.10. Anbima, CPA-10 e CPA-20.......... 480

Bibliografia.......... 483

INTRODUÇÃO

O tema mais importante para a economia e para a sociedade é a previdência, porque diz respeito ao futuro de cada um, em uma época de incertezas. A Europa e os Estados Unidos estão em crise econômica, em especial pela desconfiança de que não podem oferecer um destino melhor para seus cidadãos. Os países europeus começaram a aumentar a idade para se aposentar, de um lado respondendo pelo aumento da expectativa de vida, de outro para solucionar o déficit orçamentário incurável. Não foram fáceis as medidas, nem pacíficas as respostas, com marchas, greves gerais e atos de desobediência civil.

A Constituição Brasileira de 1988 indicou que os servidores públicos deveriam ter previdências sociais próprias de natureza contributiva, especialmente pelo então *caput* do art. 149, hoje seu § 1º, que dispunha sobre o custeio do sistema. No entanto, foi a Emenda Constitucional nº 20, de 15.12.1998, que modificou inteiramente o art. 40, do texto constitucional, dispondo sobre as regras do Regime Próprio de Previdência Social (RPPS). Depois, as condições foram ampliadas pela Emenda Constitucional nº 41, de 19.12.2003, e pela nº 47, de 05.07.2005. No meio do caminho, a Lei Federal nº 9.717, de 27.11.1998, consolidou o modelo, também com a Lei Federal nº 9.796, de 05.05.1999, que fixou as regras sobre a compensação previdenciária (COMPREV). Agora, veio a Emenda Constitucional nº 70, de 29.03.2012, tratando de disposição transitória desta emenda, sobre as aposentadorias por invalidez. A Lei Federal nº 12.618, de 30.04.2012, instituiu o regime de previdência complementar para servidores públicos federais, alterando o art. 40, da Constituição Federal.

Por conta das modificações acima, coube aos Municípios começarem a constituição de seus fundos de previdência, com personalidade jurídica ou não, no esteio do que os Estados já tinham antes do texto constitucional atual. De um início tímido, de natureza primeira mais aventureira, acabou se profissionalizando, com um mercado crescente e com mais opções profissionais e de trabalho para advogados, contadores, administradores, economistas e outros profissionais correlatos.

A criação de Regimes Próprios de Previdência Social (RPPSs) começou a proliferar no municipalismo, sendo bastante estimulada pela Confederação Nacional de Municípios (CNM). Ainda existe o receio dos servidores públicos, principalmente municipais, de saírem do Regime Geral de Previdência Social (RGPS), através do Instituto Nacional de Seguridade Social (INSS), para previdências locais controladas por Prefeitos Municipais vistos com suspeitas. Por outro lado, a instituição de autarquias ou apenas de fundos levou à democratização do sistema, posto que exigida a criação de Conselhos de Administração e de Fiscalização, com representação paritária.

Em meio à incerteza dos servidores públicos quanto ao futuro, principalmente porque a média de remuneração é maior do que no setor privado, até por conta de exigir excelência em qualidade, o Regime Próprio de Previdência Social (RPPS) apresenta-se como um instrumento moderno e, se gerido com competência, eficiente para a preservação dos ganhos desses quando ingressam na inatividade. Nada é simples, assim como um jovem que sai de casa para morar sozinho, pois vai ter experiências inesquecíveis, mas saudade da comida da mãe.

Não é fácil andar sozinho, sendo este o desafio para o servidor público no século XXI, administrar um fundo de previdência com condições de lhe assegurar um futuro digno e sem sobressaltos. É preciso preparação, discernimento e vigilância. Necessita, em primeiro lugar, de estudos legislativos, atuários e financeiros, além de ciência para fazer a melhor escolha de modelo e de gestão. Depois, eficiência na administração dos recursos para garantir rentabilidade capaz de assegurar as pensões e as aposentadorias para meio século, pelo menos. Por fim, fiscalização constante e perspicácia, para descobrir os erros e encontrar as soluções para os problemas que surgirem.

Administrar o futuro é o maior desafio para a humanidade e não podia deixar de ser assim para o servidor público. Não basta apenas esperar as benesses do Poder Público, garantido sempre com os recursos dos contribuintes, mas traçar um caminho com eficácia e produtividade. A escolha certa e o momento oportuno são os problemas maiores, mas também suscetíveis de escolhas corretas e chances reais de tudo certo, desde que bem feito. O Regime Próprio de Previdência Social (RPPS), irrigado também com a COMPREV, é um modo democrático de reter recursos em sua origem e de oferecer condições para o desenvolvimento regional, além de beneficiar os servidores e seus dependentes.

Capítulo 1

DESENVOLVIMENTO DO DIREITO À PREVIDÊNCIA

Sumário: **1.1.** Cidadania Civil e Política; **1.2.** Cidadania Social no Século XIX; **1.3.** Cidadania Social no Século XX; **1.4.** Cidadania e Bem-Estar Social; **1.5.** Desenvolvimento da Previdência Social.

1.1. Cidadania Civil e Política

Ao mesmo tempo em que ocorria a formação do Estado Moderno, nos séculos XV e XVI, quando se passava a ter soberania sobre seu território e seus habitantes, começou a se reconhecer garantias frente à voracidade institucional do Poder Público. Pouco a pouco, em razão de movimentos políticos e sociais, nos séculos XVII e XVIII, ocorreu o reconhecimento social de direitos dos cidadãos frente ao Estado. No primeiro momento, reconheceram-se direitos civis, como direito à liberdade e à igualdade formal; no segundo, passou a ser garantido a determinadas classes sociais o direito de participar do sufrágio político, pela ordem, à classe média, às trabalhadores e às mulheres.

Depois da República, Carlos II (1630-1685) restaurou a coroa inglesa para os Stuarts, mas pela Declaração de Breda, em 1660, reconheceu a autoridade do Parlamento e prometeu a tolerância religiosa. Foi, entretanto, um monarca de ideias absolutistas, que acabou por fechar o Parlamento, em 1679, e perseguir os protestantes. Jaime II (1633-1701), seu sucessor, não conseguiu se consolidar no governo devido à forte oposição parlamentar. A ameaça de perpetuação da dinastia católica levou seus adversários à convocação de Guilherme de Orange (1650-1702), Governante da Holanda, e sua esposa Mary (1664-1694), filha de Jaime II, que foram declarados soberanos. A Revolução Gloriosa[1] (1688-1689) triunfou e o casal assinou a *Bill of*

1 "Em fins do século XVII a Inglaterra passou por uma segunda sublevação política, a chamada Revolução Gloriosa, de 1688-1689. Algumas de suas causas ad-

Rights, que proibia formalmente aos soberanos suspender as leis, criar impostos, instituir jurisdições arbitrárias e manter exército permanen-

---

vieram da política adotada por Carlos II. Esse amável soberano era extravagante e descuidado, mas de vez em quando resolvia fazer o país lembrar quem é que mandava nele. Sua atitude favorável aos católicos despertou nos patriotas ingleses o temor de que a nação pudesse ser levada mais uma vez às condições de subserviência a Roma. Pior ainda, apesar de seus compromissos prévios, mostrou certa disposição para desafiar a autoridade do parlamento. Em 1672 suspendeu as leis contra os católicos e os dissidentes protestantes (isto é, todos exceto os anglicanos), e nove anos depois resolveu dispensar completamente o poder legislativo. A política de Carlos II foi continuada de maneira mais extrema por seu irmão, que lhe sucedeu em 1685. Jaime II era um católico declarado e parecia decidido a fazer dessa fé a religião oficial da Inglaterra. Violou abertamente uma resolução parlamentar que exigia que todos os detentores de cargos oficiais pertencessem à Igreja Anglicana, e passou a preencher importantes postos do exército e do funcionalismo público com correligionários católicos. Continuou a prática, iniciada pelo irmão, de isentar os católicos das incapacidades jurídicas impostas pelo Parlamento, chegando até a exigir que os bispos anglicanos lessem, nas igrejas, seus decretos sobre esse assunto. Enquanto os adversários de Jaime II esperaram que este fosse sucedido por uma de suas duas filhas protestantes, estiveram inclinados a aceitar seu governo arbitrário, temendo que o país fosse novamente lançado na guerra civil. Mas quando o rei teve um filho de sua segunda mulher, que era católica, a revolução tornou-se inevitável. Receava-se que o jovem príncipe fosse inoculado com as doutrinas do pai e que a Inglaterra, em consequência, se visse presa por tempo indefinido aos grilhões de um governo despótico e *papista*. A fim de evitar esse resultado, parecia necessário depor o rei. A 'Revolução Gloriosa' de 1688-1689 foi inteiramente incruenta. Um grupo de políticos pertencentes à classe alta convidou secretamente o príncipe Guilherme de Orange e sua mulher Maria, a filha mais velha de Jaime II, a ocuparem conjuntamente o trono da Inglaterra. Guilherme partiu da Holanda com um exército e ocupou Londres sem disparar um só tiro. Abandonado até por aqueles a quem considerava como leais defensores, o rei Jaime refugiou-se na França. O trono inglês foi então declarado vago pelo Parlamento e a coroa oferecida aos novos soberanos. No entanto, a entronização dos monarcas não completou a revolução. No decorrer do ano de 1689, o Parlamento aprovou inúmeras leis destinadas a salvaguardar os direitos dos ingleses e a proteger seu próprio poder contra as intromissões da coroa. Em primeiro lugar surgiu uma lei que prescrevia que as verbas do tesouro fossem fixadas para o espaço de um único ano. A seguir promulgou-se a Lei de Tolerância, concedendo liberdade religiosa a todos os cidadãos, menos os católicos e os unitários Por fim, no dia 16 de dezembro, foi aprovada a famosa *Bill of Rights* (lei dos direitos dos cidadãos). Estipulava o julgamento por júri e afirmava o direito de recurso ao governo para reparação de injustiças. Condenava a fiança excessiva, as punições cruéis e as te sem o consentimento do Parlamento, além de garantir a liberdade individual dos súditos e do seu direito de petição.

John Locke[2] (1663-1704) encontrava-se no mesmo navio que levou a Rainha Mary à Inglaterra, pois o pensador também participara do processo revolucionário. Ele estudou em Westminter School e em Oxford, de onde se tornaria *fellow*. O estudo na universidade o afastara do aristotelismo escolástico e permitira-lhe entrar em contato com o empirismo através da obra de Francis Bacon (1596-1650). Acabou optando pela medicina, mas escreveu como filósofo e viveu como político. Tornou-se médico do futuro Conde de Shaftesbury (1621-1683), que também lhe atribuiu a função de assessor direto. O Conde representava os interesses do Parlamento, opondo-se ao absolutismo de Carlos II, que o obrigou a emigrar, em 1675, juntamente com Locke. Voltaram à Inglaterra, em 1679, reaproximando-se de Carlos II, e recebendo novos cargos públicos, mas essas relações não durariam muito tempo, logo tiveram que se exilar na Holanda.

---

multas exorbitantes. Proibia ao rei suspender leis e lançar impostos sem permissão do Parlamento. Essa lei, mais ampla em suas determinações que a petição de Direito de 1628, era sustentada por um Parlamento que tinha, agora, o poder de se fazer obedecido" (BURNS, Edward Mchall, LERNER, Robert E., e MEACHAM, Standish. *História da Civilização Ocidental: Do Homem das Cavernas a Naves Espaciais*. 30ª ed. Rio de Janeiro: Editora Globo, 1989, vol. II, pp. 433-4).

2 "Locke, John – Biogr. (1632-1704). Foi educado em Oxford. Em 1660 ensinou grego e filosofia na Christ Church dessa cidade. Mais tarde estudou medicina, mas não a exerceu. Sua 1ª obra foi: *Essay Concerning Toleration*, sendo, porém mais conhecido por seu famoso Essay *Concerning Human Understanding*, iniciado em 1670 e terminado em 1690. Exerceu parte ativa na política do país e esteve envolvido em várias controvérsias sobre seus escritos que lograram grande difusão na Inglaterra e na Europa toda – É o principal representante do empirismo e materialismo inglês. Combateu o racionalismo, especialmente a doutrina da idéia nata, pois via na experiência a fonte de todo desconhecimento. Ocupou-se também da educação, cujo princípio fundamental para ele é o da formação de hábitos. As finalidades que vê no ensino são: o enrijamento do corpo (educação física); a utilidade prática (educação intelectual); e a virtude (educação moral). É considerado um dos inspiradores de Rousseau, e é grande sua influência na nova pedagogia. Como filósofo político advogou a monarquia constitucional. Além das obras citadas, publicou ainda: *Two treatises of governement; Some troughts concerning education; The reasonableness of christianity as delivered in thr scriptures*, etc." (*Dicionário Enciclopédico Brasileiro Ilustrado*. Rio de Janeiro: Globo, 1958, vol. 2, p. 1861).

A ascensão de Guilherme de Orange e de Mary, em 1688 e 1689, possibilitou a volta definitiva do autor. Ele tomou parte na conspiração contra Jaime II e, depois do sucesso do monarca holandês, ele retornou para a Inglaterra. Locke passou a ocupar diversos cargos públicos, com os governantes amigos no poder. Ele foi Comissário de Apelação, em 1690, e Comissário de Comércio e Plantações, de 1696 a 1700. Nessa época, passou a morar em Oates Monos, no Essex, com *Sir* Francis Masha e sua esposa. Ficou nesse lugar melancólico escrevendo até sua morte, em 1704.

O pensador inglês, que desempenhara diversas funções públicas, publicou suas obras principais, como *A Carta sobre a Tolerância* (1689), os dois *Tratados sobre o Governo Civil* (1690) e o *Ensaio sobre o Entendimento Humano* (1690). No *Segundo Tratado Sobre o Governo Civil* expôs as teses políticas liberais, que representaram um impacto sobre o pensamento político europeu, estabelecendo as premissas de uma nova organização no poder, designada de democracia representativa.

O processo político inglês, com as duas revoluções no século XVII, inclusive com o julgamento e o enforcamento de um soberano, Carlos I (1600-1649), pai de Carlos II, assegurou a cidadania civil e deu condições para a distribuição dos direitos eleitorais. A Inglaterra também teve condições de passar a liderança do governo do reino, pacificamente, à maioria parlamentar, criando condições para a consolidação da democracia liberal em seu território metropolitano.

Por sua vez, enquanto os ingleses criavam leis para a proteção de seu povo, quiseram oprimir os americanos. A colonização inglesa na América do Norte fizera-se diferente do habitual, pois os colonos que vieram, em geral, eram perseguidos pelas religiões e pelas ideias políticas que professavam. Eles procuravam, desde o começo, criar assembleias de representantes que defendessem seus interesses. Não gozavam de autonomia total, mas, ao possuírem o Poder Legislativo, sabiam usá-lo contra as arbitrariedades. As tentativas da coroa britânica em restringir-lhes as prerrogativas provocaram intensa reação por parte dos colonos.

A Lei do Selo e a Questão do Chá determinaram os momentos culminantes dos conflitos preliminares. A Lei do Selo, em 1765, emanada do governo britânico, estabelecia que todos os ofícios, memoriais, requerimentos e jornais fossem elaborados com papel selado. Os colonos tanto se opuseram que a lei acabou sendo revogada. Os ânimos se acalmaram durante algum tempo, mas o monopólio do chá, concedido à Companhia das Índias Ocidentais, em 1773, provocou nova reação. Os norte-americanos disfarçados de índios assaltaram três navios da companhia e lançaram a carga ao mar, no porto de Boston, na Massachusetts. O governo britânico lançou as chamadas Leis Intoleráveis que, inclusive, obrigavam os colonos a darem alojamento às tropas militares da metrópole.

Os americanos reuniram-se em congresso, na Filadélfia, em 1774, para traçarem um plano comum e proclamarem a Declaração dos Direitos do Homem, que exigia tratamento aos colonos igual aos dos metropolitanos. Os ingleses iniciaram a guerra no ano seguinte. No dia 4 de Julho de 1776, o Segundo Congresso Continental da Filadélfia declarou a separação das treze colônias da Inglaterra, com a Declaração da Independência. George Washington (1732-99) foi nomeado comandante supremo das tropas americanas, mostrando-se hábil general. A guerra teve duas fases, até 1778, foi desfavorável aos insurgentes, mas depois da Batalha de Saratoga, com ajuda de outros países, o resultado constituiu-se numa sucessão de derrotas das tropas reais, tanto em terra como em mar. A guerra só terminou, oficialmente, em 1783, com o Tratado de Paz, em Paris, pelo qual os britânicos reconheceram a independência das antigas colônias.

Thomas Jefferson[3] (1743-1826) teve papel fundamental na consolidação da democracia americana. Advogado virginiano de família abastarda, participou dos principais atos políticos que originaram os Estados Unidos, inclusive redigindo a célebre Declaração de Independência, seu mais importante escrito político. Exerceu o cargo de embaixador durante quatro anos e foi, depois, Secretário do Governo de Washington. Rompeu com este devido ao centralismo de suas posições. Fundou, então o Partido Republicano-Democrático, atual Partido Democrático, de tendência mais liberal. Tornou-se presidente por dois mandatos, de 1801 a 1809, durante os quais fundou a nova capital, Washington, e comprou o território da Lousiana, que duplicou a área dos Estados Unidos. Foi considerado, por muitos, o

3 "Jefferson, Thomas – Biogr. Político norte-americano (1743-1826). Lutou na guerra da independência, negociou tratados comerciais com Espanha e França e foi presidente da república. Apressou a declaração da independência norte-americana, com sua obra: *Summary View of the Rights of British North America*" (*Dicionário Enciclopédico Brasileiro Ilustrado, op. cit.*, vol. II, p. 1758).

maior de todos os presidentes norte-americanos. Os principais escritos políticos, além dos documentos oficiais, foram *Notas sobre a Virgínia*, de 1785, *Manual de Práticas Parlamentares*, de 1801, e as cartas que escreveu.

A Declaração de Independência dos Estados Unidos, em 1776, e a Declaração do Cidadão e do Homem, em 1789, construíram a afirmação final da garantia de cidadania civil aos burgueses, em particular. Não é a toa que dentre os direitos essenciais está o direito à propriedade e à liberdade de contrato. A esfera dos direitos civis, obtidos até o século XVII, no século XIX, passou a ser instrumentos da cidadania política, com o direito ao sufrágio e à participação na gestão governamental. Depois dos cidadãos terem garantidos os direitos da primeira geração, começaram a reivindicar direitos sociais, dando uma amplitude maior à ideia de igualdade.

1.2. Cidadania Social no Século XIX

O começo do século XIX já apontava as condições para que os cidadãos tivessem garantias frente ao Estado, bem como participassem do processo político escolhendo seus governantes. No entanto, o poder político foi apropriado pela burguesia, da qual nasciam os membros do governo e do parlamento. Os trabalhadores que, no início, colaboraram com as reformas institucionais, começaram a reivindicar, no começo, direitos políticos a todos e, depois, direitos sociais.

A reflexão filosófica na Inglaterra, até a segunda metade do século XVII, caracterizava-se pela ausência de escolas de pensamento. Em outros termos, os maiores pensadores ingleses exerciam influências sobre o curso das ideias sem transmitir um corpo definido de teorias a um grupo definido de continuadores. As obras de Bacon, Locke, Hobbes (1588-1679), Berkeley (1685-1753) e outros não levaram à defesa de um credo filosófico e não conduziram à formação de uma escola que pudesse ser comparada à estética[4] ou à epicurista,[5] na Grécia antiga,

---

4 "**Estética.** s.f. ciência que trata do belo em geral e do sentimento que ele faz nascer em nós; filosofia das belas-artes" (KOOGAN/HOUAISS. *Enciclopédia e Dicionário Ilustrado, op. cit.*, p. 626).

5 "**Epicurismo.** s.m. Doutrina moral de Epicuro e dos epicureus. **Epicurista.** adj. e s.m. e f. Que, ou o que gosta de vida agradável; que procura os prazeres da mesa

ou às escolas cartesiana[6] ou kantiana.[7] Esse panorama modificou-se

---

e do amor. **Epicuro**, filósofo grego (Samos ou Atenas (mais provavelmente Atenas), 341 – m. 270 a.C.). Ensinava que o prazer é o bem máximo; mas, longe de o fazer consistir nos gozos materiais, Epicuro situava-o na cultura do espírito e na prática da virtude. Foi, pois, em consequência de uma falsa interpretação de sua doutrina que esse homem de conduta exemplar passou a ser considerado como um libertino que buscava apenas os prazeres materiais. A doutrina epicurista constitui o assunto principal de *De natura rerum (Sobre a natureza das coisas)*, de Lucrécio" (KOOGAN/HOUAISS. *Enciclopédia e Dicionário Ilustrado, op. cit.*, p. 592).

6 "**Cartesianismo.** s.m. Filos. Sistema filosófico de Descartes e de seus discípulos. Notável por sua originalidade e pela grandeza das ideias, pode dizer-se que sobre o cartesianismo repousa toda a estrutura da filosofia moderna. Na opinião de Janet – ilustre pensador francês, três ideias principais fazem do cartesianismo uma filosofia inteiramente original: a dúvida metódica, a reunião de todos os fenômenos do universo ao pensamento e à extensão, e finalmente o mecanismo universal (O termo vem de *Cartesio*, nome alatinado de Descartes)" (*Dicionário Enciclopédico Brasileiro Ilustrado, op. cit.*, vol. I, p. 409).

7 "Kant, Immanuel – Biogr. Filósofo alemão nasceu em Königsberg (1724-1804), onde passou a maior parte de sua vida. É uma das maiores figuras da filosofia. Estudou na universidade de sua cidade natal, ao tempo em que ali dominava a corrente filosófica de Wolff. Depois de 1755, fez, na mesma universidade, conferências sobre a lógica metafísica mecânica, geografia, física e minerologia. De constituição franzina, levava a vida rigidamente metódica e cuidadosa, com horário rigoroso para deitar, dormir, levantar, trabalhar, caminhar e fazer as refeições. Teve uma existência pobre de acontecimentos, sendo digna de nota sua luta com a censura prussiana, provocada pelos escritos em que o filósofo expôs seus pontos de vista sobre religião; como resultado da contenda Kant foi reduzido ao silêncio. Costuma-se, ao estudar seu pensamento filosófico considerar três períodos distintos: 1) O primitivo, em que Kant sofreu a influência da filosofia de Leibniz e Wolff; 2) O período de reação contra essa filosofia, durante o qual ele se deixou influenciar pela ética e pela filosofia empírica dos ingleses; 3) O período em que desenvolveu a sua própria filosofia crítica, período que começou, pode-se dizer, em 1770, com sua dissertação inaugural como professor de lógica e metafísica *(Ide mundi sensibilis alque intelligibilis forma el principiis)*. O traço característico da filosofia kantiana é sua preocupação com investigar, antes de mais nada, a faculdade da razão ou do conhecimento, determinando-lhes os limites antes de entrar na obra de construção sistemática. Seus livros mais famosos são: *Kritik der reinen Ternunft* (Crítica da razão pura. 1781) e *Kritik der praktischen vernunft* (Crítica da razão prática. 1788). Outros trabalhos: *Grandlegang zur Methaphysik der Sitten* (Princípios de metafísica da ética. 1785); *Dir Religion innerbalh der Grenzen der blossen vernunft* (A Religião dentro dos limites da razão pura. 1793). A obra de Kant, ao lado da de Descartes, é considerada a pedra angular da *filosofia moderna*" (*Dicionário Enciclopédico Brasileiro Ilustrado*, op. cit., pp. 1778-9).

com o aparecimento dos utilitaristas ou radicais,[8] como também foram chamados os membros de um grupo que, no fim do século XVIII e começo do século XIX, elaboraram um conjunto de teorias defendidas em comum e aplicadas em vários campos de indagação filosófico e científico. O grupo de utilitaristas trabalhava em vista do mesmo fim e seus componentes uniam-se na reverência a seu mestre, Jeremy Bentham[9] (1779-1832).

Bentham tinha uma doutrina elaborada, meticulosa e minuciosa relativa à prática de um grupo determinado, a classe média inglesa, que nessa altura procurava uma ideologia diversa da doutrina dos direitos naturais, para o controle da vida política. O desabrochar de um movimento de forças sociais e de um movimento de ideias tornou o "Eremita do *Queen's Square*" um guia poderoso da reforma política e econômica. Durante o período da reação na Inglaterra, que se sucedeu às guerras com a França, surgiu uma nova geração de reformadores

---

8 "**A.** O **utilitarismo**, em seu sentido mais geral, designa uma teoria ética e social que afirma ou admite que nada é desejado por si mesmo, exceto o prazer; que nenhum tipo de prazer é intrinsecamente superior a qualquer outro tipo, e que a função das regras morais é (ou deve ser) encorajar o comportamento que tende a aumentar o prazer e reduzir a dor e desencorajar o comportamento que tende a fazer o oposto. [...] **D.** O termo utilitarismo tem sido usado também num sentido mais amplo, envolvendo teorias morais e sociais que têm grande afinidade com o benthamismo [...]" (PLAMENATZ, J. P. Utilitarismo (Utilitarianism). *In*: SILVA, Benedicto (coord.). *Dicionário de Ciências Sociais*. 2ª ed. Rio de Janeiro: Fundação Getúlio Vargas, 1987, p. 1284).

9 "Bentham (Jeremy), moralista e legislador britânico (Londres, 1748 – id. 1832). Dedicou-se a descrever uma arquitetura imaginária da estrutura social, principalmente a hierarquia institucional de uma prisão (*Panótico*, 1787). Foi conhecido principalmente pela sua moral, que repousa no princípio da utilidade, o cálculo do prazer em relação à pena; esta relação é o fundamento do sistema econômico e social ideal (*Ciência da mora*, 1834). Bentham preocupou-se também com penalogia (*Tratado das penas e das recompensas*, 1811). Como economista, escreveu *Defence of usuary* (*Proibição da usura*), onde apóia as ideias de Adam Smith a favor da liberdade de iniciativa econômica do indivíduo. Em outro livro, *An introduction to the principles of morals and legislation* (Uma introdução aos princípios da moral e da legislação), expôs a doutrina utilitarista, que o tornou célebre e segundo a qual apenas o egoísmo e a busca da felicidade motivam a conduta humana. Por isso, o governo deve harmonizar os interesses, garantindo a maior satisfação possível ao maior número de pessoas" (*Grande Enciclopédia Larousse Cultural*. São Paulo: Nova Cultural, 1998, vol. IV, p. 733).

que rejeitavam a fé nos direitos naturais, desacreditada pelos excessos jacobinos. Em vez dela, viraram-se para uma doutrina diferente, que era o utilitarismo.[10]

Para essa teoria, o progresso e a lei da história da humanidade dependiam da aquisição de mais conhecimentos e aperfeiçoamentos em seus meios técnicos, obtendo também mais riquezas e serenidade e, por conseguinte, maior felicidade e segurança. A crença e a eficácia nas ciências da natureza e de uma possível ciência da sociedade reforçava tais ideais e lhes oferecia legitimação. As implicações políticas extraídas dessa crença comum, porém, não eram da mesma natureza. Os pensadores ingleses, fundados na observação e na experimentação, eram úteis na medida em que, por um lado, forneciam aos governantes conhecimentos que lhes permitiam por em operação técnicas eficazes de controle e de gestão. Por outro lado, davam à política uma visão realista do fato social.[11]

Nas atuais democracias liberais, o privilégio universal do voto veio por estágios, iniciando-se com um requisito restritivo, o da propriedade, movendo-se em velocidades diferentes, em países diversos, até o sufrágio universal e, finalmente, o voto feminino. Podia-se dizer que na época em que o movimento por franquias plenamente democráticas ganhou ímpeto, em algum lugar, o conceito de democracia que aquele privilégio devia encarnar era muito diferente das visões anteriores de democracia. Desse modo, verificou-se uma profunda ruptura no caminho que ia da

---

10 "**Jacobinos** (Clube dos), sociedade política criada em Versalhes em 1789 por deputados bretões e que se instalou em Paris no antigo convento dos Jacobinos. Robespierre foi um dos seus chefes" (KOOGAN/HOUAISS. *Enciclopédia e Dicionário Ilustrado, op. cit.*, p. 901).

11 "**A.** Conceito básico em sociologia a partir do positivismo e, sobretudo, na obra de E. Durkheim. Foi Durkheim quem, pela primeira vez (1895), tentou definir o objeto próprio da sociologia, conceituando o **fato social**. Atribuía-lhe três características essenciais: exterior e anterior ao indivíduo e sobre ele exercendo coação irresistível. Pode, assim, defini-lo como 'toda maneira de fazer, fixa ou não, suscetível de exercer sobre o indivíduo uma coação externa' (*Les règles de la méthode sociologique*, Paris, Alcan, 1895). Considerou-se ainda como 'geral na extensão de uma sociedade embora possuindo existência própria, independe de suas manifestações individuais' (Ibid.). Daí, o método próprio de apreendê-lo seria a observação e, para isso, deveria ser assemelhado a coisas – enquanto A. Comte e H. Spencer o tinham tratado como conceito" (VELHO, Otávio Guilherme. Fato Social. *In:* SILVA, Benedicto (coord.). *Dicionário de Ciências Sociais*. 2ª ed. Rio de Janeiro: Fundação Getúlio Vargas, 1987, p. 464).

democracia préliberal à democracia representativa.[12] Nova arrancada ocorreu no século XIX, por meio muito diferente. Os conceitos anteriores de democracia rejeitavam a divisão em classes sociais, acreditando ou esperando que ela pudesse ser superada. Admite-se, todavia, que em alguns lugares pudesse ter ocorrido, como a Genebra de J. J. Rousseau (1712-1778) ou os Estados Unidos de Jefferson. A democracia liberal, pelo contrário, aceitava a divisão de classes e elaborava-se sobre ela. Os primeiros formuladores da democracia representativa vieram a defendê-la mediante uma cadeia de raciocínio, que partia do pressuposto da existência de uma sociedade capitalista de mercado, com as leis da economia política clássica. Essas premissas davam-lhes um modelo de sociedade, como maximizador de utilidade e como um conjunto de indivíduos com interesses conflitantes.

Jeremy Bentham nasceu, em 15 de fevereiro de 1748, em Londres. Foi criança prodígio, pois, aos três ou quatro anos de idade, já sabia ler grego e latim. Os primeiros estudos foram feitos na escola de Westminster, onde adquiriu grande reputação por escrever versos naquele idioma. Em 1760, ingressou no Queen's College, em Oxford, bacharelando-se em 1763, quando se tornou o mais jovem graduado das universidades inglesas. No mesmo ano, ele ingressou no *Lincoln's Inn*, a fim de estudar direito, profissão de seu pai.[13] Quatro anos depois, foi admitido no fórum. Apesar de ocupar-se de algumas de suas questões, jamais exerceu a profissão. Em 1776, apareceu seu primeiro livro, *Um Fragmento sobre o Governo*, no qual analisou criticamente as obras de Blackstone (1723-1780), sendo considerado o texto que iniciou o utilitarismo inglês. Essa obra valeu-lhe o convite de *Lord* Shelburne, para que fosse trabalhar em seu escritório de direito, no *Lincoln's Inn*. No mesmo ano, em 1781, foi publicada *Teoria dos Castigos e das Recompensas*, na França em 1811 e, depois, na Inglaterra,

12 "A expressão 'democracia representativa' significa genericamente que as deliberações coletivas, isto é, as deliberações que dizem respeito à coletividade inteira, são tomadas não diretamente por aqueles que dela fazem parte, mas por pessoas eleitas para esta finalidade. Ponto e basta" (BOBBIO, Noberto. *O Futuro da Democracia:* uma defesa das regras do jogo. 3ª ed. Rio de Janeiro: Paz e Terra, 1987, p. 44).

13 PESSANHA, José Américo Motta. Vida e Obra. *In: Os Pensadores:* Jeremy Bentham/John Stuart Mill. 2ª ed. São Paulo: Abril Cultural, 1979, p. VI.

como *Fundamento Racional da Recompensa*, em 1825, e o *Fundamento Racional do Castigo*, logo depois.

Em virtude da publicação da obra de *Sir* William Blackstone, *Comentários Sobre as Leis da Inglaterra*, Bentham dedicou-se a elaborar um sistema de jurisprudência e a codificar e a reformar tanto o direito civil, como o penal. Ele expunha sem piedade o que considerava a mistura vazia, mas sonora, que Blackstone fazia das leis comuns e dos direitos naturais, demonstrando a rigidez legal em que os comentários se assentavam. As declarações de direito, para ele, compunham-se de sentimentos sem sentido, ou melhor, de entidades fictícias. Os nomes que não acordassem no espírito nenhuma imagem que lhes correspondesse, seriam termos metafísicos criados pela sociedade.[14]

O indivíduo somente possuía direito na medida em que conduzia suas ações para o bem de sociedade como um todo. A proclamação dos direito humanos, tal como se encontra nos revolucionários franceses, seria demasiada individualista e levaria ao egoísmo. Este, segundo Bentham, já era muito forte na natureza humana. Assim, o que realmente devia ser procurado era a reconciliação entre o indivíduo e a sociedade, mesmo que fosse necessário o sacrifício dos supostos direitos humanos.

Em 1785, Bentham viajou para a Rússia, passando pela Itália e por Constantinopla, a fim de visitar seu irmão, Samuel Bentham, engenheiro a serviço daquele país eslavo. Escreveu a *Defesa da Usura*, publicado em 1787, compondo-se de uma série de cartas escritas da Rússia. Argumentava, então, que cada homem era o melhor juiz de seus próprios lucros, que era desejável do ponto de vista público obter esses lucros, sem qualquer empecilho. Havia, então, motivo para limitar a aplicação dessa doutrina ao problema de emprestar dinheiro a juros. Voltou em 1788 à Inglaterra, onde pretendia seguir a carreira de político, mas se desapontou com as pequenas possibilidades nesse campo. Dedicou-se, então, ao estudo da legislação, pretendendo

---

14 "Blackstone, Sir Willian – Biogr. (1723-1780). Jurista inglês, nascido em Londres. Estudou em Oxford, onde também foi professor. Em 1761 foi nomeado para o conselho do rei, e em 1763 procurador geral. Foi juiz e membro do Parlamento. Sua grande obra *Commentaries on the Laws of England* foi adotado durante muitos anos como o comentário mais autorizado da legislação inglesa" (*Dicionário Enciclopédico Brasileiro Ilustrado*, *op. cit.*, vol. I, p. 268).

descobrir seus princípios. Em 1789, publicou sua maior obra teórica, *Uma Introdução aos Princípios da Moral e da Legislação*. Em 1792, em virtude do sucesso desta obra, ele foi contemplado com a cidadania francesa. Em 1817, tornou-se um dos principais membros do corpo de advogados do *Lincoln's Inn*. Suas ideias passaram a ser respeitadas em todos os países. Em 1823, com um grupo de amigos, fundou o periódico *Westminster Review*, a fim de poder contar com uma eficiente tribuna para a defesa do utilitarismo. Trabalhou, depois, pela reforma constitucional na Inglaterra. Faleceu em 6 de junho de 1832, em *Queen's Square*, aos oitenta e quatro anos de idade, cercado pelos amigos e discípulos que continuaram a desenvolver o utilitarismo.[15]

Bentham foi o sistematizador original da teoria que veio a ser conhecida como utilitarismo, passando, a seguir, a missão a James Mill[16] (1773-1836), que, às vezes, enunciava o *utilitarismo* mais claramente do que Bentham. Foi-lhe um discípulo completo e escritor mais disciplinado, de modo que expunha os argumentos deste autor de maneira muito mais conveniente de que o próprio mestre. Depois, veio Stuart Mill (1806-1873),[17] filho de James Mill, que foi um utilitarista com enfoque diferente.

---

15 "Voltemos à juventude de Bentham. O ponto de inflexão no seu desenvolvimento verificou-se em 1763 quando ouviu as lições de Blackstone sobre direito, mais tarde publicadas, em 1765-1769, com o famoso nome de *Comentários*. Segundo Bentham, 'detectou imediatamente a falácia de Blackstone relativa aos direitos naturais' e ficou de tal maneira absorvido pela sua descoberta que se tornou incapaz de tomar notas. Escreveu, contudo, um *Comentário sobre os Comentários* e, em 1776, publicou-o parcialmente de modo anônimo, com o nome de *Fragmento sobre a Governação*. No *Fragmento*, Bentham expunha sem piedade o que considerava a mistura vazia mas sonora que Blackstone fazia de lei comum e direitos naturais e demonstrava a rigidez legal em que os *Comentários* assentavam. Característico de sua opinião sobre Blackstone é o comentário: 'A sua mão estava educada para embelezar e corromper tudo aquilo em que tocava. Faz os homens pensar que vêem, com o fim de evitar que vejam'" (BRONOWSKI, J., e MAZLISH, Bruce. *A Tradição Intelectual do Ocidente*. Lisboa: Edições 70, s/d, pp. 443-4).

16 "Mill (James), historiador, filósofo e economista inglês (Northwater Bridge, Escócia, 1773 – Kensington, 1836). Continuador de Hume e de Bentham, aplicou às ciências morais o método positivista" (KOOGAN/HOUAISS. *Enciclopédia e Dicionário Ilustrado, op. cit.*, p. 1.078).

17 "Mill (John Stuart), filósofo e economista britânico (Pentonville, Londres, 1806 – Avignon, 1973). Foi um dos grandes pensadores liberais, ligado a Hume e ao

A teoria dos utilitaristas era bastante clara: o único critério defensável do bem social era a maior felicidade do maior número de pessoas, tomando-se a felicidade como sendo a quantidade de prazer individual menos o sofrimento. No cálculo da felicidade líquida total da sociedade, cada indivíduo devia ser contado como um, mas a isso eram acrescentados certos postulados factuais. Todo indivíduo, por sua própria natureza, procurava maximizar seu próprio prazer, inclusive muitos de natureza não material. Ele deixava claro que a posse de bens materiais era tão básica para a obtenção de todas as demais satisfações, que ela, por si, poderia ser tomada como a medida de todas as demais. Assim era que cada um procurava maximizar sua própria riqueza, indefinidamente, sendo que uma das formas de adquiri-la consistia em ter poder sobre o outro.

A sociedade, desse modo, vinha a ser um conjunto de indivíduos os quais procuravam poder sobre os outros e em detrimento destes. Percebia-se, então, a necessidade de uma estrutura legal, tanto civil como criminal, para impedir que uma sociedade como essa se desintegrasse. Várias estruturas legais poderiam ser capazes de proporcionar tais necessidades, mas de acordo com o princípio ético utilitarista, o melhor conjunto de leis, bem como a melhor distribuição dos direitos e deveres, era a que produzisse a maior felicidade, no maior número de indivíduos. Esse fim mais geral das leis, segundo Bentham, podia ser dividido em quatro fins subordinados: a) garantir a subsistência; b) ensejar abundância; c) favorecer a igualdade; d) manter a segurança.

Charles Aléxis Henri Clérel de Tocqueville[18] nasceu, em Paris, em 29 de fevereiro de 1805, sendo de origem nobre. A infância foi marca-

---

empirismo do séc. XVIII. Em moral, identifica a felicidade geral com a felicidade individual e coloca como princípio diretor a busca da felicidade geral; é um dos mais notáveis representantes do utilitarismo; em economia, liga-se à escola clássica. Entre outras obras, escreveu: Princípios de economia política (1848), A liberdade (1859), O utilitarismo (1863)" (COSTA, Nelson Nery. *Ciência Política*. 2ª ed. Rio de Janeiro: Forense, 2006, p. 246).

18 "Nascido a 29 de julho de 1805, Aléxis Charles Henri Clérel de Tocqueville pertencia a uma família da *petit hoblesse*; seu avô materno, o Marquês de Rosambo, bem como uma sua tia, com a queda do *ancien régime*, tinha sido, em nome da 'Liberdade, Igualdade, Fraternidade', guilhotinado na Revolução de 89; seu pai, Hervé de Tocqueville, estivera preso desde a mesma época, e só voltara à vida pública após a queda de Robespierre; antes de ser elevado à *pairei*,

da por tristes recordações dos primeiros anos da Revolução Francesa, inclusive o seu avô materno, Marquês de Rosambo, morreu na guilhotina. Não obstante tais circunstâncias, o autor se integrou à nova sociedade democrática, primeiro como magistrado, depois como membro do parlamento durante a monarquia orleanista. Em 1831, Tocqueville e seu amigo Gustavo de Beuamont chegaram aos Estados Unidos, com a missão de investigar e escrever relatórios sobre o sistema penitenciário desse país, sob os auspícios do Ministério da Justiça francês. As viagens e os estudos fizeram com que escrevesse *La Démocratie en Amérique*, que teve publicada sua primeira parte em 1834 e, a segunda, seis anos depois. Tornou-se famoso da noite para o dia e, por mais de uma década, foi uma das figuras políticas mais importantes na França. Participou da Revolução de 1848, sendo membro da Comissão Constitucional e, depois, Ministro das Relações Exteriores. Logo após, por problemas de saúde, afastou-se da vida política para escrever sua obra sobre a Revolução Francesa, que foi publicada em 1855, *L'Ancien Régime et la Révolucion,*[19] colocando Tocqueville como um marco no desenvolvimento do pensamento político moderno. Faleceu, relativismo novo, em 1859.

Tocqueville foi um dos pensadores políticos mais importantes de todos os tempos, sendo devidamente reconhecido pelos seus contemporâneos e hoje é estudado como um dos formadores das ciências sociais. O autor escreveu dois livros principais, *A Democracia na América* e *O Antigo Regime e a Revolução*, tendo sido publicado postumamente um volume com as *Memórias da Revolução de 1848* e da sua passagem no Ministério das Relações Exteriores, bem como sua correspondência e discursos. Os principais trabalhos encontravam-se nas obras em que discutiu, a partir da experiência norte-americana, se a sociedade

serviu ao governo Bourbon, no tribunal de Versalhes" (SILVA, Neil Ribeiro da. TOCQUEVILLE, Aléxis de. Prefácio. *In: A Democracia na América*. 4ª ed. Belo Horizonte: EDUSP Itatiaia, 1998, p. II).

19 "A Revolução não foi feita como se pensou para destruir o império das crenças religiosas. Apesar das aparências, foi essencialmente na revolução social e política. No círculo das instituições deste tipo, não propendem nem a perpetuar a desordem e a torná-la de certa forma estável, nem a metodizar a anarquia, como dizia um dos principais adversários, mas antes a aumentar o poder e os direitos da autoridade pública" (Capítulo V) (TOCQUEVILLE, Aléxis de. *O Antigo Regime e a Revolução*. Brasília: Editora Universidade de Brasília, 1979, p. 63).

democrática era liberal e, noutra, sobre a França e sua dificuldade para manter um regime democrático, no curso de sua evolução política.

A democracia não é fácil de ser obtida e sobre esse problema refletia Tocqueville e as consequências da cidadania. Se não foi garantida plenamente ou, pelo menos, com tranquilidade, como na França, houve muito progresso nos Estados Unidos. Os instrumentos da cidadania são cinco: a) separação dos poderes políticos; b) federalismo; c) municipalismo; d) liberdade de associação; e) liberdade de imprensa. A participação e o sistema de freios e contrapesos permitiam limitar o poder estatal e das garantias aos cidadãos. No entanto, se em tese fosse muito bonita a democracia norte-americana, havia problemas graves aos interesses públicos dos governantes.

O Texas, que pertencia ao México, mas fora colonizado por norte-americanos, revoltou-se contra o poder central e proclamou um governo provisório autônomo, em 1845. Os políticos dos Estados Unidos ficaram divididos durante algum tempo, entre aceitar ou não a incorporação do novo Estadomembro. Quando se posicionou favoravelmente, ocorreu a guerra com o Estado mexicano. As tropas do Governo de Washington invadiram o vizinho e se apoderaram de sua capital. Pelo Tratado de Paz de Guadalupe-Hidalgo, em 1848, o México renunciou aos direitos sobre o Texas, além de ceder os territórios do Novo México e da Califórnia aos vizinhos do norte.

Os Estados Unidos, por sua vez, após a independência, foram se diferenciando. As grandes cidades ficaram no litoral norte, onde se desenvolveu uma forte indústria, enquanto o sul permanecia rural, baseando sua economia na agricultura extensiva pelo trabalho escravo. A guerra com o México foi estimulada pelos Estados sulistas que, ao seu término, exigiram ser declarados escravocratas os novos territórios conquistados. A solução para o impasse veio pelo Compromisso de 1850, quando a Califórnia foi admitida como Estado livre, enquanto os outros territórios escolheriam sua condição quando fossem elevados à categoria de Estado membro. A nova lei, em contrapartida, regulava rigorosamente a questão dos escravos fugitivos, obrigando a devolução deles ao proprietário onde quer que estivessem. Vários conflitos resultavam desse procedimento, pois grupos antiescravistas do Norte estimulavam a fuga do cativeiro para a liberdade no Canadá, através da "ferrovia subterrânea". Nos territórios sem definição, como no Kansas, conflitos armados envolviam tais grupos. A situação de divergência entre os dois blocos de Estados, alguns anos mais tarde, acabariam provocando a Guerra Civil norte--americana, entre 1861 e 1865.

Henry David Thoreau (1817-1862)[20] sempre colocou-se contrário à guerra do México e à escravidão nos Estados Unidos. Nasceu em Concord, em Massachusetts, em 1817, nas proximidades onde se dera o primeiro conflito armado da independência, cidade em que viveu praticamente a vida inteira. A família paterna descendia de hunguenotes franceses, vindos da Ilha Jersey, enquanto sua mãe era filha de um pastor escocês da Igreja Congressional. Foi admitido em Harvard, em 1853, onde se bacharelou em Artes. A estadia nessa universidade permitiu que conhecesse Emerson (1803-1882),[21] com quem manteve grande amizade, chegando a morar, por diversos períodos, em sua casa num bosque de sua propriedade, ao redor do Lago Walden. Começou a escrever um amplo diário, pouco antes de se mudar para o campo, que serviu de fonte para algumas das suas obras principais: *Uma Semana nos Rios Concord e Merrimack*, em 1845, *Walden or Life in the Woods*, em 1845, e *Um Ianque no Canadá*, em 1866. Outras obras foram escritas em forma de conferências, atividades que também desempenhava, destacando-se nelas os apelos à resistência, como *Desobediência Civil*, em 1848, a *Escravidão em Massachusetts*, em 1854, e *Um Apelo em Prol do Capitão John Brown*, em 1859. Morreu jovem, relativamente ignorado pela sociedade norte-americana, ainda que tenha influenciado

20 "Thoreau, Henry David, escritor americano (Concord, Massachusetts, 1817 – id., 1862). Discípulo de Emerson, influenciado pelos filósofos indianos e pelos idealistas alemães, sua obra *Walden or life in the woods* (1854), relatos de sua existência solitária, e livros póstumos (*Excursions*, 1863; *Diário*, 1905), atestam, com o sabor da linguagem popular, um não-conformismo e individualismo característicos da ideologia americana. O ensaio *Desobediência civil* (1849), no qual põe a resistência popular aos governos injustos, exerceu influência sobre Ghandi, Tolstói e outros líderes modernos dos direitos civis" (*Grande Enciclopédia Larousse Cultural*, *op. cit.*, vol. XXIII, p. 5672).

21 "Emerson (Ralph Waldo), filósofo, poeta e ensaísta norte-americano (Boston, 1803 – Concord, 1882), fundador do *transcendentalismo* e autor de *Homens Representativos* (1850), *Traços Ingleses* (1856) e de conferências (*Natureza*) e ensaios, além de alguns poemas de alto mérito" (KOOGAN/HOUAISS. *Enciclopédia e Dicionário Ilustrado*. Rio de Janeiro: Delta, 1998, p. 572).

Mahatma Gandhi (1869-1948), Martin Luther King (1969-1968) e o Movimento de Maio de 1968.[22]

A democracia e a garantia da cidade civil passou a ser insuficiente na segunda metade do século XIX. Precisava-se de mais direitos e a bandeira da igualdade social veio a calhar. Karl Marx[23] (1818-1883)

---

22 HARDING, Walter. *The Days of Henry Thoreau:* a biography. New York: Dover Publications, 1982, p. 466.

23 "Marx (Karl). Teórico do socialismo e revolucionário alemão (Trier, 1818 – Londres, 1883). Segundo filho de um advogado liberal de confissão judaica convertido ao protestantismo, Karl Marx estudou Direito nas Universidades de Bonn e Berlim, onde se interessou mais pela história e pela filosofia. Em 1814, preparou em Iena uma tese sobre *As diferenças da filosofia da natureza em Demócrito e Epicuro*, que o fez descobrir a crítica materialista da religião. Membro dos jovens hegelianos, ligou-se aos irmãos Bauer e recebeu também influência de L. Feuerbach. Em 1842 tornou-se redator-chefe da *Gazeta Renana*, jornal de oposição fundado por burgueses radicais. Foi então que tomou conhecimento dos problemas econômicos e conheceu melhor o socialismo francês, pela leitura de Saint-Simon, Fourier, Proudhon, etc. Casou-se com uma amiga de infância, Jenny von Westphalen, em 1843, e mudou-se para Paris, onde lançou, após a interdição da *Gazeta Renana*, os *Anais Franco-Alemães*, em cujo único número figura a *Questão Judaica* (1844). Hegel exerceu uma grande influência sobre os *Manuscritos* de 1843 e 1844, nos quais o jovem Marx desenvolveu uma filosofia onde a alienação é o tema central. Na mesma época Marx redigiu sua *Contribuição à crítica da filosofia do direito de Hegel*. Escreveu, contra os hegelianos, *A sagrada família*, com Engels (1845), a *Ideologia Alemã* (1845, só publicada em 1932) e, contra Proudhon, *Miséria da filosofia* (1847). O período vivido em Paris (1843-1845) e depois em Bruxelas (1845-1848) foi marcado por uma intensa atividade política. Marx multiplicou os contatos com os militantes operários e os emigrados alemães, uniu-se a Engels, fundou a Sociedade dos Operários Alemães de Bruxelas e, com Engels, estabeleceu uma verdadeira rede de correspondência comunista. Os dois escreveram, entre outros, o *Manifesto do Partido Comunista*. Esses foram seus anos de 'acerto de contas com sua consciência filosófica de outrora' e da elaboração do materialismo histórico: a ruptura com seu passado foi tanto política como teórica. Quando a Revolução de 1848 eclodiu, Marx foi expulso da Bélgica. Fixou-se em Colônia, onde lançou a *Nova Gazeta Renana* (junho 1848-maio 1849), para a qual escreveu numerosos artigos em favor dos operários (*Trabalho assalariado e capital*). Expulso da Alemanha e depois da França, refugiou-se em 1849, em Londres, onde viveu na miséria. Escreveu então *Lutas de Classes na França* (1850). Dispôs-se a estudar economia e concebeu sua obra-prima *O Capital*. Em 1864, foi convidado a assumir a direção da Associação Geral dos Operários Alemães (I Internacional), para a qual redigiu o *Discurso inaugural* e os *Estatutos*. Estando em Paris por ocasião da Comuna, deu-

nasceu em Tréves, capital da província alemã do Reno. Esta desempenhava, no século XIX, importante papel na cultura dessa região, misturando o liberalismo revolucionário, vindo da França, com a reação do Antigo Regime, liderado pela Prússia. Seu pai, Hirschel, era advogado e Conselheiro de Justiça. Em 1824, abandonou o judaísmo, batizando-se com o novo nome de Heinrich. Terminando o curso secundário em Tréves, Marx matriculou-se na Universidade de Bonn, com a intenção de estudar jurisprudência. O jovem Marx descobriu a vida boêmia do estudante romântico, esbanjou dinheiro e escreveu versos apaixonados à sua amiga de infância, Jenny von Westphalen.

Em 1836, ficou noivo dessa bela jovem, de família de boa posição social. O casamento foi desigual e recebeu a oposição dos pais da noiva. Cumprindo o desejo do pai, que pedia o término dos estudos antes do casamento, Marx matriculou-se, em julho de 1836, na Universidade de Berlim. A cidade logo lhe pareceu hostil. Afastou-se cada vez mais do direito, aproximando-se da história e da filosofia. Em 1837, teve relações contraditórias com o hegelianismo, pensamento dominante na Berlim da época, que tinha como princípio o Estado moderno encarnando os ideais da moral e manifestando a razão no domínio da vida social, tomado como apoio direto ao Estado prussiano. Escreveu *Introdução à Crítica da Filosofia do Direito de Hegel*[24] (1770-1839), em 1843.

-lhe uma interpretação militante em *A guerra civil na França* (1871). Continuou a redação de *O Capital*, participando ativamente da definição dos programas dos partidos operários alemão (*Crítica do Programa de Gotha*) e francês (*Considerações sobre o programa do Partido Operário Francês*, 1880). Auxiliou Engels na redação de *Anti-Dühring* (1878), mas, devido a sua doença, à morte de sua mulher (1881) e de sua filha Jenny (1883), não resistiu, vindo a falecer a 14 de março do mesmo ano" (*Grande Enciclopédia Larousse Cultural*. São Paulo: Nova Cultural, 1998, vol. XVI, p. 3848).

24 "Hegel (George Withelm Friedrich), filósofo alemão (Stuttgart, 1770 – Berlim, 1831). Ensinou em Tübingen e, depois de 1800, em Iena, onde reencontrou Schelling, com quem privara na adolescência. O sistema que Hegel se propõe a estabelecer repousa no projeto de 'pensar a vida', o modo de colocar o ser e o pensamento, opondo-os num primeiro momento e depois superando esta oposição, na medida em que o mundo, o conhecimento que se exprime são concebidos como o desenvolvimento do Conceito. Este procedimento é o da obra máxima de Hegel, *A Fenomenologia do espírito* (1807). Propondo-se a expor este desenvolvimento do Conceito, o sistema hegeliano engloba a totalidade: exterioridade se juntam, do mesmo modo que sujeito e objeto, no Absoluto

Quando, em 1840, Frederico Guilherme IV (1795-1861) subiu ao trono da Prússia, os últimos discípulos liberais de Hegel foram expulsos das universidades com o advento da censura. Formou-se, então, uma corrente, chamada de hegelianismo de esquerda, que unia personalidades diferentes, como Bakunin[25] (1814-1879), e entre eles estava Marx. Este acabara de defender uma tese de doutorado, dedicada à *Demócrito e Epicuro*. Marx leu, nos *Anais Franco-Alemães*, publicado por Friendrich Engels[26] (1820-1895), que marcou uma virada do pen-

que é o nível do discurso. Este procedimento por oposição e englobamento das oposições, tanto no plano do entendimento como no da história, Hegel chamou de 'dialética'. A dialética não é um método que supõe exterioridade do entendimento em relação ao objeto, nem reciprocamente, mas é o próprio movimento do Conceito, a própria vida do sistema, porque o Absoluto, o sujeito. Hegel escreveu também *Ciência da lógica* (1812-1817); *Enciclopédia das ciências filosóficas* (1817); *Princípios da filosofia do direito* (1821)" (*Grande Enciclopédia Larousse Cultural*. São Paulo: Nova Cultural, 1998, vol. XII, p. 2926).

25 "Bakunin, Mikhail Alexandrovitch (Premukhino, 30 de maio de 1814 – Berna, 16 de janeiro de 1876). Filho de um aristocrata russo, proprietário de terras, Bakunin foi o fundador do ANARQUISMO como movimento revolucionário internacional e o principal adversário de Marx na primeira das INTERNACIONAIS" (OSTERGAARD, G. Bakunin. *In*: BOTTOMORE, Tom (ed.). *Dicionário do Pensamento Marxista*. Rio de Janeiro: Jorge Zahar Editor, 1988, p. 27).

26 "Engels, Friendrich (Barmen, 28 de novembro de 1820 – Londres, 5 de agosto de 1895). Filho primogênito de um industrial têxtil de Wuppertal, na Westfália, Friendrich Engels foi educado nos rigores do calvinismo e, ao deixar o ginásio, recebeu em Bremen treinamento para ingressar na profissão do comércio. Desde a escola secundária, contudo, já mostrava ambições literárias radicais. [...] Entre sua partida da Inglaterra e a redação de seu livro (*A condição da classe trabalhadora na Inglaterra*), Engels teve o seu primeiro encontro com Marx. Como ambos compartilhavam a mesma posição crítica contra o grupo de Brauer e haviam sido igualmente impressionados pela importância do movimento operário fora da Alemanha, concordaram em escrever uma obra conjunta expondo suas posições, *Die Heilige Familie* (*A Sagrada Família*, 1845), que marcou o início de uma colaboração que se estenderia por toda a vida. [...] Entre 1845 e 1850, a colaboração de Marx e Engels foi muito estreita. Engels rompeu com seu pai e dedicou-se integralmente às atividades políticas em Bruxelas e Paris. [...] Depois de passar algum tempo na Suíça e em Londres, onde a Liga Comunista finalmente se dissolveu, Engels instalou-se em Manchester em 1850, voltando a trabalhar na firma da família. Ali permaneceu até 1870. Além de ocupar-se de sua bem sucedida atividade comercial, ajudou a família empobrecida de Marx e foi o principal companheiro político e intelectual do autor de *Das Kapital* (*O Ca-*

samento, *Esboço de uma Crítica da Economia Política*. Escreveu, depois, *Ideologia Alemã*, e as *Teses Sobre Feuerbach*, entre 1845 e 1846[27]. O homem era o único animal que produzia e reproduzia suas condições de existência, que forjava materialmente seu mundo a partir do dado natural.

Desde 1846, Marx e Engels entraram em contato com os movimentos revolucionários parisienses, mas ficaram decepcionados com os intelectuais, interessados apenas pelas formações operárias nascentes. Decidiram fundar, em Bruxelas, um organismo, o Centro de Correspondência Comunista. A função seria a de por em contato os diversos europeus que trabalhavam pela emancipação do proletariado e de transmitir aos operários informações sobre os movimentos revolucionários de outros países. Desse modo, adquiriram a convicção de que

---

pital). [...] Em 1870, Engels pôde aposentar-se confortavelmente e transferir-se para Londres. Quando a saúde de Marx começou a agravar-se, Engels assumiu uma parte crescente do trabalho político de ambos, em particular a direção da Primeira Internacional em seus últimos anos. [...] Antes de 1894, Engels desfrutou de uma reputação sem paralelo. Mais do que Marx, ele foi responsável pela difusão do marxismo como visão do mundo, dentro do movimento socialista. Depois de 1914 e da Revolução russa, porém, essa posição passou a ser contestada. Ao passo que os marxistas soviéticos acentuaram o cientificismo aparente de seus escritos como parte da filosofia social do MATERIALISMO DIALÉTICO, os socialistas ocidentais o acusaram de POSITIVISMO e de REVISIONISMO" (JONES, Gareth Stedman. Engels. *In:* BOTTOMORE, Tom (ed.). *Dicionário do Pensamento Marxista, op. cit.*, p. 127).

27 "Depois de meados da década de 1840 é evidente que a direção dos interesses intelectuais de Marx modificou-se consideravelmente, mas essa reorientação pode ser compreendida de maneiras diferentes. Louis Althusser argumentou que por volta de 1845 ocorreu um 'rompimento epistemológico', que separa o jovem Marx, o defensor de uma ideologia 'humanista' e 'historicista' ainda profundamente marcada pelas ideias de Hegel e Feuerbach, do Marx maduro, o criador de uma ciência da sociedade, original e rigorosa. Mas essa opinião [...] é difícil de ser mantida quando o conteúdo e os argumentos dos escritos posteriores de Marx, especialmente o *Grundrisse*, são cotejados em detalhe com os textos anteriores. É mais lógico, ao que parece, dizer que Marx, depois de ter delineado o esboço geral de sua teoria, voltou-se então para uma análise mais detalhada e completa do modo de produção capitalista, e que pretendia ser apenas o ponto de partida de um estudo da sociedade capitalista como um todo, no contexto de um processo geral de desenvolvimento social" (BOTTOMORE, Tom. Marxismo e Sociologia. *In:* BOTTOMORE, Tom e NISBET, Robert (orgs.). *História da Análise Sociológica*. Rio de Janeiro: Zahar Editores, 1980, p. 171).

a classe operária vinha a ser a ponta de lança da revolução, que se tornara indispensável por causa da incapacidade do poder burguês de se contrapor às forças tecnológicas e sociais que puseram em movimento. Tinham a ideia de forjar uma teoria geral da revolução, fundada na análise da situação econômico-política. Aderiram à Liga dos Justos, associação que agrupava os exilados políticos e os operários alemães da Europa ocidental, cujo centro era em Londres. Essa organização decidiu, em 1847, radicalizar sua ação e organizar dois congressos sucessivos. Tinha como objetivo a fundação de uma Liga Comunista, que reunisse todas as forças da Europa decididas a por fim à exploração burguesa e que agisse no sentido de uma revolução democrática para abolir a propriedade privada. Em 1848, publicou o *Manifesto do Partido Comunista*, no qual afirmava que a história de toda sociedade até então fora a história da luta de classes.[28]

O fracasso das revoluções europeias, em 1848,[29] provocou a dissolução da Liga dos Comunistas. Em 1852, Marx e Engels procuraram

28 "[...] Homem livre e escravo, patrício e plebeu, barão e servo, mestre de corporação e companheiro, numa palavra, opressores e oprimidos, em constante oposição, têm vivido numa guerra ininterrupta, ora aberta, ora disfarçada: uma guerra que sempre terminou ou por uma transformação revolucionária de toda a sociedade, ou pela destruição das duas classes de luta. [...] A sociedade burguesa moderna, que brotou das ruínas da sociedade feudal, não aboliu os antagonismos de classe. Não fez mais do que estabelecer novas classes, novas condições de opressão, novas formas de luta em lugar das velhas. No entanto, a nossa época, a burguesia, possui uma característica: simplificou os antagonismos de classe. A sociedade divide-se cada vez mais em dois campos opostos, em duas classes diametralmente opostas: a burguesia e o proletariado. [...]. Os comunistas não se rebaixam e dissimulam suas opiniões e seus fins. Declaram abertamente que seus objetivos só podem ser alcançados pela derrubada violenta de toda a ordem social existente. Que as classes dominantes tremam diante da ideia da revolução comunista! Os proletários nada têm a perder com ela, a não ser suas cadeias. E têm um mundo a ganhar. *Proletários de todos os países, uni-vos!*" (MARX, Karl, e ENGELS, Friendrich. *Manifesto do Partido Comunista*. São Paulo: Global, 1988, pp. 76-7 e 109).

29 "O ano de 1848 é extremamente importante para Marx, para o marxismo e para todo o processo mundial da revolução operária. [...] Sob o influxo da Revolução de Fevereiro em Paris, dar-se-á a Revolução de Março, na Confederação Germânica; revolução alemã que se viu precipitada que teve sua natureza modificada pelos acontecimentos franceses, segundo o diagnóstico de Marx e Engels" (CHASIN, J. Marx e a Revolução Alemã de 1848. *In*: *Nova Escrita/Ensaio*. São Paulo: Escrita, 1982, nº 10, pp. 57-8).

agrupar as forças sociais decididas a realizar o programa revolucionário de emancipação da humanidade, através da instauração do comunismo. Em textos, como *As Lutas de Classes na França*, de 1848 a 1850, e o *Dezoito Brumário de Louis Bonaparte*, em 1852, a sociedade burguesa era dividida em duas classes: proprietários, que dispunham dos meios de produção e trabalhadores livres, que vendiam sua força de trabalho.[30] Para resolver o problema do lucro e compreender o que resultava dessa situação, voltou sua análise para economia política clássica de um ponto de vista histórico. Foi nisso que Marx se empenhou a partir de 1857, com afinco. Dez anos depois, apareceu o *Livro Um* de *O Capital*, cujo subtítulo era *Crítica da Economia Política*. Marx expressou que a luta operária só podia ter como objetivo a supressão da extorsão econômica do proletariado e a instituição de uma sociedade na qual os produtores seriam senhores de sua produção e organizariam seu traba-

---

30 "A indústria e o comércio e, portanto, os negócios da classe média, deverão prosperar em estilo de estufa sob o governo forte. São feitas inúmeras concessões ferroviárias. Mas o *lumpen-proletariado* bonapartista tem que enriquecer. Os iniciados fazem *tripotage* (trapaça) na Bolsa com as concessões ferroviárias. Obriga-se o Banco a conceder adiantamento contra ações ferroviárias. Mas o Banco tem ao mesmo tempo que ser explorado para fins pessoais, e tem portanto que ser bajulado. Dispensa-se o Banco da obrigação de publicar relatórios semanais. Acordo leonino do Banco com o governo. É preciso dar trabalho ao povo. Obras públicas são iniciadas. Mas as obras públicas aumentam os encargos do povo no que diz respeito a impostos. Reduzem-se portanto as taxas mediante um massacre sobre os *reutiers* (rendeiros), mediante a conversão de títulos de cinco por cento em títulos de quatro e meio por cento. Mas a classe média tem mais uma vez que receber um *douceur* (propina). Duplica-se, portanto, o imposto do vinho para o povo, que o adquire *en déail* (a varejo), e reduz-se à metade o imposto do vinho para a classe média, que o bebe *en gros* (por atacado). As uniões operárias existentes são dissolvidas, mas prometem-se milagres de união para o futuro. Os camponeses têm que ser auxiliados. Bancos hipotecários que facilitam o seu endividamento e aceleram a concentração da propriedade. Mas esses bancos devem ser utilizados para tirar dinheiro das propriedades confiscadas à Casa de Orléans. Nenhum capitalista quer concordar com essa condição, que não consta do decreto, e o banco hipotecário fica reduzido a um mero decreto etc., etc. Bonaparte gostaria de aparecer como benfeitor patriarcal de todas as classes. Mas não pode dar a uma classe sem tirar de outra" (MARX, Karl. O 18 Brumário de Luís Bonaparte. *In: Os Pensadores:* Marx. 2ª ed. São Paulo: Abril Cultural, 1978, pp. 402-3).

lho de tal modo que o fim da atividade de trabalho não seria a troca, mas o uso.

Marx e Engels deram provas de uma intransigência teórica que os levava a afastar, frequentemente, por meio de uma frase injusta, a teoria dos que participavam dos combates contra a injustiça e a miséria. Condenaram sem pena o sindicalismo inglês, julgado incapaz de superar uma perspectiva reformista, acusando-o de confundir ação revolucionária com técnica de complô. Acusaram Pierre-Joseph Prodon[31] (1808-1865) de pequeno burguês, que hesitava constantemente, segundo eles, entre a tese e a antítese e era mais metafísico do que economista.

Essa atitude se fortalecia ainda mais e se traduzia em práticas de expulsão quando, em 1864, foi fundada a Associação Internacional dos Trabalhadores. De certo, tal como a Liga dos Comunistas, essa associação não era um partido nem no sentido de facção da classe política, que o termo possuía nos regimes burgueses da época, nem no sentido que mais tarde lhe daria Lênin (1870-1924). Tratava-se de um agrupamento de indivíduos e grupos de pares unidos em torno de um objetivo muito geral. Não obstante, seus congressos eram ocasiões de lutas pelo poder, em que as manobras de assembleias desempenhavam um grande papel. Marx e Engels não eram os únicos a utilizá-las para eliminar seus rivais, os partidários de Ferdinand Lassalle[32] (1825-1864), inicialmente, e, depois, os de Proudon e os de Bakunin.

31 "Proudon, Pierre-Joseph (Besançon, 15 de janeiro de 1808 – Passy, 16 de janeiro de 1865). Artesão autodidata de origem camponesa, o pensador e político francês Pierre-Joseph Proudon foi a primeira pessoa a usar a palavra 'anarquia' em sentido não pejorativo, para referir-se ao ideal de uma sociedade ordenada sem governo. Em seus prolíferos escritos, encontram-se muitas das ideias básicas do ANARQUISMO e também do SINDICALISMO francês. [...] Mas, em *A miséria da filosofia* (1847), que constitui a primeira exposição importante da 'crítica da economia política' do próprio Marx, as ideias apresentadas por Proudon em *Philosophie de la misère* (1846) foram condenadas por este de forma severa e violenta, sobretudo pela tentativa de usar a dialética hegeliana e pelo seu fracasso em elevar-se acima 'do horizonte burguês' [...]" (OSTERGAAD, G. Proudon. *In:* BOTTOMORE, Tom (ed.). *Dicionário do Pensamento Marxista*. Rio de Janeiro: Jorge Zahar Editor, 1988, p. 306).

32 "Lassalle, Ferdinand (Breslau, 11 de abril de 1825 – Genebra, 31 de agosto de 1864). Uma das figuras mais insólitas da história do socialismo, Ferdinand Lassalle era filho de um próspero negociante judeu. Estudante de filosofia em Berlim tornou-se um JOVEM HEGELIANO progressista e, durante a revo-

Marx não havia aprovado o movimento que esteve na origem da comuna de Paris, em 1871, não obstante, analisou seus méritos em *A Guerra Civil na França*, no mesmo ano. A influência do evento apareceria também no último texto político de Marx, a *Crítica do Programa de Gotha*, em 1875.[33] Eram denunciados os erros cometidos no estabelecimento do programa do Partido Social-Democrata Alemão, em razão do idealismo, moralismo, obreirismo e estatismo nacionalista. Nesse meio tempo, em 1872, para evitar que os anarquistas se apossassem da direção da Associação Internacional dos Trabalhadores, Marx decidiu transferir sua sede para os Estados Unidos, mas logo depois iria dissolvê-la.[34] A luta dos cidadãos, no século XIX, foi para garantir melhores direitos sociais, como o direito a jornada de oito horas, o direito a férias e a garantia de salubridade laboral, apesar da luta de Marx para

lução de 1848, colaborou com Marx e com a *Neue Rheinische Zeitung* (*Nova Gazeta Renana*). Preso, foi absolvido por um júri em maio de 1849. [...] Sete anos mais moço do que Marx, Lassalle sempre demonstrou considerável respeito por ele, ajudando-o com dinheiro e facilidades editoriais e instando para que completasse a elaboração de *O Capital*. [...] Marx, e mais ainda Engels, estavam longe de demonstrar reciprocidade a essa amizade: não apreciavam a vaidade excessiva de Lassalle, seu estilo de vida pródigo e dissoluto, sua demagogia, e desconfiavam de suas ideias" (KIERNAN, V. G. Lassalle. *In*: BOTTOMORE, Tom (ed.). *Dicionário do Pensamento Marxista*. Rio de Janeiro: Jorge Zahar Editor, 1988, pp. 210-11).

33 "De vez em quando, essa crítica fez parte de suas polêmicas políticas, mas não tanto de seu desenvolvimento teórico. Talvez a única exceção de destaque seja a *Crítica do Programa de Gotha* (1875), onde o escandalizado protesto contra as injustificadas concessões aos lassallianos por parte do Partido Social-Democrata Alemão o levam a uma afirmação teórica que, se não era nova, na verdade jamais fora antes formulada tão precisamente por Marx" (HOBSBAWN, Eric J. Marx, Engels e o Socialismo Pré-Marxiano. *In*: HOBSBAWN, Eric J. (org.). *História do Marxismo*: o marxismo no tempo de Marx. Rio de Janeiro: Paz e Terra, 1983, vol. I, p. 66).

34 "Em 1869, Bakunin entrou para a Internacional e empreendeu uma disputa com Marx, pela liderança. A luta entre eles foi travada no Congresso da Internacional em 1872, em Haia. Já enfraquecida, a Internacional não sobreviveu ao conflito entre os dois líderes. Marx obteve a vitória ideológica e o grupo de Bakunin foi expelido da Internacional; mas, para resguardar a organização de ulteriores infiltrações, Marx mudou-lhe a sede para os Estados Unidos, onde ela morreu serenamente, em 1876" (SAVELLE, Max (coord.). *História da Civilização Mundial*: os tempos modernos. Belo Horizonte: Villa Rica, 1990, vol. 3, p. 187).

obter uma revolução radical. Ele morreu, em 1883, pobre como sempre viveu, mas cheio das convicções que iriam dominar a discussão política no século seguinte.

1.3. Cidadania Social no Século XX

No século XX, as perspectivas de conflito social ficaram mais nítidas e impossíveis de se deter. Esperava-se que a revolução dos trabalhadores ocorresse na Inglaterra, na França ou na Alemanha, mas aconteceu na Rússia, que, então, era um país agrícola e subdesenvolvido. Vladimir Illitch Ulianov, o Lênin, nasceu em 1870, em Simbirsk, atualmente Ulianovsk. Familiarizado com as obras de Karl Marx, em 1891, licenciou-se em direito, em São Petesburgo, escolhendo a profissão de advogado. Foi, todavia, na atividade política que se consagrou. Condenava os populistas, e tornou-se o defensor da ortodoxia marxista, obtendo reputação nos meios revolucionários. Querendo constituir um partido marxista unificado, Lênin estabeleceu contatos com emigrados russos, na Europa Ocidental. De volta à Rússia, foi preso, em 1895, e condenado em 1897, a três anos de exílio na Sibéria. Casou-se nessa época com Nadejda Krupskaia. Escreveu, em 1899, *O Desenvolvimento do Capitalismo na Rússia*, de caráter técnico. Foi designado redator do órgão central do Partido Operário Democrata da Rússia (POSDR), que tinha sido criado então.

Em 1890, refugiado na Suíça, Lênin fundou o *Iskra* (*A Centelha*), jornal revolucionário. Adotou então o nome de Lênin.[35] Em o *Que*

35 "Em toda esta história temos visto exemplos dos papéis desempenhados por indivíduos no moldar o curso dos acontecimentos históricos e as grandes ocorrências da história russa não fazem exceção. Um homem como Pedro, o Grande, exercera influência espetacular, e provavelmente decisiva, sobre o desenvolvimento político e social da nação. Da mesma forma, na nova Rússia que os comunistas criaram, o movimento revolucionário parece particularmente devido ao fanatismo incitador e à astúcia política de uma só pessoa, Vladimir Ilych Ulyanov (1870-1824), ou, para usar o nome mais curto por que é melhor conhecido, Lenine. Pois Lenine tanto foi o profeta quanto o símbolo vivo do marxismo violento e batalhador. Nascido no leste da Rússia, de família de classe média, Lenine foi atraído para o socialismo em seu tempo de universidade e logo abandonou os estudos de Direito para dedicar toda a sua energia ao novo movimento marxista" (SAVELLE, Max (coord.). *História da Civilização Mundial:* o mundo em que vivemos, *op. cit.*, pp. 60-1).

fazer?, em 1902, insistia na necessidade de uma organização do proletariado num partido disciplinado, em que cada membro tivesse consciência de suas obrigações. As teses relativas a essa questão o levaram ao II Congresso do Partido, reunido em Bruxelas e, depois, em Londres, em 1903. Daí em diante, aos *mencheviques*, minoritários, opuseram-se os *bolcheviques*, majoritários, conduzidos por Lênin. Em *Um Passo Adiante, Dois Passos Atrás*, em 1904, atacou a tese *menchevique* da passagem necessária por um estágio de democracia burguesa e insistiu na possibilidade de uma revolução proletária rápida, no combate comum dos trabalhadores e dos camponeses. De volta a Rússia, por ocasião da Revolução de 1905, aproveitou a lição do esmagamento do levante moscovita, pois o fracasso demonstrara a fraqueza da organização do proletariado russo.

Exilado outra vez, Lênin viveu em Genebra, Paris e Estocolmo. Contra os socialistas revolucionários e contra o revisionismo alemão, escreveu seu *Materialismo e Empirocriticismo*, em 1909. Marxista ortodoxo e sectário, esforçava-se para compreender a realidade, mas combatia os antigos aliados com violência. Depois de 1910, retomou a luta política. O partido bolchevique tornou-se independente, na conferência de Praga, dois anos depois. Em maio do mesmo ano, Lênin editou em São Petesburgo o primeiro número do *Pravda* (*A Verdade*). A Primeira Guerra Mundial, em 1914, provocou a declaração de guerra russa, Lênin constatou o fracasso da II Internacional, que analisou em *O Imperialismo, Estágio Superior do Capitalismo*, em 1916, com as contradições que levaram os Estados capitalistas à guerra. Em Zimmerwald, em 1915, e, em Kienthal, em 1916, conclamou o proletariado a transformar a guerra imperialista em guerra revolucionária.

A Revolução Russa, em fevereiro de 1917, permitiu-lhe realizar seu programa de ação. Em abril, obteve autorização para atravessar a Alemanha e entrou triunfalmente em Petrogrado. Em suas *Teses de Abril*, reclamava "todo o poder para os sovietes". A repressão conduzida pelo governo, obrigou-o a refugiar-se na Finlândia, em julho. Definiu, então, em *O Estado e a Revolução*, o tema a "ditadura do proletariado", período necessário antes da passagem à sociedade sem classes e sem Estado. Impondo seu ponto de vista aos outros revolucionários, indecisos e divididos, Lênin desempenhou um papel decisivo no desenrolar dos acontecimentos, pois foi ele quem conseguiu o desencadeamento da insurreição, em 25 de outubro, ou em 7 de novembro no calendário gregoriano,[36] que resultou na transformação radical das estruturas da Rússia. Em 8 de novembro de 1917, uma série de decretos lançou as bases do poder *bolchevique.*[37] Em 1918, foi elaborada a *Declaração do Povo Oprimido e Trabalhador*, um marco da cidadania dos direitos sociais.

Opondo-se a Leon Trotsky[38] (1879-1940), Lênin obteve a assinatura da paz de Brest-Litovsk,[39] em 3 de março de 1918. A partir

---

36 "Lênin agora está prestes a tentar impor aos eventos do presente uma estrutura para orientá-los e determinar a história futura. Não devemos nos surpreender se os eventos subsequentes nem sempre se conformam a essa estrutura. A questão é que, a essa altura dos acontecimentos, se pode ver que o homem ocidental de fato progrediu no sentido de dominar a ganância, o medo, a confusão que sempre caracterizaram sua existência. [...] O palácio estava cercado por uma multidão que lhe pedia aos gritos um discurso. Lênin caminhou até uma sacada para ver as pessoas. Foi como se toda a rebelião sufocada sobre a qual se assentava aquela grande cidade plana e pesada, desde os tempos dos artesãos que Pedro, o Grande, enviara lá para trabalhar até morrer naqueles pântanos, numa única noite tivesse entrado em ebulição. E Lênin, que antes só havia falado em reuniões de partidos, perante plateias de estudantes marxistas e que desde 1905 quase não havia aparecido em público, agora falava à multidão com uma voz cheia de autoridade que canalizaria toda a energia dispersa daquela gente, conquistaria sua confiança abalada e seria subitamente ouvida em todo o mundo" (WILSON, Edmund. *Rumo à Estação Finlândia:* São Paulo: Companhia das Letras, 1986, pp. 438 e 441).

37 "Logo depois da revolução de novembro de 1917, a Rússia começou a sucumbir ao regime totalitário. A situação desesperada do país – resultado da devastação causada pela guerra e da corrupção e incompetência do governo – compeliu os líderes bolcheviques a centralizar o poder nas mãos de algumas pessoas. Durante essa transformação, Lênin assumiu o controle supremo do governo. Possuía todas as qualidades necessárias para obter sucesso como figura revolucionária. Era político hábil e orador eficientíssimo. Absolutamente convencido da justiça de sua causa, era capaz de abater os adversários com o ardor e a selvageria de um Robespierre. Por outro lado, não tinha nenhuma ambição de riqueza ou de glória pessoal. Vivia em dois aposentos do Kremlin e trajava-se um pouco melhor do que um operário comum" (BURNS, Edward McNall, Robert LERNER, E. e MEACHAM, Standish. *História da Civilização Ocidental, op. cit.*, vol. II, p. 692).

38 "Trotski (Lev Davidovitch Bronstein, dito Leão), revolucionário russo (Ianovka, Ucrânia, 1879 – Coyoacán, México, 1940). Colaborador de Lênin em 1917, comissário do povo para os Negócios Estrangeiros (1917-1918), posteriormente para a Guerra (1918-1925), organizador do Exército Vermelho, foi exilado por Stálin em 1929. Foi o teórico da 'revolução permanente'" (KOOGAN/HOUAISS. *Enciclopédia e Dicionário Ilustrado, op. cit.*, p. 1605).

39 "Às 10:35h, Camenev pediu que todos os que estivessem de acordo com a proclamação erguessem os braços. Um só delegado ousou votar contra. Mas, os

deste ano, Lênin e seus amigos tiveram de enfrentar a contra-revolução armada, apoiada pela intervenção dos Aliados. O jovem Exército Vermelho, instituído em 28 de janeiro de 1918, triunfou depois de duros combates. Lênin concretizou, assim, um projeto, o plano de eletrificação, em 1920. Não obstante, a guerra civil deixara o país num estado deplorável, a fome era devastadora e o descontentamento aumentava, como na revolta dos marinheiros de Kronstadt, em março de 1921. Lênin decidiu iniciar a Nova Política Econômica (NEP), que, sem afetar a socialização dos grandes meios de produção e de trocas, deixava que se desenvolvesse um setor privado.

A fundação da III Internacional,[40] em março de 1919, confirmou Lênin em seu papel de animador dos movimentos comunistas além das fronteiras da Rússia soviética, que se havia tornado a União das Repúblicas Socialistas Soviéticas, em dezembro de 1922. Para que os partidos comunistas se beneficiassem da experiência *bolchevique*, Lênin escreveu *A Doença Infantil do Comunismo*, em 1920, que foi uma condenação do esquerdismo. Atacado de hemiplegia, em março de 1923, Lênin morreu, em 21 de janeiro de 1924. Seu corpo, embalsamado, continua exposto num mausoléu, na Praça Vermelha, em Moscou, apesar das tentativas de enterrá-lo, pela imprensa ocidental.

Os direitos sociais, além de integrarem o sistema nos regimes democráticos, se radicalizados, podiam constituir a base de uma nova or-

---

protestos contra sua atitude foram tão violentos, que retirou o voto... A proclamação foi aprovada, assim, por unanimidade. Sob o domínio de um sentimento comum, todos, insensivelmente, se levantaram. Então, irrompeu em uníssono, num lento 'crescendo', de todas as bocas, a *Internacional*. Um velho soldado de cabelos brancos chorava como criança. E o canto reboava pela sala, fazendo estremecer as janelas e as portas, indo perder-se, correndo, no céu silencioso. A guerra acabou! A guerra acabou!, gritava ao meu lado um jovem operário, radiante de contentamento" (REED, John. *10 Dias que Abalaram o Mundo*. 7ª ed. São Paulo: Global, 1978, p. 134).

40 "INTERNACIONAL, nome pelo qual se tornou conhecida a *Associação Internacional dos Trabalhadores*, fundada em Londres (1864), órgão de reivindicações dos trabalhadores, que adotava em grande parte as ideias de Karl Marx. Foi chamada, *Primeira Internacional*. Houve mais três *Internacionais*: a *Segunda*, instituída em Paris em 1889, a *Terceira*, criada por Lênin em Moscou, em 1919, sob o nome de *Komitern*, e a *Quarta*, fundada também em Moscou (1938) por Trotski, em oposição ao *Komitern*" (KOOGAN/HOUAISS. *Enciclopédia e Dicionário Ilustrado, op. cit.*, p. 877).

ganização política. Não bastava mais igualdade formal, sendo também necessária a igualdade material. Ainda que o projeto soviético tenha malogrado, não podia ser esquecida a necessidade de restabelecer a base dos direitos sociais que deviam constar dos textos legais, como na Constituição do México, em 1917, e na Constituição de Weimar, em 1919. Assim, a cidade social, com direitos trabalhistas, direito à educação, direito à saúde e direito à previdência foram afirmados, dentre outras reivindicações sociais.

1.4. Cidadania e Bem-Estar Social

Depois de duas Grandes Guerras, o século XX assistiu ao mundo ser dividido em dois blocos, as nações Ocidentais, lideradas pelos Estados Unidos, e o bloco socialista, em volta da União Soviética. Tudo estava reduzido a esse dilema, não só político, como cultural e teórico. De um lado, valores como a democracia, o parlamento, a liberdade de imprensa e os direitos civis; do outro, a ditadura do proletariado, o soviete, o materialismo histórico e os direitos sociais. Não obstante, a polarização exigia uma lógica que ligava os dois setores, que era a sociedade industrial, sobre a qual foi se debruçar a análise de Raymond Aron (1905-1983).[41]

A cidade social não implicava apenas se garantir direitos aos trabalhadores no âmbito das relações laborais, sendo necessários no-

41 "Aron (Raymond), sociólogo, filósofo e jornalista francês (Paris, 1905 – id., 1983). A permanência de Aron como agregado de Filosofia na Alemanha de Weimar marcou sua formação intelectual. Com *A sociologia alemã contemporânea*, 1933, e *Ensaio sobre a teoria da história na Alemanha contemporânea*, 1938. *Introdução à filosofia da história* (1938) trouxe à luz as ligações entre o dever histórico e a existência na história. Em *O ópio dos intelectuais* (1955) Aron procurou demonstrar o mecanismo do protesto dos intelectuais e a sua atração pelo marxismo. Retomou essa análise com *Arrazoado em prol de uma Europa decadente* (1977). Empreendeu um estudo comparado dos regimes do tipo soviético e do tipo ocidental, sob um triplo aspecto: econômico (*Dezoito lições sobre a sociedade industrial*, 1963); social (*A luta de classes*, 1964), político (*Democracia e totalitarismo*, 1965). Com *As etapas do pensamento sociológico* (1967), definiu o modo de pensar sociológico e afirmou sua continuidade, de Montesquieu a Max Weber, passando por Marx e nacionais, com *Paz e Guerra, Clausewitz* (1976). Sempre se opôs à interpretação da história segundo os marxistas. Em 1983, publicou suas *Memórias*" (*Grande Enciclopédia Larousse Cultural, op. cit.*, vol. II, p. 429).

vos direitos sociais, como à educação, à saúde, à moradia, ao lazer e ao acesso a bens culturais. Estava se desenhando o que passou a ser chamado de Estado de Bem-Estar Social, ou *Welfare State*. O direito à previdência social passou a ser um direito essencial no século XX e no início do século XXI. Depois de anos de trabalho, assegurou-se aos trabalhadores o direito de receberem remuneração sem trabalharem.

Raymund Aron, sociólogo e jornalista francês, professor da Sorbonne, era adepto da sociologia de Max Weber[42] (1864-1920), como demonstrou em sua *Introdução à Filosofia da História*. Colaborou no jornal *Combat*, de Albert Camus[43] (1923-1960), e na revista *Tempos Modernos*, de Jean-Paul Sartre[44] (1905-1980). Em 1948, aderiu ao mo-

42 "Weber (Max), economista, sociólogo e filósofo alemão (Erfurt, 1864 – Munique, 1920). Foi conselheiro da delegação alemã às conferências que levaram ao Tratado de Versalhes (1919) e integrante da comissão de peritos que redigiu a Constituição da República de Weimar (1919). Nacionalista alemão convicto, foi, no entanto, contrário ao racismo e ao imperialismo. Segundo ele, o objeto da sociologia envolve uma reconstrução do sentido subjetivo original da ação e o reconhecimento da parcialidade da visão do observador. Daí vem o nome *sociologia compreensiva*, muitas vezes dado a seu método. Negou qualquer monocausalidade dos fenômenos sociais, ressaltando o que chamou de *adequação de sentido*, isto é, a congruência da ação no âmbito de duas ou mais esferas que compõem o social. Foi isso que postulou em *A ética protestante e o espírito do capitalismo* (1905), que parte da preocupação fundamental de suas análises: a tendência à racionalização progressiva da sociedade moderna. Seu método principal consiste na elaboração de 'tipos ideais', isto é, elaboração conceitual do objeto examinado, que permitam o conhecimento dos fenômenos estudados. Realizou extensos estudos de história comparativa e foi um dos autores mais influentes no estudo do surgimento e do funcionalismo do capitalismo e da burocracia, bem como da sociologia da religião. Outras obras: *Ciências como vocação* (1919), *Política como vocação* (1919), *Estudos reunidos sobre a sociologia da religião* (1912), *Economia e sociedade* (1922), *A metodologia das ciências sociais* (1922) e *História econômica geral* (1923)" (*Grande Enciclopédia Larousse Cultural, op. cit.*, vol. XXIV, pp. 6004-5).

43 "Camus (Albert), escritor francês (Mondovi, Argélia, 1913 – em acidente na estrada de Villebevien, Yonne, 1960), autor de ensaios (*O mito de Sísifo*, 1942), de romances (*O estrangeiro*, 1942; *A peste*, 1947) e de peças de teatro (*Calígula*, 1945; *Os justos*, 1949). Prêmio Nobel, 1957" (KOOGAN/HOUAISS. *Enciclopédia e Dicionário Ilustrado, op. cit.*, p. 308).

44 "Sartre (Jean-Paul), filósofo e escritor francês (Paris, 1905 – id., 1980). Teórico do existencialismo (*O Ser e o nada*, 1943), desenvolveu suas teses em romances

vimento degaulista, mas depois combateu De Gaulle[45] (1890-1970), defendendo a aliança da Europa com os Estados Unidos. Dirigiu, ainda, o prestigiado jornal conservador *Le Figaro*. Atacou o marxismo em seu livro o *Ópio dos Intelectuais* e defendeu o chamado neocapitalismo americano em várias obras, como *Guerra e Paz entre as Nações*, *Dezoito Preleções sobre a Sociedade Industrial* e *Estudos Políticos*. Escreveu, também, a célebre obra *As Etapas do Pensamento Sociológico*. Faleceu, em 1983, ano em que publicou suas *Memórias*. Foi o mais importante pensador liberal do século XX, que acreditava na força da democracia como instrumento de garantia do cidadão.

Por outro lado, desde os anos trinta, um certo número de filósofos alemães, que emigraram no momento da instauração do nazismo, agrupados na chamada Escola de Frankfurt.[46] Eram amplamente ins-

(*A náusea*, 1938; *Os caminhos da liberdade*), em dramas (*Portas fechadas*, 1944; *As mãos sujas*, 1948; *O diabo e o bom Deus*, 1951), em novelas (*O muro*, 1939), em ensaios (*Situações*). É também autor de uma narrativa autobiográfica (*As palavras*). Prêmio Nobel, 1964 (recusou a láurea)" (KOOGAN/HOUAISS. *Enciclopédia e Dicionário Ilustrado*, *op. cit.*, pp. 1459-1460).

45 "Gaulle (Charles De). General e estadista francês (Lille, 1890 – Colombey-les-Deux-Églises, 1970). Encabeçou em Londres, por ocasião do armistício de 1940, a resistência francesa contra a Alemanha. [...]" (KOOGAN/HOUAISS. *Enciclopédia e Dicionário Ilustrado*, *op. cit.*, p. 741).

46 "**Escola de Frankfurt.** A gênese da Escola de Frankfurt, na Alemanha das décadas de 1920 a 1930, é inseparável do debate sobre o que constitui o marxismo ou sobre o alcance e o significado de uma teoria concebida com uma intenção prática: a crítica e a subversão da dominação em todas as suas formas. Para compreender os eixos em torno dos quais se desenvolveu o pensamento da Escola de Frankfurt, é essencial apreciarmos os turbulentos acontecimentos que constituíram o seu contexto: a derrota dos movimentos proletários de esquerda na Europa Ocidental após a Primeira Guerra Mundial, o colapso dos partidos de massa de esquerda na Alemanha, que se transformaram em movimentos ou reformistas ou dominados por Moscou, a degeneração da Revolução Russa com o STALINISMO e a ascensão do FASCISMO e do nazismo. Esses acontecimentos suscitaram questões fundamentais para aqueles que se inspiraram no marxismo mas estavam dispostos a reconhecer como eram enganosas e perigosas as concepções dos que sustentavam que o socialismo era uma tendência inevitável do desenvolvimento da história ou que a ação social 'correta' resultaria automaticamente da promulgação da linha partidária 'correta'. A Escola de Frankfurt pode ser associada diretamente a um radicalismo antibolchevique e a um marxismo aberto ou crítico. Hostis ao capitalismo como ao socialismo

pirados no pensamento de Hegel (1770-1831) e do marxismo, questionando com um vigor e uma profundidade jamais desmentidos da política tradicional. Os efeitos fazem-se sentir até hoje, a pretensão moderna de racionalizar a existência social no quadro do Estado e de suas instituições. A Escola de Frankfurt era mal designada. Ela não formava um corpo doutrinário, pois a teoria crítica que ele desenvolvia movia-se em vários níveis, encontrando expressões diversas conforme os autores. Não obstante, fiel a Marx, recusava separar a investigação filosófica dos desafios políticos aos quais se aplicava.

A Escola de Frankfurt abrangia diversos pensadores de origem marxista, com reflexão hegelinas, como Ernst Bloch[47] (1885-1977), Max Horkheimer[48]

---

soviético, seus escritos procuraram manter viva a possibilidade de um caminho alternativo para a evolução da sociedade, e muitos dos que se engajaram na Nova Esquerda nas décadas de 1960 e 1970 viram no trabalho teórico desenvolvido pelos pensadores da Escola de Frankfurt uma intrigante e estimulante interpretação da teoria marxista, em que se destaca a valorização de questões e problemas (autoritarismo e burocracia, por exemplo) raramente tematizados por versões mais ortodoxas do marxismo" (HELD, David. Escola de Frankfurt. *In:* BOTTOMORE, Tom (ed.). *Dicionário do Pensamento Marxista.* Rio de Janeiro: Jorge Zahar Editor, 1988, pp. 127-8).

47 "Bloch, Ernst (Ludwigshafen, 08 de julho de 1885 – Stuttgart, 03 de agosto de 1977). Como seus amigos Lykács e Benjamin, Ernst Bloch foi levado ao marxismo pelos horrores da Primeira Guerra Mundial, vendo nele uma defesa contra o Armagedon que poderia engolfar a humanidade. Durante o período nazista, Bloch refugiou-se nos Estados Unidos; posteriormente, procurou estabelecer-se na República Popular da Alemanha, mas seu marxismo pouco ortodoxo ali não encontrou grande acolhida e, em 1961, ele deixou a Alemanha Oriental para passar o resto de sua vida em Tübingen. Desde então, a influência que exerceu ultrapassou os limites do marxismo" (REX, John. Bloch, Ernst. *In:* BOTTOMORE, Tom (ed.). *Dicionário do Pensamento Marxista.* Rio de Janeiro: Jorge Zahar Editor, 1988, p. 33).

48 "Horkheimer, Max (Stuttgart, 14 de fevereiro de 1895 – Nuremberg, 07 de julho de 1973). Estudou nas universidades de Munique, Freiburg e Frankfurt, primeiro psicologia e, mais tarde, filosofia. Concluiu o doutorado com um trabalho sobre Kant em 1923. Exerceu grande influência como diretor do Instituto de Pesquisa Social de Frankfurt a partir de 1930: foi Max Horkheimer quem ali reuniu os pensadores que vieram a constituir aquela que ficou conhecida como ESCOLA DE FRANKFURT. Embora tivesse uma formação de filosofia, seus amplos conhecimentos de ciências sociais foram decisivos para o desenvolvimento daquela Escola (Dubiel, 1978; Held, 1980). Fez críticas às versões do

(1895-1973), Walter Benjamin[49] (1892-1940), Herbert Marcuse[50] (1898-

---

marxismo promulgadas pelas Segunda e pela Terceira Internacional, colocando-se especificamente contra todas as interpretações 'deterministas' e 'positivistas' do materialismo histórico. A renegação filosófica e política do marxismo constitui o núcleo essencial de sua obra" (HELD, David. Horkheimer, Max. *In:* BOTTOMORE, Tom (ed.). *Dicionário do Pensamento Marxista.* Rio de Janeiro: Jorge Zahar Editor, 1988, p. 181).

49 "Benjamin, Walter (Berlim, 15 de julho de 1892 – Port Bou, Espanha, 27 de setembro de 1940). Walter Benjamin é provavelmente o mais importante teórico da cultura da tradição marxista. Pouco conhecido em vida, sua influência tornou-se imensa depois da Segunda Guerra Mundial. As implicações exatas de sua obra permanecem, porém, como uma questão controversa entre aqueles que o encaram como uma figura de um outro mundo, particularmente trágica e aben- çoada com talentos quase místicos, e aqueles que o enaltecem pelo seu marxismo consistente e penetrante" (REX, John. Benjamin, Walter. *In:* BOTTOMORE, Tom (ed.). *Dicionário do Pensamento Marxista.* Rio de Janeiro: Jorge Zahar Editor, 1988, pp. 29-30).

50 "Marcuse, Herbert (Benjamin, 19 de julho de 1898 – Munique, 30 de julho de 1979). Completou o serviço militar durante a Primeira Guerra Mundial e, pouco depois, participava de atividades políticas num conselho de soldados, em Berlim. Deixou o Partido Social-Democrata em 1919, após um curto período de militância, em protesto contra o partido haver traído o movimento de conselhos [...]. Estudou filosofia em Berlim e Freiburg e foi, durante algum tempo, aluno de Heidegger e de Husserl. Interessado, desde o início, nas relações entre a filosofia e a política, Marcuse ingressou no Instituto de Pesquisa Social em 1933 (o ano em que a famosa instituição foi obrigada a deixar a Alemanha nazista) e mais tarde tornou-se figura destacada da ESCOLA DE FRANKFURT. Fixou-se nos Estados Unidos depois da Segunda Guerra Mundial. Embora muitas de suas ideias fossem semelhantes às desenvolvidas pelos dois outros importantes representantes do pensamento da Escola de Frankfurt – Horkheimer e Adorno –, engajou-se mais intensamente do que eles em um trabalho teórico sobre os temas e interesses do marxismo clássico. Seu inequívoco comprometimento com a política e a luta social levou-o a tornar-se um destacado porta-voz e um dos principais teóricos da Nova Esquerda na década de 1960 e nos primeiros anos da década de 1970. Foi através da obra de Marcuse que as críticas da Escola de Frankfurt à cultura, ao autoritarismo e ao burocratismo contemporâneos se tornaram tão conhecidas, sobretudo na América do Norte" (HELD, David. Marcuse, Herbert. *In:* BOTTOMORE, Tom (ed.). *Dicionário do Pensamento Marxista.* Rio de Janeiro: Jorge Zahar Editor, 1988, p. 234).

1979), Erich Fromm[51] (1900-1980) Theodor Adorno[52] (1903-1969) e Jürgen Habermas[53] (1929). Era a tríplice vontade: a) de não separar

51 "Fromm (Erich), psicanalista norte-americano de origem alemã (Frankfurt am Maim, 1900 – Muralto, Suíça, 1980). Deu interpretação própria às finalidades da terapêutica, impondo notações sociológicas ao estudo do ajustamento do indivíduo ao meio social e cultural. Descendente de família rabínica, emigrou para os EUA em 1932, ante a ascensão do nazismo. Obras principais: *Psicanálise e religião*, em 1950; *A sociedade sã*, 1955; *A arte de amar*, 1956; *Sejam como deuses*, 1967" (KOOGAN/HOUAISS. *Enciclopédia e Dicionário Ilustrado, op. cit.*, p. 718).

52 "Adorno, Theodor (Frankfurt, 11 de setembro de 1903 – Visp, Suíça, 06 de agosto de 1969). Theodor Wiesengrund Adorno desenvolveu, desde a escola secundária, interesse pela filosofia e pela música. Depois de doutorar-se em 1924 com um trabalho sobre Husserl, estudou composição e piano com Alban Berg e Educard Steuermann em Viena. Em 1931, começou a lecionar filosofia na Universidade de Frankfurt, mas, com o advento do nacional-socialismo, deixou a Alemanha e foi para a Inglaterra. Quatro anos mais tarde transferiu-se para os Estados Unidos, onde ingressou no Instituto de Pesquisa Social [...]. Em 1953, voltou, com o Instituto, para Frankfurt, sua obra foi, sob muitos aspectos, singular. À primeira vista, algumas de suas concepções sobre a sociedade contemporânea parecem estranhas. Segundo Adorno, vivemos em um mundo totalmente envolvido por uma teia urdida pela BUROCRACIA, pela administração e pela tecnocracia. O indivíduo é, no seu entender, coisa do passado: a era do capital concentrado, do planejamento e da cultura de massa destruiu a liberdade pessoal. A capacidade de pensamento crítico está morta e desaparecida. A sociedade e a consciência estão 'totalmente reitificadas': parecem ter as qualidades de objetos naturais, a condição de formas dadas e imutáveis" (HELD, David. Adorno, Theodor. *In:* BOTTOMORE, Tom (ed.). *Dicionário do Pensamento Marxista*. Rio de Janeiro: Jorge Zahar Editor, 1988, p. 3).

53 "Habermans (Jürgen), filósofo e sociólogo alemão (Düsseldorf, 1929), fez parte da chamada Escola de Frankfurt. Defendeu seu doutoramento sobre Schelling em 1954. Em seguida, foi assistente de Th. W. Adorno (até 1959). Desde 1961 é professor nomeado de filosofia na Universidade de Heidelberg; de 1964 a 1971, foi professor em Frankfurt e depois, no Instituto Max-Planck de Starberg (Baviera). Habermans é autor de obra intelectual (livros e artigos) variada que não se restringe às questões da filosofia alemã, mas estende-se também ao pensamento anglo-saxão, ente outros. Podem ser citadas entre suas principais obras: *Teoria e práxis* (1963), *Técnica e ciência como ideologia* (1968), *Protestbewegung und Hochschulereform* (1969), *Perfis filosóficos e políticos* (1971), *Kultur und Kritik* (1973), etc. Em seu livro *Mudança estrutural da esfera pública* (1959-1962), ele efetua a reconstrução da opinião pública como categoria da sociedade burguesa e indica as mudanças que ela sofre no capitalismo tardio. Expõe em *Conhecimento e interesse* (1968) o conceito dos *interesses* que orientam o conhecimento;

a teoria da prática e da história e, por conseguinte, de tomar como tema essencial de reflexão o totalitarismo das sociedades atuais, sob qualquer forma que se exercesse; b) de investigar constantemente as relações existentes, entre o domínio cada vez maior da razão, a dos filósofos e das ciências sociais, sobre o pensamento, a ideologia e as técnicas governamentais, por um lado, e, por outro, as restrições cada vez maiores, impostas às liberdades individuais e coletivas e ao recuo sofrido pela esperança em uma emancipação geral da humanidade, esperança que alimentara o racionalismo clássico; c) de recusar firmemente as tentações sempre recorrentes do irracionalismo, mantendo a exigência de verdade como algo indissociável da exigência de liberdade e de reativar a negatividade dialética com o objetivo de emprestar novamente à razão sua força libertadora.

O Estado do Bem-Estar[54] era o pleno desenvolvimento das sociedades industriais, depois Segunda Guerra Mundial, que criavam situações de dependência e tendiam a aumentar, totalmente ao controle do indivíduo. Em tais circunstâncias, atenuava-se na opinião pública o contraste entre as exigências baseadas no merecimento e na necessidade, bem como o universalismo da contribuição não sendo considerado como oposto ao princípio da justiça. Não colidiu assim com a neces-

---

desenvolve um programa fundamentalmente marcado pela crítica do positivismo e da tecnocracia em *Lógica das Ciências sociais* (1967); reflete sobre os pressupostos do marxismo em *Para a reconstrução do materialismo histórico* (1976) e elabora uma teoria da comunicação como teoria crítica da sociedade em *teoria da ação comunicativa* (1981). É considerado o último expoente vivo da Escola de Frankfurt. Seus trabalhos dedicam-se a analisar as relações sociais a partir do advento da técnica e dos meios de comunicação de massa" (*Grande Enciclopédia Larousse Cultural, op. cit.*, vol. XII, p. 2891).

54 "**Estado do Bem-estar**. 1. DEFINIÇÕES E ASPECTOS HISTÓRICOS – O Estado do bem-estar (*Welfare State*), ou Estado assistencial, pode ser definido, à primeira análise, como Estado que garante 'tipos mínimos de renda, alimentação, saúde, habitação, educação, assegurados a todos os cidadãos, não com caridade mas como direito político' (H. L. Wilensky, 1975). [...] Na realidade, o que distingue o Estado assistencial de outros tipos de Estado não é tanto a intervenção direta das estruturas públicas na melhoria do nível de vida da população quanto o fato de que tal ação é reivindicada pelos cidadãos como um direito" (REGONINI, Gloria. Estado do Bem-estar. *In:* BOBBIO, Noberto, MATTEUCCI, Nicola, e PASQUINO, Gianfranco. *Dicionário de Política.* 13ª ed. Brasília: Universidade de Brasília, 2007, vol. 1, p. 416).

sidade de manter a propensão ao trabalho.[55] Todas estas interpretações tinham de comum a forte importância dada aos fatores políticos culturais, com a consequente análise de *Welfare State* em termos de conquista da civilização. A razão clássica, todavia, teve seu eclipse no momento em que, no primado da ordem econômica, ocorria uma intervenção autoritária do Estado e a utilização da ciência como força produtiva. A dominação política se reforçava e substituía a pesquisa dos fins pela simples manipulação técnica e administrativa. As próprias democracias liberais organizavam-se segundo o modelo plebiscitário e os regimes ditos socialistas exerciam uma unificação integral da vida social, que procurava abolir toda diferença entre o público e o privado.

Jürgen Habermas (1929) nasceu, em Düsseldorf, na Alemanha, tendo sido criado durante o período do nazismo ou nacional-socialismo.[56] Estava com dezesseis anos ao final da Segunda Grande Mundial, em 1945, com seu país devastado fisicamente e destruído moralmente. Em 1954 ele se licencia com uma tese, *Schelling: o Absoluto e a História.* Apenas no final da década de cinquenta ele se aproximou do marxismo, quando colaborou com Adorno, de 1956 a 1959. Em 1962, foi publicada a tese de doutorado do autor, *Evolução Estrutural da Vida Pública.* Logo, no ano seguinte, publicou *Teoria e Práxis* e, em 1968, *Técnica e Ciência como "Ideologia"*. Nesse período, de 1961 a 1964, passou a ensi-

---

55 "A expulsão do pensamento da lógica ratifica na sala de aula a coisificação do homem na fábrica e no escritório. Assim, o tabu estende-se ao próprio poder de impor tabus, o esclarecimento ao espírito em que ele próprio consiste. Mas, desse modo, a natureza enquanto verdadeira autoconservação é atiçada pelo processo que prometia exorcizá-la, tanto no indivíduo quanto no destino coletivo da crise e da guerra. Se a única norma que resta para a teoria é o ideal da ciência unificada, então a práxis tem que sucumbir no processo irreprimível da história universal. O eu integralmente capturado pela civilização se reduz a um elemento dessa inumanidade, à qual a civilização desde o início procurou escapar" (ADORNO, Theodor e HORKHEIMER, Max. *Dialética do Esclarecimento.* Rio de Janeiro: Jorge Zahar Editor, 1985, p. 42).

56 "NACIONAL-SOCIALISMO (s.m.). Doutrina fundada por Hitler cerca de 1923-1924, unindo as tendências raciais e militaristas às realizações sociais (opostos ao marxismo e estreitamente nacionalistas, os adeptos dessa doutrina tinham por divisa: '*Um Povo, um Império, um chefe*'; estavam, além disso, persuadidos da supremacia da raça germânica e decididos a estender o território alemão em nome da teoria do espaço vital) (Diz-se também *nazismo*)" (KOOGAN/ HOUAISS. *Enciclopédia e Dicionário Ilustrado, op. cit.*, p. 1124).

nar filosofia em Heidelberg. Depois, foi assumir uma cadeira de filosofia e sociologia na Universidade de Frankfurt. Mudou para o Instituto Max Planck, em Starnberg, em 1972, após ter passado algum tempo em Nova Iorque. Passou a desenvolver uma orientação teórica para uma análise de padrões de crise nas sociedades capitalistas, em 1973, uma reconstrução da teoria da evolução social, em 1976, e o desenvolvimento de uma teoria da ação, em 1981[57]. Continua ativo, através de artigos, palestras e livros, com a nova orientação voltada para discutir a questão da comunicação e do poder. Esteve, no final do século XX, no Brasil, dando palestras em universidades e entrevistas na imprensa.

O direito à previdência social constitui a última fase da terceira geração de direitos sociais. Se fossem observadas algumas condições, como tempo, falecimento ou incapacidade de trabalho, o trabalhador poderia se aposentar e ser remunerado pelo ócio ou seus familiares serem assistidos. Trata-se não só de um benefício pelo longo tempo de dedicação e labor, mas também de usufruir da ociosidade. A previdência social pode ser pública, como ocorre na maioria dos países europeus, ou privado, como acontece nos Estados Unidos. Devia ser, porém, um instrumento de cidadania social. Se por um lado representa um benefício, por outro, cobra uma forma de tributo ou de preço privado, para garantir seu custeio.

1.5. Desenvolvimento da Previdência Social

Ao longo da Idade Média, a preocupação com a assistência e a previdência social estava relacionada com as corporações de ofício, como as guildas de artesões, e as associações de natureza religiosa. Enquanto as corporações cuidavam dos seus vinculados, cabia às outras instituições cuidar dos enfermos, dos órfãos, das viúvas e dos idosos que fossem despossuídos. Essa experiência vai acabar resultando na *Old Poor Law*, em 1601, na Inglaterra, que dispunha sobre a instituição de auxílios e apoios públicos aos necessitados.[58] Estava voltada aos

---

57 COSTA, Nelson Nery. *Ciência Política, op. cit.*, p. 376.

58 "Trata-se de medida editada mais exatamente em 19 de dezembro de 1601, no reinado da primeira rainha, Isabel I, da Inglaterra, filha de Henrique VIII. Referido ordenamento, ao instituir assistencial paroquial aos pobres, criou, para o seu custeio, contribuições compulsórias, denominadas **poor tax**, que vigeriam

considerados indigentes, como inválidos e criança, prevendo também uma assistência local nos condados, para aqueles que não encontrassem apoio em seus grupos sociais. No século XVII, na Itália, o banqueiro napolitano Lorenzo Tonti criou as *tontinas*, que se tratava de uma espécie de mutualidade, na qual cada membro contribuía com uma soma para formar uma renda vitalícia a ser repartida entre os que necessitassem em determinada época. Logo esta experiência passou para a França, onde os mútuos foram submetidos à autoridade pública, com maior controle e fiscalização.

A Revolução Francesa de 1789 desorganizou as corporações de ofício, com a lei *Le Chapelier*, em 17 de junho de 1791; proibiu tais grupos, a título de impedir os intermediários entre o Estado e o cidadão, bem como realizou o afastamento da Igreja do auxílio aos mais pobres. Por outro lado, na Declaração de Direitos do Homem e do Cidadão, em 1789, no art. XXV, 1, consta que "Todo homem tem direito a um padrão de vida capaz de assegurar a si e a sua família saúde e bem-estar, inclusive alimentação, vestuário, habitação, cuidados médicos e os serviços sociais indispensáveis, e direito à segurança em caso de desemprego, doença, invalidez, viuvez, velhice, ou outros casos de perda dos meios de subsistência em circunstâncias fora de seu controle". Com isso, o direito à assistência passou a ser entendido como o reconhecimento de que existe uma dívida da sociedade para com os mais pobres, assim como se reconheceu que esse direito relaciona-se ao direito ao trabalho.

O desenvolvimento industrial e os princípios do Estado liberal permitiram que o trabalho do homem fosse afirmado como se fosse uma mercadoria que pudesse ser objeto de locação. No entanto, dado à legislação que defendia a liberdade do trabalho, havia um excesso de trabalhadores – entre eles, inclusive, crianças e mulheres – de modo que se podia exigir até quatorze horas de trabalho com o pagamento de valores irrisórios. Para mediar as contínuas reivindicações trabalhistas, instituiu-se a *New Poor Law*, em 1832, com a assistência social se dando nas *works houses*, que se tratavam de abrigos para crianças,

---

por, aproximadamente, um século e meio" (CORREIA, Marcus Orione Gonçalves, e CORREIRA, Érica Paula Barcha. *Curso de Direito da Seguridade Social.* São Paulo: Saraiva, 2007, pp. 2-3).

idosos e desempregados, sem distinções.[59] O problema da miséria em larga escala fez com que o problema da previdência social passasse a ser medida do interesse público, principalmente com a necessidade de ser criarem centros de atendimento aos que não trabalhavam por motivo de doença, idade ou desemprego involuntário.

A situação acima permitiu o desenvolvimento do conceito de previdência social ao dispor sobre o atendimento a riscos futuros num plano presente de alcance geral. Formam-se instituições de natureza mutualistas por iniciativa pública ou por associação de trabalhadores, mas de natureza facultativa. Não obstante, tal enfoque começou a ser modificado, na Alemanha, quando foi criado o seguro obrigatório contra acidente, doença e velhice, que se voltava para o trabalhador da indústria. Por iniciativa do Chanceler Otto Von Bismarck, criou-se o seguro doença, em 1883, o seguro contra acidente do trabalho, em 1884, e seguro de invalidez e de velhice, em 1889. O Estado passou a ser promotor do direito social e coordenador geral da sociedade, ao criar um seguro obrigatório gerenciado pelo Poder Público. As inovações acima foram consolidadas no Código Federal de Seguros Sociais, incluindo o seguro por morte e aperfeiçoando os demais seguros já criados. O sistema previa proteção aos trabalhadores por categoria profissional, cobrando de forma obrigatória um valor fixo, com o qual se pretendia substituir no futuro o salário do trabalhador, com a repartição do encargo para o empregado, a empresa e o Estado. Logo depois, na Encíclica *Rerum Novarum*, de Leão XIII, em 1891, dispõe sobre a condição dos trabalhadores e dos princípios que devem se reger as relações entre patrão e empregado.

Seguindo a experiência alemã, a França, em 1898, cria uma legislação dispondo sobre a responsabilidade civil sem culpa e a proteção padronizada como parte do contrato de trabalho. A proteção, prevista inicialmente para os trabalhadores das indústrias, começou a se alargar para todos os trabalhadores. As empresas passam a contratar seguros

59 "A concentração populacional da miséria nos principais centros urbanos industrializados muda o fundamento da assistência, da solidariedade prestada às populações carentes, passando-se a encará-la como forma de solução de um problema de segurança pública da burguesia com a internação dos socialmente indesejáveis" (TAVARES, Marcelo Leonardo. *Direito Previdenciário*: regime geral de previdência social e regras constitucionais dos regimes próprios de previdência social. Niterói: Impetus, 2010, p. 49).

para se proteger a responsabilidade sobre o acidente de trabalho, consolidada em 1905, com as seguradoras sendo responsáveis diretas para com os beneficiados. Na Inglaterra, em 1897, a *Workmen's Compesation Act* instituiu o seguro obrigatório contra acidente do trabalho, com a empresa sendo considerada responsável pelo dano ou morte, mesmo que não tivesse culpa. No mesmo local, em 1908, a *Old Age Pensions* concedeu pensão aos maiores de setenta anos independentemente de contribuição. Em 1911, a *Natural Insurance Act*, previu sistema de proteção de caráter contributivo obrigatório com tríplice custeio. Depois disto, o direito à previdência social passou a constar na Constituição do México de 1917 e na Constituição de Weimar de 1919, na Alemanha.

Com o fim da Primeira Guerra Mundial, o Tratado de Versalhes e a criação da Organização Internacional do Trabalho (OIT), passou a haver a universalização da previdência social. Nas décadas de vinte e trinta, no século XX, formularam-se convenções e recomendações internacionais para a proteção da maternidade, de doenças profissionais, de seguro-desemprego e de outros benefícios sociais. Tratava-se de uma época de transição, iniciada com o sistema da então União Soviética, primeiro país socialista, com a criação da expressão "proteção social", como medida em favor dos trabalhadores. A Previdência Social era custeada pelos impostos, englobando saúde pública gratuita e segurança social, prevista na Declaração do Povo Oprimido e Trabalhador, em 1918.

Nos Estados Unidos, a *Social Security Act*, em 1935, criou o termo "seguro social", para designar várias medidas de seguro e de assistência social. Havia uma proteção mais ampla do que a prevista inicialmente na Alemanha de Bismarck, incluindo mães de família e cegos, por exemplo. Foi inovador ao tratar das várias medidas e benefícios em um direito geral, com medidas coordenadas de proteção à saúde e ao desemprego. A medida visava liberar as pessoas de necessidades básicas, entendida como "*freedom from want*", de modo a se relacionar a proteção social com o mundo econômico. Avançando mais ainda, em 1938, a Nova Zelândia instituiu proteção a todas as pessoas através do custeio sustentado por toda a sociedade, pretendendo acabar com a indigência e a miséria.

A Declaração Universal dos Direitos do Homem da Organização das Nações Unidas (ONU), em 1948, previu que todos tivessem direito à seguridade social, nos art. 22, art. 25, §§ 1º e 2º, e art. 28. Contudo, passou a existir o *Welfare State*, baseado em um sistema unificado da seguridade social, gerido pelo Poder Público, ainda que tolerada a previdência privada. Essa ideia decorreu do plano de William Beveridge, que foi aplicado na Grã-Bretanha, em 1942, plano que se sustentava na noção da dignidade da pessoa humana e não mais na proteção dos trabalhadores e dos miseráveis como existia no modelo alemão.[60] Houve a institucionalização de seguro público obrigatório de modelo geral, protegendo toda a população em sistema universal e único, custeado por prestações padronizadas.

A concepção tem natureza universalista, protegendo todos os cidadãos com cobertura pessoal e abrangência geral, com o financiamento público através de contribuições sociais. Trata-se do modelo mais usado dos dias de hoje, com base em três noções: primeiro, existe um sistema público de vinculação obrigatória, com garantia de renda básica para todas as pessoas; segundo, há planos por empresas baseadas no mutualismo, e a terceira, prevê-se proteção suplementar de natureza pessoal, como se fosse uma poupança individual. Para *Lord* Beveridge, advertindo contra cinco gigantes do mal: "a miséria física, que o interessa diretamente; a doença, que é, muitas vezes, causadora da miséria e que produz ainda muitos males; a ignorância, que nenhuma democracia pode tolerar nos seus cidadãos; a imundície, que decorre principalmente da distribuição irracional das indústrias e da população; e contra o desemprego involuntário (ociosidade), que destroi a riqueza e corrompe os homens, estejam eles bem ou mal nutridos".[61]

Ao passo que houve o desenvolvimento do regime geral de previdência social, começou a existir um sistema de previdência para os servidores públicos, começando tal sistema nos Estados Unidos. O primeiro sistema de previdência municipal americano foi instituído, em 1857, para o benefício dos policiais de Nova Iorque que tivessem sido feridos em serviço. Depois, em 1878, o plano foi ampliado para conce-

---

60 "Em meio às agruras da ocupação de Londres, pelos nazistas, o *Lord* Beveridge idealizou um sistema universal de proteção social, tendo como fundamento a proteção do berço ao túmulo. Uma proteção básica, suficiente para que o trabalhador e sua família pudessem sobreviver sem maiores desconfortos, o período de desemprego, doença, morte etc." (TSUTIYA, Augusto Massayuki. *Curso de Direito da Seguridade Social*. São Paulo: Saraiva, 2007, p. 7).

61 "BEVERIDGE, William Henry. ANDRADE, Almir (trad.). *Plano Beveridge*. Rio de Janeiro: José Olympio, 1942, p. 282.

der aposentadoria, recebendo metade do salário final, depois de vinte e um anos de serviço. Na primeira metade do século XX, foi estabelecido a maioria dos regimes de previdência para servidores públicos municipais e estaduais, baseados no custeio dividido entre segurados e os entes públicos.

Quando houve a criação do *Social Security*, em 1935, não se previu a cobertura para tais servidores, mas depois isso foi permitido, em 1950, com o *Social Security Act*, permitindo que os Estados voluntariamente oferecessem a cobertura mediante acordo com o órgão federal. Houve a expansão dos regimes de previdência do setor público norte-americano, na segunda metade do século passado.[62] No plano da União, o *Federal Employees Retirement System (FERS)*, instituído em 1983, estruturou o sistema para beneficiar os servidores públicos federais de modo semelhante aos dos empregados de grandes empresas privadas, apesar de prever cobertura universal destes profissionais. Para tanto, as seguintes exigências: em primeiro lugar, cobertura dos benefícios pelo sistema público; em segundo lugar, plano de benefícios definido previamente; em terceiro lugar, plano de contribuição definida, no *Thrift Saving Plan (TSP)*.

---

62 "Nos anos 80, observou-se que muitos dos Estados e localidades americanas procuravam expandir as opções de investimento disponíveis para os seus regimes de previdência. Isto permitiu que estes sistemas se beneficiassem dos significativos retornos observados no mercado de ações na década seguinte. Esta tendência de apresentar altos níveis de retorno do capital investido mantém-se ate hoje, e com isso a maioria dos regimes de previdência dos servidores públicos locais e estaduais americanos continua a manter seus planos de benéficos definido como sua modalidade básica de benefícios. Cabe ressaltar, entretanto, que alguns poucos sistemas têm feito a transição para os planos de contribuição definida, ou tem adicionado aos seus programas de previdência de benefício definido um plano suplementar de contribuição definida" (SILVA, Delúbio Gomes Pereira. *Regime de Previdência Social dos Servidores Público no Brasil*: perspectiva. São Paulo: Ltr, 2003, p. 36).

Capítulo 2

DIREITO PREVIDENCIÁRIO BRASILEIRO

Sumário: **2.1.** Direito Público e Privado; **2.2.** Direito Constitucional; **2.3.** Direito Administrativo; **2.4.** Direito Tributário; **2.5.** Direito do Trabalho; **2.6.** Direito Previdenciário.

2.1. Direito Público e Privado

A distinção entre direito público e direito privado foi iniciada com a célebre passagem de Ulpiano (?-228), no Digesto, I, 1,1.2, ao dizer que "*publicum ius est quod ad atatum rei Romanae spectat privatum quod ad singulorum utilitatem*" ("o direito público diz respeito ao modo de ser do Estado Romano enquanto o direito privado aos interesses particulares"), depois repetida nas Institutas, de Justiniano (482-565), I, 1.4. *Publicus* vem de *populicus* e tem por significado aquilo que diz respeito ao *populus*. Observe-se que *populus*, entre os romanos, não era a mesma coisa de povo, tal como usamos a palavra atualmente, significava organização política, hoje entendida como Estado e, por conseguinte, era sinônimo de *civitas* e *res publica*.[1] Por outro lado, *privus* opunha-se a *populus* e, via de consequência, a *publicus*.

A distinção teve como ponta de partida a questão do interesse, estando na órbita do direito privado aquelas relações jurídicas de interesse dos particulares, enquanto o direito público voltava-se ao interesse público, ainda que essa noção não seja necessariamente a que se

1 "A definição de Ulpiano não quer dizer, no entanto, que se tivesse dado à distinção todo o significado que tem hoje, isto é, que se quisesse de fato precisar uma nítida distinção bifurcada a ciência do direito. Não lhe deu Ulpiano um caráter científico como já se interpretou e tanto é assim que encontramos mais de cinco acepções diferentes. Variações de sentido emprestadas à divisão, como apontam nossos bons romanistas" (DERZI, Misabel de Abreu Machado. A Sobrevivência do Direito Privado e do Direito Público. *In: Revista de Direito Público*. São Paulo: Revista dos Tribunais, 1982, nº 62, pp. 47-8).

compreende nos dias atuais. Na verdade, não era pretensão dos romanos elaborarem uma distinção científica apurada, dividindo de forma definitiva o direito. *Ius publicum* significava as regras que tinham por base o consentimento geral do povo e que não podiam ficar num plano semelhante àquelas que estavam voltadas às vontades individuais.

Ao longo do tempo, pode-se perceber que existem quatro momentos em relação à dicotomia proposta. No primeiro, ainda no período romano, havia uma harmonia efetiva entre o direito público e o privado. Observe-se, no entanto, que as relações privadas, principalmente no final do Império Romano, estavam baseadas em duas instituições assimétricas, o *commendatio* e o *beneficium*,[2] que faziam com que as relações jurídicas não estivessem num plano efetivo de igualdade.

Já na Idade Média, as instituições bárbaras modificaram em parte o panorama, pois havia o *gefolgschaft* (séquito), um vínculo pessoal de lealdade e de afeição mútua entre um líder guerreiro e sua comitiva, selecionada de fiéis colaboradores. Por outro lado, tendo maior importância do que esse instituto, havia o *genossenschaft*, que vinha a ser a noção de *corporação* ou *confraria*, que estabelecia a regra de que devia haver sempre a discussão, por mais violenta e irracional que pudesse ser, sobre direito e justiça.

A formação do Estado moderno, entre os séculos XV e XVI, fez com que voltasse a haver uma cisão teórica mais nítida entre o direito público e o privado, em especial com a escola do direito natural. Esta apregoava que havia uma significação clássica do direito tendo por objeto a atividade do indivíduo, localizada dentro da área do direito público, para a sua utilidade particular. Na base de tal situação estava a valorização do indivíduo, entendido que este precedia ao Estado e, na verdade, o constituía através de um pacto social, conforme o pensa-

---

2 "*Commendatio* era originalmente uma relação assimétrica, pela qual uma pessoa inferior (embora normalmente livre) se confiava à proteção de uma pessoa superior e poderosa, assumindo perante esta (o suserano) deveres de submissão (vassalagem) e, quando necessário, de ajuda pessoal. *Beneficium* (mais tarde *fevum* e depois *feudum*; daí *fief*, 'feudo') era uma concessão de direito, principalmente direito à terra, mas incluindo a população da terra (escravos, servos ou homens livres) e os acessórios agrícolas, com a finalidade de suprir as necessidades materiais de um indivíduo ou comunidade que tomava a seu cargo certas responsabilidades eclesiásticas ou governamentais" (POGGI, Giafranco. *A Evolução do Estado Moderno*. Rio de Janeiro: Zahar, 1981, p. 34).

mento de Thomas Hobbes, John Locke e de outros jusnaturalistas, que foram os responsáveis pelo resgate da referida dicotomia.

Em época mais recente, em especial no século XX, com a ampliação do Estado, dos seus organismos e com base no positivismo jurídico, voltou-se a descartar a dicotomia como uma verdade imutável e uma separação estanque. Apregoa-se, frequentemente, que o direito privado está destinado a desaparecer frente ao novo impulso do direito público. Os privatistas afirmam com fervor a máxima de Ulpiano e procuram manter a noção de que o direito que cuida dos interesses privados é um bastião de liberdade e de defesa do indivíduo frente à sanha conquistadora do direito público. Por outro lado, Limongi França observa que "muitos caracteres do Estado moderno têm sido de molde a resultarem numa publicização do direito privado", não obstante a hipertrofia estatal tem mostrado a falta de estrutura do direito administrativo para "as atribuições que se arrogou a si mesmo, em detrimento da vida privada". Conclui o festejado cultor do direito privado que "paradoxalmente, o direito público se vai privatizando, por isso que para atender a tal imperiosidade, teve de recorrer (porque nunca as possuiu) às técnicas do direito privado, milenarmente amadurecidas, como a das sociedades, das fundações, do contrato de serviço".[3]

Percebe-se, assim, que desde o início da distinção houve uma imprecisão terminológica que até hoje persegue a dicotomia direito público e direito privado.[4] O primeiro é relativo às normas que regulam

---

3 FRANÇA, Rubens Limongi. Direito Privado. *In*: *Revista de Direito Civil*: imobiliário, agrário e empresarial. São Paulo: Revista dos Tribunais, 1980, nº 11, p. 34.

4 "1º) A divisão tradicional do Direito em Público e Privado, pela sua inegável legitimidade, impõe-se, contemplando, o Direito Público, as relações de subordinação, pressuposta a interferência do Poder Público, enquanto o Direito Privado visa às relações de coordenação, que subentende meros interesses particulares e direitos individuais. 2º) A indiscutível autonomia do Direito Público deve preservar-se contra o exagero do *civilismo*, isto é, contra a tendência para transpor princípios do setor privado ao setor público, mesmo quando este possui soluções próprias e consentâneas com sua natureza específica. 3º) Por outro lado, também não deve haver excessivo preconceito contra a secular tradição do Direito Privado, cuja mais profunda elaboração, sem dúvida, depurou verdadeiros princípios gerais do direito, de utilidade evidente em qualquer campo público ou privado. 4º) A manifesta existência de fragmentos de Direito Privado no mundo administrativo, observadas as conclusões anteriores, longe de criar

o Estado, no aspecto externo, sua relação de igualdade com os demais Estados assegurando-lhe a independência e, no interno, como superior a qualquer outra entidade que se encontre em seu território. Já o direito privado tem como característica as normas que regulam as atividades dos particulares, observado que estes estão no mesmo plano de igualdade em suas relações jurídicas.

A vontade do Estado, no âmbito interno, em geral, faz-se de forma unilateral, em razão de que o interesse estatal nada mais é do que a expressão do interesse do todo social, em face de outra pessoa por ela atingida ou relacionada. Observa Oswaldo Aranha Bandeira de Mello, com adequação, que a autonomia da vontade existe apenas na formação do ato jurídico, mas os direitos e deveres decorrentes da situação jurídica, bem como sua natureza e extensão, são regulamentadas por ato unilateral do Estado, pelas leis e pelas normas administrativas.[5] Nada impede que o Estado possa se sujeitar às normas de direito privado e firmar relações jurídicas com o particular, utilizando-se de seus institutos. Por exemplo, para adquirir um bem imóvel, tanto o Poder Público pode fazê-lo através de um ato jurídico expropriatório, como adquiri-lo através de um contrato de compra e venda, pois ambas as normas foram dele emanadas.

A dicotomia direito público e privado, por outro lado, como alguns juristas de cunho marxista afirmam, tem forte conteúdo ideológico, como observa Michel Mialle, a distinção só existe no ambiente do Estado "burguês" e é uma das formas de dominação capitalista.[6]

---

obstáculo ao desenvolvimento do ramo do Direito Público mencionado, tem-se mostrado benéfica às suas formulações, bem como à determinação da natureza jurídica dos seus institutos" (CRUZ, José Raimundo Gomes. Esquemas de Direito Privado no Mundo Administrativo. *In: Revista de Direito Civil*: imobiliário, agrário e empresarial. São Paulo: Revista dos Tribunais, 1983, nº 26, pp. 67-8).

5 "Os direitos e deveres relativos à situação jurídica dela resultante, a sua natureza e extensão, são regulamentados por ato unilateral do Estado, jamais por disposições criadas pelas partes, isto é, através de processos técnicos de imposição autoritária da sua vontade, estabelecendo as normas adequadas e conferindo os poderes próprios para atingir o seu fim de realização do bem comum" (BANDEIRA DE MELLO, Oswaldo Aranha. *Princípios Gerais de Direito Administrativo*. 2ª ed. Rio de Janeiro: Forense, 1979, vol. I, p. 14).

6 O questionamento que MIALLE, Michel (*Introdução Crítica ao Direito*. 2ª ed. Lisboa: Editorial Estampa, 1994, pp. 154-9) faz da dicotomia direito público/

A discussão, era esse autor, encobriria a natureza do direito como um instrumento da dominação dos trabalhadores.

Na verdade, não se pode imaginar que haja realmente um direito público e um direito privado como categorias separadas e impermeáveis, com total separação entre as suas normas.[7] A separação tem natureza nitidamente pedagógica e, não mais, de conteúdo, pois é a lei estatal que disciplina ambos os campos de atuação. Por outro lado, para reforçar o questionamento da validade de tal separação, há uma séria dificuldade teórica para colocar em tal esquema matérias novas como o direito do trabalho, caracterizando a imprecisão dessa dicotomia.

O direito público, então, tem como primeiro aspecto, ainda que seja hoje bastante questionado, que o mesmo vise à defesa e ao cumprimento de interesses gerais. Por outro lado, o direito público se refere aos sujeitos que tenham império (*ius imperi*), ou seja, o poder de supremacia sobre os demais sujeitos, compreendendo a entidade em que a ordenação estatal toma corpo, no Estado, bem como em entidades menores compreendidas neste, mas com autonomia limitada. Por fim, o direito público regula a organização interna do Estado e dos seus órgãos auxiliares, bem como as relações entre os particulares e o Poder Público, isto é, as normas de direito público estão voltadas a situações

---

direito privado, hoje, já é clássica e consiste em afirmar que: "A modificação da fronteira entre o público e o privado é certamente uma das questões mais debatidas, não apenas nas faculdades de direito, mas sobretudo nas práticas políticas, econômicas, ideológicas da nossa sociedade desde o fim da segunda guerra mundial. Assistimos a duas deslocações da fronteira: uma no sentido favorável à publicização do direito, é o movimento mais aparente; a outra, no sentido da sua privatização, é o movimento real. [...] A distinção-oposição entre direito público e direito privado não é, pois 'natural': não é lógico em si, traduz uma certa racionalidade, a do Estado burguês. Assim, podem ser postas em funcionamento a ideologia e as instituições deste Estado como instância autônoma na formação social. A classificação não é estritamente e vagamente histórica: está ligada à história de uma sociedade que conheceu gradualmente a dominação do modo de produção capitalista. Fica-se, assim, com a idéia de como é grave que tudo isto seja silenciado pelo professor de introdução ao direito".

7 ACQUAVIVA, Marcus Cláudio. *Dicionário Jurídico Brasileiro Acquaviva*. São Paulo: Jurídica Brasileira, 1993, p. 462.

e relações nas quais esteja implicada a participação do Estado ou de seus auxiliares.[8]

O direito público, no ponto de vista pedagógico, está dividido em inúmeras outras disciplinas, como o direito constitucional, administrativo e previdenciário, como se verá a seguir, além de direito urbanístico, ambiental, financeiro, tributário, previdenciário, processual, penal e internacional público, dentre outros. Trata-se de disciplinas em que está presente o interesse preponderante do Estado, que tem poderes excepcionais em relação aos cidadãos. Ainda que muitas vezes atue de forma unilateral, pode também agir de forma bilateral, criando novos direitos com os administrados.

2.2. Direito Constitucional

O direito constitucional vem a ser um dos ramos do direito público interno, qualquer que seja a teoria usada para basear a distinção entre este e o direito privado.[9] Em que pese não haver um critério seguro para tal divisão, a caracterização do direito constitucional como direito

---

8 "A esfera do *direito público estatal* não está, todavia, encerrada dentro de limites fixos e imutáveis; ao contrário, costuma alagar-se ou restringir-se conforme as diversas concepções vigentes, a respeito, nos diferentes períodos históricos. Pode-se estimar que, depois que a doutrina liberal clássica proclamou claramente a prevalência da autonomia privada em relação ao Estado e aos demais entes públicos, se tem perfilado ultimamente uma corrente oposta, teórica e prática, com o escopo de alargar cada vez mais a intervenção estatal no âmbito econômico e social, introduzindo consequentemente no *direito público* institutos e relações que há muito tempo estavam fora de sua esfera, de sorte que o âmbito deixado livre pelo mesmo ao *direito privado* se reduz e se limita cada vez mais" (RUFFIA, Paolo Biscaretti di. *Direito Constitucional*: instituições de direito público. São Paulo: Revista dos Tribunais, 1984, p. 84).

9 CANOTILHO, J. J. Gomes. (*Direito Constitucional*. Coimbra: Almedina, 1991, p. 137) observa que "O enquadramento do direito constitucional no *direito público* é aquele aceite, tendo em conta, porém, três considerações fundamentais: (1) a distinção entre direito público/direito privado deve desvincular-se da *pré-compreensão ideológica* que, por vezes, lhe está subjacente; (2) a dicotomia direito público/direito privado não se reconduz hoje a um dualismo absoluto das relações jurídicas públicas/relações jurídicas privadas, aludindo-se antes à ordem jurídica como uma *ordem pluralista de relações jurídicas*; (3) a distinção direito público/direito privado não é uma divisão susceptível de captação apriorística, devendo antes basear-se na ordem jurídica positiva".

público vem de uma função didática e também de ordem prática. Em primeiro lugar, o direito público caracteriza-se pelo uso de formas de ação unilateralmente ditadas, como a lei, o decreto, o ato administrativo ou a sentença, ao passo que no direito privado predomina a autonomia da vontade. Em segundo, o Poder Público apenas pode agir se tiver competência constitucional fixada, enquanto os sujeitos privados têm liberdade para contraírem suas relações jurídicas. Em terceiro, o Poder Público encontra-se submetido aos princípios constitucionais, como da legalidade, moralidade ou publicidade, dentre outros, que não gozam de validade absoluta para as relações privadas.

O direito constitucional encontra-se caracterizado pela posição dominante que tem em relação aos demais ramos do direito. Tal posição decorre de que as normas constitucionais são uma *lex superior* que tem por fundamento de validade a si próprio, de que tais normas afirmam-se como fonte de produção de outras normas jurídicas e, ainda, de que a superioridade implica que todos os atos dos Poderes Políticos têm que estar conforme a Constituição. A superioridade afirmada decorre de que as normas constitucionais são portadoras de um valor normativo formal e material superior e que é reconhecida por todo o ordenamento jurídico.

A formação do direito constitucional decorreu das mudanças políticas resultantes das três grandes revoluções burguesas ocorridas na Inglaterra, França e Estados Unidos. Na primeira, ao longo do século XVII, houve, na verdade, duas revoluções que afastaram em definitivo a dinastia Stuart (1605-1689) do poder e mudaram as relações políticas inglesas. A guerra civil rebentou, em 1642, e acabou com a morte pela forca do rei Carlos I, derrotado por uma aliança que abrangia o Parlamento, que antes já lhe tinha imposto a *Petition of Rights*, em 1628, com os pequenos proprietários de terras, os manufatureiros, os presbiterianos e os puritanos. Assumiu o poder Olivier Cromwell (1599-1658), resolvido a remodelar o sistema político na Inglaterra segundo seu entendimento, preparando o *Instrument of Government*, em 1653, que veio a ser a primeira e última Constituição inglesa escrita. Depois, no entanto, entrando em conflito com o Parlamento, assumiu o título de *Lord Protector* e fechou essa casa, governando como um ditador. Não conseguiu que seu filho fosse seu sucessor no governo por ele instaurado, havendo a restauração da dinastia Stuart, o que motivou mais incertezas na população.

Diante da hipótese de perpetuação no poder de reis católicos, houve uma revolta generalizada, ainda que sem o banho de sangue da anterior, conhecida como Revolução Gloriosa ou Segunda Revolução Inglesa, em 1688, com o triunfo do Parlamento e do sistema parlamentarista inglês. Vários atos constitucionais foram elaborados logo após a revolução, mas deve ser destacado a *Bill of Rights*, nesse mesmo ano. Ela proibia formalmente aos soberanos suspender as leis, criar impostos, instituir jurisdição arbitrária e manter exército permanente sem o consentimento parlamentar, além de garantir a liberdade individual e o direito de peticionar.

Nos Estados Unidos, no final do século XVIII, o poder colonial inglês passou a se defrontar com uma série de exigências dos colonos que, desde que chegaram ao Novo Continente, tinham se organizado em pequenas comunidades políticas. O governo da Inglaterra reagiu com as Leis Intoleráveis, que provocou a radicalização dos americanos, que proclamaram a célebre *Declaration of Independence*, em 1776, redigida por Thomas Jefferson, que afirmava o direito de revolução, sempre que a tirania se tornasse insuportável.[10] A guerra civil foi longa e, no começo, favorável à metrópole, mas depois, com a ajuda da França e de outras potências europeias, os americanos foram ganhando terreno, até que a Inglaterra formalmente reconhecesse a independência das treze colônias revoltadas. Elaborou-se, então, no Segundo Congresso da Filadélfia, a Constituição dos Estados Unidos, em 1786, homologada por todos os treze Estados, no ano seguinte. Tratou-se do mais importante documento constitucional da história recente que provocou uma mudança política generalizada no mundo que, à exceção da Inglaterra, passou a adotar as Constituições escritas como os documentos básicos da organização política dos Países.

Na França, que assistia impaciente à decadência política da dinastia dos Bourbons, rebentou a célebre Revolução Francesa. No seu primeiro momento, em 1789, foi elaborada a *Declaration des Droits*

---

10 Declaração de Independência dos Estados Unidos da América, de 11.06.1776, dizia que: "*When in the course of human events it becomes necessary for one people to dissolve the political bans which have connected them with another, and to assume among the Powers of the Earth, the separate and equal station to which the Law of Na ture and of Nature's God entitle them, a decent respect to the opinions of manking that they should declare the causes which impel them to the separation*" (*The Declaration of Independence/The Constitution of The United States of America*. USA: *United States Information Agency*, s/d., p. 1).

de L'Homme et du Citayen, documento fundamental de afirmação dos direitos individuais e dos limites que o Estado passava a ter frente a estes.[11] Depois, nos anos seguintes, foram redigidas e aprovadas as Constituições de 1791 e 1793, que, sem o peso da *Declaração de Direitos do Homem e do Cidadão*, provocaram profundas influências no movimento constitucional em todo o mundo, especialmente, assegurando o direito de petição.

Do ponto de vista histórico, os três movimentos resultaram dos ideais políticos, do que se passou a chamar de Estado Constitucional, que tinha como característica básica a limitação da autoridade governamental, consagrada com a separação dos Poderes Políticos, em que as funções legislativas, executivas e judiciárias eram distribuídas entre órgãos diversos, bem como a declaração de direitos individuais.[12] As Revoluções elaboraram não apenas uma Constituição da classe burguesa, mas, com o tempo, a Constituição de todas as classes, que viram nela um artefato capaz de impor limitações ao arbítrio governamental. Por conseguinte, até o século XX, os textos constitucionais liberais perduraram, sendo apenas suplantados pelo *Welfare State*,[13] que tam-

---

11 COSTA, Nelson Nery. *Teoria e Realidade da Desobediência Civil*. 2ª ed. Rio de Janeiro: Forense, 2000, p. 26.

12 "O liberalismo fez, assim, com o conceito de Constituição aquilo que já fizera com o conceito de soberania nacional: um expediente teórico e abstrato de universalização, nascida de seus princípios e dominada da historicidade de seus interesses concretos. De sorte que, exteriormente, a doutrina liberal não buscava inculcar a *sua* Constituição, mas o artefato racional e lógico, aquele que a vontade constituinte legislava como conceito absolutamente válido de Constituição, aplicável a todo o gênero humano, porquanto iluminado pelas luzes da razão universal" (BONAVIDES, Paulo. *Curso de Direito Constitucional*. 9ª ed. São Paulo: Malheiros Editores, 2000, p. 23).

13 "*El concepto de Welfare State se refiere capitalmente a una dimensión de la política estatal, es decir, a las finalidades de bienestar social; es un concepto mensurable en función de la distribución de las cifras del presupuesto destinadas a los servicios social*es y otros índices, y los problemas que plantea, tales como sus costos, sus posibles contradicciones y su capacidade de reproducción, pueden también ser medidos cuantitativamente. En cambio, la denominación y el concepto de Estado social incluyen no sólo los aspectos del bienestar, ausque éstos sean uno de sus componentes capitales, sino también los problemas generales del sistema estatal de nuestro tiempo, que en parte pueden ser medidos y en parte simplesmente entendido" (GARCÍA-PELAYO, Manuel. *Las Transformaciones del Estado Contemporáneo*. 3ª ed. Madrid: Alianza Editorial, 1982, p. 14).

bém foi constitucionalizado com a Constituição Mexicana, em 1917, a Declaração de Direitos do Povo Oprimido e Trabalhador da Rússia, em 1918, e a Constituição de Weimar, em 1919.

Durante a expansão francesa na Itália, realizada no período napoleônico, houve a difusão dos ideais revolucionários liberais, baseados na noção do contrato social e no respeito aos direitos individuais, sendo cunhada a expressão *diritto constituzionale*. Essa nova disciplina foi lecionada nas universidades do norte italiano, como Ferrara e Bolonha, que acabaram por influenciar de volta a França Guizot (1787-1874), Ministro da Instrução Pública, determinou, em 1834, na Faculdade de Direito de Paris, a implantação da cadeira de *droit constitutionnel*. Daí, a matéria foi difundida em toda a Europa e, numa fase, seguinte, em todo o mundo. No Brasil, que teve sua primeira Constituição, em 1824, ainda no Império (1822-1889), a obra inicial foi a elaborada por José Antônio Pimenta Bueno (1803-1878), o Marquês de São Vicente, com o livro de cunho didático chamado *Direito Público Brasileiro e Análise da Constituição do Império*, em 1854.

O direito constitucional pode ser dividido em três áreas principais, quase conhecimentos autônomos: a) o direito constitucional especial, interno ou particular; b) o direito constitucional geral; c) o direito constitucional comparado. Os dois últimos são caracterizados, respectivamente, como uma projeção doutrinária do direito público interno e como o confronto no tempo e no espaço de Constituições. Já o primeiro, que vai-se chamar apenas de direito constitucional interno, abarca a estrutura jurídica do Estado, bem como suas normas básicas, a definição e a dinâmica de seus órgãos, os direitos públicos individuais, a organização territorial estatal e, mesmo, assuntos não previstos nos textos constitucionais.[14] São estudadas nessa disciplina as características dos órgãos ligados à seguridade social, sendo, por conseguinte, uma de suas pedras fundamentais. As questões constitucionais municipais são as relativas à forma de governo local, com as definições do Executivo e do Legislativo, bem como as matérias referentes à competência, atribuições e princípios gerais de sua lei orgânica.

14 RUSSOMANO, Rosah. *Curso de Direito Constitucional*. 3ª ed. Rio de Janeiro: Livraria Freitas Bastos, 1978, p. 19.

2.3. Direito Administrativo

O direito administrativo é um direito público, sendo uma de suas disciplinas mais marcantes, porque trata da Administração Pública, que personifica o Estado e o torna real frente aos cidadãos, com seus prédios, obras, serviços e servidores, como a face visível do *Leviatã*. O Poder Público, no cotidiano das pessoas, está presente através de sua exteriorização efetuada pelo direito público interno. O aspecto estatutário desse direito tem por objeto principal o próprio organismo público, fazendo com que suas relações jurídicas acabem abrangendo outros direitos.

O direito administrativo está intimamente ligado ao direito constitucional, vez que este tem por objeto principal o estudo da Constituição, norma superior no ordenamento jurídico.[15] Não se trata de uma observação abstrata, mas que registra a marca em que cada lei, regulamento, ato administrativo ou sentença está penetrada pelos princípios constitucionais, não podendo contra eles colidir.

O direito administrativo emergiu também do Estado constitucional, no século XIX. Foi delimitada a ação estatal, frente a si próprio, com a separação das funções políticas em órgãos diversos, e frente ao cidadão, com o estabelecimento de limites do agir público em face dos direitos individuais.[16] Deve-se observar, ainda, que, no direito adminis-

15 "O Direito Administrativo está intimamente interrelacionado com o Direito Constitucional, em seu sentido de Direito da Constituição enquanto norma jurídica. Não obstante, este enuncia os princípios básicos do ordenamento, pela própria superioridade que dentro deste apresenta a Constituição mesma, de modo que sua superioridade sobre o Direito Administrativo, como sobre outro qualquer ramo do ordenamento, não é discutível; por outro lado, seu âmbito material é também mais extenso, posto que abarca aos aspectos do Estado que excedem dos propriamente administrativos. Entretanto, essas diferenças materiais não conduzem à separação de ambos os ramos, antes, porém, postulam uma relação permanente entre eles, como se manifesta no tratamento conjunto dos dois pelos mesmos especialistas, o que é comum em todo mundo ocidental" (GARCÍA DE ENTERRÍA, Eduardo, e FERNÁNDEZ, Tomás-Ramon. *Curso de Direito Administrativo*. São Paulo: Revista dos Tribunais, 1990, p. 48).

16 "A implantação do Estado de Direito, com a distinção entre Estado-poder e Estado-sociedade, tornando aquele simples meio para realização do bem deste, permitiu a formação do Direito Administrativo. Destarte, suplantou ele o Estado de Polícia, que não distinguia as atividades do Estado-poder, segundo a

trativo, é fundamental se atinar para o interesse público, como princípio central da ação administrativa.

A primeira obra expondo o direito administrativo foi de autoria do italiano Giandomenico Romagnosi (1761-1835), com seu *Principii Foundamentali di Diritto Admministrativo*, em 1814. Não obstante, essa primazia é na França que ele se desenvolveu, com as obras de Macarel (séc. XVIII-XIX), em 1818, *Éléments de Jurisprudence Administratif*, e De Cormenin (séc. XVIII-XIX), em 1822, *Questions de Droit Administratif*, voltadas à jurisprudência em matéria administrativa do Conselho de Estado. No espaço entre tais obras, em 1819, foi inaugurado na Faculdade de Direito de Paris, a cadeira de *droit administratif*, e De Gerandi (séc. XVIII-XIX) publica *Programa du Cours de Droit Public Positif Administratif à La Faculté de Droit de Paris*, expondo os princípios gerais do curso.

A completa autonomia do direito administrativo só foi alcançada, com o famoso Caso *Blanco*, que ocorreu, em 1873, na França. Sucedeu que a manufatura nacional de tabaco de Bordeus ocupava dois prédios separados, com dois vagonetes transportando produtos de um prédio para o outro. Uma menina que passava foi atropelada por um dos vagonetes e teve a perna esmagada, fazendo com que seus pais movessem ação de indenização contra o Estado, requerendo indenização nos tribunais civis. Foi suscitado o conflito de competências e o Tribunal de Conflitos, pelo voto do relator do processo, o Conselheiro David (séc. XIX), declarou que a competência era administrativa, em razão de se tratar de julgar a responsabilidade nascida de um mau funcionário do serviço público. A autonomia foi firmada ao se estabelecer que a ação de um funcionário é regida por um regime jurídico diverso do que se aplicava na matéria, como a indenização, típica do direito privado. Depois, vieram os Casos *Terrier* e *Fleutry*, que cimentaram em definitivo a autonomia do direito administrativo.

No Brasil, quando os cursos jurídicos foram criados, pela Lei Segunda, de 11.08.1827, instituindo-se as Faculdades de Direito de São Paulo e de Olinda, o direito administrativo não constava de seus

---

diversidade dos seus objetos e das finalidades que tem em mira alcançar, mas cogitava das prerrogativas majestáticas do governo e das faculdades delegadas aos seus auxiliares. De então, passaram a se reger por contornos jurídicos e o Direito Administrativo começou a desabrochar" (BANDEIRA DE MELLO, Oswaldo Aranha. *Princípios de Direito Administrativo, op. cit.*, vol. I, p. 52).

currículos. Não obstante ter sido proposto em 1833, somente pelo Decreto nº 608, de 16.08.1851, pela iniciativa do Visconde de Porto Alegre (1804-1875), a Assembleia Geral Legislativa aprovou a inclusão dessa disciplina nos cursos judiciais.

O direito administrativo tem como objeto de análise a Administração Pública. Assim, para defini-lo melhor, precisa-se afirmar que o vocábulo "administração", bem como "administrar" e "administrativo", ligadas pela raiz min, que tem relação com *minor*, *minus* e *minister*, vincula-se à noção de chefia, orientação ou direção. Ao se colocar o adjetivo "público" vinculou-se à ideia de que se tratava do âmbito limitado às ações, aos interesses e ao pessoal do Estado. O direito administrativo, então, é aquele que trata das relações jurídicas e dos institutos que regem os atos praticados pelos sujeitos estatais.

O Estado emergiu, no século XX, com o desafio de conciliar a crescente industrialização com as pressões sociais por mais direitos e bens. A expansão da indústria, a níveis jamais alcançados antes, bem como a constatação de que a economia passava por momentos de crises cíclicas, fez com que a ação estatal viesse atuar de forma mais direta na economia. A intervenção não se dava apenas através de políticas públicas, mas com a própria Administração atuando como se fosse uma empresa, produzindo bens e serviços no papel de um sujeito privado. Por outro lado, para diminuir os custos das empresas e compensar as reivindicações dos trabalhadores, o Estado passou a atuar em áreas que antes não fazia, como na educação, na saúde e, em especial, na previdência social.

A nova realidade fez com que houvesse a ampliação do espaço público e, em correlato, dos órgãos estatais, numa dimensão jamais presenciada na história da humanidade. A ampliação da burocracia fez com que o Estado passasse a ter interesses e a mediar conflitos em áreas que eram tipicamente da iniciativa privada e no campo da sociedade civil. Max Weber, em sua clássica análise dos tipos de dominação, observou que a dominação legal com quadro administrativo burocrático obteve a legitimidade das ordens estatuídas a partir de um caráter racional, com a aparência de uma ordem impessoal.[17] Ainda que não se

17 "A administração puramente burocrática, portanto, a administração burocrática-monocrática mediante documentação, considera do ponto de vista formal, é, segundo toda a experiência, a forma *mais racional* de exercício de dominação, porque

possa confirmar esta impessoalidade e racionalidade, sem dúvida o século XX assistiu à ampliação da burocracia e sua dominação com base em uma lógica própria, a de que o aparelho estatal se basta a si próprio e resolve suas necessidades, aumentando o tamanho e o número de seus órgãos e sujeitos.

A nova realidade da Administração Pública, que passou a dispor sobre quase tudo, inclusive sobre questões tradicionalmente do direito privado, como as limitações ao uso das propriedades, fez com que o direito administrativo passasse a ter uma nova dimensão, cada vez mais ampla,[18] O direito previdenciário, ainda que profundamente influenciado pelo direito constitucional, foi buscar no direito administrativo e no direito tributário a maioria de seus institutos e princípios.

2.4. Direito Tributário

O direito financeiro nasceu do direito administrativo, pertencendo então ao direito público interno. Constitui-se esse ramo jurídico da soma de regras relativas aos interesses coletivos, para o fim de dispor e fiscalizar as finanças públicas. Trata-se de impor limites à gestão das finanças governamentais e dos outros órgãos políticos, assegurando recursos necessários para a manutenção dos serviços públicos, cumprindo as obrigações. Dispõe o direito financeiro sobre a matéria da ciência das finanças, instituindo os elementos para a composição do orçamento, assim como arrecadando para formar a receita pública e poder honrar com as dívidas contraídas pelo poder público.

O direito tributário nasceu como uma especialização do direito financeiro, vez que os tributos fazem parte da receita pública, sendo então um ramo do direito público interno, tendo como origem primeira o direito administrativo. O direito tributário se representa como "conjunto de regras e princípios que, estabelecendo os tributos, insti-

nela se alcança *tecnicamente* o máximo de rendimento em virtude de precisão, continuidade, disciplina, rigor e confiabilidade – isto é, calculabilidade tanto para o senhor quanto para os demais interessados, intensidade e extensibilidade dos serviços, e aplicabilidade formalmente universal a todas as espécies de tarefas" (WEBER, Max. *Economia e Sociedade*. Brasília: Universidade de Brasília, 1994, vol. 1, p. 145).

18 COSTA, Nelson Nery. *Direito Municipal Brasileiro*. 4ª ed. Rio de Janeiro: Forense, 2010, p. 33.

tuiu as normas que devem ser aplicadas na arrecadação das rendas tributárias, inclusive de sua fiscalização, sem se imiscuir na administração dessas rendas e em sua aplicação, o que já se faz objeto do Direito Financeiro".[19]

O Poder Público, para o exercício das funções administrativas que lhe foram atribuídas, executa suas atividades com o uso de suas rendas. O poder de arrecadar tributos e aplicar rendas, de acordo com o orçamento anual, trata-se da competência financeira que, no aspecto de arrecadação fiscal, vem a ser competência tributária. Pode a entidade federada instituir tributo, através de lei, mas não pode cobrá-lo no próprio exercício em que esta foi fixada. É uma segurança a mais para o contribuinte, que arca com o ônus fiscal.

O Poder Público, para realizar seus encargos, construir obras, manter seu aparelho burocrático e ainda exercer seus serviços, precisa de recursos, que vai buscar no setor privado. Os recursos podem ser originários, quando resultarem de atividades econômicas desenvolvidas por estabelecimentos públicos. Os recursos originários podem ser os preços quase privados, quando se originaram de lucros em atividades de natureza privada, como a distribuição de combustível. Podem ser, também, os preços públicos, quando resultados de atividade de natureza privada, mas submetido ao poder público por meio de monopólio, como a energia nuclear, ou preços de serviços de utilidade pública. É conhecida pelo nome de tarifa, por exemplo a passagem de transporte público.

A receita pode ter natureza compulsória, conhecida como recurso derivado, porque obtida pelo exercício do *ius imperium*, o poder da soberania estatal. A receita obtida, desse modo, é o tributo, que se encontra conceituado no art. 3º do Código Tributário Nacional, como "toda prestação compulsória, em moeda ou cujo valor nela se possa exprimir, que não constitua sanção de ato ilícito, instituído em lei e cobrado mediante atividade administrativa plenamente vinculada". Tem como característica ser uma prestação de natureza obrigatória, no qual não se discute se há interesse ou não em pagá-la, não podendo resultar de sanção de ato ilícito. Deve, expressamente, ser criada por lei, não se admitindo outro modo de instituição. A União, os Estados, o Distrito

---

19 DE PLÁCIDO E SILVA. *Vocabulário Jurídico*. 24ª ed. Rio de Janeiro: Forense, 2004, p. 477.

Federal e os Municípios podem estabelecer tributos, de acordo com o art. 145 da Constituição Federal. Esses tributos podem ser os impostos, as taxas e as contribuições de melhoria.

O sistema tributário nacional foi tratado nos textos constitucionais, desde 1824, nos arts. 170 a 172. Constou, também, na Constituição de 1891, nos arts. 7º e 9º, na Constituição de 1934, nos arts. 14 e 15, na Constituição de 1937, nos arts. 20, 23 e 28, na Constituição de 1946, nos arts. 15, 16 e 29, e na Constituição de 1967, que na sua Emenda Constitucional nº 1, de 17.10.1969, apareceu nos arts. 18 a 26. Na Constituição de 1988 passou a ser o Capítulo I, "Do Sistema Tributário Nacional", do Título VI, "Da Tributação e do Orçamento", nos arts. 145 a 162.

O imposto vem a ser o tributo cuja obrigação tem por fato gerador uma situação independente de qualquer atividade estatal específica relativa ao contribuinte, como dispõe o art. 16, do Código Tributário Nacional. A União, os Estados e os Municípios têm competências específicas para instituir os impostos, com a primeira tendo competência residual, de acordo com o disposto no art. 145, I, da Constituição Federal. A sua característica mais marcante, então, é a desvinculação com qualquer obra ou serviço público.

De acordo com suas características, pode ser fixo, quando o valor independe de cálculo, ou percentual, quando incide sobre um valor determinado em termos de porcentagens, e, ainda, adicional, quando o fato gerador é outro tributo. Pode, ainda, ser direto, quando o contribuinte que de fato paga o tributo também o recolhe, ou indireto, quando existe um contribuinte de fato e outro de direito. Quanto à alíquota, pode ser proporcional, quando alíquota varia conforme a base de cálculo; progressivo, quando a alíquota aumenta conforme se eleva a base de cálculo; e, ainda, regressivo, quando diminui conforme o valor sobre o qual vai incidir. Por fim, pode ser real, quando independe da capacidade de contribuição ou, ainda, pessoal, quando depende da situação específica.

As taxas são cobradas em razão do exercício do poder de polícia ou pela utilização, efetiva ou potencial, de serviços públicos específicos e divisíveis, prestados ao contribuinte ou postos à sua disposição. Trata-se, praticamente, do mesmo dispositivo contido no art. 77 do Código Tributário Nacional, que diz que "as taxas cobradas pela União, pelos Estados, pelo Distrito Federal ou pelos Municípios, no âmbito de suas respectivas atribuições, tem como fato gerador o exercício regular do poder de polícia, ou a utilização efetiva ou potencial, de serviço públicos específico e divisível, prestado ao contribuinte ou posto a sua disposição". Existem, então, duas situações para a cobrança das taxas: o exercício regular do poder de polícia ou, então, a utilização de serviço público específico ou divisível, ainda que prestada efetiva ou potencialmente.

Existe, ainda, a contribuição de melhoria, decorrente de obras públicas. Dispõe o art. 81 do Código Tributário Nacional, que "a contribuição de melhoria cobrada pela União, pelos Estados, pelo Distrito Federal ou pelos Municípios, no âmbito de suas respectivas atribuições, é instituído para fazer face ao custo de obras públicas de que decorra valorização imobiliária, tendo como limite total a despesa realizada e como limite individual o acréscimo de valor que da obra resultar para cada imóvel beneficiado". Em razão da dificuldade de se averiguar a valorização do imóvel, por conta de seu caráter subjetivo, esse tributo vem sendo pouco utilizado no Brasil, não obstante a mudança efetuada pelo art. 145, III, do texto constitucional, que procurou fugir às restrições do Código Tributário Nacional. O Decreto-Lei nº 195, de 24.2.1967, versou sobre as contribuições de melhoria.

São tributos, ainda, o empréstimo compulsório, previsto no art. 148, e as contribuições sociais, tratada no art. 149, ambos do texto constitucional. Consideram-se hoje também como tributos as contribuições sociais para o custeio da seguridade social, seja para o Regime Geral de Previdência Social (RGPS), no art. 195, ou para o custeio do Regime Próprio de Previdência Social (RPPS), no art. 40, *caput*, e no art. 149, § 1º, do texto constitucional. As contribuições sociais da seguridade eram matérias do direito previdenciário e passou, cada vez mais, para o direito tributário, inclusive com a criação da Secretaria da Receita Federal do Brasil.

2.5. Direito do Trabalho

O direito do trabalho é ramo relevante do direito, porque vem a ser o instrumento de se mediar os conflitos de interesse entre patrões e empregados. Resultou da movimentação de trabalhadores, em especial, depois da década de vinte, no século passado, em especial pela ação de anarquistas e sindicalistas. A Consolidação das Leis do Trabalho (CLT) foi instituída através do Decreto-lei nº 5.452, de 01.05.1943, sem que fosse nominado como código, mas como uma consolidação de direitos esparsos, posição que não mudou deste então.

O direito do trabalho tem, também, uma jurisdição especializada, disposta na Seção V, "Dos Tribunais e Juízes do Trabalho", contido no Capítulo III "Do Poder Judiciário", previsto no Título IV "Da Organização dos Poderes", na Constituição de 1998. Essa jurisdição está tratada nos artigos 111 a 116, vez que o art. 117, que tratava dos representantes classistas foi revogado pela Emenda Constitucional nº 24, de 09.12.1999. Depois, a Emenda Constitucional nº 28, de 25.05.2000, dispôs sobre o inciso XXIX do art. 7º, que se trata de um direito social.

A justiça do trabalho surgiu na França, com a Lei de 18.03.1806, que instituiu os *Conseils de Prud'hommes*, com funções conciliadoras e julgadoras. A partir daí, os conflitos entre empregados e empregadores passaram a ser decididos através desses conselhos, com os empregados e empregadores escolhendo número igual de conselheiros. O *Conseil de Prud'homme* é a mais antiga das instituições criadas especialmente pelo Estado para relações de trabalho, com o primeiro conselho criado em Lyon. O estatuto atual do trabalho da França tem por base a Lei de 27.03.1907, bastante modificada, e que se trata do Livro IV do atual Código do Trabalho.

Na Itália, a Lei de 18.01.1893 criou os Colégios de *Probiviri*, com o fim de resolver os dissídios individuais dos contratos de trabalho e aprendizado, possibilitando recursos para os Tribunais de Trabalho, depois que eles foram criados. No séc. XX, a Lei nº 563, de 03.04.1926, criou a *Magistratura dei Lavoro*, com atribuições jurisdicionais e normativas de base paritária e estatal. Ela funcionava em duas instâncias, na segunda, com as Cortes da Apelação com suas seções especiais. A Grã-Bretanha fixou também medidas relativas à proteção do trabalho, em 1896, com o *Conciliation Act* que trouxe medidas para prevenir os dissídios do trabalho. Em seguida à Primeira Guerra Mundial, em 20.11.1919, foram organizadas as *Industrial Courts e as Courts of Inquiry*, de base paritária e de jurisdição facultativa em matéria trabalhista.

No México a Constituição de 1917, no art. 123, XX, foi a primeira a instituir a magistratura do trabalho, através da *Junta de Conciliación y Arbitraje*, com base paritária. A Alemanha criou os Conselhos de Operários, no art. 165 da Constituição de 1919, sem lhes outorgar funções jurisdicionais. Em 1923, os regulamentos instituíram *Schlichtungsausschuessé* (Comissão de Conciliação), com base paritária estatal, mas em 1926, foram transformadas em Tribunais do Trabalho. Na Rússia teve grande desenvolvimento o direito do trabalho, com o Código de Leis do Trabalho em 10.12.1918, sendo substituído, na União Soviética, por um Código mais amplo a 15.11.1922.

Depois da Revolução de Trinta, no Brasil, começou a surgir a preocupação com a questão trabalhista como essencial às relações sociais.[20] Em 1932, foram criadas as Juntas de Conciliação e Julgamento, pelo Decreto Federal nº 22.132, de 25.11.1932, e as Comissões Mistas de Conciliação, pelo Decreto Federal nº 21.396, de 12.11.1932. As primeiras tinham por objeto resolver os conflitos individuais do trabalho e, as segundas, resolver os conflitos coletivos, ambas com base paritária e estatal. Organizou-se o Conselho Nacional do Trabalho, dividido em Câmaras, em 1934, com a Justiça do Trabalho tendo as suas decisões revistas pela justiça comum, sem ser decisão final.

A Constituição de 1934 manteve os princípios da jurisdição trabalhista com a ampla designação de Justiça do Trabalho, mas sem incluí-la entre os órgãos do Poder Judiciário. As suas decisões também estavam sujeitas à solução final da justiça ordinária. A Constituição de 1937 manteve a Justiça do Trabalho, cujas bases seriam reguladas com mais detalhes pela legislação ordinária, para o que foi elaborado o Decreto nº 6.596, de 12.12.1940, passando as decisões da Justiça do Trabalho a ser coisa julgada. A Constituição de 1946 tratou da matéria no art. 122, falando dos juízes e tribunais do trabalho. Entre os órgãos do Tribunal do Trabalho mencionava: a) Tribunal Superior do Trabalho (TST), com sede na capital federal; b) Tribunais Regionais do Trabalho (TRT), cujo número e sede eram fixados pela lei; c) Juízes do Trabalho. A Constituição de 1967, assim como a Emenda Constitucional de 1969, disciplinou também com detalhes a Justiça do Trabalho, com força jurisdicional", o que também fez a Constituição de 1988.

2.6. Direito Previdenciário

O direito previdenciário tem duas grandes áreas de atuação. De um lado, os benefícios, que são outorgados pelos direitos de caráter administrativo; do outro lado, o custeio, que nasceu do direito financeiro e do direito tributário. O direito previdenciário, assim, é um direito

20 PINTO FERREIRA. *Comentários à Constituição Brasileira*. São Paulo: Saraiva, 1989, 4º vol, p. 487-9.

híbrido, ainda que de natureza puramente pública, pois está ligado diretamente à autonomia do Estado e a seu aparelho administrativo e fiscal. Não se pode esquecer, ainda, que tenha origem no direito do trabalho, sendo um direito social, inclusive previsto no art. 6º do texto constitucional.

No âmbito do benefício, trata-se do reconhecimento de direitos aos trabalhadores ou aos autônomos que contribuíram para o sistema de previdência, ou estão agraciados por disposição legal, como os rurícolas e as pessoas com deficiência. Desse modo, quando ocorre na previdência pública, existe a outorga de um direito, como a aposentadoria ou a pensão, desde que requisitos prévios sejam alcançados. Mesmo na previdência privada, existe a tutela do Estado, através da Superintendência de Seguro Privado (SUSEP), que é uma autarquia federal. A matéria está expressa no texto constitucional, no art. 40, no art. 201 e no art. 202, bem como na legislação em geral.

Por outro lado, no aspecto de custeio está o direito de cobrar exação dos contribuintes, sejam empresas, órgãos públicos, trabalhadores ou servidores públicos, para o financiamento do sistema de previdência. Antes da Constituição Federal de 1988, chamou-se de contribuição parafiscal, mas depois do texto constitucional, passou a ser identificado como contribuição social para fim de seguridade social. Cada vez mais essa contribuição social é entendida como um tributo, cada vez mais longe da noção de conta individualizada. Pela nova natureza, o custeio tem por base o direito tributário e as regras inerentes a ele. Com a criação da chamada "Super Receita", através da Lei Federal nº 11.457, de 16.03.2007, a arrecadação do Instituto Nacional de Seguridade Social (INSS) passou a Secretaria da Receita Federal do Brasil, órgão do Ministério da Fazenda, foi mais aprofundado o caráter tributário da contribuição social. Por outro lado, tal caráter está na Constituição Federal, nos arts. 40, *caput*, no art. 149, § 1º, e no art. 195, além de haver inúmeras leis e documentos sobre a matéria.

O direito previdenciário é tipificamente um direito público, mas têm matérias de origem comercial, como as disposições relativas à previdência privada. Trata-se aí de direito privado, particularmente de direito bancário, submetido às regras do mercado financeiro, ainda que exista a tutela pública através de uma outorga federal. No entanto, tem caráter público, como as disposições referentes aos benefícios baseados no direito administrativo, enquanto as regras de custeio têm origem do direito tributário, além da abrangência geral do direito constitucional.

Para Miguel Horvath Júnior, "o direito previdenciário é fruto da revolução e do desenvolvimento da sociedade humana, principalmente em decorrência dos inúmeros acidentes de trabalho que dizimavam os trabalhadores. Este ramo do direito visa à cobertura dos 'riscos sociais, tomada a expressão no seu sentido comum de acontecimento *incertus an e incertus quando* que acarreta uma situação de impossibilidade de sustento próprio e da família'. Santoro Passarelli afirma que a previdência social não pretende uma função indenizatória, mas uma função de alívio da necessidade social, fornecendo ao trabalhador não as prestações equivalentes àquelas que ele tinha antes do evento, mas somente as correspondente a um mínimo vital. A necessidade vem avaliada objetivamente com respeito, dentro de certos limites, às retribuições e, portanto, ao teor da vida do trabalhador como necessidade socialmente relevante".[21]

A seguridade social consiste em instrumento da política social, com o fim de permitir que haja um desenvolvimento econômico de maneira equitativa. Os planos e os programas de seguridade precisam ser financiados com recursos devidos para aumentar a capacidade econômica da população, que acaba dinamizando a economia como um todo. O direito à previdência, como um direito social, resulta de um direito de luta dos trabalhadores para melhor sua situação salarial e seus benefícios. Trata-se do meio de permitir que ocorra a libertação da necessidade, garantindo condições mínimas de sobrevivência.

Para Celso Barroso Leite, "a seguridade social deve ser entendida e conceituada como o conjunto de medidas com as quais o Estado, agente da sociedade, procura atender à necessidade que o ser humano tem de segurança na adversidade, de tranquilidade quanto ao dia de amanhã. A capacidade de pensar é uma das características mais marcantes do homem; e pensar no futuro é uma forma ao mesmo tem-

21 "O Homem sempre esteve exposto à indigência. Podemos entender a indigência como a exposição a sofrimentos e privações. A indigência sempre foi uma ameaça à segurança e à paz social. As causas da indigência humana podem ser individuais (ócio, delinquência, imprudência, etc.) ou sociais (doença, acidente, incapacidade para o trabalho, desemprego, etc.)" (HORVATH JÚNIOR, Miguel. *Direito Previdenciário*. 8ª ed. São Paulo: Quartier Latin, 2010, p. 21).

po natural e avançada de exercer essa capacidade. [...] Constitui a maneira, na realidade maneiras, de proporcionar a cada um de nós a garantia de poder vier em paz no tocante a determinadas necessidades inerentes à própria condição humana".[22]

Os princípios são regras ou preceitos fundamentais que estabelecem diretrizes a toda espécies de ação jurídica, estabelecendo a conduta a ser tida em qualquer ato jurídico. Fixou o sentido mais importante da norma, indicando a razão fundamental das coisas, como um axioma. Compreende não só os fundamentos jurídicos, mas todo sentido derivado da cultura do direito, indicando a forma pela qual devem ser interpretado e aplicado.

Em relação à seguridade social, existem princípios específicos, de direito previdenciário, como: a) princípio da solidariedade, que se encontra presente na distribuição do ônus do custeio, na prestação do auxílio ou na participação da maioria da população em favor de uma minoria,[23] b) princípio da obrigatoriedade, que decorre da necessidade de que o sistema só funcione se todos participarem sem exceções da solidariedade social; c) princípio da universalidade, que tem dois aspectos: um, em que se deve haver a proteção de todos habitantes da comunidade e, outro, em que todos são atendidos, mas sem exigir uniformidade no atendimento; d) princípio da unidade, que indica que a exigência de unificação é fundamental para que seja melhor, mais rápido e menos custoso os benefícios; e) princípio da suficiência ou efetividade, que implica em que a seguridade social deva prever todas as necessidades a serem cobertas; f) princípio da supletividade ou subsidiariedade, que indica que a proteção social foi assumida pelo Poder Público em vez de pelo particular.

---

22 "As necessidades essenciais de cada indivíduo, a que a sociedade deve atender, tornam-se na realidade necessidades sociais, pois quando não são atendidas repercutem sobre os demais indivíduos e sobre a sociedade inteira" (LEITE, Celso Barroso. Conceito de Seguridade Social. *In*: BALERA, Wagner (coord.). *Curso de Direito Previdenciário*: homenagem a Moacyr Velloso Cardoso de Oliveira. São Paulo: LTr, 1992, p. 20).

23 "Este princípio pode ser considerado o vetor de todo o arcabouço da seguridade social, como a bússola do sistema, aplicável na interpretação/aplicação das suas normas assim como na sua normogênese" (DIAS, Eduardo Rocha, e MACÊDO, José Eduardo Monteiro de. *Curso de Direito Previdenciário*. 2ª ed. São Paulo: Método, 2010, p. 95).

Por outro lado, há os princípios constitucionais da seguridade social, previsto na Constituição Federal, como: a) princípio da universalidade da cobertura e do atendimento, que está no inciso I do parágrafo único do art. 194; b) princípio da uniformidade e equivalência dos benefícios e dos serviços às populações urbanas e rurais, no inciso II da disposição acima; c) princípio da seletividade e da distributividade na prestação dos benefícios e serviços, no inciso III; d) princípio da irredutibilidade do valor dos benefícios, no inciso IV; e) princípio da equidade na forma de participação do custeio, no inciso V; f) princípio da diversidade da base de financiamento, disposto no inciso VI, acima, bem como no art. 195 da Constituição Federal; g) princípio da preexistência do custeio em relação aos benefícios e aos serviços, estabelecido no art. 195, § 5º; h) princípio do caráter democrático e descentralizado da gestão administrativa, disposto no inciso VII, do parágrafo único, do art. 194; i) princípio da vedação do confisco, tratado no art. 153, IV, da Constituição Federal; j) princípio da irretroatividade da cobrança do custeio, no prazo de noventa dias, previsto no art. 195, § 6º, do texto constitucional.

Por fim, prevêem-se os princípios específicos da previdência social, como: a) princípio da contributividade, que resulta que a sociedade deve financiar a seguridade social, como se depreende do art. 40 e do art. 201 do texto constitucional; b) princípio da automaticidade da filiação, que deve ser entendido como a vinculação a um determinado sistema, tratado no *caput* do art. 201; c) princípio da preservação do equilíbrio financeiro e atuarial, que implica que o gasto da seguridade social deve resultar de uma receita suficiente para tanto; d) princípio da universalidade de participação nos planos previdenciários, que implica que todas as pessoas em estado de necessidade tenham atendimento em pelo menos um regime; e) princípio do cálculo dos benefícios, em que se considera os salários de contribuição corrigidos monetariamente, disposto no art. 201, § 3º; f) princípio da irredutibilidade do valor dos benefícios, que vem a ser a forma a preservar o poder aquisitivo, mais amplo do que a garantia formal da irredutibilidade tratada no art. 194, parágrafo único, IV, do texto constitucional, pois exige uma ação positiva do Poder Público, para estabelecer a situação da concessão do benefício ao longo do tempo; g) princípio do valor da renda mensal dos benefícios de caráter substituto não inferior ao do salário-mínimo, que foi previsto no art. 202, § 2º, bem como no art. 7º, IV, tudo da Constituição Federal; h) princípio da automaticidade das prestações, tratado no art. 33, § 5º, da Lei Federal nº 8.212, de 24.07.1991; i) princípio da imprescritibilidade do direito ao benefício, ainda que as prestações possam prescrever, depois de um prazo; j) princípio do *in dubio pro operario, in dubio pro miseravel* ou *in dubio pro segurado*, que garante um favorecimento ao beneficiário.

A interpretação do direito consta como a compreensão do sentido da norma e de aplicá-la no caso concreto, no trabalho de aproximação do tipo descrito de forma abstrata e geral com a realidade do ato ou do fato jurídico. Cabe ao Juiz dizer o direito, do modo que ele tenha efetividade, em que o direito substantivo se realiza no direito adjetivo. Os métodos de interpretação mais aplicados são: a) gramatical, que busca o sentido literal da norma; b) lógico ou racional, que procura entender a razão da criação da norma através do método silogístico; c) histórico, que analisa a norma a partir de uma perspectiva histórica; d) sistemático, que entende a norma dentro de um sistema organizado e hierarquizado; e) teleológico ou sociológica, que leva em conta a realidade social da norma.

Para Miguel Horvath Júnior "o direito previdenciário é direito social. Tem como finalidade específica a proteção dos integrantes da sociedade contra eventos previamente selecionados constitucionalmente (art. 201 da Constituição Federal). O sistema previdenciário brasileiro é contributivo por opção constitucional. Assim, ao efetivar-se a interpretação da legislação previdenciário, jamais se pode esquecer que o direito previdenciário é composto de três tipos de relações previdenciárias, a saber: **relação de vinculação** (filiação e inscrição); **relação de benefício** (proteção) e **relação de custeio.** A **relação jurídica de benefício** é composta de sujeito ativo (beneficiários; segurados e dependentes); sujeito passivo (órgão responsável pelo gerenciamento, concessão e pagamento das prestações previdenciárias – INSS), tendo como conteúdo a eliminação do estado de necessidade social produzida pela ocorrência de um dos eventos protegidos pelo sistema). A relação jurídica de custeio é composta de sujeito ativo, quem tem capacidade tributária (Secretaria da Receita Federal do Brasil por força da Le nº 11.457, de 16 de março de 2007), e sujeito passivo (contribuinte), tendo como conteúdo o cumprimento da obrigação previdenciária principal e acessória".[24]

---

24 "Para se interpretar a legislação previdenciária, há de se observar os princípios constitucionais de seguridade social, bem como os princípios doutrinários. O intérprete deve sempre lembrar que o sistema previdenciário brasileiro é contributivo, ancorado no equilíbrio financeiro atuarial" (HORVATH JÚNIOR, Miguel. *Direito Previdenciário, op. cit.*, pp. 77-8).

A autonomia das disciplinas jurídica tem caráter apenas de natureza didático, com o fim de averiguar se uma disciplina tem regras jurídicas suficientes de modo a considerá-la como um todo orgânico. O direito previdenciário nasceu das disposições relativas ao benefício e da matéria que trata o custeio do sistema. Do ponto de vista histórico, nasceu a matéria do direito do trabalho, como uma de suas subdivisões de direito social. No entanto, na sua formação atual, tem natureza de direito administrativo, para o reconhecimento e efetivação dos benefícios previstos no regime e nos seguros próprios e também natureza de direito tributário, quanto à cobrança das contribuições sociais da seguridade social. Em razão do custeio do regime geral encontra-se no âmbito da Secretaria da Receita Federal do Brasil, cada vez mais essa contribuição social vai receber o tratamento de tributo e ser disposta pelo direito tributário, deixando ao direito previdenciário apenas a relação com os segurados.[25] Pode-se dizer que o direito previdenciário tem autonomia didática e hoje já consta como disciplina obrigatória nos cursos de bacharelado em direito, sendo também muito presente nos cursos de pós-graduação.

A Constituição Federal, no art. 40, dispõe sobre a previdência do servidor público da União, dos Estados, do Distrito Federal e dos Municípios, com as modificações das Emendas Constitucionais nº 20, de 15.12.1998, nº 41, de 19.12.2003, nº 47, de 05.07.2005, e nº 70, de 29.03.2012. São fontes do direito previdenciário brasileiro, ainda, a Lei Federal nº 9.717, de 27.11.1998, que dispõe sobre o Regime Próprio de Previdência Social (RPPS), a Lei Federal nº 9.796, de 05.05.1999, que dispôs sobre a compensação previdenciária (COMPREV), e a Lei Federal nº 12.618, de 30.04.2012, sobre o regime de previdência complementar dos servidores públicos federais. Existem diversas Portarias do Ministério da Previdência Social, merecendo a Portaria MPS nº 204, de 10.07.2008, e suas modificações posteriores.

25 "O Direito da Seguridade Social é o conjunto de princípios, de regras e de instituições destinado a estabelecer um sistema de proteção social aos indivíduos contra contingências que os impeçam de prover as suas necessidades pessoais básicas e de suas famílias, integrado por ações de iniciativa dos Poderes Públicos e da sociedade, visando assegurar os direitos relativos à saúde, à previdência e à assistência social" (MARTINS, Sergio Pinto. *Direito da Seguridade Social*. 29ª ed. São Paulo: Atlas, 2010, p. 20).

Capítulo 3

FONTES DO DIREITO PREVIDENCIÁRIO

Sumário: **3.1.** Fontes Formais do Direito Previdenciário; **3.2.** Constitucionalização da Previdência Social; **3.3.** Previdência Social na Constituição Federal de 1988; **3.4.** Reformas Constitucionais da Previdência Social; **3.5.** Plano de Benefícios do Regime Geral (RGPS); **3.6.** Plano de Custeio da Seguridade Social; **3.7.** Legislação do Regime Próprio de Previdência Social (RPPS).

3.1. Fontes Formais do Direito Previdenciário

O termo *fonte* vem do latim *fons*, *fonti*, ligado à ideia de nascente, voltado ao que origina ou produz algo. Nesse sentido, *fonte do direito* significa a base pela qual o direito se expressa e faz valer sua força coercitiva. Por um lado, existe o sentido de *fonte material*, que são os fatos sociais, econômicos, políticos ou culturais que surgem com a força criadora do direito, transformando esses fatos "não jurídicos" em "jurídicos". Por outro, existe o sentido de *fonte histórica*, no qual os documentos jurídicos ou políticos têm importância e significado para o direito atual, e também o de *fonte formal*, que é o conjunto de leis em um sistema hierárquico estabelecendo as premissas do direito que é efetivado no dia-a-dia.[1]

As fontes formais do direito previdenciário são as normas jurídicas, as quais impõem um dever-ser, com base na pirâmide escalona de Hans Kelsen, em que uma norma retira legalidade de outra, até a norma fundamental. No mesmo sentido, o art. 59 da Constituição Federal estabelece as espécies de normas legais: a) emendas constitucionais; b) leis complementares; c) leis ordinárias; d) leis delegadas; e) medi-

---

1 "A lei seria causa formal do Direito, a forma de manifestação deste. As fontes formais vêm a ser as artérias por onde correm e se manifestam as fontes materiais" (ACQUAVIVA, Marcus Cláudio. *Dicionário Jurídico Brasileiro Acquaviva*, *op. cit.*, p. 590).

das provisórias; f) decretos legislativos; g) resoluções[2]. Nessa hierarquia de normas, em primeiro lugar, está a Constituição Federal, que vem a ser a lei fundamental e superior de um Estado, que estrutura e organiza o Poder Público, bem como indica os órgãos de Governo, Legislativos e Judiciários, além de estabelecer direitos e deveres aos cidadãos. Essa matéria está amplamente no bojo da Constituição Federal, nas seguintes disposições, pelo menos: art. 3º, III, art. 6º, art. 7º, II, XII, XVIII, XIX, XXIV e parágrafo único, art. 22, XXIII, art. 24, XII, art. 40, art. 149, § 1º, art. 193, art. 194, art. 195, art. 196, art. 197, art. 201, art. 202, art. 203, art. 204, art. 239, § 4º. Além disso, todo o texto constitucional indica os princípios norteadores das relações jurídicas e do trabalho processual do Estado-Juiz.

Em razão do reconhecimento pelo Supremo Tribunal Federal da teoria da inconstitucionalidade de norma constitucional, pode-se entender que as emendas constitucionais não estão no mesmo plano em que se encontram as normas constitucionais originárias, em especial, as cláusulas pétreas do art. 60, § 4º. No entanto, as emendas estão em um plano de superioridade das leis como um todo. Por isso, devem ser destacadas as reformas no sistema de previdência social, como a Emenda Constitucional nº 3, de 17.03.1993, a Emenda Constitucional nº 20, de 15.12.1998, a Emenda Constitucional nº 41, de 19.12.2003, a Emenda Constitucional nº 47, de 05.07.2005, e a Emenda Constitucional nº 70, de 29.03.2012.

A lei complementar, prevista no art. 69 da Constituição Federal, exige um quórum qualificado de maioria absoluta, ou seja, a maioria referente a todos os integrantes no Poder Legislativo. Assim o é, para exigir mais consenso e mais negociação na hora da formação da vontade política. No âmbito da previdência, deve-se mencionar a Lei Complementar nº 7, de 07.09.1970, que trata do fundo do PIS/PASEP, hoje, responsável pelo pagamento do seguro-desemprego; a Lei Complementar nº 70, de 30.12.1991, que regulamenta a contribuição sobre COFINS, eleva a alíquota da contribuição social sobre o lucro das instituições financeiras; a Lei Complementar nº 108, de 29.05.2001, que dispõe sobre as entidades fechadas de previdência complementar, e a Lei Complementar nº 109, de 29.05.2001, que trata do regime de previdência aberta privada.

---

2 "As fontes principais são aquelas elencadas no art. 59, da CF, e as fontes subsidiárias, as encontradas nos arts. 84, inc. IV, e art. 87, inc. II, da Constituição Federal" (HORVATH JÚNIOR, Miguel. *Direito Previdenciário*, *op. cit.*, p. 59).

As leis ordinárias são aquelas que exigem para sua aprovação quórum não qualificado, ou a maioria dos integrantes presentes em um órgão legislativo. São leis em sentido estrito e integram a estrutura básica da organização jurídica. Em matéria de seguridade social, pode-se mencionar a Lei Federal nº 8.080, de 19.09.1990, que é a Lei Orgânica da Saúde, e a Lei Federal nº 8.742, de 07.12.1993, que estabelece a Lei Orgânica da Assistência Social. No âmbito da previdência social, existem a Lei Federal nº 8.212, de 24.07.1991, que fixou o Plano de Custeio da Seguridade Social, e a Lei Federal nº 8.213, de 24.07.1991, que dispôs sobre o Plano de Benefício do Regime Geral. A compensação previdenciária (COMPREV) entre o Regime Geral de Previdência Social (RGPS) e os regimes próprios de previdências dos servidores da União, dos Estados, do Distrito Federal e dos Municípios, nos casos de contagem recíproca de tempos de contribuição, é tratada na Lei Federal nº 9.796, de 05.05.1999. A Lei Federal nº 7.998, de 11.01.1990, estabelece regras sobre o seguro-desemprego, no Brasil. A gratificação natalina ou o décimo terceiro está previsto para os trabalhadores, na Lei Federal nº 4.090, de 13.07.1962, com as modificações previstas na Lei Federal nº 4.749, de 12.08.1965. A Lei Federal nº 9.717, de 27.11.1998, dispõe sobre as regras gerais para a organização e o funcionamento dos regimes próprios de previdência social dos servidores públicos da União, dos Estados, do Distrito Federal e dos Municípios, dos militares dos Estados e do Distrito Federal. A Lei Federal nº 12.618, de 30.04.2012, instituiu o regime de previdência complementar dos servidores públicos federais.

Em plano semelhante às leis ordinárias, encontram-se as leis delegadas, as medidas provisórias, os decretos legislativos e as resoluções; estes dois últimos, exclusivos do Poder Legislativo. Não existe nenhuma legislação importante no âmbito da previdência social realizada através dessas normas. Deve-se mencionar, apenas, o Decreto-legislativo nº 27, de 26.05.1992, que aprovou o *Pacto San José* (Costa Rica).

Dentre as fontes indiretas, constante de ato administrativo normativo, que vem a ser todo comando geral emanado do Poder Executivo, com o objetivo de facilitar a compreensão e a execução da lei, incluem-se os decretos regulamentares, as instruções normativas, as orientações normativas e as circulares. Dentre os decretos regulamentares, estão aqueles que tratam do Certificado de Regularidade Previdenciário (CRP), que foi disposto no Decreto Federal nº 3.788, de 11.04.2001, e que trata da compensação financeira (COMPREV) e a regulamentação da Lei Federal nº 9.796, de 05.05.1999, que foi feita pelo Decreto Federal nº 3.112, de 06.07.1999.

A Emenda Constitucional nº 41, de 19.12.2003, foi regulamentada pela Lei Federal nº 10.887, de 18.06.2004, com as seguintes disposições:

> Art. 1º No cálculo dos proventos de aposentadoria dos servidores titulares de cargo efetivo de qualquer dos Poderes da União, dos Estados, do Distrito Federal dos Municípios, incluídas suas autarquias e fundações, previsto no § 3º do art. 40 da Constituição Federa l e no art. 2º da Emenda Constitucional nº 41, de 19 de dezembro de 2003, será considerada a média aritmética simples das maiores remunerações, utilizadas como base para as contribuições do servidor aos regimes de previdência a que esteve vinculado, correspondentes a 80% (oitenta por cento) de todo o período contributivo desde a competência julho de 1994 ou desde a do início da contribuição, se posterior àquela competência.
>
> § 1º As remunerações consideradas no cálculo do valor inicial dos proventos terão os seus valores atualizados mês a mês de acordo com a variação integral do índice fixado para a atualização dos salários-de-contribuição considerados no cálculo dos benefícios do regime geral de previdência social.
>
> § 2º A base de cálculo dos proventos será a remuneração do servidor no cargo efetivo nas competências a partir de julho de 1994 em que não tenha havido contribuição para regime próprio.
>
> § 3º Os valores das remunerações a serem utilizadas no cálculo de que trata este artigo serão comprovados mediante documento fornecido pelos órgãos e entidades gestoras dos regimes de previdência aos quais o servidor esteve vinculado ou por outro documento público, na forma do regulamento.
>
> § 4º Para os fins deste artigo, as remunerações consideradas no cálculo da aposentadoria, atualizadas na forma do § 1º deste artigo, não poderão ser:
>
> I – inferiores ao valor do salário-mínimo;
>
> II – superiores ao limite máximo do salário-de-contribuição, quanto aos meses em que o servidor esteve vinculado ao regime geral de previdência social.
>
> § 5º Os proventos, calculados de acordo com o caput deste artigo, por ocasião de sua concessão, não poderão ser inferiores ao valor do salário-mínimo nem exceder a remuneração do respectivo servidor no cargo efetivo em que se deu a aposentadoria.
>
> Art. 2º Aos dependentes dos servidores titulares de cargo efetivo e dos aposentados de qualquer dos Poderes da União, dos Estados, do Distrito Federal e dos Municípios, incluídas suas autarquias e fundações, falecidos a partir da data de publicação desta Lei, será concedido o benefício de pensão por morte, que será igual:

> I – à totalidade dos proventos percebidos pelo aposentado na data anterior à do óbito, até o limite máximo estabelecido para os benefícios do regime geral de previdência social, acrescida de 70% (setenta por cento) da parcela excedente a este limite; ou
> II – à totalidade da remuneração do servidor no cargo efetivo na data anterior à do óbito, até o limite máximo estabelecido para os benefícios do regime geral de previdência social, acrescida de 70% (setenta por cento) da parcela excedente a este limite, se o falecimento ocorrer quando o servidor ainda estiver em atividade.
> Parágrafo único. Aplica-se ao valor das pensões o limite previsto no art. 40, § 2º, da Constituição Federal.

No âmbito das instruções normativas, orientações normativas e circulares podem-se incluir: Portaria MPS nº 916, de 15.07.2003, que aprova o Plano de Contas, o Manual das Contas, os Demonstrativos e as Normas de Procedimentos Contábeis aplicados aos Regimes Próprios de Previdência Social (RPPS); Portaria MPS nº 95, de 06.03.2007, que alterou os anexos I, II, III e IV da Portaria MPS nº 916, de 15.07.2003; Portaria MPS nº 402, de 10.12.2008, alterada pelos Portarias MPS nº 83, de 18.03.2009, nº 230, de 28.08.2009 e nº 298, de 17.11.2009, que disciplina os parâmetros e as diretrizes gerais para organização e funcionamento dos regimes próprios de previdência social dos servidores públicos ocupantes de cargos efetivos da União, dos Estados, do Distrito Federal e dos Municípios, em cumprimento da Lei Federal nº 9.717, de 27.11.1998, e da Lei Federal nº 10.887, de 18.06.2004; Portaria MPS nº 403, de 10.12.2008, que dispõe sobre as normas aplicáveis às avaliações e às reavaliações atuariais dos Regimes Próprios de Previdência Social (RPPSs) da União, dos Estados, do Distrito Federal e dos Municípios, e define parâmetros para a segregação da massa; Portaria MPS nº 345, de 28.12.2009, que dispõe sobre a aplicação dos recursos financeiros do Regimes Próprios de Previdência Social (RPPSs); Portaria MPAS nº 6.209, de 16.12.1999, atualizada pela Portaria MPS nº 287, de 05.11.2009, que estabelece procedimentos operacionais para a realização da Compensação Previdenciária (COMPREV) entre o Regime Geral de Previdência Social (RGPS) e os regimes próprios de previdência social; a Orientação Normativa MPS/SPS nº 02, de 31.03.2009, alterada pela Orientação Normativa MPS/SPS nº 03, de 05.05.2009, que dispõe sobre a gestão do Regime Próprio de Previdência Social (RPPS); além da Portaria MPS nº 154, de 15.05.2008, que trata da emissão de Certidão de Tempo de Contribuição por RPPS.

Agora, deve-se mencionar as Portarias do Ministério da Previdência Social nº 307, de 20.06.2013, sobre modificação à Portaria MPS nº 204, de 10.07.2008; nº 519, de 24.08.2011, sobre aplicação dos recursos financeiros pelo Regime Próprio de Previdência Social (RPPS); nº 21, de 16.01.2013, sobre modificação quanto ao Certificado de Regularidade Previdenciária (CRP).

A Portaria Conjunta da Procuradoria da Receita Federal do Brasil e do Instituto Nacional de Seguridade Social (INSS) nº 01, de 21.03.2013, estabelece a forma do processo administrativo de compensação previdenciária (COMPREV), e a Instrução Normativa nº 01, de 16.01.2013, tratando do cálculo e da correção da aposentadoria por invalidez permanente.

3.2. Constitucionalização da Previdência Social

A ordem social tem como base o primado do trabalho, de acordo com o art. 193 da Constituição Federal, e como objetivo o bem-estar social e, também, a justiça social. No sistema constitucional anterior, esses aspectos estavam reunidos em um único Título, "Da Ordem Econômica e Social", mas a Constituição de 1988 os separou, ficando quase como uma oposição, de um lado a ordem econômica, do outro a ordem social. A afirmação de que esta tem por base o trabalho representa que aquela tem por base o capital. Na verdade, não funciona bem assim, pois são relações interdependentes. O bem-estar e a justiça sociais são os valores que a Administração moderna procura alcançar, em especial, nos países do Primeiro Mundo, como os que almejam essa condição.

No período colonial, Brás Cubas (1507-1592) fundou a Santa Casa da Misericórdia, em Santos, em 1543, na mesma época, criando um plano de pensão para os seus empregados, que depois foi estendido à Santa Casa de Salvador e à do Rio de Janeiro, bem como às Ordens Terceiras[3]. Esses planos, com hospitais, asilos e orfanatos, durante muito tempo, foi

3 "[...] a previdência privada se iniciou no Brasil no século XVI, em 1543, quando Brás Cubas fundou a Santa Casa de Misericórdia, em Santos, e na mesma época criou um plano de pensão para os seus empregados, o qual foi estendido também às Santas Casas de Salvador e Rio de Janeiro e às Ordens Terceiras" (OLIVEIRA, Moacyr Velloso Cardoso de. *Previdência Social*. Rio de Janeiro: Forense Universitária, 1987, p. 143).

a base do seguro médico oriundo da iniciativa privada. No começo do século XIX, D. João VI (1767-1826) aprovou, para os oficiais da Marinha, um benefício que durou mais de um século: um plano de pensão de meio soldo às viúvas e às filhas de oficial falecido, mediante desconto de um dia de vencimento. Depois, um Decreto, aprovado em 10.01.1835, dispôs sobre o Estatuto do Montepio da Economia dos Servidores dos Estados, conhecido como MONGERAL. Em seguida, diversas Caixas Mútuas de Pensões e Pecúlios foram criadas, com a admissão de novos sócios, através do pagamento módico de inscrição e quotas.

As primeiras normas sobre previdência social foram ainda no Império, com a Constituição de 1824, no art. 179, XXXI, que tratou de "garantia aos socorros públicos". No final desse período político, surgiram também as primeiras normas sobre a matéria, com o Decreto nº 9.212-A, de 26.03.1888, criando o Montepio para os empregados dos Correios, e com a Lei nº 3.397, de 24.11.1888, instituindo, para cada uma das Estradas de Ferro do Império, Caixa de Socorros. Finalmente, o art. 15 do Decreto nº 10.269, de 20.06.1889, criou a Caixa de Pensões dos Operários da Imprensa Nacional, cujos recursos vinham de um dia de vencimento dos operários que, depois de trinta anos, faziam jus a uma renda mensal de dois terços dos vencimentos médios que recebiam. O modelo que se desenhava a partir daí seria o sistema alemão criado pelo Chanceler Von Bismarck. Na República, veio o Decreto Federal nº 9.242-A, de 31.10.1890, tratando do Montepio Obrigatório dos Empregados do Ministério da Fazenda. Por outro lado, o Decreto Federal nº 211, de 26.02.1890, definiu a aposentadoria dos trabalhadores da Estrada de Ferro Central do Brasil, ampliado depois para todos os ferroviários públicos, pelo Decreto Federal nº 565, de 12.07.1890.

O Estado, tanto pelo que arrecada, assim como pelo que paga, tem o condão de fazer com que a economia seja profundamente influenciada pela circulação de sua receita e despesa. No início do século XX, passou o Poder Público a atuar em áreas exploradas pelas classes econômicas, através dos serviços de utilidade pública, delegados para terceiros. Foi compreendido que, desde então, não podia mais um texto constitucional ignorar matéria tão relevante, ainda que originariamente não seja matéria de Carta Magna. A Constituição do México, em 1917, foi a primeira a tratar do assunto, no que foi seguida pela Constituição de Weimar, em 1919.

A Constituição de 1891 afastou, em parte, o regime do mutualismo, com seu silêncio, tratando sobre o servidor público no seu art. 75. Seguindo o novo caminho, veio o Decreto Legislativo nº 3.724, de 15.01.1919, que dispôs sobre os casos de acidentes de trabalho e suas consequências. No Brasil, as primeiras caixas de previdência social apareceram após da Lei Eloy Chaves, Decreto Legislativo nº 4.682, de 24.01.1923, que dispunha sobre os empregados nas ferrovias particulares, depois ampliado para os empregados das ferrovias públicas e trabalhadores portuários, a elite dos trabalhadores, em 1925.[4] A data da promulgação da lei acima é o dia da previdência social. Previram-se os benefícios de aposentadoria por invalidez, a pensão por morte, a assistência médica e a aposentadoria ordinária; depois, a aposentadoria por tempo de serviço, hoje, aposentadoria por tempo de contribuição.

Foi atribuído ao Ministério do Trabalho, Indústria e Comércio, com a Revolução de Trinta, a regulamentação, o controle e a fiscalização do direito previdenciário, o que estimulou a criação de novas caixas. O Decreto Federal nº 20.465, de 01.10.1931, ampliou o regime para todos os empregados das empresas de serviços públicos, privadas ou estatais, como de luz, telefone, gás, carris e outras. Em seguida, as empresas de mineração, em 1932, e depois as de transportes aéreos, em 1934.

A Constituição Federal de 1934, resultado da Revolução de Trinta, no art. 121, § 1º, *h*, dispunha sobre previdência, ainda sem o "social", estabelecendo que: "Art. 121. A Lei promoverá o amparo da produção e estabelecerá as condições do trabalho, na cidade e nos campos, tendo em vista a proteção social do trabalhador e os interesses econômicos do país. § 1º A legislação do trabalho observará os seguintes preceitos, além de outros que colimem melhorar as condições do trabalhador: [...] *h*) assistência médica e sanitária ao trabalhador e à (*sic*) gestantes, assegurado a esta descanso antes e depois do parto, sem prejuízo do salário e do emprego e instituição de previdência, mediante contribuição igual da União, do empregador e do empregado, a favor da velhice, da invalidez, da maternidade e nos casos de acidentes do trabalho ou morte;".

---

4 "Logo após a Lei Eloy Chaves, o governo viria a abandonar a criação de Caixas de Aposentadorias e Pensões, dado o aparecimento do Instituto de Aposentadoria e Pensões dos Marítimos – IAPM. Com tais institutos de aposentadoria e pensões, o governo englobou trabalhadores de uma mesma atividade ou atividades afins, para instalar entidades de âmbito nacional que tratassem do assunto" (PEREIRA, Cláudia Fernanda de Oliveira. *Reforma da Previdência*. Brasília: Brasília Jurídica, 1999, p. 42).

Na Constituição Federal de 1937, embora imposta pelo Estado Novo, já que foi simplesmente publicada no Diário Oficial, houve mais avanço para a previdência. Nela, tratou-se da matéria nas seguintes disposições: "Art. 137. A legislação do trabalho observará, além de outros, os seguintes preceitos: [...] *l*) assistência médica e higiênica ao trabalhador e à gestante, assegurado a esta, sem prejuízo do salário, um período de repouso antes e depois do parto; *m*) a instituição de seguros de velhice, de invalidez, de vida e para os casos de acidente do trabalho; *n*) as associações de trabalhadores têm o dever de prestar aos seus associados auxílio ou assistência, no referente às práticas administrativas ou judiciais relativas aos seguros de acidentes do trabalho e aos seguros sociais".

Dentre outros institutos que tratavam da previdência social, havia os seguintes órgãos: a) Instituto de Aposentadoria e Pensões dos Comerciantes (IAPC), Decreto Federal nº 24.272, de 21.05.1934; b) Instituto de Aposentadoria e Pensões dos Bancários (IAPB), Decreto Federal nº 24.615, de 09.07.1934; c) Instituto de Aposentadoria e Pensão dos Industriários (IAPI), Lei Federal nº 367, de 31.12.1936; d) Instituto de Aposentadoria e Pensões dos Empregados em Transportes e Cargas (IAPETC), Decreto-lei nº 627, de 18.08.1938; e) Instituto de Aposentadoria e Pensões da Estiva (IAPE), Decreto-lei nº 1.355, de 19.06.1939; f) Instituto de Aposentadoria e Pensões dos Ferroviários e Empregados em Serviços Públicos (IAPFESP), Lei Federal nº 3.807, de 26.08.1960. Dada a pluralidade de órgão, projetou-se uma unificação, com o Decreto-lei nº 7.526, de 07.05.1945, mas, com a deposição de Getúlio Vargas (1883-1954), não houve a efetividade do dispositivo acima.

A redemocratização do Brasil resultou na Constituição Federal de 1946, que dispôs sobre previdência, no art. 157, *caput*, e incisos XIV ao XVII, nos seguintes termos: "Art. 157. A legislação do trabalho e a da previdência social obedecerão aos seguintes preceitos, além de outros que visem à melhoria da condição dos trabalhadores: [...] XIV – assistência sanitária, inclusive hospitalar e médica preventiva ao trabalhador e à gestante; XV – assistência aos desempregados; XVI – previdência, mediante contribuição da União, do empregador e do empregado, em favor da maternidade e contra as consequências da doença, da velhice, da invalidez e da morte; XVII – obrigatoriedade da instituição do seguro pelo empregador contra os acidentes do trabalho". No *caput* do artigo, está registrado "previdência social", mas, no inciso XVI, há referência apenas a "previdência", sem o adjetivo, mostrando a própria insegurança em estabelecer a palavraconceito.

Depois, quando Getúlio Vargas voltou ao Governo, cento e oitenta e três Caixas foram aglutinadas, pelo Decreto Federal nº 34.586, de 12.11.1953, em um único órgão, a Caixa de Aposentadoria e Pensões dos Ferroviários e Empregados em Serviços Públicos (CAPFESP), que passou em seguida a instituto. A Lei Orgânica da Previdência Social, Lei Federal nº 3.807, de 26.08.1960, foi promulgada, sendo a previdência organizada com cinco institutos e uma caixa, que logo passou também a instituto.[5] Paralelo a tais ações, por conta da aprovação do Estatuto do Trabalhador Rural, em 1963, foi instituído o Fundo de Assistência e Previdência do Trabalhador Rural (Funrural) e o Programa de Assistência ao Trabalhador Rural (Prorural), em 1974, com aposentadoria aos trabalhadores rurais sem pagamento de custeio.

Com o Golpe Militar de 1964 e com a reorganização do Estado, todas as instituições previdenciárias foram unidas no Instituto Nacional de Previdência Social (INPS), através do Decreto-lei nº 72, de 21.11.1966. No mesmo sentido, foi criado o Ministério da Previdência Social (MPS), desmembrado do Ministério do Trabalho, pela Lei Federal nº 6.036, de 01.05.1974, ao tempo em que passou a caber ao INPS, além dos benefícios, a readaptação profissional e o auxílio aos idosos.

A Constituição Federal de 1967, depois da instauração do regime militar, tratou a matéria do seguinte modo: "Art. 158. A Constituição assegura aos trabalhadores os seguintes direitos, além de outros que, nos termos da lei, visem à melhoria de sua condição social: [...] XV – assistência sanitária, hospitalar e médica preventiva; XVI – previdência social, mediante contribuição da União, do empregador e do empregado, para seguro-desemprego, proteção da maternidade e nos casos de doença, velhice, invalidez e morte; XVII – seguro obrigatório pelo empregador contra acidente do trabalho; [...] XX – aposentadoria para a mulher, aos trinta anos de trabalho, com salário integral; [...] § 1º nenhuma pres-

---

5 "O diploma básico, por excelência, foi a Lei 3.807, de 26 de agosto de 1960, denominada Lei Orgânica da Previdência Social (LOPS). Ela estabeleceu as diretrizes gerais da previdência social *urbana*. Sofreu diversas alterações, notadamente através dos Decretos-Leis nºs 66/66 e 72/66. A Lei 5.890, de 08 de julho de 1973 (DOU de 11.03.1973), alterou a redação de diversos de seus artigos e revogou outros" (PAIXÃO, Floriceno. *A Previdência Social em Perguntas e Respostas*. 36ª ed. Porto Alegre: Síntese, 1999, p. 28).

tação de serviço de caráter assistencial ou de benefício compreendido na previdência social será criada, majorada ou estendida, sem a correspondente fonte de custeio total. § 2º A parte da União no custeio dos encargos a que se refere o nº XVI deste artigo será atendida mediante dotação orçamentária, ou com o produto (produção) de contribuições de previdência arrecadada, com caráter geral, na forma da lei".

A Emenda Constitucional nº 1, de 17.10.1969, tratou a matéria de forma mais técnica, fixando o assunto em cinco artigos. No art. 160, dispôs sobre os princípios da ordem econômica e social, introduzindo essa matéria, que depois passaria a ter autonomia como ordem social. Os princípios eram o da valorização do trabalho, o da função social da propriedade, o da harmonia e solidariedade entre as categorias sociais de produção, o da repressão ao abuso do poder econômico e o da expansão das oportunidades de emprego produtivo. O art. 161 versou sobre a desapropriação de propriedade territorial rural, mediante pagamento de indenização em títulos da dívida pública, resgatáveis no prazo de vinte anos, de competência exclusiva da União. A vedação de greve nos serviços públicos constava do art. 162 do texto constitucional. No art. 163, foram dispostos a intervenção no domínio econômico e o monopólio de determinada indústria ou de atividade, quando indispensável por motivo de segurança nacional ou para organizar setor que não possa ser desenvolvido com eficácia no regime de competição e de liberdade de iniciativa. O art. 164, por fim, tratou do estabelecimento de regiões metropolitanas, constituídas de Municípios.

As entidades de previdência privada foram regulamentadas em 1977, com as instituições fechadas, tais como fundos de pensões e montepios, e passaram à alçada do Ministério da Previdência Social (MPS). As instituições abertas foram passadas à tutela da Superintendência de Seguros Privados (SUSEP). No mesmo ano, pela Lei Federal nº 6.439, de 01.09.1977, coube ao INPS apenas a concessão de benefícios, criando-se o Instituto Nacional de Assistência Médica e Previdência Social (INAMPS) e o Instituto de Administração Financeira da Previdência Social (Iapas). Foi criado, com isto, o Sistema Nacional da Previdência e Assistência Social (Sinpas), que, além dos institutos acima, ainda abrangia a Legião Brasileira de Assistência (LBA), a Fundação do Bem-Estar do Menor (Funabem), a Empresa de Processamento de Dados da Previdência Social (DATAPREV) e a Central de Medicamentos (CEME).

Com a promulgação da Constituição de 1988, deu-se novo relevo à matéria, dividida em dois títulos no texto da Carta Magna: "Da Ordem Econômica e Financeira" e "Da Ordem Social". A ordem social encontra-se organizada em oito capítulos e 39 artigos: do art. 193 ao art. 232. Neles, estabeleceram-se disposições relativas à ordem social; à seguridade social, abrangendo saúde, previdência e assistência social; à educação, à cultura e ao desporto; à ciência e à tecnologia; à comunicação social; ao meio ambiente; à família, à criança, ao adolescente e ao idoso; e, ainda, aos índios.

No entanto, por conta do modelo previsto na Constituição Federal de 1988, as instituições acima foram fundidas, pela Lei Federal nº 8.029, de 12.04.1990, no Instituto Nacional de Seguridade Social (INSS), que se encontra vinculado ao Ministério da Previdência Social (MPS) pela Lei Federal nº 9.649, de 27.05.1988. Por outro lado, o Instituto Nacional de Assistência Médica e Previdência Social (INAMPS) foi vinculado ao Ministério da Saúde, pelo Decreto Federal nº 99.060, de 07.03.1990, sendo extinto pela Lei Federal nº 8.689, de 27.07.1993, também a esse ministério passou a CEME, pelo art. 14 da Lei Federal nº 8.029, de 12.04.1990. A FUNABEM veio a ser denominada Fundação Centro Brasileiro para a Infância e a Adolescência, estando vinculada ao Ministério do Bem-Estar Social, pelo art. 13, da Lei Federal nº 8.029, de 12.04.1990, ambos extintos pela Lei Federal nº 9.649, de 27.05.1998. Por fim, o DATAPREV continua vinculado ao Ministério da Previdência Social (MPS), tratado no Decreto Federal nº 99.244, de 10.05.1990.

No Brasil, apesar de previsão constitucional de que a previdência social protege o trabalhador em situação de desemprego involuntário, na verdade, o benefício encontra-se na competência do Ministério do Trabalho e Emprego, não sendo um benefício previdenciário. Trata-se também de clássico caso de previdência que se constitui no desemprego e a consequente falta de renda, que leva à necessidade pública. Decorre a situação de interesse administrativa e não de técnica de administração do sistema de seguridade social.[6]

---

6 "Ocorre que este benefício é tipicamente previdenciário e, de fato, deveria ser oferecido pela previdência social, entretanto, devido a razões políticas, sua administração passou para o Ministério do Trabalho" (KERTZMAN, Ivan. *Curso Prático de Direito Previdenciário*. 7ª ed. Salvador: *Jus Podium*, 2010, p. 29).

No final do século XX, a previdência social no Brasil passou por grave crise, em razão de burocracia onerosa ou de fraude e sonegação desmedidas, com a falência do aparelho formal. Fora isso, por conta de melhorias na saúde e na condição de vida, passou a existir o número crítico para o equilíbrio atuarial de existia dois ativos para cada um inativo. Para resolver esse problema, formulou-se uma reforma para restringir o acesso aos benefícios, exigindo tempo de contribuição e idade mínima para o trabalhador. Além disso, a política de reajuste sempre diminuía o valor real, de forma a comprimir o valor dos proventos, além de se negar a fazer incorporação de incorporações devidas, prejudicando o segurado e desacreditando o sistema.

3.3. Previdência Social na Constituição Federal de 1988

A Constituição Federal de 1988 foi o texto constitucional que mais dispôs sobre seguridade social, que foi um conceito novo então, e sobre previdência social, em vários e espalhados dispositivos. Nos objetivos fundamentais da República Federal do Brasil, no art. 3º, III, prevê-se "erradicar a pobreza e a marginalização e reduzir as desigualdades sociais e regionais". No art. 6º, dentre os direitos sociais discriminados, encontram-se a saúde, o trabalho e "a previdência social, a proteção à maternidade e à infância, a assistência aos desamparados". Ademais, o texto ainda registra que são direitos dos trabalhadores urbanos e rurais, além de outros: "VIII – décimo terceiro salário com base na remuneração integral ou no valor da aposentadoria; [...] XII – salário-família pago em razão do dependente do trabalhador de baixa renda nos termos da lei; [...] licença à gestante, sem prejuízo do emprego e do salário, com a duração de cento e vinte dias; XIX – licença-paternidade, nos termos fixados em lei; [...] XXIV – aposentadoria. [...] Parágrafo único. São assegurados à categoria dos trabalhadores domésticos os direitos previstos nos incisos IV, VI, VIII, XV, XVII, XVIII, XIX, XXI e XXIV, bem como a sua integração à previdência social".

Em termos de competência, no art. 22, XXIII, do texto constitucional, está previsto que compete privativamente à União legislar sobre seguridade social, bem como no art. 24, XII, cabe à União, aos Estados e ao Distrito Federal legislar concorrentemente sobre previdência social, proteção e defesa da saúde. Por fim, quanto aos Regimes Próprios de Previdência Social (RPPS), está previsto no art. 149, § 1º, antes parágrafo único, que "os Estados, o Distrito Federal e os

Municípios instituirão contribuição, cobrada de seus servidores, para o custeio, em benefício destes, do regime previdenciário de que trata o artigo 40, cuja alíquota não será inferior à contribuição dos servidores titulares de cargos efetivos da União", com redação dada pela Emenda Constitucional nº 41, de 19.12.2003.

O Título VIII, Da Ordem Social, é aberto pelo Capítulo I, com um único artigo: "Art. 193. A ordem social tem como base o primado do trabalho, e como objetivo o bem-estar e a justiça sociais". Para José Cretella Júnior, "a base da Ordem Econômica é, para o legislador constitucional, dupla: o trabalho humano valorado e a livre iniciativa, tendo como princípio informativo os ditames da justiça social. No art. 193, a base da ordem social é o primado do trabalho, a finalidade é o bem-estar social e a justiça social. A extensão da expressão Ordem Social é enorme, abrangendo as demais ordens, a econômica, a política, a jurídica, a moral, a linguística, a religiosa. Ordem contrapõe-se a desordem; o atributo social opõe-se a individual".[7]

No Capítulo II, dispõe-se sobre seguridade social, com suas regras gerais, no art. 194, o qual prevê que a seguridade social compreende um conjunto integrado de ações de iniciativa dos Poderes Públicos e da sociedade, as quais são destinadas a assegurar os direitos relativos à saúde, à previdência e à assistência social. Desse modo, compete ao Poder Público organizar a seguridade social, com base nos seguintes objetivos: "I – universalidade da cobertura e do atendimento; II – uniformidade e equivalência dos benefícios e serviços às populações urbanas e rurais; III – seletividade e distributividade na prestação dos benefícios e serviços; IV – irredutibilidade do valor dos benefícios; V – eqüidade na forma de participação no custeio; VI – diversidade da base de financiamento; VII – caráter democrático e descentralizado da administração, mediante gestão quadripartite, com participação dos trabalhadores, dos empregadores, dos aposentados e do Governo

---

7 "Ao procedermos à análise do art. 170, *caput*, que principia com a expressão Ordem Econômica, [...] enunciamos a regra segundo a qual, conforme o legislador constituinte, a Ordem Econômica, fundada na valorização do trabalho humano e na livre iniciativa, tem por fim ou finalidade assegurar a todos existência digna, conforme os ditames da ordem social" (CRETELLA JÚNIOR, José. *Comentários à Constituição Brasileira de 1988*. Rio de Janeiro: Forense Universitária, 1993, vol. 8, p. 4295).

nos órgãos colegiados", com o último inciso modificado pela Emenda Constitucional nº 20, de 15.12.1998.

Para Manoel Gonçalves Ferreira Filho, seguridade implica o reconhecimento que na "ordem social caracteriza-se o que seja seguridade social, expressão que não gozava até esta Constituição de um sentido consolidado. Toma ela, em face deste artigo, o caráter de designação das ações (e serviços que o texto não menciona), visando a satisfazer os direitos sociais à saúde, previdência e assistência social. Como direitos sociais (direitos da 2ª geração), isto é, direitos fundamentais a prestações positivas, cairiam eles no vazio se não se estruturasse o seu atendimento. Os três direitos aqui acolhidos visam à segurança dos seres humanos quanto às áleas da vida: a doença, a invalidez etc. De segurança, ou melhor, de seguro, vem seguridade, termo aqui empregado".[8]

A Constituição Federal transforma os direitos sociais à saúde, à previdência social e à assistência social em direitos subjetivos, ou seja, que podem ser exigidos do Estado. É certo que sobre eles responde o Poder Público, mas também tem responsabilidade a sociedade como um todo. Não pode esta se afastar de suas tarefas quanto ao atendimento a tais direitos, pois no Estado do Bem-Estar a sociedade é chamada para colaborar com o atendimento dos direitos que visam a minorar ou a eliminar as necessidades sociais.

Constitui a seguridade, também, a saúde, que, no art. 196 da Constituição Federal, é entendida como direito de todos e dever do Estado, garantido mediante políticas sociais e econômicas que visem à redução do risco de doença e de outros agravos e ao acesso universal e igualitário às ações e serviços para sua promoção, proteção e recuperação.

A redação original do art. 201, antes da Reforma da Previdência Social, em 1998, dispunha o seguinte: "Art. 201. Os planos de previdência social, mediante contribuição, atenderão, nos termos da lei, a: I – cobertura dos eventos de doença, invalidez, morte, incluídos os resultantes de acidentes do trabalho, velhice e reclusão; II – ajuda à manutenção dos dependentes dos segurados de baixa renda; III – proteção à maternidade, especialmente à gestante; IV – proteção ao trabalhador em situação de desemprego involuntário; V – pensão por morte de segurado, homem ou mulher, ao cônjuge ou companheiro e dependentes, obedecido o dis-

---

8 FERREIRA FILHO, Manoel Gonçalves. *Comentários à Constituição Brasileira de 1988*. São Paulo: Saraiva, 1995, vol. 4, p. 49.

posto no § 5º e no art. 202. § 1º Qualquer pessoa poderá participar dos benefícios da previdência mediante contribuição na forma dos planos previdenciários. § 2º É assegurado o reajustamento dos benefícios para preservar-lhes, em caráter permanente, o valor real, conforme critérios definidos em lei. § 3º Todos os salários de contribuição considerados no cálculo serão corrigidos monetariamente. § 4º Os ganhos habituais do empregado, a qualquer título ao salário para efeito de contribuição previdenciária e consequentemente em benefícios, nos casos e na forma da lei. § 5º Nenhum benefício que substitua o salário de contribuir do trabalho do segurado terá valor mensal inferior ao salário mínimo. § 6º A gratificação natalina dos aposentados e pensionistas terá por base o valor dos proventos do mês de dezembro de cada ano. § 7º A previdência social manterá seguro coletivo, de caráter complementar facultativo, custeado por contribuições adicionais. § 8º É vedado subvenção ou auxilio do Poder Público às entidades da previdência privada com fins lucrativos".

A redação original do art. 202 dispunha: "Art. 202. É assegurada aposentadoria, nos termos da lei, calculando-se o benefício sobre a média dos 36 últimos salários de contribuição, corrigidos monetariamente mês a mês, e comprovada a regularidade dos reajustes dos salários de contribuição de modo a preservar seus valores reais e obedecidas as seguintes condições: I – aos 65 anos de idade, para o homem, e aos 60, para a mulher, reduzido em cinco anos o limite de idade para os trabalhadores rurais de ambos os sexos e para os que exerçam suas atividades em regime de economia familiar, neste incluídos o produtor rural, o garimpeiro e o pescador artesanal; II – após 35 anos de trabalho, ao homem, e, após 30, a mulher, ou em tempo inferior, se sujeitos a trabalho sob condições especiais, que prejudiquem a saúde ou a integridade física, definidas em lei; III – após 30 anos, ao professor, e, após 25, à professora, por efetivo exercício de função de magistério. § 1º É facultada aposentadoria proporcional, após 30 anos de trabalho, ao homem, e, após 25, à mulher. § 2º Para efeito de aposentadoria, é assegurada a contagem recíproca do tempo de contribuição na administração pública e na atividade privada, rural e urbana, hipótese em que os diversos sistemas de previdência social se compensarão financeiramente, segundo critérios estabelecidos em lei". Hoje, dispõe o art. 202, sobre previdência privada.

Por fim, a Seção IV, do Capítulo II, do Título VIII, dispõe sobre a assistência social, prevista no art. 203, da Constituição Federal, a qual deve ser prestada a quem dela necessitar, independentemente de contribuição à seguridade social, tendo essa assistência por objetivos: a) a proteção à família, à maternidade, à infância, à adolescência e à velhice; b) o amparo às crianças e aos adolescentes carentes; c) a promoção da integração ao mercado de trabalho; d) a habilitação e a reabilitação das pessoas portadoras de deficiência e a promoção de sua integração à vida comunitária; e) a garantia de um salário mínimo de benefício mensal à pessoa portadora de deficiência e ao idoso que comprovem não possuir meios de prover a própria manutenção ou de tê-la provida por sua família, conforme dispuser a lei.

Comentando a matéria, Yves Gandra Martins afirma que "para que a assistência social cumpra a sua finalidade é necessário que haja um carente ou necessitado, não importando por que azares da vida chegou ele a essa situação. O certo é que, por ser ele o necessitado, o carente, aquele que não dispõe do mínimo que lhe assegure uma vida integral, é ele quem faz jus aos benefícios da assistência social. O segundo ponto mais marcante deste artigo é que esses benefícios não podem ser condicionados a qualquer contribuição tributária".[9]

Nas "Disposições Gerais", foi previsto no art. 239, § 4º, que o seguro-desemprego fosse pago com recursos do PIS/PASEP. O Programa de Integração Social (PIS) foi criado, pela Lei Complementar Federal nº 7, de 07.09.1970, e o Programa de Formação do Patrimônio do Servidor Público (PASEP) foi instituído pela Lei Complementar Federal nº 8, de 03.12.1970. A arrecadação das duas contribuições sociais acima, recepcionadas expressamente pela Constituição Federal de 1988, constitui um *bis in idem* com a Contribuição para Financiamento da Seguridade Social (COFINS), previsto na Lei Complementar Federal nº 70, de 30.12.1991, com base no art. 195, I, *c*, do texto constitucional, o qual prevê um abono aos empregados que ganham até dois salários mínimos de remuneração mensal, no valor de um salário-mínimo anual, cujos empregadores sejam contribuintes para tais programas sociais, conforme *caput* e § 3º. Por outro lado, no *caput* e no § 4º, do artigo citado acima, está previsto que o seguro-desemprego seja pago com contribuição adicional da empresa cujo índice de rotatividade da força de trabalho supere o índice médio da rotatividade do setor, matéria regulamentada pela Lei Federal nº 7.998, de 11.01.1990.

---

9 MARTINS, Ives Gandra. Art. 195. *In*: BASTOS, Celso Ribeiro, e MARTINS, Ives Gandra. *Comentários à Constituição do Brasil, op. cit.*, pp. 345-6.

3.4. Reformas Constitucionais da Previdência Social

As emendas constitucionais são o meio pelo qual se pode modificar o texto constitucional original, no que se chama de poder constituinte derivado. Este não é ilimitado, pois: a) estão vedadas as modificações das matérias das cláusulas pétreas, previstas no art. 60, § 4º, da Constituição Federal; b) não pode ocorrer a tramitação na vigência de intervenção federal, de estado de necessidade ou de estado de sítio; c) devem ser consideradas as exigências de quórum para a proposta e para a sua aprovação, com discussão e votação, em dois turnos, em cada Casa do Congresso Nacional, com aprovação de três quintos dos votos dos respectivos membros. No entanto, a matéria aprovada não pode entrar em choque com o texto constitucional original, sob pena de ser reconhecida a inconstitucionalidade, no todo ou em parte, da emenda constitucional, como já adota o entendimento o Supremo Tribunal Federal, como na ADI 815.

As primeiras reformas constitucionais começaram a ser promulgadas logo em 1992, quatro anos depois da sanção da Constituição Federal de 1988, por emendas constitucionais e, em seguida, por emendas revisionais. A Emenda Constitucional nº 3, de 17.03.1993, dentre outras matérias, modificou o § 6º do art. 40, que dispunha sobre aposentadorias e pensões dos servidores públicos federais quanto ao custeio. Esse artigo acabou sendo alterado integralmente pela Emenda Constitucional nº 20, de 15.12.1998.

A Emenda Constitucional nº 18, de 05.02.1998, alterou o nome de duas seções: uma, nomeada anteriormente "servidores públicos civis", passou a "servidores públicos"; outra, intitulada "servidores públicos militares", passou a "militares dos Estados, do Distrito Federal e dos Territórios". Essa segunda alteração ocorreu, porque, para os servidores públicos militares, existe cobertura pelo plano de previdência inserido nos Estatutos Militares, com um conjunto de regras específicas, considerando o tempo máximo de permanência em cada posto da carreira, até passar à reserva, quando o servidor pode receber remuneração a título de aposentadoria, equivalente à remuneração do posto seguinte da hierarquia, então no § 9º do art. 40. Há referência, ainda, ao § 7º, desse mesmo artigo, o qual determina que a lei deve estabelecer a concessão do benefício da pensão por morte, que deve ser igual ao valor dos proventos do servidor falecido ou ao valor dos proventos que teria direito o servidor em atividade. Por fim, no § 6º do art. 40, está disposto que as aposentadorias e as pensões dos servidores públicos federais devem ser custeadas pela União Federal, sem mencionar os casos da Polícia Civil, da Polícia Militar e do Corpo de Bombeiros, que são de responsabilidade federal, conforme o art. 21, XIV, com a redação da Emenda Constitucional nº 19, de 05.02.1998.

A Emenda Constitucional nº 20, de 15.12.1998, tratou das seguintes mudanças: a) direitos dos trabalhadores; b) aposentadoria do servidor público; c) aposentadoria especial, excepcional e aposentadoria do professor; d) aposentadoria dos magistrados, dos membros do Ministério Público, dos Tribunais de Contas e dos Parlamentares; e) aposentadoria dos militares; f) regras de transição; g) acumulação de aposentadorias e acumulação de proventos com vencimentos; h) contribuição social e revogação do art. 153, § 2º, II, da Constituição Federal.

A emenda acima ficou conhecida como Reforma da Previdência Social e é "irmã siamesa" da Emenda Constitucional nº 19, de 04.06.1998, a Reforma da Administração Pública. Pretendia-se, na época, uma restrição à atuação estatal e uma diminuição do déficit público, como recomendava o Fundo Monetário Internacional (FMI), sendo a questão da previdência social um dos mais graves problemas.[10] Essa emenda nasceu da Mensagem Presidencial nº 306 de 1005, remetida pelo Poder Executivo à Câmara dos Deputados, passando a ter o nº 33. Logo, em 27 de abril de 1995, foi admitida na Comissão de Constituição e Justiça, com várias emendas, depois enviada para Comissão Especial, criada *ad hoc*. A matéria foi levada à Plenário, antes do trabalho final dessa comissão, sendo relatada pelo Presidente da Casa, Deputado Michel Temer e aprovada em dois turnos. O texto foi enviado ao Senado Federal, em 17 de julho de 1996, sendo profundamente modificado pelo substitutivo do Senador Beni Veras, o que fez o projeto voltar à Câmara dos Deputados. Teve por relator o Deputado Aloysio Nunes Ferreira, com sua admissibilidade ocorrendo em 11 de dezembro de 1997, com vários votos contrários. Houve nova Comissão Especial, tendo como relator o Deputado Arnaldo Madeira, que rejei-

10 "O objetivo é adaptar os mecanismos previdenciários às novas condições socioeconômicas e demográficas do país, como, por exemplo, a elevação da vida média do brasileiro e o fato de a população ser hoje majoritariamente urbana. De ponto de vista orçamentário, o objetivo é reduzir as despesas e equilibrar o orçamento previdenciário" (SANDRONI, Paulo. *Dicionário de Economia do Século XXI*. Rio de Janeiro: Record, 2005, p. 683).

tou todas as emendas, logo indo a matéria ao Plenário, onde foi aprovada, até que ocorreu a promulgação em 15 de dezembro de 1998.[11]

Em relação aos direitos dos trabalhadores, a Emenda Constitucional nº 20, de 15.12.1998, alterou apenas dois incisos do art. 7º do texto constitucional: o primeiro tratava do salário-família e o segundo, do trabalho do menor. Com isso, o salário-família passou a ser pago apenas em caso de haver dependente do trabalhador de baixa renda, com um valor fixo previsto no art. 13, da emenda acima. Surpreendeu a medida porque modificou direito social, que se supunha protegido como cláusula pétrea também. Quanto ao trabalho do menor, a idade limite para o trabalho foi alterada para depois de dezesseis anos, salvo na condição de aprendiz, desde que tenha quatorze anos ou mais.

Desde a Constituição de 1891, o servidor público federal tem direito à aposentadoria por invalidez, o que foi ampliado pela Constituição de 1934, para o direito à aposentadoria por idade, aos sessenta e oito anos, por anos de serviços, invalidez por acidente de serviço e doença incurável ou contagiosa. Depois, a Constituição de 1937 começou a possibilitar a aposentadoria precoce, com menos tempo do que a regra geral, devido à natureza da atividade. Já, na Constituição de 1948, a aposentadoria compulsória passou a ser com trinta anos de serviço e, em caso de tempo inferior, aposentadoria proporcional ou por moléstia profissional. A Constituição de 1967, juntamente com sua Emenda Constitucional nº 1, de 17.10.1969, estabeleceu a aposentadoria voluntária por tempo de serviço, aposentadoria compulsória por idade, aposentadoria especial e aposentadoria precoce.

A redação original da Constituição Federal de 1988, antes da Reforma da Previdência, previu aposentadoria voluntária com proventos integrais com trinta e cinco anos de serviço, se homem, e trinta, se mulher; aposentadoria para professores com trinta anos e, se mulher, com vinte e cinco anos, ou então com sessenta e cinco anos, se homem, ou sessenta, se mulher; aposentadoria compulsória, com proventos proporcionais, aos setenta anos; aposentadoria por invalidez permanente, com proventos integrais, quando decorrentes de acidente em serviço, moléstia profissional ou doença grave, contagiosa ou incurável, especificada em lei; ou com proventos proporcionais ao tempo de serviço, nos demais casos.

Para Cláudia Fernanda de Oliveira Pereira, "as alterações, que se encontram atualmente válidas, conforme vistas [...], garantem aos ser-

---

11 PEREIRA, Cláudia Fernanda de Oliveira. *Reforma da Previdência*, *op. cit.*, p. 93.

vidores titulares de cargos efetivos da União, dos Estados, do Distrito Federal e dos Municípios, incluídas suas autarquias e fundações, regime de previdência de caráter contributivo, observados critérios que preservem o equilíbrio financeiro e atuarial, portanto, regime de previdência do respectivo ente público. Cada um desses entes [...] poderá criar um regime previdenciário próprio, desde que compatível com o disposto na Constituição e, agora, com a Lei nº 9.717, de 27.11.1998, que estabelece normas gerais, mas não tanto assim".[12]

O novo § 4º, do art. 40, do texto constitucional, depois da Reforma da Previdência, vedou expressamente a adoção de requisitos e critérios diferenciados para a concessão de aposentadoria aos abrangidos pelo Regime Próprio de Previdência Social (RPPS), ressalvados os casos de atividades exercidas sob condições especiais que prejudiquem a saúde ou a integridade física. O texto com as inovações não dispõe sobre atividades consideradas penosas, insalubres ou perigosas, sujeitas ao adicional de remuneração, vedando aposentadoria especial. Não esclarece o texto, porém, os casos da regra de transição, quando já se tiver direito à aposentadoria especial.

Apesar do empenho do Governo em mudar a regra que beneficia algumas categorias jurídicas, ela não logrou sucesso com os magistrados, que mantiveram o direito à aposentadoria integral, mas submetida às regras do art. 40, do mesmo modo que o membro do Ministério Público, com base no art. 129, § 4º da Constituição Federal de 1988, depois da Reforma da Previdência. Por fim, em concordância com eles, ainda estão os Ministros do Tribunal de Contas da União (TCU) e os Conselheiros dos Tribunais ou Cortes de Contas, bem como auditores e membros do Ministério Público Especial, com base no art. 73, § 4º, art. 129, § 4º, e art. 130, do texto constitucional. Por outro lado, os Parlamentares Federais eram segurados, obrigatoriamente, pelo Instituto de Previdência dos Congressistas (IPC), bem como seus servidores, que podiam se filiar como segurados facultativos, de acordo com a Lei Federal nº 7.087, de 29.12.1982; posteriormente esse instituto foi extinto pela Lei Federal nº 9.506, de 30.10.1997.[13]

---

12 "Os benefícios, textualmente diz a Constituição, dependerão da contribuição dos que dele participarem, garantindo o equilíbrio financeiro e atuarial, [...]" (PEREIRA, Cláudia Fernanda de Oliveira, *Reforma da Previdência*, *op. cit.*, p. 152).

13 ADIn nº 455-7, tendo como relator o Ministro Sepúlveda Pertence, "os dados do di-

Os servidores que tiverem preenchidos os requisitos para a aposentadoria podem fazer a opção de permanecer em atividade, para se aposentar com proventos integrais. Estes ficam isentos, ainda, da contribuição social para a seguridade, se homem, depois de sessenta anos e, se mulher, depois de cinquenta e cinco, como incentivo de permanência. As regras de transição abrangem todos os servidores públicos regularmente investidos em cargo efetivo, de modo que se excluem os ocupantes de cargo em comissão ou os que sejam empregados públicos, exigindo-se que tenham um período trabalhado, seja qual for. Os servidores públicos que, na data da publicação da Emenda Constitucional nº 20, de 15.12.1998, se não preenchessem os requisitos para a aposentadoria integral ou proporcional, poderiam optar pela regra geral ou pela regra transitória.

Foi expressamente vetado o recebimento de mais de uma aposentadoria proveniente do setor público, com exceção dos cargos acumuláveis, como dois cargos de professor, um de professor e outro de técnico ou científico e dois cargos privativos de médico. Estes se encontram submetidos também ao teto de remuneração, correspondendo ao subsídio de Ministro do Supremo Tribunal Federal, nos termos do art. 37, XVI, do texto constitucional, com a redação da Emenda Constitucional nº 19, de 04.06.1998, e do art. 40, § 11, com redação da Emenda Constitucional nº 20, de 15.12.1998. Está vedado, também, o recebimento simultâneo de proventos, como se chama a remuneração do aposentado ou pensionista vinculados ao setor público, como no art. 40, no art. 42 e no art. 142. Assim, aqueles que entraram no servido público, depois de 1998, não podem mais acumular proventos de aposentadoria e remuneração de servidor público se eles não forem acumuláveis.

O custeio é para a seguridade social como um todo, e não apenas para a previdência social, incluindo, aí, saúde e assistência social. A mudança no inciso I, do art. 195 da Constituição Federal, foi significativa, pois permitiu a Receita Federal arrecadar um manancial de recursos financeiros, que deixaram de ser incidentes apenas sobre "folha de salário", passando a ser sobre "os demais rendimentos do trabalho, pagos ou creditados a qualquer título". Cabe à fonte pagadora, ainda,

---

reito comparado aludidos, reclamam, pelo menos, que as singularidades do exercício prolongado do mandato parlamentar sejam ponderados, antes que se conclua sobre a razoabilidade ou não do tratamento diferenciado que se questiona".

a responsabilidade pelo recolhimento da contribuição social da seguridade, mesmo que seja de uma pessoa física sem vínculo empregatício.[14]

Os Regimes Próprios de Previdência Social (RPPS) dos servidores públicos passaram a ser organizados levando em conta o "equilíbrio financeiro e atuarial". O equilíbrio financeiro decorre da necessidade de que a arrecadação de contribuições social da seguridade seja suficiente para manter os benéficos presentes e futuros. Por outro lado, o equilíbrio atuarial considera diversas variáveis que determinam o nível de contribuição para a viabilidade do sistema em uma perspectiva a longo prazo. São variáveis: a) expectativa de vida da população local ou nacional; b) número de contribuintes ativos e sua relação com os contribuintes inativos; c) crescimento econômico; d) medidas de natureza administrativa. Para Eduardo Rocha Dias e José Leandro Monteiro de Macêdo, "a técnica de seguro social, subjacente à previdência, aconselha a realização de estudos atuariais para definir a viabilidade do sistema".[15]

A Emenda Constitucional nº 41, de 19.12.2003, veio para concluir a Reforma Previdenciária, efetuada pela Emenda Constitucional nº 20, de 15.12.1998, quanto à previdência social do servidor público. Foi mantido, de início, o caráter contributivo da previdência social desses servidores. Foi modificado o art. 40 da Constituição Federal, especialmente, para: a) quebrar a integralidade como critério de cálculo de proventos de aposentadoria, como a remuneração integral do cargo efetivo deixar de ser a base de cálculo do valor da aposentadoria; b) quebrar a paridade como parâmetro de reajuste de aposentadoria e pensões, com o repasse automático dos aumentos dos servidores ativos para os aposentados e pensionistas; c) alterar o critério de cálculo do valor da pensão por morte; d) detalhar as regras para a criação da pre-

14 "Ditas contribuições poderão ter alíquotas ou bases de cálculos diferenciadas, em razão da atividade econômica ou da utilização intensiva de mão-de-obra, o que quer dizer diferenciação garantida pelo próprio texto constitucional, de molde a assegurar pagamentos a maior ou a menor à seguridade social" (PEREIRA, Cláudia Fernanda de Oliveira. *Reforma da Previdência*, *op. cit.*, p. 207).

15 "Lamentavelmente, nenhum estudo deste tipo parece ter sido conduzido pelos diferentes sistemas previdenciários de servidores públicos, o que viola a regra constitucional" (DIAS, Eduardo Rocha, e MACÊDO, José Leandro Monteiro de. *Curso de Direito Previdenciário*, *op. cit.*, p. 611).

vidência complementar e conseqüente aplicação do teto do Regime Geral de Previdência Social (RGPS); e) prever a contribuição social da seguridade sobre proventos de aposentadorias e pensões.

A Emenda Constitucional nº 47, de 05.07.2005, não trouxe inovações para a previdência dos servidores públicos, de forma expressiva, salvo que: a) extinguiu o cômputo das parcelas indenizatórias para efeito de teto, previsto no art. 37, XI, do texto constitucional; b) facultou aos Estados e ao Distrito Federal fixar limite único, para fins de teto remuneratório e de proventos, do subsídio mensal dos Desembargadores do respectivo Tribunal de Justiça, limitado a 90,25% do subsídio mensal de Ministro do Supremo Tribunal Federal, art. 37, § 12; c) ampliou a possibilidade de aposentadorias especiais para os servidores portadores de deficiência, que exerçam atividade de risco, art. 40, § 4º; d) elevou a faixa de imunidade dos aposentados e pensionistas portadores de doença incapacitante para o dobro do teto do Regime Geral de Previdência Social (RGPS), art. 40, § 21; e) trouxe nova regra transitória para quem era servidor público na data da Emenda Constitucional nº 20, de 15.12.1998. A Emenda Constitucional nº 70, de 29.03.2012, dispôs sobre o cálculo e a correção dos proventos das aposentadorias por invalidez, e a Orientação Normativa nº 01, de 16.01.2013, sobre o mesmo assunto.

A Emenda Constitucional nº 20, de 15.12.1998, no seu art. 8º, estabeleceu o direito à aposentadoria voluntária, com proventos calculados de acordo com o § 3º do art. 40 do texto constitucional. Esse tipo de aposentadoria deveria ter base na remuneração do servidor no cargo efetivo em que ela se der, correspondendo à totalidade da remuneração daqueles que tivessem ingressado regularmente em cargo efetivo da administração direta, autárquica e fundacional, até a data de sua publicação. Ademais, devem ser observados, ainda, os seguintes requisitos: a) cinquenta e três anos de idade, se homem, e quarenta e oito, se mulher; b) cinco anos de efetivo exercício no cargo em que se deu a aposentadoria; c) tempo de contribuição igual, no mínimo, à soma de trinta e cinco anos, se homem, e trinta, se mulher; d) período adicional de contribuição equivalente a vinte por cento do tempo que, em 15 de dezembro de 1998, faltaria para atingir o limite de tempo constante acima.

Já o art. 9º, da referida emenda constitucional da Reforma da Previdência Social, possibilitou a aposentadoria com proventos proporcionais ao tempo de contribuição, com as seguintes condições: a) cinquenta e três anos de idade, se homem, e quarenta e oito, se mulher;

b) cinco anos de efetivo exercício no cargo em que se deu a aposentadoria; c) tempo de contribuição igual, no mínimo, à soma de trinta anos, se homem, e vinte e cinco, se mulher; d) um período adicional de contribuição equivalente a quarenta por cento do tempo que, em 15 de dezembro de 1998, faltaria para atingir o limite de tempo constante acima. A aposentadoria proporcional corresponde a setenta por cento do valor máximo que o servidor poderia obter com a aposentadoria integral, acrescido de cinco por cento por ano de contribuição que supere a soma a que se refere o inciso I, do § 1º, do art. 9º, da referida emenda, até o limite de cem por cento.

Aos magistrados, membros do Ministério Público e do Tribunal de Contas, do sexo masculino, de acordo com o art. 8º, § 2º, da Emenda Constitucional nº 20, de 15.12.1998, para efeito de contagem de tempo de contribuição, deve haver um acréscimo de dezessete por cento em relação ao tempo de serviço exercido até a publicação da Emenda. Decorre tal situação do fato de as categorias acima mencionadas, independente do sexo, terem direito de se aposentar com trinta anos de serviço para a aposentadoria integral facultativa. Já o professor que, até a data da emenda, tivesse ingressado, regularmente, em cargo efetivo de magistério, e que optasse por se aposentar proporcionalmente, deve contar com o acréscimo de dezessete por cento, se homem, e de vinte por cento, se mulher, desde que se aposente, exclusivamente, com tempo de efetivo exercício das funções do magistério, de acordo com o art. 9º, § 2º, da referida emenda constitucional.

A Emenda Constitucional nº 41, de 19.12.2003, alterou o art. 40 da Constituição Federal, em seus §§ 3°, 7°, 8° e 15, e restringiu ainda mais os direitos de aposentadoria e pensão dos servidores públicos, já vítimas da Emenda Constitucional nº 3, de 17.3.1993, e da Emenda Constitucional nº 20, de 4.6.1998. Esta, inclusive, já tinha modificado o § 3° original e acrescido ao art. 40 o § 7° ao 16. Procurou-se, em 2003, acabar com a equivalência entre a remuneração e os proventos de aposentadoria e pensões do servidor. Do § 3°, que tratava do limite máximo da remuneração, passou-se a um regime que trata das remunerações utilizadas como base para as contribuições. Por outro lado, no § 7°, em que a concessão do benefício da pensão por morte devia ser igual ao valor dos proventos do servidor falecido ou ao valor dos proventos a que teria direito, passou a ser o valor da totalidade dos proventos ou remuneração, conforme o caso, acrescido de setenta por cento da parcela excedente a esse limite. No § 8°, pior, pois tratava da revisão geral dos proventos de aposentadoria e pensão, na mesma proporção e data, da remuneração do servidor, passando em 2003 a garantir apenas o reajustamento dos benefícios para lhes preservar o valor real, ou seja, excluídas as melhorias reais dos servidores em exercício. Por fim, no § 15, que dispunha sobre as normas gerais para a instituição de regime de previdência complementar, passou-se a fixar que ela devia ser feita por intermédio de entidades fechadas de previdência complementar de natureza pública, que oferecem os planos de benefícios somente na modalidade de contribuição definida.

Os §§ 17, 18, 19 e 20 foram acrescidos ao art. 40 da Constituição Federal pela Emenda Constitucional nº 41, de 19.12.2003, depois desse mesmo artigo já ter sido acrescido dos §§ 7° a 16 pela Emenda Constitucional nº 20, de 4.6.1998, em mais uma tentativa de diminuir as vantagens que os servidores públicos têm em suas aposentadorias em relação ao regime geral. Não houve nenhuma vantagem para estes, mesmo no abono previsto no § 19, que simplesmente estimula o servidor público a não se aposentar de forma voluntária. A Emenda Constitucional nº 41, de 19.12.2003, por outro lado, trouxe inúmeras regras de transição, que foram fixadas no art. 2° ao 10, inclusive revogando disposições transitórias previstas na Emenda Constitucional nº 20, de 4.6.1998.

A Emenda Constitucional nº 47, de 05.07.2005, inseriu o § 21 ao art. 40 da Constituição Federal de 1988, para dizer que a contribuição sobre os proventos de aposentadorias e pensões incide apenas sobre as parcelas que superem o dobro do limite máximo estabelecido para os benefícios do Regime Geral de Previdência Social (RGPS), quando o beneficiário for portador de doença incapacitante. A Emenda Constitucional nº 70, de 29.03.2012, dispôs sobre os critérios de cálculo e a correção dos proventos de aposentadorias por invalidez de servidores públicos, que ingressaram no serviço público, antes de 2003.

Por outro lado, em relação ao empregado que não é servidor público, a seguridade social, de acordo com o art. 194 da Constituição Federal, compreende um conjunto integrado de ações de iniciativa dos Poderes Públicos e da sociedade, destinadas a assegurar os direitos relativos à saúde, à previdência e à assistência social. Pode-se conceituá-la, ainda, como o conjunto de medidas tomadas pela Administração, bem como pelos administrados, em conjunto ou de forma separada, para garantir a todos, como direito subjetivo, a previdência social, a saúde e a assistência social.

Dispõe o parágrafo único, do art. 194 da Constituição Federal, que compete ao Poder Público, nos termos da lei, organizar a seguridade social. Devem-se observar, não obstante, determinados objetivos. Estes são: a) universalidade da cobertura e do atendimento; b) uniformidade e equivalência dos benefícios e serviços às populações urbanas e rurais; c) seletividade e distributividade na prestação dos benefícios; d) irredutibilidade do valor dos benefícios; e) equidade na forma de participação no custeio; f) diversidade da base de financiamento; g) caráter democrático e descentralizado da sua administração.

A universalidade da cobertura e do atendimento implica afirmar que todos aqueles que necessitem da seguridade devem ser atendidos, tratando-se de um direito subjetivo, que permite exigir em juízo o cumprimento da obrigação pública. No sentido de assegurar a isonomia entre os trabalhadores urbanos e rurícolas, evita-se a discriminação legislativa brasileira, garantindo-se a uniformidade e a equivalência dos benefícios e serviços.

Na prestação dos benefícios, a seletividade compreende a seleção dos abeneficiados, de forma a atender quem tem maior necessidade, ao passo que a distributividade consiste na identificação dos programas, de forma a distribuir os recursos de acordo com as exigências sociais. Por outro lado, a irredutibilidade do valor dos benefícios consiste em manter o seu valor real inalterado, ao longo do tempo, sem perder seu poder aquisitivo inicial. Implica tal garantia o reajuste anual do benefício, para evitar que se desvalorize ao longo do tempo.

A equidade na forma de participação no custeio implica a distribuição do custo social, de maneira que o ônus seja suportado por quem tenha maiores condições de fazê-lo. Os desiguais devem ser tratados de forma desigual, sendo esse o verdadeiro sentido da isonomia. Trata-se de garantia análoga ao princípio tributário da capacidade contributiva, prevista no art. 150, II, da Constituição Federal. No mesmo sentido, deve haver diversidade da base de financiamento, para que o ônus seja suportado pelo Poder Público, pelos empresários e pelos trabalhadores.

Por fim, o caráter democrático e descentralizado da administração da seguridade social deve ser feito através de gestão quadripartite, com participação dos trabalhadores, dos empregadores, dos aposentados e do Governo, nos seus órgãos colegiados. O inciso VII, do art. 194 da Constituição Federal, foi modificado pela Reforma de

Previdência Social, efetuada pela Emenda Constitucional nº 20, de 15.12.1998, que antes dispunha: "VII – caráter democrático e descentralizado da gestão administrativa, com a participação da comunidade, em especial de trabalhadores, empresários e aposentados e do Governo nos órgãos colegiados".

A previdência social está disposta no âmbito do servidor público, no art. 40, e no âmbito geral, no art. 201. A Emenda Constitucional nº 20, de 15.12.1998, a Reforma da Previdência Social, modificou totalmente o art. 40 do texto constitucional. As regras anteriores permitiam que o servidor público civil se aposentasse: a) por invalidez permanente, com proventos integrais em casos de acidente em serviço, moléstia profissional ou doença grave, contagiosa ou incurável; b) compulsoriamente, aos setenta anos, com proventos proporcionais; c) voluntariamente, aos trinta e cinco anos de serviço, se homem, e aos trinta, se mulher, com proventos integrais; d) com cinco anos a menos, se no efetivo exercício em funções de magistério; e) aos 30 anos de serviço, se homem, e aos vinte e cinco, se mulher, com proventos proporcionais; f) aos sessenta anos, se homem, e aos sessenta, se mulher, com proventos proporcionais.

Agora foi assegurado aos servidores públicos civis da União, dos Estados, do Distrito Federal e dos Municípios, incluídas suas autarquias e fundações, apenas o Regime Próprio de Previdência Social (RPPS) de caráter contributivo, o qual deve ter critério que preserve o equilíbrio financeiro e atuarial. Passou-se, então, às seguintes condições gerais de aposentadoria, no art. 40, § 1º, da Constituição Federal: a) por invalidez permanente, com os proventos proporcionais ao tempo de contribuição, exceto se decorrente de acidente de serviço, moléstia profissional ou doença grave, contagiosa ou incurável; b) compulsoriamente, aos setenta anos de idade, com proventos proporcionais; c) voluntariamente, desde que com tempo mínimo de dez anos de efetivo exercício no serviço público e cinco anos no cargo efetivo em que se deve dar a aposentadoria, com sessenta anos de idade e trinta e cinco de contribuição, se homem, e cinquenta e cinco anos de idade e trinta de contribuição, se mulher; d) sessenta e cinco anos de idade, se homem, e sessenta anos de idade, se mulher, com proventos proporcionais. Aos professores que comprovem exclusivamente tempo de efetivo exercício das funções de magistério na educação infantil, no ensino fundamental ou no médio, as exigências do art. 40, § 1º, III, *a*, do texto constitucional, são reduzidos o tempo de contribuição em cinco anos, no art. 40, § 5º, da Constituição Federal. O § 1º, do art. 40, foi alterado pela Emenda Constitucional nº 41, de 19.12.2003, havendo o acréscimo da referência ao § 17, do mesmo artigo.

Foi previsto que os proventos de aposentadoria e as pensões, quando forem concedidos, não podem exceder a remuneração do servidor, no cargo efetivo em que se deu a aposentadoria ou que serviu de referência para a concessão da pensão, conforme o art. 40, § 2º, da Constituição Federal. Por outro lado, os proventos de aposentadoria, quando de sua concessão, devem ser calculados com base na remuneração do servidor que serviu como fato gerador de contribuição, conforme a Emenda Constitucional nº 41, de 19.12.2003, no art. 40, § 3º. Assim, deve ser vedada a adoção de requisitos e critérios diferenciados de concessão de aposentadoria aos abrangidos pelo regime previsto no art. 40, salvo nos casos de portadores de deficiência, dos que exerçam atividades de risco e daqueles cujas atividades sejam exercidas sob condições especiais, já que seu exercício prejudica a saúde ou a integridade física, conforme o disposto no art. 40, § 4º, da Constituição Federal, com a redação da Emenda Constitucional nº 47, de 05.07.2005. Encontra-se vedada, ainda, a percepção de mais de uma aposentadoria à conta do regime de previdência de servidor público civil, exceto nos casos de aposentadorias decorrentes dos cargos acumuláveis, previstos no inciso XVI, do art. 37, do texto constitucional, bem como no art. 40, § 6º.

A concessão do benefício de pensão por morte deve ser igual, em primeiro lugar, ao valor da totalidade dos proventos do servidor falecido, até o limite máximo previsto na regra do art. 201 da Constituição Federal. Esse benefício deve ser acrescido de setenta por cento da parcela excedente a esse limite, se aposentado à data do óbito. Ou, em segundo lugar, ao valor da totalidade da remuneração do servidor no cargo efetivo em que se deu a morte, até o limite acima tratado, também acrescido de setenta por cento da parcela excedente a esse limite, caso esteja em atividade na data do falecimento. Foi assegurado o reajustamento dos benefícios pelo valor real, para preservá-lo, conforme critérios tratados em lei. Os parágrafos 7° e 8° foram alterados pela Emenda Constitucional nº 41, de 19.12.2003. O tempo de contribuição dos servidores federais, estaduais ou municipais conta-se para efeito de aposentadoria ou para efeito de disponibilidade, no art. 40, § 9º. A lei não pode considerar qualquer forma de contagem de tempo de contribuição fictício, previsto no § 10, do art. 40, do texto constitucional. Para tanto, observa-se que o art. 4º da Emenda Constitucional nº 20, de 15.12.1998, dispõe que o tempo de serviço considerado pela legislação vigente para efeito de aposentadoria, cumprido até que lei discipline a matéria, seja contado como tempo de contribuição. A soma total dos proventos de inatividade, inclusive quando for possível a acumulação remunerada de cargos ou empregos, não pode ultrapassar o subsídio, em espécie, do Ministro do Supremo Tribunal Federal, no art. 40, § 11.

Devem ser seguidos, além do critério do regime de previdência dos servidores públicos titulares, os requisitos e critérios fixados para o regime geral de previdência social, no que couber, conforme o art. 40, § 12, da Constituição Federal, que rege o servidor ocupante de cargo demissível *ad nutum*, no art. 40, § 13. A União, os Estados, o Distrito Federal e os Municípios podem, caso instituam regime de previdência complementar para os seus respectivos titulares de cargo efetivo, fixar para estes o limite máximo estabelecido para os benefícios do Regime Geral de Previdência Social (RGPS), atualmente de dez salários mínimos, no art. 40, § 14, que deve ser fixado através de lei, observado o art. 202 do texto constitucional, no art. 40, § 15. Aos servidores públicos deve ser assegurada a prévia e expressa opção pelo regime de previdência complementar, até a data do ato de instituição do correspondente regime, no art. 40, § 16.

A maioria dos incisos e parágrafos do art. 195 teve a redação dada pela Emenda Constitucional nº 20, de 15.12.1998, mas foi mantida a redação original do *caput*. Este dispõe que a seguridade social deve ser financiada por toda a sociedade, de forma direta e indireta, nos termos da lei, mediante recursos provenientes dos orçamentos da União, dos Estados, do Distrito Federal e dos Municípios, além de contribuições sociais. Esses recursos originam-se do empregador, da empresa e da entidade a ela equiparada na forma da lei, incidentes sobre: a) a folha de salários e demais rendimentos do trabalho pagos ou creditados, a qualquer título, à pessoa física que lhe preste serviço, mesmo sem vínculo empregatício; b) a receita ou o faturamento; c) o lucro. As contribuições sociais previstas acima podem ter alíquotas ou bases de cálculo diferenciadas, em razão da atividade econômica, da utilização intensiva de mão-de-obra, do porte da empresa ou da condição estrutural do mercado de trabalho. Por outro lado, cabe o encargo também para o trabalhador e os demais segurados da previdência social, não incidindo contribuição sobre aposentadoria e pensão concedidas pelo Regime Geral de Previdência Social (RGPS) de que trata o art. 201, bem como sobre a receita de concursos de prognósticos. Ampliando a incidência, a Emenda Constitucional nº 42, de 19.12.2003, criou a contribuição social para seguridade "do importador de bens ou serviços do exterior, ou de quem a lei a ele equiparar". Dispõe-se ainda que a lei pode instituir outras fontes destinadas a garantir a manutenção ou expansão da seguridade social, obedecido o disposto no art. 154, I, do texto constitucional.

As receitas dos Estados, do Distrito Federal e dos Municípios destinadas à seguridade social devem constar dos respectivos orçamentos, não integrando o orçamento da União. A proposta de orçamento da seguridade social precisa ser elaborada de forma integrada pelos órgãos responsáveis pela saúde, previdência social e assistência social, tendo em vista as metas e prioridades estabelecidas na lei de diretrizes orçamentárias, assegurada a cada área a gestão de seus recursos. Por outro lado, a pessoa jurídica em débito com o sistema da seguridade social, não podem contratar com o Poder Público nem dele receber benefícios ou incentivos fiscais ou creditícios. Nenhum benefício ou serviço da seguridade social é criado, majorado ou estendido sem a correspondente fonte de custeio total. As contribuições sociais acima só são exigidas depois de decorridos noventa dias da data da publicação da lei que as houver instituído ou modificado, não se lhes aplicando o disposto no art. 150, III, *b*, da Constituição Federal São isentas de contribuição para a seguridade social as entidades beneficentes de assistência social que atendam às exigências estabelecidas em lei.

O produtor, o parceiro, o meeiro, o arrendatário rural e o pescador artesanal, bem como os respectivos cônjuges, que exerçam suas atividades em regime de economia familiar, sem empregados permanentes, contribuem para a seguridade social mediante a aplicação de uma alíquota sobre o resultado da comercialização da produção e fazem jus aos benefícios nos termos da lei. Esta deve definir os critérios de transferência de recursos para o sistema único de saúde e para as ações de assistência social da União para os Estados, o Distrito Federal e os Municípios, e dos Estados para os Municípios, observada a respectiva contrapartida de recursos. Observe-se que é vedada a concessão de remissão ou anistia das contribuições sociais para débitos em montante superior ao fixado em lei complementar. A legislação define os setores de atividade econômica para os quais as contribuições incidentes podem ser não cumulativas. Aplica-se o disposto acima, inclusive na hipótese de substituição gradual, total ou parcial, da contribuição, pela incidente sobre a receita ou o faturamento.

A previdência social encontra-se disposta na Seção III, do Capítulo II, do Título VIII, do texto constitucional. O art. 201 foi profundamente modificado pela Emenda Constitucional nº 20, de 15.12.1998, bem como por outras emendas que a ela se seguiram. Prevê-se que a previdência social deve ser organizada sob a forma de regime geral, de caráter contributivo e de filiação obrigatória, observados os critérios que preservem o equilíbrio financeiro e atuarial, e que deve atender, nos termos da lei, a: "I – cobertura dos eventos de doença, invalidez, morte e idade avançada; II – proteção à maternidade, especialmente à gestante; III – proteção ao trabalhador em situação de desemprego involuntário; IV – salário-família e auxílio-reclusão para os dependentes dos segurados de baixa renda; V – pensão por morte do segurado, homem ou mulher, ao cônjuge ou companheiro e dependentes, observado o disposto no § 2º".

Para Ives Gandra Martins, "a previdência social se caracteriza pela universalidade, que se reflete tanto na possibilidade de todo e qualquer cidadão poder inscrever-se como segurado, desde que contribua, ou seja, não é mais restrita apenas ao trabalhador, como pela universalidade de atendimento e de cobertura. Os princípios que norteiam a previdência social são quase os mesmos que informam a seguridade social. A previdência, deve-se dizer, é regida por diversos princípios, dentre eles, o da igualdade, o da legalidade, o do direito adquirido, o da pluralidade de receitas, o da irredutibilidade do valor dos benefícios, o da distributividade, o da uniformidade, o da solidariedade, o da equivalência e o da equidade na forma de participação e custeio e da seletividade. A previdência social, frisamos, está calcada no princípio da solidariedade entre as gerações, que vem disposto no art. 194, V, da Constituição Federal. É dizer, a população ativa deve sustentar a inativa, que seriam os aposentados".[16]

---

16 "No que diz respeito à relação jurídica previdenciária, esta se caracteriza por ter uma pluralidade de sujeitos: o segurado, o empregador, a entidade previdenciária, a União e os dependentes do segurado. Muitos doutrinadores se debruçaram sobre o assunto da relação jurídica previdenciária, conceituando-se ora sobre unicidade ora sobre sua pluralidade" (MARTINS, Ives Gandra. Art. 195. *In*: BASTOS, Celso Ribeiro, e MARTINS, Ives Gandra. *Comentários à Constituição do Brasil*. São Paulo: Saraiva, 1998, vol. 8º, p. 201).

É vedada a adoção de requisitos e critérios diferenciados para a concessão de aposentadoria aos beneficiários do Regime Geral de Previdência Social (RGPS), ressalvados os casos de atividades exercidas sob condições especiais, cujo exercício prejudique a saúde ou a integridade física, e quando se tratar de segurados portadores de deficiência. Nenhum benefício que substitua o salário de contribuição ou o rendimento do trabalho do segurado pode ter valor mensal inferior ao salário mínimo, este definido no art. 7º, IV, do texto constitucional. Todos os salários de contribuição considerados para o cálculo de benefício são devidamente atualizados. É assegurado o reajustamento dos benefícios para lhes preservar, em caráter permanente, o valor real, conforme critérios definidos em lei. É vedada a filiação ao regime geral, na qualidade de segurado facultativo, de pessoa participante de Regime Próprio de Previdência Social (RPPS). A gratificação natalina dos aposentados e pensionistas tem por base o valor dos proventos do mês de dezembro de cada ano.

É assegurada aposentadoria no regime geral de previdência social, obedecidas as seguintes condições: a) trinta e cinco anos de contribuição, se homem, e trinta anos de contribuição, se mulher; b) sessenta e cinco anos de idade, se homem, e sessenta anos de idade, se mulher, reduzido em cinco anos o limite para os trabalhadores rurais de ambos os sexos e para os que exerçam suas atividades em regime de economia familiar, nestes incluídos o produtor rural, o garimpeiro e o pescador artesanal. Os requisitos acima podem ser reduzidos em cinco anos, para o professor que comprove exclusivamente tempo de efetivo exercício das funções de magistério na educação infantil, no ensino fundamental ou no médio.

Para efeito de aposentadoria, é assegurada a contagem recíproca do tempo de contribuição na administração pública e na atividade privada, rural e urbana, hipótese em que os diversos regimes de previdência social se compensarão financeiramente, segundo critérios estabelecidos na Lei Federal nº 9.796, de 05.05.1999. Deve haver lei disciplinadora da cobertura do risco de acidente do trabalho, a ser atendida concorrentemente pelo regime geral de previdência social e pelo setor privado, hoje pela arrecadação do PIS/PASEP. Os ganhos habituais do empregado, a qualquer título, são incorporados ao salário para efeito de contribuição previdenciária e consequente repercussão em benefícios. Previu-se lei que disponha sobre sistema especial de inclusão previdenciária para atender aos trabalhadores de baixa renda e àqueles sem renda própria que se dediquem exclusivamente ao trabalho doméstico no âmbito de sua residência, desde que pertencentes a famílias de baixa renda, garantindo-lhes acesso a benefícios de valor igual a um salário-mínimo. O sistema especial de inclusão previdenciária deve ter alíquotas e carências inferiores às vigentes para os demais segurados do regime geral de previdência social.

Foi objeto de amplas modificações, também, o art. 202 e seus parágrafos, pela Emenda Constitucional nº 20, de 15.12.1998. Esse artigo dispunha sobre as exigências para a aposentadoria e as regras sobre benefícios, hoje no § 7º, do art. 201, acima, instituindo o chamado salário-de-contribuição. O regime de previdência privada, de caráter complementar e organizado de forma autônoma em relação ao regime geral de previdência social, é facultativo, baseado na constituição de reservas que garantam o benefício contratado, e regulado por lei complementar. Esta assegura ao participante de planos de benefícios de entidades de previdência privada o pleno acesso às informações relativas à gestão de seus respectivos planos. As contribuições do empregador, os benefícios e as condições contratuais previstas nos estatutos, nos regulamentos e nos planos de benefícios das entidades de previdência privada não integram o contrato de trabalho dos participantes, assim como, à exceção dos benefícios concedidos, não integram a remuneração dos participantes. Quando se tratar de previdência privada fechada, a matéria está submetida à Secretaria de Previdência Social (SPS) do Ministério da Previdência Social (MPS). Se for de previdência privada aberta, a competência é da autarquia federal Superintendência de Seguros Privados (SUSEP), vinculada ao Ministério da Fazenda.

É vedado o aporte de recursos a entidade de previdência privada pela União, Estados, Distrito Federal e Municípios, suas autarquias, fundações, empresas públicas, sociedades de economia mista e outras entidades públicas, salvo na qualidade de patrocinador, situação na qual, em hipótese alguma, sua contribuição normal pode exceder a do segurado. A Lei Complementar nº 108, de 29.05.2001, disciplina a relação entre a União, os Estados, o Distrito Federal ou os Municípios, inclusive suas autarquias, fundações, sociedades de economia mista e empresas controladas direta ou indiretamente, enquanto patrocinadoras de entidades fechadas de previdência privada, e suas respectivas entidades fechadas de previdência privada. A lei complementar aplica-se, no que couber, às empresas privadas permissionárias ou concessionárias de prestação de serviços públicos, quando patrocinadoras de entidades fechadas de previdência privada.

A legislação acima estabelece os requisitos para a designação dos membros das diretorias das entidades fechadas de previdência privada e disciplina a inserção dos participantes nos colegiados e instâncias de decisão em que seus interesses sejam objetos de discussão e deliberação.

A Emenda Constitucional nº 70, de 29.12.2012, acrescentou o art. 6º-A a Emenda Constitucional nº 41, de 19.12.2003, para estabelecer critérios para o cálculo e a correção dos proventos da aposentadoria por invalidez dos servidores públicos.

A Emenda Constitucional nº 88, de 07.05.2015, altera o inciso II do § 1º do art. 40 da Constituição Federal, relativamente ao limite de idade para a aposentadoria compulsória do servidor público, bem como acrescenta o art. 100 ao Ato das Disposições Constitucionais Transitórias – ADCT, e a EmendaConstitucional nº 79, de 04.06.1998, alterou o art. 31 da Emenda Constitucional nº 19, de 04.06.1998, para prever a inclusão, em quadro em extinção da Administração Federal, de servidores e policiais militares admitidos pelos Estados do Amapá e de Roraima, na fase de instalação dessas unidades federadas, e deu outras providências.

Depois de muita pressão do governo, dos empresários e dos meios de comunicações, foi aprovada mais uma Reforma da Previdência Social, sendo tido que resolveria todos os problemas do Brasil, o que era uma falácia, apesar da necessidade de algumas modificações, em especial para maior expectativa de vida da população nacional. A Emenda Constitucional nº 103, de 12.11.2019, alterou o sistema de previdência social e estabeleceu as regras de transição e as disposições transitórias. As Mesas da Câmara dos Deputados e do Senado Federal, nos termos do § 3º do art. 60 da Constituição Federal, promulgaram a seguinte Emenda ao texto constitucional:

> Art. 1º A Constituição Federal passa a vigorar com as seguintes alterações:
> Art. 22. ....
> ....
> XXI – normas gerais de organização, efetivos, material bélico, garantias, convocação, mobilização, inatividades e pensões das polícias militares e dos corpos de bombeiros militares.

No art. 37, do texto constitucional, foram acrescidos os parágrafos 13,14 e 15. Pelo primeiro, o servidor público titular de cargo efetivo pode ser readaptado para exercício de cargo cujas atribuições e responsabilidades sejam compatíveis com a limitação que tenha sofrido em sua capacidade física ou mental; enquanto permanecer nesta condição, desde que possua a habilitação e o nível de escolaridade exigidos para o cargo de destino, mantida a remuneração do cargo de origem. A aposentadoria concedida com a utilização de tempo de contribuição decorrente de cargo, emprego ou função pública, inclusive do Regime Geral de Previdência Social, acarretará o rompimento do vínculo que gerou o referido tempo de contribuição. Pelo § 15, do art. 37, com nova redação, é vedada a complementação de aposentadorias de servidores públicos e de pensões por morte a seus dependentes que não seja decorrente do disposto nos §§ 14 a 16 do art. 40 ou que não seja prevista em lei que extinga regime próprio de previdência social.

No art. 39, conforme a Emenda Constitucional Federal nº 103, de 12.11.2019, foi acrescentado o § 9°, em que é vedada a incorporação de vantagens de caráter temporário ou vinculadas ao exercício de função de confiança ou de cargo em comissão à remuneração do cargo efetivo.

Mais amplas e conceituais foram as alterações do art. 40, da Constituição Federal, a começar no *caput* – "art. 40. O regime próprio de previdência social dos servidores titulares de cargos efetivos tem caráter contributivo e solidário, mediante contribuição do respectivo ente federativo, de servidores ativos, de aposentados e de pensionistas, observados critérios que preservem o equilíbrio financeiro e atuarial". Pelo § 1º, o servidor abrangido por regime próprio de previdência social deve ser aposentado: "I – por incapacidade permanente para o trabalho, no cargo em que estiver investido, quando insuscetível de readaptação, hipótese em que será obrigatória a realização de avaliações periódicas para verificação da continuidade das condições que ensejaram a concessão da aposentadoria, na forma de lei do respectivo ente federativo; [...]; III – no âmbito da União, aos 62 (sessenta e dois) anos de idade, se mulher, e aos 65 (sessenta e cinco) anos de idade, se homem, e, no âmbito dos Estados, do Distrito Federal e dos Municípios, na idade mínima estabelecida mediante emenda às respectivas Constituições e Leis Orgânicas, observados o tempo de contribuição e os demais requisitos estabelecidos em lei complementar do respectivo ente federativo". Pelo § 2º, os proventos de aposentadoria não podem ser inferiores ao valor mínimo a que se refere o § 2º do art. 201 ou superiores ao limite máximo estabelecido para o Regime Geral de Previdência Social, observado o disposto nos §§ 14 a 16, da

Constituição Federal. As regras para cálculo de proventos de aposentadoria são disciplinadas em lei do respectivo Ente Federativo.

Pelo § 4º, do art. 40 do texto constitucional, com a nova redação, é vedada a adoção de requisitos ou critérios diferenciados para concessão de benefícios em regime próprio de previdência social, ressalvado o disposto nos §§ 4º-A, 4º-B, 4º-C e 5º, do mesmo art. 40. Podem ser estabelecidos por lei complementar do respectivo Ente Federativo idade e tempo de contribuição diferenciados para aposentadoria de servidores com deficiência, previamente submetidos a avaliação biopsicossocial realizada por equipe multiprofissional e interdisciplinar. Por outro lado, podem ser estabelecidos por lei complementar do respectivo ente federativo idade e tempo de contribuição diferenciados para aposentadoria de ocupantes do cargo de agente penitenciário, de agente socioeducativo ou de policial dos órgãos de que tratam o inciso IV do caput do art. 51, o inciso XIII do caput do art. 52 e os incisos I a IV do caput do art. 144, tudo da Constituição Federal. Por fim, podem ser estabelecidos por lei complementar do respectivo Ente Federativo idade e tempo de contribuição diferenciados para aposentadoria de servidores cujas atividades sejam exercidas com efetiva exposição a agentes químicos, físicos e biológicos prejudiciais à saúde, ou associação desses agentes, vedada a caracterização por categoria profissional ou ocupação.

Pelo § 5º, do art. 40, do texto constitucional, os ocupantes do cargo de professor tem idade mínima reduzida em cinco anos em relação às idades decorrentes da aplicação do disposto no inciso III do § 1º, desde que comprovem tempo de efetivo exercício das funções de magistério na educação infantil e no ensino fundamental e médio fixado em lei complementar do respectivo Ente Federativo. Ressalvadas as aposentadorias decorrentes dos cargos acumuláveis na forma desta Constituição, é vedada a percepção de mais de uma aposentadoria à conta de Regime Próprio de Previdência Social (RPPS), aplicando-se outras vedações, regras e condições para a acumulação de benefícios previdenciários estabelecidas no Regime Geral de Previdência Social (RGPS). Observado o disposto no § 2º do art. 201, quando se tratar da única fonte de renda formal auferida pelo dependente, o benefício de pensão por morte deve ser concedido nos termos de lei do respectivo Ente Federativo, a qual trata de forma diferenciada a hipótese de morte dos servidores de que trata o § 4º-B decorrente de agressão sofrida no exercício ou em razão da função. Pelo § 9º, o tempo de contribuição federal, estadual, distrital ou municipal deve ser contado para fins de aposentadoria, observado o disposto nos §§ 9º e 9º-A do art. 201, e o tempo de serviço correspondente deve ser contado para fins de disponibilidade.

Pelo § 12, do art. 40, além do disposto neste artigo, são observados, em Regime Próprio de Previdência Social, no que couber, os requisitos e critérios fixados para o Regime Geral de Previdência Social (RGPS). Aplica-se ao agente público ocupante, exclusivamente, de cargo em comissão declarado em lei de livre nomeação e exoneração, de outro cargo temporário, inclusive mandato eletivo, ou de emprego público, o Regime Geral de Previdência Social. A União, os Estados, o Distrito Federal e os Municípios devem instituir, por lei de iniciativa do respectivo Poder Executivo, regime de previdência complementar para servidores públicos ocupantes de cargo efetivo, observado o limite máximo dos benefícios do Regime Geral de Previdência Social para o valor das aposentadorias e das pensões em regime próprio de previdência social, ressalvado o disposto no § 16, do art. 40 da Constituição Federal. O Regime de Previdência Complementar de que trata o § 14 deve oferecer plano de benefícios somente na modalidade contribuição definida, observa o disposto no art. 202 e efetivado por intermédio de entidade fechada de previdência complementar ou de entidade aberta de previdência complementar.

Pelo § 19, do art. 40, observados critérios a serem estabelecidos em lei do respectivo Ente Federativo, o servidor titular de cargo efetivo que tenha completado as exigências para a aposentadoria voluntária e que opte por permanecer em atividade pode fazer jus a um abono de permanência equivalente, no máximo, ao valor da sua contribuição previdenciária, até completar a idade para aposentadoria compulsória. É vedada a existência de mais de um regime próprio de previdência social e de mais de um órgão ou entidade gestora desse regime em cada Ente Federativo, abrangidos todos os poderes, órgãos e entidades autárquicas e fundacionais, que devem ser responsáveis pelo seu financiamento, observados os critérios, os parâmetros e a natureza jurídica definidos na lei complementar de que trata o § 22, do mesmo artigo.

Pelo § 22, do art. 40, da Constituição Federal, é vedada a instituição de novos Regimes Próprios de Previdência Social (RPPS), lei complementar federal deve estabelecer, para os que já existam, normas gerais de organização, de funcionamento e de responsabilidade em sua gestão, dispondo, entre outros aspectos, sobre: "I – requisitos para sua extinção e consequente migração para o Regime Geral de Previdência Social; II – modelo de arrecadação, de aplicação e de utilização dos recursos; III – fiscalização pela União e controle externo e social; IV – definição de equilíbrio financeiro e atuarial; V – condições para instituição do fundo com finalidade previdenciária de que trata o art. 249 e para vinculação a ele dos recursos provenientes de contribuições e dos bens, direitos e ativos de qualquer natureza; VI – mecanismos de equacionamento do deficit atuarial; VII – estruturação do órgão ou entidade gestora do regime, observados os princípios relacionados com governança, controle interno e transparência; VIII – condições e hipóteses para responsabilização daqueles que desempenhem atribuições relacionadas, direta ou indiretamente, com a gestão do regime; IX – condições para adesão a consórcio público; X – parâmetros para apuração da base de cálculo e definição de alíquota de contribuições ordinárias e extraordinárias".

A Emenda Constitucional Federal nº 103, de 12.11.2019, quanto às Magistraturas e ao Ministério Público, fixou que:

> Art. 93. ....
>
> ....
>
> VIII - o ato de remoção ou de disponibilidade do magistrado, por interesse público, fundar-se-á em decisão por voto da maioria absoluta do respectivo tribunal ou do Conselho Nacional de Justiça, assegurada ampla defesa;
>
> Art. 103-B. ....
>
> ....
>
> § 4º ....
>
> ....
>
> III - receber e conhecer das reclamações contra membros ou órgãos do Poder Judiciário, inclusive contra seus serviços auxiliares, serventias e órgãos prestadores de serviços notariais e de registro que atuem por delegação do poder público ou oficializados, sem prejuízo da competência disciplinar e correicional dos tribunais, podendo avocar processos disciplinares em curso, determinar a remoção ou a disponibilidade e aplicar outras sanções administrativas, assegurada ampla defesa;
>
> Art. 109..
>
> ....
>
> § 3º Lei poderá autorizar que as causas de competência da Justiça Federal em que forem parte instituição de previdência social e segurado possam ser processadas e julgadas na justiça estadual quando a comarca do domicílio do segurado não for sede de vara federal.
>
> ....
>
> Art.130-A..

> ....
> § 2º...
> ....
> III - receber e conhecer das reclamações contra membros ou órgãos do Ministério Público da União ou dos Estados, inclusive contra seus serviços auxiliares, sem prejuízo da competência disciplinar e correicional da instituição, podendo avocar processos disciplinares em curso, determinar a remoção ou a disponibilidade e aplicar outras sanções administrativas, assegurada ampla defesa.

O art. 149, *caput*, da Constituição Federal, dispõe sobre contribuição social e pelo § 1º, a União, os Estados, o Distrito Federal e, os Municípios devem instituir, por meio de lei, contribuições para custeio de Regime Próprio de Previdência Social (RPPS), cobradas dos servidores ativos, dos aposentados e dos pensionistas, que podem ter alíquotas progressivas de acordo com o valor da base de contribuição ou dos proventos de aposentadoria e de pensões. Quando houver *déficit* atuarial, a contribuição ordinária dos aposentados e pensionistas pode incidir sobre o valor dos proventos de aposentadoria e de pensões que supere o salário-mínimo. Demonstrada a insuficiência da medida prevista no § 1º-A, do referido art. 40, para equacionar o *déficit* atuarial, é facultada a instituição de contribuição extraordinária, no âmbito da União, dos servidores públicos ativos, dos aposentados e dos pensionistas. A contribuição extraordinária de que trata o § 1º-B deve ser instituída simultaneamente com outras medidas para equacionamento do *déficit* e vigora por período determinado, contado da data de sua instituição.

Em relação às regras orçamentárias e de controle, a Emenda Constitucional Federal nº 103, de 12.11.2019, modificou o art. 67, no inciso XII e XIII, assim:

> Art. 67. ....
> ....
> XII - na forma estabelecida na lei complementar de que trata o § 22 do art. 40, a utilização de recursos de regime próprio de previdência social, incluídos os valores integrantes dos fundos previstos no art. 249, para a realização de despesas distintas do pagamento dos benefícios previdenciários do respectivo fundo vinculado àquele regime e das despesas necessárias à sua organização e ao seu funcionamento;
> XIII - a transferência voluntária de recursos, a concessão de avais, as garantias e as subvenções pela União e a concessão de empréstimos e de financiamentos por instituições financeiras federais aos Estados, ao

> Distrito Federal e aos Municípios na hipótese de descumprimento das regras gerais de organização e de funcionamento de regime próprio de previdência social.

O Regime Geral de Previdência Social (RGPS), gerido pelo Instituto Nacional do Seguro Social (INSS), teve alterada disposição do art. 195, da Constituição Federal, assim:

> Art. 195. ....
>
> ....
>
> II - do trabalhador e dos demais segurados da previdência social, podendo ser adotadas alíquotas progressivas de acordo com o valor do salário de contribuição, não incidindo contribuição sobre aposentadoria e pensão concedidas pelo Regime Geral de Previdência Social. As contribuições sociais previstas no inciso I do caput deste artigo poderão ter alíquotas diferenciadas em razão da atividade econômica, da utilização intensiva de mão de obra, do porte da empresa ou da condição estrutural do mercado de trabalho, sendo também autorizada a adoção de bases de cálculo diferenciadas apenas no caso das alíneas "b" e "c" do inciso I do *caput*. Pelo § 11., são vedados a moratória e o parcelamento em prazo superior a 60 (sessenta) meses e, na forma de lei complementar, a remissão e a anistia das contribuições sociais de que tratam a alínea "a" do inciso I e o inciso II do *caput*. O segurado somente tem reconhecida como tempo de contribuição ao Regime Geral de Previdência Social a competência cuja contribuição seja igual ou superior à contribuição mínima mensal exigida para sua categoria, assegurado o agrupamento de contribuições.

Quanto ao Regime de Previdência Social, a Emenda Constitucional nº 103, de 12.11.2019, dispôs assim:

> Art. 201. A previdência social será organizada sob a forma do Regime Geral de Previdência Social, de caráter contributivo e de filiação obrigatória, observados critérios que preservem o equilíbrio financeiro e atuarial, e atenderá, na forma da lei, a:
>
> I - cobertura dos eventos de incapacidade temporária ou permanente para o trabalho e idade avançada;
>
> ....
>
> § 1º É vedada a adoção de requisitos ou critérios diferenciados para concessão de benefícios, ressalvada, nos termos de lei complementar, a possibilidade de previsão de idade e tempo de contribuição distintos da regra geral para concessão de aposentadoria exclusivamente em favor dos segurados:
>
> I - com deficiência, previamente submetidos a avaliação biopsicossocial realizada por equipe multiprofissional e interdisciplinar;

II - cujas atividades sejam exercidas com efetiva exposição a agentes químicos, físicos e biológicos prejudiciais à saúde, ou associação desses agentes, vedada a caracterização por categoria profissional ou ocupação.

....

§ 7º...

I - 65 (sessenta e cinco) anos de idade, se homem, e 62 (sessenta e dois) anos de idade, se mulher, observado tempo mínimo de contribuição;

II - 60 (sessenta) anos de idade, se homem, e 55 (cinquenta e cinco) anos de idade, se mulher, para os trabalhadores rurais e para os que exerçam suas atividades em regime de economia familiar, nestes incluídos o produtor rural, o garimpeiro e o pescador artesanal.

§ 8º O requisito de idade a que se refere o inciso I do § 7º será reduzido em 5 (cinco) anos, para o professor que comprove tempo de efetivo exercício das funções de magistério na educação infantil e no ensino fundamental e médio fixado em lei complementar.

§ 9º Para fins de aposentadoria, será assegurada a contagem recíproca do tempo de contribuição entre o Regime Geral de Previdência Social e os regimes próprios de previdência social, e destes entre si, observada a compensação financeira, de acordo com os critérios estabelecidos em lei.

§ 9º-A. O tempo de serviço militar exercido nas atividades de que tratam os arts. 42, 142 e 143 e o tempo de contribuição ao Regime Geral de Previdência Social ou a regime próprio de previdência social terão contagem recíproca para fins de inativação militar ou aposentadoria, e a compensação financeira será devida entre as receitas de contribuição referentes aos militares e as receitas de contribuição aos demais regimes.

§ 10. Lei complementar poderá disciplinar a cobertura de benefícios não programados, inclusive os decorrentes de acidente do trabalho, a ser atendida concorrentemente pelo Regime Geral de Previdência Social e pelo setor privado.

....

§ 12. Lei instituirá sistema especial de inclusão previdenciária, com alíquotas diferenciadas, para atender aos trabalhadores de baixa renda, inclusive os que se encontram em situação de informalidade, e àqueles sem renda própria que se dediquem exclusivamente ao trabalho doméstico no âmbito de sua residência, desde que pertencentes a famílias de baixa renda.

§ 13. A aposentadoria concedida ao segurado de que trata o § 12 terá valor de 1 (um) salário-mínimo.

§ 14. É vedada a contagem de tempo de contribuição fictício para efeito de concessão dos benefícios previdenciários e de contagem recíproca.

§ 15. Lei complementar estabelecerá vedações, regras e condições para a acumulação de benefícios previdenciários.

§ 16. Os empregados dos consórcios públicos, das empresas públicas, das sociedades de economia mista e das suas subsidiárias serão aposentados compulsoriamente, observado o cumprimento do tempo mínimo de con-

> tribuição, ao atingir a idade máxima de que trata o inciso II do § 1º do art. 40, na forma estabelecida em lei.

Em relação ao Regime de Previdência Complementar Fechada, tratada no art. 202, da Constituição Federal nº 103, de 12.11.2019, alterou parágrafo deste artigo. Pelo § 4º, lei complementar disciplina a relação entre a União, Estados, Distrito Federal ou Municípios, inclusive suas autarquias, fundações, sociedades de economia mista e empresas controladas direta ou indiretamente, enquanto patrocinadores de planos de benefícios previdenciários, e as entidades de previdência complementar. A lei complementar de que trata o parágrafo acima aplica-se, no que couber, às empresas privadas permissionárias ou concessionárias de prestação de serviços públicos, quando patrocinadoras de planos de benefícios em entidades de previdência complementar. Lei complementar deve estabelecer os requisitos para a designação dos membros das diretorias das entidades fechadas de previdência complementar instituídas pelos patrocinadores de que trata o § 4º e disciplina a inserção dos participantes nos colegiados e instâncias de decisão em que seus interesses sejam objeto de discussão e deliberação.

O Programa de Integração Social (PIS) também foi alterado pela Emenda Constitucional Federal nº 103, de 12.11.2019, que trouxe a seguinte redação ao texto constitucional:

> Art. 239. A arrecadação decorrente das contribuições para o Programa de Integração Social, criado pela Lei Complementar nº 7, de 7 de setembro de 1970, e para o Programa de Formação do Patrimônio do Servidor Público, criado pela Lei Complementar nº 8, de 3 de dezembro de 1970, passa, a partir da promulgação desta Constituição, a financiar, nos termos que a lei dispuser, o programa do seguro-desemprego, outras ações da previdência social e o abono de que trata o § 3º deste artigo.
>
> § 1º Dos recursos mencionados no caput, no mínimo 28% (vinte e oito por cento) serão destinados para o financiamento de programas de desenvolvimento econômico, por meio do Banco Nacional de Desenvolvimento Econômico e Social, com critérios de remuneração que preservem o seu valor.
>
> ....
>
> § 5º Os programas de desenvolvimento econômico financiados na forma do § 1º e seus resultados serão anualmente avaliados e divulgados em meio de comunicação social eletrônico e apresentados em reunião da comissão mista permanente de que trata o § 1º do art. 166.

Pelo art. 2º, da Emenda Constitucional nº 103, de 12.11.2019, o art. 76 do Ato das Disposições Constitucionais Transitórias (ADCT) passou a vigorar com a seguinte redação:

> Art. 76. ....
> ....
> § 4º A desvinculação de que trata o *caput* não se aplica às receitas das contribuições sociais destinadas ao custeio da seguridade social.
> Art. 3º A concessão de aposentadoria ao servidor público federal vinculado a regime próprio de previdência social e ao segurado do Regime Geral de Previdência Social e de pensão por morte aos respectivos dependentes será assegurada, a qualquer tempo, desde que tenham sido cumpridos os requisitos para obtenção desses benefícios até a data de entrada em vigor desta Emenda Constitucional, observados os critérios da legislação vigente na data em que foram atendidos os requisitos para a concessão da aposentadoria ou da pensão por morte.
> § 1º Os proventos de aposentadoria devidos ao servidor público a que se refere o *caput* e as pensões por morte devidas aos seus dependentes serão calculados e reajustados de acordo com a legislação em vigor à época em que foram atendidos os requisitos nela estabelecidos para a concessão desses benefícios.
> § 2º Os proventos de aposentadoria devidos ao segurado a que se refere o *caput* e as pensões por morte devidas aos seus dependentes serão apurados de acordo com a legislação em vigor à época em que foram atendidos os requisitos nela estabelecidos para a concessão desses benefícios.
> § 3º Até que entre em vigor lei federal de que trata o § 19 do art. 40 da Constituição Federal, o servidor de que trata o *caput* que tenha cumprido os requisitos para aposentadoria voluntária com base no disposto na alínea "a" do inciso III do § 1º do art. 40 da Constituição Federal, na redação vigente até a data de entrada em vigor desta Emenda Constitucional, no art. 2º, no § 1º do art. 3º ou no art. 6º da Emenda Constitucional nº 41, de 19 de dezembro de 2003, ou no art. 3º da Emenda Constitucional nº 47, de 5 de julho de 2005, que optar por permanecer em atividade fará jus a um abono de permanência equivalente ao valor da sua contribuição previdenciária, até completar a idade para aposentadoria compulsória.

Pelo art. 4º, da Emenda Constitucional Federal nº 103, de 12.11.2019, o servidor público federal que tenha ingressado no serviço público em cargo efetivo até a data de entrada em vigor desta Emenda Constitucional pode aposentar-se voluntariamente quando preencher, cumulativamente, os seguintes requisitos:

> I - 56 (cinquenta e seis) anos de idade, se mulher, e 61 (sessenta e um) anos de idade, se homem, observado o disposto no § 1º; II - 30 (trinta)

> anos de contribuição, se mulher, e 35 (trinta e cinco) anos de contribuição, se homem; III - 20 (vinte) anos de efetivo exercício no serviço público; IV - 5 (cinco) anos no cargo efetivo em que se der a aposentadoria; e V - somatório da idade e do tempo de contribuição, incluídas as frações, equivalente a 86 (oitenta e seis) pontos, se mulher, e 96 (noventa e seis) pontos, se homem, observado o disposto nos §§ 2º e 3º. Pelo § 1º, a partir de 1º de janeiro de 2022, a idade mínima a que se refere o inciso I do caput deve ser de cinquenta e sete anos de idade, se mulher, e 62 (sessenta e dois) anos de idade, se homem. A partir de 1º de janeiro de 2020, a pontuação a que se refere o inciso V do caput será acrescida a cada ano de 1 (um) ponto, até atingir o limite de 100 (cem) pontos, se mulher, e de 105 (cento e cinco) pontos, se homem. A idade e o tempo de contribuição serão apurados em dias para o cálculo do somatório de pontos a que se referem o inciso V do caput e o § 2º.

O art. 4º, da Emenda Constitucional Federal nº 103, de 12.11.2019, disse que, para o titular do cargo de professor que comprovar exclusivamente tempo de efetivo exercício das funções de magistério na educação infantil e no ensino fundamental e médio, os requisitos de idade e de tempo de contribuição (§ 4°), devem ser assim:

> I - 51 (cinquenta e um) anos de idade, se mulher, e 56 (cinquenta e seis) anos de idade, se homem;
> II - 25 (vinte e cinco) anos de contribuição, se mulher, e 30 (trinta) anos de contribuição, se homem; e
> III - 52 (cinquenta e dois) anos de idade, se mulher, e 57 (cinquenta e sete) anos de idade, se homem, a partir de 1º de janeiro de 2022.
> § 5º O somatório da idade e do tempo de contribuição de que trata o inciso V do *caput* para as pessoas a que se refere o § 4º, incluídas as frações, será de 81 (oitenta e um) pontos, se mulher, e 91 (noventa e um) pontos, se homem, aos quais serão acrescidos, a partir de 1º de janeiro de 2020, 1 (um) ponto a cada ano, até atingir o limite de 92 (noventa e dois) pontos, se mulher, e de 100 (cem) pontos, se homem.
> § 6º Os proventos das aposentadorias concedidas nos termos do disposto neste artigo corresponderão:
> I - à totalidade da remuneração do servidor público no cargo efetivo em que se der a aposentadoria, observado o disposto no § 8º, para o servidor público que tenha ingressado no serviço público em cargo efetivo até 31 de dezembro de 2003 e que não tenha feito a opção de que trata o § 16 do art. 40 da Constituição Federal, desde que tenha, no mínimo, 62 (sessenta e dois) anos de idade, se mulher, e 65 (sessenta e cinco) anos de idade, se homem, ou, para os titulares do cargo de professor de que trata o § 4º, 57 (cinquenta e sete) anos de idade, se mulher, e 60 (sessenta) anos de idade, se homem;

> II - ao valor apurado na forma da lei, para o servidor público não contemplado no inciso I.
> § 7º Os proventos das aposentadorias concedidas nos termos do disposto neste artigo não serão inferiores ao valor a que se refere o § 2º do art. 201 da Constituição Federal e serão reajustados:
> I - de acordo com o disposto no art. 7º da Emenda Constitucional nº 41, de 19 de dezembro de 2003, se cumpridos os requisitos previstos no inciso I do § 6º; ou II - nos termos estabelecidos para o Regime Geral de Previdência Social, na hipótese prevista no inciso II do § 6º.

O art. 4°, da Emenda Constitucional acima, estabeleceu ainda que:

> § 8º Considera-se remuneração do servidor público no cargo efetivo, para fins de cálculo dos proventos de aposentadoria com fundamento no disposto no inciso I do § 6º ou no inciso I do § 2º do art. 20, o valor constituído pelo subsídio, pelo vencimento e pelas vantagens pecuniárias permanentes do cargo, estabelecidos em lei, acrescidos dos adicionais de caráter individual e das vantagens pessoais permanentes, observados os seguintes critérios:
> I - se o cargo estiver sujeito a variações na carga horária, o valor das rubricas que refletem essa variação integrará o cálculo do valor da remuneração do servidor público no cargo efetivo em que se deu a aposentadoria, considerando-se a média aritmética simples dessa carga horária proporcional ao número de anos completos de recebimento e contribuição, contínuos ou intercalados, em relação ao tempo total exigido para a aposentadoria;
> II - se as vantagens pecuniárias permanentes forem variáveis por estarem vinculadas a indicadores de desempenho, produtividade ou situação similar, o valor dessas vantagens integrará o cálculo da remuneração do servidor público no cargo efetivo mediante a aplicação, sobre o valor atual de referência das vantagens pecuniárias permanentes variáveis, da média aritmética simples do indicador, proporcional ao número de anos completos de recebimento e de respectiva contribuição, contínuos ou intercalados, em relação ao tempo total exigido para a aposentadoria ou, se inferior, ao tempo total de percepção da vantagem.
> § 9º Aplicam-se às aposentadorias dos servidores dos Estados, do Distrito Federal e dos Municípios as normas constitucionais e infraconstitucionais anteriores à data de entrada em vigor desta Emenda Constitucional, enquanto não promovidas alterações na legislação interna relacionada ao respectivo regime próprio de previdência social.
> § 10. Estende-se o disposto no § 9º às normas sobre aposentadoria de servidores públicos incompatíveis com a redação atribuída por esta Emenda Constitucional aos §§ 4º, 4º-A, 4º-B e 4º-C do art. 40 da Constituição Federal.

Por outro lado, pelo art. 5º, da Emenda Constitucional nº 103, de 12.11.2019, o policial civil do órgão a que se refere o inciso XIV do *caput* do art. 21 da Constituição Federal, o policial dos órgãos a que se referem o inciso IV do *caput* do art. 51, o inciso XIII do *caput* do art. 52 e os incisos I a III do *caput* do art. 144 da Constituição Federal e o ocupante de cargo de agente federal penitenciário ou socioeducativo que tenham ingressado na respectiva carreira até a data de entrada em vigor desta Emenda Constitucional podem se aposentar na forma da Lei Complementar Federal nº 51, de 20.12.1985. Deve ser, porém observada a idade mínima de cinquenta e cinco anos para ambos os sexos ou o disposto no seu parágrafo 3º. São considerados tempo de exercício em cargo de natureza estritamente policial, para os fins do inciso II do art. 1º da Lei Complementar Federal nº 51, de 20.12.1985, o tempo de atividade militar nas Forças Armadas, nas polícias militares e nos corpos de bombeiros militares e o tempo de atividade como agente penitenciário ou socioeducativo. Aplicam-se às aposentadorias dos servidores dos Estados de que trata o § 4º-B do art. 40 da Constituição Federal, as normas constitucionais e infraconstitucionais anteriores à data de entrada em vigor desta Emenda Constitucional, enquanto não promovidas alterações na legislação interna relacionada ao respectivo regime próprio de previdência social. Os servidores acima podem aposentar-se aos cinquenta e dois anos de idade, se mulher, e aos cinquenta e três anos de idade, se homem, desde que cumprido período adicional de contribuição correspondente ao tempo que, na data de entrada em vigor da Emenda Constitucional comentada, faltaria para atingir o tempo de contribuição previsto na Lei Complementar Federal nº 51, de 20.12.1985.

A Emenda Constitucional nº 103, de 12.11.2019, fixou que:

> Art. 7º O disposto no § 15 do art. 37 da Constituição Federal não se aplica a complementações de aposentadorias e pensões concedidas até a data de entrada em vigor desta Emenda Constitucional.
> Art. 8º Até que entre em vigor lei federal de que trata o § 19 do art. 40 da Constituição Federal, o servidor público federal que cumprir as exigências para a concessão da aposentadoria voluntária nos termos do disposto nos arts. 4º, 5º, 20, 21 e 22 e que optar por permanecer em atividade fará jus a um abono de permanência equivalente ao valor da sua contribuição previdenciária, até completar a idade para aposentadoria compulsória.
> Art. 9º Até que entre em vigor lei complementar que discipline o § 22 do art. 40 da Constituição Federal, aplicam-se aos regimes próprios de

> previdência social o disposto na Lei nº 9.717, de 27 de novembro de 1998, e o disposto neste artigo.
> § 1º O equilíbrio financeiro e atuarial do regime próprio de previdência social deverá ser comprovado por meio de garantia de equivalência, a valor presente, entre o fluxo das receitas estimadas e das despesas projetadas, apuradas atuarialmente, que, juntamente com os bens, direitos e ativos vinculados, comparados às obrigações assumidas, evidenciem a solvência e a liquidez do plano de benefícios.
> § 2º O rol de benefícios dos regimes próprios de previdência social fica limitado às aposentadorias e à pensão por morte.
> § 3º Os afastamentos por incapacidade temporária para o trabalho e o salário-maternidade serão pagos diretamente pelo ente federativo e não correrão à conta do regime próprio de previdência social ao qual o servidor se vincula.
> § 4º Os Estados, o Distrito Federal e os Municípios não poderão estabelecer alíquota inferior à da contribuição dos servidores da União, exceto se demonstrado que o respectivo regime próprio de previdência social não possui *déficit* atuarial a ser equacionado, hipótese em que a alíquota não poderá ser inferior às alíquotas aplicáveis ao Regime Geral de Previdência Social.
> § 5º Para fins do disposto no § 4º, não será considerada como ausência de *déficit* a implementação de segregação da massa de segurados ou a previsão em lei de plano de equacionamento de *déficit*.
> § 6º A instituição do regime de previdência complementar na forma dos §§ 14 a 16 do art. 40 da Constituição Federal e a adequação do órgão ou entidade gestora do regime próprio de previdência social ao § 20 do art. 40 da Constituição Federal deverão ocorrer no prazo máximo de 2 (dois) anos da data de entrada em vigor desta Emenda Constitucional.
> § 7º Os recursos de regime próprio de previdência social poderão ser aplicados na concessão de empréstimos a seus segurados, na modalidade de consignados, observada regulamentação específica estabelecida pelo Conselho Monetário Nacional.
> § 8º Por meio de lei, poderá ser instituída contribuição extraordinária pelo prazo máximo de 20 (vinte) anos, nos termos dos §§ 1º-B e 1º-C do art. 149 da Constituição Federal.
> § 9º O parcelamento ou a moratória de débitos dos entes federativos com seus regimes próprios de previdência social fica limitado ao prazo a que se refere o § 11 do art. 195 da Constituição.

Quanto ao servidor público da União, em relação ao seu regime próprio, também foi disposto que:

> Art. 10. Até que entre em vigor lei federal que discipline os benefícios do regime próprio de previdência social dos servidores da União, aplica-se o disposto neste artigo.

§ 1º Os servidores públicos federais serão aposentados:

I - voluntariamente, observados, cumulativamente, os seguintes requisitos:

a) 62 (sessenta e dois) anos de idade, se mulher, e 65 (sessenta e cinco) anos de idade, se homem; e

b) 25 (vinte e cinco) anos de contribuição, desde que cumprido o tempo mínimo de 10 (dez) anos de efetivo exercício no serviço público e de 5 (cinco) anos no cargo efetivo em que for concedida a aposentadoria;

II - por incapacidade permanente para o trabalho, no cargo em que estiverem investidos, quando insuscetíveis de readaptação, hipótese em que será obrigatória a realização de avaliações periódicas para verificação da continuidade das condições que ensejaram a concessão da aposentadoria; ou

III - compulsoriamente, na forma do disposto no inciso II do § 1º do art. 40 da Constituição Federal.

§ 2º Os servidores públicos federais com direito a idade mínima ou tempo de contribuição distintos da regra geral para concessão de aposentadoria na forma dos §§ 4º-B, 4º-C e 5º do art. 40 da Constituição Federal poderão aposentar-se, observados os seguintes requisitos:

I - o policial civil do órgão a que se refere o inciso XIV do caput do art. 21 da Constituição Federal, o policial dos órgãos a que se referem o inciso IV do caput do art. 51, o inciso XIII do caput do art. 52 e os incisos I a III do caput do art. 144 da Constituição Federal e o ocupante de cargo de agente federal penitenciário ou socioeducativo, aos 55 (cinquenta e cinco) anos de idade, com 30 (trinta) anos de contribuição e 25 (vinte e cinco) anos de efetivo exercício em cargo dessas carreiras, para ambos os sexos;

II - o servidor público federal cujas atividades sejam exercidas com efetiva exposição a agentes químicos, físicos e biológicos prejudiciais à saúde, ou associação desses agentes, vedada a caracterização por categoria profissional ou ocupação, aos 60 (sessenta) anos de idade, com 25 (vinte e cinco) anos de efetiva exposição e contribuição, 10 (dez) anos de efetivo exercício de serviço público e 5 (cinco) anos no cargo efetivo em que for concedida a aposentadoria;

III - o titular do cargo federal de professor, aos 60 (sessenta) anos de idade, se homem, aos 57 (cinquenta e sete) anos, se mulher, com 25 (vinte e cinco) anos de contribuição exclusivamente em efetivo exercício das funções de magistério na educação infantil e no ensino fundamental e médio, 10 (dez) anos de efetivo exercício de serviço público e 5 (cinco) anos no cargo efetivo em que for concedida a aposentadoria, para ambos os sexos.

§ 3º A aposentadoria a que se refere o § 4º-C do art. 40 da Constituição Federal observará adicionalmente as condições e os requisitos estabelecidos para o Regime Geral de Previdência Social, naquilo em que não conflitarem com as regras específicas aplicáveis ao regime próprio de previdência social da União, vedada a conversão de tempo especial em comum.

> § 4º Os proventos das aposentadorias concedidas nos termos do disposto neste artigo serão apurados na forma da lei.
> § 5º Até que entre em vigor lei federal de que trata o § 19 do art. 40 da Constituição Federal, o servidor federal que cumprir as exigências para a concessão da aposentadoria voluntária nos termos do disposto neste artigo e que optar por permanecer em atividade fará jus a um abono de permanência equivalente ao valor da sua contribuição previdenciária, até completar a idade para aposentadoria compulsória.
> § 6º A pensão por morte devida aos dependentes do policial civil do órgão a que se refere o inciso XIV do *caput* do art. 21 da Constituição Federal, do policial dos órgãos a que se referem o inciso IV do caput do art. 51, o inciso XIII do caput do art. 52 e os incisos I a III do caput do art. 144 da Constituição Federal e dos ocupantes dos cargos de agente federal penitenciário ou socioeducativo decorrente de agressão sofrida no exercício ou em razão da função será vitalícia para o cônjuge ou companheiro e equivalente à remuneração do cargo.
> § 7º Aplicam-se às aposentadorias dos servidores dos Estados, do Distrito Federal e dos Municípios as normas constitucionais e infraconstitucionais anteriores à data de entrada em vigor desta Emenda Constitucional, enquanto não promovidas alterações na legislação interna relacionada ao respectivo regime próprio de previdência social.

A Emenda Constitucional Federal nº 103, de 12.11.2019, fixou, dentre vários assuntos, que:

> Art. 11. Até que entre em vigor lei que altere a alíquota da contribuição previdenciária de que tratam os arts. 4º, 5º e 6º da Lei nº 10.887, de 18 de junho de 2004, esta será de 14 (quatorze por cento).
> § 1º A alíquota prevista no caput será reduzida ou majorada, considerado o valor da base de contribuição ou do benefício recebido, de acordo com os seguintes parâmetros:
> I - até 1 (um) salário-mínimo, redução de seis inteiros e cinco décimos pontos percentuais;
> II - acima de 1 (um) salário-mínimo até R$ 2.000,00 (dois mil reais), redução de cinco pontos percentuais;
> III - de R$ 2.000,01 (dois mil reais e um centavo) até R$ 3.000,00 (três mil reais), redução de dois pontos percentuais;
> IV - de R$ 3.000,01 (três mil reais e um centavo) até R$ 5.839,45 (cinco mil, oitocentos e trinta e nove reais e quarenta e cinco centavos), sem redução ou acréscimo;
> V - de R$ 5.839,46 (cinco mil, oitocentos e trinta e nove reais e quarenta e seis centavos) até R$ 10.000,00 (dez mil reais), acréscimo de meio ponto percentual;
> VI - de R$ 10.000,01 (dez mil reais e um centavo) até R$ 20.000,00 (vinte mil reais), acréscimo de dois inteiros e cinco décimos pontos percentuais;

> VII - de R$ 20.000,01 (vinte mil reais e um centavo) até R$ 39.000,00 (trinta e nove mil reais), acréscimo de cinco pontos percentuais; e
> VIII - acima de R$ 39.000,00 (trinta e nove mil reais), acréscimo de oito pontos percentuais.
> § 2º A alíquota, reduzida ou majorada nos termos do disposto no § 1º, será aplicada de forma progressiva sobre a base de contribuição do servidor ativo, incidindo cada alíquota sobre a faixa de valores compreendida nos respectivos limites.
> § 3º Os valores previstos no § 1º serão reajustados, a partir da data de entrada em vigor desta Emenda Constitucional, na mesma data e com o mesmo índice em que se der o reajuste dos benefícios do Regime Geral de Previdência Social, ressalvados aqueles vinculados ao salário-mínimo, aos quais se aplica a legislação específica.
> § 4º A alíquota de contribuição de que trata o caput, com a redução ou a majoração decorrentes do disposto no § 1º, será devida pelos aposentados e pensionistas de quaisquer dos Poderes da União, incluídas suas entidades autárquicas e suas fundações, e incidirá sobre o valor da parcela dos proventos de aposentadoria e de pensões que supere o limite máximo estabelecido para os benefícios do Regime Geral de Previdência Social, hipótese em que será considerada a totalidade do valor do benefício para fins de definição das alíquotas aplicáveis.

Pelo art. 12, da Emenda Constitucional Federal nº 103, de 12.11.2019, a União deve instituir sistema integrado de dados relativos às remunerações, proventos e pensões dos segurados dos regimes de previdência de que tratam os arts. 40, 201 e 202 da Constituição Federal, aos benefícios dos programas de assistência social de que trata o art. 203 da Constituição Federal e às remunerações, proventos de inatividade e pensão por morte decorrentes das atividades militares de que tratam os arts. 42 e 142 da Constituição Federal. Precisa haver interação com outras bases de dados, ferramentas e plataformas, para o fortalecimento de sua gestão, governança e transparência e o cumprimento das disposições estabelecidas nos incisos XI e XVI do art. 37 da Constituição Federal. A União, os Estados, o Distrito Federal e os Municípios e os órgãos e entidades gestoras dos regimes, dos sistemas e dos programas referidos devem disponibilizar as informações necessárias para a estruturação do sistema integrado de dados e têm acesso ao compartilhamento das referidas informações, na forma da legislação. É vedada a transmissão das informações de que trata este artigo a qualquer pessoa física ou jurídica para a prática de atividade não relacionada à fiscalização dos regimes, dos sistemas e dos programas a que se referido anteriormente.

A Emenda Constitucional Federal nº 103, de 12.11.2019, estabeleceu quanto ao Regime Próprio de Previdência Social, (RPPS), que:

> Art. 14. Vedadas a adesão de novos segurados e a instituição de novos regimes dessa natureza, os atuais segurados de regime de previdência aplicável a titulares de mandato eletivo da União, dos Estados, do Distrito Federal e dos Municípios poderão, por meio de opção expressa formalizada no prazo de 180 (cento e oitenta) dias, contado da data de entrada em vigor desta Emenda Constitucional, retirar-se dos regimes previdenciários aos quais se encontrem vinculados.
> § 1º Os segurados, atuais e anteriores, do regime de previdência de que trata a Lei nº 9.506, de 30 de outubro de 1997, que fizerem a opção de permanecer nesse regime previdenciário deverão cumprir período adicional correspondente a 30% (trinta por cento) do tempo de contribuição que faltaria para aquisição do direito à aposentadoria na data de entrada em vigor desta Emenda Constitucional e somente poderão aposentar-se a partir dos 62 (sessenta e dois) anos de idade, se mulher, e 65 (sessenta e cinco) anos de idade, se homem.
> § 2º Se for exercida a opção prevista no *caput*, será assegurada a contagem do tempo de contribuição vertido para o regime de previdência ao qual o segurado se encontrava vinculado, nos termos do disposto no § 9º do art. 201 da Constituição Federal.
> § 3º A concessão de aposentadoria aos titulares de mandato eletivo e de pensão por morte aos dependentes de titular de mandato eletivo falecido será assegurada, a qualquer tempo, desde que cumpridos os requisitos para obtenção desses benefícios até a data de entrada em vigor desta Emenda Constitucional, observados os critérios da legislação vigente na data em que foram atendidos os requisitos para a concessão da aposentadoria ou da pensão por morte.
> § 4º Observado o disposto nos §§ 9º e 9º-A do art. 201 da Constituição Federal, o tempo de contribuição a regime próprio de previdência social e ao Regime Geral de Previdência Social, assim como o tempo de contribuição decorrente das atividades militares de que tratam os arts. 42 e 142 da Constituição Federal, que tenha sido considerado para a concessão de benefício pelos regimes a que se refere o *caput* não poderá ser utilizado para obtenção de benefício naqueles regimes.
> § 5º Lei específica do Estado, do Distrito Federal ou do Município deverá disciplinar a regra de transição a ser aplicada aos segurados que, na forma do *caput*, fizerem a opção de permanecer no regime previdenciário de que trata este artigo.

Por outro lado, quanto ao Regime Geral de Previdência Social (RGPS), a referida Emenda Constitucional disse que:

Art. 15. Ao segurado filiado ao Regime Geral de Previdência Social até a data de entrada em vigor desta Emenda Constitucional, fica assegurado o direito à aposentadoria quando forem preenchidos, cumulativamente, os seguintes requisitos:
I - 30 (trinta) anos de contribuição, se mulher, e 35 (trinta e cinco) anos de contribuição, se homem; e
II - somatório da idade e do tempo de contribuição, incluídas as frações, equivalente a 86 (oitenta e seis) pontos, se mulher, e 96 (noventa e seis) pontos, se homem, observado o disposto nos §§ 1º e 2º.
§ 1º A partir de 1º de janeiro de 2020, a pontuação a que se refere o inciso II do *caput* será acrescida a cada ano de 1 (um) ponto, até atingir o limite de 100 (cem) pontos, se mulher, e de 105 (cento e cinco) pontos, se homem.
§ 2º A idade e o tempo de contribuição serão apurados em dias para o cálculo do somatório de pontos a que se referem o inciso II do *caput* e o § 1º.
§ 3º Para o professor que comprovar exclusivamente 25 (vinte e cinco) anos de contribuição, se mulher, e 30 (trinta) anos de contribuição, se homem, em efetivo exercício das funções de magistério na educação infantil e no ensino fundamental e médio, o somatório da idade e do tempo de contribuição, incluídas as frações, será equivalente a 81 (oitenta e um) pontos, se mulher, e 91 (noventa e um) pontos, se homem, aos quais serão acrescidos, a partir de 1º de janeiro de 2020, 1 (um) ponto a cada ano para o homem e para a mulher, até atingir o limite de 92 (noventa e dois) pontos, se mulher, e 100 (cem) pontos, se homem.
§ 4º O valor da aposentadoria concedida nos termos do disposto neste artigo será apurado na forma da lei.
Art. 16. Ao segurado filiado ao Regime Geral de Previdência Social até a data de entrada em vigor desta Emenda Constitucional fica assegurado o direito à aposentadoria quando preencher, cumulativamente, os seguintes requisitos:
I - 30 (trinta) anos de contribuição, se mulher, e 35 (trinta e cinco) anos de contribuição, se homem; e
II - idade de 56 (cinquenta e seis) anos, se mulher, e 61 (sessenta e um) anos, se homem.
§ 1º A partir de 1º de janeiro de 2020, a idade a que se refere o inciso II do *caput* será acrescida de 6 (seis) meses a cada ano, até atingir 62 (sessenta e dois) anos de idade, se mulher, e 65 (sessenta e cinco) anos de idade, se homem.
§ 2º Para o professor que comprovar exclusivamente tempo de efetivo exercício das funções de magistério na educação infantil e no ensino fundamental e médio, o tempo de contribuição e a idade de que tratam os incisos I e II do *caput* deste artigo serão reduzidos em 5 (cinco) anos, sendo, a partir de 1º de janeiro de 2020, acrescidos 6 (seis) meses, a cada ano, às idades previstas no inciso II do caput, até atingirem 57 (cinquenta e sete) anos, se mulher, e 60 (sessenta) anos, se homem.

> § 3º O valor da aposentadoria concedida nos termos do disposto neste artigo será apurado na forma da lei.
> Art. 17. Ao segurado filiado ao Regime Geral de Previdência Social até a data de entrada em vigor desta Emenda Constitucional e que na referida data contar com mais de 28 (vinte e oito) anos de contribuição, se mulher, e 33 (trinta e três) anos de contribuição, se homem, fica assegurado o direito à aposentadoria quando preencher, cumulativamente, os seguintes requisitos:
> I - 30 (trinta) anos de contribuição, se mulher, e 35 (trinta e cinco) anos de contribuição, se homem; e
> II - cumprimento de período adicional correspondente a 50% (cinquenta por cento) do tempo que, na data de entrada em vigor desta Emenda Constitucional, faltaria para atingir 30 (trinta) anos de contribuição, se mulher, e 35 (trinta e cinco) anos de contribuição, se homem.
> Parágrafo único. O benefício concedido nos termos deste artigo terá seu valor apurado de acordo com a média aritmética simples dos salários de contribuição e das remunerações calculada na forma da lei, multiplicada pelo fator previdenciário, calculado na forma do disposto nos §§ 7º a 9º do art. 29 da Lei nº 8.213, de 24 de julho de 1991.
> Art. 18. O segurado de que trata o inciso I do § 7º do art. 201 da Constituição Federal filiado ao Regime Geral de Previdência Social até a data de entrada em vigor desta Emenda Constitucional poderá aposentar-se quando preencher, cumulativamente, os seguintes requisitos:
> I - 60 (sessenta) anos de idade, se mulher, e 65 (sessenta e cinco) anos de idade, se homem; e
> II - 15 (quinze) anos de contribuição, para ambos os sexos.
> § 1º A partir de 1º de janeiro de 2020, a idade de 60 (sessenta) anos da mulher, prevista no inciso I do caput, será acrescida em 6 (seis) meses a cada ano, até atingir 62 (sessenta e dois) anos de idade.
> § 2º O valor da aposentadoria de que trata este artigo será apurado na forma da lei.

Pelo art. 19, da Emenda Constitucional nº 103, de 11.12.2019, até que a lei federal disponha sobre o tempo de contribuição a que se refere o inciso I do § 7º do art. 201 da Constituição Federal, o segurado filiado ao Regime Geral de Previdência Social (RGPS), após a data de entrada em vigor desta Emenda Constitucional, aposenta-se aos sessenta e dois anos de idade, se mulher, sessenta e cinco anos de idade, se homem, com quinze anos de tempo de contribuição, se mulher, e vinte anos de tempo de contribuição, se homem. Assim:

> Art.19. ....
> § 1º Até que lei complementar disponha sobre a redução de idade mínima ou tempo de contribuição prevista nos §§ 1º e 8º do art. 201 da

> Constituição Federal, será concedida aposentadoria: I - aos segurados que comprovem o exercício de atividades com efetiva exposição a agentes químicos, físicos e biológicos prejudiciais à saúde, ou associação desses agentes, vedada a caracterização por categoria profissional ou ocupação, durante, no mínimo, 15 (quinze), 20 (vinte) ou 25 (vinte e cinco) anos, nos termos do disposto nos arts. 57 e 58 da Lei nº 8.213, de 24 de julho de 1991, quando cumpridos: a) 55 (cinquenta e cinco) anos de idade, quando se tratar de atividade especial de 15 (quinze) anos de contribuição; b) 58 (cinquenta e oito) anos de idade, quando se tratar de atividade especial de 20 (vinte) anos de contribuição; ou c) 60 (sessenta) anos de idade, quando se tratar de atividade especial de 25 (vinte e cinco) anos de contribuição; II - ao professor que comprove 25 (vinte e cinco) anos de contribuição exclusivamente em efetivo exercício das funções de magistério na educação infantil e no ensino fundamental e médio e tenha 57 (cinquenta e sete) anos de idade, se mulher, e 60 (sessenta) anos de idade, se homem. § 2º O valor das aposentadorias de que trata este artigo será apurado na forma da lei.

O segurado ou o servidor público federal que se tenha filiado ao Regime Geral de Previdência Social (RGPS) ou ingressado no serviço público em cargo efetivo até a data de entrada em vigor da Emenda Constitucional nº 103, de 11.12.2019, pode aposentar-se voluntariamente quando preencher, cumulativamente, os seguintes requisitos: a) cinquenta e sete anos de idade, se mulher, e sessenta anos de idade, se homem; b) trinta anos de contribuição, se mulher, e trinta e cinco anos de contribuição, se homem; c) para os servidores públicos, vinte anos de efetivo exercício no serviço público e cinco anos no cargo efetivo em que se der a aposentadoria; d) período adicional de contribuição correspondente ao tempo que, na data de entrada em vigor dessa Emenda Constitucional, faltaria para atingir o tempo mínimo de contribuição referido acima. Para o professor que comprovar exclusivamente tempo de efetivo exercício das funções de magistério na educação infantil e no ensino fundamental e médio deve ser reduzidos, para ambos os sexos, os requisitos de idade e de tempo de contribuição em cinco anos. O valor das aposentadorias concedidas nos termos do disposto acima corresponde: a) em relação ao servidor público que tenha ingressado no serviço público em cargo efetivo até 31 de dezembro de 2003 e que não tenha feito a opção de que trata o § 16 do art. 40 da Constituição Federal, à totalidade da remuneração no cargo efetivo em que se der a aposentadoria, observado o disposto no § 8º do art. 4º; b) em relação aos demais servidores públicos e aos segurados do Regime Geral de Previdência Social (RGPS), ao valor apurado na forma da lei.

Pelo § 3º, do art. 19, da Emenda Constitucional nº 103, de 12.11.2019, o valor das aposentadorias concedidas nos termos do disposto neste artigo não deve ser inferior ao valor a que se refere o § 2º do art. 201 da Constituição Federal e deve ser reajustado: a) de acordo com o disposto no art. 7º da Emenda Constitucional nº 41, de 19.12.2003, se cumpridos os requisitos previstos no inciso I do § 2º; b) nos termos estabelecidos para o Regime Geral de Previdência Social (RGPS), na hipótese prevista no inciso II do § 2º. Aplicam-se às aposentadorias dos servidores dos Estados, do Distrito Federal e dos Municípios as normas constitucionais e infraconstitucionais anteriores à data de entrada em vigor dessa Emenda Constitucional, enquanto não promovidas alterações na legislação interna relacionada ao respectivo regime próprio de previdência social.

A Emenda Constitucional nº 103, de 12.11.2019, no seu art. 21, assim dispôs:

> Art. 21. O segurado ou o servidor público federal que se tenha filiado ao Regime Geral de Previdência Social ou ingressado no serviço público em cargo efetivo até a data de entrada em vigor desta Emenda Constitucional cujas atividades tenham sido exercidas com efetiva exposição a agentes químicos, físicos e biológicos prejudiciais à saúde, ou associação desses agentes, vedada a caracterização por categoria profissional ou ocupação, desde que cumpridos, no caso do servidor, o tempo mínimo de 20 (vinte) anos de efetivo exercício no serviço público e de 5 (cinco) anos no cargo efetivo em que for concedida a aposentadoria, na forma dos arts. 57 e 58 da Lei nº 8.213, de 24 de julho de 1991, poderão aposentar-se quando o total da soma resultante da sua idade e do tempo de contribuição e o tempo de efetiva exposição forem, respectivamente, de:
> I - 66 (sessenta e seis) pontos e 15 (quinze) anos de efetiva exposição;
> II - 76 (setenta e seis) pontos e 20 (vinte) anos de efetiva exposição; e
> III - 86 (oitenta e seis) pontos e 25 (vinte e cinco) anos de efetiva exposição.
> § 1º A idade e o tempo de contribuição serão apurados em dias para o cálculo do somatório de pontos a que se refere o caput. § 2º O valor da aposentadoria de que trata este artigo será apurado na forma da lei.
> § 3º Aplicam-se às aposentadorias dos servidores dos Estados, do Distrito Federal e dos Municípios cujas atividades sejam exercidas com efetiva exposição a agentes químicos, físicos e biológicos prejudiciais à saúde, ou associação desses agentes, vedada a caracterização por categoria profissio-

> nal ou ocupação, na forma do § 4º-C do art. 40 da Constituição Federal, as normas constitucionais e infraconstitucionais anteriores à data de entrada em vigor desta Emenda Constitucional, enquanto não promovidas alterações na legislação interna relacionada ao respectivo regime próprio de previdência social.

A Emenda Constitucional nº 103, de 12.11.2019, fixou pelo art. 22, que até que lei discipline o § 4º-A do art. 40 e o inciso I do § 1º do art. 201 da Constituição Federal, a aposentadoria da pessoa com deficiência segurada do Regime Geral de Previdência Social (RGPS), ou do servidor público federal com deficiência vinculado a Regime Próprio de Previdência Social (RPPS), desde que cumpridos, no caso do servidor, o tempo mínimo de dez anos de efetivo exercício no serviço público e de cinco anos no cargo efetivo em que for concedida a aposentadoria. Deve ser concedido, o direito acima, na forma da Lei Complementar Federal nº 142, de 08.05.2013, inclusive quanto aos critérios de cálculo dos benefícios. Aplicam-se às aposentadorias dos servidores com deficiência dos Estados, do Distrito Federal e dos Municípios as normas constitucionais e infraconstitucionais anteriores à data de entrada em vigor dessa Emenda Constitucional, enquanto não promovidas alterações na legislação interna relacionada ao respectivo regime próprio de previdência social.

Por conseguinte, fixou-se, quanto à pensão por morte, o seguinte:

> Art. 23. A pensão por morte concedida a dependente de segurado do Regime Geral de Previdência Social ou de servidor público federal será equivalente a uma cota familiar de 50% (cinquenta por cento) do valor da aposentadoria recebida pelo segurado ou servidor ou daquela a que teria direito se fosse aposentado por incapacidade permanente na data do óbito, acrescida de cotas de 10 (dez) pontos percentuais por dependente, até o máximo de 100% (cem por cento).
>
> § 1º As cotas por dependente cessarão com a perda dessa qualidade e não serão reversíveis aos demais dependentes, preservado o valor de 100% (cem por cento) da pensão por morte quando o número de dependentes remanescente for igual ou superior a 5 (cinco).
>
> § 2º Na hipótese de existir dependente inválido ou com deficiência intelectual, mental ou grave, o valor da pensão por morte de que trata o *caput* será equivalente a:
>
> I - 100% (cem por cento) da aposentadoria recebida pelo segurado ou servidor ou daquela a que teria direito se fosse aposentado por incapacidade permanente na data do óbito, até o limite máximo de benefícios do Regime Geral de Previdência Social; e

> II - uma cota familiar de 50% (cinquenta por cento) acrescida de cotas de 10 (dez) pontos percentuais por dependente, até o máximo de 100% (cem por cento), para o valor que supere o limite máximo de benefícios do Regime Geral de Previdência Social.
> § 3º Quando não houver mais dependente inválido ou com deficiência intelectual, mental ou grave, o valor da pensão será recalculado na forma do disposto no caput e no § 1º.
> § 4º O tempo de duração da pensão por morte e das cotas individuais por dependente até a perda dessa qualidade, o rol de dependentes e sua qualificação e as condições necessárias para enquadramento serão aqueles estabelecidos na Lei nº 8.213, de 24 de julho de 1991.
> § 5º Para o dependente inválido ou com deficiência intelectual, mental ou grave, sua condição pode ser reconhecida previamente ao óbito do segurado, por meio de avaliação biopsicossocial realizada por equipe multiprofissional e interdisciplinar, observada revisão periódica na forma da legislação.
> § 6º Equiparam-se a filho, para fins de recebimento da pensão por morte, exclusivamente o enteado e o menor tutelado, desde que comprovada a dependência econômica.
> § 7º As regras sobre pensão previstas neste artigo e na legislação vigente na data de entrada em vigor desta Emenda Constitucional poderão ser alteradas na forma da lei para o Regime Geral de Previdência Social e para o regime próprio de previdência social da União.
> § 8º Aplicam-se às pensões concedidas aos dependentes de servidores dos Estados, do Distrito Federal e dos Municípios as normas constitucionais e infraconstitucionais anteriores à data de entrada em vigor desta Emenda Constitucional, enquanto não promovidas alterações na legislação interna relacionada ao respectivo regime próprio de previdência social.

Pelo art. 24, da referida Emenda Constitucional, é vedada a acumulação de mais de uma pensão por morte deixada por cônjuge ou companheiro, no âmbito do mesmo regime de previdência social, ressalvadas as pensões do mesmo instituidor decorrentes do exercício de cargos acumuláveis, na forma do art. 37 da Constituição Federal. Pelo § 1º, do artigo acima, deve ser admitida, nos termos do § 2º, a acumulação de: a) pensão por morte deixada por cônjuge ou companheiro de um regime de previdência social com pensão por morte concedida por outro regime de previdência social ou com pensões decorrentes das atividades militares de que tratam os arts. 42 e 142 da Constituição Federal; b) pensão por morte deixada por cônjuge ou companheiro de um regime de previdência social com aposentadoria concedida no âmbito do Regime Geral de Previdência Social (RGPS) ou de regime próprio de previdência social ou com proventos de inatividade decorrentes das atividades militares de que tratam os arts. 42 e 142 da Constituição Federal; ou c) pensões decorrentes das atividades militares de que tratam os arts. 42 e 142 da Constituição Federal com aposentadoria concedida no âmbito do Regime Geral de Previdência Social (RGPS) ou de Regime Próprio de Previdência Social (RPPS). Nas hipóteses das acumulações previstas antes, é assegurada a percepção do valor integral do benefício mais vantajoso e de uma parte de cada um dos demais benefícios, apurada cumulativamente de acordo com as seguintes faixas: a) sessenta por cento do valor que exceder um salário-mínimo, até o limite de dois salários-mínimos; b) quarenta por cento do valor que exceder dois salários-mínimos, até o limite de três salários-mínimos; c) vinte por cento do valor que exceder três salários-mínimos, até o limite de quatro salários-mínimos; d) dez por cento do valor que exceder quatro salários-mínimos.

A Emenda Constitucional nº 103, de 12.11.2019, fixou, quanto ao Regime Geral de Previdência Social (RGPS), sobre o tempo fictício, que:

> Art. 25. Será assegurada a contagem de tempo de contribuição fictício no Regime Geral de Previdência Social decorrente de hipóteses descritas na legislação vigente até a data de entrada em vigor desta Emenda Constitucional para fins de concessão de aposentadoria, observando-se, a partir da sua entrada em vigor, o disposto no § 14 do art. 201 da Constituição Federal.
> § 1º Para fins de comprovação de atividade rural exercida até a data de entrada em vigor desta Emenda Constitucional, o prazo de que tratam os §§ 1º e 2º do art. 38-B da Lei nº 8.213, de 24 de julho de 1991, será prorrogado até a data em que o Cadastro Nacional de Informações Sociais (CNIS) atingir a cobertura mínima de 50% (cinquenta por cento) dos trabalhadores de que trata o § 8º do art. 195 da Constituição Federal, apurada conforme quantitativo da Pesquisa Nacional por Amostra de Domicílios Contínua (Pnad).
> § 2º Será reconhecida a conversão de tempo especial em comum, na forma prevista na Lei nº 8.213, de 24 de julho de 1991, ao segurado do Regime Geral de Previdência Social que comprovar tempo de efetivo exercício de atividade sujeita a condições especiais que efetivamente prejudiquem a saúde, cumprido até a data de entrada em vigor desta Emenda Constitucional, vedada a conversão para o tempo cumprido após esta data.
> § 3º Considera-se nula a aposentadoria que tenha sido concedida ou que venha a ser concedida por regime próprio de previdência social com contagem recíproca do Regime Geral de Previdência Social mediante o côm-

puto de tempo de serviço sem o recolhimento da respectiva contribuição ou da correspondente indenização pelo segurado obrigatório responsável, à época do exercício da atividade, pelo recolhimento de suas próprias contribuições previdenciárias.

A Emenda Constitucional nº 103, de 12.11.2019, quanto ao Regime Geral de Previdência Social (RGPS) e ao Regime de Previdência da União (RPPS), estabeleceu que:

Art. 26. Até que lei discipline o cálculo dos benefícios do regime próprio de previdência social da União e do Regime Geral de Previdência Social, será utilizada a média aritmética simples dos salários de contribuição e das remunerações adotados como base para contribuições a regime próprio de previdência social e ao Regime Geral de Previdência Social, ou como base para contribuições decorrentes das atividades militares de que tratam os arts. 42 e 142 da Constituição Federal, atualizados monetariamente, correspondentes a 100% (cem por cento) do período contributivo desde a competência julho de 1994 ou desde o início da contribuição, se posterior àquela competência.
§ 1º A média a que se refere o *caput* será limitada ao valor máximo do salário de contribuição do Regime Geral de Previdência Social para os segurados desse regime e para o servidor que ingressou no serviço público em cargo efetivo após a implantação do regime de previdência complementar ou que tenha exercido a opção correspondente, nos termos do disposto nos §§ 14 a 16 do art. 40 da Constituição Federal.
§ 2º O valor do benefício de aposentadoria corresponderá a 60% (sessenta por cento) da média aritmética definida na forma prevista no caput e no § 1º, com acréscimo de 2 (dois) pontos percentuais para cada ano de contribuição que exceder o tempo de 20 (vinte) anos de contribuição nos casos:
I - do inciso II do § 6º do art. 4º, do § 4º do art. 15, do § 3º do art. 16 e do § 2º do art. 18;
II - do § 4º do art. 10, ressalvado o disposto no inciso II do § 3º e no § 4º deste artigo;
III - de aposentadoria por incapacidade permanente aos segurados do Regime Geral de Previdência Social, ressalvado o disposto no inciso II do § 3º deste artigo; e
IV - do § 2º do art. 19 e do § 2º do art. 21, ressalvado o disposto no § 5º deste artigo.
§ 3º O valor do benefício de aposentadoria corresponderá a 100% (cem por cento) da média aritmética definida na forma prevista no *caput* e no § 1º:
I - no caso do inciso II do § 2º do art. 20;

> II - no caso de aposentadoria por incapacidade permanente, quando decorrer de acidente de trabalho, de doença profissional e de doença do trabalho.
> § 4º O valor do benefício da aposentadoria de que trata o inciso III do § 1º do art. 10 corresponderá ao resultado do tempo de contribuição dividido por 20 (vinte) anos, limitado a um inteiro, multiplicado pelo valor apurado na forma do *caput* do § 2º deste artigo, ressalvado o caso de cumprimento de critérios de acesso para aposentadoria voluntária que resulte em situação mais favorável.
> § 5º O acréscimo a que se refere o *caput* do § 2º será aplicado para cada ano que exceder 15 (quinze) anos de tempo de contribuição para os segurados de que tratam a alínea "a" do inciso I do § 1º do art. 19 e o inciso I do art. 21 e para as mulheres filiadas ao Regime Geral de Previdência Social.
> § 6º Poderão ser excluídas da média as contribuições que resultem em redução do valor do benefício, desde que mantido o tempo mínimo de contribuição exigido, vedada a utilização do tempo excluído para qualquer finalidade, inclusive para o acréscimo a que se referem os §§ 2º e 5º, para a averbação em outro regime previdenciário ou para a obtenção dos proventos de inatividade das atividades de que tratam os arts. 42 e 142 da Constituição Federal.
> § 7º Os benefícios calculados nos termos do disposto neste artigo serão reajustados nos termos estabelecidos para o Regime Geral de Previdência Social.

A Emenda Constitucional nº 103, de 12.11.2019, quanto ao salário-família, fixou ainda que:

> Art. 27. Até que lei discipline o acesso ao salário-família e ao auxílio-reclusão de que trata o inciso IV do art. 201 da Constituição Federal, esses benefícios serão concedidos apenas àqueles que tenham renda bruta mensal igual ou inferior a R$ 1.364,43 (mil, trezentos e sessenta e quatro reais e quarenta e três centavos), que serão corrigidos pelos mesmos índices aplicados aos benefícios do Regime Geral de Previdência Social.
> § 1º Até que lei discipline o valor do auxílio-reclusão, de que trata o inciso IV do art. 201 da Constituição Federal, seu cálculo será realizado na forma daquele aplicável à pensão por morte, não podendo exceder o valor de 1 (um) salário-mínimo.
> § 2º Até que lei discipline o valor do salário-família, de que trata o inciso IV do art. 201 da Constituição Federal, seu valor será de R$ 46,54 (quarenta e seis reais e cinquenta e quatro centavos.

A Emenda Constitucional nº 103, de 12.11.2019, sobre alíquota de contribuição social previdenciária, dispôs que:

> Art. 28. Até que lei altere as alíquotas da contribuição de que trata a Lei nº 8.212, de 24 de julho de 1991, devidas pelo segurado empregado, inclusive o doméstico, e pelo trabalhador avulso, estas serão de: (Vigência)
> I - até 1 (um) salário-mínimo, 7,5% (sete inteiros e cinco décimos por cento);
> II - acima de 1 (um) salário-mínimo até R$ 2.000,00 (dois mil reais), 9% (nove por cento);
> III - de R$ 2.000,01 (dois mil reais e um centavo) até R$ 3.000,00 (três mil reais), 12% (doze por cento); e
> IV - de R$ 3.000,01 (três mil reais e um centavo) até o limite do salário de contribuição, 14% (quatorze por cento).
> § 1º As alíquotas previstas no *caput* serão aplicadas de forma progressiva sobre o salário de contribuição do segurado, incidindo cada alíquota sobre a faixa de valores compreendida nos respectivos limites.
> § 2º Os valores previstos no *caput* serão reajustados, a partir da data de entrada em vigor desta Emenda Constitucional, na mesma data e com o mesmo índice em que se der o reajuste dos benefícios do Regime Geral de Previdência Social, ressalvados aqueles vinculados ao salário-mínimo, aos quais se aplica a legislação específica.

A Emenda Constitucional Federal nº 103, de 12.11.2019, sobre vários assuntos, fixou também que:

> Art. 29. Até que entre em vigor lei que disponha sobre o § 14 do art. 195 da Constituição Federal, o segurado que, no somatório de remunerações auferidas no período de 1 (um) mês, receber remuneração inferior ao limite mínimo mensal do salário de contribuição poderá:
> I - complementar a sua contribuição, de forma a alcançar o limite mínimo exigido;
> II - utilizar o valor da contribuição que exceder o limite mínimo de contribuição de uma competência em outra; ou
> III - agrupar contribuições inferiores ao limite mínimo de diferentes competências, para aproveitamento em contribuições mínimas mensais.
> Parágrafo único. Os ajustes de complementação ou agrupamento de contribuições previstos nos incisos I, II e III do *caput* somente poderão ser feitos ao longo do mesmo ano civil.
> Art. 30. A vedação de diferenciação ou substituição de base de cálculo decorrente do disposto no § 9º do art. 195 da Constituição Federal não se aplica a contribuições que substituam a contribuição de que trata a alínea "a" do inciso I do *caput* do art. 195 da Constituição Federal instituídas antes da data de entrada em vigor desta Emenda Constitucional.
> Art. 31. O disposto no § 11 do art. 195 da Constituição Federal não se aplica aos parcelamentos previstos na legislação vigente até a data de en-

> trada em vigor desta Emenda Constitucional, sendo vedadas a reabertura ou a prorrogação de prazo para adesão.
> Art. 32. Até que entre em vigor lei que disponha sobre a alíquota da contribuição de que trata a Lei nº 7.689, de 15 de dezembro de 1988, esta será de 20% (vinte por cento) no caso das pessoas jurídicas referidas no inciso I do § 1º do art. 1º da Lei Complementar nº 105, de 10 de janeiro de 2001. (Vigência)
> Art. 33. Até que seja disciplinada a relação entre a União, os Estados, o Distrito Federal e os Municípios e entidades abertas de previdência complementar na forma do disposto nos §§ 4º e 5º do art. 202 da Constituição Federal, somente entidades fechadas de previdência complementar estão autorizadas a administrar planos de benefícios patrocinados pela União, Estados, Distrito Federal ou Municípios, inclusive suas autarquias, fundações, sociedades de economia mista e empresas controladas direta ou indiretamente.

A Emenda Constitucional nº 103, de 12.11.2019, em relação à extinção do Regime Próprio de Previdência Social (RPPS), estabeleceu que:

> Art. 34. Na hipótese de extinção por lei de regime previdenciário e migração dos respectivos segurados para o Regime Geral de Previdência Social, serão observados, até que lei federal disponha sobre a matéria, os seguintes requisitos pelo ente federativo:
> I - assunção integral da responsabilidade pelo pagamento dos benefícios concedidos durante a vigência do regime extinto, bem como daqueles cujos requisitos já tenham sido implementados antes da sua extinção;
> II - previsão de mecanismo de ressarcimento ou de complementação de benefícios aos que tenham contribuído acima do limite máximo do Regime Geral de Previdência Social;
> III - vinculação das reservas existentes no momento da extinção, exclusivamente:
> a) ao pagamento dos benefícios concedidos e a conceder, ao ressarcimento de contribuições ou à complementação de benefícios, na forma dos incisos I e II; e
> b) à compensação financeira com o Regime Geral de Previdência Social.
> Parágrafo único. A existência de *superávit* atuarial não constitui óbice à extinção de regime próprio de previdência social e à consequente migração para o Regime Geral de Previdência Social.

Assim, a Emenda Constitucional nº 103, de 12.11.2019, fez profunda modificações, especialmente no Regime Geral de Previdência Social (RGPS). No entanto, também avançou bastante em matéria envolvendo aposentadoria e pensão dos servidores públicos federais.

Quanto aos demais Regimes Próprios de Previdência Social (RPPS), dos Estados, do Distrito Federal e dos Municípios, pouco disciplina, mas proibiu expressamente a criação de novo regime, o que talvez seja inconstitucional, por violar pacto federativo. Houve, ainda, quanto ao Regime de Previdência Complementar, especialmente para o servidor público dos Entes Federativos. Previu-se, ainda outras matérias, como sobre o Programa de Integração Social (PIS), dentre assuntos diversos.

A Reforma da Previdência dos Militares foi apresentada em março de 2019, pelo Governo Federal, um mês após a equipe econômica entregar ao Congresso Nacional a Reforma da Previdência que atingiu o Regime Geral de Previdência Social (RGPS) e, em parte, os Regimes Próprios de Previdência Social (RPPS) e também os servidores federais civis. O texto original dizia respeito apenas às Forças Armadas. Após pressões das categorias, policiais militares e bombeiros estaduais também foram incluídos nas regras, que foi a principal mudança proposta pelos parlamentares durante a tramitação do texto. O tempo de serviço para entrar na reserva deve ser de trinta e cinco anos e a alíquota de contribuição de militares ativos e inativos passou de sete e meio por cento para dez e meio por cento, por força da Lei Federal nº 13.954, de 16.12.2019.

3.5. Plano de Benefícios do Regime Geral (RGPS)

A Lei Federal nº 8.213, de 24.07.1991, é o Plano de Benefício do Regime Geral de Previdência Social (RGPS), dispondo, no art. 1º, que a previdência social, mediante contribuição, tem por fim assegurar aos seus beneficiários meios indispensáveis de manutenção, por motivo de incapacidade, desemprego involuntário, idade avançada, tempo de serviço, encargos familiares e prisão ou morte daqueles de quem dependiam economicamente.

A previdência social, conforme o art. 2º, da legislação comentada, rege-se pelos seguintes princípios e objetivos: a) universalidade de participação nos planos previdenciários; b) uniformidade e equivalência dos benefícios e serviços às populações urbanas e rurais; c) seletividade e distributividade na prestação dos benefícios; d) cálculo dos benefícios considerando-se os salários-de-contribuição corrigidos monetariamente; e) irredutibilidade do valor dos benefícios de forma a preservar-lhes o poder aquisitivo; f) valor da renda mensal dos benefícios substitutos do salário-de-contribuição ou do rendimento do trabalho do segurado não inferior ao do salário mínimo; g) previdência complementar facultativa, custeada por contribuição adicional; h) caráter democrático e descentralizado da gestão administrativa, com a participação do governo e da comunidade, em especial de trabalhadores em atividade, empregadores e aposentados.

Fica instituído o Conselho Nacional de Previdência Social (CNPS), pelo art. 3º do Plano de Benefícios, órgão superior de deliberação colegiada, que tem como membros: a) seis representantes do Governo Federal; b) nove representantes da sociedade civil, sendo: a) três representantes dos aposentados e pensionistas; b) três representantes dos trabalhadores em atividade; c) três representantes dos empregadores. Os membros do CNPS e seus respectivos suplentes são nomeados pelo Presidente da República, tendo os representantes titulares da sociedade civil mandato de dois anos, podendo ser reconduzidos, de imediato, uma única vez. Os representantes dos trabalhadores em atividade, dos aposentados, dos empregadores e seus respectivos suplentes são indicados pelas centrais sindicais e confederações nacionais.

O CNPS reúne-se, ordinariamente, uma vez por mês, por convocação de seu Presidente, não podendo ser adiada a reunião por mais de quinze dias se houver requerimento nesse sentido da maioria dos conselheiros. Pode ser convocada reunião extraordinária por seu Presidente ou a requerimento de um terço de seus membros, conforme dispuser o regimento interno do CNPS. As ausências ao trabalho dos representantes dos trabalhadores em atividade, decorrentes das atividades do Conselho, são abonadas, computando-se como jornada efetivamente trabalhada para todos os fins e efeitos legais. Aos membros do CNPS, enquanto representantes dos trabalhadores em atividade, titulares e suplentes, é assegurada a estabilidade no emprego, da nomeação até um ano após o término do mandato de representação, somente podendo ser demitidos por motivo de falta grave, regularmente comprovada através de processo judicial. Compete ao Ministério da Previdência Social (MPS) proporcionar ao CNPS os meios necessários ao exercício de suas competências, para o que conta com uma Secretaria-Executiva do Conselho Nacional de Previdência Social.

Compete ao Conselho Nacional de Previdência Social (CNPS): a) estabelecer diretrizes gerais e apreciar as decisões de políticas aplicáveis à Previdência Social; b) participar, acompanhar e avaliar sistematicamente a gestão previdenciária; c) apreciar e aprovar os planos e programas da Previdência Social; d) apreciar e aprovar as propostas orçamentárias da

Previdência Social, antes de sua consolidação na proposta orçamentária da Seguridade Social; e) acompanhar e apreciar, através de relatórios gerenciais por ele definidos, a execução dos planos, programas e orçamentos no âmbito da Previdência Social; f) acompanhar a aplicação da legislação pertinente à Previdência Social; g) apreciar a prestação de contas anual a ser remetida ao Tribunal de Contas da União, podendo, se for necessário, contratar auditoria externa; h) estabelecer os valores mínimos em litígio, acima dos quais será exigida a anuência prévia do Procurador-Geral ou do Presidente do INSS para formalização de desistência ou transigência judiciais, conforme o disposto no art. 132; i) elaborar e aprovar seu regimento interno.

O Instituto Nacional de Seguridade Social (INSS) compreende o Regime Geral de Previdência Social (RGPS) e o regime facultativo complementar de previdência social. O regime geral garante a cobertura de todas as situações expressas no art. 1º dessa lei, exceto as de desemprego involuntário, objeto de lei específica, e de aposentadoria por tempo de contribuição para o trabalhador de que trata o § 2º do art. 21 da Lei nº 8.212, de 24.07.1991. O regime facultativo complementar de previdência social foi objeto da Lei Complementar nº 109, de 29.05.2001. Os beneficiários do Regime Geral de Previdência Social classificam-se como segurados e dependentes.

São segurados obrigatórios da Previdência Social, conforme o art. 11, da legislação comentada, as seguintes pessoas físicas: "I – como empregado: a) aquele que presta serviço de natureza urbana ou rural à empresa, em caráter não eventual, sob sua subordinação e mediante remuneração, inclusive como diretor empregado; b) aquele que, contratado por empresa de trabalho temporário, definida em legislação específica, presta serviço para atender a necessidade transitória de substituição de pessoal regular e permanente ou a acréscimo extraordinário de serviços de outras empresas; c) o brasileiro ou o estrangeiro domiciliado e contratado no Brasil para trabalhar como empregado em sucursal ou agência de empresa nacional no exterior; d) aquele que presta serviço no Brasil à missão diplomática ou à repartição consular de carreira estrangeira e a órgãos a elas subordinados, ou a membros dessas missões e repartições, excluídos o não-brasileiro sem residência permanente no Brasil e o brasileiro amparado pela legislação previdenciária do país da respectiva missão diplomática ou repartição consular; e) o brasileiro civil que trabalha para a União, no exterior, em organismos oficiais brasileiros ou internacionais dos quais o Brasil seja membro efetivo, ainda que lá domiciliado e contratado, salvo se segurado na forma da legislação vigente do país do domicílio; f) o brasileiro ou estrangeiro domiciliado e contratado no Brasil para trabalhar como empregado em empresa domiciliada no exterior, cuja maioria do capital votante pertença à empresa brasileira de capital nacional; g) o servidor público ocupante de cargo em comissão, sem vínculo efetivo com a União, Autarquias, inclusive em regime especial, e Fundações Públicas Federais; h) o exercente de mandato eletivo federal, estadual ou municipal, desde que não vinculado a regime próprio de previdência social; i) o empregado de organismo oficial internacional ou estrangeiro em funcionamento no Brasil, salvo quando coberto por regime próprio de previdência social; j) o exercente de mandato eletivo federal, estadual ou municipal, desde que não vinculado a regime próprio de previdência social; II – como empregado doméstico: aquele que presta serviço de natureza contínua a pessoa ou família, no âmbito residencial desta, em atividades sem fins lucrativos; V – como contribuinte individual: a) a pessoa física, proprietária ou não, que explora atividade agropecuária, a qualquer título, em caráter permanente ou temporário, em área superior a 4 (quatro) módulos fiscais; ou, quando em área igual ou inferior a 4 (quatro) módulos fiscais ou atividade pesqueira, com auxílio de empregados ou por intermédio de prepostos; ou ainda nas hipóteses dos §§ 9º e 10 desse artigo; b) a pessoa física, proprietária ou não, que explora atividade de extração mineral (garimpo), em caráter permanente ou temporário, diretamente ou por intermédio de prepostos, com ou sem o auxílio de empregados, utilizados a qualquer título, ainda que de forma não contínua; c) o ministro de confissão religiosa e o membro de instituto de vida consagrada, de congregação ou de ordem religiosa; e) o brasileiro civil que trabalha no exterior para organismo oficial internacional do qual o Brasil é membro efetivo, ainda que lá domiciliado e contratado, salvo quando coberto por regime próprio de previdência social; f) o titular de firma individual urbana ou rural, o diretor não empregado e o membro de conselho de administração de sociedade anônima, o sócio solidário, o sócio de indústria, o sócio gerente e o sócio cotista que recebam remuneração decorrente de seu trabalho em empresa urbana ou rural, e o associado eleito para cargo de direção em cooperativa, associação ou entidade de qualquer natureza ou finalidade, bem como o síndico ou administrador eleito para exercer atividade de direção condominial, desde que recebam remuneração; g) quem presta serviço de natureza urbana ou rural, em caráter eventual, a uma ou mais empresas, sem relação de emprego; h) a pessoa física que exerce, por conta própria, atividade econômica de natureza urbana, com fins lucrativos ou não; VI – como trabalhador avulso: quem presta, a diversas empresas, sem vínculo empregatício, serviço de natureza urbana ou rural, definido no Regulamento; VII – como segurado especial: a pessoa física residente no imóvel rural ou em aglomerado urbano ou rural próximo a ele que, individualmente ou em regime de economia familiar, ainda que com o auxílio eventual de terceiros, na condição de: a) produtor, seja proprietário, usufrutuário, possuidor, assentado, parceiro ou meeiro outorgados, comodatário ou arrendatário rurais, que explore atividade: 1. agropecuária em área de até 4 (quatro) módulos fiscais; 2. de seringueiro ou extrativista vegetal que exerça suas atividades nos termos do inciso XII do caput do art. 2º da Lei nº 9.985, de 18 de julho de 2000, e faça dessas atividades o principal meio de vida; b) pescador artesanal ou a este assemelhado que faça da pesca profissão habitual ou principal meio de vida; e c) cônjuge ou companheiro, bem como filho maior de 16 (dezesseis) anos de idade ou a este equiparado, do segurado de que tratam as alíneas *a* e *b* desse inciso, que, comprovadamente, trabalhem com o grupo familiar respectivo".

Entende-se como regime de economia familiar a atividade em que o trabalho dos membros da família é indispensável à própria subsistência e ao desenvolvimento socioeconômico do núcleo familiar e é exercido em condições de mútua dependência e colaboração, sem a utilização de empregados permanentes. Todo aquele que exercer, concomitantemente, mais de uma atividade remunerada sujeita ao Regime Geral de Previdência Social (RGPS) é obrigatoriamente filiado em relação a cada uma delas. O aposentado pelo regime geral que estiver exercendo ou que voltar a exercer atividade abrangida por esse regime é segurado obrigatório em relação a essa atividade, ficando sujeito às contribuições de que trata a Lei Federal nº 8.212, de 24.07.1991, para fins de custeio da seguridade social. O dirigente sindical mantém, durante o exercício do mandato eletivo, o mesmo enquadramento no Regime Geral de Previdência Social (RGPS) de antes da investidura.

O servidor civil ocupante de cargo efetivo ou o militar da União, dos Estados, do Distrito Federal ou dos Municípios, pelo art. 12, da lei, bem como o das respectivas autarquias e fundações, são excluídos do Regime Geral de Previdência Social (RGPS) consubstanciado nessa lei, desde que amparados por Regime Próprio de Previdência Social (RPPS).

Caso o servidor ou o militar venham a exercer, concomitantemente, uma ou mais atividades abrangidas pelo regime geral, tornam-se segurados obrigatórios em relação a essas atividades. Caso o servidor ou o militar, amparados por regime próprio, sejam requisitados para outro órgão ou entidade cujo regime previdenciário não permita a filiação, nessa condição, permanecem vinculados ao regime de origem, obedecidas as regras que cada ente estabeleça acerca de sua contribuição. É segurado facultativo o maior de quatorze anos que se filiar ao Regime Geral de Previdência Social (RGPS), mediante contribuição, desde que não incluído nas disposições do art. 11 da legislação comentada.

Consideram-se empresa a firma individual ou a sociedade que assume o risco de atividade econômica urbana ou rural, com fins lucrativos ou não, bem como os órgãos e as entidades da administração pública direta, indireta ou fundacional. Equipara-se a empresa o contribuinte individual em relação a segurado que lhe presta serviço, bem como a cooperativa, a associação ou a entidade de qualquer natureza ou finalidade, a missão diplomática e a repartição consular de carreira estrangeiras. Para tanto, considera-se empregador doméstico a pessoa ou a família que admite a seu serviço, sem finalidade lucrativa, empregado doméstico.

Mantém a qualidade de segurado, independentemente de contribuições: a) sem limite de prazo, quem está em gozo de benefício; b) até doze meses após a cessação das contribuições, o segurado que deixar de exercer atividade remunerada abrangida pela Previdência Social ou estiver suspenso ou licenciado sem remuneração; c) até doze meses após cessar a segregação, o segurado acometido de doença de segregação compulsória; d) até doze meses após o livramento, o segurado retido ou recluso; e) até três meses após o licenciamento, o segurado incorporado às Forças Armadas para prestar serviço militar; f) até seis meses após a cessação das contribuições, o segurado facultativo.

São beneficiários do Regime Geral de Previdência Social (RGPS), pelo art. 16, do Plano de Benefícios, na condição de dependentes do segurado: a) o cônjuge, a companheira, o companheiro e o filho não emancipado, de qualquer condição, menor de vinte e um anos ou inválido; b) os pais; c) o irmão não emancipado, de qualquer condição, menor de vinte e um anos ou inválido. A existência de dependente de qualquer das classes exclui do direito às prestações os das classes seguintes. O enteado e o menor tutelado equiparam-se a filho, mediante declaração do segurado e desde que comprovada a dependência econômica na forma estabelecida no Regulamento. Considera-se companheira ou companheiro a pessoa que, sem ser casada, mantém união estável com o segurado ou com a segurada, de acordo com o § 3º do art. 226 da Constituição Federal. A dependência econômica das pessoas indicadas é presumida e a das demais deve ser comprovada.

O Regulamento disciplina a forma de inscrição do segurado e dos dependentes. Incumbe ao dependente promover a sua inscrição quando do requerimento do benefício a que estiver habilitado, estando previsto no Decreto Federal nº 3.048, de 06.05.1999. O cancelamento da inscrição do cônjuge se processa em face de separação judicial ou de divórcio sem direito a alimentos, de certidão de anulação de casamento, de certidão de óbito ou de sentença judicial, transitada em julgado. A inscrição do segurado especial deve ser feita de forma a vinculá-lo ao seu respectivo grupo familiar e, nela, deve conter, além das informações pessoais, a identificação da propriedade em que desenvolve a atividade e a que título, se nela reside ou o Município onde reside e, quando for o caso, a identificação e a inscrição da pessoa responsável pela unidade familiar. O segurado especial integrante de grupo familiar que não seja proprietário ou dono do imóvel rural em que desenvolve sua atividade deve informar, no ato da inscrição, conforme o caso, o nome do parceiro ou meeiro outorgante, arrendador, comodante ou assemelhado. Simultaneamente à inscrição do segurado especial, é atribuído ao grupo familiar número de Cadastro Específico do INSS (CEI), para fins de recolhimento das contribuições previdenciárias.

O Regime Geral de Previdência Social (RGPS) compreende as seguintes prestações, pelo art. 18, da lei comentada, devidas inclusive em razão de eventos decorrentes de acidente do trabalho, expressas em benefícios e serviços quanto ao segurado: a) aposentadoria por invalidez; b) aposentadoria por idade; c) aposentadoria por tempo de contribuição; d) aposentadoria especial; e) auxílio-doença; f) salário-família; g) salário-maternidade; h) auxílio-acidente. Quanto ao dependente: a) pensão por morte; b) auxílio-reclusão. Por fim, quanto ao segurado e ao dependente: a) serviço social; b) reabilitação profissional.

Apenas podem beneficiar-se do auxílio-acidente os segurados incluídos nos incisos I, VI e VII do art. 11 da lei comentada. O aposentado pelo Regime Geral de Previdência Social (RGPS) que permanecer em atividade sujeita a esse Regime, ou a ele retornar, não faz jus à prestação alguma do Instituto Nacional da Seguridade social (INSS) em decorrência do exercício dessa atividade, exceto ao salário-família e à reabilitação profissional, quando empregado. O segurado contribuinte individual, que trabalhe por conta própria, sem relação de trabalho com empresa ou equiparado, e o segurado facultativo que contribuam na forma do § 2º do art. 21 da Lei Federal nº 8.212, de 24.07.1991, não fazem jus à aposentadoria por tempo de contribuição.

Acidente do trabalho é o que ocorre pelo exercício do trabalho a serviço da empresa ou pelo exercício do trabalho dos segurados referidos no inciso VII do art. 11 da lei comentada, provocando lesão corporal ou perturbação funcional que cause a morte ou a perda ou a redução, permanente ou temporária, da capacidade para o trabalho. A empresa é responsável pela adoção e uso das medidas coletivas e individuais de proteção e segurança da saúde do trabalhador. Constitui contravenção penal, punível com multa, deixar a empresa de cumprir as normas de segurança e higiene do trabalho. É dever da empresa prestar informações pormenorizadas sobre os riscos da operação a executar e do produto a manipular. O Ministério da Previdência Social (MPS) fiscaliza, e os sindicatos e as entidades representativas de classe acompanham o fiel cumprimento das disposições acima.

Consideram-se acidente do trabalho, pelo art. 20, da lei comentada, nos termos do artigo anterior, as seguintes entidades mórbidas: "I – doença profissional, assim entendida a produzida ou desencadeada pelo exercício do trabalho peculiar a determinada atividade e constante da respectiva relação elaborada pelo Ministério do Trabalho e da Previdência Social; II – doença do trabalho, assim entendida a adquirida ou desencadeada em função de condições especiais em que o trabalho é realizado e com ele se relacione diretamente, constante da relação mencionada no inciso I". Não são consideradas como doença do trabalho: a) a doença degenerativa; b) a inerente a grupo etário; c) a que não produza incapacidade laborativa; d) a doença endêmica adquirida por segurado habitante de região em que ela se desenvolva, salvo comprovação de que é resultante de exposição ou contato direto determinado pela natureza do trabalho.

Equiparam-se também ao acidente do trabalho, pelo art. 21 da lei comentada, para efeitos dessa lei: "I – o acidente ligado ao trabalho que, embora não tenha sido a causa única, haja contribuído diretamente para a morte do segurado, para redução ou perda da sua capacidade para o trabalho, ou produzido lesão que exija atenção médica para a sua recuperação; II – o acidente sofrido pelo segurado no local e no horário do trabalho, em consequência de: a) ato de agressão, sabotagem ou terrorismo praticado por terceiro ou companheiro de trabalho; b) ofensa física intencional, inclusive de terceiro, por motivo de disputa relacionada ao trabalho; c) ato de imprudência, de negligência ou de imperícia de terceiro ou de companheiro de trabalho; d) ato de pessoa privada do uso da razão; e) desabamento, inundação, incêndio e outros casos fortuitos ou decorrentes de força maior; III – a doença proveniente de contaminação acidental do empregado no exercício de sua atividade; IV – o acidente sofrido pelo segurado ainda que fora do local e horário de trabalho: a) na execução de ordem ou na realização de serviço sob a autoridade da empresa; b) na prestação espontânea de qualquer serviço à empresa para lhe evitar prejuízo ou proporcionar proveito; c) em viagem a serviço da empresa, inclusive para estudo quando financiada por esta dentro de seus planos para melhor capacitação da mão-de-obra, independentemente do meio de locomoção utilizado, inclusive veículo de propriedade do segurado; d) no percurso da residência para o local de trabalho ou deste para aquela, qualquer que seja o meio de locomoção, inclusive veículo de propriedade do segurado". Nos períodos destinados à refeição ou ao descanso, ou por ocasião da satisfação de outras necessidades fisiológicas, no local do trabalho ou durante este, o empregado é considerado no exercício do trabalho. Não é considerada agravação ou complicação de acidente do trabalho a lesão que, resultante de acidente de outra origem, se associe ou se superponha às consequências do anterior.

A perícia médica do INSS considera caracterizada a natureza acidentária da incapacidade quando constatar ocorrência de nexo técnico epidemiológico entre o trabalho e o agravo, decorrente da relação entre a atividade da empresa e a entidade mórbida motivadora da incapacidade elencada na Classificação Internacional de Doenças (CID), em conformidade com o que dispuser o regulamento. A perícia médica do INSS deixa de aplicar o disposto quando demonstrada a inexistência do nexo de causalidade. A empresa pode requerer a não aplicação do nexo técnico epidemiológico, de cuja decisão cabe recurso com efeito suspensivo, da empresa ou do segurado, ao Conselho de Recursos da Previdência Social.

A empresa deve comunicar o acidente do trabalho ao Instituto Nacional de Seguridade Social (INSS) até o primeiro dia útil seguinte ao da ocorrência e, em caso de morte, de imediato, à autoridade competente, sob pena de multa variável entre o limite mínimo e o limite máximo do salário-de-contribuição, sucessivamente aumentada nas reincidências, aplicada e cobrada pela autarquia. Da comunicação a que se refere a legislação recebem cópia fiel o acidentado ou os seus dependentes, bem como o sindicato a que corresponda a sua categoria. Na falta de comunicação por parte da empresa, podem formalizá-la o próprio acidentado, os seus dependentes, a entidade sindical competente, o médico que o assistiu ou qualquer autoridade pública, não prevalecendo, nestes casos, o prazo previsto acima. A comunicação não exime a empresa de responsabilidade pela falta do cumprimento do disposto. Os sindicatos e as entidades representativas de classe podem acompanhar a cobrança, pelo Instituto Nacional de Seguridade Social (INSS), das multas previstas. Considera-se como dia do acidente, no caso de doença profissional ou do trabalho, a data do início da incapacidade laborativa para o exercício da atividade habitual, ou o dia da segregação compulsória, ou o dia em que for realizado o diagnóstico, valendo para esse efeito o que ocorrer primeiro.

O período de carência é o número mínimo de contribuições mensais indispensáveis para que o beneficiário faça jus ao benefício, consideradas a partir do transcurso do primeiro dia dos meses de suas competências. Havendo perda da qualidade de segurado, as contribuições anteriores a essa data só são computadas para efeito de carência depois que o segurado contar, a partir da nova filiação à Previdência Social, com, no mínimo, um terço do número de contribuições exigidas para o cumprimento da carência definida para o benefício a ser requerido.

A concessão das prestações pecuniárias do Regime Geral de Previdência Social (RGPS) depende, pelo art. 25 do Plano de Benefícios, dos seguintes períodos de carência: a) auxílio-doença e aposentadoria por invalidez: doze contribuições mensais; b) aposentadoria por idade, aposentadoria por tempo de serviço e aposentadoria especial: cento e oitenta contribuições mensais; c) salário-maternidade para as seguradas, de que tratam os incisos V e VII, do art. 11, e o art. 13: dez contribuições mensais.

Independe de carência a concessão, pelo art. 26 da legislação comentada, das seguintes prestações: a) pensão por morte, auxílio-reclusão, salário-família e auxílio-acidente; b) auxílio-doença e aposentadoria por invalidez nos casos de acidente de qualquer natureza ou causa e de doença profissional ou do trabalho, bem como nos casos de segurado que, após filiar-se ao Regime Geral de Previdência Social (RGPS), for acometido de alguma das doenças e afecções especificadas em lista elaborada pelos Ministérios da Saúde e do Trabalho e da Previdência Social a cada três anos, de acordo com os critérios de estigma, deformação, mutilação, deficiência, ou outro fator que lhe confira especificidade e gravidade que mereçam tratamento particularizado; c) os benefícios concedidos na forma do inciso I do art. 39, da lei, aos segurados especiais referidos no inciso VII do art. 11 da lei; d) serviço social; e) reabilitação profissional; f) salário-maternidade para as seguradas empregadas, trabalhadora avulsa e empregada doméstica.

Pelo art. 29 do Plano de Benefícios, o salário-de-benefício consiste nos benefícios de que tratam as alíneas *b* e *c* do inciso I do art. 18, na média aritmética simples dos maiores salários-de-contribuição correspondentes a oitenta por cento de todo o período contributivo, multiplicada essa média pelo fator previdenciário. Para os benefícios de que tratam as alíneas *a*, *d*, *e* e *h* do inciso I do art. 18, na média aritmética simples dos maiores salários-de-contribuição correspondentes a oitenta por cento de todo o período contributivo. O valor do salário-de-benefício não deve ser inferior ao de um salário mínimo, nem superior ao do limite máximo do salário-de-contribuição na data de início do benefício. São considerados para cálculo do salário-de-benefício os ganhos habituais do segurado empregado, a qualquer título, sob forma de moeda corrente ou de utilidades, sobre os quais tenham incidido contribuições previdenciárias, exceto o décimo terceiro salário (gratificação natalina).

Não é considerado, para o cálculo do salário-de-benefício, o aumento dos salários-de-contribuição que exceder o limite legal, inclusive, o voluntariamente concedido nos trinta e seis meses imediatamente anteriores ao início do benefício, salvo se homologado pela Justiça do Trabalho, resultante de promoção regulada por normas gerais da empresa, admitida pela legislação do trabalho, de sentença normativa ou de reajustamento salarial obtido pela categoria respectiva. Se, no período básico de cálculo, o segurado tiver recebido benefícios por incapacidade, sua duração deve ser contada, considerando-se como salário-de-contribuição, no período, o salário-de-benefício que serviu de base para o cálculo da renda mensal, reajustado nas mesmas épocas e bases dos benefícios em geral, não podendo ser inferior ao valor de um salário mínimo.

O salário-de-benefício do segurado especial consiste no valor equivalente ao salário mínimo, ressalvadas outras disposições. O fator previdenciário deve ser calculado considerando-se a idade, a expectativa de sobrevida e o tempo de contribuição do segurado ao se aposentar, segundo a fórmula constante. Para efeito do disposto acima, a expectativa de sobrevida do segurado na idade da aposentadoria é obtida a partir da tábua completa de mortalidade construída pela Fundação Instituto Brasileiro de Geografia e Estatística (IBGE). Considera-se a média nacional única para ambos os sexos. Para efeito da aplicação do fator previdenciário, ao tempo de contribuição do segurado, são adicionados: a) cinco anos, quando se tratar de mulher; b) cinco anos, quando se tratar de professor que comprove exclusivamente tempo de efetivo exercício das funções de magistério na educação infantil, no ensino fundamental ou no médio; c) dez anos, quando se tratar de professora que comprove exclusivamente tempo de efetivo exercício das funções de magistério na educação infantil, no ensino fundamental ou no médio.

O INSS utiliza as informações constantes no Cadastro Nacional de Informações Sociais (CNIS), sobre os vínculos e as remunerações dos segurados, para fins de cálculo do salário-de-benefício, de comprovação de filiação ao Regime Geral de Previdência Social (RGPS), de tempo de contribuição e de relação de emprego. A autarquia federal tem até cento e oitenta dias, contados a partir da solicitação do pedido, para fornecer ao segurado as informações previstas. O segurado pode solicitar, a qualquer momento, a inclusão, a exclusão ou a retificação de informações constantes do CNIS, com a apresentação de documentos comprobatórios dos dados divergentes, conforme critérios definidos pelo INSS. A aceitação de informações relativas a vínculos e remunerações inseridas extemporaneamente no CNIS, inclusive, de retificações de informações anteriormente inseridas, fica condicionada à comprovação dos dados ou das divergências apontadas, conforme critérios definidos em regulamento. Considera-se extemporânea a inserção de dados decorrentes de documento inicial ou de retificação de dados anteriormente informados, quando o documento ou a retificação, ou a informação retificadora, forem apresentados após os prazos estabelecidos em regulamento. Havendo dúvida sobre a regularidade do vínculo incluído no CNIS e inexistência de informações sobre as remunerações e as contribuições, o INSS exige a apresentação dos documentos que serviram de base à anotação, sob pena de exclusão do período.

Pelo art. 29-B, incluído pela Lei Federal nº 10.887, de 18.06.2004, os salários-de-contribuição, considerados no cálculo do valor do benefício, são corrigidos mês a mês, de acordo com a variação integral do Índice Nacional de Preços ao Consumidor (INPC), calculado pela Fundação Instituto Brasileiro de Geografia e Estatística (IBGE). O valor mensal do auxílio-acidente integra o salário-de-contribuição, para fins de cálculo do salário-de-benefício de qualquer aposentadoria, observado, no que couber, o disposto no art. 29 e no art. 86, § 5º, da legislação comentada.

No Plano de Benefícios, no art. 32, o salário-de-benefício do segurado que contribuir em razão de atividades concomitantes será calculado com base na soma dos salários-de-contribuição das atividades exercidas na data do requerimento ou do óbito, ou no período básico de cálculo, observado o disposto no art. 29 e as normas seguintes: "I – quando o segurado satisfizer, em relação a cada atividade, as condições do benefício requerido, o salário-de-beneficio será calculado com base na soma dos respectivos salários-de-contribuição; II – quando não se verificar a hipótese do inciso anterior, o salário-de-benefício corresponde à soma das seguintes parcelas: a) o salário-de-benefício calculado com base nos salários-de-contribuição das atividades em relação às quais são atendidas as condições do benefício requerido; b) um percentual da média do salário-de-contribuição de cada uma das demais atividades, equivalente à relação entre o número de meses completo de contribuição e os do período de carência do benefício requerido; III – quando se tratar de benefício por tempo de serviço, o percentual da alínea *b* do inciso II será o resultante da relação entre os anos completos de atividade e o número de anos de serviço considerado para a concessão do benefício".

Pelo art. 33 da lei, a renda mensal do benefício de prestação continuada que substituir o salário-de-contribuição ou o rendimento do trabalho do segurado não tem valor inferior ao do salário mínimo, nem superior ao do limite máximo do salário-de-contribuição. No cálculo do valor da renda mensal do benefício, inclusive, o decorrente de acidente do trabalho, são computados: a) para o segurado empregado e trabalhador avulso, os salários-de-contribuição referentes aos meses de contribuições devidas, ainda que não recolhidas pela empresa, sem prejuízo da respectiva cobrança e da aplicação das penalidades cabíveis; b) para o segurado empregado, o trabalhador avulso e o segurado especial, o valor mensal do auxílio-acidente, considerado como salário-de-contribuição para fins de concessão de qualquer aposentadoria;

c) para os demais segurados, os salários-de-contribuição referentes aos meses de contribuições efetivamente recolhidas.

Ao segurado empregado e ao trabalhador avulso que tenham cumprido todas as condições para a concessão do benefício pleiteado, mas não possam comprovar o valor dos seus salários-de-contribuição no período básico de cálculo, é concedido o benefício de valor mínimo. Deve essa renda ser recalculada, quando da apresentação de prova dos salários-de-contribuição, pelo art. 35 da lei. Para o segurado empregado doméstico que, tendo satisfeito as condições exigidas para a concessão do benefício requerido, não comprovar o efetivo recolhimento das contribuições devidas, é concedido o benefício de valor mínimo, devendo sua renda ser recalculada quando da apresentação da prova do recolhimento das contribuições. A renda mensal inicial, recalculada de acordo com as disposições acima, reajusta-se como a dos benefícios correspondentes com igual data de início e substitui, a partir da data do requerimento de revisão do valor do benefício, a renda mensal que prevalecia até então. Cabe ao Instituto Nacional de Seguridade Social (INSS) manter cadastro dos segurados com todos os informes necessários para o cálculo da renda mensal dos benefícios.

Pelo art. 38-A, acrescido pela Lei Federal nº 11.718, de 20.06.2008, o Ministério da Previdência Social (MPS) desenvolve programa de cadastramento dos segurados especiais, podendo para tanto firmar convênio com órgãos federais, estaduais ou do Distrito Federal e dos Municípios, bem como com entidades de classe, em especial as respectivas confederações ou federações. O programa deve prever a manutenção e a atualização anual do cadastro, e as informações nele contidas não dispensam a apresentação dos documentos previstos no art. 106 da lei. Da aplicação do disposto não pode resultar nenhum ônus para os segurados, sejam eles filiados ou não às entidades conveniadas.

Para os segurados especiais, referidos no inciso VII do art. 11 da legislação comentada, fica garantida a concessão: a) de aposentadoria por idade ou por invalidez, de auxílio-doença, de auxílio-reclusão ou de pensão, no valor de um salário mínimo, desde que comprove o exercício de atividade rural, ainda que de forma descontínua, no período, imediatamente anterior ao requerimento do benefício, igual ao número de meses correspondentes à carência do benefício requerido; b) dos benefícios especificados nessa lei, observados os critérios e a forma de cálculos estabelecidos, desde que contribuam facultativamente para a previdência social, na forma estipulada. Para a segurada especial, fica garantida a concessão do salário-maternidade no valor de um salário mínimo, desde que comprove o exercício de atividade rural, ainda que de forma descontínua, nos doze meses imediatamente anteriores ao do início do benefício.

É devido abono anual ao segurado e ao dependente, pelo Instituto Nacional de Seguridade Social (INSS), que, durante o ano, pelo art. 40 da lei comentada, recebeu auxílio-doença, auxílio-acidente ou aposentadoria, pensão por morte ou auxílio-reclusão. O abono anual é calculado, no que couber, da mesma forma que a Gratificação de Natal dos trabalhadores, tendo por base o valor da renda mensal do benefício do mês de dezembro de cada ano.

Pelo art. 41-A, incluído pela Lei Federal nº 11.430, de 26.12.2006, o valor dos benefícios em manutenção é reajustado, anualmente, na mesma data do reajuste do salário mínimo, *pro rata*, de acordo com suas respectivas datas de início ou do último reajustamento, com base no Índice Nacional de Preços ao Consumidor (INPC). Nenhum benefício reajustado pode exceder o limite máximo do salário-de-benefício na data do reajustamento, respeitados os direitos adquiridos. Os benefícios com renda mensal superior a um salário mínimo são pagos do primeiro ao quinto dia útil do mês subsequente ao de sua competência, observada a distribuição proporcional do número de beneficiários por dia de pagamento. Os benefícios com renda mensal no valor de até um salário mínimo são pagos no período compreendido entre o quinto dia útil que anteceder o final do mês de sua competência e o quinto dia útil do mês subsequente, observada a distribuição proporcional dos beneficiários por dia de pagamento. Considera-se dia útil aquele de expediente bancário com horário normal de atendimento.

A aposentadoria por invalidez, uma vez cumprida, quando for o caso, a carência exigida, é devida ao segurado que, estando ou não em gozo de auxílio-doença, for considerado incapaz e insusceptível de reabilitação para o exercício de atividade que lhe garanta a subsistência, e ser-lhe-á paga enquanto permanecer nessa condição. A concessão de aposentadoria por invalidez depende da verificação da condição de incapacidade mediante exame médico-pericial a cargo da previdência social, podendo o segurado, às suas expensas, fazer-se acompanhar de médico de sua confiança. A doença ou lesão de que o segurado já era portador, ao filiar-se ao Regime Geral de Previdência Social (RGPS), não lhe confere direito à aposentadoria por invalidez, salvo quando a incapacidade sobrevier por motivo de progressão ou agravamento dessa doença ou lesão.

A aposentadoria por invalidez é devida a partir do dia imediato ao da cessação do auxílio-doença, pelo art. 43 da lei. Concluindo a perícia médica inicial pela existência de incapacidade total e definitiva para o trabalho, a aposentadoria por invalidez é devida: a) ao segurado empregado, a contar do décimo sexto dia do afastamento da atividade ou a partir da entrada do requerimento, se entre o afastamento e a entrada do requerimento decorrerem mais de trinta dias; b) ao segurado empregado doméstico, ao trabalhador avulso, ao contribuinte individual, especial e facultativo, a contar da data do início da incapacidade ou da data da entrada do requerimento, se entre essas datas decorrerem mais de trinta dias. Durante os primeiros quinze dias de afastamento da atividade, por motivo de invalidez, cabe à empresa pagar ao segurado empregado o salário.

A aposentadoria por invalidez, inclusive a decorrente de acidente do trabalho, consiste numa renda mensal correspondente a cem por cento do salário-de-benefício. Quando o acidentado do trabalho estiver em gozo de auxílio-doença, o valor da aposentadoria por invalidez deve ser igual ao do auxílio-doença se este, por força de reajustamento, for superior ao previsto. O valor da aposentadoria por invalidez do segurado que necessitar da assistência permanente de outra pessoa deve ser acrescido de vinte e cinco por cento. O acréscimo tratado: a) é devido ainda que o valor da aposentadoria atinja o limite máximo legal; b) deve ser recalculado quando o benefício que lhe deu origem for reajustado; c) cessa com a morte do aposentado, não sendo incorporável ao valor da pensão.

O aposentado por invalidez que retornar voluntariamente à atividade tem sua aposentadoria automaticamente cancelada, a partir da data do retorno. Pelo art. 47 da lei comentada, verificada a recuperação da capacidade de trabalho do aposentado por invalidez, deve ser observado o seguinte procedimento: "I – quando a recuperação ocorrer dentro de 5 (cinco) anos, contados da data do início da aposentadoria por invalidez ou do auxílio-doença que a antecedeu sem interrupção, o benefício cessará: a) de imediato, para o segurado empregado que tiver direito a retornar à função que desempenhava na empresa quando se aposentou, na forma da legislação trabalhista, valendo como documento, para tal fim, o certificado de capacidade fornecido pela Previdência Social; ou b) após tantos meses quantos forem os anos de duração do auxílio-doença ou da aposentadoria por invalidez, para os demais segurados; II – quando a recuperação for parcial, ou ocorrer após o período do inciso I, ou ainda quando o segurado for declarado apto para o exercício de trabalho diverso do qual habitualmente exercia, a aposentadoria será mantida, sem prejuízo da volta à atividade: a) no seu valor integral, durante 6 (seis) meses contados da data em que for verificada a recuperação da capacidade; b) com redução de 50% (cinquenta por cento), no período seguinte de 6 (seis) meses; c) com redução de 75% (setenta e cinco por cento), também por igual período de 6 (seis) meses, ao término do qual cessará definitivamente".

A aposentadoria por idade é devida ao segurado que, cumprida a carência exigida nessa lei, completar sessenta e cinco anos de idade, se homem, e sessenta, se mulher, pelo art. 48 da lei. Os limites fixados são reduzidos para sessenta e cinquenta e cinco anos no caso de trabalhadores rurais, respectivamente, homens e mulheres. Para os efeitos do disposto, o trabalhador rural deve comprovar o efetivo exercício de atividade rural, ainda que de forma descontínua, no período imediatamente anterior ao requerimento do benefício, por tempo igual ao número de meses de contribuição correspondente à carência do benefício pretendido. Os trabalhadores rurais que não atendam ao disposto, mas que satisfaçam essa condição, se forem considerados períodos de contribuição sob outras categorias do segurado, fazem jus ao benefício ao completarem sessenta e cinco anos de idade, se homem, e sessenta anos, se mulher. O cálculo da renda mensal do benefício é apurado de acordo com o disposto, considerando-se como salário-de-contribuição mensal do período como segurado especial o limite mínimo de salário-de-contribuição da previdência social.

A aposentadoria por idade, pelo art. 49 da legislação comentada, é devida: "I – ao segurado empregado, inclusive o doméstico, a partir: a) da data do desligamento do emprego, quando requerida até essa data ou até noventa dias depois dela; ou b) da data do requerimento, quando não houver desligamento do emprego ou quando for requerida após o prazo previsto na alínea *a*; II – para os demais segurados, da data da entrada do requerimento". A aposentadoria por idade consiste numa renda mensal de setenta por cento do salário-de-benefício, mais um por cento deste, por grupo de doze contribuições, não podendo ultrapassar cem por cento do salário-de-benefício. A aposentadoria por idade pode ser requerida pela empresa, desde que o segurado empregado tenha cumprido o período de carência e completado setenta anos de idade, se do sexo masculino, ou sessenta e cinco anos, se do sexo feminino, sendo compulsória; caso em que é garantida ao empregado a indenização prevista na legislação trabalhista, considerada como data da rescisão do contrato de trabalho a imediatamente anterior à do início da aposentadoria.

Cumprida a carência exigida, aposentadoria por tempo de serviço é devida, pelo art. 52 do Plano de Benefícios, ao segurado que completar vinte e cinco anos de serviço, se do sexo feminino, ou trinta anos, se do sexo masculino. A aposentadoria por tempo de serviço consiste numa renda mensal de: "I – para a mulher: 70% (setenta por cento) do salário-de-benefício aos 25 (vinte e cinco) anos de serviço, mais 6% (seis por cento) deste, para cada novo ano completo de atividade, até o máximo de 100% (cem por cento) do salário-de-benefício aos 30 (trinta) anos de serviço; II – para o homem: 70% (setenta por cento) do salário-de-benefício aos 30 (trinta) anos de serviço, mais 6% (seis por cento) deste, para cada novo ano completo de atividade, até o máximo de 100% (cem por cento) do salário-de-benefício aos 35 (trinta e cinco) anos de serviço".

O tempo de serviço é comprovado na forma estabelecida no Decreto Federal nº 3.048, de 06.05.1999, pelo art. 55, compreendendo, além do correspondente às atividades de qualquer das categorias de segurados, mesmo que anterior à perda da qualidade de segurado: "I – o tempo de serviço militar, inclusive o voluntário, e o previsto no § 1º do art. 143 da Constituição Federal, ainda que anterior à filiação ao Regime Geral de Previdência Social (RGPS), desde que não tenha sido contado para inatividade remunerada nas Forças Armadas ou aposentadoria no serviço público; II – o tempo intercalado em que esteve em gozo de auxílio-doença ou aposentadoria por invalidez; III – o tempo de contribuição efetuada como segurado facultativo; IV – o tempo de serviço referente ao exercício de mandato eletivo federal, estadual ou municipal, desde que não tenha sido contado para efeito de aposentadoria por outro regime de previdência social; V – o tempo de contribuição efetuado por segurado depois de ter deixado de exercer atividade remunerada que o enquadrava no art. 11 desta Lei; VI – o tempo de contribuição efetuado com base nos artigos 8º e 9º da Lei nº 8.162, de 8 de janeiro de 1991, pelo segurado definido no artigo 11, inciso I, alínea g, desta Lei, sendo tais contribuições computadas para efeito de carência".

A averbação de tempo de serviço durante o qual o exercício da atividade não determinava filiação obrigatória ao anterior Regime Geral de Previdência Social (RGPS) só é admitida mediante o recolhimento das contribuições correspondentes, conforme dispuser o regulamento. O tempo de serviço do segurado trabalhador rural, anterior à data de início de vigência da Lei Federal nº 8.213, de 24.07.1991, computa-se independentemente do recolhimento das contribuições a ele correspondentes, exceto para efeito de carência, conforme dispõe o Decreto Federal nº 3.048, de 06.05.1999. A comprovação do tempo de serviço, para os efeitos da lei, inclusive, mediante justificação administrativa ou judicial, conforme o disposto no art. 108, só produz efeito quando baseada em início de prova material, não sendo admitida prova exclusivamente testemunhal, salvo na ocorrência de motivo de força maior ou caso fortuito. Não é computado como tempo de contribuição, para efeito de concessão do benefício de que trata essa subseção, o período em que o segurado contribuinte individual ou facultativo tiver contribuído na forma do § 2º do art. 21 da Lei Federal nº 8.212, de 24.07.1991, salvo se tiver complementado as contribuições. O professor, após trinta anos, e a professora, após vinte e cinco anos de efetivo exercício em funções de magistério pode se aposentar por tempo de serviço, com renda mensal correspondente a cem por cento do salário-de-benefício.

Uma vez cumprida a carência exigida pela lei, a aposentadoria especial é devida, pelo art. 57, ao segurado que tiver trabalhado sujeito a condições especiais que prejudiquem a saúde ou a integridade física, durante quinze, vinte ou vinte e cinco anos, conforme dispõe a legislação. A aposentadoria especial, observado o disposto, consiste numa renda mensal equivalente a cem por cento do salário-de-benefício. A data de início do benefício fixa-se da mesma forma que a da aposentadoria por idade. A concessão da aposentadoria especial depende de comprovação pelo segurado, perante o Instituto Nacional de Seguridade Social (INSS), do tempo de trabalho permanente, não ocasional nem intermitente, em condições especiais que prejudiquem a saúde ou a integridade física, durante o período mínimo fixado.

O segurado deve comprovar, além do tempo de trabalho, a exposição aos agentes nocivos químicos, físicos, biológicos ou a associação de agentes prejudiciais à saúde ou à integridade física, pelo período equivalente ao exigido para a concessão do benefício. O tempo de trabalho exercido sob condições especiais que sejam ou venham a ser consideradas prejudiciais à saúde ou à integridade física é somado, após a respectiva conversão ao tempo de trabalho exercido em atividade comum, segundo critérios estabelecidos pelo Ministério da Previdência Social (MPS), para efeito de concessão de qualquer benefício.

A relação dos agentes nocivos químicos, físicos e biológicos ou a associação de agentes prejudiciais à saúde ou à integridade física, considerados para fins de concessão da aposentadoria especial de que trata o artigo anterior, são definidas pelo Poder Executivo. A comprovação da efetiva exposição do segurado aos agentes nocivos deve ser feita mediante formulário, na forma estabelecida pelo Instituto Nacional de Seguridade Social (INSS), emitido pela empresa ou por seu preposto, com base em laudo técnico de condições ambientais do trabalho, expedido por médico do trabalho ou por engenheiro de segurança do trabalho, nos termos da legislação trabalhista. No laudo técnico referido devem constar informações sobre a existência de tecnologia de proteção coletiva ou individual que diminua a intensidade do agente agressivo a limites de tolerância e recomendações sobre a sua adoção pelo estabelecimento respectivo.

O auxílio-doença deve ser devido ao segurado que, havendo cumprido, quando for o caso, o período de carência exigido da lei, ficar incapacitado para o seu trabalho ou para a sua atividade habitual por mais de quinze dias consecutivos, pelo art. 59, da legislação comentada. Não é devido auxílio-doença ao segurado que se filiar ao Regime Geral de Previdência Social (RGPS) já portador da doença ou da lesão invocada como causa para o benefício, salvo quando a incapacidade sobrevier por motivo de progressão ou agravamento dessa doença ou lesão. O auxílio-doença cabe ao segurado empregado, a contar do décimo sexto dia do afastamento da atividade, e, no caso dos demais segurados, a contar da data do início da incapacidade e enquanto ele permanecer incapaz. Quando requerido por segurado afastado da atividade por mais de trinta dias, o auxílio-doença é devido a contar da data da entrada do requerimento. Durante os primeiros quinze dias consecutivos ao do afastamento da atividade por motivo de doença, incumbe à empresa pagar ao segurado empregado o seu salário integral. A empresa que dispuser de serviço médico, próprio ou em convênio, tem a seu cargo o exame médico e o abono das faltas correspondentes ao período referido, somente devendo encaminhar o segurado à perícia médica do Instituto Nacional de Seguridade Social (INSS) quando a incapacidade ultrapassar quinze dias.

O auxílio-doença, inclusive o decorrente de acidente do trabalho, consiste numa renda mensal correspondente a noventa e um por cento do salário-de-benefício, pelo art. 61, da legislação comentada. O segurado em gozo de auxílio-doença, insusceptível de recuperação para sua atividade habitual, deve submeter-se a processo de reabilitação profissional para o exercício de outra atividade. Não cessa o benefício até que seja dado como habilitado para o desempenho de nova atividade que lhe garanta a subsistência ou, quando considerado não-recuperável, for aposentado por invalidez. O segurado empregado em gozo de auxílio-doença é considerado pela empresa como licenciado. A empresa que garantir ao segurado licença remunerada fica obrigada a pagar-lhe durante o período de auxílio-doença a eventual diferença entre o valor deste e a importância garantida pela licença.

O salário-família é devido, mensalmente, ao segurado empregado, exceto ao doméstico, e ao segurado trabalhador avulso, na proporção do respectivo número de filhos ou equiparados, pelo art. 65, da lei. O aposentado por invalidez ou por idade e os demais aposentados com sessenta e cinco anos ou mais de idade, se do sexo masculino, ou sessenta anos ou mais, se do feminino, têm direito ao salário-família, pago juntamente com a aposentadoria. O pagamento do salário-família é condicionado à apresentação da certidão de nascimento do filho ou da documentação relativa ao equiparado ou ao inválido, e à apresentação anual de atestado de vacinação obrigatória e de comprovação de frequência à escola do filho ou equiparado, nos termos do regulamento.

As cotas do salário-família são pagas pela empresa, mensalmente, junto com o salário, pelo art. 68, do Plano de Benefícios, efetivando-se a compensação quando do recolhimento das contribuições, conforme dispõe o Decreto Federal nº 3.048, de 06.05.1999. A empresa conserva durante dez anos os comprovantes dos pagamentos e as cópias das certidões correspondentes, para exame da fiscalização. Quando o pagamento do salário não for mensal, o salário-família é pago juntamente com o último pagamento relativo ao mês. O salário-família devido ao trabalhador avulso pode ser recebido pelo sindicato de classe respectivo, que se incumbe de elaborar as folhas correspondentes e de distribuí-lo. A cota do salário-família não se incorpora, para qualquer efeito, ao salário ou ao benefício.

O salário-maternidade é devido à segurada do Instituto Nacional de Seguridade Social (INSS), durante cento e vinte dias, com início no período entre vinte e oito dias antes do parto e a data de ocorrência deste, observadas as situações e as condições previstas na legislação no que concerne à proteção à maternidade, pelo art. 71, da legislação comentada. À segurada da autarquia federal que adotar uma criança ou obtiver guarda judicial para fins de adoção é devido salário-maternidade pelo período de cento e vinte dias, se a criança tiver até um ano de idade; de sessenta dias, se a criança tiver entre um e quatro anos de idade, e de trinta dias, se a criança tiver de quatro a oito anos de idade. O salário-maternidade de que trata a lei é pago diretamente pela instituição.

O salário-maternidade, para a segurada empregada ou para a trabalhadora avulsa, consiste numa renda mensal igual a sua remuneração integral. Cabe à empresa pagar o salário-maternidade devido à respectiva empregada gestante, efetivando-se a compensação, observado o disposto no art. 248 da Constituição Federal, quando do recolhimento das contribuições incidentes sobre a folha de salários e demais rendimentos pagos ou creditados, a qualquer título, à pessoa física que lhe preste serviço. A empresa deve conservar durante dez anos os comprovantes dos pagamentos e os atestados correspondentes para exame a ser realizado pela fiscalização da Receita Federal do Brasil. O salário-maternidade devido à trabalhadora avulsa é pago diretamente pelo Instituto Nacional de Seguridade Social (INSS).

A pensão por morte é devida ao conjunto dos dependentes do segurado que falecer, aposentado ou não, pelo art. 74, do Plano de Benefícios, a contar da data: a) do óbito, quando requerida até trinta dias depois deste; b) do requerimento, quando requerida após o prazo previsto no inciso anterior; c) da decisão judicial, no caso de morte presumida. O valor mensal da pensão por morte deve ser de cem por cento do valor da aposentadoria que o segurado recebia ou daquela a que teria direito se estivesse aposentado por invalidez na data de seu falecimento.

A concessão da pensão por morte não é protelada pela falta de habilitação de outro possível dependente, e qualquer inscrição ou habilitação posterior que importe em exclusão ou inclusão de dependente só produz efeito a contar da data da inscrição ou da habilitação. O cônjuge ausente não exclui do direito à pensão por morte o companheiro ou a companheira, que somente faz jus ao benefício a partir da data de sua habilitação e mediante prova de dependência econômica. O cônjuge divorciado ou separado judicialmente ou de fato que recebia pensão de alimentos concorre em igualdade de condições com os dependentes.

A pensão por morte, havendo mais de um pensionista, é rateada entre todos em parte iguais, pelo art. 77, da legislação comentada. Reverte em favor dos demais a parte daquele cujo direito à pensão cessar. A parte individual da pensão extingue-se: a) pela morte do pensionista; b) para o filho, para a pessoa a ele equiparada ou para o irmão, de ambos os sexos, pela emancipação ou ao completar vinte e um anos de idade, salvo se for inválido; c) para o pensionista inválido, pela cessação da invalidez. Com a extinção da parte do último pensionista, a pensão extingue-se.

Por morte presumida do segurado, declarada pela autoridade judicial competente, depois de seis meses de ausência, é concedida pensão provisória. Mediante prova do desaparecimento do segurado, em consequência de acidente, de desastre ou de catástrofe, seus dependentes fazem jus à pensão provisória independentemente da declaração e do prazo previsto. Verificado o reaparecimento do segurado, o pagamento da pensão cessa imediatamente, sendo desobrigados os dependentes da reposição dos valores recebidos, salvo má-fé. Não se aplica o disposto ao pensionista menor, incapaz ou ausente.

O auxílio-reclusão é devido, nas mesmas condições da pensão por morte, aos dependentes do segurado recolhido à prisão, que não receber remuneração da empresa nem estiver em gozo de auxílio-doença, de aposentadoria ou de abono de permanência em serviço, pelo art. 80, da lei. O requerimento do auxílio-reclusão deve ser instruído com certidão do efetivo recolhimento à prisão, sendo obrigatória, para a manutenção do benefício, a apresentação de declaração de permanência na condição de presidiário.

O auxílio-acidente deve ser concedido, pelo art. 86, como indenização, da legislação comentada, ao segurado quando, após consolidação das lesões decorrentes de acidente de qualquer natureza, resultarem sequelas que impliquem redução da capacidade para o trabalho que habitualmente exercia. O auxílio-acidente mensal corresponde a cinquenta por cento do salário-de-benefício e é devido, até a véspera do início de qualquer aposentadoria ou até a data do óbito do segurado. O auxílio-acidente é devido a partir do dia seguinte ao da cessação do auxílio-doença, independentemente de qualquer remuneração ou rendimento auferido pelo acidentado, vedada sua acumulação com qualquer aposentadoria. O recebimento de salário ou a concessão de outro benefício, exceto de aposentadoria, não prejudica a continuidade do recebimento do auxílio-acidente. O segurado que sofreu acidente do trabalho tem garantida, pelo prazo mínimo de doze meses, a manutenção do seu contrato de trabalho na empresa, após a cessação do auxílio-doença acidentário, independentemente de percepção de auxílio-acidente.

Compete ao Serviço Social esclarecer junto aos beneficiários seus direitos sociais e os meios de exercê-los e estabelecer, conjuntamente com eles, o processo de solução dos problemas que emergirem da sua relação com o Instituto Nacional de Seguridade Social (INSS), tanto no âmbito interno da instituição como na dinâmica da sociedade, pelo art. 88, da lei. É dado prioridade aos segurados em benefício por incapacidade temporária e atenção especial aos aposentados e pensionistas. Para assegurar o efetivo atendimento dos usuários são utilizados os seguintes meios: intervenção técnica, assistência de natureza jurídica, ajuda material, recursos sociais, intercâmbio com empresas e pesquisa social, inclusive, mediante celebração de convênios, acordos ou contratos. Estes têm como diretriz a participação do beneficiário na implementação e no fortalecimento da política previdenciária, em articulação com as associações e as entidades de classe. O serviço social da instituição, considerando a universalização da previdência social, presta assessoramento técnico aos Estados e aos Municípios na elaboração e na implantação de suas propostas de trabalho.

A habilitação e a reabilitação profissional e social devem proporcionar ao beneficiário incapacitado, parcial ou totalmente, para o trabalho, e às pessoas portadoras de deficiência os meios para a reeducação e para a readaptação profissional e social indicados para participar do mercado de trabalho e do contexto em que vive. A reabilitação profissional compreende: a) o fornecimento de aparelho de prótese, órtese e instrumentos de auxílio para locomoção quando a perda ou a redução da capacidade funcional puder ser atenuada por seu uso e dos equipamentos necessários à habilitação e à reabilitação social e profissional; b) a reparação ou a substituição dos aparelhos mencionados no inciso anterior, desgastados pelo uso normal ou por ocorrência estranha à vontade do beneficiário; c) o transporte do acidentado do trabalho, quando necessário.

A prestação é devida em caráter obrigatório aos segurados, inclusive, aposentados e, na medida das possibilidades do órgão do Instituto Nacional de Seguridade Social (INSS), aos seus dependentes. É concedido, no caso de habilitação e de reabilitação profissional, auxílio para tratamento ou exame fora do domicílio do beneficiário, conforme dispõe o Decreto Federal nº 3.048, de 06.05.1999. Concluído o processo de habilitação ou de reabilitação social e profissional, a autarquia federal emite certificado individual, indicando as atividades que podem ser exercidas pelo beneficiário, nada impedindo que ele exerça outra atividade para a qual se capacitar.

A empresa com cem ou mais empregados está obrigada a preencher de dois a cinco por cento dos seus cargos com beneficiários reabilitados ou com pessoas portadoras de deficiência, habilitadas. A dispensa de trabalhador reabilitado ou de deficiente habilitado ao final de contrato por prazo determinado de mais de noventa dias, e a imotivada, no contrato por prazo indeterminado, ocorrem após a contratação de substituto de condição semelhante. O Ministério do Trabalho e da Previdência Social deve gerar estatísticas sobre o total de empregados e as vagas preenchidas por reabilitados e por deficientes habilitados, fornecendo-as, quando solicitadas, aos sindicatos ou às entidades representativas dos empregados.

Para efeito dos benefícios previstos no Regime Geral de Previdência Social (RGPS) ou no serviço público, pelo art. 94, da legislação comentada, é assegurada a contagem recíproca do tempo de contribuição na atividade privada, rural e urbana, e do tempo de contribuição ou de serviço na administração pública, hipótese em que os diferentes sistemas de previdência social se compensam financeiramente. A compensação financeira (COMPREV) é feita ao sistema a que o interessado estiver vinculado ao requerer o benefício pelos demais sistemas, em relação aos respectivos tempos de contribuição ou de serviço, conforme dispõe o regulamento acima. Não é computado como tempo de contribuição, para efeito dos benefícios previstos em regimes próprios de previdência social, o período em que o segurado contribuinte individual ou facultativo tiver contribuído, salvo se complementadas as contribuições.

O tempo de contribuição ou de serviço deve ser contado de acordo com a legislação pertinente, observadas as normas seguintes: a) não é admitida a contagem em dobro ou em outras condições especiais; b) é vedada a contagem de tempo de serviço público com o de atividade privada, quando concomitantes; c) não se conta por um sistema o tempo de serviço utilizado para concessão de aposentadoria pelo outro; d) o tempo de serviço anterior ou posterior à obrigatoriedade de filiação ao Regime Geral de Previdência Social (RGPS) é contado mediante indenização da contribuição correspondente ao período respectivo, com acréscimo de juros moratórios de zero vírgula cinco por cento ao mês, capitalizados anualmente, e multa de dez por cento.

O segurado em gozo de auxílio-doença ou de aposentadoria por invalidez e o pensionista inválido estão obrigados, sob pena de suspensão do benefício, a submeter-se a exame médico a cargo do Instituto Nacional de Seguridade Social (INSS), processo de reabilitação profissional por ele prescrito e custeado e tratamento dispensado gratuitamente, exceto o cirúrgico e a transfusão de sangue, que são facultativos, pelo art. 101, da legislação comentada.

A perda da qualidade de segurado importa em caducidade dos direitos inerentes a essa qualidade, mas não prejudica o direito à aposentadoria para cuja concessão tenham sido preenchidos todos os requisitos, segundo a legislação em vigor à época em que esses requisitos foram atendidos. Não é concedida pensão por morte aos dependentes do segurado que falecer após a perda dessa qualidade, salvo se preenchidos os requisitos para obtenção da aposentadoria.

Pelo art. 103 do Plano de Benefícios, é de dez anos o prazo de decadência de todo e qualquer direito ou ação do segurado ou beneficiário para a revisão do ato de concessão de benefício, a contar do dia primeiro do mês seguinte ao do recebimento da primeira prestação ou, quando for o caso, do dia em que tomar conhecimento da decisão indeferitória definitiva no âmbito administrativo. Prescreve em cinco anos, a contar da data em que deveriam ter sido pagas, toda e qualquer ação para haver prestações vencidas ou quaisquer restituições ou diferenças devidas pela previdência social, salvo o direito dos menores, dos incapazes e dos ausentes, na forma do Código Civil. O direito previdenciário de anular os atos administrativos de que decorram efeitos favoráveis para os seus beneficiários decai em dez anos, contados da data em que os atos foram praticados, salvo se for comprovada má-fé. No caso de efeitos patrimoniais contínuos, o prazo decadencial conta-se da percepção do primeiro pagamento. Considera-se exercício do direito de anular qualquer medida de autoridade administrativa que importe impugnação à validade do ato.

Conforme o art. 104 do Plano de Benefícios, as ações referentes à prestação por acidente do trabalho prescrevem em cinco anos, contados da data: a) do acidente, quando dele resultar a morte ou a incapacidade temporária, verificada esta em perícia médica a cargo da previdência social; b) em que for reconhecida, pela previdência social, a incapacidade permanente ou o agravamento das sequelas do acidente.

A apresentação de documentação incompleta não constitui motivo para recusa do requerimento de benefício. Pelo art. 106 da legislação comentada, a comprovação do exercício de atividade rural é feita, alternativamente, por meio de: a) contrato individual de trabalho ou Carteira de Trabalho e Previdência Social (CTPS); b) contrato de arrendamento, parceria ou comodato rural; c) declaração fundamentada de sindicato que represente o trabalhador rural ou, quando for o caso, de sindicato ou colônia de pescadores, desde que homologada pelo Instituto Nacional de Seguridade Social (INSS); d) comprovante de cadastro do Instituto Nacional de Colonização e Reforma Agrária (INCRA), no caso de produtores em regime de economia familiar; e) bloco de notas do produtor rural; f) notas fiscais de entrada de mercadorias, de que trata o § 7º do art. 30 da Lei Federal nº 8.212, de 24.07.1991, emitidas pela empresa adquirente da produção, com indicação do nome do segurado como vendedor; g) documentos fiscais relativos à entrega de produção rural à cooperativa agrícola, ao entreposto de pescado ou a outros, com indicação do segurado como vendedor ou consignante; h) comprovantes de recolhimento de contribuição à Previdência Social decorrentes da comercialização da produção; i) cópia da declaração de imposto de renda, com indicação de renda proveniente da comercialização de produção rural; j) licença de ocupação ou permissão outorgada pelo INCRA.

O benefício é pago diretamente ao beneficiário, salvo em caso de ausência, de moléstia contagiosa ou de impossibilidade de locomoção, quando é pago a procurador, cujo mandato não tem prazo superior a doze meses, podendo ser renovado. A impressão digital do beneficiário incapaz de assinar, aposta na presença de servidor do Instituto Nacional de Seguridade Social (INSS), vale como assinatura para quitação de pagamento de benefício. O benefício devido ao segurado ou à dependente civilmente incapaz é feito ao cônjuge, ao pai, à mãe, ao tutor ou ao curador, admitindo-se, na sua falta e por período não superior a seis meses, o pagamento a herdeiro necessário, mediante termo de compromisso firmado no ato do recebimento. Para efeito de curatela, no caso de interdição do beneficiário, a autoridade judiciária pode louvar-se no laudo médico-pericial da autarquia federal.

O segurado menor pode firmar recibo de benefício, independentemente da presença dos pais ou do tutor. O valor não recebido em vida pelo segurado só é pago aos seus dependentes habilitados à pensão por morte ou, na falta deles, aos seus sucessores na forma da lei civil, independentemente de inventário ou arrolamento. O benefício pode ser pago mediante depósito em conta corrente ou por autorização de pagamento, conforme se dispuser em regulamento.

Salvo quanto a valor devido ao Instituto Nacional de Seguridade Social (INSS) e a desconto autorizado, ou derivado da obrigação de prestar alimentos, reconhecida em sentença judicial, pelo art. 114, do Plano de Benefícios, o benefício não pode ser objeto de penhora, arresto ou sequestro, sendo nula de pleno direito a sua venda ou cessão, ou a constituição de qualquer ônus sobre ele, bem como a outorga de poderes irrevogáveis ou em causa própria para o seu recebimento.

Podem ser descontados dos benefícios: a) contribuições devidas pelo segurado à previdência social; b) pagamento de benefício além do devido; c) imposto de renda retido na fonte; d) pensão de alimentos decretada em sentença judicial; e) mensalidades de associações e demais entidades de aposentados legalmente reconhecidas, desde que autorizadas por seus filiados; f) pagamento de empréstimos, financiamentos e operações de arrendamento mercantil concedidos por instituições financeiras e sociedades de arrendamento mercantil, públicas e privadas, quando expressamente autorizado pelo beneficiário, até o limite de trinta por cento do valor do benefício. É fornecido ao beneficiário demonstrativo minucioso das importâncias pagas, discriminando-se o valor da mensalidade, as diferenças eventualmente pagas com o período a que se referem e os descontos efetuados.

A empresa, o sindicato ou a entidade de aposentados devidamente legalizada, mediante convênio com a previdência social, pelo art. 117 da legislação comentada, pode, relativamente a seu empregado ou associado e respectivos dependentes, encarregar-se de: a) processar requerimento de benefício, preparando-o e instruindo-o de maneira a ser despachado pela Previdência Social; b) submeter o requerente a exame médico, inclusive complementar, encaminhando à Previdência Social o respectivo laudo, para efeito de homologação e posterior concessão de benefício que depender de avaliação de incapacidade; c) pagar benefício. O convênio pode dispor sobre o reembolso das despesas da empresa, do sindicato ou da entidade de aposentados devidamente legalizados, correspondente aos serviços previstos, ajustado por valor global conforme o número de empregados ou de associados, mediante dedução do valor das contribuições previdenciárias a serem recolhidas pela empresa.

Se for mais vantajoso, fica assegurado o direito à aposentadoria, nas condições legalmente previstas na data do cumprimento de todos os requisitos necessários à obtenção do benefício, ao segurado que, tendo completado trinta e cinco anos de serviço, se homem, ou trinta anos, se mulher, optou por permanecer em atividade.

Salvo no caso de direito adquirido, pelo art. 124 da lei comentada, não é permitido o recebimento conjunto dos seguintes benefícios da previdência social: a) aposentadoria e auxílio-doença; b) mais de uma aposentadoria; c) aposentadoria e abono de permanência em serviço; d) salário-maternidade e auxílio-doença; e) mais de um auxílio-acidente; f) mais de uma pensão deixada por cônjuge ou companheiro, ressalvado o direito de opção pela mais vantajosa. É vedado o recebimento conjunto do seguro-desemprego com qualquer benefício de prestação continuada da previdência social, exceto pensão por morte ou auxílio-acidente.

3.6. Plano de Custeio da Seguridade Social

Os benefícios da previdência social dependem de custeio, obtido através de contribuição social da seguridade social. O custeio consiste nos meios econômicos e financeiros, que são conseguidos dos contribuintes e destinados às prestações previdenciárias. As contribuições sociais, para José Eduardo Soares, "constituem tributos de características específicas, vinculadas à despesa especial ou vantagem referida aos contribuintes e que podem implicar, ou não, atuação estatal. A receita das contribuições deve ser destinada diretamente ao custeio da seguridade social, integrando seu orçamento".[17]

Melhor esclarecendo, Marcelo Leonardo Tavares informa que, "no momento da entrada dos recursos no sistema, não se faz distinção em que área será aplicado, sendo introduzido em favor da seguridade social como um todo. A exceção foi trazida pela Emenda Constitucional nº 20/1998, com a adição do inciso XI do art. 167 da Carta, vedando a utilização de recursos provenientes da arrecadação da Contribuição Patronal Previdenciária (CPP) e da contribuição dos segurados (art. 195, I, *a*, e II, da Constituição) com a realização de despesas distintas do pagamento de benefícios do Regime Geral de Previdência Social. Fora isso, as contribuições vertidas para o sistema destinam-se a toda seguridade social. Tanto é assim que a Lei nº 8.212, de 24.07.1991, é conhecida por 'Lei do Custeio' da Seguridade Social, por conter a

---

17 SOARES, José Eduardo. *Contribuições Sociais no Sistema Tributário*. 2ª ed. São Paulo: Malheiros, 1996, p. 78.

maior parte das regras do financiamento da seguridade, enquanto teremos, para as prestações de saúde, previdência social e assistência social, uma lei específica para cada área, [...]".[18]

A Lei Federal nº 8.212, de 24.07.1991, é a Lei Orgânica da Seguridade Social, que estabelece o Plano de Custeio da Seguridade Social. Pelo art. 1º, a seguridade social compreende um conjunto integrado de ações de iniciativa dos poderes públicos e da sociedade, destinado a assegurar o direito relativo à saúde, à previdência e à assistência social. A seguridade social obedece aos seguintes princípios e diretrizes: a) universalidade da cobertura e do atendimento; b) uniformidade e equivalência dos benefícios e serviços às populações urbanas e rurais; c) seletividade e distributividade na prestação dos benefícios e serviços; d) irredutibilidade do valor dos benefícios; e) equidade na forma de participação no custeio; f) diversidade da base de financiamento; g) caráter democrático e descentralizado da gestão administrativa com a participação da comunidade, em especial, de trabalhadores, empresários e aposentados.

Para Clóvis Kemmerich, "o Direito Previdenciário possui algumas peculiaridades. Primeiramente, por sua dinâmica, são raras as causas previdenciárias que dependam exclusivamente da legislação atual. O mais comum são causas versando sobre normas passadas, textos que já se encontram em vigor. Isso porque a norma aplicável é, regra geral, a da data em que o segurado completou as condições para obtenção do benefício. Paralelamente, os processos ficam tramitando por muito tempo, e não raras vezes o segurado recorre ao Judiciário vários anos após a alteração das normas que garantem o seu direito".[19]

A saúde é direito de todos e dever do Estado, garantida mediante políticas sociais e econômicas que visem à redução do risco de doença

---

18 "Logo, a Constituição de 1988 utiliza, para todas as contribuições previstas no art. 195, o termo 'Contribuição para a Seguridade Social', ficando reservado o termo 'Contribuição Previdenciária' somente para os tributos do art. 195, I, *a*, e II" (TAVARES, Marcelo Leonardo. *Direito Previdenciário*: regime geral de previdência social e regras constitucionais dos regimes próprios de previdência social, *op. cit.*, p. 234).

19 "Em tais situações, surge a necessidade de fazer minuciosa pesquisa, com o fim de definir com precisão a regra vigente à época da revisão, suspensão, reajuste, início do benefício ou outras datas relacionadas ao processo" (KEMMERICH, Clóvis. Apresentação. *In:* KEMMERICH, Clóvis (org.). *Lei dos Planos de Benefícios da Previdência Social Anotada*. São Paulo: Saraiva, 2000, p. XI).

e de outros agravos e ao acesso universal e igualitário às ações e serviços para sua promoção, proteção e recuperação, conforme dispõe o art. 2º da legislação comentada. Por outro lado, a assistência social é a política social que provê o atendimento das necessidades básicas, traduzidas em proteção à família, à maternidade, à infância, à adolescência, à velhice e à pessoa portadora de deficiência, independentemente de contribuição à seguridade social.

Em relação à previdência social, esta tem por fim assegurar aos seus beneficiários meios indispensáveis de manutenção, por motivo de incapacidade, idade avançada, tempo de serviço, desemprego involuntário, encargos de família, reclusão ou morte daqueles de quem dependiam economicamente. A organização do custeio da seguridade social obedece aos seguintes princípios e diretrizes: a) universalidade de participação nos planos previdenciários, mediante contribuição; b) valor da renda mensal dos benefícios, substitutos do salário-de-contribuição ou do rendimento do trabalho do segurado, não inferior ao do salário mínimo; c) cálculo dos benefícios considerando-se os salários-de-contribuição, corrigidos monetariamente; d) preservação do valor real dos benefícios; e) previdência complementar facultativa, custeada por contribuição adicional.

As ações nas áreas de saúde, previdência social e assistência social, conforme a Constituição Federal são organizadas em Sistema Nacional de Seguridade Social (SNSS). As propostas orçamentárias anuais ou plurianuais da seguridade social são elaboradas por Comissão integrada por três representantes, sendo um da área da saúde, um da área da previdência social e um da área de assistência social. As áreas de saúde, previdência social e assistência social são objeto de leis específicas, que regulamentam sua organização e funcionamento.

Na legislação comentada, no art. 10, a seguridade social deve ser financiada por toda a sociedade, de forma direta e indireta, nos termos do art. 195 da Constituição Federal, mediante recursos provenientes da União, dos Estados, do Distrito Federal, dos Municípios e de contribuições sociais. No âmbito federal, o orçamento da seguridade social é composto das seguintes receitas: a) receitas da União; b) receitas das contribuições sociais da seguridade; c) receitas de outras fontes. Constituem contribuições sociais da seguridade: a) as das empresas, incidentes sobre a remuneração paga ou creditada aos segurados a seu serviço; b) as dos empregadores domésticos; c) as dos trabalhadores, incidentes sobre o seu salário-de-contribuição; d) as das empresas, incidentes sobre faturamento e lucro; e) as incidentes sobre a receita de concursos de prognósticos; f) as incidentes nas importações.

Ao analisar a natureza jurídica da contribuição social para a seguridade social, Sérgio Pinto Martins afirma que "tributo é uma prestação compulsória. A contribuição à seguridade social também é compulsória, pois independe da vontade da pessoa de contribuir. É instituída em lei (Lei nº 8.212/91). A contribuição da seguridade social é cobrada em moeda ou valor que nela se possa exprimir, ou seja, é paga em dinheiro. Não se constitui a contribuição à seguridade social em sanção de ato ilícito. Não é uma penalidade, mas uma determinação prevista em lei, que incide, por exemplo, sobre a folha salarial dos empregados, o faturamento e o lucro das empresas. É cobrada a contribuição da seguridade social mediante atividade administrativa plenamente vinculada. Há um lançamento para a constituição do crédito da seguridade social por meio de uma atividade administrativa vinculada e obrigatória. Atividade administrativa plenamente vinculada compreende o ato sobre o qual a autoridade administrativa não tem liberdade de agir, entre mais de uma situação. A autoridade fica inteiramente vinculada à previsão legal. A autoridade administrativa não tem discricionariedade para exigir o tributo. Logo, a contribuição da seguridade social é uma espécie do gênero tributo: contribuição (social), pois não pode ser enquadrada na definição de imposto, taxa ou contribuição de melhoria".[20]

São segurados obrigatórios da previdência social as seguintes pessoas físicas, pelo art. 12 do Plano de Custeio: "I – como empregado: a) aquele que presta serviço de natureza urbana ou rural à empresa, em caráter não eventual, sob sua subordinação e mediante remuneração, inclusive, como diretor empregado; b) aquele que, contratado por empresa de trabalho temporário, definida em legislação específica, presta serviço para atender a necessidade transitória de substituição

---

20 "A relação obrigacional da contribuição previdenciária é uma relação tributária. O sujeito ativo é a União, embora esta delegue a arrecadação e a fiscalização à Secretaria da Receita Federal do Brasil, que tem amparo legal no art. 7º do CTN. Os sujeitos passivos são o empregador e o trabalhador. O fato gerador é o pagamento de remuneração ao trabalhador. A base de cálculo é a remuneração. A atividade administrativa plenamente vinculada é feita por meio de lançamento, por homologação ou autolançamento" (MARTINS, Sergio Pinto. *Direito da Seguridade Social, op. cit.*, p. 78).

de pessoal regular e permanente ou a acréscimo extraordinário de serviços de outras empresas; c) o brasileiro ou estrangeiro domiciliado e contratado no Brasil para trabalhar como empregado em sucursal ou agência de empresa nacional no exterior; d) aquele que presta serviço no Brasil a missão diplomática ou a repartição consular de carreira estrangeira e a órgãos a ela subordinados, ou a membros dessas missões e repartições, excluídos o não-brasileiro sem residência permanente no Brasil e o brasileiro amparado pela legislação previdenciária do país da respectiva missão diplomática ou repartição consular; e) o brasileiro civil que trabalha para a União, no exterior, em organismos oficiais brasileiros ou internacionais dos quais o Brasil seja membro efetivo, ainda que lá domiciliado e contratado, salvo se segurado na forma da legislação vigente do país do domicílio; f) o brasileiro ou estrangeiro domiciliado e contratado no Brasil para trabalhar como empregado em empresa domiciliada no exterior, cuja maioria do capital votante pertença a empresa brasileira de capital nacional; g) o servidor público ocupante de cargo em comissão, sem vínculo efetivo com a União, Autarquias, inclusive em regime especial, e Fundações Públicas Federais; i) o empregado de organismo oficial internacional ou estrangeiro em funcionamento no Brasil, salvo quando coberto por regime próprio de previdência social; j) o exercente de mandato eletivo federal, estadual ou municipal, desde que não vinculado a regime próprio de previdência social; II – como empregado doméstico: aquele que presta serviço de natureza contínua a pessoa ou família, no âmbito residencial desta, em atividades sem fins lucrativos; a) quem presta serviço de natureza urbana ou rural, em caráter eventual, a uma ou mais empresas, sem relação de emprego; b) a pessoa física que exerce, por conta própria, atividade econômica de natureza urbana, com fins lucrativos ou não; [...] V – como contribuinte individual: a) a pessoa física, proprietária ou não, que explora atividade agropecuária, a qualquer título, em caráter permanente ou temporário, em área superior a 4 (quatro) módulos fiscais; ou, quando em área igual ou inferior a 4 (quatro) módulos fiscais ou atividade pesqueira, com auxílio de empregados ou por intermédio de prepostos; ou ainda nas hipóteses dos §§ 10 e 11 deste artigo; b) a pessoa física, proprietária ou não, que explora atividade de extração mineral – garimpo, em caráter permanente ou temporário, diretamente ou por intermédio de prepostos, com ou sem o auxílio de empregados, utilizados a qualquer título, ainda que de forma não contínua; c) o ministro de confissão religiosa e o membro de instituto de vida consagrada, de congregação ou de ordem religiosa; e) o brasileiro civil que trabalha no exterior para organismo oficial internacional do qual o Brasil é membro efetivo, ainda que lá domiciliado e contratado, salvo quando coberto por regime próprio de previdência social; f) o titular de firma individual urbana ou rural, o diretor não empregado e o membro de conselho de administração de sociedade anônima, o sócio solidário, o sócio de indústria, o sócio gerente e o sócio cotista que recebam remuneração decorrente de seu trabalho em empresa urbana ou rural, e o associado eleito para cargo de direção em cooperativa, associação ou entidade de qualquer natureza ou finalidade, bem como o síndico ou administrador eleito para exercer atividade de direção condominial, desde que recebam remuneração; g) quem presta serviço de natureza urbana ou rural, em caráter eventual, a uma ou mais empresas, sem relação de emprego; h) a pessoa física que exerce, por conta própria, atividade econômica de natureza urbana, com fins lucrativos ou não; VI – como trabalhador avulso: quem presta, a diversas empresas, sem vínculo empregatício, serviços de natureza urbana ou rural definidos no regulamento; VII – como segurado especial: a pessoa física residente no imóvel rural ou em aglomerado urbano ou rural próximo a ele que, individualmente ou em regime de economia familiar, ainda que com o auxílio eventual de terceiros a título de mútua colaboração, na condição de: a) produtor, seja proprietário, usufrutuário, possuidor, assentado, parceiro ou meeiro outorgados, comodatário ou arrendatário rurais, que explore atividade: 1. agropecuária em área de até 4 (quatro) módulos fiscais; ou 2. de seringueiro ou extrativista vegetal que exerça suas atividades nos termos do inciso XII do caput do art. 2º da Lei nº 9.985, de 18 de julho de 2000, e faça dessas atividades o principal meio de vida; b) pescador artesanal ou a este assemelhado, que faça da pesca profissão habitual ou principal meio de vida; e c) cônjuge ou companheiro, bem como filho maior de 16 (dezesseis) anos de idade ou a este equiparado, do segurado de que tratam as alíneas *a* e *b* deste inciso, que, comprovadamente, trabalhem com o grupo familiar respectivo".

Entende-se como regime de economia familiar a atividade em que o trabalho dos membros da família é indispensável à própria subsistência e ao desenvolvimento socioeconômico do núcleo familiar e é exercido em condições de mútua dependência e colaboração, sem a utilização de empregados permanentes. Todo aquele que exercer, concomitantemente, mais de uma atividade remunerada sujeita ao

Regime Geral de Previdência Social (RGPS) é obrigatoriamente filiado em relação a cada uma delas.

O aposentado pelo Regime Geral de Previdência Social (RGPS) que estiver exercendo ou que voltar a exercer atividade abrangida por esse regime é segurado obrigatório em relação a essa atividade, ficando sujeito às contribuições sociais, para fins de custeio da seguridade social. O dirigente sindical mantém, durante o exercício do mandato eletivo, o mesmo enquadramento no regime geral de antes da investidura. Aplica-se o disposto ao ocupante de cargo de Ministro de Estado, de Secretário Estadual, Distrital ou Municipal, sem vínculo efetivo com a União, os Estados, o Distrito Federal, os Municípios, as suas autarquias, ainda que em regime especial, e as fundações. Para serem considerados segurados especiais, o cônjuge ou companheiro e os filhos maiores de dezesseis anos ou os a estes equiparados devem ter participação ativa nas atividades rurais do grupo familiar. O grupo familiar pode se utilizar de empregados contratados por prazo determinado ou de trabalhador, em épocas de safra, à razão de no máximo cento e vinte pessoas/dia no ano civil, em períodos corridos ou intercalados ou, ainda, por tempo equivalente em horas de trabalho.

O servidor civil ocupante de cargo efetivo ou o militar da União, dos Estados, do Distrito Federal ou dos Municípios, bem como o das respectivas autarquias e fundações, são excluídos do Regime Geral de Previdência Social (RGPS) consubstanciado na lei, desde que amparados por regime próprio de previdência social. Caso o servidor ou o militar venham a exercer, concomitantemente, uma ou mais atividades abrangidas pelo regime geral, tornam-se segurados obrigatórios em relação a essas atividades. Caso o servidor ou o militar, amparados por Regime Próprio de Previdência Social (RPPS), sejam requisitados para outro órgão ou entidade cujo regime previdenciário não permita a filiação nessa condição, permanecem vinculados ao regime de origem, obedecidas as regras que cada ente estabeleça acerca de sua contribuição. É segurado facultativo o maior de quatorze anos de idade que se filiar ao regime geral, mediante contribuição.

Em relação às empresas e ao empregado doméstico, considera-se: a) empresa, a firma individual ou a sociedade que assume o risco de atividade econômica urbana ou rural, com fins lucrativos ou não, bem como os órgãos e as entidades da administração pública direta, indireta e fundacional; b) empregador doméstico, a pessoa ou a família que admite a seu serviço, sem finalidade lucrativa, empregado doméstico.

Equipara-se a empresa, para os efeitos da lei, o contribuinte individual em relação a segurado que lhe presta serviço, bem como a cooperativa, a associação ou a entidade de qualquer natureza ou finalidade, a missão diplomática e a repartição consular de carreira estrangeiras.

A contribuição da União é constituída de recursos adicionais do Orçamento Fiscal, fixados obrigatoriamente na lei orçamentária anual. A União é responsável pela cobertura de eventuais insuficiências financeiras da seguridade social, quando decorrentes do pagamento de benefícios de prestação continuada do Instituto Nacional de Seguridade Social (INSS), na forma da lei orçamentária anual.

O Tesouro Nacional deve repassar mensalmente recursos, referentes às contribuições mencionadas, destinados à execução do orçamento da seguridade social. Decorridos os prazos referidos, as dotações a serem repassadas sujeitam-se à atualização monetária segundo os mesmos índices utilizados para efeito de correção dos tributos da União. Os recursos oriundos da majoração das contribuições previstas na lei ou da criação de novas contribuições destinadas à seguridade social somente podem ser utilizados para atender as ações nas áreas de saúde, previdência e assistência social.

A contribuição do empregado, inclusive o doméstico, e a do trabalhador avulso são calculadas mediante a aplicação da correspondente alíquota sobre o seu salário-de-contribuição mensal, de forma não cumulativa, de oito a onze por cento. Os valores do salário-de-contribuição são reajustados, na mesma época e com os mesmos índices que os do reajustamento dos benefícios de prestação continuada do Regime Geral de Previdência Social (RGPS). O disposto aplica-se também aos segurados empregados e aos trabalhadores avulsos que prestem serviços a microempresas.

Pelo art. 21 do Plano de Custeio, a alíquota de contribuição dos segurados contribuinte individual e facultativo deve ser de vinte por cento sobre o respectivo salário-de-contribuição. Os valores do salário-de-contribuição são reajustados na mesma época e com os mesmos índices que os do reajustamento dos benefícios de prestação continuada do Instituto Nacional de Seguridade Social (INSS). É de onze por cento sobre o valor correspondente ao limite mínimo mensal do salário-de-contribuição a alíquota de contribuição do segurado contribuinte individual que trabalhe por conta própria, sem relação de trabalho com empresa ou equiparado, e do segurado facultativo que optar pela exclusão do direito ao benefício de aposentadoria por tempo de contribuição.

A contribuição a cargo da empresa, pelo art. 22 do Plano de Custeio, destinada à seguridade social, além do disposto no artigo seguinte, é de vinte por cento sobre o total das remunerações pagas, devidas ou creditadas a qualquer título, durante o mês, aos segurados empregados e trabalhadores avulsos que lhe prestem serviços, destinadas a retribuir o trabalho, qualquer que seja a sua forma, inclusive as gorjetas, os ganhos habituais sob a forma de utilidades e os adiantamentos decorrentes de reajuste salarial, quer pelos serviços efetivamente prestados, quer pelo tempo à disposição do empregador ou tomador de serviços, nos termos da lei ou do contrato ou, ainda, de convenção ou acordo coletivo de trabalho ou sentença normativa.

Para o financiamento do benefício previsto nos arts. 57 e 58 da Lei nº 8.213, de 24.07.1991, e daqueles concedidos em razão do grau de incidência de incapacidade laborativa decorrente dos riscos ambientais do trabalho, sobre o total das remunerações pagas ou creditadas, no decorrer do mês, aos segurados empregados e trabalhadores avulsos, são contribuições sociais da seguridade: a) um por cento para as empresas em cuja atividade preponderante o risco de acidentes do trabalho seja considerado leve; b) dois por cento para as empresas em cuja atividade preponderante esse risco seja considerado médio; c) três por cento para as empresas em cuja atividade preponderante esse risco seja considerado grave. Por outro lado, vinte por cento sobre o total das remunerações pagas ou creditadas a qualquer título, no decorrer do mês, destinam-se aos segurados contribuintes individuais que lhe prestem serviços. Por fim, quinze por cento sobre o valor bruto da nota fiscal ou fatura de prestação de serviços, relativamente a serviços que lhe são prestados por cooperados, por intermédio de cooperativas de trabalho.

No caso de bancos comerciais, bancos de investimentos, bancos de desenvolvimento, caixas econômicas, sociedades de crédito, financiamento e investimento, sociedades de crédito imobiliário, sociedades corretoras, distribuidoras de títulos e valores mobiliários, empresas de arrendamento mercantil, cooperativas de crédito, empresas de seguros privados e de capitalização, agentes autônomos de seguros privados e de crédito e entidades de previdência privada abertas e fechadas, além das contribuições referidas, é devida a contribuição adicional de dois e meio por cento sobre a base de cálculo definida.

A contribuição empresarial da associação desportiva que mantém equipe de futebol profissional, destinada à Seguridade Social, em substituição à prevista, corresponde a cinco por cento da receita bruta, decorrente dos espetáculos desportivos de que participem em todo território nacional em qualquer modalidade desportiva, inclusive jogos internacionais, e de qualquer forma de patrocínio, de licenciamento de uso de marcas e símbolos, de publicidade, de propaganda e de transmissão de espetáculos desportivos. Cabe à entidade promotora do espetáculo a responsabilidade de efetuar o desconto de cinco por cento da receita bruta decorrente dos espetáculos desportivos e o respectivo recolhimento à Secretaria da Receita Federal do Brasil, no prazo de até dois dias úteis após a realização do evento. Cabe também à associação desportiva que mantém equipe de futebol profissional informar à entidade promotora do espetáculo desportivo todas as receitas auferidas no evento, discriminando-as detalhadamente.

No caso de a associação desportiva que mantém equipe de futebol profissional receber recursos de empresa ou entidade, a título de patrocínio, licenciamento de uso de marcas e símbolos, publicidade, propaganda e transmissão de espetáculos, esta última fica com a responsabilidade de reter e recolher o percentual de cinco por cento da receita bruta decorrente do evento, inadmitida qualquer dedução, no prazo estabelecido. O disposto aplica-se apenas às atividades diretamente relacionadas com a manutenção e administração de equipe profissional de futebol, não se estendendo às outras atividades econômicas exercidas pelas referidas sociedades empresariais beneficiárias. Não se consideram, como remuneração direta ou indireta, os valores despendidos pelas entidades religiosas e instituições de ensino vocacional com ministro de confissão religiosa ou com membros de instituto de vida consagrada, de congregação ou de ordem religiosa, em face do seu mister religioso, ou os valores gastos para sua subsistência, desde que fornecidos em condições que independam da natureza e da quantidade do trabalho executado.

Pelo art. 22-A, instituído pela Lei Federal nº 10.256, de 09.07.2001, a contribuição devida pela agroindústria, definida, como sendo o produtor rural, a pessoa jurídica cuja atividade econômica seja a industrialização de produção própria ou de produção própria e adquirida de terceiros, incidente sobre o valor da receita bruta proveniente da comercialização da produção, em substituição às previstas, deve ser de: a) dois vírgula cinco por cento, destinados à seguridade social; b) zero vírgula um por cento, para o financiamento do benefício previsto nos arts. 57 e 58 da Lei nº 8.213, de 24.07.1991, e daqueles concedidos em razão do grau de incidência de incapacidade para o trabalho decorrente dos riscos ambientais da atividade.

As contribuições a cargo da empresa provenientes do faturamento e do lucro, pelo art. 23 da Lei Federal nº 8.212, de 24.07.1991, destinadas à seguridade social, além do disposto no artigo anterior, são calculadas mediante a aplicação das seguintes alíquotas: "I – 2% (dois por cento) sobre sua receita bruta, estabelecida segundo o disposto no § 1º do art. 1º do Decreto-lei nº 1.940, de 25 de maio de 1982, com a redação dada pelo art. 22 do Decreto-lei nº 2.397, de 21 de dezembro de 1987, e alterações posteriores; II – 10% (dez por cento) sobre o lucro líquido do período-base, antes da provisão para o Imposto de Renda, ajustado na forma do art. 2º da Lei Federal nº 8.034, de 12 de abril de 1990".

Integra a receita bruta, conforme o § 10 do art. 25 do Plano de Custeio, além dos valores decorrentes da comercialização da produção relativa aos produtos a que se refere, a receita proveniente: "I – da comercialização da produção obtida em razão de contrato de parceria ou meação de parte do imóvel rural; II – da comercialização de artigos de artesanato de que trata o inciso VII do § 10 do art. 12 desta Lei; III – de serviços prestados, de equipamentos utilizados e de produtos comercializados no imóvel rural, desde que em atividades turística e de entretenimento desenvolvidas no próprio imóvel, inclusive hospedagem, alimentação, recepção, recreação e atividades pedagógicas, bem como taxa de visitação e serviços especiais; IV – do valor de mercado da produção rural dada em pagamento ou que tiver sido trocada por outra, qualquer que seja o motivo ou finalidade; e V – de atividade artística de que trata o inciso VIII do § 10 do art. 12 da lei". Considera-se processo de beneficiamento ou industrialização artesanal aquele realizado diretamente pelo próprio produtor rural pessoa física, desde que não esteja sujeito à incidência do imposto sobre produtos industrializados (IPI).

Pelo art. 25-A, acrescido pela Lei Federal nº 10.256, de 09.07.2001, equipara-se ao empregador rural pessoa física o consórcio simplificado de produtores rurais, formado pela união de produtores rurais pessoas físicas, que outorgar a um deles poderes para contratar, gerir e demitir trabalhadores para prestação de serviços, exclusivamente, aos seus integrantes, mediante documento registrado em cartório de títulos e documentos. O documento de que se trata deve conter a identificação de cada produtor, seu endereço pessoal e o de sua propriedade rural, bem como o respectivo registro no Instituto Nacional de Colonização e Reforma Agrária (INCRA) ou as informações relativas a parceria, arrendamento ou equivalente e a matrícula no Instituto Nacional de Seguridade Social (INSS) de cada um dos produtores rurais. O consórcio deve ser matriculado no INSS em nome do empregador a quem hajam sido outorgados os poderes, na forma do regulamento. Os produtores rurais integrantes do consórcio de que trata o *caput* serão responsáveis solidários em relação às obrigações previdenciárias.

Constituem outras receitas da seguridade social, pelo art. 27 da legislação comentada: a) as multas, a atualização monetária e os juros moratórios; b) a remuneração recebida por serviços de arrecadação, fiscalização e cobrança, prestados a terceiros; c) as receitas provenientes de prestação de outros serviços e de fornecimento ou arrendamento de bens; d) as demais receitas patrimoniais, industriais e financeiras; e) as doações, os legados, as subvenções e outras receitas eventuais; e) cinquenta por cento dos valores obtidos e aplicados na forma do parágrafo único do art. 243 da Constituição Federal; f) quarenta por cento do resultado dos leilões dos bens apreendidos pelo Departamento da Receita Federal; g) outras receitas previstas em legislação específica.

Entende-se por salário-de-contribuição, pelo art. 28 do Plano de Custeio: a) para o empregado e o trabalhador avulso: a remuneração auferida em uma ou mais empresas, assim entendida a totalidade dos rendimentos pagos, devidos ou creditados a qualquer título, durante o mês, destinados a retribuir o trabalho, qualquer que seja a sua forma, inclusive as gorjetas, os ganhos habituais sob a forma de utilidades e os adiantamentos decorrentes de reajuste salarial, quer pelos serviços efetivamente prestados, quer pelo tempo à disposição do empregador ou tomador de serviços nos termos da lei ou do contrato ou, ainda, de convenção ou acordo coletivo de trabalho ou sentença normativa; b) para o empregado doméstico: a remuneração registrada na Carteira de Trabalho e Previdência Social, observadas as normas a serem estabelecidas em regulamento para comprovação do vínculo empregatício e do valor da remuneração; c) para o contribuinte individual: a remuneração auferida em uma ou mais empresas ou pelo exercício de sua atividade por conta própria, durante o mês, observado o limite máximo a que se refere o § 5º; d) para o segurado facultativo: o valor por ele declarado, observado o limite máximo.

Quando a admissão, a dispensa, o afastamento ou a falta do empregado ocorrer no curso do mês, o salário-de-contribuição deve ser proporcional ao número de dias de trabalho efetivo, na forma estabelecida em regulamento. O salário-maternidade é considerado salário-de-contribuição. O limite mínimo deste corresponde ao piso salarial, legal ou normativo, da categoria ou, inexistindo este, ao salário mínimo, tomado no seu valor mensal, diário ou horário, conforme o ajustado e o tempo de trabalho efetivo durante o mês. O limite mínimo do salário-de-contribuição do menor aprendiz corresponde à sua remuneração mínima definida em lei. O décimo terceiro salário (gratificação natalina) integra o salário-de-contribuição, exceto para o cálculo de benefício, na forma estabelecida em regulamento.

Integra o salário-de-contribuição, pelo seu valor total, a soma das diárias pagas, quando excedente a cinquenta por cento da remuneração mensal. Por outro lado, não integram o salário-de-contribuição, para os fins da lei, exclusivamente: a) os benefícios da previdência social, nos termos e limites legais, salvo o salário-maternidade; b) as ajudas de custo e o adicional mensal recebidos pelo aeronauta nos termos da Lei Federal nº 5.929, de 30.10.1973; c) a parcela *in natura* recebida de acordo com os programas de alimentação aprovados pelo Ministério do Trabalho e da Previdência Social, nos termos da Lei Federal nº 6.321, de 14.04.1976; d) as importâncias recebidas a título de férias indenizadas e o respectivo adicional constitucional, inclusive o valor correspondente à dobra da remuneração de férias de que trata o art. 137 da Consolidação das Leis do Trabalho (CLT); e) as importâncias: 1. previstas no inciso I do art. 10 do Ato das Disposições Constitucionais Transitórias; 2. relativas à indenização por tempo de serviço, anteriores a 5.10.1988, do empregado não optante pelo Fundo de Garantia do Tempo de Serviço (FGTS); 3. recebidas a título da indenização de que trata o art. 479 da CLT; 4. recebidas a título da indenização de que trata o art. 14 da Lei Federal nº 5.889, de 8.06.1973; 5. recebidas a título de incentivo à demissão; 6. recebidas a título de abono de férias na forma dos arts. 143 e 144 da CLT; 7. recebidas a título de ganhos eventuais e os abonos expressamente desvinculados do salário; 8. recebidas a título de licença-prêmio indenizada; 9. recebidas a título da indenização de que trata o art. 9º da Lei Federal nº 7.238, de 29.10.1984; f) a parcela recebida a título de vale-transporte, na forma da legislação própria; g) a ajuda de custo, em parcela única, recebida exclusivamente em decorrência de mudança de local de trabalho do empregado, na forma do art. 470 da CLT; h) as diárias para viagens, desde que não excedam a cinquenta por cento da remuneração mensal; i) a importância recebida a título de bolsa de complementação educacional de estagiário, quando paga nos termos da Lei Federal nº 6.494, de 7.12.1977; j) a participação nos lucros ou resultados da empresa, quando paga ou creditada de acordo com lei específica; l) o abono do Programa de Integração Social (PIS) e do Programa de Assistência ao Servidor Público (PASEP); m) os valores correspondentes a transporte, alimentação e habitação fornecidos pela empresa ao empregado contratado para trabalhar em localidade distante da de sua residência, em canteiro de obras ou local que, por força da atividade, exija deslocamento e estada, observadas as normas de proteção estabelecidas pelo Ministério do Trabalho; n) a importância paga ao empregado a título de complementação ao valor do auxílio-doença, desde que esse direito seja extensivo à totalidade dos empregados da empresa; o) as parcelas destinadas à assistência ao trabalhador da agroindústria canavieira, de que trata o art. 36 da Lei Federal nº 4.870, de 1º.12.1965; p) o valor das contribuições efetivamente pago pela pessoa jurídica relativo a programa de previdência complementar, aberto ou fechado, desde que disponível à totalidade de seus empregados e dirigentes, observados, no que couber, o art. 9º e o art. 468 da CLT; q) o valor relativo à assistência prestada por serviço médico ou odontológico, próprio da empresa ou por ela conveniado, inclusive o reembolso de despesas com medicamentos, óculos, aparelhos ortopédicos, despesas médico-hospitalares e outras similares, desde que a cobertura abranja a totalidade dos empregados e dirigentes da empresa; r) o valor correspondente a vestuários, equipamentos e outros acessórios fornecidos ao empregado e utilizados no local do trabalho para prestação dos respectivos serviços; s) o ressarcimento de despesas pelo uso de veículo do empregado e o reembolso creche pago em conformidade com a legislação trabalhista, observado o limite máximo de seis anos de idade, quando devidamente comprovadas as despesas realizadas; t) o valor relativo a plano educacional que vise à educação básica, nos termos do art. 21 da Lei Federal nº 9.394, de 20.12.1996, e a cursos de capacitação e de qualificação profissionais vinculados às atividades desenvolvidas pela empresa, desde que não seja utilizado em substituição de parcela salarial e que todos os empregados e dirigentes tenham acesso a ele; u) a importância recebida a título de bolsa de aprendizagem, garantida ao adolescente até quatorze anos de idade, de acordo com o disposto no art. 64 da Lei Federal nº 8.069, de 13.07.1990; v) os valores recebidos em decorrência da cessão de direitos autorais; x) o valor da multa prevista no § 8º do art. 477 da CLT. Considera-se salário-de-contribuição, para o segurado empregado e trabalhador avulso, a remuneração efetivamente auferida na entidade sindical ou empresa de origem.

A arrecadação e o recolhimento das contribuições ou de outras importâncias devidas à seguridade social, pelo art. 30 da legislação comentada, obedecem às seguintes normas: "I – a empresa é obrigada a: a) arrecadar as contribuições dos segurados empregados e trabalhadores avulsos a seu serviço, descontando-as da respectiva remuneração; b) recolher os valores arrecadados na forma da alínea *a* deste inciso, a contribuição a que se refere o inciso IV do art. 22 desta Lei, assim como as contribuições a seu cargo incidentes sobre as remunerações pagas, devidas ou creditadas, a qualquer título, aos segurados empregados, trabalhadores avulsos e contribuintes individuais a seu serviço até o dia 20 (vinte) do mês subsequente ao da competência; c) recolher as contribuições de que tratam os incisos I e II do art. 23, na forma e prazos definidos pela legislação tributária federal vigente; II – os segurados contribuinte individual e facultativo estão obrigados a recolher sua contribuição por iniciativa própria, até o dia quinze do mês seguinte ao da competência; III – a empresa adquirente, consumidora ou consignatária ou a cooperativa são obrigadas a recolher a contribuição de que trata o art. 25 até o dia 20 (vinte) do mês subsequente ao da operação de venda ou consignação da produção, independentemente de essas operações terem sido realizadas diretamente com o produtor ou com intermediário pessoa física, na forma estabelecida em regulamento; IV – a empresa adquirente, consumidora ou consignatária ou a cooperativa ficam sub-rogadas nas obrigações da pessoa física de que trata a alínea "a" do inciso V do art. 12 e do segurado especial pelo cumprimento das obrigações do art. 25 desta Lei, independentemente de as operações de venda ou consignação terem sido realizadas diretamente com o produtor ou com intermediário pessoa física, exceto no caso do inciso X deste artigo, na forma estabelecida em regulamento; V – o empregador doméstico está obrigado a arrecadar a contribuição do segurado empregado a seu serviço e a recolhê-la, assim como a parcela a seu cargo, no prazo referido no inciso II deste artigo; VI – o proprietário, o incorporador definido na Lei nº 4.591, de 16 de dezembro de 1964, o dono da obra ou condômino da unidade imobiliária, qualquer que seja a forma de contratação da construção, reforma ou acréscimo, são solidários com o construtor, e estes com a subempreiteira, pelo cumprimento das obrigações para com a Seguridade Social, ressalvado o seu direito regressivo contra o executor ou contratante da obra e admitida a retenção de importância a este devida para garantia do cumprimento dessas obrigações, não se aplicando, em qualquer hipótese, o benefício de ordem; VII – exclui-se da responsabilidade solidária perante a Seguridade Social o adquirente de prédio ou unidade imobiliária que realizar a operação com empresa de comercialização ou incorporador de imóveis, ficando estes solidariamente responsáveis com o construtor; VIII – nenhuma contribuição à Seguridade Social é devida se a construção residencial unifamiliar, destinada ao uso próprio, de tipo econômico, for executada sem mão-de-obra assalariada, observadas as exigências do regulamento; IX – as empresas que integram grupo econômico de qualquer natureza respondem entre si, solidariamente, pelas obrigações decorrentes desta Lei; X – a pessoa física de que trata a alínea "a" do inciso V do art. 12 e o segurado especial são obrigados a recolher a contribuição de que trata o art. 25 desta Lei no prazo estabelecido no inciso III deste artigo, caso comercializem a sua produção: *a) no exterior; b) diretamente, no varejo, ao consumidor pessoa física; c) à pessoa física de que trata a alínea "a" do inciso V do art. 12; d) ao segurado especial;* XI – aplica-se o disposto nos incisos III e IV deste artigo à pessoa física não produtor rural que adquire produção para venda no varejo a consumidor pessoa física. XII – sem prejuízo do disposto no inciso X do *caput* deste artigo, o produtor rural pessoa física e o segurado especial são obrigados a recolher, diretamente, a contribuição incidente sobre a receita bruta proveniente: a) da comercialização de artigos de artesanato elaborados com matéria-prima produzida pelo respectivo grupo familiar; b) de comercialização de artesanato ou do exercício de atividade artística, observado o disposto nos incisos VII e VIII do § 10 do art. 12 desta Lei; e c) de serviços prestados, de equipamentos utilizados e de produtos comercializados no imóvel rural, desde que em atividades turística e de entretenimento desenvolvidas no próprio imóvel, inclusive hospedagem, alimentação, recepção, recreação e atividades pedagógicas, bem como taxa de visitação e serviços especiais; XIII – o segurado especial é obrigado a arrecadar a contribuição de trabalhadores a seu serviço e a recolhê-la no prazo referido na alínea *b* do inciso I do *caput* deste artigo".

Se não houver expediente bancário nas datas indicadas, o recolhimento deve ser efetuado até o dia útil imediatamente posterior ou até o dia útil imediatamente anterior. Na hipótese de o contribuinte individual prestar serviço a uma ou mais empresas, pode deduzir da sua contribuição mensal quarenta e cinco por cento da contribuição da empresa, efetivamente recolhida ou declarada, incidente sobre a remuneração que esta lhe tenha pago ou creditado, limitada a dedução a nove por cento do respectivo salário-de-contribuição. Aplica-se o disposto ao cooperado que prestar serviço à empresa por intermédio de cooperativa de trabalho. O empregador doméstico pode recolher a contribuição do segurado empregado a seu serviço e a parcela a seu cargo relativas à competência novembro até o dia 20 de dezembro, juntamente com a contribuição referente ao 13º (décimo terceiro) salário, utilizando-se de um único documento de arrecadação. A empresa ou cooperativa adquirente, consumidora ou consignatária da produção fica obrigada a fornecer ao segurado especial cópia do documento fiscal de entrada da mercadoria, para fins de comprovação da operação e da respectiva contribuição previdenciária. Quando o grupo familiar a que o segurado especial estiver vinculado não tiver obtido, no ano, por qualquer motivo, receita proveniente de comercialização de produção deve comunicar a ocorrência à Receita Federal, na forma do regulamento. Quando o segurado especial tiver comercializado sua produção do ano anterior exclusivamente com empresa adquirente, consignatária ou cooperativa, tal fato deve ser comunicado à Receita pelo respectivo grupo familiar.

A empresa contratante de serviços executados mediante cessão de mão de obra, inclusive em regime de trabalho temporário, deve reter onze por cento do valor bruto da nota fiscal ou da fatura de prestação de serviços e recolher, em nome da empresa cedente da mão-de-obra, a importância retida até o dia vinte do mês subsequente ao da emissão da respectiva nota fiscal ou fatura, ou até o dia útil imediatamente anterior se não houver expediente bancário naquele dia. O valor retido deve ser destacado na nota fiscal ou na fatura de prestação de serviços, podendo ser compensado por qualquer estabelecimento da empresa cedente da mão-de-obra, por ocasião do recolhimento das contribuições destinadas à seguridade social devidas sobre a folha de pagamento dos seus segurados. Na impossibilidade de haver compensação integral na forma anterior, o saldo remanescente é objeto de restituição.

Entende-se como cessão de mão-de-obra a colocação à disposição do contratante, em suas dependências ou nas de terceiros, de segurados que realizem serviços contínuos, relacionados ou não com a atividade-fim da empresa, quaisquer que sejam a natureza e a forma de contratação. Enquadram-se na situação prevista anteriormente, além de outros estabelecidos em regulamento, os seguintes serviços: a) limpeza, conservação e zeladoria; b) vigilância e segurança; c) empreitada de mão-de-obra; d) contratação de trabalho temporário na forma da Lei Federal nº 6.019, de 3.01.1974. O cedente da mão-de-obra deve elaborar folhas de pagamento distintas para cada contratante. Em se tratando de retenção e de recolhimento realizados na forma do *caput* desse artigo, em nome de consórcio, de que tratam o art. 278 e o art. 279 da Lei Federal nº 6.404, de 15.12.1976, aplica-se o disposto, observada a participação de cada uma das empresas consorciadas, na forma do respectivo ato constitutivo.

No Plano de Custeio, no art. 32, a empresa é também obrigada a: "I – preparar folhas-de-pagamento das remunerações pagas ou creditadas a todos os segurados a seu serviço, de acordo com os padrões e normas estabelecidos pelo órgão competente da Seguridade Social; II – lançar mensalmente em títulos próprios de sua contabilidade, de forma discriminada, os fatos geradores de todas as contribuições, o montante das quantias descontadas, as contribuições da empresa e os totais recolhidos; III – prestar à Secretaria da Receita Federal do Brasil todas as informações cadastrais, financeiras e contábeis de seu interesse, na forma por ela estabelecida, bem como os esclarecimentos necessários à fiscalização; IV – declarar à Secretaria da Receita Federal do Brasil e ao Conselho Curador do Fundo de Garantia por Tempo de Serviço (FGTS), na forma, prazo e condições estabelecidos por esses órgãos, dados relacionados a fatos geradores, base de cálculo e valores devidos da contribuição previdenciária e outras informações de interesse do INSS ou do Conselho Curador do FGTS". A declaração de que trata esse artigo constitui instrumento hábil e suficiente para a exigência do crédito tributário, e suas informações comporão a base de dados para fins de cálculo e de concessão dos benefícios previdenciários.

À Secretaria da Receita Federal do Brasil compete, pelo art. 33 da legislação comentada, planejar, executar, acompanhar e avaliar as atividades relativas à tributação, à fiscalização, à arrecadação, à cobrança e ao recolhimento das contribuições sociais previstas no parágrafo único do art. 11 da lei, das contribuições incidentes a título de substituição e das devidas a outras entidades e fundos. É prerrogativa da Receita Federal, por intermédio dos Auditores-Fiscais da Receita Federal do Brasil, o exame da contabilidade das empresas, ficando obrigados a prestar todos os esclarecimentos e informações solicitados o segurado e os terceiros responsáveis pelo recolhimento das contribuições previdenciárias e das contribuições devidas a outras entidades e fundos. A empresa, o segurado do Instituto Nacional de Seguridade Social (INSS), o serventuário da Justiça, o síndico ou seu representante, o comissário e o liquidante de empresa em liquidação judicial ou extrajudicial são obrigados a exibir todos os documentos e livros relacionados com as contribuições previstas na lei.

Ocorrendo recusa ou sonegação de qualquer documento ou informação, ou sua apresentação deficiente, a Secretaria da Receita Federal do Brasil pode, sem prejuízo da penalidade cabível, lançar de ofício a importância devida. Na falta de prova regular e formalizada pelo sujeito passivo, o montante dos salários pagos pela execução de obra de construção civil pode ser obtido mediante cálculo da mão-de-obra empregada, proporcional à área construída, de acordo com critérios estabelecidos pela secretaria acima, cabendo ao proprietário, dono da obra, condômino da unidade imobiliária ou empresa corresponsável, o ônus da prova em contrário. O desconto de contribuição e o de consignação legalmente autorizada sempre se presumem feitos oportuna e regularmente pela empresa a isso obrigada, não lhe sendo lícito alegar omissão para se eximir do recolhimento, ficando ela diretamente responsável pela importância que deixou de receber ou que arrecadou em desacordo com o disposto na lei.

No Plano de Custeio, no art. 35, os débitos com a União, decorrentes das contribuições sociais previstas, das contribuições instituídas a título de substituição e das contribuições devidas a terceiros, assim entendidas outras entidades e fundos, não pagos nos prazos previstos em legislação, são acrescidos de multa de mora e juros de mora, nos termos do art. 61 da Lei Federal nº 9.430, de 27.12.1996. Nos casos de lançamento de ofício relativos às contribuições referidas no art. 35 da lei, aplica-se o disposto no art. 44 da lei acima. Constatado o não-recolhimento total ou parcial das contribuições tratadas na lei, não declaradas na forma da legislação, a falta de pagamento de benefício reembolsado ou o descumprimento de obrigação acessória, deve ser lavrado auto de infração ou notificação de lançamento.

O débito original e seus acréscimos legais, bem como outras multas previstas em lei, constituem dívida ativa da União, promovendo-se a inscrição em livro próprio daquela resultante das contribuições sociais da seguridade. É facultado aos órgãos competentes, antes de ajuizar a cobrança da dívida ativa, promover o protesto de título dado em garantia, que deve ser recebido "pro solvendo". São inscritas como dívida ativa da União as contribuições que não tenham sido recolhidas ou parceladas resultantes das informações prestadas no documento antes referido.

Pelo art. 43 do Plano de Custeio, os administradores de autarquias e de fundações públicas, criadas e mantidas pelo Poder Público, de empresas públicas e de sociedades de economia mista sujeitas ao controle da União, dos Estados, do Distrito Federal ou dos Municípios, que se encontrarem em mora, por mais de trinta dias, no recolhimento das contribuições previstas na lei, tornam-se solidariamente responsáveis pelo respectivo pagamento, ficando ainda sujeitos às proibições do art. 1º e às sanções dos arts. 4º e 7º do Decreto-lei nº 368, de 19.12.1968.

Nas ações trabalhistas de que resultar o pagamento de direitos sujeitos à incidência de contribuição previdenciária, o Juiz, sob pena de responsabilidade, determina o imediato recolhimento das importâncias devidas à Secretaria da Receita Federal do Brasil. Nas sentenças judiciais ou nos acordos homologados em que não figurarem, discriminadamente, as parcelas legais relativas às contribuições sociais, estas incidem sobre o valor total apurado em liquidação de sentença ou sobre o valor do acordo homologado. Considera-se ocorrido o fato gerador das contribuições sociais na data da prestação do serviço. As contribuições sociais são apuradas mês a mês, com referência ao período da prestação de serviços, mediante a aplicação de alíquotas, limites máximos do salário-de-contribuição e acréscimos legais moratórios vigentes relativamente a cada uma das competências abrangidas. Deve o recolhimento ser efetuado no mesmo prazo em que devam ser pagos os créditos encontrados em liquidação de sentença ou em acordo homologado, sendo que, nesse último caso, o recolhimento é feito em tantas parcelas quantas as previstas no acordo, nas mesmas datas em que sejam exigíveis e proporcionalmente a cada uma delas.

Pelo art. 45-A, instituído pela Lei Complementar nº 128, de 19.12.2008, o contribuinte individual que pretenda contar como tempo de contribuição, para fins de obtenção de benefício no Regime Geral de Previdência Social (RGPS) ou de contagem recíproca do tempo de contribuição, período de atividade remunerada alcançada pela decadência, deve indenizar a previdência social.

É exigida Certidão Negativa de Débito (CND), pelo art. 47 da legislação comentada, fornecida pelo órgão competente, nos seguintes casos: a) da empresa, na contratação com o Poder Público e no recebimento de benefícios ou de incentivo fiscal ou creditício concedido por ele; na alienação ou oneração, a qualquer título, de bem imóvel ou direito a ele relativo; na alienação ou oneração, a qualquer título, de bem móvel incorporado ao ativo permanente da empresa; no registro ou arquivamento, no órgão próprio, de ato relativo à baixa ou à redução de capital de firma individual, à redução de capital social, à cisão total ou parcial, à transformação ou à extinção de entidade ou sociedade comercial ou civil e à transferência de controle de cotas de sociedades de responsabilidade limitada; b) do proprietário, pessoa física ou jurídica, de obra de construção civil, quando de sua averbação no registro de imóveis, salvo no caso do inciso VIII do art. 30 da mesma legislação.

A prova de inexistência de débito deve ser exigida da empresa em relação a todas as suas dependências, estabelecimentos e obras de construção civil, independentemente do local onde se encontrem, ressalvado aos órgãos competentes o direito de cobrança de qualquer débito apurado posteriormente. A prova de inexistência de débito, quando exigível ao incorporador, independe da que foi apresentada no registro de imóveis por ocasião da inscrição do memorial de incorporação. Fica dispensada a transcrição, em instrumento público ou particular, do inteiro teor do documento comprobatório de inexistência de débito, bastando a referência ao seu número de série e data da emissão, bem como a guarda do documento comprobatório à disposição dos órgãos competentes. O documento comprobatório de inexistência de débito pode ser apresentado por cópia autenticada, dispensada a indicação de sua finalidade.

O prazo de validade da Certidão Negativa de Débito (CND) é de sessenta dias, contados da sua emissão, podendo ser ampliado por regulamento para até cento e oitenta dias. Independe de prova de inexistência de débito: a) a lavratura ou assinatura de instrumento, ato ou contrato que constitua retificação, ratificação ou efetivação de outro anterior para o qual já foi feita a prova; b) a constituição de garantia para concessão de crédito rural, em qualquer de suas modalidades, por instituição de crédito pública ou privada, desde que o contribuinte referido no art. 25 da lei não seja responsável direto pelo recolhimento de contribuições sobre a sua produção para a Receita Federal; c) a averbação, relativa a imóvel cuja construção tenha sido concluída antes de 22.11.1966. d) o recebimento pelos Municípios de transferência de recursos destinados a ações de assistência social, educação, saúde e em caso de calamidade pública. O condômino adquirente de unidades imobiliárias de obra de construção civil não incorporada na forma da Lei Federal nº 4.591, de 16.12.1964, pode obter documento comprobatório de inexistência de débito, desde que comprove o pagamento das contribuições relativas à sua unidade, conforme dispuser o regulamento.

A prática de ato com inobservância do disposto, ou o seu registro, acarreta a responsabilidade solidária dos contratantes e do oficial que lavrar ou registrar o instrumento, sendo o ato nulo para todos os efeitos, pelo art. 48 do Plano de Custeio. Os órgãos competentes podem intervir em instrumento que depender de prova de inexistência de débito, a fim de autorizar sua lavratura, desde que o débito seja pago no ato ou o seu pagamento fique assegurado mediante confissão de dívida fiscal com o oferecimento de garantias reais suficientes. Em se tratando de alienação de bens do ativo de empresa em regime de liquidação extrajudicial, visando à obtenção de recursos necessários ao pagamento dos credores, independentemente do pagamento ou da confissão de dívida fiscal, a Secretaria da Receita Federal do Brasil pode autorizar a lavratura do respectivo instrumento, desde que o valor do crédito previdenciário conste, regularmente, do quadro geral de credores, observada a ordem de preferência legal. O servidor, o serventuário da Justiça, o titular de serventia extrajudicial e a autoridade ou o órgão que infringirem o disposto incorrem em multa, sem prejuízo da responsabilidade administrativa e penal cabível.

A matrícula da empresa deve ser efetuada nos termos e condições estabelecidos pela Secretaria da Receita Federal do Brasil. No caso de obra de construção civil, a matrícula deve ser efetuada mediante comunicação obrigatória do responsável por sua execução, no prazo de trinta dias, contado do início de suas atividades, quando obtém número cadastral básico, de caráter permanente. O Departamento Nacional de Registro do Comércio (DNRC), por intermédio das Juntas Comerciais, bem como os Cartórios de Registro Civil de Pessoas Jurídicas prestam, obrigatoriamente, à Secretaria da Receita Federal do Brasil todas as informações referentes aos atos constitutivos e alterações posteriores relativos a empresas e entidades neles registradas.

A matrícula atribuída pela Receita Federal ao produtor rural pessoa física ou ao segurado especial é o documento de inscrição do contribuinte, em substituição à inscrição no Cadastro Nacional de Pessoa Jurídica (CNPJ), a ser apresentado em suas relações com o

Poder Público, inclusive em licenciamento sanitário de produtos de origem animal ou vegetal submetidos a processos de beneficiamento ou industrialização artesanal, com as instituições financeiras, para fins de contratação de operações de crédito, e com os adquirentes de sua produção ou fornecedores de sementes, insumos, ferramentas e demais implementos agrícolas. O disposto não se aplica ao licenciamento sanitário de produtos sujeitos à incidência de Imposto sobre Produtos Industrializados (IPI) ou ao contribuinte cuja inscrição no Cadastro Nacional de Pessoa Jurídica (CNPJ) seja obrigatória.

Para fins de fiscalização da Receita Federal, o Município, por intermédio do órgão competente, fornece relação de alvarás para construção civil e documentos de "habite-se" concedidos, pelo art. 50. O crédito relativo a contribuições, cotas e respectivos adicionais ou acréscimos de qualquer natureza arrecadados pelos órgãos competentes, bem como a atualização monetária e os juros de mora, estão sujeitos, nos processos de falência, concordata ou concurso de credores, às disposições atinentes aos créditos da União, aos quais são equiparados. A Secretaria da Receita Federal do Brasil reivindica os valores descontados pela empresa de seus empregados e ainda não recolhidos. Às empresas, enquanto estiverem em débito não garantido com a União, aplica-se o disposto no art. 32 da Lei Federal nº 4.357, de 16.07.1964.

Na execução judicial da dívida ativa da União, das suas autarquias e das fundações públicas, é facultado ao exequente indicar bens à penhora, a qual deve ser efetivada concomitantemente com a citação inicial do devedor. Os bens penhorados ficam desde logo indisponíveis. Efetuado o pagamento integral da dívida executada, com seus acréscimos legais, no prazo de dois dias úteis contados da citação, independentemente da juntada aos autos do respectivo mandado, pode ser liberada a penhora, desde que não haja outra execução pendente. Não sendo opostos embargos, no caso legal, ou sendo eles julgados improcedentes, os autos são conclusos ao juiz do feito, para determinar o prosseguimento da execução. Os órgãos competentes estabelecem critério para a dispensa de constituição ou exigência de crédito de valor inferior ao custo dessa medida. A execução fiscal está disposta na Lei Federal nº 6.830, de 22.09.1980, em vigor até hoje.

A inexistência de débitos em relação às contribuições devidas à Receita Federal, pelo art. 56, é condição necessária para que os Estados, o Distrito Federal e os Municípios possam receber as transferências dos recursos do Fundo de Participação dos Estados e do Distrito Federal

(FPE) e do Fundo de Participação dos Municípios (FPM), celebrar acordos, contratos, convênios ou ajustes, bem como receber empréstimos, financiamentos, avais e subvenções em geral de órgãos ou entidades da administração direta e indireta da União. O Superior Tribunal de Justiça (STJ) entende que é constitucional a exigência acima, conforme decisões reiteradas.

A contribuição social do segurado, assim, está disposta no art. 195, II, da Constituição Federal de 1988, que prevê a contribuição do trabalhador e dos demais segurados da previdência social. Os grupos de contribuintes do sistema estão integrados pelos empregados, empregados domésticos, contribuintes individuais, avulsos, segurados especiais e segurados facultativos. A base da incidência da contribuição deste segurado é o salário-de-contribuição de cada classe de trabalhador. As contribuições do empregado, do trabalhador avulso e do empregado doméstico não são pagas por ele próprio diretamente no Regime Geral de Previdência Social (RGPS), que são de responsabilidade do empregador, o qual deve recolher o recurso descontado na fonte, até o dia vinte de cada mês subsequente à prestação de serviço. Os avulsos, por sua vez, têm contribuições retidas pelo órgão gestor, no caso de avulso portuário, ou pela empresa que remunera o trabalho do avulso, no caso de não portuário.

Existem, também, as contribuições sociais dos empregadores, da empresa e das entidades a ela equiparada, incidindo sobre folha de salário e demais rendimentos do trabalho, pagos ou creditados, a qualquer título, à pessoa física que lhe preste serviço, mesmo sem vínculo empregatício. Há, ainda, a contribuição social sobre a receita do faturamento e sobre o lucro. Apenas a contribuição sobre a folha de pagamento e demais rendimento são classificados como contribuição previdenciária, pois estão destinadas exclusivamente para os benefícios da previdência social. A contribuição sobre receita ou faturamento, com o *bis in idem* constitucional, do CONFINS e do PIS/PASEP, a contribuição sobre lucro líquido está na CSSL, que financia a seguridade social como um todo, no caso, a saúde, a previdência social e a assistência social.

É receita da seguridade social, ainda, prevista no art. 27 da Lei Federal nº 8.212, de 24.07.1991: a) as multas, a atualização monetária e os juros moratórios; b) a remuneração recebida por serviços de arrecadação, fiscalização e cobrança prestados a terceiros; c) as receitas provenientes de prestação de outros serviços e de fornecimento ou arrendamento de bens; d) as demais receitas patrimoniais, industriais e financeiras; e) as doações, os legados, as subvenções e outras receitas eventuais; f) cinquenta por cento dos valores obtidos e aplicados na forma do parágrafo único do art. 243 da Constituição Federal; g) quarenta por cento do resultado dos leilões dos bens apreendidos pelo Departamento da Receita Federal; h) outras receitas previstas em legislação específica. Consta que o art. 213 do Decreto Federal nº 3.048, de 06.05.1999 prevê: a) as multas, a atualização monetária e os juros moratórios; b) a remuneração recebida pela prestação de serviços de arrecadação, fiscalização e cobrança prestados a terceiros; c) as receitas provenientes de prestação de outros serviços e de fornecimento ou arrendamento de bens; d) as demais receitas patrimoniais, industriais e financeiras; e) as doações, os legados, as subvenções e outras receitas eventuais; f) quarenta por cento do resultado dos leilões dos bens apreendidos pela Secretaria da Receita Federal; g) outras receitas previstas em legislação específica.

3.7. Legislação do Regime Próprio de Previdência Social (RPPS)

A Emenda Constitucional nº 20, de 15.12.1998, a Reforma da Previdência Social, modificou totalmente o art. 40 do texto constitucional. As regras anteriores permitiam que o servidor público civil se aposentasse: a) por invalidez permanente, com proventos integrais em casos de acidente em serviço, moléstia profissional ou doença grave, contagiosa ou incurável; b) compulsoriamente, aos setenta anos, com proventos proporcionais; c) voluntariamente, aos trinta e cinco anos de serviço, se homem, e aos trinta, se mulher, com proventos integrais; d) com cinco anos a menos, se no efetivo exercício em funções de magistério; e) aos trinta anos de serviço, se homem, e aos vinte e cinco, se mulher, com proventos proporcionais; f) aos sessenta e cinco anos, se homem, e aos sessenta, se mulher, com proventos proporcionais.

A Emenda Constitucional Federal nº 103, de 12.11.2019, dispôs sobre a aposentadoria de servidor público assim:

> Art. 40. O regime próprio de previdência social dos servidores titulares de cargos efetivos terá caráter contributivo e solidário, mediante contribuição do respectivo ente federativo, de servidores ativos, de aposentados e de pensionistas, observados critérios que preservem o equilíbrio financeiro e atuarial.
> § 1º O servidor abrangido por regime próprio de previdência social será aposentado:

> I - por incapacidade permanente para o trabalho, no cargo em que estiver investido, quando insuscetível de readaptação, hipótese em que será obrigatória a realização de avaliações periódicas para verificação da continuidade das condições que ensejaram a concessão da aposentadoria, na forma de lei do respectivo ente federativo;
> II – compulsoriamente, com proventos proporcionais ao tempo de contribuição, aos 70 (setenta) anos de idade, ou aos 75 (setenta e cinco) anos de idade, na forma de lei complementar;
> III - no âmbito da União, aos 62 (sessenta e dois) anos de idade, se mulher, e aos 65 (sessenta e cinco) anos de idade, se homem, e, no âmbito dos Estados, do Distrito Federal e dos Municípios, na idade mínima estabelecida mediante emenda às respectivas Constituições e Leis Orgânicas, observados o tempo de contribuição e os demais requisitos estabelecidos em lei complementar do respectivo ente federativo.

Foi previsto que os proventos de aposentadoria e as pensões, quando forem concedidos, não podem exceder a remuneração do servidor, no cargo efetivo em que se deu a aposentadoria ou que serviu de referência para a concessão da pensão, conforme o art. 40, § 2º, da Constituição Federal. Por outro lado, os proventos de aposentadoria, quando de sua concessão, devem ser calculados com base na remuneração do servidor que serviu como fato gerador de contribuição, conforme a Emenda Constitucional nº 41, de 19.12.2003, no art. 40, § 3º. Assim, deve ser vedada a adoção de requisitos e critérios diferenciados de concessão de aposentadoria aos abrangidos pelo regime previsto no art. 40, salvo nos casos de portadores de deficiência, dos que exerçam atividades de risco e daqueles cujas atividades sejam exercidas sob condições especiais que prejudiquem a saúde ou a integridade física. Encontra-se vedada, ainda, a percepção de mais de uma aposentadoria à conta do regime de previdência de servidor público civil, exceto nos casos de aposentadorias decorrentes dos cargos acumuláveis, previstos no inciso XVI do art. 37 do texto constitucional e no art. 40, § 6º.

A concessão do benefício de pensão por morte deve ser igual, em primeiro lugar, ao valor da totalidade dos proventos do servidor falecido, até o limite máximo previsto na regra do art. 201 do texto constitucional, acrescido de setenta por cento da parcela excedente a esse limite, se aposentado à data do óbito, ou, em segundo lugar, ao valor da totalidade da remuneração do servidor no cargo efetivo em que se deu a morte, até o limite acima tratado, também acrescido de setenta por cento da parcela excedente a esse limite, caso esteja em atividade na data do falecimento. Foi assegurado o reajustamento dos benefícios pelo valor real, para preservá-lo, conforme critérios tratados em lei. Os parágrafos 7° e 8° foram alterados pela Emenda Constitucional nº 41, de 19.12.2003.

O tempo de contribuição dos servidores federais, estaduais ou municipais conta-se para efeito de aposentadoria ou para efeito de disponibilidade, no art. 40, § 9º. A lei não pode considerar qualquer forma de contagem de tempo de contribuição fictício, previsto no § 10 do art. 40 do texto constitucional, observando que o art. 4º da Emenda Constitucional nº 20, de 15.12.1998, dispõe que o tempo de serviço considerado pela legislação vigente para efeito de aposentadoria, cumprido até que lei discipline a matéria, seja contado como tempo de contribuição. A soma total dos proventos de inatividade, inclusive quando for possível a acumulação remunerada de cargos ou empregos, não podem ultrapassar o subsídio, em espécie, do Ministro do Supremo Tribunal Federal, art. 40, § 11, da Constituição Federal.

Aos magistrados, membros do Ministério Público e do Tribunal de Contas, do sexo masculino, de acordo com o art. 8º, § 2º, da Emenda Constitucional nº 20, de 15.12.1998, para efeito de contagem de tempo de contribuição, deve haver um acréscimo de dezessete por cento em relação ao tempo de serviço exercido até a publicação da emenda. Decorre tal situação do fato de as categorias acima mencionadas, independente do sexo, terem direito de se aposentar com trinta anos de serviço para a aposentadoria integral facultativa. Já para o professor que, até a data da emenda constitucional, tivesse ingressado, regularmente, em cargo efetivo de magistério, e optasse por se aposentar proporcionalmente, deve contar com o acréscimo de dezessete por cento, se homem, e de vinte por cento, se mulher, desde que se aposente, exclusivamente, com tempo de efetivo exercício das funções do magistério, de acordo com o art. 9º, § 2º, da referida emenda.

A Emenda Constitucional nº 41, de 19.12.2003, alterou o art. 40 da Constituição Federal, em seus §§ 3°, 7°, 8° e 15, restringindo ainda mais os direitos de aposentadoria e pensão dos servidores públicos, já vítimas da Emenda Constitucional nº 3, de 17.03.1993, e da Emenda Constitucional nº 20, de 4.6.1998. Esta, inclusive, já tinha modificado o § 3° original e acrescido o art. 40 dos §§ 7° ao 16. Procurou-se, em 2003, acabar com a equivalência entre a remuneração e os proventos de aposentadoria e pensões do servidor. Do § 3°, que tratava do limite máximo da remuneração, passou-se a um regime que trata das remunerações utilizadas como base para as contribuições. Por outro lado, no § 7°, em que a concessão do benefício da pensão por morte devia ser igual ao valor dos proventos do servidor falecido ou ao valor dos proventos a que teria direito, passou a ser o valor da totalidade dos proventos ou remuneração, conforme o caso, acrescido de setenta por cento da parcela excedente a esse limite. No § 8°, pior, pois tratava da revisão geral dos proventos de aposentadoria e pensão, na mesma proporção e data, da remuneração do servidor, passando em 2003 a garantir apenas o reajustamento dos benefícios para lhes preservar o valor real, ou seja, excluídas as melhorias reais dos servidores em exercício. Por fim, no § 15, que dispunha sobre as normas gerais para a instituição de regime de previdência complementar, passou-se a estabelecer o que devia ser feito por intermédio de entidades fechadas de previdência complementar de natureza pública, que oferecem os planos de benefícios somente na modalidade de contribuição definida.

Os parágrafos 17, 18, 19 e 20, foram acrescidos ao art. 40 da Constituição Federal, pela Emenda Constitucional nº 41, de 19.12.2003, depois do mesmo artigo já ter sido acrescido dos parágrafos 7° ao 16, pela Emenda Constitucional nº 20, de 4.6.1998, em mais uma tentativa de diminuir as vantagens que os servidores públicos têm em suas aposentadorias em relação ao regime geral. Não houve nenhuma vantagem para estes, mesmo no abono previsto no § 19, que simplesmente estimula o servidor público a não se aposentar de forma voluntária. A Emenda Constitucional nº 41, de 19.12.2003, por outro lado, trouxe inúmeras regras de transição, que foram fixadas nos arts. 2° ao 10, inclusive revogando disposições transitórias previstas na Emenda Constitucional nº 20, de 4.6.1998.

A Emenda Constitucional nº 47, de 05.07.2005, inseriu o § 21 ao art. 40 da Constituição Federal, para dizer que a contribuição sobre os proventos de aposentadorias e pensões incidirá apenas sobre as parcelas que superem o dobro do limite máximo estabelecido para os benefícios do regime geral de previdência social, quando o beneficiário for portador de doença incapacitante.

A Lei Federal nº 9.717, de 27.11.1998, que vem a ser a conversão da Medida Provisória nº 1.723, de 29.10.1998, passou a dispor sobre regras gerais para a organização e o funcionamento dos Regimes Próprios de Previdência Social (RPPSs), referente aos servidores públicos da União, dos Estados, do Distrito Federal e dos Municípios. Esta, por sua vez, foi muito modificada pela Medida Provisória nº 2.187-13, de 24.08.2001, e pela Lei Federal nº 10.887, de 18.06.2004. Esses regimes de previdência social devem ser baseados em normas gerais de contabilidade e atuária, de modo a assegurar o equilíbrio financeiro e atuarial.

Entende Marcelo Barroso Lima Brito de Campos que "a referida lei adveio da Medida Provisória 1.723 e foi publicada em 27.11.1998, antes da Emenda Constitucional 20, de 16.12.1998. Portanto, por questão formal, a referida lei não poderia ter sido recepcionada pela nova Ordem para regulamentar a Constituição, no que se refere ao regime próprio de previdência da União, do Distrito Federal, dos Estados e dos Municípios, pois o art. 246 da Constituição da República veda a adoção de medida provisória na regulamentação de artigo da Constituição cuja redação tenha sido alterada por meio de emenda promulgada a partir de 01.11.1995 até 11.09.2001 (EC 32/01). A transformação de medida provisória em lei não convalida o ato, porque a vedação de medida provisória regulamentar artigo da Constituição tem o objetivo de evitar que o Chefe do Executivo legisle, usurpando funções atinentes ao Legislativo, como tem se tornado prática no Governo Federal. Não obstante, a mencionada lei está em vigor e, apesar dos esforços para se declará-la inconstitucional, tem sido objeto, inclusive, de alterações por outras medidas provisórias".[21]

Para a constituição dos Regimes Próprios de Previdência Social (RPPSs), exigem-se os seguintes critérios: a) realização de avaliação atuarial inicial e em cada balanço utilizando-se parâmetros gerais, para a organização e revisão do plano de custeio e benefícios, com redação dada pela Medida Provisória nº 2.187-13, de 24.08.2001; b) financiamento mediante recursos provenientes da União, dos Estados, do Distrito Federal e dos Municípios e das contribuições do pessoal civil e militar, ativo, inativo e dos pensionistas, para os seus respectivos regimes; c) as contribuições e os recursos vinculados ao Fundo Previdenciário da União, dos Estados, do Distrito Federal e dos Municípios e as contribuições do pessoal civil e militar, ativo, inativo, e dos pensionistas, somente poderão ser utilizadas para pagamento de benefícios previdenciários dos respectivos regimes, ressalvadas as despesas administrativas estabelecidas no art. 6º, inciso VIII, da Lei Federal nº 9.717, de 27.11.1998, observados os limites de gastos estabelecidos em parâmetros gerais, com redação dada pela Medida Provisória nº

---

21 "Preliminarmente, deve ser observado a inconstitucionalidade (ou melhor, a não-recepção constitucional) da Lei 9.717, de 27.11.1998 – Lei Geral dos Regimes Próprios de Previdência Social" (CAMPOS, Marcelo Barroso Lima Brito de. *Regime Próprio de Previdência Social dos Servidores Públicos*. 2ª ed. Curitiba: Juruá, 2010, p. 271).

2.187-13, de 24.08.2001; d) cobertura de um número mínimo de segurados, de modo que os regimes possam garantir diretamente a totalidade dos riscos cobertos no plano de benefícios, preservando o equilíbrio atuarial sem necessidade de resseguro, conforme parâmetros gerais; e) cobertura exclusiva a servidores públicos titulares de cargos efetivos e a militares, e a seus respectivos dependentes, de cada ente estatal, vedado o pagamento de benefícios, mediante convênios ou consórcios entre Estados, entre Estados e Municípios e entre Municípios; f) pleno acesso dos segurados às informações relativas à gestão do regime e participação de representantes dos servidores públicos e dos militares, ativos e inativos, nos colegiados e instâncias de decisão em que os seus interesses sejam objeto de discussão e deliberação; g) registro contábil individualizado das contribuições de cada servidor e dos entes estatais, conforme diretrizes gerais; h) identificação e consolidação em demonstrativos financeiros e orçamentários de todas as despesas fixas e variáveis com pessoal inativo civil, militar e pensionistas, bem como dos encargos incidentes sobre os proventos e pensões pagos; i) sujeição às inspeções e auditorias de natureza atuarial, contábil, financeira, orçamentária e patrimonial dos órgãos de controle interno e externo; j) vedação de inclusão nos benefícios, para efeito de percepção destes, de parcelas remuneratórias pagas em decorrência de local de trabalho, de função de confiança ou de cargo em comissão, exceto quando tais parcelas integrarem a remuneração de contribuição do servidor que se aposentar com fundamento no art. 40 da Constituição Federal de 1988; k) vedação de inclusão nos benefícios, para efeito de percepção destes, do abono de permanência de que tratam o § 19 do art. 40 da Constituição Federal de 1988.

A Portaria MPAS nº 402, de 10.12.2008, alterada pelas Portarias MPS nº 83, de 13.03.2009, nº 230, de 28.08.2009, nº 298, de 17.11.2009, e nº 21, de 16.01.2013, dispôs que devem ser observadas as normas gerais previstas para a avaliação atuarial inicial e para as reavaliações realizadas em cada exercício financeiro para a organização e revisão do plano de custeio e de benefícios. O atuário precisa observar os seguintes aspectos: a) cálculo das obrigações do plano previdenciário, ou seja, o valor total dos seus compromissos; b) cálculo das contribuições necessárias para financiar essas obrigações estimadas; c) reavaliação anual dos planos previdenciários para averiguar o comportamento dos fatos da realidade e confrontá-los com as hipóteses atuariais que adotarem.

A Medida Provisória nº 2.187-13, de 24.08.2001, incluiu o art. 1º-A, na lei comentada, que passou a dispor que o servidor público titular de cargo efetivo da União, dos Estados, do Distrito Federal e dos Municípios ou o militar dos Estados e do Distrito Federal filiado a Regime Próprio de Previdência Social (RPPS), quando cedido a órgão ou entidade de outro ente da federação, com ou sem ônus para o cessionário, permanece vinculado ao regime de origem.

Por outro lado, a Lei Federal nº 10.887, de 18.06.2004, alterou totalmente o art. 2º da lei geral dos Regimes Próprios de Previdência Social (RPPSs), dispondo que a contribuição da União, dos Estados, do Distrito Federal e dos Municípios, incluídas suas autarquias e fundações, aos regimes próprios a que estejam vinculados seus servidores não pode ser inferior ao valor da contribuição do servidor ativo, nem superior ao dobro desta contribuição. A União, os Estados, o Distrito Federal e os Municípios são responsáveis pela cobertura de eventuais insuficiências financeiras do respectivo regime próprio, decorrentes do pagamento de benefícios previdenciários. Do mesmo jeito, estes devem publicar, até trinta dias após o encerramento de cada bimestre, demonstrativo financeiro e orçamentário da receita e despesa previdenciárias acumuladas no exercício financeiro em curso. Foi previsto, ainda, no art. 3º, que as alíquotas de contribuição dos servidores ativos dos Estados, do Distrito Federal e dos Municípios para os respectivos regimes próprios não serão inferiores às dos servidores titulares de cargos efetivos da União, devendo ainda ser observadas, no caso das contribuições sobre os proventos dos inativos e sobre as pensões, as mesmas alíquotas aplicadas às remunerações dos servidores em atividade do respectivo ente estatal. A mesma lei federal acima revogou o art. 4º da legislação comentada.

Os regimes próprios de previdência social dos servidores públicos da União, dos Estados, do Distrito Federal e dos Municípios, dos militares dos Estados e do Distrito Federal, pelo art. 5º, não podem conceder benefícios distintos dos previstos no Regime Geral de Previdência Social (RGPS), de que trata a Lei Federal nº 8.213, de 24.07.1991, salvo disposição em contrário da Constituição Federal. A Medida Provisória nº 2.187-13, de 24.08.2001, previu que fica vedada a concessão de aposentadoria especial, nos termos do § 4º do art. 40 da Constituição Federal, até que lei complementar discipline a matéria, o que nunca foi feito.

Fica facultada à União, aos Estados, ao Distrito Federal e aos Municípios, a constituição de fundos integrados de bens, direitos e ativos, conforme o art. 6º, com finalidade previdenciária, desde que observados os critérios de que trata o art. 1º. Devem ser seguidos os seguintes preceitos: a) existência de conta do fundo distinta da conta do Tesouro da unidade federativa; b) aplicação de recursos, conforme estabelecido pelo Conselho Monetário Nacional; c) vedação da utilização de recursos do fundo de bens, direitos e ativos para empréstimos de qualquer natureza, inclusive à União, aos Estados, ao Distrito Federal e aos Municípios, a entidades da administração indireta e aos respectivos segurados; d) vedação à aplicação de recursos em títulos públicos, com exceção de títulos do Governo Federal; e) avaliação de bens, direitos e ativos de qualquer natureza integrados ao fundo, em conformidade com a Lei 4.320, de 17.03.1964 e alterações subsequentes; f) estabelecimento de limites para a taxa de administração, conforme parâmetros gerais; g) constituição e extinção do fundo mediante lei.

O descumprimento do disposto na Lei Federal nº 9.717, de 27.11.1998, no art. 7º, pelos Estados, Distrito Federal e Municípios e pelos respectivos fundos, implica, a partir de 1º de julho de 1999: a) suspensão das transferências voluntárias de recursos pela União; b) impedimento para celebrar acordos, contratos, convênios ou ajustes, bem como receber empréstimos, financiamentos, avais e subvenções em geral de órgãos ou de entidades da Administração direta e indireta da União; c) suspensão de empréstimos e financiamentos por instituições financeiras federais; d) suspensão do pagamento dos valores devidos pelo Regime Geral de Previdência Social (RGPS).

Os dirigentes do órgão ou da entidade gestora do Regime Próprio de Previdência Social (RPPS) dos entes estatais, bem como os membros dos conselhos administrativo e fiscal dos fundos, respondem diretamente por infração ao disposto na lei geral do regime próprio, sujeitando-se, no que couber, ao regime repressivo da Lei Federal nº 6.435, de 15.07.1977, e alterações subsequentes, conforme diretrizes gerais. As infrações devem ser apuradas mediante processo administrativo que tenha por base o auto, a representação ou a denúncia positiva dos fatos irregulares, em que se assegure ao acusado o contraditório e a ampla defesa, em conformidade com diretrizes gerais.

Compete à União, por intermédio do Ministério da Previdência e Assistência Social (MPS): a) a orientação, a supervisão e o acompanhamento dos regimes próprios de previdência social dos servidores públicos e dos militares da União, dos Estados, do Distrito Federal e dos Municípios, e dos fundos a que se refere o art. 6º, para o fiel cumprimento dos dispositivos legais; b) o estabelecimento e a publicação dos parâmetros e das diretrizes gerais previstos; c) a apuração de infrações, por servidor credenciado, e a aplicação de penalidades, por órgão próprio. Por fim, no caso de extinção de Regime Próprio de Previdência Social (RPPS), a União, o Estado, o Distrito Federal e os Municípios devem assumir integralmente a responsabilidade pelo pagamento dos benefícios concedidos durante a sua vigência, bem como daqueles benefícios cujos requisitos necessários a sua concessão foram implementados anteriormente à extinção do regime próprio de previdência social.

Para Magadar Rosália Costa Briguet e outros, "destaca-se que a avaliação atuarial será feita previamente à sua constituição para monitorar o equilíbrio financeiro-atuarial, bem como identificar e consolidar demonstrativos financeiros e orçamentários. O controle financeiro adquire posição relevante. É estabelecido registro contábil para cada segurado visando à compensação previdenciária. A partir do momento da instituição do Regime Próprio de Previdência Social, ele é considerado uma entidade contábil, devendo sua escrituração ser feita destacadamente dentro das contas do ente, com a necessária diferenciação entre seu patrimônio e o patrimônio do ente, que o instituiu. [...] Deixe-se claro que não é possível, no sistema pátrio atual, a criação de um regime próprio com a transferência de todos os servidores aposentados, uma porque esta situação implicaria um custo altíssimo inicial ou até o não-atingimento do equilíbrio financeiro-atuarial".[22] Porém, não pode haver dois regimes próprios, um em um instituto ou fundo, para os servidores públicos ativos, e outros para os inativos, vinculados diretamente ao Estado ou ao Município, no caso, com a Prefeitura.

A Lei Federal nº 12.618, de 30.04.2012, instituiu o regime de previdência complementar para os servidores públicos federais. Por

---

22 "Além disso, caracteriza-se repasse indevido do ônus do ente federativo, em relação às aposentadorias que foram concedidas quando a relação entre servidor e Estado baseava-se no *pro labore facto*, para os servidores da ativa" (BRIGUET, Magadar Rosária Costa, VICTORINO, Maria Cristina Lopes, e HORVATH JÚNIOR, Miguel. *Previdência Social*: aspectos práticos e doutrinários dos regimes jurídicos próprios. São Paulo: Atlas, 2007, p. 146)

outro lado, em 2012 e 2013, o Ministro da Previdência Social (MPS) Garibaldi Alves veio pregando a implantação do Regime Próprio de Previdência Social (RPPS) nos Municípios, pelos meios de comunicação. No mesmo sentido, Paulo Zimboski, Presidente da Confederação Nacional dos Municípios (CNM), disse:

> Quais as perspectivas da CNM em relação ao futuro do RPPS brasileiro? Irreversível e o que está faltando é realmente implantar nos demais Municípios. E precisa que o municípios cobrem esse benefício tão importante de seus vereadores. Infelizmente, essa decisão de implantar o RPPS não é do servidor, que na maioria das vezes, por falta de conhecimento, acaba se insurgindo contra a criação do sistema próprio. Se eles olhassem com profundidade veriam a grande vantagem de se ter um RPPS e apoiariam. Daí, o agente político, que é o prefeito, que geralmente se encontra "atolado" com outras demandas, acaba se omitindo e não tomando a decisão de implantar o regime próprio. Por exemplo, a questão do piso do magistério, olha a profundidade do dessa questão do piso, normalmente está cumprindo o piso porque há um cálculo atuarial existe. Agora, quem está no RPPS tem um série de vantagens, além da alíquota que normalmente está em torno de 50% menos do valor pago pelo regime geral e pode ficar em 11%, que é o mínimo previsto por Lei; então, não há lógica em ter regime geral, o problema é que muitos gestores acabam criando o RPPS e depois, ao final do mandato, e isso é muito grave, se encontram em situação complicada, muitas vezes não por culpa do prefeito, mas estrutura federativa dessa situação da União de penalizar o Município e de acabar mexendo no dinheiro ou não fazendo o devido repasse dos recursos, e isso é o que tem ser olhado.

Nesse ínterim, valiosa é análise ampla que se deve ter o intérprete do direito ao tão comentado instituto da Desaposentação, um verdadeiro utilitário de acesso ao pacote de proteção de sua plenitude, sobretudo para tentar galgar melhores condições de vida. Em lição conceitual esclarecedora, destacamos na obra "Desaposentação – Aspectos teóricos e práticos", sobre o instituto em comento.[23]

---

23 Urge ainda, mencionar que Desaposentação visa autenticamente o aprimoramento e a concretização da proteção individual, não tendo o condão de afetar qualquer preceito constitucional, pois, jamais deve ser utilizada para a desvantagem economica de quem quer que seja. Também é fato, que, por meio de realidades sociais e econômicas divergentes, almeja em si, tentar superar as dificuldades encontradas, pugnando pela busca incessante por uma condição de vida mais digna (AGOSTINHO, Theodoro Vicente / SALVADOR, Sérgio

Logo, desde já, fácil aferir que o instituto visa uma renúncia vinculada, ou seja, um ato jurídico de desfazimento do benefício existente, para somá-lo as novas contribuições pós-inatividade e constituir uma nova prestação previdenciária.

De outro giro, sabido que a Desaposentação detém tormentosa discussão jurídica acerca de sua aceitação. Neste aspecto, discute-se amplamente o nevrálgico aspecto da devolução ou não do benefício a ser desfeito. E mais, toda a ótica processual de sua proclamação, de igual forma, demanda imenso debate a respeito.

Diversos atos infralegais passaram a disciplinar os Regimes Próprios de Previdência Social (RPPS), como a Orientação Normativa nº 1, de 30.05.2012, que estabelece orientações para o cálculo e as revisões dos benefícios de aposentadoria por invalidez e das pensões delas decorrentes concedidas pelos Regimes Próprios para fins de cumprimento do disposto na Emenda Constitucional nº 70, de 29.12.2012; a Portaria MPS/GM nº 170, de 25.12.2012, alterou a Portaria MPS/GM nº 24.08.2011, que dispõe sobre as aplicações dos recursos financeiros dos Regimes Próprios de Previdência Social, instituída pela União, Estados, Distrito Federal e Municípios; a Portaria MPS/GM nº 21, de 16.01.2013, alterou a Portaria MPS/GM nº 204, de 10.07.2008, a Portaria MPS/GM nº 402, de 10.12.2008, e a Portaria MPS/GM nº 403, de 10.12.2008, especialmente sobre o Demonstrativo de Informações Previdenciárias e Repasse (DIPR); a Portaria MPS/GM nº 307, de 20.06.2013, alterou a Portaria MPS/GM nº 204, de 10.07.2008, e a Portaria MPS/GM nº 402, de 10.12.2008, particularmente sobre o Certificado de Regularidade Previdenciária (CRP) e suas informações essenciais; a Portaria nº 312, de 02.07.2013, de 02.07.2013, alterou igualmente a Portaria MPS/GM nº 204, de 10.07.2008, quanto a emissão do Certificado de Regularidade Previdenciária (CRP) e do CADPREV; a Portaria MPS nº 400, de 16.09.2013, autorizou parcelamento de débitos de caráter excepcional; a Portaria nº 440, de 09.10.2013, que alterou a Portaria MPS/GM nº 519, de 24.08.2011, que dispõe sobre as aplicações dos recursos financeiros dos Regimes Próprios de Previdência Social instituídos pela União, Estados, Distrito Federal e Municípios; a Portaria MPS nº 509, de 12.12.2014, dispões

Henrique. Desaposentação – Aspectos Teóricos e Práticos. 1ª ed. São Paulo: Ltr, 2012, pp. 38-9.

sobre a adoção do Plano de Contas Aplicado ao Setor Público e das Demonstrações Contábeis Aplicadas ao Setor Público definido no Manual de Contabilidade Aplicada ao Setor Público da Secretaria do Tesouro Nacional no âmbito dos RPPS; a Portaria MPS nº 21, de 14.01.2014, alterou também a Portaria MPS/GM nº 402, de 10.12.2008; e a Instrução Normativa nº 02, de 13.02.2014, estabeleceu instruções para o reconhecimento pelos Regimes Próprios de Previdência Social da União, dos Estados, do Distrito Federal e dos Municípios, do direito dos servidores públicos com deficiência, amparado por ordem concedida em Mandado de Injunção, à aposentadoria com requisitos e critérios diferenciados de que trata o § 4º, do art. 40 da Constituição Federal.

Houve a Lei Complementar Federal nº 152, de 03.12.2015, que dispôs sobre a aposentadoria compulsória por idade, com proventos proporcionais, nos termos do inciso II do § 1º do art. 40 da Constituição Federal. Ocorreu, também, a edição da Portaria MTPS nº 527, que dispôs sobre a condição de regime instituidor para a aplicação, no plano jurídico interno, de acordos internacionais de previdência social que contenham cláusula convencional que alcance a legislação dos RPPS; a Portaria MPS nº 185, de 14.05.2015 a que institui o "Pró-Gestão RPPS" (Programa de Certificação Institucional e Modernização da Gestão dos RPPS); a PortariaMPS nº 530, de24.11.2014, que disciplinou o Processo Administrativo Previdenciário (PAP) e revogou a Portaria MPS nº 64, de 24.02.2006. A Portaria MPS nº 509, de 12.12.2013, que dispôs sobre o Plano de Contas e os procedimentos contábeis dos RPPS e revoga a Portaria MPS nº 916, de 15.07. 2003 e a Portaria MPS nº 95, de 06.03. 2007; a Portaria MPS nº 400, de 17.07.2013, que autorizou parcelamento de débitos em caráter excepcional; a Instrução Normativa SPPS MF nº 01.25.2016 que estabeleceu instruções para aplicação, no plano jurídico interno, de acordos internacionais de previdência social que contenham cláusula convencional que alcance a legislação dos Regimes Próprios de Previdência Social(RPPS); e a Instrução Normativa SPPS nº 02. 13. 2014, que estabeleceu instruções para o reconhecimento, pelos (RPPS), do direito dos servidores com deficiência, amparados por ordem concedida em Mandado de Injunção, à aposentadoria especial de que trata o inciso I do § 4º do art. 40 da Constituição Federal. Por fim, já fixada a Portaria n° 333/2017 do Ministério da Fazenda estende o parcelamento dos débitos previdenciários consolidados aos Municípios que têm Regime Próprio de Previdência Social (RPPS) para até 200 meses. Por outro lado, a Emenda Constitucional nº 88, de 07.05.2015, estabelece como limite ao serviço público a idade de setenta e cinco anos.

A Emenda Constitucional nº 103, de 12.11.2019, fixou que:

> Art. 7º O disposto no § 15 do art. 37 da Constituição Federal não se aplica a complementações de aposentadorias e pensões concedidas até a data de entrada em vigor desta Emenda Constitucional.
> Art. 8º Até que entre em vigor lei federal de que trata o § 19 do art. 40 da Constituição Federal, o servidor público federal que cumprir as exigências para a concessão da aposentadoria voluntária nos termos do disposto nos arts. 4º, 5º, 20, 21 e 22 e que optar por permanecer em atividade fará jus a um abono de permanência equivalente ao valor da sua contribuição previdenciária, até completar a idade para aposentadoria compulsória.
> Art. 9º Até que entre em vigor lei complementar que discipline o § 22 do art. 40 da onstituição Federal, aplicam-se aos regimes próprios de previdência social o disposto na Lei nº 9.717, de 27 de novembro de 1998, e o disposto neste artigo.
> § 1º O equilíbrio financeiro e atuarial do regime próprio de previdência social deverá ser comprovado por meio de garantia de equivalência, a valor presente, entre o fluxo das receitas estimadas e das despesas projetadas, apuradas atuarialmente, que, juntamente com os bens, direitos e ativos vinculados, comparados às obrigações assumidas, evidenciem a solvência e a liquidez do plano de benefícios.
> § 2º O rol de benefícios dos regimes próprios de previdência social fica limitado às aposentadorias e à pensão por morte.
> § 3º Os afastamentos por incapacidade temporária para o trabalho e o salário-maternidade serão pagos diretamente pelo ente federativo e não correrão à conta do regime próprio de previdência social ao qual o servidor se vincula.
> § 4º Os Estados, o Distrito Federal e os Municípios não poderão estabelecer alíquota inferior à da contribuição dos servidores da União, exceto se demonstrado que o respectivo regime próprio de previdência social não possui déficit atuarial a ser equacionado, hipótese em que a alíquota não poderá ser inferior às alíquotas aplicáveis ao Regime Geral de Previdência Social.
> § 5º Para fins do disposto no § 4º, não será considerada como ausência de déficit a implementação de segregação da massa de segurados ou a previsão em lei de plano de equacionamento de déficit.
> § 6º A instituição do regime de previdência complementar na forma dos §§ 14 a 16 do art. 40 da Constituição Federal e a adequação do órgão ou entidade gestora do regime próprio de previdência social ao § 20 do art. 40 da Constituição Federal deverão ocorrer no prazo máximo de 2 (dois) anos da data de entrada em vigor desta Emenda Constitucional.

> § 7º Os recursos de regime próprio de previdência social poderão ser aplicados na concessão de empréstimos a seus segurados, na modalidade de consignados, observada regulamentação específica estabelecida pelo Conselho Monetário Nacional.
> § 8º Por meio de lei, poderá ser instituída contribuição extraordinária pelo prazo máximo de 20 (vinte) anos, nos termos dos §§ 1º-B e 1º-C do art. 149 da Constituição Federal. (Vide)
> § 9º O parcelamento ou a moratória de débitos dos entes federativos com seus regimes próprios de previdência social fica limitado ao prazo a que se refere o § 11 do art. 195 da Constituição.

A Emenda Constitucional Federal nº 103, de 12.11.2019, fixou, dentre vários assuntos, que:

> Art. 11. Até que entre em vigor lei que altere a alíquota da contribuição previdenciária de que tratam os arts. 4º, 5º e 6º da Lei nº 10.887, de 18 de junho de 2004, esta será de 14 (quatorze por cento).
> § 1º A alíquota prevista no caput será reduzida ou majorada, considerado o valor da base de contribuição ou do benefício recebido, de acordo com os seguintes parâmetros:
> I – até 1 (um) salário-mínimo, redução de seis inteiros e cinco décimos pontos percentuais;
> II – acima de 1 (um) salário-mínimo até R$ 2.000,00 (dois mil reais), redução de cinco pontos percentuais;
> III – de R$ 2.000,01 (dois mil reais e um centavo) até R$ 3.000,00 (três mil reais), redução de dois pontos percentuais;
> IV – de R$ 3.000,01 (três mil reais e um centavo) até R$ 5.839,45 (cinco mil, oitocentos e trinta e nove reais e quarenta e cinco centavos), sem redução ou acréscimo;
> V – de R$ 5.839,46 (cinco mil, oitocentos e trinta e nove reais e quarenta e seis centavos) até R$ 10.000,00 (dez mil reais), acréscimo de meio ponto percentual;
> VI – de R$ 10.000,01 (dez mil reais e um centavo) até R$ 20.000,00 (vinte mil reais), acréscimo de dois inteiros e cinco décimos pontos percentuais;
> VII – de R$ 20.000,01 (vinte mil reais e um centavo) até R$ 39.000,00 (trinta e nove mil reais), acréscimo de cinco pontos percentuais; e
> VIII – acima de R$ 39.000,00 (trinta e nove mil reais), acréscimo de oito pontos percentuais.
> § 2º A alíquota, reduzida ou majorada nos termos do disposto no § 1º, será aplicada de forma progressiva sobre a base de contribuição do servidor ativo, incidindo cada alíquota sobre a faixa de valores compreendida nos respectivos limites.
> § 3º Os valores previstos no § 1º serão reajustados, a partir da data de entrada em vigor desta Emenda Constitucional, na mesma data e com o mesmo índice em que se der o reajuste dos benefícios do Regime Geral de

> Previdência Social, ressalvados aqueles vinculados ao salário-mínimo, aos quais se aplica a legislação específica.
> § 4º A alíquota de contribuição de que trata o caput, com a redução ou a majoração decorrentes do disposto no § 1º, será devida pelos aposentados e pensionistas de quaisquer dos Poderes da União, incluídas suas entidades autárquicas e suas fundações, e incidirá sobre o valor da parcela dos proventos de aposentadoria e de pensões que supere o limite máximo estabelecido para os benefícios do Regime Geral de Previdência Social, hipótese em que será considerada a totalidade do valor do benefício para fins de definição das alíquotas aplicáveis.

Pelo art. 12, da Emenda Constitucional Federal nº 103, de 12.11.2019, a União deve instituir sistema integrado de dados relativos às remunerações, proventos e pensões dos segurados dos regimes de previdência de que tratam os arts. 40, 201 e 202 da Constituição Federal, aos benefícios dos programas de assistência social de que trata o art. 203 da Constituição Federal e às remunerações, proventos de inatividade e pensão por morte decorrentes das atividades militares de que tratam os arts. 42 e 142 da Constituição Federal deve haver interação com outras bases de dados, ferramentas e plataformas, para o fortalecimento de sua gestão, governança e transparência e o cumprimento das disposições estabelecidas nos incisos XI e XVI do art. 37 da Constituição Federal. A União, os Estados, o Distrito Federal e os Municípios e os órgãos e entidades gestoras dos regimes, dos sistemas e dos programas a que se refere o caput devem disponibilizar as informações necessárias para a estruturação do sistema integrado de dados e terão acesso ao compartilhamento das referidas informações, na forma da legislação. É vedada a transmissão das informações de que trata este artigo a qualquer pessoa física ou jurídica para a prática de atividade não relacionada à fiscalização dos regimes, dos sistemas e dos programas a que se refere o caput.

Pelo art. 19, da Emenda Constitucional nº 103, de 11.12.2019, até que a lei federal disponha sobre o tempo de contribuição a que se refere o inciso I do § 7º do art. 201 da Constituição Federal, o segurado filiado ao Regime Geral de Previdência Social (RGPS) após a data de entrada em vigor desta Emenda Constitucional deve ser aposentado aos sessenta e dois anos de idade, se mulher, sessenta e cinco anos de idade, se homem, com quinze anos de tempo de contribuição, se mulher, e vinte anos de tempo de contribuição, se homem, assim: "§ 1º Até que lei complementar disponha sobre a redução de idade mínima ou tempo de contribuição prevista nos §§ 1º e 8º do art. 201 da Constituição Federal, será concedida aposentadoria: I – aos segurados que comprovem o exercício de atividades com efetiva exposição a agentes químicos, físicos e biológicos prejudiciais à saúde, ou associação desses agentes, vedada a caracterização por categoria profissional ou ocupação, durante, no mínimo, 15 (quinze), 20 (vinte) ou 25 (vinte e cinco) anos, nos termos do disposto nos arts. 57 e 58 da Lei nº 8.213, de 24 de julho de 1991, quando cumpridos: a) 55 (cinquenta e cinco) anos de idade, quando se tratar de atividade especial de 15 (quinze) anos de contribuição; b) 58 (cinquenta e oito) anos de idade, quando se tratar de atividade especial de 20 (vinte) anos de contribuição; ou c) 60 (sessenta) anos de idade, quando se tratar de atividade especial de 25 (vinte e cinco) anos de contribuição; II – ao professor que comprove 25 (vinte e cinco) anos de contribuição exclusivamente em efetivo exercício das funções de magistério na educação infantil e no ensino fundamental e médio e tenha 57 (cinquenta e sete) anos de idade, se mulher, e 60 (sessenta) anos de idade, se homem. § 2º O valor das aposentadorias de que trata este artigo será apurado na forma da lei."

Pelo § 3º, do art. 19, da Emenda Constitucional nº 103, de 12.11.2019, o valor das aposentadorias concedidas nos termos do disposto neste artigo não deve ser inferior ao valor a que se refere o § 2º do art. 201 da Constituição Federal e deve ser reajustado: a) de acordo com o disposto no art. 7º da Emenda Constitucional nº 41, de 19 de dezembro de 2003, se cumpridos os requisitos previstos no inciso I do § 2º; b) nos termos estabelecidos para o Regime Geral de Previdência Social (RGPS), na hipótese prevista no inciso II do § 2º. Aplicam-se às aposentadorias dos servidores dos Estados, do Distrito Federal e dos Municípios as normas constitucionais e infraconstitucionais anteriores à data de entrada em vigor desta Emenda Constitucional, enquanto não promovidas alterações na legislação interna relacionada ao respectivo regime próprio de previdência social.

Por outro lado, a Emenda Constitucional nº 103, de 12.11.2019, fixou, quanto ao Regime Geral de Previdência Social (RGPS), sobre o tempo fictício, que:

> Art. 25. Será assegurada a contagem de tempo de contribuição fictício no Regime Geral de Previdência Social decorrente de hipóteses descritas na legislação vigente até a data de entrada em vigor desta Emenda Constitucional para fins de concessão de aposentadoria, observando-

-se, a partir da sua entrada em vigor, o disposto no § 14 do art. 201 da Constituição Federal.

§ 1º Para fins de comprovação de atividade rural exercida até a data de entrada em vigor desta Emenda Constitucional, o prazo de que tratam os §§ 1º e 2º do art. 38-B da Lei nº 8.213, de 24 de julho de 1991, será prorrogado até a data em que o Cadastro Nacional de Informações Sociais (CNIS) atingir a cobertura mínima de 50% (cinquenta por cento) dos trabalhadores de que trata o § 8º do art. 195 da Constituição Federal, apurada conforme quantitativo da Pesquisa Nacional por Amostra de Domicílios Contínua (Pnad).

§ 2º Será reconhecida a conversão de tempo especial em comum, na forma prevista na Lei nº 8.213, de 24 de julho de 1991, ao segurado do Regime Geral de Previdência Social que comprovar tempo de efetivo exercício de atividade sujeita a condições especiais que efetivamente prejudiquem a saúde, cumprido até a data de entrada em vigor desta Emenda Constitucional, vedada a conversão para o tempo cumprido após esta data.

§ 3º Considera-se nula a aposentadoria que tenha sido concedida ou que venha a ser concedida por regime próprio de previdência social com contagem recíproca do Regime Geral de Previdência Social mediante o cômputo de tempo de serviço sem o recolhimento da respectiva contribuição ou da correspondente indenização pelo segurado obrigatório responsável, à época do exercício da atividade, pelo recolhimento de suas próprias contribuições previdenciárias.

Capítulo 4

PREVIDÊNCIA SOCIAL E REGIME PRÓPRIO

SUMÁRIO: **4.1.** Espécies de Regimes de Previdência Social; **4.2.** Regime Geral de Previdência Social (RGPS); **4.3.** Regime Complementar Fechado; **4.4.** Regime Complementar Privado Aberto; **4.5.** Regime de Previdência Complementar do Servidor Público. **4.6.** Regime Próprio de Previdência Social Estadual ou Distrital; **4.7.** Regime Próprio de Previdência Social Municipal; **4.8.** Gestão de Regime Próprio de Previdência Social (RPPS); **4.9.** Fiscalização do Regime Próprio de Previdência Social (RPPS); **4.10.** Regime Próprio da União; **4.11.** Regime Militar; **4.12.** Regime Parlamentar.

4.1. Espécies de Regimes de Previdência Social

No Brasil, existem várias formas de regimes de previdência social, ou seja, a maneira pela qual é realizado o acesso aos benefícios previdenciários e aos encargos relativos a eles muda conforme a origem profissional e pessoal do segurado. Existe o regime de natureza geral, e há também os regimes especiais; constituindo, assim, as seguintes espécies: a) Regime Geral de Previdência Social (RGPS); b) regime complementar fechado; c) regime complementar privado aberto; d) Regime Próprio de Previdência Social (RPPS); e) regime dos servidores públicos da União; f) regime dos militares; g) regime parlamentar.

A previdência social da sociedade como um todo está representada pelo Regime Geral de Previdência Social (RGPS), disposto na Lei Federal nº 8.213, de 24.07.1991, que garante os riscos e as circunstâncias referentes à incapacidade, ao desemprego involuntário e ao falecimento dos beneficiários e dos que vivem em sua dependência. Esse regime está dividido entre segurados, aqueles que contribuem diretamente para o sistema, e os dependentes, que deles dependem. Existem, ainda, os segurados obrigatórios, que se encontram vinculados por determinação legal, e os segurados facultativos, que aderem ao sistema por livre vontade, como os estudantes e as donas de casa.

Ao lado do Regime Geral de Previdência Social (RGPS), há os regimes especiais, que, como o nome indica, compreendem os sistemas que se diferenciam e se excepcionam em relação àquele regime. Os regimes especiais, quando se tratam de servidores públicos, por sua vez, podem ser divididos do seguinte modo: a) regime jurídico único da União, para os servidores tratados na Lei Federal nº 8.112, de 24.07.1990, b) regime dos parlamentares; c) regime dos membros das forças armadas; d) regime dos militares estaduais; d) regime dos servidores públicos estaduais; e) regime dos servidores públicos municipais, conforme as leis locais disponham.

Existe, ainda, a previdência complementar fechada, que se encontra disposta pela Lei Complementar nº 108, de 29.05.2001, e a previdência privada aberta, pela Lei Complementar nº 109, de 29.05.2001. Além delas, pode haver a previdência complementar privada aberta, disposta para qualquer pessoa e gerida por instituições financeiras, mediante títulos de capitalização, com fiscalização pela Superintendência de Seguro Privado (SUSEP), vinculada ao Ministério da Fazenda; como também a previdência complementar fechada, disposta apenas para empregados de uma empresa ou de um *holding* de empresas.

4.2. Regime Geral de Previdência Social (RGPS)

A previdência social é a instituição destinada a auxiliar os trabalhadores, os cônjuges e seus descendentes, quando ocorrem diversos eventos, desde situações pesarosas, como a morte ou a doença, até momentos positivos, como a gravidez. As situações decorrem em razão de um lapso de tempo, como acontece com a aposentadoria compulsória ou voluntária. Afirmou-se, no século XX, que o Poder Público deveria mediar o conflito entre o capital e o trabalho, que ocorria ferozmente no final do século XIX. Com isso, a Administração passou, ao longo daquele século, a assumir a responsabilidade pelas ações de previdência social, assim como as de garantia do direito à saúde, à assistência social e à educação. Migraram para a esfera pública diversas atribuições, que agora os países têm dificuldade de resolver, em especial, o sistema de aposentadorias e pensões, quase sempre deficitário, depois de algumas décadas da implantação. Essa dificuldade ocorre, em parte, pela má administração, como no caso da desvinculação com os cálculos atuariais devidos; em outra parte, pelas próprias mudanças no mundo atual. Em relação a estas, houve o aumento da longevidade dos aposentados, possibilitado, sobretudo, pela cura de certas doenças, inclusive, de alguns tipos de câncer, ou pelo controle de algumas delas, como a AIDS, fazendo com que o tempo de benefício seja, em média, superior às expectativas iniciais, além de outras situações especiais.

A previdência social, de acordo com o art. 201 da Constituição Federal, deve ser organizada sob a forma de regime geral, de caráter contributivo e de filiação obrigatória a todos os trabalhadores. A instituição deve ser universal, abrangendo todos os cidadãos, e ter caráter contributivo, no sentido de que deve haver uma contraprestação pecuniária, tanto do trabalhador, como do empregador. Precisa ter, ainda, filiação obrigatória, equivalendo à força do tributo, com as contribuições sociais para a seguridade sócia, tendo caráter compulsório de arrecadar para financiar a previdência social. Esta recebe, através do custeio das contribuições sociais para a seguridade social, e paga, mediante os benefícios previstos. Para que o sistema funcione devem ser observados os critérios que preservem o equilíbrio financeiro e atuarial.

Para Celso Ribeiro Bastos, "podemos dividir os beneficiários da previdência social em duas categorias, a dos segurados e a dos dependentes. Os beneficiários da previdência social são os credores dos direitos definidos nos arts. 201 e 202 da Constituição Federal. É segurado aquele que exerce ou exerceu atividade remunerada, bem como aquele que não exerce atividade, ou seja, o desempregado, ou o que não recebe remuneração por sua atividade, por exemplo, a dona de casa. Os segurados obrigatórios são os empregados, os empregados domésticos e os trabalhadores avulsos; os segurados obrigatórios são os trabalhadores autônomos e os equiparados a empresários. Os segurados facultativos seriam os desempregados, os estudantes, as donas de casa e os síndicos de condomínio. Por trabalhadores devemos entender todos aqueles que exercem ou tenham exercido atividade remunerada e os dependentes".[1]

---

1 "A concepção unitária tem forte apoio doutrinário, pois a relação previdenciária tem uma única causa (o risco social) e uma só finalidade (dar cobertura às necessidades deflagradas pela autorização do risco)" (BASTOS, Celso Ribeiro.

A responsabilidade principal pela crise da previdência social foi porque se previu a cobertura dos eventos de doença, invalidez, morte e idade avançada. Já a proteção à maternidade, especialmente à gestante, ocorre, desde 1934. No entanto, precisa ser prevista, também, a proteção ao trabalhador em situação de desemprego involuntário, que é feita através do seguro-desemprego, disposto na Lei Federal nº 7.889, de 11.01.1990. Encontram-se tratados também o salário-família e o auxílio-reclusão para os dependentes dos segurados de baixa renda. Por fim, está previsto o pagamento de pensão por morte do segurado, homem ou mulher, ao cônjuge ou companheiro e dependentes, no valor não inferior ao salário mínimo.

A Emenda Constitucional nº 20, de 15.12.1998, modificou totalmente o art. 201, assim como todos os parágrafos, salvo o antigo § 5º, que passou a ser o § 2º, com a mesma redação. Em primeiro lugar, está vedada a adoção de requisitos e critérios para a concessão de aposentadoria aos beneficiários do Regime Geral de Previdência Social (RGPS), que favoreçam determinada categoria profissional. Devem-se ressalvar, porém, os casos de atividades exercidas sob condições especiais que prejudiquem a saúde ou a integridade física, e quando se tratar de segurados portadores de deficiência, nos termos que precisam ser definidos em lei complementar, conforme o § 1º, com redação da Emenda Constitucional nº 47, de 06.07.2005.

O atual § 2º do art. 201 do texto constitucional, efetuado pela Emenda Constitucional nº 20, de 15.12.1998, era o antigo § 5º do mesmo dispositivo, antes da Reforma da Previdência Social. Contudo, foi mantido o texto original, o qual fixava que nenhum benefício que substituía o salário de contribuição ou o rendimento do trabalho do segurado poderia ter valor mensal inferior ao salário mínimo. Já o atual § 3º do mesmo artigo dispõe que todos os salários de contribuição considerados para o cálculo de benefício devem ser devidamente atualizados, de acordo com lei ordinária.

Fixou o § 4º do texto constitucional que se encontra assegurado o reajustamento dos benefícios para lhes preservar, em caráter permanente, o valor real, conforme critérios definidos em lei. Esse dispo-

---

Art. 201. *In*: BASTOS, Celso Ribeiro, e MARTINS, Yves Gandra. *Comentários à Constituição do Brasil*. São Paulo: Saraiva, 1998, pp. 202-3).

sitivo era o antigo § 2º do art. 201. O limite máximo para o valor dos benefícios do Regime Geral de Previdência Social (RGPS) foi fixado em reais, devendo, a partir de 18.12.1998, ser reajustado de forma a preservar, em caráter permanente, seu valor real, atualizado pelos mesmos índices aplicados aos benefícios do regime geral, de acordo com a Emenda Constitucional nº 20, de 15.12.1998.

Conforme o § 5º do art. 201, encontra-se vedada a filiação ao Regime Geral de Previdência Social (RGPS), na qualidade de segurado facultativo, de pessoa participante de regime próprio. Trata-se de solução para evitar que haja pessoas que possam se beneficiar de duas aposentadorias. Observe-se que o regime facultativo afasta o regime geral para o benefício, mas não está claro que o afasta do pagamento, em razão da universalidade e da obrigatoriedade da contribuição.

O § 6º do art. 201 da Constituição Federal trata da gratificação natalina dos aposentados e pensionistas, que deve ter por base o valor dos proventos do mês de dezembro de cada ano. Esse parágrafo estava previsto, com o mesmo número, na Constituição Federal de 1988, não sendo alterado pela Emenda Constitucional nº 20, de 15.12.1998. A gratificação natalina encontra-se prevista, para os trabalhadores, na Lei Federal nº 4.090, de 13.07.1962, com as modificações da Lei Federal nº 4.749, de 12.08.1965, bem como no Decreto Federal nº 57.155, de 03.11.1965, e no Decreto Federal nº 61.912, de 26.12.1968.

A grande modificação foi efetuada pelo § 7º do art. 201 da Constituição Federal, que alterou bastante o sistema anterior, tratado no art. 202 e, não, naquele. Foi assegurada aposentadoria no Regime Geral de Previdência Social (RGPS), nos termos da lei de benefícios, Lei Federal nº 8.213, de 24.07.1991, e suas modificações posteriores. Para tanto, deve-se obedecer às seguintes condições: em primeiro lugar, trinta e cinco anos de contribuição, se homem, e trinta anos de contribuição, se mulher. No sistema de previdência social anterior, estava previsto que poderia ocorrer a aposentadoria após trinta anos de trabalho, ao homem, e, após trinta, à mulher, ou em tempo inferior, se sujeitos a trabalho sob condições especiais, que prejudicassem a saúde ou a integridade física. Mudou quase tudo: critério, tempo de trabalho e de contribuição.

Por outro lado, no sistema de previdência social anterior, estava disposto que se daria a aposentadoria "aos sessenta e cinco anos de idade, para o homem, e aos sessenta, para a mulher, reduzido em cinco anos o limite de idade para os trabalhadores rurais de ambos os sexos e para os que exerçam suas atividades em regime de economia familiar, neste incluídos, o produtor rural, o garimpeiro e o pescador artesanal". Ora, depois da Emenda Constitucional nº 20, de 15.12.1998, foi fixado que a aposentadoria ocorreria apenas quando o interessado tivesse sessenta e cinco anos de idade, se homem, e sessenta anos de idade, se mulher. Esse tempo é reduzido em cinco anos, para os trabalhadores rurais de ambos os sexos e para os que exerçam suas atividades em regime de economia familiar, incluídos o produtor rural, o garimpeiro e o pescador artesanal. Os professores que, se homens, poderiam se aposentar aos trinta anos de contribuição, e que, se mulheres, após vinte e cinco anos, por efetivo exercício de função de magistério, estão agora tratados no § 8º do art. 201 da Constituição Federal, ainda que de forma diferente, pois dispõe que os requisitos a que se refere o inciso I do § 7º do mesmo artigo devem ser reduzidos em cinco anos, para o professor que comprove exclusivamente tempo de efetivo exercício das funções de magistério, na educação infantil, no ensino fundamental e no médio. Foi extinta, ainda, a aposentadoria proporcional, prevista no revogado § 1º do art. 202.

A Emenda Constitucional nº 20, de 15.12.1998, efetuou diversas mudanças nos regimes de previdência social, tanto públicas como privadas, criando daí um sistema de disposições transitórias. Em relação ao estabelecido no art. 201, § 7º, do que antes era tratado no art. 202, foi assegurada a concessão de aposentadoria e pensão, a qualquer tempo, aos servidores públicos e aos segurados do Regime Geral de Previdência Social (RGPS). Foi assegurado o direito também aos seus dependentes que, até 18.12.1998, tenham cumprido os requisitos para a obtenção desses benefícios, com base nos critérios da legislação então vigente. O servidor que preencha as exigências para aposentadoria integral e que opte por permanecer em atividade faz jus à isenção da contribuição previdenciária até completar as exigências para aposentadoria contidas no dispositivo. Os proventos da aposentadoria a serem concedidos aos servidores públicos, em termos integrais ou proporcionais ao tempo de serviço já exercido até 18.12.1998, bem como as pensões de seus dependentes devem ser calculados de acordo com a legislação em vigor à época em que foram atendidas as prescrições nela estabelecidas para a concessão desses benefícios ou conforme as condições da legislação vigente.

Foram mantidos todos os direitos e garantias assegurados nas disposições constitucionais, vigentes em 18.12.1998, aos servidores e militares, inativos e pensionistas, aos anistiados e aos ex-combatentes, assim como àqueles que já cumpriram, até aquela data, os requisitos para usufruírem tais direitos, observado o disposto no art. 37, XI, da Constituição Federal. Observado o comentário ao § 10 do art. 40 e ressalvado o direito de opção à aposentadoria pelas normas estabelecidas na Constituição para o Regime Geral de Previdência Social (RGPS), é assegurado o direito à aposentadoria voluntária ao segurado que se tenha filiado ao regime geral, até 18.12.1998, quando, cumulativamente atender aos seguintes requisitos: "I – contar com 53 anos de idade, se homem, e 48 anos de idade, se mulher; e II – contar tempo de contribuição igual, no mínimo, à soma de: *a)* 35 anos, se homem, e 30 anos, se mulher; e *b)* um período adicional de contribuição equivalente a 20% do tempo que, em 18.12.98, faltaria para atingir o limite de tempo constante da alínea anterior".

O segurado, desde que atendido o requisito de idade, de acordo com o art. 9º, § 1º, da EC nº 20, de 15.12.1998, podia aposentar-se com valores proporcionais ao tempo de contribuição, quando atendidas as seguintes condições: "I – contar tempo de contribuição igual, no mínimo, à soma de: *a)* 30 anos, se homem, e 25 anos, se mulher; e *b)* um período do adicional de contribuição equivalente a 40% do tempo que, em 18.12.1998, faltaria para atingir o limite de tempo constante da alínea anterior; II – o valor da aposentadoria proporcional será equivalente a 70% do valor da aposentadoria, acrescido de 5% de contribuição que supere a soma a que se refere o inciso anterior, até o limite de 100%". Deve-se, ainda, observar que o professor que, até 18.12.1998, tiver exercido atividade de magistério e que opte por aposentar-se na forma desse comentário, precisa ter o tempo de serviço exercido até essa data, contado com o acréscimo de dezessete por cento, se homem, e de vinte por cento, se mulher, desde que se aposente, exclusivamente, com tempo de efetivo exercício de atividade de magistério.

De acordo com o § 9º do art. 201 da Constituição Federal, para efeito de aposentadoria, necessita ser assegurada a contagem recíproca do tempo de contribuição na Administração Pública e na atividade privada, rural e urbana, hipótese em que os diversos regimes de previdência social devem-se compensar financeiramente, segundo critérios estabelecidos em lei. Esse dispositivo estava, antes da Emenda Constitucional nº 20, de 15.12.1998, no § 2º do art. 201. A promulgação dessa emenda constitucional foi editada através da Lei Federal nº 9.796, de 05.05.1999.

Quanto ao o § 10 do art. 201, ele determina que uma lei deve disciplinar a cobertura do risco de acidente do trabalho, a ser atendida concorrentemente pelo Regime Geral de Previdência Social (RGPS) e pelo setor privado. O dispositivo foi instituído para que se possa estabelecer nova forma de contribuição social para a previdência social, relativa ao acidente do trabalho, além do seguro já cobrado. Por fim, conforme o § 11 do art. 201 da Constituição Federal, os ganhos habituais do empregado, a qualquer título, devem ser incorporados ao salário para efeito de contribuição previdenciária e consequente repercussão em benefícios. Trata-se, na verdade, da forma de ampliar a contribuição social para a previdência social incidente sobre o trabalhador e dos demais segurados, prevista no art. 193, II, do texto constitucional. A Emenda Constitucional nº 41, de 19.12.2003, incluiu no art. 201 da Constituição Federal, com redação alterada pela Emenda Constitucional nº 47, de 06.07.2005, tratando da inclusão previdenciária dos trabalhadores de baixa renda e àqueles sem renda própria que se dediquem exclusivamente ao trabalho doméstico no âmbito de sua residência, cujo sistema especial tem alíquotas e carências inferiores aos demais segurados do Regime Geral de Previdência Social (RGPS).

Os segurados do Regime Geral de Previdência Social (RGPS) dividem-se em dois grupos, o dos segurados obrigatórios e o dos segurados facultativos. No primeiro caso, são os maiores de dezesseis anos, salvo na condição de aprendiz, que exercem qualquer tipo de atividade remunerada lícita, que os liguem de forma obrigatória ao sistema previdenciário, de caráter compulsório seu vínculo, por determinação constitucional. Esse grupo compõe-se de cinco categorias: a) empregados; b) empregados domésticos; c) contribuinte individual; d) trabalhador avulso; e) segurado especial. Já o grupo dos segurados facultativos são aqueles que, mesmo sem estar vinculado obrigatoriamente ao regime geral, por não ter atividade remunerada, fazem opção pela inclusão do sistema de proteção, com no mínimo dezesseis anos. Os segurados têm ainda dependentes que possuem direito a usufruir de prestações pecuniárias oriundas da previdência social.

Entre os segurados obrigatórios, têm maior número os empregados, que se encontram conceituados no art. 12, I, da Lei Federal nº 8.213, de 24.07.1991, e no art. 9º, I, do Decreto Federal nº 3.048, de 06.05.1999, sendo entendido como "aquele que presta serviço de natureza urbana ou rural à empresa, em caráter não-eventual, com subordinação e mediante remuneração, inclusive como diretor empregado".[2] Trata-se de conceito semelhante ao do direito do trabalho, ao prever o vínculo com base em quatro aspectos: a) não eventualidade; b) pessoalidade do trabalho; c) subordinação hierárquica; d) recebimento de salário ou outra forma de remuneração.

Podem ser incluídos também entre os empregados: a) aprendiz maior de quatorze e menor de dezesseis anos; b) contratado por empresa para trabalho temporário; c) trabalhador contratado no exterior para trabalhar no Brasil em empresa nacional; d) brasileiro ou estrangeiro domiciliado e contrato no Brasil para trabalhar como empregado no exterior; e) brasileiro ou estrangeiro domiciliado e contratado no Brasil para trabalhar como empregado em empresa domiciliada no exterior, com maioria de capital brasileiro; f) aquele que presta serviço no Brasil à missão diplomática ou à repartição consultar de carreira estrangeira; g) brasileiro civil que trabalha para a União no exterior, em organismo oficial internacional; h) servidor civil titular de cargo efetivo ou militar da União, dos Estados, do Distrito Federal ou dos municípios, desde que não seja de Regime Próprio; i) servidor da União, Estados, Distrito Federal ou Municípios, incluindo suas autarquias e fundações, ocupante de cargo em comissão de livre nomeação; j) servidor contratado da União, Estados, Distrito Federal ou Municípios, incluindo suas autarquias e fundações, contratado para atender necessidade temporária de excepcional interesse público; k) servidor da União, Estados, Distrito Federal ou Municípios, incluindo suas autarquias e fundações, ocupante de emprego público; l) exercente de mandato eletivo federal, estadual, distrital ou municipal, desde que não amparado no Regime Próprio; m) diretor empre-

2 "Os segurados obrigatórios atendem ao princípio constitucional da compulsoriedade do sistema previdenciário" (KERTZMAN, Ivan. *Curso Prático de Direito Previdenciário*, *op. cit.*, p. 87).

gado de empresa urbana ou rural, mantendo característica inerente à relação de emprego; n) escrevente e auxiliar contratados por titular de serviços notariais e de registro, a partir de 21.11.1994, os quais tenham feito opção pelo Regime Geral de Previdência Social (RGPS).

Deve-se ressaltar que o estágio remunerado não cria vínculo de emprego, desde que se observe o seguinte: a) matrícula e frequência regular do educando em curso de educação superior, de educação profissional, de ensino médio, da educação especial e dos anos finais do ensino fundamental; b) celebração de termo de compromisso entre o educando, a parte concedente e a instituição de ensino; c) compatibilidade entre as atividades desenvolvidas no estágio e a do compromisso; d) seguro para o estagiário.

Os empregados domésticos encontram-se tratados no art. 12, II, da Lei Federal nº 8.212, de 24.07.1991, e no art. 9º, II, do Decreto Federal nº 3.048, de 06.05.1999. Essa categoria é formada pelos trabalhadores que prestam serviços de natureza contínua, mediante remuneração, a pessoas, à família ou à entidade familiar, no âmbito residencial desta, em atividade sem fins lucrativos. Entre os empregados domésticos, além do caseiro, da arrumadeira e da cozinheira, incluem-se ainda o motorista particular, o marinheiro de barco familiar e até o piloto de jatinho ou de helicóptero particular. A Emenda Constitucional nº 72, de 02.04.2013, deu os mesmos direitos dos demais trabalhadores aos trabalhadores domésticos.

O contribuinte individual encontra-se tratado no art. 12, V, da Lei Federal nº 8.212, de 24.07.1991, e no art. 9º, V, do Decreto Federal nº 3.048, de 06.05.1999. Ele pode ser autônomo, empresário ou equiparado a autônomo. O empresário pode ser também o produtor rural pessoa física, conforme as determinações da Lei Federal nº 11.718, de 20.06.2008, além de pessoa que desenvolva atividade pesqueira. Incluem-se entre estes: a) pessoa física que explora atividade de extração mineral; b) ministro de confissão religiosa ou membro de instituto de vida consagrada de congregação de ordem religiosa; c) brasileiro civil que trabalha no exterior para organismo oficial internacional, exceto quando coberto por Regime Próprio; d) titular de firma individual urbana ou rural, não empregado na sociedade por quotas de responsabilidade limitada; e) quem presta serviço de natureza urbana ou rural, em caráter individual, sem relação de emprego; f) pessoa física que exerce, por conta própria, atividade econômica urbana; g) cooperado de cooperativo de produção ou de trabalho que presta serviço à sociedade cooperativa; h) segurado recolhido à prisão sob regime fechado ou semi-aberto, que preste serviço dentro ou fora da unidade prisional; i) médico-residente; j) árbitro de jogos desportivos; k) condutor autônomo de veículo rodoviário; l) notário ou tabelião e oficial de registro ou registrador, titular do cartório; l) microempreendedor individual, de que tratam o art. 18-A e o art. 18-C, da Lei Complementar Federal nº 12, de 14.12.2006.

O trabalhador avulso está tratado no art. 12, VI, da Lei Federal nº 8.212, de 24.07.1991, e o art. 9º, VI, do Decreto Federal nº 3.048, de 06.05.1999. Essa categoria envolve aqueles trabalhadores que, sindicalizados ou não, prestam serviços de natureza urbana ou rural, sem vínculo empregatício, a diversas empresas, com intermediação obrigatória do sindicato da categoria, ou que são portuários de órgão gestor de mão de obra, os quais estão disciplinados no § 7º do art. 9º do Decreto Federal nº 3.048, de 06.05.1999.

O segurado especial encontra-se tratado no art. 195, § 8º, do texto constitucional, bem como no art. 12, VII, do Plano de Custeio da Seguridade Social e, no art. 9º, VII, do seu Regulamento. Este vem a ser o produtor, o parceiro, o meeiro, o arrendatário rural e o pescador artesanal, bem como os respectivos cônjuges, que exerçam suas atividades em regime de economia familiar. Existem, ainda, nos parágrafos 1º a 18, do art. 9º, do decreto acima, como o dirigente sindical, o magistrado da Justiça Eleitoral e aquele que exerce, concomitantemente, mais de uma atividade remunerada.

Por sua vez, o grupo dos segurados facultativos está no art. 14 da Lei Federal nº 8.212, de 24.07.1991, e no art. 11 do Decreto Federal nº 3.048, de 06.05.1999, previsto em virtude do caráter universal do regime geral. Esses segurados podem ser, dentre outros: a) a dona de casa; o síndico de condomínio quando não remunerado; c) o estudante; d) o brasileiro que acompanha cônjuge que presta serviço no exterior; e) aquele que deixou de ser segurado obrigatório do Regime Geral; f) membro de conselho tutelar previsto no art. 132 da Lei Federal nº 8.069, de 13.07.2008; g) bolsista ou estagiário; h) bolsista que se dedique em tempo integral à pesquisa; i) presidiário que não exerça atividade remunerada; j) brasileiro residente ou domiciliado no exterior.

Além do custeio dos segurados em geral, existem também os tomadores de serviço que devem contribuir com o Regime Geral de Previdência Social (RGPS). Em primeiro lugar, empresas e empreendimentos a ela equiparados, inclusive, órgãos públicos, previstos no art. 15, I, da Lei Federal nº 8.212, de 24.07.1991, e no art. 12, I, do Decreto Federal nº 3.048, de 06.05.1999. Nesse sentido, uma empresa está entendida como a firma individual ou a sociedade que assume o risco de atividade urbana ou rural, com fins lucrativos ou não, inclusive, órgão e entidades da Administração Pública direta, indireta e fundacional. Além desta, encontra-se previsto no art. 15, II, do Plano de Custeio da Seguridade Social, e no art. 12, II, do seu Regulamento.

As contribuições dos trabalhadores e dos tomadores de serviço para o Regime Geral de Previdência Social (RGPS) têm como base de cálculo da contribuição social para seguridade o chamado "salário-de-contribuição". O conceito deste encontra-se no art. 28 da Lei Federal nº 8.212, de 24.07.1991, e no art. 214 do Decreto Federal nº 3.048, de 06.05.1999. Para o empregado e o trabalhador avulso, ele compreende a remuneração recebida em uma ou mais empresa, devida ou creditada, a qualquer título, durante o mês, destinada a atribuir o trabalho, qualquer que seja sua forma, inclusive, gorjetas e ganhos habituais; para o empregado doméstico, a remuneração registrada na Carteira de Trabalho e Previdência Social (CTPS); para o contribuinte individual, a remuneração recebida durante o mês e, para o segurado facultativo, o valor por ele declarado.

Pela Emenda Constitucional nº 103, de 12.11.2019, o Regime Geral de Previdência Social (RGPS), gerido pelo Instituto Nacional do Seguro Social (INSS), teve alterado disposição do art. 195, da Constituição Federal, assim: "II – do trabalhador e dos demais segurados da previdência social, podendo ser adotadas alíquotas progressivas de acordo com o valor do salário de contribuição, não incidindo contribuição sobre aposentadoria e pensão concedidas pelo Regime Geral de Previdência Social". As contribuições sociais previstas no inciso I do *caput* deste artigo podem ter alíquotas diferenciadas em razão da atividade econômica, da utilização intensiva de mão de obra, do porte da empresa ou da condição estrutural do mercado de trabalho, sendo também autorizada a adoção de bases de cálculo diferenciadas apenas no caso das alíneas "b" e "c" do inciso I do *caput*. Pelo § 11, são vedados a moratória e o parcelamento em prazo superior a sessenta meses e, na forma de lei complementar, a remissão e a anistia das contribuições sociais de que tratam a alínea "a" do inciso I e o inciso II do *caput*. O segurado somente tem reconhecida como tempo de contribuição ao

Regime Geral de Previdência Social a competência cuja contribuição seja igual ou superior à contribuição mínima mensal exigida para sua categoria, assegurado o agrupamento de contribuições.

Quanto ao Regime Geral de Previdência Social (RGPS), a Emenda Constitucional nº 103, de 12.11.2019, fez assim:

> Art. 201. A previdência social será organizada sob a forma do Regime Geral de Previdência Social, de caráter contributivo e de filiação obrigatória, observados critérios que preservem o equilíbrio financeiro e atuarial, e atenderá, na forma da lei, a:
> I – cobertura dos eventos de incapacidade temporária ou permanente para o trabalho e idade avançada;
> ....
> § 1º É vedada a adoção de requisitos ou critérios diferenciados para concessão de benefícios, ressalvada, nos termos de lei complementar, a possibilidade de previsão de idade e tempo de contribuição distintos da regra geral para concessão de aposentadoria exclusivamente em favor dos segurados:
> I – com deficiência, previamente submetidos a avaliação biopsicossocial realizada por equipe multiprofissional e interdisciplinar;
> II – cujas atividades sejam exercidas com efetiva exposição a agentes químicos, físicos e biológicos prejudiciais à saúde, ou associação desses agentes, vedada a caracterização por categoria profissional ou ocupação.
> ....
> § 7º ....
> I – 65 (sessenta e cinco) anos de idade, se homem, e 62 (sessenta e dois) anos de idade, se mulher, observado tempo mínimo de contribuição;
> II – 60 (sessenta) anos de idade, se homem, e 55 (cinquenta e cinco) anos de idade, se mulher, para os trabalhadores rurais e para os que exerçam suas atividades em regime de economia familiar, nestes incluídos o produtor rural, o garimpeiro e o pescador artesanal.
> § 8º O requisito de idade a que se refere o inciso I do § 7º será reduzido em 5 (cinco) anos, para o professor que comprove tempo de efetivo exercício das funções de magistério na educação infantil e no ensino fundamental e médio fixado em lei complementar.
> § 9º Para fins de aposentadoria, será assegurada a contagem recíproca do tempo de contribuição entre o Regime Geral de Previdência Social e os regimes próprios de previdência social, e destes entre si, observada a compensação financeira, de acordo com os critérios estabelecidos em lei.
> § 9º-A. O tempo de serviço militar exercido nas atividades de que tratam os arts. 42, 142 e 143 e o tempo de contribuição ao Regime Geral de Previdência Social ou a regime próprio de previdência social terão contagem recíproca para fins de inativação militar ou aposentadoria, e a compensação financeira será devida entre as receitas de contribuição referentes aos militares e as receitas de contribuição aos demais regimes.

> § 10. Lei complementar poderá disciplinar a cobertura de benefícios não programados, inclusive os decorrentes de acidente do trabalho, a ser atendida concorrentemente pelo Regime Geral de Previdência Social e pelo setor privado.
>
> ....
>
> § 12. Lei instituirá sistema especial de inclusão previdenciária, com alíquotas diferenciadas, para atender aos trabalhadores de baixa renda, inclusive os que se encontram em situação de informalidade, e àqueles sem renda própria que se dediquem exclusivamente ao trabalho doméstico no âmbito de sua residência, desde que pertencentes a famílias de baixa renda.
>
> § 13. A aposentadoria concedida ao segurado de que trata o § 12 terá valor de 1 (um) salário-mínimo.
>
> § 14. É vedada a contagem de tempo de contribuição fictício para efeito de concessão dos benefícios previdenciários e de contagem recíproca.
>
> § 15. Lei complementar estabelecerá vedações, regras e condições para a acumulação de benefícios previdenciários.
>
> § 16. Os empregados dos consórcios públicos, das empresas públicas, das sociedades de economia mista e das suas subsidiárias serão aposentados compulsoriamente, observado o cumprimento do tempo mínimo de contribuição, ao atingir a idade máxima de que trata o inciso II do § 1º do art. 40, na forma estabelecida em lei.

4.3. Regime Complementar Fechado

Tratou o art. 202 do texto constitucional sobre o regime de previdência privada, que deve ter caráter complementar e ser organizado de forma autônoma em relação ao regime geral de previdência social. O Regime Complementar Fechado, ao contrário do outro, geral e obrigatório, é facultativo, baseado na constituição de reservas que garantam o beneficio contratado, e regulado por lei complementar. A Emenda Constitucional nº 20, de 15.12.1998, modificou esse dispositivo, que tratava de outras matérias. Previu, ainda, que as entidades fechadas de previdência privada patrocinadas por entidades públicas, inclusive, por empresas públicas e sociedades de economia mista, devem rever, no prazo de dois anos, a contar de 18.12.1998, seus planos de benefícios e serviços, de modo a ajustá-los atuarialmente a seus ativos. Essas entidades estavam sob pena de intervenção, sendo seus dirigentes e os de suas respectivas patrocinadoras responsáveis civil e criminalmente pelo descumprimento do disposto neste comentário.

Dispõe o § 1º do art. 202 da Constituição Federal que se deve assegurar ao participante de planos de benefícios de entidades de previdência privada o pleno acesso às informações relativas ao trabalho, a serem atendidas concorrentemente pelo regime geral de previdência social e pelo setor privado. Está disposto, ainda, que as contribuições sociais do empregador, os benefícios e as condições contratuais previstas nos estatutos, regulamentos e planos de benefícios das entidades de previdência privada não integram o contrato de trabalho dos participantes, assim como não integram a remuneração dos participantes.

De acordo com o § 3º do art. 202 da Constituição Federal, está vedado o aporte de recursos à entidade de previdência privada pela União, pelos Estados, pelo Distrito Federal e pelos Municípios, suas autarquias, fundações, empresas públicas, sociedades de economia mista e outras entidades públicas. Esses órgãos podem, apenas, agir na qualidade de patrocinador, situação na qual, em nenhuma hipótese, sua contribuição normal pode exceder a do segurado. A exigência, quanto à paridade entre a contribuição da patrocinadora e a contribuição do segurado, deve ter vigência no prazo de dois anos, a partir de 18.12.1998, ou, caso ocorra antes, na data de publicação da Lei Complementar nº 108, de 29.05.2001.

Prevê o § 4º do art. 202 do texto constitucional que a lei complementar disciplina a relação entre a União, os Estados, o Distrito Federal ou os Municípios, inclusive, suas autarquias, fundações, sociedades de economia mista e empresas controladas direta ou indiretamente, enquanto patrocinadoras de entidades fechadas de previdência privada. Essa lei complementar deve-se aplicar, no que couber, às empresas privadas permissionárias ou concessionárias de prestação de serviços públicos, quando patrocinadoras de entidades fechadas de previdência privada. A legislação estabelece os requisitos para a designação dos membros das diretorias das entidades fechadas de previdência privada e disciplina a inserção dos participantes nos colegiados e nas instâncias de decisão em que seus interesses sejam objeto de discussão e deliberação. A Lei Complementar Federal nº 109, de 29.01.2001, regulamentou o art. 220 da Constituição Federal. O sistema é fiscalizado pela Superintendência de Seguros Privados (SUSEP), autarquia federal.

O regime complementar fechado resulta da necessidade de se estabelecer um sistema de previdência que seja complementar e voluntário, de modo que seu financiamento não possa onerar a sociedade como um todo. Trata-se de uma iniciativa individual ou coletiva específica, devendo ser sustentada por quem a deseje. Durante muitos anos, até a década de sessenta do século passado, houve diversas organizações que surgiram com o intuito de vender ao público, em geral, planos de rendas futuras, conhecidas como montepios ou caixas beneficentes, bem como planos criados no âmbito de empresas privadas ou públicas. A matéria, inicialmente, foi tratada pela Lei Federal nº 6.425, de 15.07.1977, e pelo Decreto Federal nº 81.240, de 20.01.1978; depois, pela Lei Complementar Federal nº 108, de 29.05.2001, em vigor.

Para Paulo Mente, "a iniciativa de empresas estatais na introdução de planos fechados de previdência privada, como política moderna de recursos humanos, transfere até hoje a ideia de benesse e corporativismo ao sistema, na ótica dos críticos destrutivos. É preciso reconhecer que a iniciativa encontrou os mais sérios argumentos, que em outros países de há muito justificam a presença de fundos de pensões na sociedade. A crítica tem que ser construtiva. Devem-se buscar as inconveniências dos planos mais antigos, pioneiros, como exemplos a serem corrigidos e readaptados à situação presente, contudo sem destruí-los, como querem alguns".[3]

A Lei Complementar nº 108, de 29.05.2001, dispõe sobre a relação entre a União, os Estados, o Distrito Federal, os Municípios, suas autarquias, fundações, sociedades de economia mista, outras entidades públicas e suas respectivas entidades fechadas de previdência complementar a que se referem os parágrafos do art. 202 da Constituição Federal. Pelo art. 3º da legislação acima, os planos de benefícios das entidades fechadas atendem às seguintes regras: a) carência mínima de sessenta contribuições mensais a plano de benefícios e cessação do vínculo com o patrocinador, para se tornar elegível a um benefício de prestação que seja programada e continuada; b)

3 "Muitos criticam o nível de contribuições dos poderes públicos às entidades fechadas que patrocinam, sem se aperceberem que os planos são atrativos para a manutenção de mão-de-obra qualificada. A inexistência dos mesmos não atrairia os especializados engenheiros e técnicos que levaram avante o desenvolvimento do parque energético nacional, nem os especializados profissionais que fizeram as comunicações deste País evoluírem a nível de Primeiro Mundo" (MENTE, Paulo. A Previdência Privada Fechada. *In*: BALERA, Wagner (coord.). *Curso de Direito Previdenciário*: homenagem a Moacyr Velloso Cardoso de Oliveira. São Paulo: LTr, 1992, pp. 145-6).

concessão de benefício pelo regime de previdência ao qual o participante esteja filiado por intermédio de seu patrocinador, quando se tratar de plano na modalidade benefício definido.

Os reajustes dos benefícios em manutenção são efetuados de acordo com critérios estabelecidos nos regulamentos dos planos de benefícios, vedado o repasse de ganhos de produtividade, abono e vantagens de qualquer natureza para tais benefícios. Nas sociedades de economia mista e nas empresas controladas direta ou indiretamente pela União, pelos Estados, pelo Distrito Federal e pelos Municípios, a proposta de instituição de plano de benefícios ou a de adesão a plano de benefícios em execução deve ser submetida ao órgão fiscalizador, acompanhada de manifestação favorável do órgão responsável pela supervisão, pela coordenação e pelo controle do patrocinador. As alterações no plano de benefícios que impliquem elevação da contribuição de patrocinadores são objeto de prévia manifestação do órgão responsável pela supervisão, pela coordenação e pelo controle referido acima. É vedado à União, aos Estados, ao Distrito Federal, aos Municípios, suas autarquias, fundações, empresas públicas, sociedades de economia mista e outras entidades públicas o aporte de recursos a entidades de previdência privada de caráter complementar, salvo na condição de patrocinador.

O custeio dos planos de benefícios deve ser responsabilidade do patrocinador e dos participantes, inclusive, assistidos pelo art. 6º da legislação comentada. A contribuição normal do patrocinador para plano de benefícios, em hipótese alguma, excede a do participante, observado o disposto no art. 5º da Emenda Constitucional nº 20, de 15.12.1998, e as regras específicas emanadas do órgão regulador e fiscalizador. Além das contribuições normais, os planos podem prever o aporte de recursos pelos participantes, a título de contribuição facultativa, sem contrapartida do patrocinador. É vedado ao patrocinador assumir encargos adicionais para o financiamento dos planos de benefícios, além daqueles previstos nos respectivos planos de custeio. A despesa administrativa da entidade de previdência complementar precisa ser custeada pelo patrocinador e pelos participantes e assistidos, atendendo a limites e critérios estabelecidos pelo órgão regulador e fiscalizador. Faculta-se aos patrocinadores a cessão de pessoal às entidades de previdência complementar que patrocinam, desde que ressarcidos os custos correspondentes.

A administração e a execução dos planos de benefícios competem às entidades fechadas de previdência complementar, como União, Estados, Distrito Federal, Municípios, suas autarquias e fundações. As entidades tratadas organizam-se sob a forma de fundação ou de sociedade civil, sem fins lucrativos. A estrutura organizacional das entidades de previdência complementar é constituída de Conselho Deliberativo, Conselho Fiscal e Diretoria-Executiva.

O Conselho Deliberativo, órgão máximo da estrutura organizacional, é responsável pela definição da política geral de administração da entidade e de seus planos de benefícios, conforme o art. 10. A composição do Conselho Deliberativo, integrado por, no máximo, seis membros, deve ser paritária entre representantes dos participantes e assistidos e dos patrocinadores, cabendo a estes a indicação do conselheiro presidente, que tem, além do seu, o voto de qualidade. A escolha dos representantes dos participantes e assistidos dá-se por meio de eleição direta entre seus pares. Caso o estatuto da entidade fechada, respeitado o número máximo de conselheiros e a participação paritária entre representantes dos participantes e assistidos e dos patrocinadores, preveja outra composição, que tenha sido aprovada na forma prevista no seu estatuto, esta pode ser aplicada, mediante autorização do órgão regulador e fiscalizador. O mandato dos membros do conselho deliberativo é de quatro anos, com garantia de estabilidade, permitida uma recondução.

Ao Conselho Deliberativo compete a definição das seguintes matérias: a) política geral de administração da entidade e de seus planos de benefícios; b) alteração de estatuto e regulamentos dos planos de benefícios, bem como a implantação e a extinção deles e a retirada de patrocinador; c) gestão de investimentos e plano de aplicação de recursos; d) autorização de investimentos que envolvam valores iguais ou superiores a cinco por cento dos recursos garantidores; e) contratação de auditor independente atuário e avaliador de gestão, observadas as disposições regulamentares aplicáveis; f) nomeação e exoneração dos membros da diretoria-executiva; g) exame, em grau de recurso, das decisões da diretoria-executiva.

Quanto ao Conselho Fiscal, suas atribuições são de atuar como órgão de controle interno da entidade, pelo art. 14 da lei complementar. A composição desse conselho, integrado por, no máximo, quatro membros, é paritária entre representantes dos patrocinadores e dos participantes e assistidos, cabendo a estes a indicação do conselheiro presidente, que tem, além do seu, o voto de qualidade. Caso o estatuto da entidade fechada, respeitado o número máximo de conselheiros e a participação paritária entre representantes dos participantes e assistidos e dos patrocinadores, preveja outra composição, que tenha sido aprovada na forma prevista no seu estatuto, esta pode ser aplicada, mediante autorização do órgão regulador e fiscalizador. O mandato dos membros do conselho fiscal é de quatro anos, vedada a recondução. A renovação dos mandatos dos conselheiros obedece ao critério de proporcionalidade, de forma que se processe parcialmente a cada dois anos. Na primeira investidura dos conselhos, os seus membros têm mandato com prazo diferenciado. O conselho deliberativo renova três de seus membros a cada dois anos e o conselho fiscal, dois membros, com a mesma periodicidade, observada a regra de transição estabelecida no parágrafo anterior.

Já a Diretoria-Executiva é o órgão responsável pela administração da entidade, em conformidade com a política de administração traçada pelo conselho deliberativo. A diretoria-executiva compõe-se, no máximo, por seis membros, definidos em função do patrimônio da entidade e do seu número de participantes, inclusive, assistidos. O estatuto da entidade fechada, respeitado o número máximo de diretores, deve prever a forma de composição e o mandato da diretoria-executiva, aprovado na forma prevista no seu estatuto, observadas as demais disposições legais. Os membros da Diretoria-Executiva devem atender aos seguintes requisitos mínimos: a) ter comprovada experiência no exercício de atividade na área financeira, administrativa, contábil, jurídica, de fiscalização, atuarial ou de auditoria; b) não ter sofrido condenação criminal transitada em julgado; c) não ter sofrido penalidade administrativa por infração da legislação da seguridade social, inclusive da previdência complementar ou como servidor público; d) ter formação de nível superior.

Aos membros da Diretoria-Executiva é vedado: a) exercer simultaneamente atividade no patrocinador; b) integrar concomitantemente o conselho deliberativo ou fiscal da entidade e, mesmo depois do término do seu mandato na diretoria-executiva, enquanto não tiver suas contas aprovadas; c) ao longo do exercício do mandato prestar serviços a instituições integrantes do sistema financeiro. A entidade de previdência complementar informa ao órgão regulador e fiscalizador o responsável pelas aplicações dos recursos da entidade, escolhido entre os membros da diretoria-executiva. Os demais membros da diretoria-executiva respondem solidariamente com o dirigente indicado pelos danos e prejuízos causados à entidade para os quais tenham concorrido.

A fiscalização e controle dos planos de benefícios e das entidades fechadas de previdência complementar competem ao órgão regulador e fiscalizador das entidades fechadas de previdência complementar. As ações exercidas pelo órgão referido acima não eximem os patrocinadores da responsabilidade pela supervisão e fiscalização sistemática das atividades das suas respectivas entidades de previdência complementar. Os resultados da fiscalização e do controle exercidos pelos patrocinadores serão encaminhados ao órgão mencionado no artigo anterior. As entidades fechadas de previdência complementar patrocinadas por empresas privadas permissionárias ou concessionárias de prestação de serviços públicos subordinam-se, no que couber, às disposições da Lei Complementar nº 108, de 29.05.2001, na forma estabelecida pelo órgão regulador e fiscalizador.

Deve-se dizer que a União, os Estados, o Distrito Federal e os Municípios, desde que instituam regime de previdência social complementar para os seus respectivos titulares de cargos efetivos, podem ficar, para o valor das aposentadorias e pensões a ser considerado pelo regime assim disposto, o limite máximo estabelecido para os benefícios do Regime Geral de Previdência Social (RGPS). O objetivo desse regime de previdência, sem dúvida, está em aplicar-se aos servidores públicos que ingressaram no serviço público depois de sua instituição ou aos atuais servidores públicos, por opção, com o limite máximo de benefícios semelhantes ao regime geral.[4]

Em relação ao Regime de Previdência Complementar Fechada, tratada no art. 202, da Constituição Federal nº 103, de 12.11.2019, alterou parágrafo deste artigo. Pelo § 4º, lei complementar disciplina a relação entre a União, Estados, Distrito Federal ou Municípios, inclusive suas autarquias, fundações, sociedades de economia mista e empresas controladas direta ou indiretamente, enquanto patrocinadores de planos de benefícios previdenciários, e as entidades de previdência

---

4 DINIZ, Paulo de Matos Ferreira. *Reforma da Previdência na Vida do Servidor Público Civil da União* (Coletânea Administração Pública, vol. 5). Brasília: Brasília Jurídica, 1999, p. 163.

complementar. A lei complementar de que trata o parágrafo acima aplica-se, no que couber, às empresas privadas permissionárias ou concessionárias de prestação de serviços públicos, quando patrocinadoras de planos de benefícios em entidades de previdência complementar. Lei complementar deve estabelecer os requisitos para a designação dos membros das diretorias das entidades fechadas de previdência complementar instituídas pelos patrocinadores de que trata o § 4º e disciplina a inserção dos participantes nos colegiados e instâncias de decisão em que seus interesses sejam objeto de discussão e deliberação.

4.4. Regime Complementar Privado Aberto

A Lei Federal nº 6.435, de 15.07.1977, conforme o art. 1º, institucionalizou a previdência privada e deu-lhe como objetivo instituir planos privados de concessão de pecúlios ou de rendas, de benefícios complementares ou assemelhados aos de previdência social, mediante contribuição de seus participantes, dos respectivos empregadores ou de ambos. As entidades de previdência privada foram classificadas de acordo com a entidade e os participantes dos planos de benefícios. Se forem acessíveis apenas aos empregados de uma empresa ou grupo de empresas, diz-se que são fechadas; se forem liberadas para as demais entidades, sem limitação, acessíveis a todas as pessoas indistintamente, diz-se, abertas. Estas entidades estão ordenadas e fiscalizadas pela Superintendência de Seguros Privados (SUSEP), vinculada ao Ministério da Fazenda. A matéria foi regulamentada pelo Decreto Federal nº 81.402, de 23.02.1978, que diz, no seu art. 1º, que "entidades abertas de previdência privadas são sociedades constituídas com a finalidade de instituir planos de pecúlio ou de rendas mediante contribuição de seus participantes". Hoje, isso está disposto na Lei Complementar Federal nº 109, de 29.05.2001, atualmente em vigor.

Para atuar no segmento de previdência complementar aberta, ficam possibilitadas as sociedades anônimas, com fins lucrativos, e as sociedades civis, desde que sem fins lucrativos, além de seguradoras que atuem no ramo "vida". Nesse sistema, qualquer pessoa que atenda aos requisitos de inscrição aos seus planos de previdência privada pode associar-se a eles, o que lhes assemelha com as seguradoras privadas. O Decreto Federal nº 81.402, de 23.02.1978, no seu art. 22, registrou as seguintes definições: "§ 1º Pecúlio é o capital a ser pago de uma só vez ao beneficiário, quando ocorrer a morte dos subscritos, na forma estipulada no plano subscrito. § 2º Renda, para fins deste Regulamento, consiste em uma série de pagamentos mensais, ao participante, na forma subscrita no plano subscrito. § 3º O fato gerador da renda será a sobrevivência do participante subscritor ao período de deferimento prefixado no plano, sua invalidez total ou a sua morte. § 4º As entidades abertas somente poderão operar com planos de pecúlios ou de rendas, elaboradas com base em tábuas biométricas".[5]

Por sua vez, os planos são contratados individualmente ou em grupos de indivíduos, estes sob a denominação de Planos Grupais ou Coletivos. Os planos existentes no mercado que objetivam a suplementação aos de previdência social são de aposentadoria por tempo de contribuição, aposentadoria por invalidez, pensão para cônjuge ou descendente e pecúlio por morte. Algumas entidades, inclusive, combinam os sistemas entre si, de modo a abranger o benefício, mediante a devida remuneração. As contas das entidades estão submetidas ao controle do Banco Central do Brasil, para garantir a estabilidade do sistema. O regime financeiro, por fim, obedece a cálculos atuariais em que são fixados vários elementos considerando a cobertura do risco, a massa segurada e a característica do benefício oferecido, básico e com acessórios, se houver.

Ao passo que, na previdência social complementar fechada, as relações jurídicas entre o segurado ou o beneficiário e o Poder Público nascem da lei e submetem-se ao direito público; na previdência social complementar aberta, as relações jurídicas são de natureza privada, por conta da faculdade de sua contratação. Trata-se de contrato de longo prazo, em geral, pela natureza dos benefícios previstos, que são tipicamente o caráter adesivo e a sujeição aos planos e aos regulamentos já estabelecidos, devidamente aprovados pelo controle. Menciona-se o Código de Defesa do Consumidor (CDC), Lei Federal nº 8.078, de 11.09.1990, como instrumento do contribuinte

---

5 "O comportamento de um conjunto suficientemente grande de pessoas direta ou indiretamente ligadas a entidades precisa ser previsto e isto se faz por meio de *tábuas biométricas* no que tange à mortalidade, à sobrevivência, à doença e à saúde, ou seja, em relação a cada fenômeno biológico" (REIS, Ernesto José Pereira dos. Previdência Privada Aberta. BALERA, Wagner (coord.). *Curso de Direito Previdenciário*: homenagem a Moacyr Velloso Cardoso de Oliveira. São Paulo: LTr, 1992 , p. 120).

vinculado a um determinado plano, como os Tribunais Superiores vêm decidindo.

A Lei Complementar nº 109, de 29.05.2001, dispõe sobre o regime de previdência privada, de caráter complementar e organizado de forma autônoma em relação ao regime geral de previdência social, que é facultativo e baseado na constituição de reservas que garantam o benefício, nos termos do *caput* do art. 202 da Constituição Federal. O regime de previdência complementar é operado por entidades de previdência complementar que têm por objetivo principal instituir e executar planos de benefícios de caráter previdenciário.

A ação do Estado, pelo art. 3º, é exercida com o objetivo de: a) formular a política de previdência complementar; b) disciplinar, coordenar e supervisionar as atividades reguladas por lei complementar, compatibilizando-as com as políticas previdenciárias e de desenvolvimento social e econômico-financeiro; c) determinar padrões mínimos de segurança econômico-financeira e atuarial, com fins específicos de preservar a liquidez, a solvência e o equilíbrio dos planos de benefícios, isoladamente, e de cada entidade de previdência complementar, no conjunto de suas atividades; d) assegurar aos participantes e assistidos o pleno acesso às informações relativas à gestão de seus respectivos planos de benefícios; e) fiscalizar as entidades de previdência complementar, suas operações e aplicar penalidades; f) proteger os interesses dos participantes e assistidos dos planos de benefícios.

As entidades de previdência complementar somente podem instituir e operar planos de benefícios para os quais tenham autorização específica, segundo as normas aprovadas pelo órgão regulador e fiscalizador. Os planos de benefícios atendem a padrões mínimos fixados pelo órgão regulador e fiscalizador, com o objetivo de assegurar transparência, solvência, liquidez e equilíbrio econômico-financeiro e atuarial. A Superintendência de Seguros Privados (SUSEP) normatiza planos de benefícios nas modalidades de benefício definido, contribuição definida e contribuição variável, bem como outras formas de planos de benefícios que reflitam a evolução técnica e que possibilitem flexibilidade ao regime de previdência complementar. Considera-se: a) participante, a pessoa física que aderir aos planos de benefícios; b) assistido, o participante ou seu beneficiário em gozo de benefício de prestação continuada.

As entidades de previdência complementar constituem reservas técnicas, provisões e fundos, de conformidade com os critérios e normas fixados pelo órgão regulador e fiscalizador. A aplicação dos recursos correspondentes às reservas, às provisões e aos fundos deve ser feita conforme diretrizes estabelecidas pelo Conselho Monetário Nacional (CMN). É vedado o estabelecimento de aplicações compulsórias ou limites mínimos de aplicação.

Devem constar dos regulamentos dos planos de benefícios, das propostas de inscrição e dos certificados de participantes as condições mínimas a serem fixadas pelo órgão regulador e fiscalizador. A todo pretendente deve ser disponibilizado e a todo participante entregue, quando de sua inscrição no plano de benefícios: a) certificado onde estão indicados os requisitos que regulam a admissão e a manutenção da qualidade de participante, bem como os requisitos de elegibilidade e a forma de cálculo dos benefícios; b) cópia do regulamento atualizado do plano de benefícios e material explicativo que descreva, em linguagem simples e precisa, as características do plano; c) cópia do contrato, no caso de plano coletivo; d) outros documentos que vierem a ser especificados pelo órgão regulador e fiscalizador.

Os planos de benefícios de entidades fechadas podem ser instituídos por patrocinadores e instituidores, observado o disposto no art. 31 da Lei Complementar nº 109, de 29.05.2001. A formalização da condição de patrocinador ou de instituidor de um plano de benefício dá-se mediante convênio de adesão a ser celebrado entre o patrocinador ou o instituidor e a entidade fechada, em relação a cada plano de benefícios por esta administrado e executado, mediante prévia autorização do órgão regulador e fiscalizador, conforme regulamentação do Poder Executivo. Admite-se solidariedade entre patrocinadores ou entre instituidores, com relação aos respectivos planos, desde que expressamente prevista no convênio de adesão. O órgão regulador e fiscalizador, dentre outros requisitos, estabelece o número mínimo de participantes admitido para cada modalidade de plano de benefício.

Os planos de benefícios preveem os seguintes institutos, observadas as normas estabelecidas pelo órgão regulador e fiscalizador: a) benefício proporcional diferido, em razão da cessação do vínculo empregatício com o patrocinador, ou associativo com o instituidor antes da aquisição do direito ao benefício pleno, a ser concedido quando cumpridos os requisitos de elegibilidade; b) portabilidade do direito acumulado pelo participante para outro plano; c) resgate da totalidade das contribuições vertidas ao plano pelo participante, descontadas as parcelas do custeio administrativo, na forma regulamentada; d) faculdade de o participante manter o valor de sua contribuição e a do patrocinador, no caso de perda parcial ou total da remuneração recebida, para assegurar a percepção dos benefícios nos níveis correspondentes àquela remuneração ou em outros níveis, definidos em normas regulamentares. Na regulamentação do instituto acima, o órgão regulador e fiscalizador observa, entre outros requisitos específicos, os seguintes: a) a constatação se o plano de benefícios foi instituído antes ou depois da publicação da Lei Complementar nº 109, de 29.05.2001; b) a modalidade do plano de benefícios.

Fica estabelecido que a portabilidade não caracteriza resgate, e é vedado que os recursos financeiros correspondentes transitem pelos participantes dos planos de benefícios, sob qualquer forma. O direito acumulado corresponde às reservas constituídas pelo participante ou à reserva matemática, o que lhe for mais favorável. Pelo art. 16 da lei complementar, os planos de benefícios devem ser, obrigatoriamente, oferecidos a todos os empregados dos patrocinadores ou associados dos instituidores. Para os efeitos dessa legislação, são equiparáveis aos empregados e aos associados referidos os gerentes, os diretores, os conselheiros ocupantes de cargo eletivo e outros dirigentes de patrocinadores e instituidores. É facultativa a adesão aos planos a que se refere acima. O disposto não se aplica aos planos em extinção, assim considerados aqueles aos quais o acesso de novos participantes esteja vedado.

O plano de custeio, com periodicidade mínima anual, estabelece o nível de contribuição necessário à constituição das reservas garantidoras de benefícios, fundos, provisões e à cobertura das demais despesas, em conformidade com os critérios fixados pelo órgão regulador e fiscalizador, pelo art. 18 da legislação comentada. O regime financeiro de capitalização é obrigatório para os benefícios de pagamento em prestações que sejam programadas e continuadas. Observados critérios que preservem o equilíbrio financeiro e atuarial, o cálculo das reservas técnicas atende às peculiaridades de cada plano de benefícios e deve estar expresso em nota técnica atuarial, de apresentação obrigatória, incluindo as hipóteses utilizadas, que devem guardar relação com as características da massa e da atividade desenvolvida pelo patrocinador ou instituidor. As reservas técnicas, as provisões e os fundos de cada plano de benefícios e os exigíveis a qualquer título atendem permanentemente à cobertura integral dos compromissos assumidos pelo plano de benefícios, ressalvadas excepcionalidades definidas pelo órgão regulador e fiscalizador.

As contribuições destinadas à constituição de reservas têm como finalidade prover o pagamento de benefícios de caráter previdenciário, observadas as especificidades previstas na legislação. As contribuições referidas classificam-se em: a) normais; aquelas destinadas ao custeio dos benefícios previstos no respectivo plano; b) extraordinárias; aquelas destinadas ao custeio de déficits, serviço passado e outras finalidades não incluídas na contribuição normal.

Ao final de cada exercício, coincidente com o ano civil, as entidades fechadas devem levantar as demonstrações contábeis e as avaliações atuariais de cada plano de benefícios, por pessoa jurídica ou profissional legalmente habilitado, devendo os resultados ser encaminhados ao órgão regulador e fiscalizador e divulgados aos participantes e aos assistidos. As entidades fechadas devem manter atualizada sua contabilidade, de acordo com as instruções do órgão regulador e fiscalizador, consolidando a posição dos planos de benefícios que administram e executam, bem como submetendo suas contas a auditores independentes.

O órgão regulador e fiscalizador pode autorizar a extinção de plano de benefícios ou a retirada de patrocínio, ficando os patrocinadores e os instituidores obrigados ao cumprimento da totalidade dos compromissos assumidos com a entidade relativamente aos direitos dos participantes, dos assistidos e das obrigações legais, até a data da retirada ou a extinção do plano. Para atendimento do disposto acima, a situação de solvência econômico-financeira e atuarial da entidade precisa ser atestada por profissional devidamente habilitado, cujos relatórios serão encaminhados ao órgão regulador e fiscalizador.

Os planos de benefícios instituídos por entidades abertas, pelo art. 26 da legislação comentada, podem ser: a) individuais, quando acessíveis a quaisquer pessoas físicas; b) coletivos, quando tenham por objetivo garantir benefícios previdenciários a pessoas físicas vinculadas, direta ou indiretamente, a uma pessoa jurídica contratante. O plano coletivo pode ser contratado por uma ou várias pessoas jurídicas. O vínculo indireto refere-se aos casos em que uma entidade representativa de pessoas jurídicas contrate plano previdenciário coletivo para grupos de pessoas físicas vinculadas a suas filiadas. Os grupos de pessoas de que se trata anteriormente podem ser constituídos por uma ou mais categorias específicas de empregados de um mesmo empregador, abrangendo empresas coligadas, controladas ou subsidiárias, e por membros de associações legalmente constituídas, de caráter profissional ou classista, seus cônjuges ou companheiros e dependentes econômicos.

Compete ao órgão regulador, entre outras atribuições que lhe forem conferidas por lei: a) fixar padrões adequados de segurança atuarial e econômico-financeira, para preservação da liquidez e solvência dos planos de benefícios, isoladamente, e de cada entidade aberta, no conjunto de suas atividades; b) estabelecer as condições em que o órgão fiscalizador pode determinar a suspensão da comercialização ou a transferência, entre entidades abertas, de planos de benefícios; c) fixar condições que assegurem transparência, acesso a informações e fornecimento de dados relativos aos planos de benefícios, inclusive, quanto à gestão dos respectivos recursos.

As entidades fechadas são aquelas acessíveis, na forma regulamentada pelo órgão regulador e fiscalizador, exclusivamente: a) aos empregados de uma empresa ou grupo de empresas e aos servidores da União, dos Estados, do Distrito Federal e dos Municípios, entes denominados patrocinadores; b) aos associados ou membros de pessoas jurídicas de caráter profissional, classista ou setorial, denominadas instituidores. As entidades fechadas organizam-se sob a forma de fundação ou sociedade civil, sem fins lucrativos. As entidades fechadas constituídas por instituidores podem, cumulativamente: a) terceirizar a gestão dos recursos garantidores das reservas técnicas e das provisões mediante a contratação de instituição especializada autorizada a funcionar pelo Banco Central do Brasil ou outro órgão competente; b) ofertar exclusivamente planos de benefícios na modalidade "contribuição definida".

As entidades fechadas têm como objeto a administração e a execução de planos de benefícios de natureza previdenciária. É vedada às entidades fechadas a prestação de quaisquer serviços que não estejam no âmbito de seu objeto, observado o disposto no art. 76 da Lei Complementar nº 109, de 2905.2001. Dependem de prévia e expressa autorização do órgão regulador e fiscalizador: a) a constituição e o funcionamento da entidade fechada, bem como a aplicação dos respectivos estatutos, dos regulamentos dos planos de benefícios e suas alterações; b) as operações de fusão, cisão, incorporação ou qualquer outra forma de reorganização societária, relativas às entidades fechadas; c) as retiradas de patrocinadores; d) as transferências de patrocínio, de grupo de participantes, de planos e de reservas entre entidades fechadas.

As entidades fechadas podem ser qualificadas da seguinte forma, além de outras que possam ser definidas pelo órgão regulador e fiscalizador, pelo art. 34 da legislação comentada: "I – de acordo com os planos que administram: a) de plano comum, quando administram plano ou conjunto de planos acessíveis ao universo de participantes; b) com multiplano, quando administram plano ou conjunto de planos de benefícios para diversos grupos de participantes, com independência patrimonial; II – de acordo com seus patrocinadores ou instituidores: a) singulares, quando estiverem vinculadas a apenas um patrocinador ou instituidor; b) multipatrocinadas, quando congregarem mais de um patrocinador ou instituidor".

As entidades abertas são constituídas unicamente sob a forma de sociedades anônimas e têm por objetivo instituir e operar planos de benefícios de caráter previdenciário concedidos em forma de renda continuada ou de pagamento único, acessíveis a quaisquer pessoas físicas. As sociedades seguradoras autorizadas a operar exclusivamente no ramo "vida" podem ser autorizadas a operar os planos de benefícios.

Compete ao órgão regulador, entre outras atribuições que lhe forem conferidas por lei, estabelecer: a) os critérios para a investidura e posse em cargos e funções de órgãos estatutários de entidades abertas, observado que o pretendente não pode ter sofrido condenação criminal transitada em julgado, penalidade administrativa por infração da legislação da seguridade social ou como servidor público; b) as normas gerais de contabilidade, auditoria, atuária e estatística a serem observadas pelas entidades abertas, inclusive, quanto à padronização dos planos de contas, balanços gerais, balancetes e outras demonstrações financeiras, critérios sobre sua periodicidade, sobre a publicação desses documentos e sua remessa ao órgão fiscalizador; c) os índices de solvência e liquidez, bem como as relações patrimoniais a serem atendidas pelas entidades abertas, observado que seu patrimônio líquido não pode ser inferior ao respectivo passivo não operacional; d) as condições que assegurem acesso a informações e fornecimento de dados relativos a quaisquer aspectos das atividades das entidades abertas.

Dependem de prévia e expressa aprovação do órgão fiscalizador: a) a constituição e o funcionamento das entidades abertas, bem como as disposições de seus estatutos e as respectivas alterações; b) a comercialização dos planos de benefícios; c) os atos relativos à eleição e consequente posse de administradores e membros de conselhos estatutários; d) as operações relativas à transferência do controle acionário, fusão, cisão, incorporação ou qualquer outra forma de reorganização societária. O órgão regulador disciplina o tratamento administrativo a ser emprestado ao exame dos assuntos constantes dessa legislação. As entidades abertas devem comunicar ao órgão fiscalizador, no prazo e na forma estabelecidos: a) os atos relativos às alterações estatutárias e à eleição de administradores e membros de conselhos estatutários; b) o responsável pela aplicação dos recursos das reservas técnicas, provisões e fundos, escolhido dentre os membros da Diretoria-Executiva.

No desempenho das atividades de fiscalização das entidades de previdência complementar, os servidores do órgão regulador e fiscalizador têm livre acesso às respectivas entidades, delas podendo requisitar e apreender livros, notas técnicas e quaisquer documentos, caracterizando-se embaraço à fiscalização, sujeito às penalidades previstas em lei, qualquer dificuldade oposta à consecução desse objetivo. O órgão regulador e fiscalizador das entidades fechadas pode solicitar dos patrocinadores e instituidores informações relativas aos aspectos específicos que digam respeito aos compromissos assumidos frente aos respectivos planos de benefícios.

Para resguardar os direitos dos participantes e assistidos pode ser decretada a intervenção na entidade de previdência complementar, desde que se verifique, isolada ou cumulativamente: a) irregularidade ou insuficiência na constituição das reservas técnicas, provisões e fundos, ou na sua cobertura por ativos garantidores; b) aplicação dos recursos das reservas técnicas, provisões e fundos de forma inadequada ou em desacordo com as normas expedidas pelos órgãos competentes; c) descumprimento de disposições estatutárias ou de obrigações previstas nos regulamentos dos planos de benefícios, convênios de adesão ou contratos dos planos coletivos; d) situação econômico-financeira insuficiente à preservação da liquidez e da solvência de cada um dos planos de benefícios e da entidade no conjunto de suas atividades; e) situação atuarial desequilibrada; f) outras anormalidades definidas em regulamento.

A intervenção é decretada pelo prazo necessário ao exame da situação da entidade e encaminhamento de plano destinado à sua recuperação. Dependem de prévia e expressa autorização do órgão competente os atos do interventor que impliquem oneração ou disposição do patrimônio. A intervenção cessa quando for aprovado o plano de recuperação da entidade pelo órgão competente ou for decretada a sua liquidação extrajudicial. Pelo art. 47 da legislação comentada, as entidades fechadas não podem solicitar concordata e não estão sujeitas à falência, mas somente à liquidação extrajudicial. A liquidação extrajudicial é decretada quando reconhecida a inviabilidade de recuperação da entidade de previdência complementar ou pela ausência de condição para seu funcionamento. Entende-se por ausência de condição para funcionamento de entidade de previdência complementar o não atendimento às condições mínimas estabelecidas pelo órgão regulador e fiscalizador.

A decretação da liquidação extrajudicial produz, de imediato, os seguintes efeitos: a) suspensão das ações e execuções iniciadas sobre direitos e interesses relativos ao acervo da entidade liquidanda; b) vencimento antecipado das obrigações da liquidanda; b) não incidência de penalidades contratuais contra a entidade por obrigações vencidas em decorrência da decretação da liquidação extrajudicial; c) não fluência de juros contra a liquidanda enquanto não integralmente pago o passivo; d) interrupção da prescrição em relação às obrigações da entidade em liquidação; e) suspensão de multa e juros em relação às dívidas da entidade; f) inexigibilidade de penas pecuniárias por infrações de natureza administrativa; g) interrupção do pagamento à liquidanda das contribuições dos participantes e dos patrocinadores, relativas aos planos de benefícios.

O liquidante organiza o quadro geral de credores, realiza o ativo e liquida o passivo. Os participantes, inclusive, os assistidos, dos planos de benefícios ficam dispensados de se habilitarem a seus respectivos créditos, estejam estes sendo recebidos ou não. Os participantes, inclusive, os assistidos, dos planos de benefícios têm privilégio especial sobre os ativos garantidores das reservas técnicas e, caso estes não sejam suficientes para a cobertura dos direitos respectivos, privilégio geral sobre as demais partes não vinculadas ao ativo. Os participantes que já estiverem recebendo benefícios ou que já tiverem adquirido esse direito antes de decretada a liquidação extrajudicial têm preferência sobre os demais participantes. Os créditos não têm preferência sobre os créditos de natureza trabalhista ou tributária.

O interventor tem amplos poderes de administração e representação e o liquidante plenos poderes de administração, representação e liquidação. Compete ao órgão fiscalizador decretar, aprovar e rever os atos próprios, bem como nomear, por intermédio do seu dirigente máximo, o interventor ou o liquidante. A intervenção e a liquidação extrajudicial determinam a perda do mandato dos administradores e dos membros dos conselhos estatutários das entidades, sejam titulares, sejam suplentes. Os créditos das entidades de previdência complementar, em caso de liquidação ou falência de patrocinadores, têm privilégio especial sobre a massa, respeitado o privilégio dos créditos trabalhistas e tributários.

Os administradores de entidade, os procuradores com poderes de gestão, os membros de conselhos estatutários, o interventor e o liquidante respondem civilmente pelos danos ou prejuízos que causarem, por ação ou omissão, às entidades de previdência complementar, pelo art. 63 da legislação comentada. São também responsáveis os administradores dos patrocinadores ou instituidores, os atuários, os auditores independentes, os avaliadores de gestão e outros profissionais que prestem serviços técnicos à entidade, diretamente ou por intermédio de pessoa jurídica contratada. O órgão fiscalizador competente, o Banco Central do Brasil, a Comissão de Valores Mobiliários ou a Secretaria da Receita Federal do Brasil, constatando a existência de práticas irregulares ou indícios de crimes em entidades de previdência complementar, noticia ao Ministério Público, enviando-lhe os documentos comprobatórios. O sigilo de operações não pode ser invocado como óbice à troca de informações entre os órgãos mencionados, nem ao fornecimento de informações requisitadas pelo Ministério Público.

De acordo com o art. 65 da legislação comentada, a infração de qualquer disposição legal e regulamentar para qual não haja penalidade expressamente cominada sujeita a pessoa física ou jurídica responsável, conforme o caso e a gravidade da infração, às seguintes penalidades administrativas, observado o disposto em regulamento: a) advertência; b) suspensão do exercício de atividades em entidades de previdência complementar pelo prazo de até cento e oitenta dias; c) inabilitação, pelo prazo de dois a dez anos, para o exercício de cargo ou função nas entidades de previdência complementar, nas sociedades seguradoras, nas instituições financeiras e no serviço público; d) multa de dois mil reais a um milhão de reais, devendo esses valores, a partir da publicação desta lei complementar, ser reajustados de forma a preservar, em caráter permanente, seus valores reais.

4.5. Regime de Previdência Complementar do Servidor Público

O Regime de Previdência Complementar foi instituído pela Lei Federal nº 12.618, de 30.04.2012, o regime de previdência complementar a que se referem os §§ 14, 15 e 16 do art. 40 da Constituição Federal para os servidores públicos titulares de cargo efetivo da União, suas autarquias e fundações, inclusive para os membros do Poder Judiciário, do Ministério Público da União e do Tribunal de Contas da União. Os servidores e os membros referidos que tenham ingressado no serviço público até a data anterior ao início da vigência do regime de previdência complementar podem, mediante prévia e expressa opção, aderir ao regime de que trata essa lei.

Para os efeitos da lei federal acima, entende-se por: a) patrocinador, a União, suas autarquias e fundações, em decorrência da aplicação desta lei; b) participante, o servidor público titular de cargo efetivo da União, inclusive o membro do Poder Judiciário, do Ministério Público e do Tribunal de Contas da União, que aderir aos planos de benefícios administrados pelas entidades mencionadas; c) assistido, o participante ou o seu beneficiário em gozo de benefício de prestação continuada.

Pelo art. 3º, da lei federal, aplica-se o limite máximo estabelecido para os benefícios do Regime Geral de Previdência Social (RGPS) às aposentadorias e pensões a serem concedidas pelo regime de previdência da União de que trata o art. 40 da Constituição Federal, observado o disposto na Lei Federal nº 10.887, de 18.06.2004, aos servidores públicos federais e aos membros que tiverem ingressado no serviço público: a) a partir do início da vigência do regime de previdência complementar do servidor público federal, independentemente de sua adesão ao plano de benefícios; b) até a data anterior ao início da vigência do regime de previdência complementar, e nele tenham permanecido sem perda do vínculo efetivo, e que exerçam a opção prevista no § 16 do art. 40 da Constituição Federal. É assegurado aos servidores e aos membros o direito a um benefício especial calculado com base nas contribuições recolhidas ao regime de previdência da União, dos Estados, do Distrito Federal ou dos Municípios de que trata o art. 40 da Constituição Federal, observada a sistemática estabelecida e o direito à compensação financeira de que trata o § 9º do art. 201 da Constituição Federal.

O benefício especial, deve ser equivalente à diferença entre a média aritmética simples das maiores remunerações anteriores à data de mudança do regime, utilizadas como base para as contribuições do servidor ao regime de previdência da União, dos Estados, do Distrito Federal ou dos Municípios, atualizadas pelo Índice Nacional de Preços ao Consumidor Amplo (IPCA), divulgado pela Fundação Instituto Brasileiro de Geografia e Estatística (IBGE), ou outro índice que venha a substituí-lo, correspondentes a oitenta por cento de todo o período contributivo desde a competência julho de 1994 ou desde a do início da contribuição, se posterior àquela competência, e o limite máximo, na forma regulamentada pelo Poder Executivo, multiplicada pelo fator de conversão. O fator de conversão, cujo resultado é limitado ao máximo de um, precisa ser calculado mediante a aplicação da seguinte fórmula:

> FC = Tc/Tt
>
> Onde:
>
> FC = fator de conversão;
>
> Tc = quantidade de contribuições mensais efetuadas para o regime de previdência da União de que trata o art. 40 da Constituição Federal, efetivamente pagas pelo servidor titular de cargo efetivo da União ou por membro do Poder Judiciário, do Tribunal de Contas e do Ministério Público da União até a data da opção;
>
> Tt = 455, quando servidor titular de cargo efetivo da União ou membro do Poder Judiciário, do Tribunal de Contas e do Ministério Público da União, se homem, nos termos da alínea "a" do inciso III do art. 40 da Constituição Federal;
>
> Tt = 390, quando servidor titular de cargo efetivo da União ou membro do Poder Judiciário, do Tribunal de Contas e do Ministério Público da União, se mulher, ou professor de educação infantil e do ensino fundamental, nos termos do § 5º do art. 40 da Constituição Federal, se homem;

> Tt = 325, quando servidor titular de cargo efetivo da União de professor de educação infantil e do ensino fundamental, nos termos do § 5º do art. 40 da Constituição Federal, se mulher.

O fator de conversão deve ser ajustado pelo órgão competente para a concessão do benefício quando o tempo de contribuição exigido para concessão da aposentadoria de servidor com deficiência, ou que exerça atividade de risco, ou cujas atividades sejam exercidas sob condições especiais que prejudiquem a saúde ou a integridade física, for inferior ao "Tt" acima. O benefício especial é pago pelo órgão competente da União, por ocasião da concessão de aposentadoria, inclusive por invalidez, ou pensão por morte pelo regime próprio de previdência da União, de que trata o art. 40 da Constituição Federal, enquanto perdurar o benefício pago por esse regime, inclusive junto com a gratificação natalina. Por outro lado, o benefício especial calculado deve ser atualizado pelo mesmo índice aplicável ao benefício de aposentadoria ou pensão mantido pelo regime geral de previdência social. O prazo para a opção acima é de vinte e quatro meses, contados a partir do início da vigência do regime de previdência complementar. O exercício da opção é irrevogável e irretratável, não sendo devida pela União e suas autarquias e fundações públicas qualquer contrapartida referente ao valor dos descontos já efetuados sobre a base de contribuição acima do limite previsto acima.

Pelo art. 4º, da lei acima, é a União autorizada a criar, as seguintes entidades fechadas de previdência complementar, com a finalidade de administrar e executar planos de benefícios de caráter previdenciário nos termos da Lei Complementar nº 108, de 29.05.2001, e da Lei Complementar nº 109, de 29.05.2001:

> I – a Fundação de Previdência Complementar do Servidor Público Federal do Poder Executivo (Funpresp-Exe), para os servidores públicos titulares de cargo efetivo do Poder Executivo, por meio de ato do Presidente da República; II – a Fundação de Previdência Complementar do Servidor Público Federal do Poder Legislativo (Funpresp-Leg), para os servidores públicos titulares de cargo efetivo do Poder Legislativo e do Tribunal de Contas da União e para os membros deste Tribunal, por meio de ato conjunto dos Presidentes da Câmara dos Deputados e do Senado Federal; III – a Fundação de Previdência Complementar do Servidor Público Federal do Poder Judiciário (Funpresp-Jud), para os servidores públicos titulares de cargo efetivo e para os membros do

Poder Judiciário, por meio de ato do Presidente do Supremo Tribunal Federal.

A Funpresp-Exe, a Funpresp-Leg e a Funpresp-Jud devem ser estruturadas na forma de fundação, de natureza pública, com personalidade jurídica de direito privado, gozarão de autonomia administrativa, financeira e gerencial e terão sede e foro no Distrito Federal. Por ato conjunto das autoridades competentes para a criação das fundações previstas acima, poderá ser criada fundação que contemple os servidores públicos de dois ou dos três Poderes. Consideram-se membros do Tribunal de Contas da União, para os efeitos da Lei Federal nº 12.618, de 30.04.2012, os Ministros, os Auditores e os Subprocuradores-Gerais e Procuradores do Ministério Público junto ao Tribunal de Contas da União.

Pelo art. 5º, da lei acima, a estrutura organizacional das entidades são constituída de Conselho Deliberativo, Conselho Fiscal e Diretoria Executiva, observadas as disposições da Lei Complementar nº 108, de 29.05.2001. Os Conselhos Deliberativos têm composição paritária e cada um deve ser integrado por seis membros. Os Conselhos Fiscais têm composição paritária e cada um deles é integrado por quatro membros. Os membros dos conselhos deliberativos e dos conselhos fiscais das entidades fechadas são designados pelos Presidentes da República e do Supremo Tribunal Federal e por ato conjunto dos Presidentes da Câmara dos Deputados e do Senado Federal, respectivamente. A Presidência dos Conselhos Deliberativos deve ser exercida pelos membros indicados pelos patrocinadores, na forma prevista no estatuto das entidades fechadas de previdência complementar. A Presidência dos Conselhos Fiscais deve ser exercida pelos membros indicados pelos participantes e assistidos, na forma prevista no estatuto das entidades fechadas de previdência complementar. As Diretorias Executivas são compostas, no máximo, por quatro membros, nomeados pelos conselhos deliberativos das entidades fechadas de previdência complementar.

A remuneração e as vantagens de qualquer natureza dos membros das Diretorias Executivas das entidades fechadas de previdência complementar são fixadas pelos seus Conselhos Deliberativos em valores compatíveis com os níveis prevalecentes no mercado de trabalho para profissionais de graus equivalentes de formação profissional e de especialização, observado o disposto no inciso XI do art. 37 da

Constituição Federal. A remuneração dos membros dos Conselhos Deliberativo e Fiscal é limitada a dez por cento do valor da remuneração dos membros da Diretoria Executiva. Os requisitos previstos nos incisos I a IV do art. 20 da Lei Complementar nº 108, de 29.05.2001, estendem-se aos membros dos Conselhos Deliberativos e Fiscais das entidades fechadas de previdência complementar. As entidades fechadas de previdência complementar podem criar, observado o disposto no estatuto e regimento interno, Comitês de Assessoramento Técnico, de caráter consultivo, para cada plano de benefícios por elas administrado, com representação paritária entre os patrocinadores e os participantes e assistidos, sendo estes eleitos pelos seus pares, com as atribuições de apresentar propostas e sugestões quanto à gestão da entidade e sua política de investimentos e à situação financeira e atuarial dos respectivos planos de benefícios e de formular recomendações prudenciais a elas relacionadas.

É exigida a instituição de Código de Ética e de Conduta (CEC), inclusive com regras para prevenir conflito de interesses e proibir operações dos dirigentes com partes relacionadas, que terá ampla divulgação, especialmente entre os participantes e assistidos e as partes relacionadas, cabendo aos conselhos fiscais das entidades fechadas de previdência complementar assegurar o seu cumprimento, pelo art. 6º da Lei Federal nº 12.618, de 30.04.2012. Compete ao órgão fiscalizador das entidades fechadas de previdência complementar definir o universo das partes relacionadas acima.

O regime jurídico de pessoal das entidades fechadas de previdência complementar dos servidores públicos federais deve ser o previsto na legislação trabalhista. Pelo art. 8º, da lei federal acima, além da sujeição às normas de direito público que decorram de sua instituição pela União como fundação de direito privado, integrante da sua administração indireta, a natureza pública das entidades fechadas a que se refere o § 15 do art. 40 da Constituição Federal consiste na: a) submissão à legislação federal sobre licitação e contratos administrativos; b) realização de concurso público para a contratação de pessoal, no caso de empregos permanentes, ou de processo seletivo, em se tratando de contrato temporário, conforme a Lei Federal nº 8.745, de 09.12.1993; c) publicação anual, na imprensa oficial ou em sítio oficial da administração pública certificado digitalmente por autoridade para esse fim credenciada no âmbito da Infraestrutura de Chaves Públicas Brasileira (ICP Brasil), de seus demonstrativos contábeis, atuariais, financeiros e de benefícios, sem prejuízo do fornecimento de informações aos participantes e assistidos dos planos de benefícios e ao órgão fiscalizador das entidades fechadas de previdência complementar, na forma da Lei Complementares nº 108, de 29.05.2001, e da Lei Complementares nº 109, de 29.05.2001.

A administração das entidades fechadas de previdência complementar referidas acima observam os princípios que regem a administração pública, especialmente os da eficiência e da economicidade, devendo adotar mecanismos de gestão operacional que maximizem a utilização de recursos, de forma a otimizar o atendimento aos participantes e assistidos e diminuir as despesas administrativas, pelo art. 9º, da Lei Federal nº 12.618, de 30.04.2012. As despesas administrativas são custeadas na forma dos regulamentos dos planos de benefícios, observado o disposto no *caput* do art. 7º da Lei Complementar nº 108, de 29.05.2001, e ficam limitadas aos valores estritamente necessários à sustentabilidade do funcionamento das entidades fechadas de previdência complementar. O montante de recursos destinados à cobertura das despesas administrativas deve ser revisto ao final de cada ano.

As entidades fechadas de previdência complementar são mantidas integralmente por suas receitas, oriundas das contribuições de patrocinadores, participantes e assistidos, dos resultados financeiros de suas aplicações e de doações e legados de qualquer natureza, observado o disposto no § 3º do art. 202 da Constituição Federal. Pelo art. 11, da Lei Federal nº 12.618, de 30.04.2012, a União, suas autarquias e fundações são responsáveis, na qualidade de patrocinadores, pelo aporte de contribuições e pelas transferências às entidades fechadas de previdência complementar das contribuições descontadas dos seus servidores, e nos estatutos respectivos das entidades. As contribuições devidas pelos patrocinadores devem ser pagas de forma centralizada pelos respectivos Poderes da União, pelo Ministério Público da União e pelo Tribunal de Contas da União. O pagamento ou a transferência das contribuições após o dia dez do mês seguinte ao da competência: a) enseja a aplicação dos acréscimos de mora previstos para os tributos federais; b) sujeita o responsável às sanções penais e administrativas cabíveis.

Os planos de benefícios da Funpresp-Exe, da Funpresp-Leg e da Funpresp-Jud são estruturados na modalidade de contribuição definida, nos termos da regulamentação estabelecida pelo órgão regulador das entidades fechadas de previdência complementar, e financiados de acordo com os planos de custeio definidos nos termos do art. 18 da Lei Complementar nº 109, de 29.05.2001, observadas as demais disposições da Lei Complementar nº 108, de 29.05.2001. A distribuição das contribuições nos planos de benefícios e nos planos de custeio é revista sempre que necessário, para manter o equilíbrio permanente dos planos de benefícios. Sem prejuízo do disposto no § 3º do art. 18 da Lei Complementar nº 109, de 29.05.2001, o valor do benefício programado precisa ser calculado de acordo com o montante do saldo da conta acumulado pelo participante, devendo o valor do benefício estar permanentemente ajustado ao referido saldo. Os benefícios não programados são definidos nos regulamentos dos planos, observado o seguinte: a) devem ser assegurados, pelo menos, os benefícios decorrentes dos eventos invalidez e morte e, se for o caso, a cobertura de outros riscos atuariais; b) têm custeio específico para sua cobertura.

A Lei Federal nº 12.618, de 30.04.2012, estabelece os requisitos para aquisição, para manutenção e para perda da qualidade de participante, assim como os requisitos de elegibilidade e a forma de concessão, cálculo e pagamento dos benefícios, devem constar dos regulamentos dos planos de benefícios, observadas as disposições das Lei Complementar nº 108, de 29.05.2001, e da Lei Complementar nº 109, de 29.05.2001, e a regulamentação do órgão regulador das entidades fechadas de previdência complementar. O servidor com remuneração inferior ao limite máximo estabelecido para os benefícios do regime geral de previdência social pode aderir aos planos de benefícios administrados pelas entidades fechadas de previdência complementar dos servidores públicos e membros, sem contrapartida do patrocinador, cuja base de cálculo será definida nos regulamentos.

Podem permanecer filiado aos respectivos planos de benefícios o participante, pelo art. 14, da lei federal, o seguinte: a) cedido a outro órgão ou entidade da administração pública direta ou indireta da União, Estados, Distrito Federal e Municípios, inclusive suas empresas públicas e sociedades de economia mista; b) afastado ou licenciado do cargo efetivo temporariamente, com ou sem recebimento de remuneração; c) que optar pelo benefício proporcional diferido ou autopatrocínio, na forma do regulamento do plano de benefícios. Os regulamentos dos planos de benefícios disciplinam as regras para a manutenção do custeio do plano de benefícios, observada a legislação aplicável. Os patrocinadores arcam com as suas contribuições somente quando a cessão, o afastamento ou a licença do cargo efetivo implicar ônus para a União, suas autarquias e fundações. Havendo cessão com ônus para o cessionário, este deve recolher às entidades fechadas de previdência complementar a contribuição aos planos de benefícios, nos mesmos níveis e condições que seria devida pelos patrocinadores, na forma definida nos regulamentos dos planos.

Pelo art. 15, da lei federal, a aplicação dos recursos garantidores correspondentes às reservas, às provisões e aos fundos dos planos de benefícios da Funpresp-Exe, da Funpresp-Leg e da Funpresp-Jud obedece às diretrizes e aos limites prudenciais estabelecidos pelo Conselho Monetário Nacional (CMN). A gestão dos recursos garantidores dos planos de benefícios administrados pelas entidades referidas acima pode ser realizada por meio de carteira própria, carteira administrada ou fundos de investimento. As entidades referidas podem contratar, para a gestão dos recursos garantidores, somente instituições, administradores de carteiras ou fundos de investimento que estejam autorizados e registrados na Comissão de Valores Mobiliários (CVM).

A contratação das instituições acima é feita mediante licitação, cujos contratos devem ter prazo total máximo de execução de cinco anos. O edital da licitação estabelece, entre outras, disposições relativas aos limites de taxa de administração e de custos que podem ser imputados aos fundos, bem como, no que concerne aos administradores, a solidez, o porte e a experiência em gestão de recursos. Cada instituição contratada pode administrar, no máximo, vinte por cento dos recursos garantidores correspondentes às reservas técnicas, aos fundos e às provisões. As instituições referidas não podem ter qualquer ligação societária com outra instituição que esteja concorrendo na mesma licitação ou que já administre reservas, provisões e fundos da mesma entidade fechada de previdência complementar.

Pelo art. 16, da lei federal, as contribuições do patrocinador e do participante incidem sobre a parcela da base de contribuição que exceder o limite máximo, observado o disposto no inciso XI do art. 37 da Constituição Federal. Considera-se base de contribuição aquela definida pelo § 1º do art. 4º da Lei Federal nº 10.887, de 18.06.2004, podendo o participante optar pela inclusão de parcelas remuneratórias percebidas em decorrência do local de trabalho e do exercício de cargo em comissão ou função de confiança. A alíquota da contribuição do participante é por ele definida anualmente, observado o disposto no regulamento do plano de benefícios. A alíquota da contribuição do patrocinador deve ser igual à do participante, observado o disposto no regulamento do plano de benefícios, e não pode exceder o percentual de oito e meio por cento. Além da contribuição normal, o participante pode contribuir facultativamente, sem contrapartida do patrocinador, na forma do regulamento do plano. A remuneração do servidor, quando devida durante afastamentos considerados por lei como de efetivo exercício, é integralmente coberta pelo ente público, continuando a incidir a contribuição para o regime de previdência fechado dos servidores federais.

Pelo art. 17, da Lei Federal nº 12.618, de 30.04.2012, o plano de custeio previsto no art. 18 da Lei Complementar nº 109, de 29.05.2001, discrimina o percentual da contribuição do participante e do patrocinador, conforme o caso, para cada um dos benefícios previstos no plano de benefícios, observado o disposto no art. 6º da Lei Complementar nº 108, de 29.05.2001. O plano de custeio deve prever parcela da contribuição do participante e do patrocinador com o objetivo de compor o Fundo de Cobertura de Benefícios Extraordinários (FCBE), do qual são vertidos montantes, a título de contribuições extraordinárias, à conta mantida em favor do participante, nas hipóteses e na forma prevista.

As contribuições extraordinárias são vertidas nas seguintes hipóteses: a) morte do participante; b) invalidez do participante; c) aposentadoria nas hipóteses dos §§ 4º e 5º do art. 40 da Constituição Federal; d) aposentadoria das mulheres, na hipótese da alínea *a* do inciso III do § 1º do art. 40 da Constituição Federal; e) sobrevivência do assistido. O montante do aporte extraordinário de que tratam os incisos III e IV do § 2º, do art. 17, da lei federal, é equivalente à diferença entre a reserva acumulada pelo participante e o produto desta mesma reserva multiplicado pela razão entre trinta e cinco e o número de anos de contribuição exigido para a concessão do benefício pelo regime próprio de previdência social de que trata o art. 40 da Constituição Federal. As entidades fechadas de previdência complementar referidas mantêm controles das reservas constituídas em nome do participante, registrando contabilmente as contribuições deste e as dos patrocinadores.

Pelo art. 19, da lei federal, a constituição, o funcionamento e a extinção da Funpresp-Exe, da Funpresp-Leg e da Funpresp-Jud, a aplicação de seus estatutos, regulamentos dos planos de benefícios, convênios de adesão e suas respectivas alterações, assim como as retiradas de patrocínios, dependem de prévia e expressa autorização do órgão fiscalizador das entidades fechadas de previdência complementar. São submetidas ao órgão fiscalizador das entidades fechadas de previdência complementar: a) as propostas de aprovação do estatuto e de instituição de planos de benefícios da entidade fechada de previdência complementar, bem como suas alterações; b) a proposta de adesão de novos patrocinadores a planos de benefícios em operação na entidade fechada de previdência complementar. No caso da Funpresp-Exe, as propostas de aprovação do estatuto, de adesão de novos patrocinadores e de instituição de planos devem estar acompanhadas de manifestação favorável do Ministério do Planejamento, Orçamento e Gestão e do Ministério da Fazenda. No caso da Funpresp-Leg, as propostas de aprovação do estatuto, de adesão de novos patrocinadores e de instituição de planos devem estar acompanhadas de manifestação favorável das Mesas Diretoras da Câmara dos Deputados e do Senado Federal. No caso da Funpresp-Jud, as propostas de aprovação do estatuto, de adesão de novos patrocinadores e de instituição de planos devem estar acompanhadas de manifestação favorável, do Supremo Tribunal Federal.

Pelo art. 20, da Lei Federal nº 12.618, de 30.04.2012, a supervisão e a fiscalização da Funpresp-Exe, da Funpresp-Leg e da Funpresp-Jud e dos seus planos de benefícios competem ao órgão fiscalizador das entidades fechadas de previdência complementar, no caso a Previc, que é uma autarquia vinculada ao Ministério da Previdência Social, responsável por fiscalizar as atividades das entidades fechadas de previdência complementar, ou fundos de pensão. No caso, a Superintendência Nacional de Previdência Complementar (Previc), instituída pela Lei Federal nº 12.154, de 23.12.2009, atua como entidade de fiscalização e de supervisão das atividades das entidades fechadas de previdência complementar e de execução das políticas para o regime de previdência complementar operado pelas entidades fechadas de previdência complementar, observando, inclusive, as diretrizes estabelecidas pelo Conselho Monetário Nacional e pelo Conselho Nacional de Previdência Complementar. A competência exercida pelo órgão referido acima não exime os patrocinadores da responsabilidade pela supervisão e fiscalização sistemática das atividades das entidades fechadas de previdência complementar. Os resultados da supervisão e da fiscalização exercidas pelos patrocinadores são encaminhados ao órgão mencionado acima. Aplica-se, no âmbito da Funpresp-Exe, da Funpresp-Leg e da Funpresp-Jud, o regime disciplinar previsto no Capítulo VII da Lei Complementar nº 109, de 29.05.2001.

A Emenda Constitucional nº 103, de 12.11.2019, alterou o § 14 do art. 40, do texto constitucional federal.

4.6. Regime Próprio de Previdência Social (RPPS) Estadual ou Distrital

Os Estados e o Distrito Federal têm competência concorrente com a União, para legislarem sobre previdência social, conforme o art. 24, XII, da Constituição Federal. Pode o Estado ou o Distrito Federal estabelecer normas sobre a matéria, desde que não colidam com normas gerais estabelecidas pela União. Caso esta não o tenha feito, trata-se de competência plena estadual ou distrital. Caso haja norma geral superveniente da União, ela suspende a norma local, conforme os parágrafos do art. 24 do texto constitucional.

O art. 149, da Constituição Federal, dispõe sobre contribuição social e pelo § 1º, a União, os Estados, o Distrito Federal e os Municípios devem instituir, por meio de lei, contribuições para custeio de Regime Próprio de Previdência Social (RPPS), cobradas dos servidores ativos, dos aposentados e dos pensionistas, que podem ter alíquotas progressivas de acordo com o valor da base de contribuição ou dos proventos de aposentadoria e de pensões. Quando houver deficit atuarial, a contribuição ordinária dos aposentados e pensionistas pode incidir sobre o valor dos proventos de aposentadoria e de pensões que supere o salário-mínimo. Demonstrada a insuficiência da medida prevista no § 1º-A, do referido art. 40, para equacionar o déficit atuarial, é facultada a instituição de contribuição extraordinária, no âmbito da União, dos servidores públicos ativos, dos aposentados e dos pensionistas. A contribuição extraordinária de que trata o § 1º-B deve ser instituída simultaneamente com outras medidas para equacionamento do déficit e vigora por período determinado, contado da data de sua instituição.

Em virtude da não previsão no art. 145 da Constituição Federal, a contribuição social de seguridade é um tributo especial e vinculado, no sentido de relacionar a incidência do fato gerador com a atividade estatal, apresentando benefícios para os trabalhadores da atividade sujeita à cobrança da contribuição social e para as próprias empresas que suportam o ônus da contribuição. Para estas, o benefício é que há uma maior capacitação de sua mão de obra; para aqueles, é que se especializam e valorizam seu trabalho; também a sociedade como um todo é beneficiada, em razão da melhoria do grau de educação de sua gente. Por outro lado, ocorre o trabalho de educação e assistência social para os trabalhadores dos diferentes setores da economia, em especial, para a educação de conhecimentos técnicos, relativos ao desenvolvimento de tecnologia e da pesquisa.

Trata-se das contribuições sociais das antigas contribuições parafiscais, que eram contribuições do gênero tributo, amparadas no poder que a Fazenda Pública tem de intervir no domínio econômico, permitindo o recolhimento de contribuição para associações profissionais e satisfazendo o sistema previdenciário. De sua competência original, asseguraram-se as contribuições sociais, previstas no § 1º do art. 149 da Constituição Federal, bem como as contribuições para a seguridade social, previstas no art. 195 da Constituição Federal. Acresceu-se, ainda, a possibilidade de os Estados, o Distrito Federal e os Municípios instituírem contribuição para seus servidores, para constituir instituto de previdência e assistência social. Deve-se mencionar, ainda, que existem outras contribuições, como as contribuições para os sindicatos, previstas no art. 8º, IV, do texto constitucional; a contribuição de categoria profissional, descontada dos associados em folha, para o custeio do sistema confederativo de representação profissional, e a contribuição prevista em lei, para toda a categoria profissional, sem distinção, o antigo "imposto sindical".

Compete exclusivamente à União instituir contribuições sociais, de intervenção no domínio econômico e de interesse das categorias profissionais ou econômicas, como instrumento de sua atuação nas respectivas áreas. Criou-se, assim, a possibilidade da União intervir no domínio econômico, para que a limitação ao direito de propriedade de algumas resultasse em benefício dos demais. Criaram-se contribuições para financiar instituições como o Serviço Nacional de Aprendizagem Industrial (SENAI), o Serviço Nacional de Aprendizagem Comercial (SENAC) e o Serviço Nacional de Aprendizagem Rural (SENAR), dentre alguns mais, além de outros que devolvem à sociedade o benefício, através da realização de cursos de especialização técnica, bem como de assessoria para a abertura de negócios e atividades econômicas.

Possibilitou-se, ainda, a instituição de contribuição social de interesse das categorias profissionais ou econômicas. Assegurou-se à União a competência para legislar sobre as condições para o exercício das profissões, previsto no art. 22, XVI, segunda parte, da Constituição Federal. O sistema que exerce o controle do exercício profissional é feito por Conselhos Profissionais, que têm caráter de autarquia especial, como o Conselho Federal de Medicina (CFM), Lei Federal nº 3.268, de 30.09.1957, e o Conselho Federal de Engenharia, Arquitetura e Agronomia (CONFEA), Lei Federal nº 5.194, de 24.12.1966, por exemplo. Existem outros, como a Ordem dos Advogados do Brasil (OAB), que foi definida como um serviço público federal, dotada de personalidade jurídica e forma federativa, de acordo com o art. 44 da Lei Federal nº 8.906, de 04.07.1994. Para alguns juristas, trata-se de um serviço público não governamental, realizado por outras autarquias especiais.

Encontra-se definido que a contribuição social está condicionada às regras previstas em lei complementar para estabelecer as normas gerais de legislação tributária, sendo esta legislação o Código Tributário Nacional (CTN), Lei Federal nº 5.172, de 25.10.1966, que foi recepcionado como lei complementar, tratada no art. 146, III, da Constituição Federal. Por outro lado, encontra-se previsto que deve ser instituído através de lei, conforme o art. 150, I, do texto constitucional, bem como prevalecem os princípios da anterioridade, tratados no inciso III desse artigo da Constituição Federal, e que não pode ser exigido noventa dias depois da data da publicação da lei, conforme o art. 195, § 6º, da Constituição Federal, relativamente às contribuições a que alude o dispositivo.

Para Delúbio Gomes Pereira da Silva, "como ocorreu com a União, os regimes próprios de previdência social dos Estados e dos Municípios sempre foram considerados uma extensão da política de pessoal, assim os dados da previdência pública estavam diluídos entre os dados do gasto de pessoal, não sendo considerados, na maioria dos casos, importantes na elaboração dos orçamentos públicos. Além disso, deve ser considerado, como citado anteriormente, que o INSS começou a cobrar efetivamente dos Estados e Municípios a contribuição previdenciária, e isto incentivou a instituição de diversos regimes previdenciários, principalmente, nos Municípios".[6]

A Emenda Constitucional Federal nº 103, de 12.11.2019, estabeleceu quanto ao Regime Próprio de Previdência Social, (RPPS), que:

> Art. 14. Vedadas a adesão de novos segurados e a instituição de novos regimes dessa natureza, os atuais segurados de regime de previdência aplicável a titulares de mandato eletivo da União, dos Estados, do Distrito Federal e dos Municípios poderão, por meio de opção expressa formalizada no prazo de 180 (cento e oitenta) dias, contado da data de entrada em vigor desta Emenda Constitucional, retirar-se dos regimes previdenciários aos quais se encontrem vinculados.
> § 1º Os segurados, atuais e anteriores, do regime de previdência de que trata a Lei nº 9.506, de 30 de outubro de 1997, que fizerem a opção de permanecer nesse regime previdenciário deverão cumprir período adicional correspondente a 30% (trinta por cento) do tempo de contribuição que faltaria para aquisição do direito à aposentadoria na data de entrada em vigor desta Emenda Constitucional e somente poderão aposentar-se a partir dos 62 (sessenta e dois) anos de idade, se mulher, e 65 (sessenta e cinco) anos de idade, se homem.
> § 2º Se for exercida a opção prevista no caput, será assegurada a contagem do tempo de contribuição vertido para o regime de previdência ao qual o segurado se encontrava vinculado, nos termos do disposto no § 9º do art. 201 da Constituição Federal.
> § 3º A concessão de aposentadoria aos titulares de mandato eletivo e de pensão por morte aos dependentes de titular de mandato eletivo falecido será assegurada, a qualquer tempo, desde que cumpridos os requisitos para obtenção desses benefícios até a data de entrada em vigor desta Emenda Constitucional, observados os critérios da legislação vigente na data em que foram atendidos os requisitos para a concessão da aposentadoria ou da pensão por morte.
> § 4º Observado o disposto nos §§ 9º e 9º-A do art. 201 da Constituição Federal, o tempo de contribuição a regime próprio de previdência social e ao Regime Geral de Previdência Social, assim como o tempo de contri-

---

6 "Estes incentivos de curto prazo à proliferação dos fundos e institutos de previdência do servidor público eram bem definidos – i) desobrigação do poder público de recolhimento ao INSS e FGTS, que oneravam em aproximadamente 30% a folha de salários dos orçamentos estaduais e municipais; ii) expectativa de recebimento de recursos do INSS em virtude da compensação financeira entre os regimes próprios e o INSS; iii) acesso a recursos provenientes das contribuições dos servidores públicos" (SILVA, Delúbio Gomes Pereira da. *Regime de Previdência Social dos Servidores Públicos no Brasil*: perspectivas, *op. cit.*, pp. 57-8).

buição decorrente das atividades militares de que tratam os arts. 42 e 142 da Constituição Federal, que tenha sido considerado para a concessão de benefício pelos regimes a que se refere o caput não poderá ser utilizado para obtenção de benefício naqueles regimes.
§ 5º Lei específica do Estado, do Distrito Federal ou do Município deverá disciplinar a regra de transição a ser aplicada aos segurados que, na forma do caput, fizerem a opção de permanecer no regime previdenciário de que trata este artigo.
Art. 15. Ao segurado filiado ao Regime Geral de Previdência Social até a data de entrada em vigor desta Emenda Constitucional, fica assegurado o direito à aposentadoria quando forem preenchidos, cumulativamente, os seguintes requisitos:
I – 30 (trinta) anos de contribuição, se mulher, e 35 (trinta e cinco) anos de contribuição, se homem; e
II – somatório da idade e do tempo de contribuição, incluídas as frações, equivalente a 86 (oitenta e seis) pontos, se mulher, e 96 (noventa e seis) pontos, se homem, observado o disposto nos §§ 1º e 2º.
§ 1º A partir de 1º de janeiro de 2020, a pontuação a que se refere o inciso II do caput será acrescida a cada ano de 1 (um) ponto, até atingir o limite de 100 (cem) pontos, se mulher, e de 105 (cento e cinco) pontos, se homem.
§ 2º A idade e o tempo de contribuição serão apurados em dias para o cálculo do somatório de pontos a que se referem o inciso II do caput e o § 1º.
§ 3º Para o professor que comprovar exclusivamente 25 (vinte e cinco) anos de contribuição, se mulher, e 30 (trinta) anos de contribuição, se homem, em efetivo exercício das funções de magistério na educação infantil e no ensino fundamental e médio, o somatório da idade e do tempo de contribuição, incluídas as frações, será equivalente a 81 (oitenta e um) pontos, se mulher, e 91 (noventa e um) pontos, se homem, aos quais serão acrescidos, a partir de 1º de janeiro de 2020, 1 (um) ponto a cada ano para o homem e para a mulher, até atingir o limite de 92 (noventa e dois) pontos, se mulher, e 100 (cem) pontos, se homem.
§ 4º O valor da aposentadoria concedida nos termos do disposto neste artigo será apurado na forma da lei.
Art. 16. Ao segurado filiado ao Regime Geral de Previdência Social até a data de entrada em vigor desta Emenda Constitucional fica assegurado o direito à aposentadoria quando preencher, cumulativamente, os seguintes requisitos:
I – 30 (trinta) anos de contribuição, se mulher, e 35 (trinta e cinco) anos de contribuição, se homem; e
II – idade de 56 (cinquenta e seis) anos, se mulher, e 61 (sessenta e um) anos, se homem.
§ 1º A partir de 1º de janeiro de 2020, a idade a que se refere o inciso II do caput será acrescida de 6 (seis) meses a cada ano, até atingir 62 (sessenta e dois) anos de idade, se mulher, e 65 (sessenta e cinco) anos de idade, se homem.

§ 2º Para o professor que comprovar exclusivamente tempo de efetivo exercício das funções de magistério na educação infantil e no ensino fundamental e médio, o tempo de contribuição e a idade de que tratam os incisos I e II do caput deste artigo serão reduzidos em 5 (cinco) anos, sendo, a partir de 1º de janeiro de 2020, acrescidos 6 (seis) meses, a cada ano, às idades previstas no inciso II do caput, até atingirem 57 (cinquenta e sete) anos, se mulher, e 60 (sessenta) anos, se homem.
§ 3º O valor da aposentadoria concedida nos termos do disposto neste artigo será apurado na forma da lei.
Art. 17. Ao segurado filiado ao Regime Geral de Previdência Social até a data de entrada em vigor desta Emenda Constitucional e que na referida data contar com mais de 28 (vinte e oito) anos de contribuição, se mulher, e 33 (trinta e três) anos de contribuição, se homem, fica assegurado o direito à aposentadoria quando preencher, cumulativamente, os seguintes requisitos:
I – 30 (trinta) anos de contribuição, se mulher, e 35 (trinta e cinco) anos de contribuição, se homem; e
II – cumprimento de período adicional correspondente a 50% (cinquenta por cento) do tempo que, na data de entrada em vigor desta Emenda Constitucional, faltaria para atingir 30 (trinta) anos de contribuição, se mulher, e 35 (trinta e cinco) anos de contribuição, se homem.
Parágrafo único. O benefício concedido nos termos deste artigo terá seu valor apurado de acordo com a média aritmética simples dos salários de contribuição e das remunerações calculada na forma da lei, multiplicada pelo fator previdenciário, calculado na forma do disposto nos §§ 7º a 9º do art. 29 da Lei nº 8.213, de 24 de julho de 1991.
Art. 18. O segurado de que trata o inciso I do § 7º do art. 201 da Constituição Federal filiado ao Regime Geral de Previdência Social até a data de entrada em vigor desta Emenda Constitucional poderá aposentar-se quando preencher, cumulativamente, os seguintes requisitos:
I – 60 (sessenta) anos de idade, se mulher, e 65 (sessenta e cinco) anos de idade, se homem; e
II – 15 (quinze) anos de contribuição, para ambos os sexos.
§ 1º A partir de 1º de janeiro de 2020, a idade de 60 (sessenta) anos da mulher, prevista no inciso I do caput, será acrescida em 6 (seis) meses a cada ano, até atingir 62 (sessenta e dois) anos de idade.
§ 2º O valor da aposentadoria de que trata este artigo será apurado na forma da lei.

Por outro lado, a Emenda Constitucional nº 103, de 12.11.2019, em relação a extinção do Regime Próprio de Previdência Social (RPPS), estabeleceu que:

"Art. 34. Na hipótese de extinção por lei de regime previdenciário e migração dos respectivos segurados para o Regime Geral de Previdência

Social, serão observados, até que lei federal disponha sobre a matéria, os seguintes requisitos pelo ente federativo:
I – assunção integral da responsabilidade pelo pagamento dos benefícios concedidos durante a vigência do regime extinto, bem como daqueles cujos requisitos já tenham sido implementados antes da sua extinção;
II – previsão de mecanismo de ressarcimento ou de complementação de benefícios aos que tenham contribuído acima do limite máximo do Regime Geral de Previdência Social;
III – vinculação das reservas existentes no momento da extinção, exclusivamente:
a) ao pagamento dos benefícios concedidos e a conceder, ao ressarcimento de contribuições ou à complementação de benefícios, na forma dos incisos I e II; e
b) à compensação financeira com o Regime Geral de Previdência Social.
Parágrafo único. A existência de superávit atuarial não constitui óbice à extinção de regime próprio de previdência social e à consequente migração para o Regime Geral de Previdência Social.

4.7. Regime Próprio de Previdência Social (RPPS) Municipal

Os Regimes Próprios de Previdência Social (RPPSs) são aqueles responsáveis pela disciplina previdenciária, em relação aos servidores públicos titulares de cargos públicos efetivos, vinculados a União, Estados, Distrito Federal ou Municípios. Em termos de competência, cabe à União dispor sobre a matéria, conforme o art. 22, XXIII, da Constituição Federal. Quanto aos Estados e ao Distrito Federal, está previsto, no art. 24, XII, e no art. 25 do texto constitucional, o estabelecimento da competência para estes disporem sobre a matéria em relação a seus servidores; porém, não existe referência expressa aos Municípios. Não obstante, considerando o art. 18, quanto à autonomia, o art. 19, III, quanto ao princípio federativo, e o art. 30, I e II, sobre assunto de interesse local, cabe aos Municípios competência para estabelecer Regime Próprio de Previdência Social (RPPS) aos seus servidores.[7] No mesmo sentido, encontra-se o art. 149, § 1º, sobre a cobrança em favor dos Municípios de contribuição social de

7 "A Constituição Federal de 1988, ao prever o regime próprio de previdência dos servidores públicos, nada mais fez do que reconhecer uma situação preexistente" (CAMPOS, Marcelo Barroso Lima Brito. *Regime Próprio de Previdência Social dos Servidores Públicos*, *op. cit.*, p. 75).

seguridade em relação aos seus servidores públicos e o art. 195, § 1º, que dispõe sobre receitas municipais destinadas à seguridade social.

Para Cláudia Fernanda de Oliveira Pereira, "há ainda outro grande impasse surgido com a criação dos Institutos Municipais, que é a continuidade ou não com o Sistema de Previdência Estadual. A duplicidade de situações ensejava dualidade de contribuições, já que a Lei nº 8.213/91 instituiu no art. 2º, VII, como um de seus princípios fundamentais, a previsão da existência de previdência complementar facultativa, custeada por contribuição adicional".[8] No entanto, com a edição da Lei Federal nº 9.717, de 27.11.1998, dissipou a dúvida acima, reconhecendo-se a existência de dois sistemas distintos.

A previdência social é um dos assuntos mais importantes no século XXI, porque diz respeito ao futuro das pessoas, no momento em que há expectativa de crise econômica generalizada, como ocorreu em 2007 e 2008. O Regime Geral de Previdência Social (RGPS) tem a responsabilidade do Instituto Nacional de Seguridade Social (INSS), tanto para os empregados privados, como para os servidores públicos estaduais e municipais se não houver um regime próprio. Para estes, então, existem duas opções: ou permanecer no regime geral ou migrar para o regime próprio em cada unidade federada.

Existe, desse modo, o Regime Geral de Previdência Social (RGPS), previsto na Constituição Federal, no *caput* do art. 201, que diz que "a previdência social será organizada sob a forma do regime geral, de caráter contributivo e de filiação obrigatória, observados critérios que preservem o equilíbrio atuarial [...]". As regras estão nos incisos e parágrafos desse artigo mencionado e na Lei Federal nº 8.212, de 24.07.1991.

Há, também, o regime privado, disposto no *caput* do art. 202, incluído pela Emenda Constitucional nº 20, de 15.12.1998, que estabelece que "o regime de previdência privado, de caráter complementar e organizado de forma autônoma em relação ao regime geral de previdência social, será facultativo, baseado na constituição de reservas que garantam o benefício contratado, e regulado por lei complementar". Este pode coincidir com os outros regimes, por ser complementar. No entanto, dificilmente deve ser oferecido aos servidores públicos municipais.

8 PEREIRA, Cláudia Fernanda de Oliveira. *Reforma da Previdência*, *op. cit.*, p. 309.

Por fim, aparece o Regime Próprio de Previdência Social (RPPS), encontrado no § 1º do art. 145 da Constituição Federal, que fixou que os Estados, o Distrito Federal e os Municípios instituem contribuição, cobrada de seus servidores para o custeio, em beneficio destes, cuja alíquota não é inferior a de contribuição dos servidores titulares de cargo efetivo da União. As condições encontram-se escritas no art. 40, também, do texto constitucional, sendo esse regime oferecido ao servidor público municipal, que pode fazer essa opção. Para dar maiores receitas ao regime próprio, foi previsto o sistema de compensação previdência (COMPREV), no art. 201, § 9º, da Constituição Federal, e o repasse, pelo INSS, dos recursos aos institutos estaduais e municipais, pelo tempo que o servidor público municipal aposentado contribuiu para o regime geral.

O Regime Próprio de Previdência Social (RPPS), então, é uma faculdade que a Constituição Federal deu aos Municípios e aos seus servidores para tratarem da previdência social destes. Aliás, talvez mais do que isso, foi um "conselho". O regime próprio faz parte da autonomia municipal, mas o seu controle é exercido pelo Ministério da Previdência Social (MPS) e pelos servidores municipais, aposentados e pensionistas. O gestor não pode fazer o que quer, mas o que a legislação permite. Apesar de, nos dois sistemas, ser garantido o benefício mínimo de um salário mínimo, no regime próprio quem ganha mais pode receber mais, além de ter outros benefícios que o regime geral não tem. A Confederação Nacional dos Municípios, por outro lado, recomenda a implementação de regime próprio para todos os Municípios.

O Regime Geral de Previdência Social (RGPS) pode sofrer, com o tempo, grandes mudanças, objetivando corrigir as distorções hoje existentes. O regime próprio local, bem estruturado, do ponto de vista financeiro e econômico, apresenta-se, a longo prazo, como uma solução bem mais importante para os servidores públicos, que, por fiscalizá-lo, podem fazer dele um modelo de regime previdenciário, diferente do Regime Geral de Previdência Social (RGPS), a cargo do INSS, sobre o qual não têm a menor interferência. O regime geral está para sofrer grandes reformas a fim de que possa ser ajustado com os recursos a ele designados. Fala-se em idade mínima para aposentadoria e outras restrições a benefícios, nos próximos anos.

É uma garantia do federalismo que os Municípios tenham autonomia financeira para administrar seus próprios recursos e competência para ter sua Previdência Municipal, de acordo com a Constituição Federal. O Regime Próprio de Previdência Social (RPPS) contribui para a municipalidade, cria emprego e vincula recursos ao território municipal. Por outro lado, os Regimes Próprios de Previdência Social (RPPSs), principalmente, dos Municípios, devem-se preocupar com a ausência de requisitos mínimos obrigatórios, como tempo de serviço público, tempo de carreira e tempo no cargo, viabilizando a concessão de aposentadoria com proventos integrais a servidores que não tenham tal direito. Considera-se, também, tempo de serviço que não deveriam contar, deixando de contar o que está previsto como reciprocidade constitucional, hoje no art. 201, § 9º, do texto constitucional. No entanto, hoje é inevitável a constituição de regimes próprios em todos os Municípios do Brasil.[9]

Deve-se registrar que os servidores públicos ocupantes de cargo em comissão que não sejam, simultaneamente, ocupantes de cargo ou emprego efetivo na administração pública direta, autárquica e fundacional, não terão direito aos benefícios do plano de previdência social. Isso também se aplica ao servidor público ocupante de tais cargos sem vínculos efetivos, com o Regime Geral de Previdência Social (RGPS), previsto no art. 11, I, *g*, da Lei Federal nº 8.213, de 24.07.1991.

Depois de muita pressão do governo, dos empresários e dos meios de comunicações, foi aprovada mais uma Reforma da Previdência Social, sendo tido que resolveria todos os problemas do Brasil, o que era uma falácia, apesar da necessidade de algumas modificações, em especial para maior expectativa de vida da população nacional. A Emenda Constitucional nº 103, de 12.11.2019, alterou o sistema de previdência social e estabeleceu regras de transição e disposições transitórias. As Mesas da Câmara dos Deputados e do Senado Federal,

---

9 "A EC 20/98 trouxe os contornos técnicos necessários à instituição de um regime de previdência social dos servidores públicos, concebendo esse regime como um subsistema da previdência social, ao lado do regime de previdência complementar de adoção facultativa. A Lei nº 9.717/98 estabelece as regras gerais aplicáveis aos regimes próprios de previdência social" (BRIGUET, Magadar Rosária Costa, VICTORINO, Maria Cristina Lopes, e HORVATH JÚNIOR, Miguel. *Previdência Social*: aspectos práticos e doutrinários dos regimes jurídicos próprios, *op. cit.*, p. 144).

nos termos do § 3º do art. 60 da Constituição Federal, promulgaram a seguinte Emenda ao texto constitucional:

> Art. 1º A Constituição Federal passa a vigorar com as seguintes alterações:
> Art. 22. ....
> ....
> XXI – normas gerais de organização, efetivos, material bélico, garantias, convocação, mobilização, inatividades e pensões das polícias militares e dos corpos de bombeiros militares.

No art. 37, do texto constitucional, foram acrescidos os parágrafos 13,14 e 15. Pelo primeiro, o servidor público titular de cargo efetivo pode ser readaptado para exercício de cargo cujas atribuições e responsabilidades sejam compatíveis com a limitação que tenha sofrido em sua capacidade física ou mental; enquanto permanecer nesta condição, desde que possua a habilitação e o nível de escolaridade exigidos para o cargo de destino, mantida a remuneração do cargo de origem. A aposentadoria concedida com a utilização de tempo de contribuição decorrente de cargo, emprego ou função pública, inclusive do Regime Geral de Previdência Social, acarretará o rompimento do vínculo que gerou o referido tempo de contribuição. Pelo § 15, do art. 37, com nova redação, é vedada a complementação de aposentadorias de servidores públicos e de pensões por morte a seus dependentes que não seja decorrente do disposto nos §§ 14 a 16 do art. 40 ou que não seja prevista em lei que extinga regime próprio de previdência social.

No art. 39, conforme a Emenda Constitucional Federal nº 103, de 12.11.2019, foi acrescentado o § 9°, em que é vedada a incorporação de vantagens de caráter temporário ou vinculadas ao exercício de função de confiança ou de cargo em comissão à remuneração do cargo efetivo.

Mais amplas e conceituais foram as alterações do art. 40, da Constituição Federal, a começar no *caput* – "art. 40. O regime próprio de previdência social dos servidores titulares de cargos efetivos tem caráter contributivo e solidário, mediante contribuição do respectivo ente federativo, de servidores ativos, de aposentados e de pensionistas, observados critérios que preservem o equilíbrio financeiro e atuarial". Pelo § 1º, o servidor abrangido por regime próprio de previdência social deve ser aposentado: "I – por incapacidade permanente para o trabalho, no cargo em que estiver investido, quando insuscetível de readaptação, hipótese em que será obrigatória a realização de avaliações periódicas para verificação da continuidade das condições que ensejaram a concessão da aposentadoria, na forma de lei do respectivo ente federativo; [...]; III - no âmbito da União, aos 62 (sessenta e dois) anos de idade, se mulher, e aos 65 (sessenta e cinco) anos de idade, se homem, e, no âmbito dos Estados, do Distrito Federal e dos Municípios, na idade mínima estabelecida mediante emenda às respectivas Constituições e Leis Orgânicas, observados o tempo de contribuição e os demais requisitos estabelecidos em lei complementar do respectivo ente federativo". Pelo § 2º, os proventos de aposentadoria não podem ser inferiores ao valor mínimo a que se refere o § 2º do art. 201 ou superiores ao limite máximo estabelecido para o Regime Geral de Previdência Social, observado o disposto nos §§ 14 a 16, da Constituição Federal. As regras para cálculo de proventos de aposentadoria são disciplinadas em lei do respectivo Ente Federativo.

Pelo § 4º, do art. 40 do texto constitucional, com a nova redação, é vedada a adoção de requisitos ou critérios diferenciados para concessão de benefícios em regime próprio de previdência social, ressalvado o disposto nos §§ 4º-A, 4º-B, 4º-C e 5º, do mesmo art. 40. Podem ser estabelecidos por lei complementar do respectivo Ente Federativo idade e tempo de contribuição diferenciados para aposentadoria de servidores com deficiência, previamente submetidos a avaliação biopsicossocial realizada por equipe multiprofissional e interdisciplinar. Por outro lado, podem ser estabelecidos por lei complementar do respectivo ente federativo idade e tempo de contribuição diferenciados para aposentadoria de ocupantes do cargo de agente penitenciário, de agente socioeducativo ou de policial dos órgãos de que tratam o inciso IV do caput do art. 51, o inciso XIII do caput do art. 52 e os incisos I a IV do caput do art. 144, tudo da Constituição Federal. Por fim, podem ser estabelecidos por lei complementar do respectivo Ente Federativo idade e tempo de contribuição diferenciados para aposentadoria de servidores cujas atividades sejam exercidas com efetiva exposição a agentes químicos, físicos e biológicos prejudiciais à saúde, ou associação desses agentes, vedada a caracterização por categoria profissional ou ocupação.

Pelo § 5º, do art. 40, do texto constitucional, os ocupantes do cargo de professor tem idade mínima reduzida em cinco anos em relação às idades decorrentes da aplicação do disposto no inciso III do § 1º, desde que comprovem tempo de efetivo exercício das funções de magistério na educação infantil e no ensino fundamental e médio fixado em lei complementar do respectivo Ente Federativo. Ressalvadas as aposentadorias decorrentes dos cargos acumuláveis na forma desta Constituição, é vedada a percepção de mais de uma aposentadoria à conta de Regime Próprio de Previdência Social (RPPS), aplicando-se outras vedações, regras e condições para a acumulação de benefícios previdenciários estabelecidas no Regime Geral de Previdência Social (RGPS). Observado o disposto no § 2º do art. 201, quando se tratar da única fonte de renda formal auferida pelo dependente, o benefício de pensão por morte deve ser concedido nos termos de lei do respectivo Ente Federativo, a qual trata de forma diferenciada a hipótese de morte dos servidores de que trata o § 4º-B decorrente de agressão sofrida no exercício ou em razão da função. Pelo § 9º, o tempo de contribuição federal, estadual, distrital ou municipal deve ser contado para fins de aposentadoria, observado o disposto nos §§ 9º e 9º-A do art. 201, e o tempo de serviço correspondente deve ser contado para fins de disponibilidade.

Pelo § 12, do art. 40, além do disposto neste artigo, são observados, em Regime Próprio de Previdência Social, no que couber, os requisitos e critérios fixados para o Regime Geral de Previdência Social (RGPS). Aplica-se ao agente público ocupante, exclusivamente, de cargo em comissão declarado em lei de livre nomeação e exoneração, de outro cargo temporário, inclusive mandato eletivo, ou de emprego público, o Regime Geral de Previdência Social. A União, os Estados-membros, o Distrito Federal e os Municípios devem instituir, por lei de iniciativa do respectivo Poder Executivo, regime de previdência complementar para servidores públicos ocupantes de cargo efetivo, observado o limite máximo dos benefícios do Regime Geral de Previdência Social para o valor das aposentadorias e das pensões em regime próprio de previdência social, ressalvado o disposto no § 16, do art. 40 da Constituição Federal. O Regime de Previdência Complementar de que trata o § 14 deve oferecer plano de benefícios somente na modalidade contribuição definida, observará o disposto no art. 202 e efetivado por intermédio de entidade fechada de previdência complementar ou de entidade aberta de previdência complementar.

Pelo § 19, do art. 40, observados critérios a serem estabelecidos em lei do respectivo Ente Federativo, o servidor titular de cargo efetivo que tenha completado as exigências para a aposentadoria voluntária e que opte por permanecer em atividade pode fazer jus a um abono de permanência equivalente, no máximo, ao valor da sua contribuição previdenciária, até completar a idade para aposentadoria compulsória. É vedada a existência de mais de um regime próprio de previdência social e de mais de um órgão ou entidade gestora desse regime em cada Ente Federativo, abrangidos todos os poderes, órgãos e entidades autárquicas e fundacionais, que devem ser responsáveis pelo seu financiamento, observados os critérios, os parâmetros e a natureza jurídica definidos na lei complementar de que trata o § 22, do mesmo artigo.

Pelo § 22, do art. 40, da Constituição Federal, é vedada a instituição de novos Regimes Próprios de Previdência Social (RPPS), lei complementar federal deve estabelecer, para os que já existam, normas gerais de organização, de funcionamento e de responsabilidade em sua gestão, dispondo, entre outros aspectos, sobre: "I – requisitos para sua extinção e consequente migração para o Regime Geral de Previdência Social; II – modelo de arrecadação, de aplicação e de utilização dos recursos; III – fiscalização pela União e controle externo e social; IV – definição de equilíbrio financeiro e atuarial; V – condições para instituição do fundo com finalidade previdenciária de que trata o art. 249 e para vinculação a ele dos recursos provenientes de contribuições e dos bens, direitos e ativos de qualquer natureza; VI – mecanismos de equacionamento do deficit atuarial; VII – estruturação do órgão ou entidade gestora do regime, observados os princípios relacionados com governança, controle interno e transparência; VIII – condições e hipóteses para responsabilização daqueles que desempenhem atribuições relacionadas, direta ou indiretamente, com a gestão do regime; IX – condições para adesão a consórcio público; X – parâmetros para apuração da base de cálculo e definição de alíquota de contribuições ordinárias e extraordinárias."

4.8. Gestão de Regime Próprio de Previdência Social (RPPS)

Deve-se dizer que a previdência social exige dos regimes próprios a disciplina quanto à concessão de benefícios, de modo que precisam existir serviços que assegurem as exigências legais frente aos casos concretos. Menciona-se, inicialmente, o serviço social, que constitui auxiliar ao seguro social e pretende orientar e apoiar o beneficiário e seus dependentes. Cabe ao serviço social esclarecer os beneficiários de seus direitos sociais e previdenciários e a forma pela qual podem ser exercidos. De modo geral, essas informações destinam-se ao segurado em gozo de benefício por incapacidade temporária, que precisa ser esclarecido de sua situação pessoal e previdenciária. Está tratada, no âmbito do Regime Geral de Previdência Social (RGPS), no art. 88 da Lei Federal nº 8.213, de 24.07.1991, e no art. 161 do Decreto Federal nº 3.048, de 06.05.1999. O Regime Próprio de Previdência Social (RPPS) encontra-se disposto na Lei Federal nº 9.717, de 27.11.1998.

Por outro lado, em caso de incapacidade temporária, deve-se prever a reabilitação profissional; enquanto em casos de incapacidade definitiva, precisa haver a habilitação profissional. Trata-se de serviços que visam proporcionar aos beneficiários, em caráter obrigatório, independentemente de carência, às pessoas portadoras de deficiências.[10] Em ambos os processos, procura-se: a) avaliação do potencial laborativo; b) orientação e acompanhamento de programação profissional; c) articulação com a comunidade, com vista ao reingresso no mercado de trabalho; d) acompanhamento e pesquisa da fixação do mercado de trabalho. Em relação ao regime geral, essa determinação está no art. 89 ao art. 93 da Lei Federal nº 8.213, de 24.07.1991, e no art. 136 ao art. 146 do Decreto Federal nº 3.048, de 06.05.1999.

A perícia médica consiste em serviço auxiliar da previdência social, o qual busca assessorar o regime de previdência social na concessão de benefícios, em especial, por incapacidade, e no encaminhamento para habilitação ou reabilitação. Para que seja concedida aposentadoria por invalidez ou auxílio-acidente, exige-se laudo especializado de médico-perito. No regime geral, é gratuita a prestação desse serviço, mas o segurado pode ser acompanhado de médico particular, ficando tais despesas ao seu encargo.

No Regime Próprio de Previdência Social (RPPS), o equilíbrio financeiro e o equilíbrio atuarial são imprescindíveis para que o sistema de previdência funcione e possa fazer frente às despesas que vieram a aparecer no futuro. Trata-se de cálculos complexos que indicam a necessidade de preservar os recursos e, se necessário, de

---

10 "O serviço de habilitação e reabilitação profissional será executado, mediante o trabalho de equipe multiprofissional especializada em medicina, serviço social, psicologia, sociologia, fisioterapia, terapia ocupacional e outros afins ao processo, sempre que possível na localidade do domicílio do beneficiário" (KERTZMAN, Ivan. *Curso Prático de Direito Previdenciário, op. cit.*, p. 447).

pedir o aumento de alíquotas ou novas fontes de financiamento para que o fundo não quebre e honre seus compromissos para como os segurados e seus dependentes.

A Orientação Normativa MPS/SPS nº 02, de 31.03.2009, alterada pela Orientação Normativa MPS/SPS nº 3, de 05.05.2009, dispõe sobre a gestão do Regime Próprio de Previdência Social (RPPS). Prevê o art. 1º que os regimes próprios dos servidores públicos titulares de cargos efetivos, dos Magistrados, dos Ministros, dos Conselheiros dos Tribunais de Contas, dos membros do Ministério Público e de quaisquer dos poderes da União, dos Estados, do Distrito Federal e dos Municípios, incluídas suas autarquias e fundações, observam o disposto nessa orientação normativa.

Para os efeitos desta orientação normativa, pelo art. 2º, considera-se: "I – ente federativo: a União, os Estados, o Distrito Federal e os Municípios; II – Regime Próprio de Previdência Social – RPPS: o regime de previdência, estabelecido no âmbito de cada ente federativo, que assegure, por lei, a todos os servidores titulares de cargo efetivo, pelo menos os benefícios de aposentadoria e pensão por morte previstos no art. 40 da Constituição Federal; III – RPPS em extinção: o RPPS do ente federativo que deixou de assegurar em lei os benefícios de aposentadoria e pensão por morte a todos os servidores titulares de cargo efetivo, mas manteve a responsabilidade pela concessão e manutenção de benefícios previdenciários; IV – RPPS extinto: o RPPS do ente federativo que teve cessada a responsabilidade pela concessão e manutenção de benefícios previdenciários; V – unidade gestora: a entidade ou órgão integrante da estrutura da administração pública de cada ente federativo que tenha por finalidade a administração, o gerenciamento e a operacionalização do RPPS, incluindo a arrecadação e gestão de recursos e fundos previdenciários, a concessão, o pagamento e a manutenção dos benefícios; VI – cargo efetivo: o conjunto de atribuições, deveres e responsabilidades específicas definidas em estatutos dos entes federativos cometidas a um servidor aprovado por meio de concurso público de provas ou de provas e títulos; VII – carreira: a sucessão de cargos efetivos, estruturados em níveis e graus segundo sua natureza, complexidade e o grau de responsabilidade, de acordo com o plano definido por lei de cada ente federativo; VIII – tempo de efetivo exercício no serviço público: o tempo de exercício de cargo, função ou emprego público, ainda que descontínuo, na Administração direta, indireta, autárquica, ou fundacional de qualquer dos entes federativos; IX – remuneração do cargo efetivo: o valor constituído pelos vencimentos e pelas vantagens pecuniárias permanentes do respectivo cargo, estabelecidas em lei de cada ente, acrescido dos adicionais de caráter individual e das vantagens pessoais permanentes; X – recursos previdenciários: as contribuições e quaisquer valores, bens, ativos e seus rendimentos vinculados ao RPPS ou ao fundo de previdência, de que trata o art. 6º da Lei Federal nº 9.717, de 28.11.1998, inclusive, a totalidade dos créditos do ente instituidor, reconhecidos pelo regime de origem, relativos à compensação financeira disciplinada na Lei Federal nº 9.796, de 05.05.1999; XI – equilíbrio financeiro: a garantia de equivalência entre as receitas auferidas e as obrigações do RPPS em cada exercício financeiro; XII – equilíbrio atuarial: a garantia de equivalência, a valor presente, entre o fluxo das receitas estimadas e das obrigações projetadas, apuradas atuarialmente, a longo prazo; XIII – taxa de administração: o valor dos recursos previdenciários estabelecido na legislação de cada ente, para custear as despesas correntes e de capital necessárias à organização e ao funcionamento da unidade gestora do RPPS".

Considera-se em extinção o RPPS do ente federativo que deixou de assegurar em lei os benefícios de aposentadoria e pensão por morte a todos os servidores titulares de cargo efetivo por ter, pelo art. 4º da orientação normativa: "I – vinculado, por meio de lei, todos os seus servidores titulares de cargo efetivo ao RGPS; II – revogado a lei ou os dispositivos de lei que asseguravam a concessão dos benefícios de aposentadoria ou pensão por morte aos servidores titulares de cargo efetivo; e III – adotado, em cumprimento à redação original do art. 39, caput da Constituição Federal de 1988, o regime da Consolidação das Leis do Trabalho – CLT como regime jurídico único de trabalho para seus servidores, até 04 de junho de 1998, data de publicação da Emenda Constitucional nº 19, de 1998, e garantido, em lei, a concessão de aposentadoria aos servidores ativos amparados pelo regime em extinção e de pensão a seus dependentes".

O ente detentor de RPPS em extinção deve manter ou editar lei que discipline o seu funcionamento e as regras para concessão de benefícios de futuras pensões ou de aposentadorias aos segurados que possuíam direitos adquiridos na data da lei que alterou o regime previdenciário dos servidores, até a extinção definitiva. A extinção do RPPS dá-se com a cessação do último benefício de sua responsabilidade, ainda que custeado com recursos do Tesouro. A simples extinção da unidade gestora não afeta a existência do RPPS.

É vedado o estabelecimento retroativo de direitos e deveres em relação ao RGPS, pelo art. 5º da orientação normativa, permanecendo sob a responsabilidade dos RPPS em extinção o custeio dos seguintes benefícios: "I – os já concedidos pelo RPPS; II – aqueles para os quais foram implementados os requisitos necessários à sua concessão; III – os decorrentes dos benefícios previstos nos incisos I e II; e IV – a complementação das aposentadorias concedidas pelo RGPS, caso o segurado tenha cumprido todos os requisitos previstos na Constituição Federal para concessão de aposentadoria ao servidor titular de cargo efetivo até a data da inativação". Além dos benefícios previstos nos incisos I a IV do caput, o RPPS em extinção, na hipótese do art. 4º, inciso III, é responsável pela concessão dos benefícios previdenciários aos servidores estatutários ativos remanescentes e aos seus dependentes.

O servidor que tenha implementado os requisitos necessários à concessão de aposentadoria proporcional pelo RPPS até a data da lei de extinção do regime, permanecendo em atividade, vincula-se obrigatoriamente ao RGPS, sendo-lhe assegurado o direito aos benefícios previdenciários desse regime desde que cumpridas as condições nele estabelecidas. É vedada a existência de mais de um regime próprio para servidor público titular de cargo efetivo por ente federativo, de modo que não pode existir o regime de previdência e, ao mesmo tempo, ter aposentados pagos pelo Tesouro do Estado ou do Município.

O Certificado de Regularidade Previdenciária (CRP), instituído pelo Decreto Federal nº 3.788, de 11.04.2001, é o documento que atesta a adequação do regime de previdência social de Estado, do Distrito Federal ou de Município ao disposto na Lei Federal nº 9.717, 28.11.1998, na Lei Federal nº 10.887, de 18.06.2004, e na Portaria MPS nº 402, de 10.12.2008, de acordo com os critérios definidos na Portaria MPS nº 204, de 10.07.2008, posteriormente alterada pela Portaria MPS nº 315, de 21.06.2010 e pela Portaria nº 01, de 06.01.2011, e pela Portaria nº 21, de 16.01.2013. O acompanhamento e a supervisão dos RPPSs são registrados no Sistema de Informações dos Regimes Públicos de Previdência Social (CADPREV), administrado pela Secretaria de Políticas de Previdência Social (SPS), do Ministério da Previdência e Assistência Social (MPAS). No CADPREV, constam os dados e a situação do RPPS que é divulgada em extrato previdenciário resumido, disponível para consulta no endereço eletrônico do MPAS na rede mundial de computadores – Internet.

O servidor público titular de cargo efetivo da União, dos Estados, do Distrito Federal e dos Municípios mantém o vínculo ao regime previdenciário adotado pelo ente do qual é servidor nas seguintes situações: a) quando cedido, com ou sem ônus para o cessionário, a órgão ou entidade da administração direta ou indireta de quaisquer dos entes federativos; b) quando licenciado; c) durante o afastamento do cargo efetivo para o exercício de mandato eletivo em quaisquer dos entes federativos; d) durante o afastamento do país por cessão ou licenciamento com remuneração.

A vinculação do servidor ao RPPS dá-se pelo exercício das atribuições do cargo de que é titular, nos limites da carga horária que a legislação local fixar. Na hipótese de ampliação legal e permanente da carga horária do servidor que configure mudança de cargo efetivo, é exigido o cumprimento dos requisitos para concessão de aposentadoria nesse novo cargo. Se houver desempenho, pelo segurado, de atividades ou cargo em outro turno, sem previsão na legislação, o servidor deve ser vinculado ao RGPS pelo exercício concomitante desse novo cargo.

O RPPS da União, dos Estados, do Distrito Federal e dos Municípios, pelo art. 15 da orientação normativa, deve ser administrado por unidade gestora única vinculada ao Poder Executivo que: a) conta com colegiado ou instância de decisão, no qual será garantida a representação dos segurados, cabendo-lhes acompanhar e fiscalizar sua administração; b) procede a recenseamento previdenciário, com periodicidade não superior a cinco anos, abrangendo todos os aposentados e pensionistas do respectivo regime; c) disponibiliza ao público, inclusive, por meio de rede pública de transmissão de dados, informações atualizadas sobre as receitas e despesas do respectivo regime, bem como os critérios e parâmetros adotados para garantir o seu equilíbrio financeiro e atuarial.

As disponibilidades financeiras vinculadas ao RPPS, ainda que em extinção, são: a) depositadas e mantidas em contas bancárias separadas das demais disponibilidades do ente federativo; b) aplicadas no mercado financeiro e de capitais brasileiro, em conformidade com as regras estabelecidas pelo Conselho Monetário Nacional (CMN) na Resolução CMN nº 3.506, de 2007. Com exceção dos títulos do

Governo Federal, é vedada a aplicação dos recursos do RPPS em títulos públicos e na concessão de empréstimos de qualquer natureza, inclusive, aos entes federativos, a entidades da Administração Pública Indireta e aos respectivos segurados ou dependentes.

Para a organização do RPPS, pelo art. 19 da orientação normativa, devem ser observadas as seguintes normas de contabilidade: "I – a escrituração contábil do RPPS, ainda que em extinção, deverá ser distinta da mantida pelo ente federativo; II – a escrituração deverá incluir todas as operações que envolvam direta ou indiretamente a responsabilidade do RPPS e modifiquem ou possam vir a modificar seu patrimônio; III – a escrituração obedecerá aos princípios e legislação aplicada à contabilidade pública, especialmente, à Lei nº 4.320, de 17 de março de 1964, e ao disposto na Portaria MPS nº 916, de 2003; IV – o exercício contábil terá a duração de um ano civil; V – deverão ser adotados registros contábeis auxiliares para apuração de depreciações, de avaliações e reavaliações dos bens, direitos e ativos, inclusive, dos investimentos e da evolução das reservas; VI – os demonstrativos contábeis devem ser complementados por notas explicativas e outros quadros demonstrativos necessários ao minucioso esclarecimento da situação patrimonial e dos investimentos mantidos pelo RPPS; VII – os bens, direitos e ativos de qualquer natureza devem ser avaliados em conformidade com a Lei nº 4.320, de 1964, e reavaliados periodicamente na forma estabelecida na Portaria MPS nº 916, de 2003; VIII – os títulos públicos federais, adquiridos diretamente pelos RPPS, deverão ser marcados a mercado, mensalmente, no mínimo, mediante a utilização de parâmetros reconhecidos pelo mercado financeiro, de forma a refletir seu real valor". Considera-se distinta a escrituração contábil que permita a diferenciação entre o patrimônio do RPPS e o patrimônio do ente federativo, possibilitando a elaboração de demonstrativos contábeis específicos, mesmo que a unidade gestora não possua personalidade jurídica própria.

O Ente Federativo mantém registro individualizado dos segurados do RPPS, pelo art. 20 da orientação normativa, no qual contém as seguintes informações: a) nome e demais dados pessoais, inclusive, dos dependentes; b) matrícula e outros dados funcionais; c) remuneração de contribuição, mês a mês; d) valores mensais da contribuição do segurado; e) valores mensais da contribuição do ente federativo. Ao segurado e, na sua falta, aos dependentes, devidamente identificados, são disponibilizadas as informações constantes de seu registro individualizado. A unidade gestora deve garantir pleno acesso dos segurados às informações relativas à gestão do RPPS. O acesso do segurado às informações relativas à gestão do RPPS dá-se pelo atendimento a requerimento e pela disponibilização, inclusive, por meio eletrônico, dos relatórios contábeis, financeiros e previdenciários e dos demais dados pertinentes.

Ao RPPS deve ser garantido o equilíbrio financeiro e atuarial em conformidade com a avaliação atuarial inicial e as reavaliações realizadas em cada exercício financeiro para a organização e a revisão do plano de custeio e de benefícios, pelo art. 22 da orientação normativa. As avaliações e reavaliações atuariais do regime devem observar os parâmetros estabelecidos nas Normas de Atuária aplicáveis aos RPPS definidas pela Portaria MPS nº 403, de 10.12.2008, alterada pela Portaria MPS nº 21, de 16.01.2013. Constituem fontes de financiamento do RPPS: a) as contribuições do ente federativo, dos segurados ativos, dos segurados inativos e dos pensionistas; b) as receitas decorrentes de investimentos e patrimoniais; c) os valores recebidos a título de compensação financeira; d) os valores aportados pelo ente federativo; e) as demais dotações previstas no orçamento federal, estadual, distrital e municipal; f) outros bens, direitos e ativos com finalidade previdenciária.

O regime próprio tem caráter contributivo e solidário, mediante contribuição do ente federativo, dos servidores ativos e inativos e dos pensionistas, observados critérios que preservem o equilíbrio financeiro e atuarial. Entende-se por observância do caráter contributivo: a) a previsão expressa, em texto legal, das alíquotas de contribuição do ente federativo e dos segurados ativos, dos segurados inativos e dos pensionistas; b) o repasse mensal e integral dos valores das contribuições à unidade gestora do RPPS; c) a retenção, pela unidade gestora do regime próprio, dos valores devidos pelos segurados ativos, dos segurados inativos e dos pensionistas, relativos aos benefícios e remunerações cujo pagamento esteja sob sua responsabilidade; d) o pagamento à unidade gestora do RPPS dos valores relativos a débitos de contribuições parceladas mediante acordo.

As contribuições dos segurados, ativos e inativos, e dos pensionistas somente podem ser exigidas depois de decorridos noventa dias da data da publicação da lei de cada ente que as houver instituído ou majorado, pelo art. 25 da orientação normativa. Para preservar o equilíbrio financeiro e atuarial do RPPS, a lei do ente federativo que majorar as alíquotas de contribuição deve estender a vigência das alíquotas estabelecidas na legislação anterior durante o período previsto no *caput*. A legislação de cada ente federativo deve dispor sobre a data inicial de exigência da contribuição e dos demais valores devidos pelo ente para o financiamento do regime próprio.

A alíquota de contribuição dos segurados ativos ao RPPS não pode ser inferior à dos servidores titulares de cargo efetivo da União, atualmente fixada em onze por cento. As contribuições sobre os proventos dos segurados inativos e sobre as pensões observam a mesma alíquota aplicada ao servidor ativo do respectivo ente federativo. A contribuição do ente federativo não pode ser inferior ao valor da contribuição do servidor ativo, nem superior ao dobro desta, observado o cálculo atuarial inicial e as reavaliações atuariais anuais. O ente federativo é responsável pela cobertura de eventuais insuficiências financeiras do regime próprio, decorrentes do pagamento de benefícios previdenciários, observada a proporcionalidade das despesas entre os Poderes, ainda que supere o limite máximo previsto.

A contribuição dos segurados inativos e pensionistas incide sobre a parcela dos proventos de aposentadorias e pensões concedidas pelo RPPS que supere o limite máximo estabelecido para os benefícios do RGPS. A parcela dos benefícios sobre a qual incide a contribuição é calculada mensalmente, observadas as alterações de valor do limite máximo de benefícios do regime geral. Quando o beneficiário for portador de doença incapacitante, conforme definido pelo ente federativo e de acordo com laudo médico pericial, a contribuição prevista incide apenas sobre a parcela de proventos de aposentadoria e de pensão que supere o dobro do limite máximo estabelecido para os benefícios do RGPS.

Não incidem contribuições para o RPPS do ente de origem, para o regime próprio do ente cessionário ou de exercício do mandato, nem para o RGPS, sobre as parcelas remuneratórias não componentes da remuneração do cargo efetivo, pagas pelo ente cessionário ou de exercício do mandato, ao servidor cedido ou licenciado para exercício de mandato eletivo em outro ente federativo exceto na hipótese em que houver a opção pela contribuição facultativa ao RPPS do ente de origem, na forma prevista em sua legislação. Aplica-se ao servidor cedido ou afastado para exercício de mandato eletivo no mesmo ente, a base de cálculo de contribuição estabelecida em lei.

O servidor afastado ou licenciado temporariamente do exercício do cargo efetivo sem recebimento de remuneração ou de subsídio pelo ente federativo somente conta o respectivo tempo de afastamento ou licenciamento para fins de aposentadoria, mediante o recolhimento mensal das contribuições, conforme lei do respectivo ente. A contribuição efetuada pelo servidor na situação tratada não é computada para cumprimento dos requisitos de tempo de carreira, tempo de efetivo exercício no serviço público e tempo no cargo efetivo para concessão de aposentadoria. Na omissão da lei quanto ao ônus pelo recolhimento da contribuição da parcela do ente federativo durante o período de afastamento ou licenciamento, o repasse à unidade gestora do RPPS do valor correspondente continua sob a responsabilidade do ente.

Pelo art. 36 da orientação normativa, as contribuições legalmente instituídas, devidas pelo ente federativo e não repassadas à unidade gestora até o seu vencimento, depois de apuradas e confessadas, podem ser objeto de acordo para pagamento parcelado em moeda corrente, conforme as regras definidas para o RGPS. Mediante lei e desde que mantido o equilíbrio financeiro e atuarial do RPPS, o ente federativo pode estabelecer regras específicas para acordo de parcelamento, observados os seguintes critérios: a) previsão, em cada acordo de parcelamento, do número máximo de sessenta prestações mensais, iguais e sucessivas; b) aplicação de índice de atualização legal e de taxa de juros na consolidação do montante devido e no pagamento das parcelas, inclusive, se pagas em atraso; c) vedação de inclusão, no acordo de parcelamento, das contribuições descontadas dos segurados ativos, inativos e dos pensionistas; d) previsão das medidas ou sanções para os casos de inadimplemento das prestações ou descumprimento das demais regras do acordo.

Pode ser feito reparcelamento das contribuições incluídas em acordo de parcelamento, por uma única vez, para cada competência. Os débitos do ente com o RPPS não decorrentes de contribuições previdenciárias podem ser parcelados mediante lei e termos de acordo específicos. Até 31 de maio de 2009, os Municípios podiam parcelar os débitos oriundos das contribuições devidas pelo ente federativo com vencimento até 31 de janeiro de 2009 em até duzentas e quarenta prestações mensais e consecutivas, e das contribuições descontadas dos segurados, ativos e inativos, e dos pensionistas, relativas ao mesmo período, em até sessenta prestações mensais, observando-se, no que couber, o disposto na Lei Federal nº 11.196, de 21.11.2005.

Para cobertura das despesas do RPPS com utilização dos recursos previdenciários, pelo art. 41 da orientação normativa, pode ser estabelecida, em lei, Taxa de Administração de até dois pontos percentuais do valor total das remunerações, proventos e pensões dos segurados vinculados ao RPPS, relativo ao exercício financeiro anterior, observando-se que: a) é destinada exclusivamente ao custeio das despesas correntes e de capital necessárias à organização e ao funcionamento da unidade gestora do RPPS, inclusive, para a conservação de seu patrimônio; b) as despesas decorrentes das aplicações de recursos em ativos financeiros não podem ser custeadas com os recursos da taxa de administração, devendo ser suportadas com os próprios rendimentos das aplicações; c) o RPPS pode constituir reserva com as sobras do custeio das despesas do exercício, cujos valores serão utilizados para os fins a que se destina a taxa de administração; d) para utilizar-se da faculdade prevista, o percentual da taxa de administração deve ser definido expressamente em texto legal, admitindo-se, para este fim, lei do respectivo ente, regulamento ou ato emanado por colegiado, caso conste de suas atribuições regimentais; e) a aquisição ou construção de bens imóveis com os recursos destinados à taxa de administração restringe-se aos destinados ao uso próprio da unidade gestora do RPPS; f) é vedada a utilização dos bens adquiridos ou construídos para investimento ou uso por outro órgão público ou particular em atividades assistenciais ou quaisquer outros fins não previstos.

É vedada a inclusão nos benefícios de aposentadoria e pensão, para efeito de percepção destes, de parcelas remuneratórias pagas em decorrência de local de trabalho, de função de confiança, de cargo em comissão, de outras parcelas temporárias de remuneração ou do abono de permanência. Compreende-se, na vedação, a previsão de incorporação das parcelas temporárias diretamente nos benefícios ou na remuneração, apenas para efeito de concessão de benefícios, ainda que mediante regras específicas, independentemente de ter havido incidência de contribuição sobre tais parcelas.

As entidades, os órgãos e os Poderes Políticos que compõem a estrutura do ente federativo devem fornecer à unidade gestora do RPPS as informações e os documentos por ela solicitados, tais como: a) folhas de pagamento e documentos de repasse das contribuições que permitam o efetivo controle da apuração e do repasse das contribuições; b) informações cadastrais dos servidores, para fins de formação da base cadastral, para a realização das reavaliações atuariais anuais, para a concessão dos benefícios previdenciários e para preparação dos requerimentos de compensação previdenciária.

As folhas de pagamento dos segurados ativos, dos segurados inativos e dos pensionistas vinculados ao RPPS, pelo art. 47 da orientação normativa, elaboradas mensalmente, são: "I – distintas das folhas dos servidores enquadrados como segurados obrigatórios do RGPS; II – agrupadas por segurados ativos, inativos e pensionistas; III – discriminadas por nome dos segurados, matrícula, cargo ou função; IV – identificadas com os seguintes valores: a) da remuneração bruta; b) das parcelas integrantes da base de cálculo; c) da contribuição descontada da remuneração dos servidores ativos e dos benefícios, inclusive, dos benefícios de responsabilidade do RPPS pagos pelo ente. V – consolidadas em resumo que contenha os somatórios dos valores relacionados no inciso IV, acrescido da informação do valor da contribuição devida pelo ente federativo e do número total de segurados vinculados ao RPPS".

Pelo art. 50 da orientação normativa, o ente federativo deve encaminhar à SPS os seguintes documentos, relativos a todos os poderes: "I – Legislação completa referente aos regimes de previdência social dos servidores, compreendendo as normas que disciplinam o regime jurídico e o regime previdenciário, contendo todas as alterações; II – Demonstrativo Previdenciário; III – Demonstrativo da Política de Investimentos; IV – Demonstrativo de Resultado da Avaliação Atuarial – DRAA; V – Demonstrativo dos Investimentos e das Disponibilidades Financeiras do RPPS; VI – Comprovante do Repasse ao RPPS dos valores decorrentes das contribuições, aportes de recursos e débitos parcelados; e VII – Demonstrativos Contábeis".

A SPS pode solicitar outros documentos que julgar pertinentes para a análise da regularidade do regime de previdência social. A legislação referida deve estar impressa, acompanhada de comprovante de sua publicação, consideradas válidas para esse fim a divulgação na imprensa oficial ou jornal de circulação local ou a declaração da data inicial da afixação no local competente. Na hipótese de apresentação da legislação por cópias, estas devem ser autenticadas em cartório ou por servidor público devidamente identificado por nome, cargo e matrícula. A legislação editada a partir de 11 de julho de 2008 deve ser encaminhada também em arquivo magnético (disquete), ótico (CD ou DVD) ou eletrônico (correio eletrônico) ou em dispositivo de armazenamento portátil (*pen drive*).

A disponibilização da legislação para consulta em página eletrônica do ente federativo na rede mundial de computadores (Internet) supre a necessidade de autenticação, dispensa a apresentação e, caso conste expressamente, no documento disponibilizado, a data de sua publicação inicial, dispensa também o envio do comprovante de sua publicidade. Para aplicação do disposto, o ente federativo deve comunicar à SPS, o endereço eletrônico em que a legislação poderá ser acessada. É de responsabilidade do ente federativo o envio do comprovante de repasse citado, contendo as assinaturas do dirigente máximo deste e da unidade gestora ou de seus representantes legais. O envio do DRAA é de responsabilidade do ente federativo e deve conter as assinaturas do seu dirigente máximo ou representante legal, do atuário responsável pela avaliação atuarial e do representante legal da unidade gestora do RPPS, observando-se que eventuais retificações devem ser encaminhadas ao MPS, juntamente com a base dos dados que as originaram. O documento previsto deve conter as receitas e despesas relativas à folha de pagamento de cada competência informada, independentemente de terem sido realizadas ou liquidadas em competências posteriores.

Na Orientação Normativa MPS/SPS nº 02, de 31.03.2009, no seu art. 51, salvo disposição em contrário da Constituição Federal, da Emenda Constitucional nº 20, de 15.12.1998, da Emenda Constitucional nº 41, de 19.12.2003, e da Emenda Constitucional nº 47, de 06.07.2005, o regime próprio não pode conceder benefício distinto dos previstos pelo RGPS, ficando restrito aos seguintes: "I – quanto ao servidor: a) aposentadoria por invalidez; b) aposentadoria compulsória; c) aposentadoria voluntária por idade e tempo de contribuição; d) aposentadoria voluntária por idade; e) aposentadoria especial; f) auxílio-doença; g) salário-família; e h) salário-maternidade. II – quanto ao dependente: a) pensão por morte; e b) auxílio-reclusão". São considerados benefícios previdenciários do regime próprio os mencionados nos incisos I e II do artigo acima. Os regimes próprios devem observar também a limitação de concessão de benefício apenas aos dependentes constantes do rol definido para o RGPS, que compreende o cônjuge, o companheiro, a companheira, os filhos, os pais e os irmãos, devendo estabelecer, em norma local, as condições necessárias para enquadramento e qualificação dos dependentes.

O auxílio-doença é devido ao segurado que ficar incapacitado para o trabalho, com base em inspeção médica que define o prazo de afastamento. Cabe ao ente federativo disciplinar: a) a forma de cálculo do auxílio-doença; b) o período do afastamento custeado pelo ente e pelo RPPS; c) as prorrogações e o período máximo para manutenção do benefício; d) as condições para readaptação e retorno à atividade; e) a obrigatoriedade do segurado se submeter às avaliações e reavaliações periódicas pela perícia-médica. A concessão e a cessação do auxílio-doença, o retorno do servidor à atividade ou a concessão de aposentadoria por invalidez são determinados por decisão da perícia médica. O salário-família é pago em quotas mensais, em razão dos dependentes do segurado de baixa renda nos termos da lei de cada ente. Até que a lei discipline o acesso ao salário-família para os servidores, os segurados e seus dependentes, esse benefício é concedido apenas àqueles que recebam remuneração, subsídio ou proventos mensais iguais ou inferiores ao valor limite definido no âmbito do RGPS.

É devido salário-maternidade à segurada gestante, por cento e vinte dias consecutivos. À segurada que adotar ou obtiver a guarda judicial para adoção de criança, deve ser devido o salário-maternidade nos prazos e condições estabelecidos em lei do ente federativo. O salário-maternidade consiste numa renda mensal igual à última remuneração da segurada. O pagamento da remuneração correspondente à ampliação da licença-maternidade além do prazo previsto deve ser custeado com recursos do Tesouro do ente. Faz jus ao auxílio-reclusão o dependente do servidor de baixa renda, recolhido à prisão, nos termos da lei de cada ente. Até que a lei discipline o acesso ao auxílio-reclusão para os dependentes do segurado, esses benefícios são concedidos apenas àqueles que recebam remuneração, subsídio ou proventos mensais iguais ou inferiores ao valor limite definido no âmbito no RGPS. O valor do auxílio-reclusão corresponde à última remuneração do cargo efetivo ou subsídio do servidor recluso, observado o valor definido como baixa renda.

O servidor que apresentar incapacidade permanente para o trabalho, conforme definido em laudo médico pericial, é aposentado por invalidez, com proventos proporcionais ao tempo de contribuição, exceto se decorrente de acidente em serviço, moléstia profissional ou doença grave, contagiosa ou incurável, hipóteses em que os proventos são integrais, observado, quanto ao seu cálculo, o disposto no art. 61 da orientação normativa.

O servidor, homem ou mulher, deve ser aposentado compulsoriamente aos setenta anos de idade, pelo art. 57 da orientação normativa, com proventos proporcionais ao tempo de contribuição, observado, quanto ao seu cálculo. Quanto à concessão da aposentadoria compulsória, é vedada: a) a previsão de concessão em idade distinta daquela definida no *caput*; b) a fixação de limites mínimos de proventos em valor superior ao salário mínimo nacional.

Na Orientação Normativa MPS/SPS nº 02, de 31.03.2009, no art. 58, o servidor faz jus à aposentadoria voluntária por idade e tempo de contribuição, com proventos calculados, desde que preencha, cumulativamente, os seguintes requisitos: a) tempo mínimo de dez anos de efetivo exercício no serviço público na União, nos Estados, no Distrito Federal ou nos Municípios; b) tempo mínimo de cinco anos de efetivo exercício no cargo efetivo em que se der a aposentadoria; c) sessenta anos de idade e trinta e cinco de tempo de contribuição, se homem, e cinquenta e cinco anos de idade e trinta de tempo de contribuição, se mulher.

O servidor faz jus à aposentadoria voluntária por idade com proventos proporcionais ao tempo de contribuição, desde que preencha, cumulativamente, os seguintes requisitos: a) tempo mínimo de dez anos de efetivo exercício no serviço público na União, nos Estados no Distrito Federal ou nos Municípios; b) tempo mínimo de cinco anos de efetivo exercício no cargo efetivo em que se der a aposentadoria; c) sessenta e cinco anos de idade, se homem, e sessenta e dois anos, se mulher.

O professor que comprove, exclusivamente, tempo de efetivo exercício das funções de magistério na educação infantil, no ensino fundamental e no médio, pelo art. 60 da orientação normativa, quando da aposentadoria, tem os requisitos de idade e de tempo de contribuição reduzidos em cinco anos. São consideradas funções de magistério as efetuadas por professores no desempenho de atividades educativas, quando exercidas em estabelecimento de educação básica, formada pela educação infantil, ensino fundamental e ensino médio, em seus diversos níveis e modalidades. Inclui-se, além do exercício de docência, o de direção de unidade escolar e o de coordenação e assessoramento pedagógico, conforme critérios e definições estabelecidas em norma de cada ente federativo.

Para o cálculo do valor inicial dos proventos proporcionais ao tempo de contribuição, deve ser utilizada fração cujo numerador é o total desse tempo e o denominador, o tempo necessário à respectiva aposentadoria voluntária com proventos integrais, não se aplicando a redução no tempo de idade e contribuição, relativa ao professor. No cálculo dos proventos proporcionais, o valor resultante do cálculo pela média deve ser previamente confrontado com o limite de remuneração do cargo efetivo, para posterior aplicação da fração. Os períodos de tempo utilizados no cálculo previsto são considerados em número de dias.

A emissão de Certidão de Tempo de Contribuição (CTC) pelos RPPS obedece às normas estabelecidas na Portaria MPS nº 154, de 15.05.2008. A CTC deve conter, em anexo, Relação das Remunerações de Contribuições do servidor, relativas ao período certificado e discriminadas a partir da competência julho de 1994, para subsidiar o cálculo dos proventos de aposentadoria. Os documentos de certificação de tempo de contribuição e de informação dos valores das remunerações de contribuições de que trata esse artigo, emitidos pelos diversos órgãos da administração depois da publicação da Portaria MPS nº 154, de 15.05.2008, tem validade mediante homologação da unidade gestora do regime.

A União, os Estados, o Distrito Federal e os Municípios fornecem ao servidor detentor, exclusivamente, de cargo de livre nomeação e exoneração e ao servidor titular de cargo, emprego ou função amparado pelo RGPS, documentos comprobatórios do vínculo funcional e Declaração de Tempo de Contribuição, para fins de concessão de benefícios ou para emissão da CTC pelo regime geral, sem prejuízo da apresentação da Guia de Recolhimento do Fundo de Garantia por Tempo de Serviço e Informações à Previdência Social (GFIP).

A pensão por morte, conferida ao conjunto dos dependentes do segurado falecido a partir de 20 de fevereiro de 2004, data de publicação da Medida Provisória nº 167, de 19.02.2004, pelo art. 66, corresponde à totalidade: a) dos proventos percebidos pelo aposentado na data anterior à do óbito, até o limite máximo estabelecido para os benefícios do RGPS, acrescida de setenta por cento da parcela excedente a esse limite; b) da remuneração do servidor no cargo efetivo na data anterior à do óbito, até o limite máximo estabelecido para os benefícios do RGPS, acrescida de setenta por cento da parcela excedente a esse limite, se o falecimento ocorrer quando o servidor ainda estiver em atividade.

Ao servidor que tenha ingressado por concurso público de provas ou de provas e títulos em cargo efetivo na administração pública direta, autárquica e fundacional da União, dos Estados do Distrito Federal ou dos Municípios, até 16.12.1998, da orientação comentada, é facultado aposentar-se com proventos calculados de acordo com o art. 61 quando o servidor, cumulativamente: "I – tiver cinquenta e três anos de idade, se homem, e quarenta e oito anos de idade, se mulher; II – tiver cinco anos de efetivo exercício no cargo em que se der a aposentadoria; e III – contar tempo de contribuição igual, no mínimo, à soma de: a) trinta e cinco anos, se homem, e trinta anos, se mulher; e b) um período adicional de contribuição equivalente a vinte por cento do tempo que, na data prevista no *caput*, faltava para atingir o limite de tempo constante da alínea *a*".

O servidor que cumprir as exigências para aposentadoria tem os seus proventos de inatividade reduzidos para cada ano antecipado em relação aos limites de idade estabelecidos, na seguinte proporção: a) três inteiros e cinco décimos por cento, para aquele que tiver completado as exigências para aposentadoria na forma do *caput* até 31.12.2005, independentemente de a concessão do benefício ocorrer em data posterior àquela; b) cinco por cento, para aquele que completar as exigências para aposentadoria na forma do *caput* a partir de 01.01.2006.

Na Orientação Normativa MPS/SPS nº 02, de 31.03.2009, no art. 68, ressalvado o direito de opção à aposentadoria pelas normas estabelecidas, o servidor que tiver ingressado no serviço público da União, dos Estados, do Distrito Federal e dos Municípios, até 31.12.2003, pode aposentar-se com proventos integrais, que correspondem à totalidade da remuneração do servidor no cargo efetivo em que se der a aposentadoria, quando, observadas as reduções de idade e de tempo de contribuição contidas no art. 60, relativas ao professor, vier a preencher, cumulativamente, as seguintes condições: a) sessenta anos de idade, se homem, e cinquenta e cinco anos de idade, se mulher; b) trinta e cinco anos de contribuição, se homem, e trinta anos de contribuição, se mulher; c) vinte anos de efetivo exercício no serviço público conforme definição; d) dez anos de carreira; e) cinco anos de efetivo exercício no cargo em que se der a aposentadoria.

Pelo art. 69 da orientação normativa, ressalvado o direito de opção à aposentadoria pelas normas estabelecidas, da legislação comentada, o servidor da União, dos Estados, do Distrito Federal e dos Municípios, incluídas suas autarquias e fundações, que tenha ingressado no serviço público, da União, dos Estados, do Distrito Federal ou dos Municípios, até 16.12.1998, pode aposentar-se com proventos integrais, que correspondem à totalidade da remuneração do servidor no cargo efetivo, desde que preencha, cumulativamente, as seguintes condições: "I – trinta e cinco anos de contribuição, se homem, e trinta anos de contribuição, se mulher; II – vinte e cinco anos de efetivo exercício no serviço público, conforme definição do inciso VIII do art. 2º; III – quinze anos de carreira, conforme inciso VII do art. 2º; e IV – cinco anos no cargo efetivo em que se der a aposentadoria; e V – idade mínima resultante da redução, relativamente aos limites fixados no art. 58, de 60 anos, se homem, ou 55, se mulher, de um ano de idade para cada ano de contribuição que exceder o tempo de contribuição previsto no inciso I".

É assegurada a concessão de aposentadoria e pensão a qualquer tempo, aos segurados e seus dependentes que, até 31.12.2003, pelo art. 81 da orientação comentada, tenham cumprido os requisitos para a obtenção desses benefícios, com base nos critérios da legislação então vigente, observado o disposto no inciso XI do art. 37 da Constituição Federal. Os proventos da aposentadoria a ser concedida aos segurados referidos no *caput*, em termos integrais ou proporcionais ao tempo de contribuição já exercido até 31.12.2003, bem como as pensões de seus dependentes, são calculados de acordo com a legislação em vigor à época em que foram atendidas as prescrições nela estabelecidas para a concessão desses benefícios ou nas condições da legislação vigente, conforme opção do segurado.

No cálculo do benefício concedido de acordo com a legislação em vigor à época da aquisição do direito, será utilizada a remuneração do servidor no cargo efetivo no momento da concessão da aposentadoria. Em caso de utilização de direito adquirido à aposentadoria com proventos proporcionais, considera-se o tempo de contribuição cumprido até 31.12.2003, observando-se que o cômputo de tempo de contribuição posterior a essa data somente é admitido para fins de cumprimento dos requisitos exigidos para outra regra vigente de aposentadoria, com proventos integrais ou proporcionais.

O valor do abono de permanência é equivalente ao valor da contribuição efetivamente descontada do servidor ou recolhida por este, relativamente a cada competência. O pagamento do abono de permanência é de responsabilidade do respectivo ente federativo e deve ser devido a partir do cumprimento dos requisitos para obtenção do benefício, mediante opção expressa do servidor pela permanência em atividade. Em caso de cessão de servidor ou de afastamento para exercício de mandato eletivo, o responsável pelo pagamento do abono de permanência é o órgão ou entidade ao qual incumbe o ônus pelo pagamento da remuneração ou subsídio, salvo disposição expressa em sentido contrário no termo, no ato ou noutro documento de cessão ou afastamento do segurado. Na concessão do benefício de aposentadoria ao servidor titular de cargo efetivo, ainda que pelo RGPS, cessa o direito ao pagamento do abono de permanência.

Todo o valor recolhido, tanto dos servidores, como da Prefeitura, passa a constituir o Fundo de Previdência Social do Município. O Fundo prevê a criação do Conselho Municipal de Previdência (CMP), composto por servidores representantes dos segurados indicados pelos próprios servidores, em assembleia, e servidores indicados pelo Prefeito Municipal, com o papel de acompanhar e fiscalizar a gestão do fundo. A influência dos servidores na gestão de seu regime garante maior transparência e responsabilidade das ações dos gestores previdenciários. Em relação ao INSS, os servidores não têm a quem recorrer, a não ser nos postos de atendimento com sua reconhecida lentidão e ineficiência, além de greves frequentes. Os servidores não têm acesso à Diretoria e aos Conselhos do INSS para poder averiguar sua correta administração ou para sugerir melhorias nos serviços.

4.9. Fiscalização do Regime Próprio de Previdência Social (RPPS)

A fiscalização do Regime Próprio implica o controle e a gestão dos recursos financeiros e atuariais, mas também controles gerais. Por um lado, é feito pela Secretaria de Previdência Social (SPS) do Ministério da Previdência Social (MPS) o controle da legislação, as planilhas, os benefícios concedidos e o custeio para o financiamento do sistema. Por outro lado, deve-se observar a Lei de Responsabilidade Fiscal, a Lei Complementar nº 101, de 04.05.2000, que estabelece normas para a gestão fiscal dos órgãos públicos. A gestão patrimonial está tratada no art. 43 dessa legislação, ao passo que as transferências voluntárias encontram-se dispostas no art. 25. Por fim, a escrituração das contas públicas está prevista no art. 50 desse mesmo diploma legal. Deve-se mencionar, ainda, o controle interno, bem como o controle externo, exercido com o auxílio do Tribunal de Contas próprio.

As chances de desvio de finalidade dos recursos do fundo de previdência do regime próprio são pequenas, pois são outros os tempos. Além do Conselho Municipal de Previdência e da própria Câmara Municipal, órgãos como os Tribunais de Contas, o Ministério Público e a Secretaria da Receita Federal do Brasil exercem forte fiscalização sobre os fundos. Existe ainda a fiscalização exercida bimestralmente pelo Ministério da Previdência Social (MPS) por meio do Certificado de Regularidade Previdenciária (CRP), documento emitido para os Municípios que cumprem a legislação federal e diversos critérios de boa gestão de regime próprio, desenvolvido a partir de 2003. Caso o Município não disponha do CRP, fica impossibilitado de receber convênios e transferências voluntárias do Governo Federal.

O Conselho de Administração é o órgão de deliberação superior do Regime Próprio de Previdência Social (RPPS), competindo-lhe elaborar a proposta orçamentária do Fundo, fiscalizar o recolhimento das contribuições, verificando a correta base de cálculo e a aplicação das alíquotas, garantindo o pleno acesso das informações referentes à gestão do regime aos segurados e dependentes, bem como fixar as diretrizes gerais de atuação do instituto próprio de previdência. Já o Conselho Fiscal é o órgão de fiscalização e controle interno do instituto próprio de previdência, devendo este fiscalizar a administração financeira e contábil do Fundo, podendo, para tanto, requisitar perícias, examinar a escrituração e respectiva documentação. Esses dois conselhos devem atuar em conjunto, de forma que compete ao Conselho Fiscal atender às consultas e solicitações que lhe forem submetidas pelo Conselho de Administração, bem como deve o Conselho Fiscal comunicar ao Conselho de Administração as deficiências e as irregularidades encontradas no desempenho de suas atividades. Tanto o Conselho de Administração quanto o Conselho Fiscal contam com representantes eleitos pelos servidores ativos e inativos, garantindo, assim, o pleno acesso dos segurados às informações relativas à gestão do regime.

Mesmo que o Regime Próprio de Previdência Social (RPPS) venha à extinção, os servidores simplesmente podem voltar para o INSS. Aqueles que, por qualquer impedimento legal, não forem aceitos, recebem suas aposentadorias na folha de pagamento da Prefeitura. O servidor em hipótese alguma fica sem sua aposentadoria. Na verdade, o não recolhimento dos recursos pela Prefeitura não é irreversível para o servidor municipal.

É importante ressaltar que as novas regras exigidas para o Regime Próprio de Previdência Social (RPPS) imprimiram maior controle das contas previdenciárias no âmbito do ente público. Como se trata de um Fundo, Autarquia ou Fundação, esses recursos, contabilizados em separado, são "blindados" para o pagamento de benefícios. Ao contabilizar a avaliação atuarial, o Gestor Previdenciário tem a cada ano a nova situação previdenciária do Município. As eventuais sobras de recursos, como contribuições menos pagamentos de benefício, podem ser capitalizadas para garantir o pagamento dos benefícios futuros. O Gestor Previdenciário tem o controle orçamentário, financeiro e patrimonial da situação previdenciária do seu Município.

4.10. Regime Próprio da União

O Regime Próprio de Previdência Social (RPPS) pode ser também para os servidores públicos da União e de suas autarquias e fundações, pelo qual se assegura aos segurados e aos seus dependentes aposentadoria e pensão por morte. No art. 185 da Lei Federal nº 8.112, de 24.07.1990, prevê-se que o servidor federal tem direito à aposentadoria por tempo de contribuição, por idade e por invalidez, auxílio-natalidade, salário-família, auxílio-doença, salário-maternidade e auxílio-acidente, quando em serviço. No entanto, o Tesouro Nacional continua com a responsabilidade pelo pagamento dos inativos federais, sem a constituição de um sistema propriamente dito.

Quanto ao servidor público da União, também foi disposto que:

> Art. 10. Até que entre em vigor lei federal que discipline os benefícios do regime próprio de previdência social dos servidores da União, aplica-se o disposto neste artigo.
>
> § 1º Os servidores públicos federais serão aposentados:
>
> I – voluntariamente, observados, cumulativamente, os seguintes requisitos:

a) 62 (sessenta e dois) anos de idade, se mulher, e 65 (sessenta e cinco) anos de idade, se homem; e
b) 25 (vinte e cinco) anos de contribuição, desde que cumprido o tempo mínimo de 10 (dez) anos de efetivo exercício no serviço público e de 5 (cinco) anos no cargo efetivo em que for concedida a aposentadoria;
II – por incapacidade permanente para o trabalho, no cargo em que estiverem investidos, quando insuscetíveis de readaptação, hipótese em que será obrigatória a realização de avaliações periódicas para verificação da continuidade das condições que ensejaram a concessão da aposentadoria; ou
III – compulsoriamente, na forma do disposto no inciso II do § 1º do art. 40 da Constituição Federal.
§ 2º Os servidores públicos federais com direito a idade mínima ou tempo de contribuição distintos da regra geral para concessão de aposentadoria na forma dos §§ 4º-B, 4º-C e 5º do art. 40 da Constituição Federal poderão aposentar-se, observados os seguintes requisitos:
I – o policial civil do órgão a que se refere o inciso XIV do caput do art. 21 da Constituição Federal, o policial dos órgãos a que se referem o inciso IV do caput do art. 51, o inciso XIII do caput do art. 52 e os incisos I a III do caput do art. 144 da Constituição Federal e o ocupante de cargo de agente federal penitenciário ou socioeducativo, aos 55 (cinquenta e cinco) anos de idade, com 30 (trinta) anos de contribuição e 25 (vinte e cinco) anos de efetivo exercício em cargo dessas carreiras, para ambos os sexos;
II – o servidor público federal cujas atividades sejam exercidas com efetiva exposição a agentes químicos, físicos e biológicos prejudiciais à saúde, ou associação desses agentes, vedada a caracterização por categoria profissional ou ocupação, aos 60 (sessenta) anos de idade, com 25 (vinte e cinco) anos de efetiva exposição e contribuição, 10 (dez) anos de efetivo exercício de serviço público e 5 (cinco) anos no cargo efetivo em que for concedida a aposentadoria;
III – o titular do cargo federal de professor, aos 60 (sessenta) anos de idade, se homem, aos 57 (cinquenta e sete) anos, se mulher, com 25 (vinte e cinco) anos de contribuição exclusivamente em efetivo exercício das funções de magistério na educação infantil e no ensino fundamental e médio, 10 (dez) anos de efetivo exercício de serviço público e 5 (cinco) anos no cargo efetivo em que for concedida a aposentadoria, para ambos os sexos.
§ 3º A aposentadoria a que se refere o § 4º-C do art. 40 da Constituição Federal observará adicionalmente as condições e os requisitos estabelecidos para o Regime Geral de Previdência Social, naquilo em que não conflitarem com as regras específicas aplicáveis ao regime próprio de previdência social da União, vedada a conversão de tempo especial em comum.

....

§ 8º Considera-se remuneração do servidor público no cargo efetivo, para fins de cálculo dos proventos de aposentadoria com fundamento no disposto no inciso I do § 6º ou no inciso I do § 2º do art. 20, o valor

> constituído pelo subsídio, pelo vencimento e pelas vantagens pecuniárias permanentes do cargo, estabelecidos em lei, acrescidos dos adicionais de caráter individual e das vantagens pessoais permanentes, observados os seguintes critérios:
> I – se o cargo estiver sujeito a variações na carga horária, o valor das rubricas que refletem essa variação integrará o cálculo do valor da remuneração do servidor público no cargo efetivo em que se deu a aposentadoria, considerando-se a média aritmética simples dessa carga horária proporcional ao número de anos completos de recebimento e contribuição, contínuos ou intercalados, em relação ao tempo total exigido para a aposentadoria;
> II – se as vantagens pecuniárias permanentes forem variáveis por estarem vinculadas a indicadores de desempenho, produtividade ou situação similar, o valor dessas vantagens integrará o cálculo da remuneração do servidor público no cargo efetivo mediante a aplicação, sobre o valor atual de referência das vantagens pecuniárias permanentes variáveis, da média aritmética simples do indicador, proporcional ao número de anos completos de recebimento e de respectiva contribuição, contínuos ou intercalados, em relação ao tempo total exigido para a aposentadoria ou, se inferior, ao tempo total de percepção da vantagem.
> § 9º Aplicam-se às aposentadorias dos servidores dos Estados, do Distrito Federal e dos Municípios as normas constitucionais e infraconstitucionais anteriores à data de entrada em vigor desta Emenda Constitucional, enquanto não promovidas alterações na legislação interna relacionada ao respectivo regime próprio de previdência social.
> § 10. Estende-se o disposto no § 9º às normas sobre aposentadoria de servidores públicos incompatíveis com a redação atribuída por esta Emenda Constitucional aos §§ 4º, 4º-A, 4º-B e 4º-C do art. 40 da Constituição Federal

Pelo art. 4º, da Emenda Constitucional Federal nº 103, de 12.11.2019, o servidor público federal que tenha ingressado no serviço público em cargo efetivo até a data de entrada em vigor desta Emenda Constitucional pode aposenta-se voluntariamente quando preencher, cumulativamente, os seguintes requisitos: "I – 56 (cinquenta e seis) anos de idade, se mulher, e 61 (sessenta e um) anos de idade, se homem, observado o disposto no § 1º; II – 30 (trinta) anos de contribuição, se mulher, e 35 (trinta e cinco) anos de contribuição, se homem; III – 20 (vinte) anos de efetivo exercício no serviço público; IV – 5 (cinco) anos no cargo efetivo em que se der a aposentadoria; e V – somatório da idade e do tempo de contribuição, incluídas as frações, equivalente a 86 (oitenta e seis) pontos, se mulher, e 96 (noventa e seis) pontos, se homem, observado o disposto nos §§ 2º e 3º. Pelo § 1º, a partir de 1º de janeiro de 2022, a idade mínima a que se refere o inciso I do caput deve ser de cinquenta e sete anos de idade, se mulher, e 62 (sessenta e dois) anos de idade, se homem. A partir de 1º de janeiro de 2020, a pontuação a que se refere o inciso V do caput será acrescida a cada ano de 1 (um) ponto, até atingir o limite de 100 (cem) pontos, se mulher, e de 105 (cento e cinco) pontos, se homem. A idade e o tempo de contribuição serão apurados em dias para o cálculo do somatório de pontos a que se referem o inciso V do caput e o § 2º."

A Emenda Constitucional nº 103, de 12.11.2019, no seu art. 21, do texto constitucional, assim dispôs:

> Art. 21. O segurado ou o servidor público federal que se tenha filiado ao Regime Geral de Previdência Social ou ingressado no serviço público em cargo efetivo até a data de entrada em vigor desta Emenda Constitucional cujas atividades tenham sido exercidas com efetiva exposição a agentes químicos, físicos e biológicos prejudiciais à saúde, ou associação desses agentes, vedada a caracterização por categoria profissional ou ocupação, desde que cumpridos, no caso do servidor, o tempo mínimo de 20 (vinte) anos de efetivo exercício no serviço público e de 5 (cinco) anos no cargo efetivo em que for concedida a aposentadoria, na forma dos arts. 57 e 58 da Lei nº 8.213, de 24 de julho de 1991, poderão aposentar-se quando o total da soma resultante da sua idade e do tempo de contribuição e o tempo de efetiva exposição forem, respectivamente, de:
> I – 66 (sessenta e seis) pontos e 15 (quinze) anos de efetiva exposição;
> II – 76 (setenta e seis) pontos e 20 (vinte) anos de efetiva exposição; e
> III – 86 (oitenta e seis) pontos e 25 (vinte e cinco) anos de efetiva exposição.
> § 1º A idade e o tempo de contribuição serão apurados em dias para o cálculo do somatório de pontos a que se refere o caput. § 2º O valor da aposentadoria de que trata este artigo será apurado na forma da lei.
> § 3º Aplicam-se às aposentadorias dos servidores dos Estados, do Distrito Federal e dos Municípios cujas atividades sejam exercidas com efetiva exposição a agentes químicos, físicos e biológicos prejudiciais à saúde, ou associação desses agentes, vedada a caracterização por categoria profissional ou ocupação, na forma do § 4º-C do art. 40 da Constituição Federal, as normas constitucionais e infraconstitucionais anteriores à data de entrada em vigor desta Emenda Constitucional, enquanto não promovidas alterações na legislação interna relacionada ao respectivo regime próprio de previdência social.

A Emenda Constitucional nº 103, de 12.11.2019, fixou pelo art. 22, que até que lei discipline o § 4º-A do art. 40 e o inciso I do § 1º do art. 201 da Constituição Federal, a aposentadoria da pessoa com deficiência segurada do Regime Geral de Previdência Social (RGPS), ou do servidor público federal com deficiência vinculado a regime próprio de previdência social, desde que cumpridos, no caso do servidor, o tempo mínimo de dez anos de efetivo exercício no serviço público e de cinco anos no cargo efetivo em que for concedida a aposentadoria, será concedida na forma da Lei Complementar Federal nº 142, de 08.05.2013, inclusive quanto aos critérios de cálculo dos benefícios. Aplicam-se às aposentadorias dos servidores com deficiência dos Estados-membros, do Distrito Federal e dos Municípios as normas constitucionais e infraconstitucionais anteriores à data de entrada em vigor desta Emenda Constitucional, enquanto não promovidas alterações na legislação interna relacionada ao respectivo regime próprio de previdência social.

A Emenda Constitucional nº 103, de 12.11.2019, quanto ao Regime Geral de Previdência Social (RGPS), e o Regime de Previdência da União (RPPS), estabeleceu que:

> "Art. 26. Até que lei discipline o cálculo dos benefícios do regime próprio de previdência social da União e do Regime Geral de Previdência Social, será utilizada a média aritmética simples dos salários de contribuição e das remunerações adotados como base para contribuições a regime próprio de previdência social e ao Regime Geral de Previdência Social, ou como base para contribuições decorrentes das atividades militares de que tratam os arts. 42 e 142 da Constituição Federal, atualizados monetariamente, correspondentes a 100% (cem por cento) do período contributivo desde a competência julho de 1994 ou desde o início da contribuição, se posterior àquela competência.
>
> § 1º A média a que se refere o caput será limitada ao valor máximo do salário de contribuição do Regime Geral de Previdência Social para os segurados desse regime e para o servidor que ingressou no serviço público em cargo efetivo após a implantação do regime de previdência complementar ou que tenha exercido a opção correspondente, nos termos do disposto nos §§ 14 a 16 do art. 40 da Constituição Federal.
>
> § 2º O valor do benefício de aposentadoria corresponderá a 60% (sessenta por cento) da média aritmética definida na forma prevista no caput e no § 1º, com acréscimo de 2 (dois) pontos percentuais para cada ano de contribuição que exceder o tempo de 20 (vinte) anos de contribuição nos casos:
>
> I – do inciso II do § 6º do art. 4º, do § 4º do art. 15, do § 3º do art. 16 e do § 2º do art. 18;
>
> II – do § 4º do art. 10, ressalvado o disposto no inciso II do § 3º e no § 4º deste artigo;

III – de aposentadoria por incapacidade permanente aos segurados do Regime Geral de Previdência Social, ressalvado o disposto no inciso II do § 3º deste artigo; e
IV – do § 2º do art. 19 e do § 2º do art. 21, ressalvado o disposto no § 5º deste artigo.
§ 3º O valor do benefício de aposentadoria corresponderá a 100% (cem por cento) da média aritmética definida na forma prevista no caput e no § 1º:
I – no caso do inciso II do § 2º do art. 20;
II – no caso de aposentadoria por incapacidade permanente, quando decorrer de acidente de trabalho, de doença profissional e de doença do trabalho.
§ 4º O valor do benefício da aposentadoria de que trata o inciso III do § 1º do art. 10 corresponderá ao resultado do tempo de contribuição dividido por 20 (vinte) anos, limitado a um inteiro, multiplicado pelo valor apurado na forma do caput do § 2º deste artigo, ressalvado o caso de cumprimento de critérios de acesso para aposentadoria voluntária que resulte em situação mais favorável.
§ 5º O acréscimo a que se refere o caput do § 2º será aplicado para cada ano que exceder 15 (quinze) anos de tempo de contribuição para os segurados de que tratam a alínea "a" do inciso I do § 1º do art. 19 e o inciso I do art. 21 e para as mulheres filiadas ao Regime Geral de Previdência Social.
§ 6º Poderão ser excluídas da média as contribuições que resultem em redução do valor do benefício, desde que mantido o tempo mínimo de contribuição exigido, vedada a utilização do tempo excluído para qualquer finalidade, inclusive para o acréscimo a que se referem os §§ 2º e 5º, para a averbação em outro regime previdenciário ou para a obtenção dos proventos de inatividade das atividades de que tratam os arts. 42 e 142 da Constituição Federal.
§ 7º Os benefícios calculados nos termos do disposto neste artigo serão reajustados nos termos estabelecidos para o Regime Geral de Previdência Social."

4.11. Regime Militar

Os servidores militares são cobertos pelo plano de benefício previsto no Estatuto dos Militares, pois eles se encontram submetidos a regras especiais, como o tempo máximo de permanência em cada posto da carreira. Por outro lado, quando completar trinta anos de serviço, há a reforma e eles passam a receber proventos equivalentes à remuneração do posto seguinte da hierarquia. Por conta da peculiaridade do sistema, deve ter regras determinados para os integrantes das forças armadas, no âmbito federal, da política militar e do corpo de bombeiros, no âmbito estadual e distrital, e, finalmente, se houver militarização, para a guarda municipal, no âmbito local.

A economia com as mudanças nas regras, pela Reforma da Previdência dos Militares, por meio da Lei Federal nº 13.954, de 16.12.2019, deve ser de mais de noventa e sete bilhões de reais em dez anos. O gasto com as mudanças na carreira deve ser de quase oitenta e sete bilhões de reais no mesmo período. A inclusão dos policiais e bombeiros na versão final do projeto, porém, deve render aos governos estaduais uma economia adicional de sessenta bilhões de reais em dez anos. No total, o impacto fiscal deve ser de um pouco mais de dez bilhões em uma década.

A Reforma da Previdência dos militares previu o aumento do tempo mínimo de atividade para a aposentadoria dos atuais trinta para trinta e cinco anos. Não obstante, a nova regra, entretanto, vale apenas para os novos ingressantes nas Forças Armadas. Quem estiver na ativa precisa cumprir um pedágio de dezessete por cento sobre o tempo que falta atualmente para a reserva. Assim, quem ingressou há dez anos, por exemplo, vai se aposentar com tinta e três anos e um terço de atividade. Em outro exemplo, militar com vinte anos de serviço, por sua vez, vai para a reserva quando completar trinta e um ano em meio de atividade. No caso dos Estados-membros, que usam tempo de contribuição mínimo de vinte e cinco anos para policiais militares e bombeiros militares, deve haver uma transição que adicionará quatro meses a cada ano, até que se chegue nos trinta anos, em 2044, com este tendo pedágio de vinte por cento.

A Reforma da Previdência dos Militares também alterou a idade limite para a transferência para a reserva conforme o posto ou graduação na carreira. Agora, um soldado que não conseguir progressãor na carreira vai para a reserva aos quarenta e quatro anos, a menor idade possível, mas tal patamar foi elevado para cinquenta anos. No maior posto, um General de Exército pode ficar na ativa até os sessenta e seis anos atualmente, idade que passou a setenta anos. Os mais impactados devem ser os Majores e Subtenentes do Exército, categorias que tiveram um aumento de nove anos para chegar ao limite da carreira militar.

O aumento da alíquota para os militares deve ser progressivo, passando dos sete e meio por cento atuais até chegar a dez e meio por cento. A partir de 2020, a cobrança passa a ser de nove e meio por cento, que foi elevado para dez e meio, em 2021. Os militares que entraram no serviço antes de 2001 podem contribuir com mais um e meio por cento para manterem o direito de passar a pensão vitalícia a suas filhas solteiras, o que não foi acabado de vez. Por outro lado, os pensionistas, atualmente isentos de alíquotas, também passam a pagar dez e meio por cento. Independentemente de rendimentos, oito categorias podem ser dependentes dos integrantes das Forças Armadas, número reduzido para duas, cônjuge e filho menor de vinte e um anos. Os dependentes, desde que não tenham rendimentos, por sua vez, caem de dez para três categorias, cônjuge, filho menor de vinte e um anos e pai e mãe.

Por outro lado, como contrapartida para as alterações, os militares terão diversas mudanças na carreira, com o pagamento de diversos adicionais. Entre eles estão o de habilitação, pago a quem passa por capacitações. Os percentuais foram de doze por cento até setenta e três e incidem sobre a parcela do soldo, como é chamado o salário base dos militares. Agora, o adicional mais alto para Coronéis, Tenentes e Subtenentes é de trinta por cento, de modo que o aumento foi de quarenta e três por cento. Outro adicional que foi previsto, o de dispensa de militar, com o porcentual, que vai de cinco por cento a trinta e dois por cento, passa a incidir sobre a parcela do soldo de oficiais e praças. A proposta previu, também, um aumento da indenização que se paga quando os militares são transferidos para a inatividade, que sobe de quatro para oito vezes o valor do soldo dos militares.

Por outro lado, pelo art. 5º, da Emenda Constitucional nº 103, de 12.11.2019, o policial civil do órgão a que se refere o inciso XIV do caput do art. 21 da Constituição Federal, o policial dos órgãos a que se referem o inciso IV do caput do art. 51, o inciso XIII do caput do art. 52 e os incisos I a III do caput do art. 144 da Constituição Federal e o ocupante de cargo de agente federal penitenciário ou socioeducativo que tenham ingressado na respectiva carreira até a data de entrada em vigor desta Emenda Constitucional podem se aposentar na forma da Lei Complementar Federal nº 51, de 20.12.1985, observada a idade mínima de cinquenta e cinco anos para ambos os sexos ou o disposto no § 3º. São considerados tempo de exercício em cargo de natureza estritamente policial, para os fins do inciso II do art. 1º da Lei Complementar Federal nº 51, de 20.12.1985, o tempo de atividade militar nas Forças Armadas, nas polícias militares e nos corpos de bombeiros militares e o tempo de atividade como agente penitenciário ou socioeducativo. Aplicam-se às aposentadorias dos servidores dos Estados-membros de que trata o § 4º-B do art. 40 da Constituição Federal as normas constitucionais e infraconstitucionais anteriores à data de entrada em vigor desta Emenda Constitucional, enquanto não promovidas alterações na legislação interna relacionada ao respectivo regime próprio de previdência social. Os servidores de que trata o caput pode aposentar-se aos cinquenta e dois anos de idade, se mulher, e aos cinquenta e três anos de idade, se homem, desde que cumprido período adicional de contribuição correspondente ao tempo que, na data de entrada em vigor desta Emenda Constitucional, faltaria para atingir o tempo de contribuição previsto na Lei Complementar Federal nº 51, de 20.12.1985.

4.12. Regime parlamentar

Os parlamentares podem ter regras próprias para a aposentadoria, hoje muito próximas das regras do regime geral. Em relação aos integrantes do Congresso Nacional, a Lei Federal nº 9.506, de 30.10.1997, acabou extinguindo o Instituto de Previdência dos Congressistas (IPC) e instituiu o Plano de Seguridade dos Congressistas (PSSC), exigindo trinta e cinco anos de exercício de mandato e sessenta anos de idade ou, ainda, trinta e cinco anos de contribuição para os diversos sistemas e a mesma idade mínima.

Quanto aos parlamentares, a Emenda Constitucional nº 103, de 12.11.2019, fixou que:

> Art. 14. Vedadas a adesão de novos segurados e a instituição de novos regimes dessa natureza, os atuais segurados de regime de previdência aplicável a titulares de mandato eletivo da União, dos Estados, do Distrito Federal e dos Municípios poderão, por meio de opção expressa formalizada no prazo de 180 (cento e oitenta) dias, contado da data de entrada em vigor desta Emenda Constitucional, retirar-se dos regimes previdenciários aos quais se encontrem vinculados.
> § 1º Os segurados, atuais e anteriores, do regime de previdência de que trata a Lei nº 9.506, de 30 de outubro de 1997, que fizerem a opção de permanecer nesse regime previdenciário deverão cumprir período adicional correspondente a 30% (trinta por cento) do tempo de contribuição que faltaria para aquisição do direito à aposentadoria na data de entrada em vigor desta Emenda Constitucional e somente poderão aposentar-se

a partir dos 62 (sessenta e dois) anos de idade, se mulher, e 65 (sessenta e cinco) anos de idade, se homem.

§ 2º Se for exercida a opção prevista no caput, será assegurada a contagem do tempo de contribuição vertido para o regime de previdência ao qual o segurado se encontrava vinculado, nos termos do disposto no § 9º do art. 201 da Constituição Federal.

§ 3º A concessão de aposentadoria aos titulares de mandato eletivo e de pensão por morte aos dependentes de titular de mandato eletivo falecido será assegurada, a qualquer tempo, desde que cumpridos os requisitos para obtenção desses benefícios até a data de entrada em vigor desta Emenda Constitucional, observados os critérios da legislação vigente na data em que foram atendidos os requisitos para a concessão da aposentadoria ou da pensão por morte.

§ 4º Observado o disposto nos §§ 9º e 9º-A do art. 201 da Constituição Federal, o tempo de contribuição a regime próprio de previdência social e ao Regime Geral de Previdência Social, assim como o tempo de contribuição decorrente das atividades militares de que tratam os arts. 42 e 142 da Constituição Federal, que tenha sido considerado para a concessão de benefício pelos regimes a que se refere o caput não poderá ser utilizado para obtenção de benefício naqueles regimes.

§ 5º Lei específica do Estado, do Distrito Federal ou do Município deverá disciplinar a regra de transição a ser aplicada aos segurados que, na forma do caput, fizerem a opção de permanecer no regime previdenciário de que trata este artigo.

Capítulo 5

BENEFÍCIOS DO REGIME PRÓPRIO DE PREVIDÊNCIA SOCIAL (RPPS)

SUMÁRIO: **5.1.** Benefícios Previdenciários do Regime Próprio; **5.2.** Segurados e Dependentes; **5.3.** Servidores Públicos e Aposentadoria; **5.4.** Aposentadoria e suas Espécies do Regime Próprio; **5.5.** Pensões e Auxílios do Regime Próprio; **5.6.** Demais Benefícios Previdenciários do Regime Próprio; **5.7.** Aspectos Relevantes da Previdência Social.

5.1. Benefícios Previdenciários do Regime Próprio

A previdência social deve ser organizada sob a forma de regime geral, de caráter contributivo e de filiação obrigatória, observados critérios que preservem o equilíbrio financeiro e atuarial e que garantam, nos termos da lei: a) cobertura dos eventos de doença, invalidez, morte e idade avançada; b) proteção à maternidade, especialmente à gestante; c) proteção ao trabalhador em situação de desemprego involuntário; d) salário-família e auxílio-reclusão para os dependentes dos segurados de baixa renda; e) pensão por morte do segurado, homem ou mulher, ao cônjuge ou companheiro e aos dependentes.

É vedada a adoção de requisitos e critérios diferenciados para a concessão de aposentadoria aos beneficiários do Regime Geral de Previdência Social (RGPS), ressalvados os casos de atividades exercidas sob condições especiais que prejudiquem a saúde ou a integridade física e, quando se tratar de segurados portadores de deficiência, nos termos definidos em lei complementar. Nenhum benefício que substitua o salário de contribuição ou o rendimento do trabalho do segurado tem valor mensal inferior ao salário mínimo. Todos os salários-de-contribuição considerados para o cálculo de benefício são devidamente atualizados, na forma da lei. É assegurado o reajustamento dos benefícios para preservar-lhes, em caráter permanente, o valor real, conforme critérios definidos em lei. É vedada a filiação ao regime geral de previdência social, na qualidade de segurado facultativo, de pessoa participante de Regime Próprio de Previdência Social (RPPS). A gratificação natalina dos aposentados e pensionistas tem por base o valor dos proventos do mês de dezembro de cada ano.

É assegurada aposentadoria no Regime Geral de Previdência Social (RGPS), nos termos da lei, obedecidas as seguintes condições: a) trinta e cinco anos de contribuição, se homem, e trinta anos de contribuição, se mulher; b) sessenta e cinco anos de idade, se homem, e sessenta anos de idade, se mulher; c) reduzido em cinco anos o limite para os trabalhadores rurais de ambos os sexos e para os que exerçam suas atividades em regime de economia familiar, nestes incluídos o produtor rural, o garimpeiro e o pescador artesanal.

Os requisitos anteriores são reduzidos em cinco anos, para o professor que comprove exclusivamente tempo de efetivo exercício das funções de magistério na educação infantil, no ensino fundamental e no médio. Para efeito de aposentadoria, é assegurada a contagem recíproca do tempo de contribuição na administração pública e na atividade privada, rural e urbana, hipótese em que os diversos regimes de previdência social se compensarão financeiramente, segundo critérios estabelecidos. Lei disciplina a cobertura do risco de acidente do trabalho, a ser atendida concorrentemente pelo Regime Geral de Previdência Social (RGPS) e pelo setor privado. Os ganhos habituais do empregado, a qualquer título, são incorporados ao salário para efeito de contribuição previdenciária e consequente repercussão em benefícios, nos casos e na forma que a legislação dispõe sobre sistema especial de inclusão previdenciária para atender a trabalhadores de baixa renda. Incluiu aqueles sem renda própria que se dediquem exclusivamente ao trabalho doméstico no âmbito de sua residência, desde que pertencentes a famílias de baixa renda, garantindo-lhes acesso a benefícios de valor igual a um salário-mínimo. O sistema especial de inclusão previdenciária tem alíquotas e carências inferiores às vigentes para os demais segurados do regime geral.

Nos regimes de previdência social, o beneficiário é aquele que pode obter algum benefício previdenciário, dividindo-se este entre segurados e seus dependentes. O segurado do regime é o que exerce atividade renumerada de filiação obrigatória ou os que, mesmo não as exercendo, optaram pela inclusão no sistema de proteção, como facultativos. Estes caracterizam-se pelo fato de contribuírem para o custeio do sistema e, em contrapartida, ter o direito de usufruir dos benéficos e dos serviços oferecidos. Os segurados facultativos podem ser: a) empregado; b) empregado doméstico; c) trabalhador avulso; d) contribuinte individual; e) segurado especial; f) segurado facultativo.

Os dependentes são também beneficiários do Regime Geral de Previdência Social (RGPS), podendo usufruir de alguns dos benefícios previstos legalmente. Não precisam realizar inscrição, dirigindo-se às agências do instituto para essa finalidade, tão somente no momento do requerimento do benefício a que tem direito. Estão os dependentes agrupados em três classes por ordem de celeridade: a) primeira classe, incluindo cônjuge, companheiro ou companheira que viva junto como uma família, ex-mulher ou ex-marido que recebam pensão, filho inválido de qualquer idade e menor tutelado ou enteado que são equiparados a filho; b) segunda classe, incluindo os pais que comprovem dependência econômica; c) terceira classe, incluindo irmão menor de vinte e um anos não emancipado com dependência econômica e irmão inválido de qualquer idade com perícia do órgão previdenciário.

São oferecidos os seguintes benefícios aos segurados, como aposentadoria: a) aposentadoria por invalidez; b) aposentadoria por idade; c) aposentadoria por tempo de contribuição; d) aposentadoria especial. Como salários: a) salário-família; b) salário-maternidade. Por fim, como auxílios: a) auxílio-doença; b) auxílio-acidente. Por outro lado, são pagos aos dependentes o seguinte: a) pensão por morte; b) auxílio-reclusão. Para Ivan Kertzman, "os benefícios previdenciários são prestações pagas em dinheiro aos trabalhadores ou aos seus dependentes. Alguns deles substituem a remuneração do trabalhador que ficou, por algum motivo, impedido de exercer sua atividade. Outros são oferecidos como complementação de rendimento do trabalho ou, até mesmo, independentemente do exercício de atividades".[1]

---

1 "Alguns benefícios são pagos aos segurados, enquanto outros são destinados aos dependentes" (KERTZMAN, Ivan. *Curso Prático de Direito Previdenciário, op. cit.*, p. 343).

Antonio Carlos de Oliveira, melhor esclarecendo, afirma que "benefícios são prestações pecuniárias, devidas pela Previdência Social a pessoas por ela protegidas, destinadas a prover-lhes a subsistência, nas eventualidades que as impossibilitem de, por seu esforço, auferir recursos para isso, ou a reforçar-lhes os ganhos para enfrentar encargo de família, ou amparar, em caso de morte, os que deles dependem economicamente. Por meio dos benefícios, a Previdência Social cumpre a finalidade protetiva, que é de sua essência. Representam eles direitos subjetivos, cuja titularidade compete aos segurados e seus dependentes, direitos subjetivos que nascem da *relação de proteção* decorrente da lei e que vincula essas pessoas ao órgão previdenciário incumbido de conceder tais prestações, satisfazendo imposição, que as assegura".[2]

Em primeiro lugar, é importante dizer que o Regime Próprio de Previdência Social (RPPS) vem a ser bem melhor para o Município que o Regime Geral de Previdência Social (RGPS). O Instituto Nacional de Seguridade Social (INSS) não paga aposentadorias apenas para os contribuintes. Ele tem uma função, como o próprio nome sugere, de garantir a segurança social em um país com milhões de excluídos. Trabalhadores rurais e pessoas com deficiência, entre outras categorias, recebem pensões ou aposentadorias sem jamais terem contribuído com um único centavo. A iniciativa evita uma convulsão social no Brasil. Municípios inteiros no interior do país movimentam sua economia quase que exclusivamente com esse dinheiro. A conta é paga pelos empregados e empregadores. O Município paga vinte e dois por cento sobre sua folha de servidores. Com a adoção do regime próprio, essa fração pode cair para onze por cento. Trata-se de uma economia de cinquenta por cento, que pode ser convertida em investimentos para a população, como em infraestrutura, educação, saúde e outros.

Por sua vez, para Marcelo Leonardo Tavares, "os benefícios podem ser classificados da seguinte forma: a) Quanto ao tempo: bene-

---

2 "O direito de usufruir benefícios previdenciários somente se configura, porém, quando se reúnem as condições fáticas previstas em lei, para que o beneficiário possa pretendê-lo" (OLIVEIRA, Antonio Carlos. Os Benefícios. *In:* BALERA, Wagner (coord.). *Curso de Direito Previdenciário*: homenagem a Moacyr Velloso Cardoso de Oliveira. São Paulo: LTr, 1992, p. 69).

fícios de prestação instantânea, benefícios de prestação periódica e benefícios de prestação continuada. Os primeiros são pagos em cota única (não existem atualmente benefícios deste tipo no RGPS). Os benefícios de prestação periódica são pagos por número previamente determinado de competências, como é o caso do salário-maternidade. Os benefícios de prestação continuada são mantidos por prazo que não se pode determinar em princípios, como, por exemplo, as aposentadorias por idade e especial. b) Quanto aos destinatários: benefícios devidos aos segurados e benefícios devidos aos dependentes. São devidos aos segurados as aposentadorias (por idade, por tempo de contribuição, especial e por invalidez), o auxílio-doença, o auxílio-acidente, o salário maternidade e o salário-família. São pagos aos dependentes a pensão por morte e o auxílio-reclusão. c) Quanto ao risco social de acidente de trabalho: benefícios comuns (também denominados previdenciários propriamente ditos) e acidentários. Todos os benefícios do RGPS são encontrados na versão comum. Os benefícios que podem se apresentar em configuração acidentária são: o auxílio-doença, o auxílio-acidente, a aposentadoria por invalidez e a pensão por morte. d) Quanto à natureza: benefícios: benefícios remuneratórios (ou substitutivos de remuneração) – os que visam à substituição da remuneração percebida pelo segurado e destinada ao sustento da família, não podendo ser pagos no valor inferior ao salário mínimo, nos termos do art. 201, § 2º, da CF (aposentadorias, auxílio-doença, salário-maternidade, pensão por morte e auxílio-reclusão); e benefícios indenizatórios (ou complementares), que se destinam a trazer algum tipo de compensação ao trabalhador (auxílio-acidente e salário-família), permitindo-se pagamento em valor inferior ao salário mínimo".[3]

No INSS, os servidores têm diferentes alíquotas de contribuição dependendo do valor de vencimentos. No Regime Próprio de Previdência Social (RPPS), todos os servidores contribuem sob uma alíquota, que é um percentual de onze por cento de sua remuneração ou subsídio de contribuição. O pequeno aumento de alíquota é recompensado pela garantia de melhores direitos para o servidor.

---

3 TAVARES, Marcelo Leonardo. *Direito Previdenciário*: regime geral de previdência social e regras constitucionais dos regimes próprios de previdência social, *op. cit.*, p. 126.

O regime próprio gera benefícios com valores superiores aos pagos pela autarquia federal. Este utiliza o fator previdenciário que resulta na redução dos ganhos do aposentado. Tal artifício não existe no regime próprio e esse é um dos motivos pelo qual este vem a ser melhor para os servidores públicos. O participante do Regime Geral de Previdência Social (RGPS) para se aposentar sem redução do salário de benefício em razão do fator previdenciário somente pode fazê-lo a partir dos sessenta e três anos de idade. Para se aposentar, sem a redução, com sessenta anos de idade deve ter contribuído pelo menos durante trinta e nove anos, enquanto que, no regime próprio, exige, no máximo, trinta e cinco anos de contribuição.

A situação de espera em filas em agências do INSS é conhecida, e traz problemas para os idosos, que têm a saúde frágil ou precisam cumprir com outros compromissos. No Regime Próprio de Previdência Social (RPPS), o servidor tem um atendimento individual realizado por um colega que lhe dá todas as informações que ele desejar sobre sua situação, sem necessidade de filas, esperas incômodas ou mau atendimento por pessoas que não o conhecem.

No Regime Geral de Previdência Social (RGPS), o servidor ao solicitar o benefício de aposentadoria por tempo de contribuição, muitas vezes passa por constrangimentos, pois é comum não constar no banco de dados do INSS o Cadastro Nacional de Informações Sociais (CNIS), as contribuições feitas pelo servidor ao INSS, ou por omissão dos contribuintes ou por deficiência do sistema, que em determinado período deixou de repassar a contribuição desse servidor ao regime geral. Trata-se de um sistema criado, em 1994, com dificuldade de se ter informações anteriores a esse período. Quando isso acontece, o servidor tem que comprovar perante o INSS o período de contribuição, conforme o § 5º do art. 19 do Decreto Federal nº 3.048, de 06.05.1999, que estabelece que "não constando do CNIS informações sobre contribuições ou remunerações, ou havendo dúvida sobre a regularidade do vínculo, motivada por divergências ou insuficiências de dados relativos ao empregador, ao segurado, à natureza do vínculo, ou a procedência da informação, esse período respectivo somente será confirmado mediante a apresentação pelo segurado da documentação comprobatória solicitada pelo INSS". Ou seja, o servidor tem a dor de cabeça de correr atrás de documentos comprobatórios para conseguir direito a sua aposentadoria, o que é muito comum nos dias de hoje para quem precisa do INSS.

No Regime Próprio de Previdência Social (RPPS), isso não acontece, pois para se ter direito ao mesmo benefício basta o servidor requerer a aposentadoria. Todos os dados referente à sua investidura no cargo público e demais dados necessários encontram-se à disposição do Município, o que torna os procedimentos mais ágeis. No Regime Próprio de Previdência Social (RPPS), a gestão do regime é conduzida pelos próprios segurados; portanto, mais próxima e com maior transparência, sendo invariavelmente de fácil acesso aos segurados. No Regime Geral de Previdência Social (RGPS), o INSS é o responsável e, consequentemente, ocorre o distanciamento e a dificuldade da obtenção de informações aos servidores segurados.

O Regime Próprio de Previdência Social (RPPS) pode e deve conter representantes dos servidores ativos e inativos em seus colegiados. A influência dos servidores na gestão de sua previdência garante mais transparência e maior garantia de que suas aposentadorias e pensões serão pagas no futuro. Isso jamais ocorre com o INSS, pois, nessa autarquia federal, os servidores não têm a quem recorrer, a não ser aos postos de atendimento com sua reconhecida lentidão e ineficiência, além de greves frequentes. Ademais, os servidores não têm acesso à Diretoria e aos Conselhos da autarquia federal para poder averiguar sua correta administração ou para realizar sugestões de melhoria.

No Regime Próprio de Previdência Social (RPPS), caso o servidor preencha todas as condições para a aposentadoria, mas prefira permanecer em atividade, tem direito a um abono de permanência correspondente ao valor de sua contribuição previdenciária, até atingir a idade exigida para a aposentadoria compulsória. O Município pode garantir medidas reparadoras para que os atuais servidores não sintam o impacto do aumento da nova alíquota. Uma opção seria o aumento dos salários, constando na lei, para compensar as perdas.

O Regime Próprio de Previdência Social (RPPS) compreende os seguintes benefícios quanto ao segurado servidor: a) aposentadoria por invalidez; b) aposentadoria compulsória; c) aposentadoria voluntária por idade e tempo de contribuição; d) aposentadoria voluntária por idade; e) aposentadoria especial do professor; f) auxílio-doença; g) salário-família; h) salário-maternidade. Quanto ao dependente: a) pensão por morte; b) auxílio-reclusão. A remuneração do cargo efetivo é o valor constituído pelos vencimentos e vantagens pecuniárias permanentes desse cargo estabelecidas em lei, acrescido dos adicionais de caráter individual e das vantagens pessoais permanentes.

5.2. Segurados e Dependentes

Os beneficiários da previdência social podem ser divididos em segurados e dependentes. Os segurados são os beneficiários diretos, podendo exercer atividade remunerada, não exercer atividade por estar desempregado ou não ter remuneração pelo serviço, como as donas de casa. Estes podem ainda ser subdivididos em segurados obrigatórios, como empregado, empregado doméstico e trabalhador avulso; segurados obrigatórios individuais, como trabalhador autônomo, eventual e equiparado e empresário, e segurado facultativo, como desempregado, estudante, dona de casa e síndico condomínio, dentre outros. Os beneficiários indiretos são os dependentes, pelo fato de o benefício nascer em função da qualidade do segurado e pelo seu parentesco ou vínculo.

Em razão da qualidade do segurado, a manutenção do período em que ele continua filiado ao sistema, ou seja, é o chamado período de graça, em que o segurado continua a ter direito a benefícios e serviços, embora esteja sem contribuir no presente. Não se pode confundir a carência, que consiste no lapso de tempo mínimo para o segurado fazer jus a direitos, com a manutenção da qualidade ou no chamado período de graça, em que mesmo sem contribuir o segurado continua filiado ao sistema e seus benefícios. Este prazo pode ser o seguinte: a) sem limite, quando estiver no gozo de benefício; b) até doze meses, quando cessar o benefício por incapacidade ou após a cessão das contribuições; no mesmo período, após cessar a segregação, para o segurado acometido de segregação compulsória, e após o livramento condicional, para o segurado detido ou recluso; c) até seis meses, após a cessação das contribuições, em relação ao segurado facultativo; d) até três meses, após o licenciamento para o segurado incorporado às Forças Armadas para prestar serviço militar.

O dependente é o beneficiário das prestações em razão de vínculo previdenciário com o segurado, sendo este o beneficiário direto. Os dependentes estão divididos em três classes, como já comentado, que vão indicar a velocidade do processo: a) primeira classe, no caso de cônjuge, companheiro, companheira e o filho não emancipado de qualquer condição e menor de vinte e um anos ou inválido; b) segunda classe, os pais; c) terceira classe, o irmão não emancipado de qualquer condição e menor de vinte e um anos ou inválido. Não se pode confundir o dependente do segurado para fins previdenciários com o dependente para fins de imposto de renda, neste em número mais restrito.

Para Sergio Pinto Martins, "o segurado será considerado inscrito quando cadastrado no Registro Geral de Previdência Social, mediante comprovação dos dados pessoais e de outros elementos necessários e úteis a sua caracterização. O contrato de trabalho prova a inscrição do empregado, mas não do trabalhador avulso, que é empregado, nem tem contrato de trabalho. O trabalhador avulso será considerado inscrito pelo preenchimento dos documentos que o habilitem ao exercício de sua atividade, formalizados pelo sindicato da classe ou órgão gestor de mão-de-obra, que o arregimenta, recolhe os valores recebidos das empresas pela prestação de serviços e faz o rateio entre os que participaram da operação. O empregado doméstico estará inscrito com a apresentação de documento que comprove a existência do contrato de trabalho. O contribuinte individual é considerado inscrito pela apresentação de documentação que caracterize a sua condição ou o exercício de atividade profissional, liberal ou não, como ocorre com o registro no CRC, na OAB, no CREA, no CRM etc. O autônomo ou equiparado inscreve-se com a apresentação do documento que caracterize o exercício efetivo da atividade rural. O segurado facultativo estará inscrito pela apresentação de documentação de identidade e declaração expressa de que não exerce atividade que o enquadre na categoria de segurado obrigatório".[4]

O dependente é considerado inscrito quando o segurado o assim qualificar frente à Previdência Social, de modo que a inscrição deste seja feito no ato de inscrição principal. Se houver fato superve-

---

4 "Se o segurado exercer mais de uma atividade remunerada sujeita ao Regime de Previdência Social, concomitantemente, será obrigatoriamente inscrito em relação a cada uma delas" (MARTINS, Sérgio Pinto. *Direito da Seguridade Social, op. cit.*, p. 301).

niente que implique exclusão ou inclusão de dependente, deve haver a comunicação ao órgão público que trata da matéria. Se não houver a inscrição, nada impede que ele se inscreva por ocasião de requerer benefício a que tenha direito.

As prestações oferecidas pelos regimes de previdência constituem-se em benefícios e em serviços, de modo que aquelas se constituem em gênero enquanto essas são suas espécies. Os benefícios são os valores pagos aos segurados ou aos dependentes. Por outro lado, os serviços são bens imateriais postos à disposição dos beneficiários, como habilitação e reabilitação profissional, serviço social e assistência médica, entre outros possíveis. Em última análise, o benefício tem por objetivo substituir o rendimento do trabalhador quando em atividade. O pagamento deve ser feito na rede bancária ou qualquer outra forma definida, desde que o benefício chegue ao segurado ou ao dependente.

Do mesmo modo que existe o salário-de-contribuição, para cálculo de contribuição social do empregado, também existe o salário-de-benefício para fins de cálculo da renda mensal inicial do benefício, sendo a média aritmética de um determinado período de tempo. Por fim, deve-se comentar que o décimo terceiro salário, ou gratificação natalina, pela Lei Federal nº 8.870, de 15.04.1994, teve nova redação à Lei de Custeio da Seguridade Social, no art. 28, § 7º. No Plano de Benefícios da Previdência Social, no art. 29, § 3º, o décimo terceiro integra o salário-de-contribuição, porém não faz parte do cálculo do benefício.

Em relação ao desenvolvimento legislativo do Regime Próprio de Previdência Social (RPPS), compreendeu-se que os benefícios previdenciários estão vinculados ao exercício de cargo público, como uma continuidade da política de pessoal. Na verdade, pode-se dizer que o regime em relação aos servidores públicos ou aos militares não é bem previdenciário, mas sim de natureza administrativa. Para Paulo Modesto, "o caráter legal da composição da remuneração dos cargos públicos define também o caráter legal da composição dos preventos. Ao contrário do que ocorre no Regime Geral de Previdência Social (RGPS), o valor do provento do servidor público inativo não decorre do montante de sua contribuição na atividade, do seu tempo de contribuição, nem de sua expectativa de sobrevida, mas simplesmente do valor atual da remuneração do agente ativo, paradigma do aposentado ou de seu pensionista".[5]

Discorda da afirmação Marcelo Barroso Lima Brito de Campos, ao dizer que "em que a envergadura dos argumentos esposados, entendo de forma diversa, especialmente no que tange a este último argumento, fragilizado com o advento da Emenda Constitucional 41/03, que modificou a forma de fixação e reajuste dos proventos e pensões, dependendo não mais da remuneração de outro agente ativo como paradigma, mas das contribuições do próprio servidor e de lei específica para o reajuste (CF, art. 40, §§ 1º, 3º, 8º e 17). Com efeito, o erro do passado foi justamente este: entender a previdência do servidor público como um apêndice do direito administrativo. Necessariamente ambos têm estreita relação, mas devem ser tratados cada qual com suas peculiaridades. O Direito Previdenciário não está mais ligado ao Direito Administrativo do que ao Direito da Seguridade Social cuja autonomia já se afirmou. Reputo que o regime jurídico-administrativo é importante mas não engloba o regime jurídico-previdenciário, sendo [...] sobejamente demonstrada a autonomia deste em relação àquele em face das regras próprias que ostenta".[6]

Afirma o autor, ainda, que as regras previstas na Constituição Federal de 1988, que disciplinam a previdência dos servidores públicos de cargos efetivos, têm como destinatários todos os que se encontram em tal situação, independentemente de qual seja a unidade gestora responsável pela implantação dessas regras. A União, os Estados, o Distrito Federal e os Municípios não têm obrigação de criar e manter regime previdenciário, podendo vincular seus servidores titulares de cargos efetivos ao Instituto Nacional do Seguro

---

5 MODESTO, Paulo. A Reforma da Previdência e as peculiaridades do regime previdenciário dos agentes públicos. *In: Revista Brasileiro de Direito Público (RBDP)*. Belo Horizonte: Fórum, 2003, p. 151.

6 "O estreitamente das relações administrativas e previdenciárias relativas aos servidores públicos não induz a ausência de autonomia do regime de previdência destes" (CAMPOS, Marcelo Barroso Lima Brito de. *Regime Próprio de Previdência Social dos Servidores Públicos*, *op. cit.*, p. 84).

Social (INSS), desde que aplique as regras constitucionais relativas ao regime próprio a este universo de agentes públicos.

O servidor público ativo ou inativo se rege pelo regime estatutário para fins administrativo e pelo Regime Próprio de Previdência Social (RPPS), se este for implantado. Este sistema encontra-se disciplinado no art. 40, § 4º, do texto constitucional, dentre outros, que estabelece regras próprias, mas agora existe uma distinção, pois não há mais identidade dos proventos do servidor inativo com a remuneração ou o subsídio do servidor ativo. Por outro lado, pode haver o regime estatutário e o vínculo dos servidores públicos com o Regime Geral de Previdência Social (RGPS), se não houver a constituição do regime próprio local. Na mesma situação se encontra o servidor público em estágio probatório, que vai acompanhar a situação do servidor efetivo, se houver regime próprio, a este vinculado; se não houver, ao regime geral.

Em outros casos, porém, a vinculação do servidor público *lato sensu* é com o Regime Geral de Previdência Social (RGPS), exercido através do Instituto Nacional do Seguro Social (INSS). Depois da Emenda Constitucional nº 20, de 15.12.1998, o servidor público ocupante de cargo em comissão de livre nomeação, se não for ocupante de cargo de carreira na própria repartição ou órgão da Administração indireta, encontra-se vinculado ao regime acima e não ao Regime Próprio de Previdência Social (RPPS), se houver em relação aos servidores públicos de cargo efetivos. No mesmo sentido, se a vinculação for com empresa pública ou sociedade de economia mista, na qual se aplica o sistema celetista, a vinculação é com o Regime Geral de Previdência Social (RGPS). Se for servidor público de contrato para atender às necessidades temporárias de excepcional interesse público, previsto no inciso IX do art. 37 do texto constitucional, também se vincula ao INSS.

5.3. Servidores Públicos e Aposentadoria

São servidores públicos, em sentido amplo, as pessoas físicas que prestam serviços à União, ao Estado, ao Distrito Federal ou ao Município e às entidades da Administração indireta com vínculo empregatício e mediante remuneração paga pelos cofres públicos. Compreendem, em primeiro lugar, os funcionários propriamente ditos, sujeitos ao regime estatutário e ocupantes de cargos públicos. Mantém-se essa terminologia, para fins doutrinários, porém a Constituição Federal fala em servidor público. Em segundo lugar, os empregados públicos, contratados sob o regime da legislação trabalhista e ocupantes de emprego público. Por fim, os servidores temporários contratados por tempo determinado para atender a necessidade temporária de excepcional interesse público, conforme o art. 37, IX, da Constituição Federal, exercendo função sem estarem vinculados a cargo ou emprego público ou ocupante de cargo em comissão.

A Constituição Federal utiliza indistintamente a expressão servidor público, tanto como gênero, como espécie. Celso Antonio Bandeira de Mello, ao analisar a questão, afirma que: "servidor público, como se pode depreender da Lei Maior, é a designação genérica ali utilizada para englobar, de modo abrangente todos aqueles que mantêm vínculos de trabalho profissional com as entidades governamentais, integrados em cargos ou empregos de quaisquer delas. [...] Servidores públicos civis são os servidores públicos (civis) da administração direta, das autarquias e das fundações públicas ocupantes de cargos públicos; excluindo, pois, os servidores empregados, isto é, os que a elas estejam vinculados por contrato, bem como os servidores das empresas públicas, sociedades de economia mista e das fundações de direito privado acaso instituídas pelo Poder Público, pois todos são, igualmente, empregados, isto é, não titularizam cargos públicos. [...] A Constituição brasileira, em diversas passagens, refere-se tanto a cargos, quanto a empregos públicos, pois, a previsão de servidores públicos titulares de cargos e servidores ocupantes de empregos, o que configura uma bifurcação fundamental".[7]

A obrigatoriedade do "regime jurídico único", antes previsto no *caput* do art. 39 da Constituição Federal, foi suprimida pela Emenda Constitucional nº 19, de 04.06.1998, ficando aos Estados e Municípios a faculdade de escolher a melhor forma de organizar seus servidores. O Supremo Tribunal Federal, porém, suspendeu a eficácia do fim do regime jurídico único, na Adi 2135, que tem como relatora a Ministra Ellen Gracie. Pode ser mantido o regime estatutário, pode ser instituído o regime celetista ou, até, prevê a convivência dos dois

---

7 BANDEIRA DE MELLO, Celso Antônio. *Curso de Direito Administrativo*. 25ª ed. São Paulo: Malheiros, 2008, pp. 247.

sistemas. Para os Estados e Municípios, é muito mais adequado o regime estatutário, de servidores públicos estrito senso.

Os cargos, empregos e funções públicas são acessíveis aos brasileiros que atendam aos requisitos previstos em lei, bem como agora, depois da Emenda Constitucional do nº 19, de 04.06.1998, aos estrangeiros. A investidura em cargos ou empregos depende de aprovação prévia em concurso público de prova ou de provas e títulos, exigência de acordo com a natureza e a complexidade do cargo ou emprego. O prazo de validade é de dois anos, prorrogável uma vez, por igual período. Durante o prazo improrrogável, previsto no edital do concurso, aquele que foi aprovado tem prioridade sobre os novos concursados para assumir o cargo ou emprego, na carreira. Além disso, a lei deve reservar percentual dos cargos e empregos públicos para as pessoas portadoras de deficiência e definir os critérios de sua admissão.

Para José Cretella Júnior, "*Cargo público é uma incumbência que o Estado atribui a uma pessoa física, que é o agente público.* Materialmente falando, é o lugar, o espaço, o círculo em que se locomove o agente público para poder desempenhar os deveres que lhe são atribuídos por lei. *Cargo público é, a nosso ver, o lugar e o conjunto de atribuições a ele inerentes, confiado pelo Estado a uma pessoa física que, agindo em nome deste, desenvolve atividade de interesse público.* Dividem-se os *cargos públicos* em cargos de *carreira* e cargos *isolados*".[8]

Por outro lado, classe significa agrupamento de cargos da mesma profissão ou atividade, e de igual padrão de vencimentos. Por sua vez, carreira compreende uma sucessão de avanços, em que cargo de carreira significa que ele vai evoluir e ser promovido se fizer seu serviço. Os quadros são categorias de cargos fixados pelas leis de forma hierarquizadas, com a noção de forma ou organicidade. Por fim, a lotação se constitui em um conjunto de servidores que devem exercer suas atividades em determinada repartição, órgão ou pessoa jurídica de direito público.

A aposentadoria de um servidor público consiste, no entender de Marçal Justen Filho, que seja "ato estatal unilateral e complexo que investe o ocupante de cargo público de provimento efetivo na

8 CRETELLA JÚNIOR, José. *Curso de Direito Administrativo*: de acordo com a constituição vigente. 18ª ed. Rio de Janeiro: Forense, 2003, pp. 327-8.

condição de inativo, assegurando-lhe a percepção vitalícia de proventos, em valor determinado e produzindo a vacância no cargo público. [...] Em virtude da aposentadoria, o indivíduo sujeita-se ao regime jurídico da inatividade, o que significa a cessação do exercício das atribuições próprias do cargo e a cessão da incidência dos direitos e deveres correspondentes".[9]

Não é exigida aprovação prévia em concurso público de provas ou de provas e títulos para a nomeação para cargo em comissão, desde que declarado de livre nomeação e exoneração, por lei. Observe-se que as funções de confiança, que devem ser exercidas exclusivamente por servidores ocupantes de cargo efetivo, e os cargos em comissão, destinam-se apenas às atribuições de direção, chefia e assessoramento, de acordo com a nova redação do inciso V do art. 37 da Constituição Federal, dada pela Emenda Constitucional nº 19, de 04.06.1998. Estes servidores contribuem para o Regime Geral de Previdência Social (RGPS). Podem ser previstos em lei os casos de contratação por tempo determinado para atender a necessidade temporária de excepcional interesse público. Continua assegurado ao servidor público civil, do Estado ou do Município, o direito à livre associação sindical, bem como o direito de greve, que deve ser exercido nos termos e nos limites definidos em lei específica e, não mais, em lei complementar.

A Emenda Constitucional nº 19, de 04.06.1998, que aprovou a Reforma Administrativa, trouxe diversas modificações quanto à remuneração dos servidores públicos civis, inclusive, dos municipais. A remuneração destes servidores somente pode ser fixada ou alterada por lei específica, com iniciativa do respectivo Poder Político. Passou a constar no inciso X do art. 37 do texto constitucional revisão geral anual, sempre na mesma data e sem distinção de índices. Foi fixado, ainda, como limite máximo para a remuneração dos servidores ou os proventos e pensões, no Município, o subsídio dos membros da Câmara ou do Prefeito, limitados estes ao subsídio mensal, em espécie, dos Ministros do Supremo Tribunal Federal. Continua sendo

9 "No caso de aposentadoria compulsória, o sujeito deverá cessar o exercício das funções sem necessidade de qualquer formalização estatal, diversamente do que se passa no caso da aposentadoria voluntária" (JUSTEN FILHO, Marçal. *Curso de Direito Administrativo*. São Paulo: Atlas, 2005, p. 646).

vetado que os vencimentos dos cargos da Câmara Municipal possam ser superiores aos pagos pela Prefeitura, conforme o art. 37, XII, Constituição Federal. No caso dos Estados, situação semelhante, com limite no subsídio de Desembargador de Tribunal de Justiça.

Foi vetada, ainda, de forma mais expressa, a vinculação ou equiparação de "quaisquer espécies remuneratórias" para efeito de remuneração de pessoal do serviço público, ampliando o alcance do dispositivo e removendo a referência feita ao art. 39, § 1º, da Carta Magna. Reforçou-se, ainda, a restrição a que os acréscimos pecuniários percebidos pudessem servir para computar ou acumular para fins de concessão de acréscimos ulteriores, art. 37, XIV, do texto constitucional. Manteve-se a irredutibilidade dos vencimentos dos cargos e empregos públicos, mas com a observância de limite máximo que vem a ser o subsídio do Ministro do Supremo Tribunal Federal. Do mesmo modo, continua sendo prevista a acumulação remunerada de cargos públicos, quando houver compatibilidade, de dois cargos de professor, de um cargo de professor com outro técnico ou científico e de dois cargos privativos de médico, desde que o total não ultrapasse o subsídio acima mencionado, do art. 37, XVII, da Constituição Federal. A proibição de acumular se estende a autarquias, fundações, empresas públicas, sociedade de economia mista, suas subsidiárias e sociedades controladas.

A Emenda Constitucional nº 19, de 04.06.1998, no art. 37, incluiu três novos parágrafos: a) os requisitos e as restrições dos ocupantes de cargos ou emprego da Administração direta e indireta, que tenham acesso a informações privilegiadas, de acordo com o § 7º; b) a autonomia gerencial, orçamentária e financeira dos órgãos e entidades, ampliadas, mediante contrato, conforme o § 8º; c) o limite da remuneração vinculada ao subsídio de Ministro do Supremo Tribunal Federal, aplicando-se às empresas públicas e às sociedades de economia mista, e suas subsidiárias, que receberem recursos do Estado ou do Município para pagamento de despesas de pessoal ou de custeio em geral. A Lei Complementar nº 82, de 27.03.1995, disciplinou os limites das despesas com o funcionalismo público, fixando para os Estado e os Municípios sessenta por cento das receitas correntes, de acordo com o art. 1º, III. Hoje, de sessenta e cinco por cento. A Lei de Responsabilidade Fiscal, Lei Complementar n° 101, de 04.05.2000, dispõe sobre o limite acima, estabelecendo novas restrições com gastos com o servidor público.

As regras referentes ao servidor público em exercício de mandato eletivo, previsto no art. 38 do texto constitucional e em seus incisos, foram modificadas apenas quanto ao *caput* do artigo, que limitou as garantias apenas aos servidores da Administração direta, autárquica e fundacional, excluindo os empregados públicos. Investido no mandato de Governador de Estado ou de Prefeito Municipal, o servidor público deve ser afastado do cargo, emprego ou função, sendo-lhe facultado optar pela sua remuneração. Investido no mandato de Deputado Estadual ou de Vereador, havendo compatibilidade de horários, percebe as vantagens de seu cargo, emprego ou função, sem prejuízo da remuneração do cargo eletivo, e, não havendo compatibilidade deve ser aplicada a opção pela remuneração. Antes, a expressão "vencimento" correspondia ao básico recebido pelo servidor e "vencimentos", os acrescidos das vantagens. Com a Emenda Constitucional nº 19, de 04.06.1998, o básico é o subsídio e os vencimentos vêm a ser a soma destes com seus acréscimos, nos termos do inciso XV do art. 37 do texto constitucional.

Os servidores "profissionais de educação escolar básica" são classificados como: a) professores habilitados em nível médio ou superior para a docência na educação infantil e nos ensinos fundamental e médio; b) trabalhadores em educação portadores de diploma de pedagogia, com habilitação em administração, planejamento, supervisão, inspeção e orientação educacional, bem como com títulos de mestrado ou doutorado nas mesmas áreas; c) trabalhadores em educação, portadores de diploma de curso técnico ou superior em área pedagógica ou afim, conforme o art. 61 da Lei Federal nº 9.394, de 20.12.1996, modificado pela Lei Federal nº 12.014, de 06.08.2009.

Por outro lado, o Regime Próprio de Previdência Social (RPPS) é um recurso financeiro que fica no próprio Fundo de Previdência, em favor dos servidores públicos estaduais e municipais, que controlam os recursos do seu sistema previdenciário. Para Hely Lopes Meirelles e seus atualizadores, "[...] a EC 20 modificou profundamente o sistema de previdência social do servidor advindo com a Constituição Federal de 1988, estabelecendo regras de transição. Por sua vez, a EC 41, publicada em 31.12.2003, introduziu novas e significativas alterações nesse sistema, bem como regras novas de transição. Agora, a EC 47, de 2005 – reitere-se, com efeitos retroativos à data de vigência da EC 41, de 2003 –, trouxe novas mudanças, inclusive, nas normas de transição. Diante desse quadro, como plano geral [...], faremos um estudo do regime jurídico aplicável aos servidores públicos que ingressaram após a publicação da EC 41 para, em seguida, examinarmos, de forma destacada e com títulos próprios, as normas de transição para aqueles que ingressaram antes dela, ou mesmo antes da EC 20, e que tenham ou não direitos adquiridos".[10]

5.4. Aposentadoria e suas Espécies do Regime Próprio

É devida ao segurado que, estando ou não em gozo de auxílio-doença, for considerado incapaz de readaptação para o exercício de seu cargo ou outro de atribuições e atividades compatíveis com a limitação que tenha sofrido, respeitada a habilitação exigida, sendo-lhe paga a partir da data do laudo médico-pericial que declarar a incapacidade e enquanto permanecer nessa condição. Os proventos da aposentadoria por invalidez são proporcionais ao tempo de contribuição, exceto se decorrentes de acidente em serviço, moléstia profissional ou doença grave, contagiosa ou incurável, hipóteses em que os proventos são integrais.

A forma de cálculo para os benefícios proporcionais é a aplicação da média aritmética simples das maiores contribuições efetuadas, a partir de julho de 1994. O reajuste do benefício dá-se nas mesmas datas e com os mesmos índices utilizados para o reajuste dos benefícios do Regime Geral de Previdência Social (RGPS), para preservação do valor real. O segurado vem a ser aposentado aos setenta anos de idade, com proventos proporcionais ao tempo de contribuição, não podendo ser inferiores ao valor do salário mínimo. A forma de cálculo para os benefícios proporcionais consiste na aplicação da média aritmética simples das maiores contribuições efetuadas a partir de 01.07.1994. O reajuste do benefício ocorre nas mesmas datas e com os mesmos índices utilizados para o reajuste dos benefícios do regime geral, para preservação do valor real.

---

10 "[...] trata-se de alteração profunda e significativa da política adotada até a EC 20, em termos de previdência social, na medida em que o servidor titular, *exclusivamente*, de cargo em comissão ou de outro cargo temporário ou de emprego público só poderá estar sujeito ao *regime geral*, não se permitindo ao Estado adotar o outro, chamado de regime peculiar, ou mesmo um regime especial ou misto" (MEIRELLES, Hely Lopes. *Direito Administrativo Brasileiro*. 34ª ed. São Paulo: Malheiros, 2008, p. 460).

O servidor faz jus à aposentadoria voluntária por idade e tempo de contribuição, desde que preencha, cumulativamente, os seguintes requisitos: a) tempo mínimo de dez anos de efetivo exercício no serviço público na União, nos Estados, no Distrito Federal e no Municípios; b) tempo mínimo de cinco anos de efetivo exercício no cargo efetivo em que se der a aposentadoria; c) sessenta anos de idade e trinta e cinco de tempo de contribuição, se homem, e cinquenta e cinco anos de idade e trinta de tempo de contribuição, se mulher. Existem, também, regras de transição introduzidas pelas reformas previdenciárias, com aplicação de abonos e de pedágios.

Com as reformas previdenciárias promovidas pela Emenda Constitucional nº 20, de 15.12.1998, e pela Emenda Constitucional nº 41, de 19.12.2003, complementada pela Emenda Constitucional nº 47, de 5.07.2005, foram estabelecidas situações transitórias para preservar os direitos dos servidores públicos. São elas: a) servidores que implementaram todas as condições até a data da reforma nos termos da legislação anterior, com direito adquirido; b) novas regras ou regras permanentes aplicáveis a quem ingressar no serviço público após a reforma; c) regras transitórias aplicáveis a quem era servidor na data da reforma. Há diferença entre regra transitória e direito adquirido, pois, no direito adquirido, o servidor deve ter implementado todas as condições na forma da legislação anterior até a data da Reforma da Previdência. Na regra transitória, o servidor deve ter ingressado no serviço público, não necessariamente no mesmo cargo.

O professor que comprove, exclusivamente, tempo de efetivo exercício das funções de magistério na educação infantil e no ensino fundamental, quando da aposentadoria voluntária por idade e tempo de contribuição, tem os requisitos de idade e de tempo de contribuição reduzidos em cinco anos. São consideradas funções de magistério as exercidas por professores no desempenho de atividades educativas, quando exercidas em estabelecimento de educação básica, a qual é formada pela educação infantil e pelos ensinos fundamental e médio, em seus diversos níveis e modalidades, incluídas, além do exercício de docência, as de direção de unidade escolar e as de coordenação e assessoramento pedagógico, conforme critérios e definições estabelecidas em norma de cada ente federativo.

O segurado faz jus à aposentadoria por idade, com proventos proporcionais ao tempo de contribuição, desde que preencha, cumulativamente, os seguintes requisitos: a) tempo mínimo de dez anos de efetivo exercício no serviço público federal, estadual, distrital ou municipal; b) tempo mínimo de cinco anos de efetivo exercício no cargo em que se dá a aposentadoria; c) sessenta e cinco anos de idade, se homem, e sessenta anos de idade, se mulher.

A forma de cálculo para os benefícios proporcionais é a aplicação da média aritmética simples das maiores contribuições, efetuadas a partir de 01.07.1994. O reajuste do benefício dá-se nas mesmas datas e com os mesmos índices utilizados para o reajuste dos benefícios do Regime Geral de Previdência Social (RGPS), para preservação do valor real. Caso o servidor tenha implementado todas as condições, no período de 16.12.1998 a 31.12.2003, como direito adquirido, pode optar pelo cálculo dos proventos proporcionais ao tempo de contribuição, calculados sobre a última remuneração no cargo efetivo e reajustados pela paridade com a remuneração dos servidores ativos.

A aposentadoria por invalidez é devida ao segurado que, estando no gozo de auxílio-doença ou não, for considerado incapaz e insusceptível de reabilitação para o exercício de atividade que lhe garanta a subsistência, sendo-lhe pago enquanto permanecer como esta. O aposentado recebe proventos, entendidos como os valores pecuniários devidos aos servidores públicos inativos. Resulta da incapacidade substancial e permanente para o trabalho, de modo que não pode exercer qualquer atividade que lhe garanta a subsistência. Pelo art. 25, I, da Lei Federal nº 8.213, de 24.07.1991, exige-se uma carência de doze prestações mensais para a concessão da aposentadoria por invalidez, no Regime Geral de Previdência Social (RGPS). O valor da aposentadoria por invalidez é igual ao salário de benefício e o segurado especial deve ser de um salário mínimo. No Regime Próprio de Previdência Social (RPPS), porém, sendo servidor público em cargo efetivo, não existe carência para o usufruto do benefício.

A aposentadoria por idade decorre do entendimento legal de que a velhice implica incapacidade laboral ou prêmio por quem trabalhou. É devida ao segurado que completar sessenta e cinco anos, se homem, ou sessenta, se mulher; ao passo que é reduzido para sessenta anos e cinquenta e cinco, para homem e mulher trabalhadores rurais, respectivamente, no Regime Geral de Previdência

Social (RGPS).[11] Nesse caso, a comprovação do efetivo exercício da atividade rural realiza-se em relação aos meses anteriores ao pedido do benefício, com o intuito de proteger os que não conseguem comprovar o tempo muito pretérito. No regime mencionado, existe carência de cento e oitenta prestações, conforme o art. 25, II, da Lei Federal nº 8.213, de 24.07.1991, para quem ingressou no sistema depois de 25.07.1991; para os anteriores, existe uma tabela de transição. Para o Regime Próprio de Previdência Social (RPPS), é necessária a idade de sessenta e cinco anos, se homem, e sessenta se mulher, desde que tenha dez anos de efetivo exercício no serviço público e cinco anos no cargo efetivo em que se dá a aposentadoria.

A aposentadoria por tempo de contribuição resulta de que este evento é a consideração básica para a obtenção do benefício. Em razão da Emenda Constitucional nº 20, de 15.12.1998, existe três situações: a) regras vigentes na data da publicação da Emenda Constitucional nº 20, aplicáveis a quem reuniu as condições para a aposentadoria por tempo de serviço até aquela data; b) regras permanentes, aplicáveis inexoravelmente a quem ingressou no Regime Geral da Previdência Social (RGPS), a partir da publicação da Emenda Constitucional nº 20; c) regras transitórias, aplicáveis a quem era segurado desse regime na data da publicação da referida emenda. É exigida a carência de cento e oitenta contribuições, a partir de 25.07.1998; se anterior, existe tabela de transição. No Regime Próprio de Previdência Social (RPPS), chamado de aposentadoria voluntária, para os servidores que ingressaram a partir de 01.01.2004, trinta e cinco anos de contribuição, em caso de homem, e trinta de contribuição, em caso de mulher; devendo ainda ter sessenta anos de idade, se homem, e cinquenta e cinco, se mulher. Exigem-se, ainda, dez anos de efetivo exercício no serviço público e cinco anos no cargo efetivo em que se deve dar a aposentadoria.

A aposentadoria especial, em que se estabelece a aposentadoria com tempo reduzido, no caso de segurados submetidos a trabalho sob

11 Comentando a Lei Federal nº 11.718, de 20.06.2008, afirma o autor que "o objetivo da Lei é evitar o prejuízo do trabalhador rural que contribuiu em outras categorias de segurado durante o período em que deveria comprovar a atividade rural. Contudo, o trabalhador rural, nessa condição, perde o direito de se aposentar com a idade reduzida em cinco anos" (DIAS, Eduardo Rocha, e MACÊDO, José Leandro Monteiro de. *Curso de Direito Previdenciário, op. cit.*, p. 229).

condições especiais que prejudicam a saúde ou a integridade física, fundamenta-se na presunção da incapacidade laboral. No âmbito do Regime Geral de Previdência Social (RGPS), está no art. 201, § 1º, da Constituição Federal, além de previsto no art. 57 e no art. 58 da Lei Federal nº 8.213, de 24.07.1991. Encontra-se, também, no anexo do Decreto Federal nº 53.832, de 1964, e nos anexos I e II, do Regulamento de Benefícios da Previdência Social (RBPS), aprovado pelo Decreto Federal nº 83.080, de 29.01.1979. Existe a aposentadoria especial dos professores, com cinco anos a menos do que o normal, quanto ao tempo de contribuição. A Constituição Federal prevê, no art. 40, § 1º, quanto ao Regime Próprio de Previdência Social (RPPS), a aposentadoria especial para as atividades penosas, insalubres ou perigosas. Em relação a estas, a Emenda Constitucional nº 47, de 05.07.2005, ampliou o benefício para pessoas com deficiência e os que exercem atividades de risco. Os professores da rede pública têm aposentadoria especial, desde que cumpram a carência de dez anos de efetivo exercício no serviço público e cinco anos no cargo efetivo em que se dá a aposentadoria, com tempo de efetivo exercício em funções de magistério, na educação infantil, no ensino fundamental ou no ensino médio.

No Regime Próprio de Previdência Social (RPPS), existe a aposentadoria por idade compulsória, que ocorre aos setenta anos de idade, com proventos proporcionais ao tempo de serviço. Esta é automática e compulsória, declarada por ato, com vigência a partir do dia imediato àquele em que o servidor atingir a idade limite de permanência no serviço público.[12]

A Emenda Constitucional nº 70, de 29.12.2012, acrescentou o art. 6º-A a Emenda Constitucional nº 41, de 19.12.2003, para estabelecer critérios para o cálculo e a correção dos proventos da aposentadoria por invalidez dos servidores públicos. Por outro lado, a Orientação Normativa nº 1, de 30.05.2012, que estabelece orientações para o cálculo e as revisões dos benefícios de aposentadoria por invalidez e das pensões delas decorrentes concedidas pelos Regimes Próprios para fins de cumprimento do disposto na Emenda Constitucional nº 70, de 29.12.2012. Por outro lado, a Instrução Normativa nº 02, de 13.02.2014, estabeleceu instruções para o reconhecimento pelos

12 BRIGUET, Magadar Rosália Costa, VICTORINO, Maria Cristina Lopes, e HORVARTH JÚNIOR, Miguel. *Previdência Social*: aspectos práticos e doutrinários dos regimes jurídicos próprios, *op. cit.*, p. 209.

Regimes Próprios de Previdência Social da União, dos Estados, do Distrito Federal e dos Municípios, do direito dos servidores públicos com deficiência, amparado por ordem concedida em Mandado de Injunção, à aposentadoria com requisitos e critérios diferenciados de que trata o § 4º, do art. 40 da Constituição Federal.

5.5. Pensões e Auxílios do Regime Próprio

A pensão por morte consiste numa importância mensal conferida ao conjunto dos dependentes do segurado, quando do seu falecimento, correspondente à: a) totalidade dos proventos percebidos pelo aposentado na data anterior à do óbito, até o limite máximo estabelecido para os benefícios do Regime Geral de Previdência Social (RGPS), acrescido de setenta por cento da parcela excedente a este limite; b) totalidade da remuneração do servidor no cargo efetivo na data anterior à do óbito. A pensão é rateada entre todos os dependentes em partes iguais e não deve ser protelada pela falta de habilitação de outro possível dependente.

No Regime Próprio de Previdência Social (RPPS), o benefício da pensão pode ultrapassar o limite máximo do regime geral, nesse caso, o regime próprio é mais vantajoso. Tratando-se de servidor em atividade, a situação do regime próprio pode se apresentar bem mais favorável. A pensão, no regime geral, é sempre apurada com base em média de contribuições, ou seja, o valor da pensão vem a ser igual ao da aposentadoria por invalidez a que o segurado teria direito. Para apurar a aposentadoria por invalidez considera-se a média dos salários de contribuição. No regime próprio, estando o servidor em atividade, é considerada a sua remuneração no cargo por ocasião do óbito, que pode ser mais vantajosa que a média e, como regra, assim ocorre.

O auxílio-reclusão consiste numa importância mensal, concedida aos dependentes do servidor segurado recolhido à prisão que tenha remuneração igual ou inferior a determinado valor, que não perceber remuneração dos cofres públicos e corresponde à ultima remuneração do segurado no cargo efetivo. O valor limite referido é corrigido pelos mesmos índices aplicados aos benefícios do Regime Próprio de Previdência Social (RPPS). O valor apontado é o vigente desde 01.02.2009, nos termos da Portaria Interministerial MPS/MF nº 333 de 29.06.2010. Deve ser atentado para o valor vigente na data da aprovação da lei. O auxílio-reclusão é rateado em cotas-partes iguais entre os dependentes do segurado.

A morte do segurado trás malefícios para toda família, que vê o seu sustento e o dos dependentes, em dificuldade, já que deixam de ter recursos até para comer. A morte pode ser real, quando natural, atestada pela certidão de óbito. Pode, também, ser presumida, quando através de sentença declaratória de ausência, expedida por autoridade judiciária, a contar da data da emissão, em caso de desaparecimento do segurado por motivo de catástrofe, acidente ou desastre, a contar da data da ocorrência, mediante prova hábil. No art. 40, § 7º, da Constituição Federal, há disposição sobre o Regime Próprio de Previdência Social (RPPS). Por este, cada unidade federativa deve dispor sobre a concessão de pensão e o valor igual ao valor dos proventos do servidor falecido. Depois, a Emenda Constitucional nº 41, de 19.12.2003, deu nova redação ao parágrafo mencionado, vinculando a competência dos entes da federação, mas com observância das regras do Regime Geral de Previdência Social (RGPS) e acréscimo de setenta por cento de parcela excedente. É destinada aos dependentes e ao cônjuge, que dividem proporcionalmente o benefício.

Para Marcelo Barroso Lima Brito de Campos, "a pensão será, também, integral e correspondente à totalidade da remuneração, se o benefício advier do falecimento do servidor ativo. Com efeito, a redação do art. 2º da Medida Provisória 167/04, convertida na Lei 10.887/04, deixa claro que a norma constitucional insculpida no art. 40, § 7º, da Constituição de 1988, com a redação dada pela Emenda Constitucional 41/03, possui eficácia limitada, cujos efeitos só puderam se tornar plenos a partir do diploma infraconstitucional que a regulamentou. Em qualquer hipótese a pensão não poderá exceder a remuneração do servidor no cargo efetivo que serviu de referência para a sua concessão, em face do disposto no art. 40, § 2º, da Constituição de 1988, e art. 2º, parágrafo único da Lei 10.887/04".[13]

Assim, deve ser o seguinte:

> Art. 23. A pensão por morte concedida a dependente de segurado do Regime Geral de Previdência Social ou de servidor público federal será equivalente a uma cota familiar de 50% (cinquenta por cento) do valor da aposentadoria recebida pelo segurado ou servidor ou daquela a que teria direito se fosse aposentado por incapacidade permanente na data do

---

13 "A fim de preservar, em caráter permanente, o valor real da pensão, a Constituição assegura o seu reajuste nos termos da lei (CF, art. 40, § 8º). Resta saber se essa lei efetivamente preservará o valor real do benefício. Eis mais um dispositivo elegível ao esquecimento governista" (CAMPOS, Marcelo Barroso Lima de. *Regime Próprio de Previdência Social dos Servidores Públicos, op. cit.*, p. 217).

> óbito, acrescida de cotas de 10 (dez) pontos percentuais por dependente, até o máximo de 100% (cem por cento).
> § 1º As cotas por dependente cessarão com a perda dessa qualidade e não serão reversíveis aos demais dependentes, preservado o valor de 100% (cem por cento) da pensão por morte quando o número de dependentes remanescente for igual ou superior a 5 (cinco).
> § 2º Na hipótese de existir dependente inválido ou com deficiência intelectual, mental ou grave, o valor da pensão por morte de que trata o caput será equivalente a:
> I – 100% (cem por cento) da aposentadoria recebida pelo segurado ou servidor ou daquela a que teria direito se fosse aposentado por incapacidade permanente na data do óbito, até o limite máximo de benefícios do Regime Geral de Previdência Social; e
> II – uma cota familiar de 50% (cinquenta por cento) acrescida de cotas de 10 (dez) pontos percentuais por dependente, até o máximo de 100% (cem por cento), para o valor que supere o limite máximo de benefícios do Regime Geral de Previdência Social.
> § 3º Quando não houver mais dependente inválido ou com deficiência intelectual, mental ou grave, o valor da pensão será recalculado na forma do disposto no caput e no § 1º.
> § 4º O tempo de duração da pensão por morte e das cotas individuais por dependente até a perda dessa qualidade, o rol de dependentes e sua qualificação e as condições necessárias para enquadramento serão aqueles estabelecidos na Lei nº 8.213, de 24 de julho de 1991.
> § 5º Para o dependente inválido ou com deficiência intelectual, mental ou grave, sua condição pode ser reconhecida previamente ao óbito do segurado, por meio de avaliação biopsicossocial realizada por equipe multiprofissional e interdisciplinar, observada revisão periódica na forma da legislação.
> § 6º Equiparam-se a filho, para fins de recebimento da pensão por morte, exclusivamente o enteado e o menor tutelado, desde que comprovada a dependência econômica.
> § 7º As regras sobre pensão previstas neste artigo e na legislação vigente na data de entrada em vigor desta Emenda Constitucional poderão ser alteradas na forma da lei para o Regime Geral de Previdência Social e para o regime próprio de previdência social da União.
> § 8º Aplicam-se às pensões concedidas aos dependentes de servidores dos Estados, do Distrito Federal e dos Municípios as normas constitucionais e infraconstitucionais anteriores à data de entrada em vigor desta Emenda Constitucional, enquanto não promovidas alterações na legislação interna relacionada ao respectivo regime próprio de previdência social.

Pelo art. 24, da referida Emenda Constitucional, é vedada a acumulação de mais de uma pensão por morte deixada por cônjuge ou companheiro, no âmbito do mesmo regime de previdência social, ressalvadas as pensões do mesmo instituidor decorrentes do exercício de cargos acumuláveis na forma do art. 37 da Constituição Federal. Pelo § 1º, do artigo acima, deve ser admitida, nos termos do § 2º, a acumulação de: a) pensão por morte deixada por cônjuge ou companheiro de um regime de previdência social com pensão por morte concedida por outro regime de previdência social ou com pensões decorrentes das atividades militares de que tratam os arts. 42 e 142 da Constituição Federal; b) pensão por morte deixada por cônjuge ou companheiro de um regime de previdência social com aposentadoria concedida no âmbito do Regime Geral de Previdência Social (RGPS) ou de regime próprio de previdência social ou com proventos de inatividade decorrentes das atividades militares de que tratam os arts. 42 e 142 da Constituição Federal; ou c) pensões decorrentes das atividades militares de que tratam os arts. 42 e 142 da Constituição Federal com aposentadoria concedida no âmbito do Regime Geral de Previdência Social (RGPS) ou de regime próprio de previdência social. Nas hipóteses das acumulações previstas em parágrafo, é assegurada a percepção do valor integral do benefício mais vantajoso e de uma parte de cada um dos demais benefícios, apurada cumulativamente de acordo com as seguintes faixas: a) sessenta por cento do valor que exceder um salário-mínimo, até o limite de dois salários-mínimos; b) quarenta por cento do valor que exceder dois salários-mínimos, até o limite de três salários-mínimos; c) vinte por cento do valor que exceder três salários-mínimos, até o limite de quatro salários-mínimos; e d) dez por cento do valor que exceder quatro salários-mínimos.

O auxílio-doença é benefício ao segurado, depois da carência exigida, que ficar incapacitado para o seu trabalho ou para a sua atividade habitual por mais de quinze dias consecutivos. Na aposentadoria por invalidez, existe a incapacidade para qualquer tipo de atividade que garanta a subsistência do segurado; no auxílio-doença, existe a capacidade temporária e existe a expectativa de plena recuperação. Se a incapacidade for de prazo inferior a quinze dias, mesmo com o desconto dos dias, não haveria prejuízo ao empregado, segundo pensam alguns, sem sensibilidade. A carência também é de doze meses, sem a qual não se pode requerer o benefício. O Regime Geral de Previdência Social (RGPS) e o Regime Próprio de Previdência Social (RPPS) têm disposições semelhantes sobre a matéria, até porque assim dispõe o art. 5º da Lei Federal 9.717, de 27.11.1998, vedando a concessão de benefícios diferentes do primeiro regime.

O auxílio-acidente é devido ao segurado empregado, trabalhador avulso e segurado especial, mas não ao empregado doméstico, como indenização, por acidente de qualquer natureza que resultar sequela definitiva, conforme as situações discriminadas no anexo III do Decreto Federal nº 3.048, de 06.05.1999, e no art. 18, § 1º, da Lei Federal nº 8.213, de 24.07.1991. Não são todas as reduções que vão ensejar a redução da capacidade laboral do segurado, mas aquelas que sejam definitivas e que impeçam a volta a qualquer tipo de trabalho. É vedado também aos segurados do Regime Próprio de Previdência Social (RPPS).

O auxílio-reclusão destina-se aos dependentes do segurado, em condições semelhante à pensão por morte, que não estiver no gozo de auxílio-doença e tenha um determinado teto de remuneração, que varia, mas é inferior a dois salários mínimos. Isso consta no art. 201, IV, da Constituição Federal, com a redação dada pela Emenda Constitucional nº 20, de 15.12.1998. Tem caráter substitutivo, como troca pela remuneração do responsável pelo sustento familiar.

Emenda Constitucional nº 103, de 12.11.2019, ainda fixou, quanto ao salário-família, que:

> Art. 27. Até que lei discipline o acesso ao salário-família e ao auxílio-reclusão de que trata o inciso IV do art. 201 da Constituição Federal, esses benefícios serão concedidos apenas àqueles que tenham renda bruta mensal igual ou inferior a R$ 1.364,43 (mil, trezentos e sessenta e quatro reais e quarenta e três centavos), que serão corrigidos pelos mesmos índices aplicados aos benefícios do Regime Geral de Previdência Social.
> § 1º Até que lei discipline o valor do auxílio-reclusão, de que trata o inciso IV do art. 201 da Constituição Federal, seu cálculo será realizado na forma daquele aplicável à pensão por morte, não podendo exceder o valor de 1 (um) salário-mínimo.
> § 2º Até que lei discipline o valor do salário-família, de que trata o inciso IV do art. 201 da Constituição Federal, seu valor será de R$ 46,54 (quarenta e seis reais e cinquenta e quatro centavos.

5.6. Demais Benefícios Previdenciários do Regime Próprio

O Regime Geral de Previdência Social (RGPS), além das prestações pecuniárias que paga, no sentido de substituir os rendimentos dos beneficiários que podem sofrer por um sinistro qualquer, tem também serviços que visam à recuperação dos beneficiários para que possam novamente ter seu autossustento, sem necessidade de proteção previdenciária. Trata-se de restabelecer a capacidade laboral do segurado e de garantia de sustento aos seus dependentes.

A Emenda Constitucional nº 41, de 19.12.2003, assegurou a concessão de aposentadoria aos servidores que, até as datas de publicação das emendas reformadoras, respectivamente. Cumpre também todos os requisitos para obtenção desse benefício, com base na legislação vigente e no art. 40 do texto constitucional e no art. 8º da emenda, com regras de caráter transitório. Os servidores públicos que forem alcançados por essa regra, podem optar por se aposentar voluntariamente de acordo com as regras do art. 40, na redação da emenda constitucional acima, ou então, nas regras transitórias da Emenda Constitucional nº 41, de 19.12.2003, e da Emenda Constitucional nº 47, de 05.07.2005.

O Regime Geral de Previdência Social (RGPS), além das prestações pecuniárias que paga, no sentido de substituir os rendimentos dos beneficiários que podem sofrer por um sinistro qualquer, tem também serviços, que visam à recuperação dos beneficiários para que possam novamente ter seu autossustento, sem necessidade de proteção previdenciária. Trata-se de restabelecer a capacidade laboral do segurado e de garantia de sustento aos seus dependentes. No Regime Próprio de Previdência Social (RPPS), caso o servidor preencha todas as condições para a aposentadoria, mas prefira permanecer em atividade, tem direito a um abono de permanência correspondente ao valor de sua contribuição previdenciária, até atingir a idade exigida para a aposentadoria compulsória. O auxílio doença é devido ao segurado que ficar incapacitado para o trabalho, com base em inspeção médica que define o prazo de afastamento.

Cabe aos Estados, ao Distrito Federal e aos Municípios disciplinar: a) a forma de cálculo do auxílio-doença; b) o período do afastamento custeado pelo ente e pelo regime próprio; c) as prorrogações e o período máximo para manutenção do benefício; d) as condições para readaptação e retorno à atividade; e) a obrigatoriedade do segurado se submeter às avaliações e reavaliações periódicas pela perícia-médica. A concessão e a cessação do auxílio-doença, o retorno do servidor à atividade ou a concessão de aposentadoria por invalidez, são determinadas por decisão da perícia médica.

É devido salário-maternidade à segurada gestante, por cento e vinte dias consecutivos, podendo chegar a cento e oitenta dias em Estados e Municípios. O salário-maternidade consiste numa renda mensal igual à última remuneração da segurada. É ainda devido o salário-família, mensalmente, ao segurado ativo que receba remuneração igual ou inferior a determinado valor, na proporção do número de filhos e equiparados, de até quatorze anos ou inválidos. O salário-maternidade é devido à segurada da previdência social, durante cento e vinte dias, com início vinte e oito dias antes e término noventa e um dias depois do parto. A Lei Federal nº 11.770, de 09.09.2008, instituiu o Programa Empresa Cidadã, destinado a prorrogar por 60 dias a duração da licença-maternidade. A prorrogação será garantida à empregada da pessoa jurídica que aderir ao programa, desde que a empregada a requeira até o final do primeiro mês após o parto, e concedida imediatamente após a fruição da licença-maternidade. Durante o período de prorrogação da licença-maternidade, a empregada terá direito à sua remuneração integral, nos mesmos moldes devidos no período de percepção do salário-maternidade pago pelo Regime Geral de Previdência Social (RGPS). No período de prorrogação da licença-maternidade, a empregada não pode exercer qualquer atividade remunerada e a criança não pode ser mantida em creche ou organização similar, sob pena da empregada perder o direito à prorrogação.

O salário-maternidade decorrente de adoção é devido à segurada independente de a mãe biológica ter recebido o mesmo benefício quando do nascimento da criança. O salário-maternidade para a mãe adotante não é devido quando o termo de guarda não contiver a observação de que é para fins de adoção ou só contiver o nome do cônjuge ou do companheiro. Para a concessão do salário-maternidade em razão de adoção é indispensável que conste da nova certidão de nascimento da criança, ou do termo de guarda, o nome da segurada adotante ou guardiã, bem como, deste último, tratar-se de guarda para fins de adoção.

De acordo com a Portaria Interministerial MPS/MF nº 333, de 29.6.2010, o valor do salário-família é de R$ 27,64, por filho de até quatorze anos incompletos ou inválido, para quem ganhar até R$ 539,03. Para o trabalhador que receber de R$ 539,03 até R$ 810,18, o valor do salário-família por filho de até quatorze anos de idade ou inválido de qualquer idade vem a ser de R$ 19,48. O Estado ou o Município possui autonomia para definir o valor que paga de salário-família, observando, também, o cálculo atuarial. O aposentado por invalidez ou por idade e os demais aposentados com sessenta e cinco anos ou mais de idade, se do sexo masculino, ou sessenta anos ou mais, se do sexo feminino, têm direito ao salário-família, pago juntamente com a aposentadoria.

Porém, deve-se dizer que, no Regime Geral de Previdência Social (RGPS) existem inúmeros benefícios aos segurados e aos seus dependentes. Como Clóvis Kemmerich indica: "1. Pensão por morte do trabalhador rural; 2. Pensão por morte por acidente do trabalhador rural; 3. Pensão por morte do empregador rural; 4. Aposentadoria por invalidez do trabalhador rural; 5. Aposentadoria por invalidez por acidente do trabalhador rural; 6. Aposentadoria por invalidez do empregador rural; 7. Aposentadoria por idade do trabalhador rural; 8. Aposentadoria por idade do empregador rural; 9. Complementação-acidente do trabalho para trabalhador rural; 10. Auxílio-doença por acidente do trabalho para trabalhador rural; 11. Renda mensal vitalícia por invalidez do trabalhador rural (Lei nº 6.179/74); 12. Renda mensal vitalícia por idade do trabalhador rural (Lei nº 6.179/74); 13. Auxílio-doença do trabalhador rural; 14. Auxílio-reclusão do trabalhador rural; 15. Pensão de estudante (Lei nº 7.004/82); 16. Pensão por morte de ex-diplomata (legislação ex-IPASE); 17. Pensão por morte; 18. Pensão por morte de servidor público ou autárquico (ex-IPASE); 19. Pensão por morte de ex-combatente; 20. Pensão especial (Ato Institucional); 21. Auxílio-reclusão; 22. Pensão por morte (Lei nº 593/48); 23. Pensão por morte do servidor público federal com dupla aposentadoria; 24. Pensão por morte RGPS (Decreto nº 20.465/31); 25. Pensão por morte do ex-combatente marítimo (Lei nº 1.756/52); 26. Renda mensal vitalícia por invalidez – urbano; 27. Auxílio-doença; 28. Aposentadoria por invalidez; 29. Aposentadoria por invalidez de aeronauta; 30. Aposentadoria por invalidez do ex-combatente marítimo (Lei nº 1.756/52); 31. Auxílio-doença do ex-combatente; 32. Auxílio-acidente de qualquer natureza (Lei nº 9.032/95); 33. Aposentadoria extranumerário da União (ex-IPASE); 34. Aposentadoria extranumerário da CAPIN (ex-IPASE); 25. Auxílio invalidez a estudante (Lei nº 7.004/82); 36. Renda mensal vitalícia por idade; 37. Aposentadoria por idade; 38. Aposentadoria por tempo de serviço; 39. Aposentadoria por tempo de serviço de ex-combatente; 40. Aposentadoria por tempo de serviço de aeronauta; 41. Aposentadoria por tempo de serviço de jornalista profissional; 42. Aposentadoria por tempo de serviço especial; 43. Abono de permanência serviço – 35 anos (25%); 44. Abono de permanência serviço – 30 anos (20%); 45. Aposentadoria por tempo de serviço – ordinária; 46. Auxílio-doença do extinto Plano Básico; 47. Aposentadoria por invalidez do extinto Plano Básico; 48. Aposentadoria por idade do extinto Plano Básico; 49. Auxílio-reclusão do extinto Plano Básico; 50. Pensão por morte do extinto Plano Básico; 51. Pensão especial às vítimas da Talidomida (Lei nº 7.070/82); 52. Aposentadoria por tempo de serviço de professor (Emenda Constitucional nº 18/81); 53. Aposentadoria de anistiados (Lei nº 6.683/79); 54. Pensão por morte de anistiados (Lei nº 6.683/79 – EC nº 26/85 e art. 8º do ADCT); 55. Auxílio-natalidade; 56. Auxílio-funeral; 57. Auxílio-funeral do trabalhador rural; 58. Auxílio-funeral do empregador rural; 59. Pecúlio especial do servidor autárquico ou público (Lei nº 3.373/58); 60. Pecúlio especial do servidor autárquico (Dec. nº 28.798-A/50); 61. Pecúlio obrigatório ex-IPASE (Dec. nº 5.128/26); 62. Pecúlio especial de aposentados e de filiados à Prev. Social com mais de 6 anos após 1969; 63. Pecúlio de estudante; 64. Restituição de contribuição para segurado sem carência; 65. Salário-família previdenciário; 66. Aposentadoria por tempo de serviço de ex-combatente marítimo (Lei nº 1.756/52); 67. Salário-família estatutário (Dec. nº 73.833/74); 68. Complemento de pensão à conta da União; 69. Complemento de aposentadoria à conta da União; 70. Salário-família estatutário da RFFSA (DL nº 956/69); 71. Salário-família estatutário servidor SINPAS; 72. Aposentadoria por velhice de ex-combatente marítimo (Lei nº 1.756/52); 73. Vantagem de servidor aposentado pela autarquia empregadora (Lei nº 1.756/52); 74. Salário-maternidade; 75. Aposentadoria compulsória do ex-SASSE; 76. Aposentadoria por tempo de serviço do ex-SASSE; 77. Aposentadoria por invalidez do ex-SASSE; 78. Pensão por morte do ex-S ASSE; 79. Pensão mensal vitalícia do seringueiro (Lei nº 7.986/89); 80. Pensão mensal vitalícia do dependente do seringueiro (Lei nº 7.986/89); 81. Amparo social ao deficiente físico; 82. Amparo social ao idoso; 83. Pecúlio por redução de capacidade; 84. Simples assistência médica para acidente do trabalho; 85. Auxílio-doença por acidente do trabalho; 86. Aposentadoria por invalidez por acidente do trabalho; 87. Pensão por morte por acidente do trabalho; 88. Auxílio-acidente por acidente do trabalho; 89. Auxílio suplementar por acidente do trabalho; 90. Pecúlio por invalidez por acidente do trabalho; 91. Pecúlio por morte por acidente do trabalho; 92. Abano anual do acidente do trabalho; 93. Afastamento até 15 dias por acidente do trabalho".[14]

5.7. Aspectos Relevantes da Previdência Social.

A Emenda Constitucional nº 20, de 15.12.1998 extinguiu a aposentadoria por tempo de serviço, com a criação da aposentadoria por tempo de contribuição, acabando com a chamada contagem fictícia de tempo de serviço. Tentou-se, nessa ocasião, tornar obrigatória a cumulação dos requisitos de idade e tempo de contribuição para aposentadorias concedidas pelo Regime Geral da Previdência Social (RGPS) e para os Regimes Próprios. Este foi, sem dúvida, o tema mais polêmico da Reforma Previdenciária de 1998. O fator previdenciário é utilizado como multiplicador da média aritmética simples dos oitenta por cento maiores salários-de-contrbuição, nas aposentadorias por idade e tempo de contribuição. O fator pode ter valor maior ou menor que o número um. Sendo maior, eleva o valor do salário-de-benefício, e o contrário ocorre, caso seja menor:

$$F = \frac{Tc \times a}{Es} \times \left[1 + \frac{(Id + Tc \times a)}{100} \right]$$

Onde,

F = Fator Previdenciário

Es = Expectativa de Sobrevida

Tc = Tempo de Contribuição

Id = Idade no Momento da Aposentadoria

a = alíquota fixa correspondente a 0,31

O fator previdenciário é influenciado pelo tempo de contribuição, pela idade do segurado e pela expectativa de sobrevida no momento da aposentadoria. A idade e o tempo de contribuição encontram-se no numerador da fórmula de cálculo do SB, quanto maiores a idade e o tempo de contribuição, maior deve ser o SB, elevando o valor do benefício. Contudo, a expectativa de sobrevida, ba-

14 KEMMERICH, Clóvis. *Lei dos Planos de Benefícios da Previdência Social Anotada*, *op. cit.*, p. 263-65.

seada em tabela do IBGE, encontra-se no denominador da fórmula, de modo que, quanto maior a expectativa de sobrevida, menor precisa ser o benefício. A fórmula foi concebida para as aposentadorias em trinta e cinco anos de contribuição. Como a mulher e o professor do sexo masculino têm redução de cinco anos no tempo de contribuição para aposentadorias, podendo requerer o benefício após trinta anos de contribuição, e a professora tem redução de dez anos, podendo aposentar-se com vinte e cinco anos de contribuição, são acrescidos do Tc, para efeito da aplicação do fator previdenciário.

A Emenda Constitucional nº 41, de 19.12.2003 remodelou a redação do art. 37, XI, Constituição Federal, ao estabelecer que a remuneração, os proventos e as pensões, qualquer que seja a sua composição, têm como *teto* máximo o subsídio mensal dos ministros do Supremo Tribunal Federal (STF). Esse teto é geral e nacional, porquanto se aplica a todas as unidades da federação e nenhum servidor e empregado público da administração direta, autárquica e fundacional ou agente político do país, ativo ou inativo, ou seus respectivos beneficiários podem ganhar mais do que o Ministro do STF. Encontram-se excluídos do referido teto os empregados públicos das empresas públicas e sociedades de economia mista. A Emenda Constitucional nº 47, de 05.07.2005 inseriu o § 11 no art. 37 da Constituição Federal, determinando que não são computadas, para efeito dos limites remuneratórios de que trata o inciso XI do *caput* desse artigo, as parcelas de caráter indenizatório previstas em lei.

No caso dos Estados e do Distrito Federal, é facultado fixar, em seu âmbito, mediante emenda às respectivas Constituições e lei orgânica, como limite único, o subsídio mensal dos desembargadores do respectivo Tribunal de Justiça, limitado a noventa inteiros e vinte e cinco centésimos por cento do subsídio mensal dos ministros do Supremo Tribunal Federal, não se aplicando essa determinação aos subsídios dos Deputados Estaduais e Distritais e dos Vereadores, conforme o art. 37, § 2º, com a redação da Emenda Constitucional nº 47, de 05.07.2005. A discussão surgiu quanto ao momento de aplicação dessa norma, o denominado "abate-teto". Até que seja fixado o valor de que trata o art. 37, XI, da Constituição de 1988, fica valendo o valor dos subsídios em vigor na data de publicação da Emenda Constitucional nº 41, de 19.12.2003, nos termos do seu art. 8º.

O denominado abono de permanência foi criado com a Emenda Constitucional nº 20, de 15.12.1998, nos arts. 3º, § 1º, e 8º, § 5º, como forma de incentivar o servidor que tivesse completado as exigências para a aposentadoria a continuar no serviço público mediante isenção da contribuição previdenciária, até que completasse os requisitos para a aposentadoria voluntária integral com base nas regras propostas no art. 40, § 1º, III, *a*, da Constituição Federal, na redação alterada pela própria emenda. Na verdade, o que se denominava impropriamente de abono era a isenção do pagamento de contribuição previdenciária, porque, deixando de ser descontado, aumentava, por conseguinte, os ganhos do servidor. A Emenda Constitucional nº 41, de 19.12.2003 manteve, com algumas alterações, o abono de permanência conforme previsão em três dispositivos: a) no art. 40, § 19; b) no art. 2º, § 5º; c) no art. 3º, § 1º. Nas três hipóteses, não se trata mais de isenção, porquanto o abono de permanência ficou caracterizado por ser equivalente ao valor da contribuição previdenciária do servidor. Foram previstas três hipóteses porque coexistem três regras diferentes, conforme já explicitado.

A Emenda Constitucional Federal nº 103, de 12.11.2019, quanto às Magistraturas e ao Ministério Público, fixou que:

> Art. 93. ....
> ....
> VIII - o ato de remoção ou de disponibilidade do magistrado, por interesse público, fundar-se-á em decisão por voto da maioria absoluta do respectivo tribunal ou do Conselho Nacional de Justiça, assegurada ampla defesa;
> ...." (NR)
> "Art. 103-B. ....
> ....
> § 4º ....
> ....
> III - receber e conhecer das reclamações contra membros ou órgãos do Poder Judiciário, inclusive contra seus serviços auxiliares, serventias e órgãos prestadores de serviços notariais e de registro que atuem por delegação do poder público ou oficializados, sem prejuízo da competência disciplinar e correicional dos tribunais, podendo avocar processos disciplinares em curso, determinar a remoção ou a disponibilidade e aplicar outras sanções administrativas, assegurada ampla defesa;
> ...." (NR)
> "Art. 109. ....
> ....
> § 3º Lei poderá autorizar que as causas de competência da Justiça Federal em que forem parte instituição de previdência social e segurado possam

ser processadas e julgadas na justiça estadual quando a comarca do domicílio do segurado não for sede de vara federal.

...." (NR)

"Art. 130-A. ....

....

§ 2º ....

....

III - receber e conhecer das reclamações contra membros ou órgãos do Ministério Público da União ou dos Estados, inclusive contra seus serviços auxiliares, sem prejuízo da competência disciplinar e correicional da instituição, podendo avocar processos disciplinares em curso, determinar a remoção ou a disponibilidade e aplicar outras sanções administrativas, assegurada ampla defesa."

Capítulo 6

CUSTEIO DO REGIME PRÓPRIO DE PREVIDÊNCIA SOCIAL (RPPS)

Sumário: **6.1.** Custeio de Seguridade Social na Constituição; **6.2.** Contribuição Patronal do Regime Geral; **6.3.** Cobrança de Contribuição Social do Regime Geral; **6.4.** Contribuição do Servidor Ativo e Inativo e Pensionista do Regime Próprio; **6.5.** Custeio do Ente Público do Regime Próprio; **6.6.** Contribuição Social Quando da Implantação de Regime Próprio.

6.1. Custeio de Seguridade Social na Constituição

A seguridade social, de acordo com o art. 195 da Constituição Federal, é financiada por toda a sociedade, de forma direta e indireta, nos termos da lei, mediante recursos provenientes dos orçamentos da União, dos Estados, do Distrito Federal e dos Municípios. Este financiamento deve se dar através da equidade, na forma de participação no custeio, que implica a distribuição do custo social, de maneira que o ônus seja suportado por quem tem maiores condições de fazê-lo. Assim, os desiguais precisam ser tratados de forma desigual, sendo este o verdadeiro sentido da isonomia. Trata-se de garantia análoga ao princípio tributário da capacidade contributiva, previsto no art. 150, II, da Constituição Federal. No mesmo sentido, deve haver diversidade da base de financiamento, para que o ônus seja suportado pelo Poder Público, por empresários e trabalhadores, o que é previsto nos incisos V e VI, do art. 194. Encontram-se, desse modo, estabelecidas as seguintes contribuições sociais do empregador, da empresa ou da entidade a ela equiparada: a) contribuições incidentes sobre a folha de salários e demais rendimentos do trabalho pagos ou creditados, a qualquer título, à pessoa física que lhe preste serviço, mesmo sem vínculo empregatício; b) receita ou o faturamento; c) contribuição sobre o lucro. Está prevista, ainda, a contribuição do trabalhador e dos demais segurados da previdência social. Por fim, foi prevista a incidência sobre a receita de concursos de prognósticos. O Plano de Custeio encontra-se disposto na Lei Federal nº 8.212, de 24.07.1991, com suas modificações posteriores, regulamentada pelo Decreto Federal nº 3.048, de 06.05.1999.

Não obstante as elevadas contribuições sociais já cobradas, quando da Constituição Federal, o problema de déficit constante da seguridade social implicou a ampliação da base de cálculo das contribuições, na Reforma da Previdência. Foram alterados os incisos I e II do art. 195 da Constituição Federal, através da Emenda Constitucional nº 20, de 15.12.1998. A redação original dispunha que: "I – dos empregadores, incidente sobre a folha de salários, o faturamento e o lucro; II – dos trabalhadores". A solução encontrada resultou do problema clássico da matéria, em que cada vez que se aproxima o déficit, amplia-se a contribuição, inclusive quanto às alíquotas. No Brasil, então, essa solução tem sido facilmente seguida, sem qualquer respeito ao contribuinte. Não se resolvem os graves problemas estruturais que a previdência social apresenta apenas se arrecadando mais e mais, sem se questionarem os privilégios e as fraudes existentes.

Deve-se observar, ainda, que a contribuição social da seguridade social não tem a mesma natureza da contribuição social prevista no art. 149 da Constituição Federal, o qual tem natureza tributária. Existem, então, duas contribuições sociais, uma de natureza tributária, tratada nesse artigo, e a outra, para financiamento da seguridade social, tratado no art. 195, do texto constitucional, tendo regras constitucionais próprias e diferentes dos tributos, inclusive quanto a alguns de seus princípios e limitações ao poder de tributar.

Coube ao empregador, da empresa e de entidade a ela equiparada na forma da lei, o maior ônus para financiar a previdência social, incidindo diversas contribuições sociais para a seguridade social. Inicialmente, existe a contribuição social para a seguridade social sobre a folha de salários e demais rendimentos do trabalho pagos ou creditados, a qualquer título, à pessoa física que lhe preste serviço, mesmo sem vínculo empregatício. Na Constituição Federal, em seu art. 195, I, primeira parte, constava apenas a contribuição social para a seguridade social incidente sobre a folha de salários. A Emenda Constitucional nº 20, de 15.12.1998, ampliou a base de cálculo, da incidência sobre a folha de salário, passando a abranger também os demais rendimentos do trabalho pagos ou creditados, a qualquer título, à pessoa física que lhe preste serviço, mesmo sem vínculo empregatício. Aqui foram incluídos, então, os valores pagos a prestadores de serviços ou qualquer outra forma de pagamento de pessoa física.

Existe, ainda, a contribuição social para a seguridade social incidente sobre a receita ou o faturamento, prevista na Constituição de 1988. No sistema constitucional anterior, incidia apenas sobre a folha de salário. Depois, foi instituído o Fundo de Investimento Social (FINSOCIAL) pelo Decreto-Lei nº 1.940, de 25.05.1982, que criou então a nova contribuição social, modificado pelo Decreto-Lei nº 2.049, de 01.8.1983, pelo Decreto Federal nº 91.236, de 08.05.1985, e, finalmente, pela Lei Federal nº 7.811, de 08.07.1987. Com a mudança do sistema constitucional, a contribuição acima foi muito questionada. Então, o Supremo Tribunal Federal (STF) decidiu pela inconstitucionalidade do aumento da alíquota da exação, que tinha passado de meio para dois por cento, tudo feito através de leis ordinárias, quando se exigia lei complementar.

Logo depois, veio a Lei Complementar nº 70, de 30.12.1991, que instituiu a contribuição para financiamento da seguridade social (COFINS), que resolveu a questão formal da exação. Existe, por outro lado, a cobrança de contribuição social para a seguridade social prevista no art. 239, resultante do Programa de Integração Social (PIS), instituído pela Lei Complementar nº 7, de 07.09.1970, e do Programa de Formação do Patrimônio do Servidor Público (PASEP), instituído pela Lei Complementar nº 8, de 03.12.1970. Essas contribuições têm a mesma natureza do COFINS, incidindo sobre o faturamento, sendo admitido pela Constituição o *bis in idem*. A Emenda Constitucional nº 20, de 15.12.1998, alterou a contribuição da seguridade social, que incidia apenas sobre o faturamento, passando também a incluir a receita. Ocorreu, então, uma ampliação na base de cálculo, pois a receita engloba outros ingressos, não necessariamente relacionados com a atividade econômica da empresa, como a venda de imóveis.

Está prevista, ainda, a contribuição social da seguridade social incidente sobre o lucro. Este já é o objeto do imposto sobre a renda e proventos de qualquer natureza, cobrado de empresas, com base no lucro real. Não se trata de um bis in idem, pois aquela é uma contribuição social e este um imposto. Não obstante, a fórmula de calcular a incidência de ambos é muito semelhante. Foi instituída a contribuição social sobre o lucro (CSSL), através da Lei Federal nº 7.689, de 15.12.1988.

Existe, ainda, a contribuição social da seguridade social do trabalhador e demais segurados da previdência social. Não incide a contribuição sobre a aposentadoria e a pensão concedidas pelo Regime Geral de Previdência Social (RGPS), de que trata o art. 201, de modo que também os empregados devem contribuir. A Emenda Constitucional nº 20, de 15.12.1998, ampliou a incidência, que antes limitava-se ao trabalhador e, agora, também abrange aos demais segurados da previdência social. Foi feita uma exceção, depois de muita luta no Congresso Nacional, envolvendo os aposentados e os pensionistas da previdência social. Não obstante, anualmente o Governo Federal tenta mudar tal situação e, talvez, um dia consiga, como sempre faz para aumentar a sua arrecadação. Está tratada esta contribuição no Plano de Custeio da seguridade social, Lei Federal nº 8.212, de 24.07.1991, e suas modificações posteriores, assim como no Decreto Federal nº 612, de 21.07.1992.

Há, por fim, a contribuição social da seguridade social incidente sobre a receita de concursos de prognósticos. Este é a modalidade de jogo de azar, cujo resultado depende da sorte e, não, da habilidade do apostador. Existem vários jogos promovidos pela Caixa Econômica Federal, que recolhe a contribuição devida.

Foi instituída nova contribuição social da seguridade social com incidência sobre o importador de bens ou serviços do exterior ou de quem a lei a ele equiparar, acrescido no art. 195 da Constituição Federal, pela Emenda Constitucional nº 42, de 19.12.2003. Diante do grave déficit da previdência social, incomensurável, continuamente o Governo Federal continua e continuará a criar novas formas de arrecadação, como ocorreu no presente caso.

Na vigência da redação primitiva, foi considerada inconstitucional a exigência, em relação ao empregador, da contribuição previdenciária que tivesse por base imponível os pagamentos efetuados a autônomos, administradores e avulsos por considerar-se que a relação jurídica entre a empresa e eles não resultava de contrato de trabalho, não sendo aquela, portanto, sua empregadora. Afastou-se, pois, a incidência, do art. 195, I, afirmando-se a necessidade de lei complementar, art. 195, § 4º, para criação de contribuição em tal hipótese, o que veio a concretizar-se pela Lei Complementar nº 84, de 18.01.1996. Sustentou-se, outrossim, que a expressão "folha de salários" alcançava apenas a remuneração paga pela empresa em razão de trabalho sob vínculo empregatício, não abrangendo a devida a autônomos, avulsos e administradores, que não eram empregados. Com a redação dada pela Emenda Constitucional nº 20, de 15.12.1998, a questão resta prejudicada, porque esta elegeu como contribuintes, além do empregador, também a empresa e a entidade a ela equiparada por lei, e ampliou a base de cálculo da contribuição, que passou a compreender, além do salário, também outros rendimentos do trabalho por eles pagos ou creditados à pessoa física.

De acordo com § 1º do art. 195 do texto constitucional as receitas dos Estados, do Distrito Federal e dos Municípios, destinadas à seguridade social, devem constar dos respectivos orçamentos, não integrando o orçamento da União. Observe-se que, de acordo com o § 1º do art. 149 do texto constitucional estas entidades federadas podem cobrar, de seus servidores, o custeio, em benefícios destes, de sistema de previdência e assistência social. A proposta de orçamento da seguridade social deve ser elaborada, de acordo com o § 2º, do artigo acima, de forma integrada pelos órgãos responsáveis pela saúde, previdência social e assistência social, tendo em vista as metas e prioridades estabelecidas na lei de diretrizes orçamentárias, assegurada a cada área a gestão de seus recursos.

Para fortalecer a cobrança das contribuições sociais para a seguridade social, está disposto que a pessoa jurídica em débito com o sistema da seguridade social, como estabelecido em lei, não pode contratar com o Poder Público, nem dele receber benefícios ou incentivos fiscais ou creditícios. O § 4º do art. 195 da Constituição Federal dispõe que lei pode instituir outras fontes destinadas a garantir a manutenção ou expansão da seguridade social, obedecido o disposto no art. 154, I, do texto constitucional. Na verdade, além das contribuições sociais existentes, podem-se instituir outras mais, de acordo com a necessidade da seguridade social. Para evitar o déficit, foi previsto, ainda, que nenhum benefício ou serviço da seguridade social deva ser criado, majorado ou estendido sem a correspondente fonte de custeio total.

Prevê o § 6º do art. 195 do texto constitucional que as contribuições sociais de que trata esse artigo só podem ser exigidas após decorridos noventa dias da data da publicação da lei que as houver instituído ou modificado. Não se lhes aplica o disposto no art. 150, III, *b*, do texto constitucional, tratando-se esse dispositivo do princípio da anterioridade, pelo qual um tributo não pode ser criado no mesmo exercício fiscal, devendo ser previsto para o seguinte. Quanto às contribuições sociais para a seguridade social exigiu-se, apenas, que deva decorrer o prazo de noventa dias, facilitando sua imposição.

O § 7º do art. 195 da Constituição Federal dispõe que são isentas de contribuição para a seguridade social as entidades beneficentes de assistência social que atendam às exigências estabelecidas em lei. Na verdade, a expressão correta deveria ser imunidade, pois isenção ocorre apenas quando prevista em lei ordinária. Na verdade, o dispositivo guarda semelhança com o art. 150, VI, c, também do texto constitucional, que trata de imunidade em relação a determinadas pessoas jurídicas. Trata o parágrafo seguinte que o produtor, o parceiro, o meeiro e o arrendatário rurais e o pescador artesanal, bem como os respectivos cônjuges, que exerçam suas atividades em regime de economia familiar, sem empregados permanentes, devem contribuir para a seguridade social mediante a aplicação de uma alíquota sobre o resultado da comercialização da produção e farão jus aos benefícios nos termos da lei.

A Emenda Constitucional nº 20, de 15.12.1998, incluiu três novos parágrafos ao art. 195 da Constituição Federal. Pelo § 9º, com redação alterada pela Emenda Constitucional nº 47, de 05.07.2005, dispõe que as contribuições sociais da seguridade social incidente sobre os empregadores podem ter alíquotas ou bases de cálculo diferenciadas, em razão da atividade econômica, da utilização intensiva de mão-de-obra, do porte da empresa ou da condição estrutural do mercado de trabalho, aplicando-se aqui o princípio da capacidade contributiva. No parágrafo seguinte, foi disposto que lei deve definir os critérios de transferência de recursos para o Sistema Único de Saúde (SUS) e ações de assistência social da União para os Estados, o Distrito Federal e os Municípios, e dos Estados para os Municípios, observada a respectiva contrapartida de recursos. Por fim, o § 11 do mesmo artigo dispõe que é vedada a concessão de remissão ou anistia das contribuições sociais de que tratam as contribuições sociais para a seguridade social incidente sobre a folha de salários e demais rendimentos do trabalho, bem como incidente sobre os trabalhadores, para débitos em montante superior ao fixado em lei complementar.

A Emenda Constitucional nº 42, de 19.12.2003, acresceu dos §§ 12 e 13 do art. 195 do texto constitucional. Pelo § 12, está previsto que lei define os setores de atividade econômica para os quais incidem as contribuições sociais para a seguridade social sobre a receita ou o faturamento, tratadas no inciso I, b, o COFINS. No mesmo sentido, como sobre a contribuição social da seguridade social, com incidência sobre o importador de bens ou serviços do exterior ou de quem a lei a ele equiparar, no inciso III, acrescido ao art. 195, do texto constitucional, pela Emenda Constitucional nº 42, de 19.12.2003. Pelo § 13, aplica-se a disposição anterior, para a hipótese de substituição gradual, total ou parcial, da contribuição incidente sobre a folha de salários e demais rendimentos do trabalho pagos ou creditados, a qualquer título, à pessoa física que lhe preste serviços, mesmo sem vínculo empregatício, pela incidente sobre a receita ou o faturamento.

Logo depois da promulgação da Constituição Federal, começou a haver uma série de questionamento sobre a constitucionalidade de diversas contribuições sociais da seguridade, com base nas disposições do art. 195. Como resumiu Yves Gandra Martins, "O inc. I do art. 195 diz respeito às contribuições sociais de maior densidade para suportar a seguridade social. São contribuições que poderão incidir sobre o lucro, folha de salário e faturamento dos empregadores, como o que o Governo criou, à luz da Constituição de 1988, a contribuição social sobre lucro, já cobrando no passado à contribuição previdenciária sobre salários e a Cofins e o PIS, sobre o faturamento. Entendeu o Supremo Tribunal Federal que não seria inconstitucional a cobrança do Cofins sobre o faturamento, apesar da existência do PIS, com o que, sobre as bases de cálculo lá definidas, não haveria inconstitucionalidade de 'n' contribuições que fossem criadas, desde que respeitando os limites de tais bases. Tanto é assim que as entidades financeiras que não faturam não incide a Cofins, mas a contribuição social sobre o lucro é mais elevada. Quanto aos autônomos, o Supremo Tribunal Federal entendeu que não poderia ser exigida a contribuição sobre os pagamentos que lhes são feitos, pois não integram a folha de salário, já que o autônomo não recebe 'salários'. A exigência foi afastada e obrigado o governo a editar a Lei Complementar nº 84/96, via Congresso Nacional, para, com base no § 4º do art. 195, instituir contribuição sobre a remuneração dos autônomos [...]. Quando da decisão sobre a constitucionalidade da contribuição social sobre o lucro, houve por bem o Supremo Tribunal Federal entender que a cobrança, para o exercício de 1989, feria os princípios da anterioridade e irretroatividade, pois editada em 15 de dezembro de 1988 a lei sobre o lucro que se formara desde 1º. de janeiro de 1988. Entretanto, a constitucionalidade da exigência foi reconhecida para os demais exercícios, apesar de veiculada por lei ordinária".[1]

Por outro lado, explicando a recém constitucionalizada contribuição social da seguridade dos servidores públicos estaduais e municipais, Pinto Ferreira, em relação ao antigo parágrafo único, do art. 149, hoje § 1º, com a redação dada pela Emenda Constitucional nº 41, de 19.12.2003, do texto constitucional federal, comenta que o antigo parágrafo "autoriza os Estados, o Distrito Federal e os Municípios a instituir contribuição, cobrada de seus servidores, para o custeio, em benefícios destes, de sistema de previdência e assistência social. Para o exercício de tal competência pelos Estados, Distrito Federal e Municípios, é indispensável *lei* do Legislativo competente, aplicando-se ao disposto no art. 195, § 6º, da Constituição Federal às normas sobre vigência da lei".[2]

6.2. Contribuição Patronal do Regime Geral

Os tributos no texto constitucional, tradicionalmente, são os impostos, no art. 145, I; as taxas, art. 145, II e as contribuições de melhoria, art. 145, III. Ainda que não seja de forma expressa, mas a esse gênero pode se considerar também o empréstimo compulsório, art. 148, I e II, e as contribuições sociais do art. 149, *caput* e § 2º e art. 154. Existem, ainda, as contribuições sociais da seguridade, do Regime Geral de Previdência Social (RGPS), no art. 195, da Constituição Federal, e do Regime Próprio de Previdência Social (RPPS), no art. 149, § 1º. Cada vez mais, é entendido hoje que a contribuição social, salvo o princípio da anualidade, substituído pelo nonagésimo, é outra espécie de tributo, inclusive hoje se reconhe-

---

1 MARTINS, Yves Gandra. Art. 195. *In*: BASTOS, Celso Ribeiro, e MARTINS, Yves Gandra. *Comentários à Constituição do Brasil*: promulgada em 5 de outubro de 1988, *op. cit.*, pp. 55-7.

2 "Quase sempre os Estados-Membros já têm os seus institutos de assistência médica e hospitalar do servidor público" (PINTO FERREIRA. *Comentários à Constituição Brasileira*. São Paulo: Saraiva, 1992, 5º vol., p. 311).

cendo pelo Supremo Tribunal Federal (STF) que a prescrição em previdência é de cinco anos, pois a matéria é de lei complementar e não pode a Lei Federal nº 8.212, de 24.07.1991, como leis ordinárias, dispor sobre a maneira, estabelecendo dez anos.

A contribuição social da seguridade social é um tributo que visa obter recursos para o custeio do sistema de benefícios, podendo ser para o Regime Geral de Previdência Social (RGPS), tratado nos incisos e parágrafos do art. 195, do texto constitucional, e para o Regime Próprio de Previdência Social (RPPS), disposto no § 1º do art. 149. Além das seis contribuições enumeradas, nos incisos e alíneas do art. 195, existe ainda a prevista no art. 239, o PIS/PASEP, e a possibilidade de lei criar outra contribuição social da seguridade, previsto no art. 195, § 4º, desde que nos termos do inciso I do art. 154 do texto constitucional.

Na obrigação tributária da contribuição social da seguridade, o contribuinte pode ser a empresa, o empregador doméstico e o segurado. Para Eduardo Rocha Dias e José Leandro Monteiro de Macêdo, empresa é "a firma individual ou sociedade que assume o risco de atividade econômica urbana ou rural, com fins lucrativos ou não, bem como os órgãos e entidades da administração direta, indireta e fundacional. Equiparam-se à empresa: a) o contribuinte individual, em relação a segurado que lhe presta serviço; b) a cooperativa, a associação ou a entidade de qualquer natureza ou finalidade, inclusive a missão diplomática e a repartição consultar de carreiras estrangeiras; c) o operador portuário e o órgão gestor de mão de obra de que trata a Lei nº 8.630, de 1993, depois revogada pela Lei Federal nº 12.815, de 05.06.2013; e d) o proprietário ou dono de obra de construção civil, quando pessoa física, em relação a segurado que lhe presta serviço. Observe-se que o proprietário ou dono de obra de construção civil, ainda quando pessoa física, ao contratar trabalhadores para a execução de serviços, seja a obra para uso próprio ou para comercialização, contribuirá como se fosse empresa".[3]

O empregador doméstico é pessoa física ou família que admite a seu serviço, sem finalidade lucrativa, empregado doméstico. Por outro lado, o segurado é pessoa física que exerce atividade remunerada,

---

3 DIAS, Eduardo Rocha, e MACÊDO, José Eduardo Monteiro de. *Curso de Direito Previdenciário, op. cit.*, pp. 383-4.

especificada no art. 12, da Lei Federal nº 8.212, de 24.07.1991, ou que se vinculem ao sistema previdenciário mediante contribuição voluntária, no art. 14, da mesma lei. Designa-se por filiação o vínculo jurídico estabelecido entre o segurado e o sistema previdenciário. A filiação pode ser: a) obrigatória, quando ocorre por força da lei, independentemente da vontade do segurado, pelo exercício de atividade remunerada prevista em lei; b) facultativa, quando o segurado por iniciativa própria, resolve contribuir para o Regime Geral de Previdência Social (RGPS), quando não exercer atividade remunerada e não integrar Regime Próprio de Previdência Social (RPPS).

A contribuição social do empregado, empregado doméstico e trabalhador avulsos, tratados no art. 20 e no art. 28, da Lei Federal nº 8.212, de 24.07.1991, é calculada através da aplicação de correspondente alíquota sobre o salário de contribuição. Para Miguel Horvath Júnior, "O salário-de-contribuição para o empregado e o trabalhador avulso corresponde à remuneração auferida em uma ou mais empresas, assim entendia a totalidade dos rendimentos pagos, devidos ou creditados a qualquer título, durante o mês, destinados a retribuir o trabalho, qualquer que seja a sua forma, inclusive gorjetas, os ganhos habituais sob a forma de utilidades e os adiantamentos decorrestes de reajuste salarial, quer pelos serviços efetivamente prestados, quer pelo tempo à disposição do empregador ou tomador de serviços nos termos da lei ou do contrato, ou, ainda, de convenção coletiva de trabalho ou sentença normativa".[4]

A contribuição social dos segurados contribuintes individuais e facultativos encontra-se na Lei Federal nº 8.212, de 24.07.1991, no art. 21, com 28, III e IV, com alíquota de vinte por cento sobre o salário de contribuição. Este é considerado como a remuneração obtida em uma ou mais empresas ou pelo exercício de sua atividade por conta própria, durante o mês. Se forem inferiores ao salário de

4 "O salário-de-contribuição para o empregado doméstico corresponde à remuneração na Carteira de Trabalho e Previdência Social. A MP nº 283/2006 estabelece que o empregador doméstico poderá deduzir do Imposto de Renda a contribuição patronal paga à Previdência Social nos limites estabelecidos" (HORVARTH JÚNIOR, Miguel. *Direito Previdenciário, op. cit.*, p. 471).

contribuição, precisam ser complementadas para o mínimo revisto. Por outro lado, para o facultativo é o valor por ele declarado.

Para Daniel Zanetti Marques Carneiro, "[...] o arquétipo constitucional da contribuição patronal se referia apenas ao *empregador* em sentido estrito, e exclusivamente à *folha de salários*, de sua parte relacionada à figura do empregado, cujos contornos essenciais encontram-se no art. 3º da CLT. Ocorre que, ao criar efetivamente a contribuição patronal, o art. 22 da Lei nº 8.212/91 estendeu a incidência em comento sobre os rendimentos pagos não apenas aos empregados propriamente ditos, como também aos trabalhadores *autônomos*, *avulsos* e *empresários*, os quais, como sabido, não têm relação empregatícia em sentido estrito e, de conseguinte, não recebem salário na acepção estrita do termo. [...] Nada obstante, visando superar a perda de arrecadação das referidas contribuições declaradas inconstitucionais pelo STF, logo em seguida, o Governo editou a LC nº 84/96, instituindo, com base no art. 195, § 4º, da CF, contribuições incidentes sobre a remuneração dos autônomos, empresários e avulsos, de forma que, a partir de então, qualquer remuneração realizada pela empresa por prestação de serviços voltou a ensejar o pagamento da contribuição patronal, tendo o Pretório Excelso reconhecido a inconstitucionalidade dessa incidência".[5]

A contribuição social de segurado especial encontra-se prevista na Lei Federal nº 8.212, de 24.07.1991, no art. 25, I e II, com as modificações da Lei Federal nº 11.718, de 20.06.2008, e no art. 200, do Decreto Federal nº 3.048, de 06.05.1999. Trata-se de aplicação semelhante ao previsto no art. 195, § 8º, do texto constitucional, em que se contribuirá "para a seguridade social mediante a aplicação de uma alíquota sobre o resultado da comercialização da produção e farão jus aos benefícios nos termos da lei".

Em maior número de espécies de contribuição social, tratada nas alíquotas do art. 195, está no inciso I, da Constituição Federal,

---

5 "De qualquer forma, posteriormente, a EC nº 20/98 veio alterar a redação do art. 195 da CF, de molde a alargar o campo de incidência da contribuição patronal e, hoje, a disciplina infraconstitucional respectiva encontra-se no art. 22, I, da Lei nº 8.212/91, [...]" (CARNEIRO, Daniel Zanetti Marques. *Custeio da Seguridade Social*: aspectos constitucionais e contribuições específicas. São Paulo: Atlas, 2010, pp. 98-9).

que trata da contribuição do empregador, empresa, entidade equiparada e empregador doméstico. De início, pode ser a contribuição sobre pagamentos feitos a empregado e a trabalhador avulso, previsto no art. 22, I, da Lei Federal nº 8.212, de 24.07.1991. Prevê este uma alíquota de vinte por cento sobre "o total das remunerações pagas, devidas ou creditadas a qualquer título, durante o mês, aos segurados empregados e trabalhadores avulsos que prestem serviços, destinados a retribuir o trabalho, qualquer que seja a sua forma, inclusive as gorjetas, os ganhos habituais sob a forma de utilidade e os adiantamentos decorrentes de reajuste salarial, quer pelos serviços efetivamente prestados, quer pelo tempo à disposição do empregador ou tomador de serviços, nos termos da lei ou do contrato ou, ainda, de convenção ou acordo coletivo de trabalho ou sentença normativa".

A contribuição social sobre a remuneração paga aos segurados contribuintes individuais está tratada no art. 22, III, do Plano de Custeio da Seguridade Social, no percentual de vinte por cento sobre o total das remunerações pagas ou creditadas a qualquer título, no decorrer do mês, a tais segurados. Cabe à empresa a responsabilidade pelo recolhimento da contribuição social, até o dia vinte da competência subsequente. Por outro lado, a contribuição social feita a cooperados por intermédio de cooperativa de trabalho está no art. 22, IV, da referida lei, com uma incidência de quinze por cento sobre o valor bruto da nota fiscal ou fatura de prestação de serviços.

Foi previsto na Lei Federal nº 8.212, de 24.07.1991, no art. 22, § 1º, a contribuição social adicional das instituições financeiras, que incide sobre bancos comerciais, bancos de investimentos, bancos múltiplos, caixas econômicas, sociedades de crédito, financiamento e investimento, sociedades de crédito imobiliário, sociedades corretoras, distribuidoras de títulos e valores mobiliários, empresas de arrendamento mercantil, cooperativa de crédito, empresas de seguros privados e de capitalização, agentes autônomos de seguros privados e de crédito e entidades de previdência privada aberta e fechada. Estas devem pagar, além de vinte por cento, mais dois e meio por cento, sobre as remunerações pagas ou creditadas aos segurados empregados, trabalhadores avulsos e contribuintes individuais que lhes prestem serviços.

A contribuição social para custeio das prestações de acidentes de trabalho e da aposentadoria especial encontra-se disposta no art. 22, II, combinado com o art. 57, §§ 6º e 7º, da Lei Federal nº 6.213, de 24.07.1991, e no art. 1º, da Lei Federal nº 10.666, de 08.05.2003, do Plano de Custeio da Seguridade Social. Quando ocorrer acidente de trabalho ou de doenças chamadas ocupacionais, tem o acidentado ou seus dependentes em caso de morte, direito às prestações e aos serviços previstos na legislação. Trata-se de benefício com seguro obrigatório, resultante de contribuição adicional a cargo exclusivo de empresa e destina-se à cobertura pelo acidente de trabalho.

Para Marcelo Leonardo Tavares, "a contribuição das empresas para o financiamento dos benefícios concedidos em razão do grau de incidência de incapacidade laborativa decorrentes dos riscos ambientais do trabalho sobre o total das remunerações pagas aos segurados empregados e avulsos é de 1%, 2% ou 3%, dependendo do grau de risco da atividade preponderante da empresa. Considera-se atividade preponderante a atividade que ocupa, na empresa, o maior número de empregados e trabalhadores avulsos".[6]

A contribuição social do empregador rural pessoa jurídica está previsto no art. 25, da Lei Federal nº 8.870, de 15.04.1994, de forma distinta do art. 22, I e II, da Lei Federal nº 8.212, de 24.07.1991, ao passo que a contribuição da agroindústria encontra-se disposta no art. 22-A, desta mesma. Por sua vez, a contribuição social patronal do empregador rural pessoa física está no art. 25, do mesmo diploma legal, assim como a contribuição devida por cooperados de cooperativa de produção rural que contratar pessoal, exclusivamente, para colheita de produção de seus cooperados, fica no art. 25-A, incluído pela da Lei Federal nº 8.870, de 15.04.1994.

A contribuição social dos clubes de futebol profissional foi tratada no art. 22, §§ 6ª a 11-A, da Lei Federal nº 8.212, de 24.07.1991. Para tanto, considera-se clube de futebol profissional toda associação desportiva que, proporcionando a prática do futebol profissional, esteja filiada à Federação de Futebol do respectivo Estado ou do Distrito Federal, mesmo que tenha outras modalidades desportistas.

---

6 "Como o conceito de atividade preponderante encontra-se previsto em ato administrativo, diversas empresas propuseram ação de declaração de inexistência de relação jurídico-tributária, argüindo a inconstitucionalidade do SAT pelo controle difuso de constitucionalidade" (TAVARES, Marcelo Leonardo. *Direito Previdenciário*: regime geral de previdência social e regras constitucionais dos regimes próprios de previdência social, *op. cit.*, p. 246).

É de cinco por cento da receita bruta, decorrentes de espetáculos desportivos de que participem em todo território nacional em qualquer modalidade desportiva, inclusive jogos internacionais, e de qualquer forma de patrocínio, licenciamento de uso de marcas e símbolos, publicidade, propaganda e de transmissão de espetáculos desportivos.

Para Ivan Kertzman, "Ressalte-se que a contribuição substitutiva das associações desportivas que mantém equipe de futebol profissional aplica-se apenas às atividades diretamente relacionadas com a manutenção e administração de equipe profissional de futebol, não se estendendo às outras atividades econômicas exercidas pelas referidas sociedades empresariais beneficiárias (art. 22, § 11-A, da Lei nº 8.212/91). A responsabilidade pelo recolhimento é da entidade promotora do espetáculo ou da entidade patrocinadora, cabendo a estas o desconto da contribuição e o repasse para a Previdência Social".[7]

As contribuições sociais destinadas a entidades privadas, integrantes do sistema sindical, as quais exercem atividades de interesse público, para a formação profissional e assistência. Constam do art. 240, do texto constitucional. São estes o Serviço Nacional de Aprendizagem de Comércio (SENAC), o Serviço Social do Comércio (SESC), Serviço Social da Indústria (SESI) e o Serviço Nacional de Aprendizagem da Indústria (SENAI), criados pela Lei Federal nº 2.613, de 23.09.1955, e respectivamente pelos Decretos Federais nº 4.048, de 22.01.1942, nº 8.621, de 10.01.1946, nº 9.403, de 25.06.1946, nº 9.853, de 13.09.1946, e nº 1.861, de 25.02.1981. Depois, por força do art. 62, do ADCT da Constituição Federal, e da Lei Federal nº 8.315, de 23.12.1991, foi criado o Serviço Nacional de Aprendizagem Rural (SENAR). A Lei Federal nº 8.706, de 14.09.1993, criou o Serviço Social do Transporte (SEST) e o Serviço Nacional de Aprendizagem do Transporte (SENAT) e depois foi criado o Serviço Nacional de Aprendizagem do Cooperativismo (SESCOOP). Por fim, o Serviço Brasileiro de Apoios às Micros e Pequenas Empresas (SEBRAE) foi instituído pelas Leis Federais nº 8.029, de 12.04.1990, e nº 8.154, de 28.12.1990.

---

7 "No caso de espetáculos desportivos, a contribuição deve ser recolhida no prazo de dois dias úteis após a realização do evento e, para os patrocínios a entidades desportivas, o prazo é o dia 20 do mês subsequente ao que ocorreu o patrocínio" (KERTMAN, Ivan. *Curso Prático de Direito Previdenciário, op. cit.*, p. 203).

A contribuição social destinada ao INCRA foi instituída pela Lei Federal nº 2.613, de 23.09.1955, mas modificada pelo Decreto-lei nº 1.146, de 31.12.1970, atribuindo a essa autarquia federal metade da receita resultante do adicional de 0,4% à contribuição social das empresas, ficando o restante para o FUNRURAL. Depois, a Lei Complementar nº 11, de 25.05.1971, aumentou para 2,6%, mas ao INCRA só ficou 0,2%. Já a o salário-educação, destinado ao financiamento da educação básica pública, foi criado pela Lei Federal nº 4.440, de 27.10.1964, hoje sendo disciplinado pela Lei Federal nº 9.424, de 24.12.1996, e pela Lei Federal nº 9.766, de 18.12.1998.

Previsto no art. 195, I, *b*, da Constituição Federal, a contribuição social para o financiamento da seguridade social (COFINS), disciplinado pela Lei Complementar nº 70, de 30.12.1991, modificada pela Lei Federal nº 9.069, de 29.06.1995, e pela Lei Federal nº 9.718, de 27.11.1998. Antes, a matéria estava contida no Decreto-lei nº 1.940, de 25.05.1982, como o FINSOCIAL, que foi recepcionado pelo texto constitucional, mas não o aumento de alíquota que se quis fazer, que o Supremo Tribunal Federal julgou inconstitucional. É importantíssima fonte de receita para a seguridade social.

Existe um *bis in idem* constitucional, quanto à contribuição social da seguridade social com base no faturamento das empresas, além do COFINS, pois existe o PIS/PASEP, previsto no art. 239, da Constituição Federal. O Programa de Integração Social (PIS) foi tratado na Lei Complementar nº 7, de 07.09.1970, e o Programa de Formação do Patrimônio do Servidor Público (PASEP), na Lei Complementar nº 8, de 03.12.1970.

A contribuição social sobre o lucro líquido (CSSL) foi disposta na Constituição Federal no art. 195, I, *c*, bem como pela Lei Federal nº 7.689, de 15.12.1988, modificado pela Lei Federal nº 8.034, de 12.04.1990, pela Lei Federal nº 9.249, de 26.12.1995, e pela Lei Federal nº 10.637, de 30.12.2002. As empregas em geral contribuem para as instituições financeiras, mediante a alíquota de oito por cento sobre o lucro líquido, que foi aumentado para quinze por cento, com a Medida Provisória nº 413, de 03.01.2008.

A contribuição social da seguridade do importador está prevista no art. 195, IV, do texto constitucional, bem como na Lei Federal nº 10.865, de 30.04.2004, que também instituiu o PIS/PASEP – importação e a COFINS – importação. A contribuição social da seguridade das microempresas e empresa de pequeno porte, Supersimples, através da Lei Complementar nº 123, de 14.12.2006, alterada pela Lei Federal nº 12.792, de 28.03.2013.[8] Por outro lado, a contribuição social sobre a receita de concursos de prognósticos, está no art. 26 da Lei Federal nº 8.212, de 24.07.1991.

Dispõe a Constituição Federal, no § 4º, do art. 195, que diz que "lei poderá instituir outras fontes destinadas a garantir a manutenção ou expansão da seguridade social, obedecido o disposto no art. 154, I". Além das contribuições sociais da seguridade, prevista nos incisos do art. 195, o texto constitucional autorizou a União a criar outras contribuições para manter ou expandir o sistema de seguridade social. Deve obedecer, porém, as exigências de ser criado por lei complementar, não sejam cumulativos, nem tenham fato gerador ou base de cálculo próprio de outros tributos discriminados.

6.3. Cobrança de Contribuição Social do Regime Geral

Na relação previdenciária, se o segurado tem direitos em relação à previdência social, tem esta também direitos em relação a este e às empresas, inclusive pessoas jurídicas de direito público. Observa Fides Angélica Ommati que "no elenco daquilo que denominamos obrigações previdenciárias, conceituadas como todas as ações ou omissões determinadas pela Lei como exigíveis por parte do órgão gestor do sistema previdenciário, nesse elenco estão as contribuições, comuns a todos os segurados e às empresas, e obrigações outras, que variam conforme se trata destas ou daquelas".[9]

A seguridade social, de acordo com o disposto no art. 195 da Constituição Federal deve ser financiada por toda a sociedade, de forma direta e indireta, mediante recursos provenientes da União, dos Estados, do Distrito Federal e dos Municípios. Acrescentam-se, ainda, as contribuições sociais[10] dos empregadores, que podem inci-

---

8 "A Lei Complementar nº 128 criou a figura do microempreendedor individual (MEI), dentro da mesma diretriz" (FELIPE, Jorge Franklin Alves. *Teoria e Prática do Direito Previdenciário*. 13ª ed. Belo Horizonte: Del Rey, 2010, p. 196).

9 OMMATI, Fides Angélica. *Manual Elementar de Direito Previdenciário*. Rio de Janeiro: Forense, 1978, p. 107.

10 J. CRETELLA JÚNIOR conceitua contribuição social como "o **quantum** em dinheiro, destinado ao custeio da seguridade social, pago por toda a comunidade,

dir sobre a folha de salário (contribuição de empresas), o faturamento (CONFINS e PIS) e o lucro (contribuição social sobre lucros), dos trabalhadores e sobre a receita de concursos de prognósticos.

Prevê, ainda, que a lei pode instituir novas fontes destinadas a garantir a manutenção ou expansão da seguridade, observado o princípio constitucional do art. 154, I, da Carta Magna, que exige que seja feita mediante lei complementar e que não seja cumulativa e não tenha fato gerador ou base de cálculo próprio dos tributos discriminados no texto constitucional, do art. 195, § 4º da Constituição Federal. Por outro lado, não se lhe aplica o princípio da anterioridade, apenas que a sua exigibilidade só pode ocorrer após decorridos noventa dias da publicação da lei que a houver instituído ou modificado, art. 195, § 6º, da Constituição Federal.

Múltiplas são as leis e os decretos disciplinadores da matéria. Não obstante, concentra-se nos dispositivos legais referentes à Lei Federal nº 8.212, de 24.07.1991, que trata do plano de custeio e, em especial, ao Decreto Federal nº 612, de 21.07.1992, que dá nova redação ao Regulamento da Organização e do Custeio da Seguridade Social. Ambos normatizam as formas de prover a seguridade social. Se é a sociedade a beneficiada pelos trabalhos e serviços realizados pela seguridade social, nada mais óbvio do que ela mesma, de forma direta ou indireta, financie tal estrutura. O art. 15, do Decreto Federal nº 612, de 21.07.1992, posiciona-se de maneira bastante clara, apresentando como financiadores dessa monumental organização a União, os Estados, o Distrito Federal, os Municípios e a sociedade em geral, ou seja, as empresas, os empregadores domésticos, os trabalhadores e os concursos de prognósticos.

Dispõe o Regulamento sobre disciplina dos casos de isenção de contribuição, dando tal privilégio às entidades beneficientes da assistência social que atendam, cumulativamente aos requisitos estabelecidos: "I – seja reconhecida como de utilidade pública federal; II – seja reconhecida como de entidade pública pelo respectivo Estado ou Distrito Federal ou Município onde se encontre a sede da enti-

---

de forma direta ou indireta, ou, de modo mais específico, com recursos provenientes das receitas da União, dos Estados, do Distrito Federal e dos Municípios, e com contribuições sociais dos empregadores e dos trabalhadores" (*Comentários à Constituição de 1988, op. cit.*, vol. VIII, p. 4310).

dade, III – seja portadora do Certificado ou do Registro de Entidade de Fins Filantrópicos, fornecidos pelo Conselho Nacional do Serviço Social, renovado a cada três anos, IV – promover a assistência social beneficente, inclusive educacional ou de saúde, a menores, idosos, excepcionais a pessoas carentes; V – aplique, integralmente, o eventual resultado operacional na manutenção e desenvolvimento de seus objetivos institucionais, apresentando anualmente ao Conselho Nacional da Seguridade Social relatório circunstanciado de suas atividades; VI – aplique suas rendas e recursos integralmente ao Território Nacional, na manutenção e desenvolvimento de seus objetivos institucionais e não distribua lucros, dividendos, bonificações, participações ou parcela do seu patrimônio, sob nenhuma forma ou pretexto; VII – mantenha livro Diário com escrituração contábil de suas receitas e despesas, de acordo com a legislação específica; VIII – não percebam remuneração, vantagens ou benefícios, por qualquer forma ou título, seus diretores, conselheiros sócios, instituidores, benfeitores ou equivalentes", conforme o art. 30, do Decreto Federal nº 612, de 2107.1992.

A arrecadação, a fiscalização e a cobrança das contribuições para a seguridade social constituem responsabilidades da Secretaria da Receita Federal do Brasil. O INSS era o órgão competente pelas contribuições das empresas, quando incidentes sobre a remuneração paga ou creditada aos empregados a seu serviço; dos empregadores domésticos, incidentes sobre o salário-de-contribuição de seus empregados; dos trabalhadores, incidentes sobre seu salário-de-contribuição, art. 16, parágrafo único, *a*, *b* e *c* do Decreto Federal nº 612, de 21.07.1992. Com a Receita Federal, por outro lado, ficavam imputadas as contribuições provenientes das empresas, quando incidentes sobre o faturamento (PIS e COFINS) e o lucro (CSSL) e as incidentes sobre a receita de concursos de prognósticos, ou seja, todo e qualquer sorteio de números, loterias, apostas, etc, art. 16, parágrafo único, *d* e *e* e art. 35, do Decreto Federal nº 612, de 21.07.1992. Agora, foi unificada, com a Secretaria da Receita Federal do Brasil, que pode, quando houver recusa, sonegação ou, ainda, apresentação deficiente de documentos, inscreverem de ofício a quantia que considerarem devidas, cabendo aos interessados o ônus de provar em contrário. Importante lembrar, também, que, para maior eficácia da fiscalização, tendo acesso às dependências e estabelecimentos da empresa, bem como o apoio policial, quando necessário, como se fosse o próprio fisco.

6.4. Contribuição do Servidor Ativo e Inativo e Pensionista do Regime Próprio (RPPS)

A contribuição social para o custeio de sistema de previdência de Ente Público, encontra-se no *caput* do art. 40 da Constituição Federal. Nesta disposição, está prevista a criação de Regime Próprio de Previdência Social (RPPS), de caráter contributivo e solidário, mediante contribuição do respectivo Ente Público e dos servidores ativos e inativos e pensionistas, com a redação dada pela Emenda Constitucional nº 41, de 19.12.2003. Em relação à contribuição dos segurados, também foi prevista hoje no § 1º do art. 149, também do texto constitucional. Existe a contribuição dos segurados, para o custeio do sistema de previdência local.

Para Marcelo Leonardo Tavares, "tanto o Regime Geral de Previdência Social quanto aos regimes próprios sempre foram baseados no princípio da solidariedade. Estruturados com apoio em um sistema de repartição simples, o filiado não contribui para a formação de um fundo próprio capaz de custear suas futuras prestações previdenciárias. Suas contribuições são vertidas para todo o sistema e servem para pagar as prestações mantidas para o grupo de filiados. O regime de repartição possibilita uma melhor redistribuição de renda e a proteção social mesmo daqueles que, por algum infortúnio, não teriam ainda contribuído com quantia suficiente para, sozinhos, garantir o benefício [...]. A solidariedade do regime de repartição é uma característica dos regimes públicos de previdência brasileira desde o início de sua organização".[11]

A contribuição dos servidores públicos ativos abrange os que estão em atividade remunerada, bem como a gratificação por ocupar cargo em comissão de caráter temporário. O art. 149, § 1º do texto constitucional, com a redação dada pela Emenda Constitucional nº 41, de 19.12.2003, previu a cobrança do custeio aos servidores públi-

---

11 TAVARES, Marcelo Leonardo. *Direito Previdenciário*: regime geral de previdência social e regras constitucionais dos regimes próprios de previdência social, *op. cit.*, p. 303.

cos, não mais "poderão", como dizia o texto original, sendo agora obrigatória a instituição do Regime Próprio de Previdência Social (RPPS). Como observa Marcelo Barroso Lima Brito de Campo, "outro ponto que interessa observar é que não mais se pode instituir cobrança de contribuição social, como tributo, para benefícios assistenciais como se permitia na redação anterior. Nada obsta, os Estados mantêm sistemas de saúde para servidores com contribuição, não caracterizadas como tributo. O § 1º do art. 195 reforça a autonomia das pessoas pública para gerirem os recursos próprios a fim de custear a seguridade social de seus servidores, não integrando o orçamento da União".[12]

A Constituição Federal, no art. 40, §§ 18 e 21, com a redação dada pela Emenda Constitucional nº 41, de 19.12.2003, dispõe sobre a contribuição para o custeio do Regime Próprio de Previdência Social (RPPS) dos servidores públicos inativos e dos pensionistas. Esta matéria foi objeto da Lei Federal nº 9.873, de 23.11.1999. Por este sistema, os aposentados e os pensionistas da União, dos Estados, do Distrito Federal e dos Municípios, inclusive suas autarquias e fundações, devem contribuir com alíquota de onze por cento, incidente sobre o valor da parcela dos proventos, que supere o limite máximo estabelecido para os benefícios desse sistema, conforme o art. 5º, da Lei Federal nº 10.887, de 18.06.2004, em relação ao sistema federal.

Comentado o assunto, Celso Antônio Bandeira de Mello diz que "[...] a Emenda 41 (art. 4º), incorrendo em grosseira inconstitucionalidade, pretendeu alcançar também os que à data de sua publicação (31.12.2003), já estavam aposentados ou no gozo de pensões, embora reduzindo para eles a base de cálculo da contribuição. Registre-se que esta espantosa ofensa a ato jurídico perfeito e direitos adquiridos foi amparada pelo Supremo Tribunal Federal, que em teratológica decisão de 18.8.2004, na ADI 3.105/8, fez submergir no País o princípio da segurança jurídica. Ressalvem-se os votos dos Mins. Ellen Gracie, Carlos Britto, Marco Aurélio e Celso de Mello, cujos pronunciamentos magníficos interditam que o meio jurídico brasileiro entre em estado de completa desesperança e desencanto.

12 CAMPOS, Marcelo Barroso Lima Brito de. Regime Próprio de Previdência Social dos Servidores Públicos, *op. cit.*, p. 137.

A violência ao bom direito foi confirmada na decisão final proferida na mesma ADI 3.105/8 (*DJU* de 18.2.2005)".[13]

Foi previsto nos parágrafos 14, 15 e 16 do art. 40 do texto constitucional federal que somente mediante prévia e expressa opção, a instituição de regime de previdência complementar para servidor público. Se houver a criação, fica estabelecido como teto do valor das aposentadorias e das pensões a serem concedidas pelo Regime Próprio de Previdência Complementar (RPPS), os limites máximos previstos no Regime Geral de Previdência Social (RGPS). Por força do art. 31, § 1º, da Lei Complementar nº 109, de 29.05.2001, a forma a ser adotada é de entidade fechada de previdência social, como fundação ou sociedade civil sem fins lucrativos.

Para Magadar Rosália Costa Briguet e outros, as entidades responsáveis pela previdência complementar de servidor público "terão **natureza pública**, ou seja, o regime de previdência complementar será regulado, fiscalizado e gerido pelo próprio poder público, restando vedada a gestão dos fundos pela iniciativa privada. Destaque-se, no entanto, que a natureza pública do sistema previdenciário complementar do servidor público não significa atribuição de regime de direito público à entidade de previdência complementar disposto no art. 202 da Constituição Federal e regulamentado pelas Leis Complementares nºs 108 e 109, ambas de 29 de maio de 2001".[14]

Os ocupantes de cargos de comissão sem serem servidores ativos da Administração Pública, conforme o § 13, do art. 40, do texto constitucional, são obrigados a recolherem para o Regime Geral de Previdência Social (RGPS). Também tal sistema se aplica aos servidores temporários formais, como os informais, os chamados "terceirizados". Se forem servidores ativos os ocupantes de cargos em comissão,

---

13 MELLO, Celso Antônio Bandeira de. *Curso de Direito Administrativo, op. cit.*, p. 294.

14 "Esta opção constitucional, ao mesmo tempo que evita a ingerência política no regime previdenciário complementar, demandará que haja o desenvolvimento da cultura previdenciária privada entre os servidores públicos, uma vez que a gestão será feita pelo próprio Poder Público" (BRIGUET, Magadar Rosália Costa, VICTORINO, Maria Cristina Lopes, e HORVARTH JÚNIOR, Miguel. *Previdência Social*: aspectos práticos e doutrinários dos regimes jurídicos próprios, *op. cit.* , p. 228).

devem recolher para o Regime Próprio de Previdência Social (RPPS), inclusive a parcela correspondente ao cargo transitório.

Para Odete Medauar, "para os servidores ocupantes, exclusivamente, de cargo em comissão declarado em lei de livre nomeação e exoneração, e para os servidores ocupantes de funções ou cargos temporários ou de empregos públicos (celetistas), o § 13 do art. 40 determina a aplicação do *regime geral da previdência social*, que é o regime destinado àqueles que trabalham no setor privado, previsto, em linhas gerais, no art. 201 da CF; na redação dada pelas Emendas Constitucionais 20/98 e 47/2005. O dispositivo suscita indagação quanto à sua aplicação aos servidores temporários ou ocupantes de cargo em comissão que já detinham essa condição *antes* da promulgação da Emenda Constitucional 20/98, sobretudo no tocante àqueles com muito tempo de serviço (por exemplo, 20 anos). Isso, porque em vários âmbitos de administração esses servidores têm seus direitos e deveres norteados, em grande parte, pelo regime estatutário. Parece incoerente, após vários anos norteados pelo regime estatutário, ter sua aposentadoria regulada pelo regime geral de previdência social – melhor parece aplicar o preceito somente aos que ingressem nesses cargos e funções *após* a promulgação da Emenda Constitucional 20/98".[15]

6.5. Custeio do Ente Público do Regime Próprio

O *caput* do art. 40 da Constituição Federal dispõe sobre o caráter contributivo e solidário do Regime Próprio de Previdência Social (RPPS). Assegura a contribuição do Ente Público, bem como o desconto na fonte para o regime previdenciário, com custeio das contribuições dos servidores públicos ativos e inativos e dos pensionistas. As contribuições dos Estados, Distrito Federal e Municípios não podem ser em percentual inferior àquela que a União cobra de seus titulares de cargo efetivos, de onze por cento hoje.

Deve ser observado, ainda, que se a receita obtida do custeio das contribuições dos Entes Públicos e dos servidores ativos e inativos e pensionistas for inferior para pagar a despesa oriunda dos benefícios dos segurados e dos dependentes, o responsável pela constituição do

15 MEDAUAR, Odete. *Direito Administrativo Moderno*. 13ª ed. São Paulo; Revista dos Tribunais, 2009, p. 296.

Regime Próprio de Previdência Social (RPPS) fica responsável pela cobertura de eventuais insuficiências financeiras que vieram a surgir ao longo do tempo, conforme o art. 2º, § 1º, da Lei Federal nº 9.717, de 27.11.1998.[16]

Em relação à União, esta nunca constituiu um Regime Próprio de Previdência Social (RPPS), com a responsabilidade pelo custeio e pelo pagamento de benefícios feitos pelo Tesouro Nacional. Comentando o assunto, Sergio Pinto Martins, diz que "a contribuição da União, de suas autarquias e fundações para o custeio do regime de previdência, de que trata o artigo 40 da Constituição, será o dobro da contribuição do servidor ativo, isto é, 22%, devendo o produto de sua arrecadação ser contabilizado em conta específica (art. 8º da Lei 10.887). A contribuição da União, dos Estados, do Distrito Federal e dos Municípios, incluídas suas autarquias e fundações, aos regimes próprios de previdência social a que estejam vinculados seus servidores, não poderá ser inferior ao valor da contribuição do servidor ativo, nem superior ao dobro desta contribuição (§ 2º do art. 2º da Lei nº 9.717/98)".[17]

O tempo de contribuição do servidor ativo federal, estadual, distrital ou municipal deve ser contado apenas para efeitos de aposentadoria e tempo de serviço para efeito de disponibilidade, conforme o art. 40, § 9º, do texto constitucional. Em termos de previdência social, o tempo de contribuição ocorrido em um Ente Público pode ser contado em outro, para fins de aposentadoria. Em termos puramente administrativos, porém, tal tempo deve ser contado para o cálculo da remuneração proporcional do servidor titular de cargo vitalício ou efetivo posto em disponibilidade. Não existe mais tempo de serviço, mas tempo de contribuição, sendo vedado qualquer forma de contagem de contribuição fictício, de acordo com o § 10, do artigo acima.[18]

---

16 BRIGUET, Magadar Rosália Costa, VICTORINO, Maria Cristina Lopes, e HORVARTH JÚNIOR, Miguel. *Previdência Social*: aspectos práticos e doutrinários dos regimes jurídicos próprios, *op. cit.*, p. 132.

17 MARTINS, Sergio Pinto. Direito da Seguridade Social, *op. cit.*, p. 522.

18 "No caso de *acumulação* é inadmissível a contagem do tempo de serviço para a aposentadoria em cargo de uma entidade estatal quando já computado em outra para o mesmo fim, como vem entendendo o STF" (MEIRELLES, Hely Lopes. *Direito Administrativo Brasileiro, op. cit.*, p. 467).

A Emenda Constitucional nº 103, de 12.11.2019, alterou o art. 149, do texto constitucional, assim:

> Art.149. ....
> § 1º A União, os Estados, o Distrito Federal e os Municípios instituirão, por meio de lei, contribuições para custeio de regime próprio de previdência social, cobradas dos servidores ativos, dos aposentados e dos pensionistas, que poderão ter alíquotas progressivas de acordo com o valor da base de contribuição ou dos proventos de aposentadoria e de pensões.
> § 1º-A. Quando houver *déficit* atuarial, a contribuição ordinária dos aposentados e pensionistas poderá incidir sobre o valor dos proventos de aposentadoria e de pensões que supere o salário-mínimo.
> § 1º-B. Demonstrada a insuficiência da medida prevista no § 1º-A para equacionar o *deficit* atuarial, é facultada a instituição de contribuição extraordinária, no âmbito da União, dos servidores públicos ativos, dos aposentados e dos pensionistas.
> § 1º-C. A contribuição extraordinária de que trata o § 1º-B deverá ser instituída simultaneamente com outras medidas para equacionamento do *déficit* e vigorará por período determinado, contado da data de sua instituição.

6.6. Contribuição Social Quando da Implantação de Regime Próprio

Quando se implanta um novo Regime Próprio de Previdência Social (RPPS), dentre outra medidas administrativas, está à cobrança de contribuição social para o custeio da Previdência Social dos servidores públicos locais. Sem recursos, pouco pode o fundo ou a autarquia executar algum serviço, ou mesmo começar a capitalização dos recursos para fazer frente aos encargos futuros. Não obstante, só pode começar a cobrança noventa dias após a publicação da lei que instituiu a contribuição, em geral na mesma lei que criou o Regime Próprio.

Dispõe o § 6º, do art. 195, que trata das contribuições sociais passíveis de serem cobradas, que "só poderão ser exigidas após decorridos noventa dias da data da publicação da lei que as houver instituído ou modificado, não se lhes aplicando o disposto no art. 150, III, b", do texto constitucional federal. Para alguns autores, a contribuição social para o custeio da seguridade social tem natureza de tributo e deve seguir suas limitações. No entanto, a maioria entende que possui natureza diversa, inclusive para o fim a que se destina, bem como as contribuições não se encontram incluídas entre as espécies de tributos, no art. 145, da Constituição Federal.

Dentre as limitações de tributar, tratado no art. 150, III, do texto constitucional, está o princípio da irretroatividade da lei, exigindo que os tributos não possam incidir sobre fatos geradores ocorridos antes do início da vigência da lei que os houver instituídos ou aumentados. Além disto, prevê o princípio da anterioridade, em que os tributos não podem ser cobrados no mesmo exercício financeiro que haja sido publicado a lei que os instituiu ou aumentou. Encontra-se aí outra distinção da contribuição social para o custeio da seguridade em relação aos demais tributos, pois nestes não pode haver instituição ou aumento de exação no mesmo exercício fiscal que as houver aprovado, ao passo que na outra se exige apenas que sua cobrança comece noventa dias depois da publicação de sua lei.

Comentando a matéria, na sua obra, Ives Gandra Martins, afirma que:

> "O constituinte de 1988 restabeleceu o princípio de que a anterioridade deveria ser interpretada à luz da irretroatividade, com o que fatos geradores de tributos ocorridos antes da aprovação da lei tributária, no fim do exercício, para cobrança no exercício seguinte, passaram a ser regidos pela lei vigente quando de sue nascimento e não por aquele vigente quando de sua cobrança. Para a Previdência Social, todavia, criou um princípio da anterioridade de noventa dias, que aparentemente seria menos benéfico ao contribuinte do que aquele estabelecido para outros tributos, que, em tese, poderia abranger 365 dias".[19]

Desse modo, a cobrança de contribuição social para o custeio da seguridade social para financiar Regime Próprio de Previdência Social, seja do ente patronal, seja dos servidores públicos, não pode ser exigida antes de noventa dias depois de publicada sua lei instituidora. Gera, assim, um vazio tributário, em que não existe cobrança da contribuição social, nem podendo haver despesas para honrar, tanto as contribuições patronais como as dos servidores públicos locais.

---

19 MARTINS, Ives Gandra. Art. 195, § 6º. In: BASTOS, Celso Ribeiro, e MARTINS, Ives Gandra. Comentários à Constituição do Brasil. São Paulo: Saraiva, 1998, 8º vol., p. 96.

Capítulo 7

COMPENSAÇÃO PREVIDENCIÁRIA (COMPREV)

Sumário: 7.1. Direito à Compensação Previdenciária (COMPREV); 7.2. Legislação da Compensação Previdenciária (COMPREV); 7.3. Regulamento da Compensação Previdenciária (COMPREV); 7.4. Processo Administrativo de Aposentadoria e de Pensão; 7.5. Registro de Aposentadoria e de Pensão no Tribunal de Contas; 7.6. Compensação Previdenciária (COMPREV) junto ao INSS; 7.7. Procedimento de Compensação Previdenciária; 7.8. Questão de Compensação Previdenciária; 7.9. Processos com Divergência do CNIS; 7.10. Ausência de Vínculo no CNIS; 7.11. Servidor que Possui Outro Benefício no INSS; 7.12. Procedimento de Compensação Previdenciária.

7.1. Direito à Compensação Previdenciária (COMPREV)

No Brasil, a vida dos empregados e demais segurados, inclusive, dos servidores públicos *lato sensu*, está vinculada ao Regime Geral da Previdência Social (RGPS) ou a um dos Regimes Próprios de Previdência Social (RPPSs), porque os segurados são ocupantes de cargos efetivos. De modo geral, ingressa-se na iniciativa privada, com base no regime geral, e, depois de vários concursos, consegue-se um cargo público e passa o servidor público para o seu regime próprio. Pode haver o contrário, certamente, mas a segurança e a média de remuneração mais alta fazem com que haja uma busca pelo serviço público e por seus cargos. A contagem do tempo de contribuição em cada um dos sistemas tem que ser atendida pelo outro para efeito de aposentadoria e de pensão dos seus segurados. Depois, existe a compensação financeira entre um e outro regime de previdência.

Para Eduardo Rocha Dias e José Leandro Monteiro de Macêdo, "é comum, durante a vida laboral do trabalhador, a vinculação sucessiva aos citados regimes de previdência social. Por exemplo, que ele comece a trabalhar e contribuir vinculado ao Regime Geral de Previdência Social e, depois, em razão de aprovação em concurso pública, venha a ocupar cargo efetivo vinculado a Regime Próprio de Previdência Social. Do mesmo modo, é possível que haja o trânsito entre Regimes Próprios de Previdência Social pertencentes a entes federativos distintos. Por força dessa realidade, surge a questão da contagem de tempo de contribuição prestado em um regime de previdência por outro regime de previdência – a comunicação do tempo de contribuição prestado em regimes distintos da previdência social. É justamente essa contagem de tempo de contribuição prestado em um regime de previdência por outro regime de previdência que denominamos contagem recíproca de tempo de contribuição".[1]

A contagem recíproca de tempo de contribuição entre o Regime Geral de Previdência Social (RGPS) e um Regime Próprio de Previdência Social (RPPS) foi previsto no art. 201, § 9º, do texto constitucional, com a seguinte redação: "Para efeito de aposentadoria, é assegurada a contagem recíproca do tempo de contribuição na administração pública e na atividade privada, rural e urbana, hipótese em que os diversos regimes de previdência social se compensarão financeiramente, segundo critérios estabelecidos em lei". No mesmo sentido, a disposição do art. 40, § 9º, com a seguinte dicção: "O tempo de contribuição federal, estadual ou municipal será contado para efeito de aposentadoria e o tempo de serviço correspondente para efeito de disponibilidade". A Lei Federal nº 8.213, de 24.07.1991, do art. 94 ao art. 99, dispõe sobre normas gerais acerca da contagem recíproca de tempo de contribuição. Por outro lado, a Lei Federal nº 9.796, de 05.05.1999, trata da compensação financeira (COMPREV) entre os regimes de previdência social. Essa lei é conhecida como Lei Hauly, nome do deputado federal do Paraná que foi autor do projeto que resultou nessa legislação.

Para Marcelo Barroso Lima Brito de Campos, "o 'encontro de contas' ou, tecnicamente considerada, a 'compensação financeira' entre os diversos regimes previdenciários, traduz anseio antigos dos entes federados para corrigir uma distorção havida no sistema ante a inexistência de regulamentação. Sempre houve a transferência para efeito de aposentadoria entre os regimes previdenciários dos entes federados sem haver a correspondente compensação das contribui-

---

1 DIAS, Eduardo Rocha, e MACÊDO, José Leandro Monteiro. *Curso de Direito Previdenciário, op. cit.*, p. 287.

ções recolhidas. [...] A legislação que disciplinou a matéria, porém, veio à baila num contexto de ajuste fiscal implementado unilateralmente pela União, impondo desequilíbrio nas contas de Estados e Municípios, não atendendo a sua verdadeira finalidade, além de ofender e inobservar as normas constitucionais".[2]

Dispõe o art. 201 da Constituição Federal que a previdência social deve ser organizada sob a forma de regime geral, de caráter contributivo e de filiação obrigatória, observados critérios que preservem o equilíbrio financeiro e atuarial, e que atenderá, nos termos da lei. Por outro lado, no § 9º dessa legislação, para efeito de aposentadoria, é assegurada a contagem recíproca do tempo de contribuição na administração pública e na atividade privada, rural e urbana, hipótese em que os diversos regime de previdência social se compensam financeiramente, segundo critérios estabelecidos em lei.

De acordo com a disposição constitucional, para efeito de aposentadoria, necessita ser assegurada a contagem recíproca do tempo de contribuição na administração pública e na atividade privada, rural e urbana, hipótese em que os diversos regimes de previdência social devem-se compensar financeiramente, segundo critérios estabelecidos em lei. Esse dispositivo estava, antes da Emenda Constitucional nº 20, de 15.12.1998, no § 2º do art. 201. Trata-se da Lei Federal nº 9.796, de 05.05.1999.

A Lei Federal nº 6.226, de 14.07.1975, vigente a partir de 1º de outubro de 1975, instituiu a contagem recíproca do tempo de serviço público federal, civil, militar ou autárquico, e do tempo de atividade privada, para efeito de aposentadoria por invalidez, por tempo de serviço ou compulsória. As vantagens da contagem recíproca foram estendidas aos serviços estaduais e aos municipais, civis, militares ou autárquicos, pela Lei Federal nº 6.864, de 01.12.1980, com vigência a partir de 1º de março de 1981, conforme o art. 2º. A Emenda Constitucional nº 18, de 05.02.1998, incluiu, expressamente, a aposentadoria do professor no rol da contagem recíproca, na Portaria

2 "O poder de agenda da União, nesse ponto, prejudica os demais entes federados ao impor um mecanismo de compensação inteiramente dissociado do princípio federativo, consagrado em nosso Ordenamento Jurídico" (CAMPOS, Marcelo Barroso Lima Brito de. *Regime Próprio de Previdência Social dos Servidores Públicos, op. cit.*, pp. 229-30).

MPAS nº 2865, de 1982. As referidas regras foram transportadas, respectivamente, para a Consolidação das Leis da Previdência Social (CLPS), de 1976, para o Decreto Federal nº 77.077, de 24.01.1976, e para a Consolidação das Leis da Previdência Social (CLPS) de 1984, conforme o Decreto Federal nº 89.312, de 23.01.1984, sem nenhuma alteração substancial. Ambas as regras previam que os benefícios decorrentes da contagem recíproca deveriam ser concedidos, calculados e pagos pelo sistema a que o segurado viesse a pertencer à época do requerimento, segundo suas próprias regras.

Os ônus financeiros deveriam ser suportados, integralmente, pelo sistema que concedeu benefício, à conta de disposições orçamentárias próprias. Porém, os encargos suportados pelo Instituto Nacional da Previdência Social (INPS) seriam amparados por recursos consignados pela União, na forma do art. 69, inciso IV, da Lei Federal nº 3.807, de 26.08.1960, com redação dada pela Lei Federal nº 5.890, de 08.06.1973. O inciso IV do art. 69 da Lei Federal nº 3.807, de 26.08.1960, impôs à União o custeio do pagamento do pessoal e das despesas de administração do Ministério, bem como a cobertura das insuficiências financeiras apuradas.

A Constituição Federal veio dispor, em seu art. 202, § 2º, modificado pela Emenda Constitucional nº 20, de 16.12.1998, onde passou a ser o art. 201, § 9º, que: "Para efeito de aposentadoria, é assegurada a contagem recíproca do tempo de contribuição na administração pública e na atividade privada, rural e urbana, hipótese em que os diversos regimes de previdência social se compensarão financeiramente, segundo critérios estabelecidos em lei". Foi apenas o texto constitucional de 1988 que instituiu a compensação financeira entre os sistemas, já que antes disso cada qual deveria suportar os encargos dos benefícios concedidos.

A Lei Federal nº 8.213, de 24.07.1991, estabeleceu o Plano de Benefícios da Previdência Social e traçou normas a respeito do deferimento de benefícios mediante contagem recíproca, mantendo, em linhas gerais, as regras até então vigentes, arts. 94 a 99. Além disso, estabeleceu o seguinte: a) o benefício resultante de contagem recíproca deve ser concedido e pago pelo sistema ao qual o interessado estiver vinculado ao requerê-lo e calculado na forma da respectiva legislação; b) a compensação financeira é feita junto ao sistema ao qual o interessado esteja vinculado ao requerer o benefício pelos demais sistemas, em relação aos respectivos tempos de contribuição ou de serviço, conforme dispuser o regulamento.

O Regulamento, aprovado pelo Decreto Federal nº 611, de 21.07.1992, o qual substituiu o Decreto Federal nº 357, de 07.12.1991, ratificou que o valor do benefício é calculado na forma da legislação do sistema ao qual o segurado estava vinculado ao requerê-lo, bem como manteve a compensação pelos demais sistemas, pelo critério do tempo de contribuição ou de serviço prestado a cada um deles, arts. 198 a 207. Do mesmo modo, veio a dispor o novo Regulamento de Benefícios, aprovado pelo Decreto Federal nº 3.048, de 06.05.1999, arts. 125 a 134. Antes, estava no Decreto Federal nº 2.172, de 05.03.1997, hoje substituído pelo anterior. Ao tratar da contagem recíproca e da compensação financeira, o art. 202, § 2º, da Constituição Federal de 1988, foi absolutamente claro ao exigir previsão legislativa. Cuida-se, portanto, de norma de eficácia contida até que seja regulamentada.

A Lei Federal nº 8.213, de 24.07.1991, veio disciplinar o assunto, prevendo regras de concessão e responsabilidade pelo pagamento dos benefícios, bem como firmando o traçado para a compensação financeira entre os sistemas. Porém, exigiu forma regulamentar, o que somente adveio com o Decreto Federal nº 357, em 07.12.1991, cujo texto foi substituído pelo Decreto Federal nº 611, de 21.07.1992, e pelo Decreto Federal nº 2.172, de 05.03.1997. Referidas disposições deixaram clara a maneira como devem ser concedidos e mantidos os benefícios que são objeto da contagem recíproca do tempo de serviço ou de contribuição, bem como a fórmula da compensação financeira, mediante a proporção do tempo de serviço utilizado de cada sistema, tudo revertido a favor do sistema que concedeu a aposentadoria, ficando claramente satisfeita a exigência feita pelo legislador constituinte.

A compensação financeira é obrigatória na contagem do tempo na administração pública e na atividade privada, rural e urbana. Bastante favorável aos Estados e aos Municípios, ela é retroativa a aposentadorias e pensões concedidas desde outubro de 1988. Com o objetivo de efetuar o encontro de contas entre os regimes previdenciários do INSS e dos Estados e Municípios, foi editada a Lei nº 9.796, de 05.05.1999, tratando sobre a compensação previdenciária (COMPREV). Sua finalidade é equalizar os valores pagos pelos Fundos de Previdência de Estados e Municípios com os que eram de responsabilidade do INSS, pois os servidores, embora tenham adquirido o benefício pelo regime próprio, também contribuíram com boa parte de sua vida para a autarquia federal.

O COMPREV é um processo administrativo impetrado junto ao INSS para recuperação financeira de contribuições financeiras feitas àquela autarquia, mas cujos contribuintes aposentaram-se pelo Fundo de Previdência do Município. A compensação financeira previdenciária se particulariza em cada Unidade da Federação, envolvendo o Governo do Estado ou do Município, que gera os processos de aposentadoria e pensão, o Fundo de Previdência do Estado, autarquia responsável pela gestão das aposentadorias e pensões, o Tribunal de Contas do Estado, corte que homologa as aposentadorias e pensões, e o Instituto Nacional de Seguro Social (INSS), autarquia federal que é o Regime Geral de Previdência Social (RGPS), em cujo rol de contribuições passadas se pretende obter as compensações financeiras previdenciárias.

Como a realização do COMPREV requisita atuações harmoniosas de cada um desses órgãos, há evidente necessidade de Desenvolvimento de Plano Estratégico, que considere a compensação financeira previdenciária com base na missão da tarefa, dos planos de ação e acompanhamento da implantação entre os diversos agentes envolvidos. Os processos de aposentadoria e de pensão podem estar em qualquer uma das seguintes categorias: a) anteriores a outubro de 1988; b) posteriores a outubro de 1988, mas sem contagem de tempo para o Regime Geral de Previdência Social (RGPS); c) com tempo de RGPS, já compensados pelo COMPREV; d) com tempo de RGPS, mas indeferidos pelo COMPREV; e) com tempo de RGPS, mas ainda em análise pelo COMPREV; f) com tempo de RGPS, mas não submetidos ao COMPREV.

7.2. Legislação da Compensação Previdenciária (COMPREV)

A Lei Federal nº 9.796, de 05.05.1999, conhecida também por COMPREV, foi iniciativa do deputado federal do Paraná Luiz Carlos Hauly, através do Projeto de Lei nº 2.942-a/92, visando regulamentar o art. 40, § 9º, e o art. 201, § 9º, da Constituição Federal. A legislação acima tratou de duas matérias essenciais para os Regimes Próprios de Previdência Social (RPPSs): a) contagem recíproca do tempo de contribuição; b) compensação financeira entre os regimes. É possível a contagem do tempo de contribuição no serviço público e na iniciativa privada, bem como a dos trabalhadores do campo. A maioria desses regimes de previdência eram credores do Regime Geral de Previdência Social (RGPS), sem que o Governo Federal nada fizesse para corrigir a grave distorção.

A Lei Federal nº 9.796, de 05.05.1999, dispõe sobre a compensação financeira entre o Regime Geral de Previdência Social (RGPS) e os regimes de previdência dos servidores da União, dos Estados, do Distrito Federal e dos Municípios, nos casos de contagem recíproca de tempo de contribuição para efeito de aposentadoria; trata-se do COMPREV. Pelo art. 1º, a compensação financeira entre o Regime Geral de Previdência Social e os regimes próprios de previdência social dos servidores da União, dos Estados, do Distrito Federal e dos Municípios, na hipótese de contagem recíproca de tempos de contribuição, obedecerá às disposições da lei.

Pelo art. 2º da lei comentada, considera-se: "I – regime de origem: o regime previdenciário ao qual o segurado ou servidor público esteve vinculado sem que dele receba aposentadoria ou tenha gerado pensão para seus dependentes; II – regime instituidor: o regime previdenciário responsável pela concessão e pagamento de benefício de aposentadoria ou pensão dela decorrente a segurado ou servidor público ou a seus dependentes com cômputo de tempo de contribuição no âmbito do regime de origem". Os regimes próprios de previdência de servidores da União, dos Estados, do Distrito Federal e dos Municípios somente são considerados regimes de origem quando o Regime Geral de Previdência Social (RGPS) for o regime instituidor. Na hipótese de o regime próprio de previdência de servidor público não possuir personalidade jurídica própria, atribuem-se ao respectivo ente federado as obrigações e direitos previstos na lei.

O Regime Geral de Previdência Social (RGPS), como regime instituidor, tem direito de receber de cada regime de origem compensação financeira, observado o disposto. O regime geral deve apresentar a cada regime de origem os seguintes dados referentes a cada benefício concedido com cômputo de tempo de contribuição no âmbito daquele regime de origem: a) identificação do segurado e, se for o caso, de seu dependente; b) renda mensal inicial e a data de início do benefício; c) percentual do tempo de serviço total do segurado correspondente ao tempo de contribuição no âmbito daquele regime de origem.

Cada regime de origem deve pagar ao Regime Geral de Previdência Social (RGPS), para cada mês de competência do benefício, o valor resultante da multiplicação da renda mensal do benefício pelo percentual obtido. A compensação financeira referente a cada benefício não pode exceder o resultado da multiplicação do percentual obtido pela renda mensal do maior benefício da mesma espécie pago diretamente pelo regime de origem. Para fins do disposto, o regime de origem deve informar ao regime geral, na forma do regulamento, a maior renda mensal de cada espécie de benefício por ele pago diretamente. O valor deve ser reajustado nas mesmas datas e pelos mesmos índices de reajustamento do benefício pela previdência social, devendo o Regime Geral de Previdência Social (RGPS) comunicar a cada regime de origem o total por ele devido em cada mês como compensação financeira. Aplica-se o disposto aos períodos de contribuição utilizados para fins de concessão de aposentadoria pelo INSS em decorrência de acordos internacionais.

Cada regime próprio de previdência de servidor público tem direito, como regime instituidor, de receber do Regime Geral de Previdência Social (RGPS), enquanto regime de origem, compensação financeira. O regime instituidor deve apresentar ao regime geral, além das normas que o regem, os seguintes dados referentes a cada benefício concedido com cômputo de tempo de contribuição no âmbito do Regime Geral de Previdência Social (RGPS): a) identificação do servidor público e, se for o caso, de seu dependente; b) o valor dos proventos da aposentadoria ou pensão dela decorrente e a data de início do benefício; c) o tempo de serviço total do servidor e o correspondente ao tempo de contribuição ao regime geral.

Com base nas informações referidas, o Regime Geral de Previdência Social (RGPS) calcula qual seria a renda mensal inicial daquele benefício, segundo as normas. A compensação financeira devida pelo regime geral, relativa ao primeiro mês de competência do benefício, deve ser calculada com base no valor do benefício pago pelo regime instituidor ou na renda mensal do benefício, considerando-se o que for menor. O valor da compensação financeira mencionada corresponde à multiplicação do montante ali especificado pelo percentual correspondente ao tempo de contribuição ao Regime Geral de Previdência Social (RGPS) no tempo de serviço total do servidor público. O valor da compensação financeira devida pelo regime geral deve ser reajustado nas mesmas datas e pelos mesmos índices de reajustamento dos benefícios da previdência social, mesmo que tenha prevalecido, no primeiro mês, o valor do benefício pago pelo regime instituidor.

O Instituto Nacional do Seguro Social (INSS) mantém cadastro atualizado de todos os benefícios objeto de compensação financeira, pelo art. 6º6º da lei comentada, totalizando o quanto deve para cada regime próprio de previdência dos servidores da União, dos Estados, do Distrito Federal e dos Municípios. Incluiu também o montante devido por qualquer um deles para o Regime Geral de Previdência Social (RGPS), como compensação financeira e pelo não recolhimento de contribuições previdenciárias no prazo legal. Os desembolsos pelos regimes de origem somente são feitos para os regimes instituidores que se mostrem credores no cômputo da compensação financeira devida de lado a lado e dos débitos pelo não recolhimento de contribuições previdenciárias no prazo legal. O INSS comunica o total a ser desembolsado pelos regimes de origem até o dia trinta de cada mês, devendo os desembolsos ser feitos até o quinto dia útil do mês subsequente. Os valores não desembolsados em virtude do disposto são contabilizados como pagamentos efetivos, devendo o INSS registrar mensalmente essas operações e informar a cada regime próprio de previdência de servidor público os valores a ele referentes. Sendo inviável financeiramente para um regime de origem desembolsar de imediato os valores relativos à compensação financeira, em função dos valores em atraso a que se refere, podem os regimes de origem e o instituidor firmar termo de parcelamento dos desembolsos atualizando-se os valores devidos nas mesmas datas e pelos mesmos índices de reajustamento dos benefícios de prestação continuada da previdência social.

Os regimes instituidores devem comunicar de imediato aos regimes de origem qualquer revisão no valor do benefício objeto de compensação financeira ou sua extinção total ou parcial, cabendo ao INSS registrar as alterações no cadastro a que se refere. Constatado o não cumprimento do disposto, as parcelas pagas indevidamente pelo regime de origem serão registradas em dobro, no mês seguinte ao da constatação, como débito daquele regime. Pelo art. 8°, na hipótese de descumprimento do prazo de desembolso estipulado, na lei comentada, aplicam-se as mesmas normas em vigor para atualização dos valores dos recolhimentos em atraso de contribuições previdenciárias arrecadadas pela Receita Federal. Na hipótese de o Regime Próprio de Previdência Social (RPPS) dos servidores da União, dos Estados, do Distrito Federal e dos Municípios possuir personalidade jurídica própria, os respectivos entes federados respondem solidariamente pelas obrigações previstas na lei. A compensação financeira entre os regimes próprios de previdência social da União, dos Estados, do Distrito Federal e dos Municípios, na hipótese de contagem recíproca de tempos de contribuição, obedece, no que couber, às disposições da Lei Federal nº 9.796, de 05.05.1999.

A Portaria Conjunta PGFN/RFB/INSS nº 01, de 21.03.2013, dispôs sobre o pagamento de valores oriundos da compensação previdenciária (COMPREV) e seu processo administrativo.

7.3. Regulamento da Compensação Previdenciária (COMPREV)

Na regulamentação prevista na Lei Federal nº 9.796, de 05.05.1999 e no art. 4º do Decreto Federal nº 3.112, de 06.07.1999, alterado pelo Decreto Federal nº 3.217, de 22.10.1999, excluiu-se a possibilidade de compensação dos valores despendidos com o pagamento do benefício aposentadoria por invalidez decorrente de acidente em serviço, moléstia ou doença grave, contagiosa ou incurável, especificada em lei, e a pensão nas mesmas circunstâncias.[3] De acordo com o citado artigo, são objetos de compensação previdenciária junto aos entes federativos os seguintes benefícios: a) aposentadoria por invalidez, quando não isenta de carência; b) aposentadoria por idade; c) aposentadoria por tempo de serviço/contribuição; d) pensões precedidas das aposentadorias mencionadas.

O Decreto Federal nº 3.112, de 06.07.1999, dispõe sobre a regulamentação da Lei Federal nº 9.796, de 05.05.1999, que versa sobre compensação financeira entre o Regime Geral de Previdência Social (RGPS) e o Regime Próprio de Previdência Social (RPPS) dos servi-

---

3 "Da leitura atenta da Lei nº 9.796/99, não se verifica em qualquer momento a exclusão de qualquer benefício para efeito de compensação. Logo, neste aspecto, os decretos são ilegais" (BRIGUET, Magadar Rosália Costa, VICTORINO, Maria Cristina Lopes, e HORVARTH JÚNIOR, Miguel. *Previdência Social*: aspectos práticos e doutrinários dos regimes jurídicos próprios, *op. cit.*, p. 141).

dores da União, dos Estados, do Distrito Federal e dos Municípios, na contagem recíproca de tempo de contribuição para efeito de aposentadoria, e dá outras providencias.

A compensação financeira entre o Regime Geral de Previdência Social (RGPS) e o Regime Próprio de Previdência Social (RPPS), na hipótese de contagem recíproca de tempo de contribuição, respeita as disposições da Lei Federal nº 9.796, de 05.05.1999. A compensação financeira prevista não se aplica aos regimes próprios de previdência social da União, dos Estados, do Distrito Federal e dos Municípios que não atendam aos critérios e limites previstos na Lei Federal nº 9.717, de 27.11.1998, e na legislação complementar pertinente, exceto quanto aos benefícios concedidos por esses regimes no período de 05.10.1988 a 07.02.1999.

No Decreto Federal nº 3.112, de 06.07.1999, no art. 3º, para os efeitos da compensação financeira, considera-se: "I – Regime Geral de Previdência Social: o regime previsto no art. 201 da Constituição Federal; II – regimes próprios de previdência social dos servidores públicos da União, dos Estados, do Distrito Federal e dos Municípios: os regimes de previdência constituídos, exclusivamente, por servidores públicos titulares de cargos efetivos dos respectivos entes federados; III – regime de origem: o regime previdenciário ao qual o segurado ou servidor público esteve vinculado sem que dele receba aposentadoria ou tenha gerado pensão para seus dependentes; IV – regime instituidor: o regime previdenciário responsável pela concessão e pagamento de benefício de aposentadoria ou pensão dela decorrente a segurado ou servidor público ou a seus dependentes com cômputo de tempo de contribuição no âmbito do regime de origem".

Aplica-se o disposto somente para os benefícios de aposentadoria e de pensão dela decorrente concedidos a partir de 05.10.1988, excluída a aposentadoria por invalidez decorrente de acidente em serviço, moléstia profissional ou doença grave, contagiosa ou incurável, especificada em lei e a pensão dela decorrente. Não existe explicação para essa exclusão; ela é um verdadeiro confisco. Já a compensação financeira deve ser realizada, exclusivamente, na contagem recíproca de tempo de contribuição não concomitante. O tempo de atividade rural reconhecido pelo Instituto Nacional do Seguro Social (INSS), mediante certidão emitida a partir de 14 de outubro de 1996, somente é considerado para fins de compensação financeira caso esse período seja indenizado ao INSS pelo servidor.

O Regime Próprio de Previdência Social (RPPS) somente é considerado regime de origem quando o Regime Geral de Previdência Social (RGPS) for o regime instituidor. Caso o regime próprio de previdência social dos servidores públicos não seja administrado por entidade com personalidade jurídica própria, atribuem-se ao respectivo ente federado as obrigações e os direitos previstos no Decreto Federal nº 3.112, de 06.07.1999.

O INSS deve apresentar ao administrador de cada regime de origem os seguintes dados, referentes a cada benefício concedido com cômputo de tempo de contribuição no âmbito daquele regime de origem: a) dados pessoais e outros documentos necessários e úteis à caracterização do segurado e, se for o caso, do dependente; b) renda mensal inicial; c) data de início do benefício e do pagamento; d) percentual do tempo de contribuição no âmbito daquele regime de origem em relação ao tempo de serviço total do segurado; e) cópia da Certidão de Tempo de Serviço ou de Tempo de Contribuição, fornecida pelo Estado, Distrito Federal ou Município, utilizada para o cômputo do tempo de contribuição no âmbito do regime próprio de previdência social respectivo. A não-apresentação das informações e dos documentos a que se refere veda a compensação financeira entre o regime de origem e o Regime Geral de Previdência Social.

Pelo Decreto Federal nº 3.112, de 06.07.1999, no art. 10, cada administrador de regime próprio de previdência de servidor público, como regime instituidor, deve apresentar ao INSS, além das normas que o regem, os seguintes dados e documentos referentes a cada benefício concedido com cômputo de tempo de contribuição no âmbito do Regime Geral de Previdência Social: a) dados pessoais e outros documentos necessários e úteis à caracterização do segurado e, se for o caso, do dependente; b) o valor dos proventos da aposentadoria ou pensão dela decorrente e a data de início do benefício e do pagamento; c) percentual do tempo de contribuição no âmbito do Regime Geral de Previdência Social em relação ao tempo de serviço total do segurado; d) cópia da Certidão de Tempo de Serviço ou de Tempo de Contribuição fornecida pelo INSS e utilizada para cômputo do tempo de contribuição no âmbito do Regime Geral de Previdência Social; e) cópia do ato expedido pela autoridade competente que concedeu a aposentadoria ou a pensão dela decorrente, bem como o de homologação do ato concessório do benefício pelo

Tribunal ou Conselho de Contas competente. A não-apresentação das informações e dos documentos a que se refere veda a compensação financeira entre o Regime Geral de Previdência Social (RGPS) e o regime instituidor. No caso de tempo de contribuição prestado pelo servidor público ao próprio ente instituidor, quando vinculado ao regime geral, é exigida certidão específica emitida pelo ente instituidor, passível de verificação pelo INSS.

As informações referidas servem de base para o INSS calcular qual seria a renda mensal inicial daquele benefício segundo as normas do Regime Geral de Previdência Social (RGPS) vigentes na data em que houve a desvinculação desse regime pelo servidor público. A renda mensal inicial apurada, nos termos deste artigo, deve ser reajustada, na data da desvinculação do regime geral até a data da concessão do benefício pelo regime instituidor, não podendo seu valor corrigido ser inferior ao do salário mínimo nem superior ao limite máximo do salário-de-contribuição fixado em lei.

A compensação financeira devida pelo Regime Geral de Previdência Social (RGPS), relativa ao primeiro mês de competência do benefício, é calculada com base no valor do benefício pago pelo regime instituidor ou na renda mensal do benefício calculada na forma anterior, considerando-se o que for menor. O valor da compensação financeira mencionada corresponde à multiplicação do montante especificado pelo percentual obtido na forma do inciso III do art. 10 do Decreto Federal nº 3.112, de 06.07.1999. O valor da compensação financeira devida pelo regime geral deve ser reajustado nas mesmas datas e pelos mesmos índices de reajustamento dos benefícios concedidos pelo Regime Geral de Previdência Social (RGPS), ainda que tenha prevalecido, no primeiro mês, o valor do benefício pago pelo regime instituidor.

Os administradores dos regimes instituidores devem apresentar aos administradores dos regimes de origem, até 06.11.2000, os dados relativos aos benefícios em manutenção concedidos a partir de 05.10.1988. A compensação financeira em atraso relativa aos benefícios deve ser calculada multiplicando-se a parcela da renda mensal devida pelo regime de origem, obtida de acordo com os procedimentos estabelecidos nos arts. 7º a 13, pelo número de meses em que o benefício foi pago até a data da apresentação das informações referidas nesse artigo.

Pelo art. 14-A, incluído pelo Decreto Federal nº 6.900, de 15.07.2009, a compensação financeira em atraso relativa aos benefícios de que trata o art. 14 deve ser imediata para os regimes próprios de previdência social que já apresentaram requerimento, observada a disponibilidade orçamentária do Instituto Nacional do Seguro Social (INSS), de acordo com as seguintes regras: "I – para os regimes próprios de previdência social credores da compensação financeira cujos entes instituidores não sejam devedores de contribuições previdenciárias ao Regime Geral de Previdência Social – RGPS, o pagamento será efetuado da seguinte forma: a) em parcela única, se o crédito não superar R$ 500.000,00 (quinhentos mil reais); b) em tantas parcelas mensais quantas forem necessárias até o limite de R$ 500.000,00 (quinhentos mil reais), se o crédito superar esse montante; II – para os regimes próprios de previdência social credores da compensação financeira cujos entes instituidores sejam devedores de contribuições previdenciárias ao RGPS, o pagamento será efetuado nas mesmas condições de prazo estabelecidas nas alíneas "a" e "b" do inciso I após compensação dos débitos de contribuições previdenciárias, ainda que posteriores a 6 de maio de 1999".

Incluem-se, na hipótese prevista, os devedores de contribuição previdenciária que tenham os respectivos débitos com exigibilidade suspensa. Na hipótese de o Regime Próprio de Previdência Social (RPPS) ser operado por entidade com personalidade jurídica própria, o disposto fica condicionado à concordância formal do dirigente do respectivo regime próprio. O Regime Próprio de Previdência Social (RPPS) que ainda não tivesse entregado os dados relativos aos benefícios em manutenção em 05.05.1999, concedidos a partir de 05.10.1988, podia fazê-lo até 31.05.2010, nos termos do art. 12 da Lei Federal nº 10.666, de 08.05.2003, e a compensação, quando deferida, observa as regras previstas nesse artigo.

A critério do regime de origem, os valores apurados nos termos do artigo anterior poderão ser parcelados em até duzentos e quarenta meses, atualizando-se os valores devidos nas mesmas datas e pelos mesmos índices de reajustamento dos benefícios de prestação continuada pagos pelo Regime Geral de Previdência Social (RGPS), do decreto comentado. Nos casos em que o regime geral for o regime de origem, os débitos apurados à conta desse regime, de acordo com os procedimentos previstos, podem ser quitados com títulos públicos federais.

O INSS mantém cadastro atualizado de todos os benefícios que são objeto de compensação financeira, totalizando o quanto deve para cada regime próprio de previdência dos servidores da União, dos Estados, do Distrito Federal e dos Municípios, bem como o montante por eles devido, isoladamente, ao Regime Geral de Previdência Social (RGPS), como compensação financeira e pelo não-recolhimento de contribuições previdenciárias no prazo legal. Os desembolsos pelos regimes de origem somente são feitos para os regimes instituidores que se mostrem credores no cômputo da compensação financeira devida de lado a lado, incluindo nesse cálculo os débitos, inclusive, os parcelados, provenientes do não-recolhimento de contribuições previdenciárias no prazo legal pela administração direta e indireta da União, dos Estados, do Distrito Federal e dos Municípios. Até o dia trinta de cada mês, o INSS comunica ao regime de origem o total a ser por ele desembolsado, devendo tais desembolsos ser feitos até o quinto dia útil do mês subsequente. Aplica-se ao INSS, enquanto regime de origem, os prazos previstos anteriormente. Os valores não desembolsados em virtude do disposto acima são contabilizados como pagamentos efetivos, devendo o INSS registrar mensalmente essas operações e informar a cada regime próprio de previdência de servidor público os valores a ele referentes.

Os Entes Administradores dos regimes instituidores devem comunicar de imediato aos regimes de origem qualquer revisão no valor do benefício que é objeto de compensação financeira ou sua extinção total ou parcial, cabendo ao INSS registrar as alterações no cadastro a que se refere. Aos débitos apurados, parcelados e ainda não liquidados em razão da extinção de Regime Próprio de Previdência Social (RPPS) dos Estados, do Distrito Federal e dos Municípios, com o retorno dos seus respectivos servidores ao regime geral, nos termos do art. 154 do Regulamento da Organização e do Custeio da Seguridade Social, aprovado pelo Decreto Federal nº 3.048, de 06.05.1999, aplica-se o disposto no decreto. Os débitos já liquidados podem ser compensados com as contribuições previdenciárias vincendas devidas ao Regime Geral de Previdência Social, sendo vedada a restituição.

Por outro lado, a Portaria MPAS nº 6.209, de 16.12.1999, alterado pela Portaria MPS nº 287, de 05.11.2009, resultou da necessidade do estabelecimento de procedimentos operacionais para a realização da compensação previdenciária entre o Regime Geral de Previdência Social (RGPS) e o Regime Próprio de Previdência Social (RPPS). Pelo art. 1º da portaria acima, a compensação previdenciária entre o Regime Geral de Previdência Social (RGPS) e o Regime Próprio de Previdência Social (RPPS), na hipótese de contagem recíproca de tempo de contribuição, deve ser realizada conforme as disposições contidas na legislação acima mencionada.

Pelo art. 2º da portaria comentada, para os fins da compensação previdenciária de que trata essa Portaria, considera-se: "I – Regime Geral de Previdência Social: o regime previsto no art. 201 da Constituição Federal, gerido pelo Instituto Nacional do Seguro Social – INSS; II – regimes próprios de previdência social: os regimes de previdência constituídos exclusivamente por servidores públicos titulares de cargos efetivos da União, dos Estados, do Distrito Federal e dos Municípios; III – regime de origem: o regime previdenciário ao qual o segurado ou servidor público esteve vinculado sem que dele receba aposentadoria ou tenha gerado pensão para seus dependentes; IV – regime instituidor: o regime previdenciário responsável pela concessão e pagamento de benefício de aposentadoria ou pensão dela decorrente a segurado, servidor público ou a seus dependentes com cômputo de tempo de contribuição devidamente certificado pelo regime de origem, com base na contagem recíproca prevista no art. 94 da Lei nº 8.213, de 24.07.1991".

Aplica-se o disposto somente aos benefícios de aposentadoria e de pensão dela decorrentes concedidos a partir de 05.10.1988, desde que em manutenção em 06 de maio de 1999, pelo art. 3º da portaria comentada, excluída a aposentadoria por invalidez decorrente de acidente em serviço, moléstia profissional ou doença grave, contagiosa ou incurável, especificada nos arts. 20, 21 e 151 da Lei Federal nº 8.213, de 24.07.1991, e a pensão dela decorrente. A compensação previdenciária não se aplica aos regimes próprios de previdência social que não atendam aos critérios e limites previstos na Lei Federal nº 9.717, de 27.11.1998, e na legislação complementar pertinente, exceto quanto aos benefícios concedidos por esses regimes no período de 05.10.1988 a 07.02.1999, desde que em manutenção em 6 de maio de 1999.

A compensação previdenciária não se aplica aos Regimes Próprios de Previdência Social (RPPSs) que não atendam aos critérios e limites previstos na Lei Federal nº 9.717, de 27.11.1998, e na legislação complementar pertinente, exceto quanto aos benefícios concedidos por esses regimes no período de 05.10.1988 a 07.02.1999, desde que em manutenção em 06.05.1999. O regime geral não aplica a compensação financeira em relação aos servidores civis e militares dos Estados, do Distrito Federal e dos Municípios quanto aos períodos em que esses servidores tinham garantida apenas a aposentadoria pelo ente e foram inscritos em regime especial de contribuição para fazer jus aos benefícios de família, na forma do parágrafo único do art. 3º da Lei Federal nº 3.807, de 26.08.1960, e da legislação posterior pertinente.

7.4. Processo Administrativo de Aposentadoria e de Pensão

A aposentadoria ou a concessão de pensão no serviço público é efetuada através de um processo administrativo. Este é entendido como o próprio processo no âmbito do Executivo, definido como um conjunto sistemático de atos dos órgãos públicos que regulam as relações jurídicas da Administração consigo mesma, com outras entidades estatais e com os administrados, pessoas naturais ou jurídicas. Ao se conceituar o processo administrativo, excluem-se alguns procedimentos, como o contencioso administrativo, mas se admite a dificuldade de realização de um conceito certo, pois não existe um sentido único. As normas que regulam a matéria não obedecem a disposições uniformes, pois se acham dispostas em leis esparsas e distintas.[4]

O processo administrativo de outorga é o que permite à Administração atribuir um direito a quem o requer. Em geral, tem um rito próprio, mas não necessariamente contraditório, a não ser que ocorra oposição de terceiros ou impugnação da própria Administração, quando se deve oferecer oportunidade de defesa ao administrado. Existem os processos em que há outorga, em que o

4 "O processo administrativo é o conjunto de atos administrativos, produzidos por instituições públicas ou de utilidade pública, com competência expressa, respaldados em interesse público, que são registrados e anotados em documentos que formam peças administrativas, disciplinando a relação jurídica entre a Administração e os administrados, os servidores públicos ou outros órgãos públicos" (COSTA, Nelson Nery. *Processo Administrativo e suas Espécies*. 4ª ed/2ª tir. Rio de Janeiro: Forense, 2007, p. 8).

Poder Público, havendo conveniência e interesse público, concede direito a interessado, que não o tinha anteriormente, como concessão de serviços de utilidade pública. Ocorre, ainda, em outros, o exercício do poder de polícia pela Administração, em que esta concorda com o pleiteado pelo interessado, pois este já tem o direito, havendo apenas a verificação se o exercício desse direito obedece à legislação vigente. É o caso de patente de inversões e registro de marca, registros de atos de comércio, além de licenças urbanísticas.

O processo administrativo que reconhece um benefício social de um segurado é um processo de outorga, pelo qual o Poder Público reconhece direito a quem o pede, discutindo situação individual perante a Administração Pública.[5] Tem um rito próprio, pelo qual não se prevê o contraditório, a não ser que haja oposição de terceiro, impugnação do Poder Público ou decisão desfavorável ao beneficiário. Existe o direito subjetivo à aposentadoria e à pensão, de modo que apenas se reconhece uma situação preexistente, como motivadora da concessão do benefício.

Os benefícios previdenciários no Regime Próprio de Previdência Social (RPPS), ligados aos servidores públicos, devem ser concedidos através de um processo administrativo. Este vai culminar com um ato administrativo concedendo ou não o pedido, que começa por requerimento ou de ofício, concluindo com o registro perante o Tribunal de Contas competente, de acordo com o art. 71, III, da Constituição Federal[6]. A concessão dos benefícios deve-se iniciar com requerimento do segurado ou do dependente, como no caso da aposentadoria voluntária, da aposentadoria por invalidez, da aposentadoria especial, da aposentadoria do professor, da pensão e dos auxílios. No caso da aposentadoria por invalidez, ela pode ser por ofício, como ocorre, exclusivamente, no caso de aposentadoria compulsória com setenta anos. O servidor público deve ser bem orientado quanto ao

---

5 MEIRELLES, Hely Lopes. *Direito Municipal Brasileiro*. 15ª ed. São Paulo: Malheiros, 2006, p. 591.

6 "Após o processamento interno do pedido, a autoridade competente deverá publicar no diário oficial a concessão do benefício previdenciário e remeter o processo ao Tribunal de Contas" (CAMPOS, Marcelo Barroso Lima Brito de. *Regime Próprio de Previdência Social dos Servidores Públicos, op. cit.*, p. 253).

melhor procedimento que deve anotar em seu pleito em favor de um benefício.

No âmbito do Instituto Nacional de Seguridade Social (INSS), que trata do Regime Geral de Previdência Social (RGPS), no art. 105 da Lei Federal nº 8.213, de 24.07.1991, determina-se que a apresentação de documentação incompleta não é motivo para a recusa do requerimento de benefício, com base no direito de petição, previsto no art. 5º, XXXIV, *a*, do texto constitucional. Se faltar documento essencial, a autoridade administrativa, mediante notificação, pode solicitar a complementação de tal documento, devidamente identificado, com prazo de trinta dias, prorrogável por mais trinta dias, sob pena de arquivamento. Pode haver diligência, quando os interessados são intimados com antecedência de três dias úteis, mencionando-se data, hora e local da realização. Com base na Lei Federal nº 9.784, de 29.01.1999, no seu art. 49, tem a autoridade previdenciária o prazo de trinta dias para decidir sobre a concessão ou não do benefício. A decisão, por sua vez, deve ser fundamentada, indicando os fatos e as justificações jurídicas, com a devida notificação desta, datada e subscrita por servidor público do INSS, pessoalmente, por via postal com AR ou por edital.

Depois de o INSS proferir sua decisão referente a benefícios, garante-se o prazo de trinta dias para a interposição de recurso às Juntas de Recursos do CRPS, conforme o art. 305 do Regulamento da Previdência Social, aprovado pelo Decreto Federal nº 3.048, de 06.05.1999. Quando há esse recurso, no próprio órgão, já existe o exercício do juízo de reconsideração, podendo inclusive reformular totalmente a decisão em favor do recorrente ou lhe conceder o benefício de forma parcial. Subindo o processo administrativo à Câmara de Julgamento do CRPS, este decide e, de sua decisão, cabe novo recurso, no prazo de trinta dias. O Conselho de Recursos da Previdência Social (CRPS) encontra-se tratado no art. 303 e no art. 304 do Decreto Federal nº 3.048, de 06.05.1999. Ele é composta de: a) vinte e nove Juntas de Recursos, para julgar em primeiro grau os recursos interpostos contra decisões dos órgãos regionais do INSS; b) quatro Câmaras de Julgamento (CAJ), com sede em Brasília, com competência para julgar, em segundo instância, os recursos interpostos contra a decisão das Juntas de Recurso, que infringirem a lei; c) Conselho Pleno, com competência para uniformizar a jurisprudência previdenciária através da emissão de enunciados.

7.5. Registro de Aposentadoria e de Pensão no Tribunal de Contas

A ideia da criação de um Tribunal de Contas, no Brasil, surgiu em 1826, através de um projeto apresentado no Senado, por Felisberto Caldeira Brant, Visconde de Barbacena (1772-1842), e por José Inácio Borges (séc. XIX), que instituía o Tribunal de Revisão de Contas. Não obstante, a proposição foi questionada por Manuel Jacinto Nogueira da Gama, então Conde e depois Marquês de Baependi (1765-1847), considerando apenas que haveria o aumento das despesas com os funcionários do órgão. Outras tentativas foram feitas, mas nenhuma vingou.

Melhor sorte teve o projeto de Rui Barbosa (1849-1923),[7] então Ministro da Fazenda, que foi adotado pelo Governo Provisório, instituindo o Tribunal de Contas, através do Decreto-lei nº 966-A. Logo após, a Constituição de 1891, no seu art. 89, deu ao Tribunal de Contas *status* constitucional, estabelecendo que "é instituído um tribunal de contas para liquidar as contas da receita e despesa e verificar a sua legalidade, antes de serem prestadas ao Congresso. Os membros deste tribunal serão nomeados pelo Presidente da República com aprovação do Senado, e somente perderão os seus lugares por sentença". Em que pese a influência norte-americana nesse texto constitucional, os constituintes de 1891 optaram pela influência europeia, criando um Tribunal de Contas.

---

7 Argumentava Rui Barbosa, na justificativa do projeto, que: "É o sistema de contabilidade orçamentária defeituoso no seu mecanismo e fraco na sua execução. O Governo Provisório reconheceu a urgência inevitável de reorganizá-lo; e acredita haver lançado o fundamento para essa reforma radical com a criação de um Tribunal de Contas, corpo de magistratura intermediária à administração e à legislatura, que, colocado em posição autônoma, com atribuição de revisão e julgamento, cercado de garantias contra quaisquer ameaças, possa exercer as suas funções vitais ao organismo constitucional", com o fim de que houvesse "entre o Poder que autoriza periodicamente a despesa e o Poder que quotidianamente a executa um mediador independente, auxiliar de um e outro, que, comunicando com a Legislatura e intervindo na Administração, seja não só o vigia, como mão forte da primeira contra a segunda, obstante a perpetração das infrações orçamentárias por um veto oportuno aos atos do Executivo, que, direta, próxima ou remotamente, discrepem da linha rigorosa das leis de finanças" (COSTA, Nelson Nery. *Processo Administrativo e suas Espécies, op. cit.*, p. 114)

O Tribunal de Contas teve o seu primeiro regulamento provisório, mediante o Decreto Federal nº 1.166, de 17.12.1892, relativo à execução da Lei Federal nº 23, de 30.10.1891. Depois, surgiu a Lei Federal nº 393, de 8.10.1896. O Tribunal de Contas era apenas um órgão auxiliar do Congresso Nacional, liquidava as contas de receita e despesa, apreciando a sua legitimidade, e, em seguida, encaminhava-as ao Congresso Nacional. Havia, então, uma dúvida sobre a natureza do órgão: se ela era meramente administrativa ou se tinha força jurisdicional.

A Constituição de 1934 não resolveu essa questão, pois deu ao Tribunal de Constas um caráter híbrido, de órgão do Legislativo e do Judiciário, dispondo em seu art. 99 que "é mantido o Tribunal de Contas, que, diretamente, ou por delegações organizadas de acordo com a Lei, acompanhará a execução orçamentária e julgará as contas dos responsáveis por dinheiro ou bens públicos". Já a Constituição de 1937 o localizou na parte dedicada ao Poder Judiciário, no seu art. 114, sem qualquer avanço no desenvolvimento do conceito.

A Constituição de 1946, por outro lado, colocou o Tribunal de Constas como órgão auxiliar do Poder Legislativo, na seção relativa ao Orçamento, mas utilizou as expressões "julgar as contas" e "julgar a legalidade dos contratos e das aposentadorias, reformas e pensões". Foi fixada essa tendência, com a Constituição de 1967, que o colocou órgão no capítulo referente ao Poder Legislativo, na seção referente à Fiscalização Financeira e Orçamentária, situação mantida pela Constituição de 1988, nos seus arts. 71 e 73. O Tribunal de Contas, na Constituição Federal atual, encontra-se disposto no capítulo que trata do Poder Legislativo, como órgão auxiliar, com a função de julgar contas, sem que se caracterize como órgão do Poder Judiciário. O caráter eclético que lhe é peculiar origina-se da influência da legislação belga, da francesa e da italiana.[8]

---

8 "O sistema italiano determina o controle prévio, enquanto o sistema francês estabelece o controle **a posteriori** (e neste caso muitas vezes inútil), ao passo que finalmente o sistema belga preceitua o controle prévio não atinente ao empenho da despesa, especialmente não apresentando a recusa um caráter proibitivo (na hipótese, o Ministério pode concordar, assim também procedendo a Corte, autorizando a despesa sob reserva). No Brasil, a técnica atual admite orientação eclética, permitindo que qualquer ato de administração pública de que resulte obrigação de pagamento pelo Tesouro Nacional ou por conta deste esteja sujeito a registro no

Para Eduardo Lobo Botelho Gualazzi, "pode-se definir Tribunal de Contas, no Brasil, como o órgão administrativo parajudicial, funcionalmente autônomo, cuja função consiste em exercer, de ofício, o controle externo, fático e jurídico, sobre a execução financeiro-orçamentária, em face dos três Poderes do Estado, sem a definitividade jurisdicional".[9] Na verdade, a peculiaridade que esse órgão assumiu no país, ora como órgão jurisdicional, ora como órgão auxiliar do Poder Legislativo, ora como instituição autônoma, retrata a multiplicidade de seus aspectos e características. Não obstante, a propalada autonomia tem limites, como já decidiu o Supremo Tribunal Federal, reconhecendo que as contas do Tribunal de Contas poderiam ser apreciadas pelo Poder Legislativo.

As funções do Tribunal de Contas estão enumeradas, no art. 71 da Constituição Federal, do seguinte modo: "I – apreciar as contas prestadas anualmente pelo Presidente da República, mediante parecer prévio que deverá ser elaborado em sessenta dias a contar de seu recebimento; II – julgar as contas dos administradores e demais responsáveis por dinheiro, bens e valores públicos da administração direta e indireta, incluídas as fundações e sociedades instituídas e mantidas pelo Poder Público federal, e as contas daqueles que derem causa a perda, extravio ou outras irregularidades de que resulte prejuízo ao erário público; III – apreciar, para fins de registro, a legalidade dos atos de admissão de pessoal, a qualquer título, na administração direta e indireta, incluídas as fundações instituídas e mantidas pelo Poder Público, excetuadas as nomeações para cargos de provimento em comissão, bem como a das concessões de aposentadorias, reformas e pensões, ressalvadas as melhorias posteriores que não alterem o fundamento legal do ato concessório; IV – realizar, por iniciativa própria, da Câmara dos Deputados, do Senado Federal, de Comissão técnica ou de inquérito, inspeções e auditoria de natu-

Tribunal de Contas. O registro será prévio ou **a posteriori**, dependendo, porém, da lei. Destarte, o sistema brasileiro acolhe como regra o registro prévio, porém é possível ainda o registro **a posteriori**, quando a legislação ordinária o estabelecer, sem ferir a Constituição que o possibilita" (PINTO FERREIRA. *Comentários à Constituição Brasileira*. São Paulo: Saraiva, 1989, 3º vol., p. 411).

9 GUALAZZI, Eduardo Lobo Botelho. *Regime Jurídico dos Tribunais de Contas*. São Paulo: Revista dos Tribunais, 1992, p. 187.

reza contábil, financeira, orçamentária, operacional e patrimonial, nas unidades administrativas dos Poderes Legislativo, Executivo e Judiciário, e demais entidades referidas no inciso II; V – fiscalizar as contas nacionais das empresas supranacionais de cujo capital social a União participe, de forma direta ou indireta, nos termos do tratado constitutivo; VI – fiscalizar a aplicação de quaisquer recursos repassados pela União mediante convênio, acordo, ajuste ou outros instrumento congêneres, a Estado, ao Distrito Federal ou a Município; VII – prestar informações solicitadas pelo Congresso Nacional, por qualquer de suas Casas, ou por qualquer das respectivas Comissões, sobre a fiscalização contábil, financeira, orçamentária, operacional e patrimonial e sobre resultados de auditorias e inspeções realizadas; VIII – aplicar aos responsáveis, em caso de ilegalidade de despesa ou irregularidade de contas, as sanções previstas em lei, que estabelecerá, entre outra cominações, multa proporcional a dano causado ao erário; IX – assinar prazo para que o órgão ou entidade adote as providências necessárias ao exato cumprimento a lei, se verificada ilegalidade; X – sustar, se não atendido, a execução do ato impugnado, comunicando a decisão à Câmara dos Deputados e ao Senado Federal; XI – representar ao Poder competente sobre irregularidades ou abusos apurados".

Apreciar as contas não se trata de julgar o responsável pelas contas, apenas as fiscalizar, analisando se estão de acordo com as normas legais e se foram aplicadas devidamente. O relatório do Tribunal de Contas, depois de receber as contas do Chefe do Executivo, deve ser amplo e minucioso, abrangendo todo o exercício encerrado. O Tribunal de Contas tem, então, o prazo de sessenta dias, a contar de seu recebimento, para apreciar as contas prestadas anualmente pela Administração, mediante parecer prévio, prazo este que é curto, no entendimento de Celso Antônio Bandeira de Mello.[10]

---

10 "Contas do Presidente são, além dos documentos relativos à gestão anual que este é obrigado a exibir (balanços, demonstrativos e anexos previstos no art. 101 da Lei nº 4.320, de 17.3.64) para análise meramente dos aspectos formais, as que concernem aos atos (ou indevidas omissões) próprios e específicos do Chefe do Poder Executivo, de responsabilidade pessoal dele, vale dizer, que lhe sejam direta e pessoalmente imputáveis e que, estas, sim, terão de passar por um crivo substancial. Por isso, é curto o prazo de que dispõe o Tribunal de Contas para apreciá-las, tanto quanto o é o do Congresso Nacional para aprová-las ou

Em que pese o texto constitucional ter utilizado a expressão "julgar as contas" ou, ainda, "julgar das contas", deve-se crer que tais expressões não indicam que o Tribunal de Contas ou o Poder Legislativo passou a exercer atividades judicantes. "Julgar as contas", nesse caso, vem a ser examiná-las, conferir-lhes a exatidão, averiguar se foram elaboradas de acordo com a lei. Trata-se, na verdade, de um processo administrativo de controle, com as fases que lhe são peculiares, mas sem força jurisdicional.[11]

Por outro lado, ao analisar a eficácia das decisões dos Tribunais de Contas, A. J. Ferreira Custódio conclui que: "a) os Tribunais de Contas não são órgãos do Poder Judiciário; são órgãos auxiliares do Poder Legislativo, dotados de atribuições constitucionais específicas; b) suas decisões, portanto, não são de natureza jurisdicional; revestem-se de natureza administrativa, sendo obrigatórias para a administração pública, que lhe deve dar integral cumprimento; todavia, são passíveis de revisão pelo Poder Judiciário, ao qual competem o controle e a tutela jurisdicional".[12]

O Tribunal de Contas, ao julgar as contas, nada mais está fazendo do que apreciar se elas estão, administrativamente, de acordo com as exigências legais e conforme os cálculos matemáticos e contábeis efetuados. Foge-lhe competência para inspecionar a conveniência ou a oportunidade dos gastos públicos ou avaliar o mérito

---

rejeitá-las" (BANDEIRA DE MELLO, Celso Antônio. *Curso de Direito Administrativo, op. cit.*, p. 928).

11 Para J. CRETELLA JÚNIOR (*Comentários à Constituição Brasileira de 1988*. Rio de Janeiro: Forense Universitária, 1993, vol. 8, pp. 2.797-8), a expressão "julgar as contas" vem a ser "peça de natureza administrativa, jamais de natureza judicante. Trata-se de função matemática, contábil, não de função jurisdicional. O Tribunal "julga as contas", não julga "os responsáveis". A decisão do Tribunal de Contas, de qualquer esfera (da União, dos Estados-membros, do Distrito Federal ou dos Municípios) diz respeito à regularidade intrínseca da conta, não sobre a responsabilidade do exator ou pagador, nem mesmo sobre a imputação dessa responsabilidade. Estatui somente sobre a existência material do fato, delituoso ou não, fornecendo à justiça, que vai mais tarde julgar o responsável, base concreta para o exercício da função judicante".

12 CUSTÓDIO, A. J. Ferreira. Eficácia das Decisões dos Tribunais de Contas. *In*: Revista de Direito Administrativo. Rio de Janeiro: Renovar, Fundação Getúlio Vargas, jul/set de 1991, nº 185, p. 75.

das despesas.[13] Não existe, assim, nenhuma natureza jurisdicional; trata-se de julgamento administrativo, que servirá apenas de escopo para o julgamento político do Poder Legislativo ou para o julgamento jurisdicional do Poder Judiciário.

O caráter de julgamento administrativo implica que devam ser garantidos ao órgão que tenha suas contas apreciadas, bem como aos gestores da coisa pública, os direitos ao devido processo legal, especialmente, a ampla defesa e o contraditório, além dos preceitos de legalidade, impessoalidade, moralidade e publicidade. Não se há de admitir que o julgamento administrativo seja feito sem a notificação do Chefe do Poder Executivo que tenha suas contas apreciadas, por via postal ou por publicação na imprensa oficial, como ocorre em leis orgânicas dos Tribunais de Contas dos Estados e dos Municípios, pois, do contrário, está-se cerceando a defesa deste, cuja amplitude encontra-se assegurada pelo inciso LV do art. 5º da Constituição Federal.

A Constituição Federal não prevê, diretamente, a criação de Tribunais de Contas nos Estados, fazendo-o indiretamente nos seus arts. 31 e 75. Não obstante, é obrigatória a instituição de Tribunais de Contas pelos Estados para auxiliar o controle externo da Administração direta e indireta estadual, de competência da respectiva Assembleia Legislativa. Esses tribunais devem ser integrados por apenas sete Conselheiros, independente dos números de habitantes dos Estados. Cabe às Constituições Estaduais disporem sobre a matéria, com base nos princípios gerais elencados nos arts. 71 e 73 do texto constitucional, aplicando, no que couber "à organização, composição e fiscalização dos Tribunais de Contas dos Estados e do Distrito Federal". Em que pese a Lei Federal nº 8.443, de 16.07.1992 ter influenciado diversas leis orgânicas dos Tribunais de Contas dos Estados, as principais garantias do devido processo legal, em especial o direito ao contraditório e à ampla defesa, bem como a publicidade, não foram completamente asseguradas nas leis estaduais.

---

13 "A nosso ver, não se pode cogitar de apreciação do mérito das contas, isto é, de sua conveniência e oportunidade, por ser privativa da autoridade detentora do poder legal de decidir a respeito da aplicação dos recursos públicos" (MEDAUAR, Odete. *Controle da Administração Pública*. São Paulo: Revista dos Tribunais, 1993, p. 137).

Nos Estados e nos Municípios, a fiscalização, mediante controle externo, é exercida pela Câmara Municipal e pelos sistemas de controle interno do Poder Executivo Municipal, na forma da lei. O controle das contas do Município dá-se pelo Poder Legislativo Estatal, Distrital ou Municipal, auxiliados pelos "Tribunais de Contas dos Estados ou do Município ou dos Conselhos ou Tribunais de Contas dos Municípios, onde houver". Não obstante, está vedada "a criação de Tribunais, Conselhos ou órgãos de Contas Municipais", previsto no § 4º do art. 31 da Constituição Federal. Por meio desse dispositivo, deve ser entendido que o controle das contas municipais deva ser feito pelo Tribunal de Contas do Estado, não obstante, sejam mantidos os Tribunais de Contas dos Municípios já instituídos antes da atual Constituição, caso que ocorre apenas nos Municípios de São Paulo e Rio de Janeiro, ainda que na Bahia haja um Tribunal exclusivo para as contas municipais. O controle externo das contas municipais não deve incluir o julgamento da Contas das Câmaras dos Municípios, pois é este o Poder que deve, em última análise, julgar as contas municipais. Fazer esse controle por meio de Tribunal de Contas atenta contra o princípio federativo, previsto no *caput* dos arts. 1º e 18 da Constituição Federal.

O parecer prévio, emitido pelo órgão competente sobre as contas que o Governador ou o Prefeito deve anualmente prestar, só deixa de prevalecer por decisão de dois terços dos membros da Câmara Municipal. Por outro lado, as contas dos Municípios ficarão anualmente, durante sessenta dias, à disposição de qualquer contribuinte, para exame e apreciação, o qual poderá questionar-lhe a legalidade, assegurando o direito de denúncia.

O registro da aposentadoria ou da pensão, pelo Tribunal de Contas da União, está previsto no art. 71, III, da Constituição Federal, pelo qual examina a legalidade da admissão de pessoal e das concessões de aposentadoria, reforma e pensões concedidas aos servidores públicos. Verifica este a legalidade do ato, bem como o atendimento aos demais requisitos constitucionais, legais e regulamentares, pelo qual se registra o benefício. Houve muitas mudanças no sistema de previdência social, previsto no art. 40 do texto constitucional, que sofreu as reformas da Emenda Constitucional nº 20, de 15.12.1998, e da Emenda Constitucional nº 41, de 19.12.2003, inclusive, com a previsão obrigatória da constituição de Regime Próprio de Previdência Social (RPPS).

Para Flávio Germano de Sena Teixeira, os Tribunais de Contas "não se limitam a verificar a compatibilidade da inativação com uma lei específica, mas com todo o sistema jurídico. Daí porque o exame começa com um juízo sobre a constitucionalidade do ato e da lei em que se funda. São verificados, com detimento, os seguintes aspectos: o preenchimento dos requisitos para aposentadoria, a composição dos proventos (valores e quantidade de vantagens), a fundamentação do ato, a data de início de sua eficácia, a compatibilidade da aposentação, com o pedido do servidor, além da competência para produção do ato de aposentamento".[14]

Primeiro, existe o processo administrativo de concessão de aposentadoria, de pensão ou de auxílio, no âmbito da Administração Pública, seja União, Estados, Distrito Federal e Municípios, inclusive, para suas autarquias e fundações, que culmina com uma decisão administrativa. Com esta, já é possível a execução da decisão, com a concessão do benefício de imediato, com o segurado ou o dependente se beneficiando do ato administrativo concessivo. Não obstante, o ato apenas se aperfeiçoa com a aprovação e o consequente registro da despesa pelo tribunal de contas competente, depois do exame do processo administrativo.

A Lei Orgânica do Tribunal de Contas da União (TCU), Lei Federal nº 8.443, de 16.07.1992, que muito influenciou as outras legislações referentes aos diversos tribunais e cortes de contas, dispõe sobre sua competência, no art. 1º, VII, ao estabelecer que lhe compete: "apreciar, para fins de registro, na forma estabelecida nos arts. 259 a 263, a legalidade dos atos de admissão de pessoal, a qualquer título, na administração direta e indireta, incluídas as fundações instituídas e mantidas pelo poder público federal, excetuadas as nomeações para cargo de provimento em comissão, bem como a das concessões de aposentadorias, reformas e pensões a servidores públicos civis e militares federais ou a seus beneficiários, ressalvadas as melhorias posteriores que não alterem o fundamento legal do ato concessório".

O procedimento, no âmbito do Tribunal de Contas União (TCU), encontra-se nos arts. 39 e 40 da Lei Federal nº 8.443, de 16.07.1992, nos "Atos Sujeitos a Registro", no caso, a admissão de

---

14 TEIXEIRA, Flávio Germano de Sena. *O Controle das Aposentadorias pelos Tribunais de Contas*. Belo Horizonte: Fóruns, 2004, p. 205.

pessoal e a concessão de benefícios sociais. Dispõe o seguinte: "Art. 39. De conformidade com o preceituado nos arts. 5°, inciso XXIV, 71, incisos II e III, 73 in fine, 74, § 2°, 96, inciso I, alínea a, 97, 39, §§ 1° e 2° e 40, § 4°, da Constituição Federal, o Tribunal apreciará, para fins de registro ou reexame, os atos de: I – admissão de pessoal, a qualquer título, na administração direta e indireta, incluídas as fundações instituídas e mantidas pelo poder público, executadas as nomeações para cargo de provimento em comissão; II – concessão inicial de aposentadoria, reformas e pensões, bem como de melhorias posteriores que tenham alterado o fundamento legal do respectivo concessório inicial. Parágrafo único. Os atos a que se refere este artigo serão apreciados pelo Tribunal na forma estabelecida no Regimento Interno. Art. 40. O Relator presidirá a instrução do processo, determinando, mediante despacho singular, por sua ação própria e direta, ou por provocação do órgão de instrução ou do Ministério Público junto ao Tribunal, a adoção das providências consideradas necessárias ao saneamento dos autos, fixando prazo, na forma estabelecida no Regimento Interno, para o atendimento das diligências, após o que submeterá o feito ao Plenário ou à Câmara respectiva para decisão de mérito".

Por sua vez, no Regimento Interno do Tribunal de Contas da União (TCU), aprovado pela Resolução TCU nº 155, de 04.12.2002, a competência encontra-se expressa no seu art. 1º, VIII. O processo no âmbito de contas está tratado nos arts. 259 a 263. Dispõe o seguinte: "Art. 259. O Tribunal apreciará, para fins de registro, mediante procedimentos de fiscalização ou processo específico, na forma estabelecida em normativos específicos, os atos de: I – admissão de pessoal, a qualquer título, na administração direta e indireta, incluídas as fundações instituídas e mantidas pelo poder público federal, excetuadas as nomeações para cargo de provimento em comissão; II – concessão de aposentadorias, reformas e pensões a servidores públicos federais civis e militares ou a seus beneficiários, ressalvadas as melhorias posteriores que não alterem o fundamento legal do ato concessório inicial".

Para o exercício da competência atribuída ao Tribunal de Contas da União (TCU), nos termos do inciso III do art. 71 da Constituição Federal, a autoridade administrativa responsável por ato de admissão de pessoal ou de concessão de aposentadoria, reforma ou pensão, a que se refere o artigo anterior, submete os dados e informações necessários ao respectivo órgão de controle interno, que deve emitir parecer sobre a legalidade dos referidos atos e torná-los disponíveis à apreciação do Tribunal, na forma estabelecida em ato normativo. O tribunal determina ou recusa o registro dos atos de que trata esse artigo, conforme os considere legais ou ilegais. O acórdão que considerar legal o ato e determinar o seu registro não faz coisa julgada administrativa e pode ser revisto de ofício pelo tribunal, com a oitiva do Ministério Público, dentro do prazo de cinco anos do julgamento, se verificado que o ato viola a ordem jurídica, ou a qualquer tempo, no caso de comprovada má-fé.

Quando o Tribunal de Contas da União (TCU) considerar ilegal ato de admissão de pessoal, o órgão de origem deve, observada a legislação pertinente, adotar as medidas regularizadoras cabíveis, fazendo cessar todo e qualquer pagamento decorrente do ato impugnado. O responsável que, injustificadamente, deixar de adotar as medidas determinadas, no prazo de quinze dias, contados da ciência da decisão desse tribunal, fica sujeito a multa e ao ressarcimento das quantias pagas após essa data. Se houver indício de procedimento culposo ou doloso na admissão de pessoal, o tribunal determina a instauração ou a conversão do processo em tomada de contas especial, para apurar a responsabilidades e promover o ressarcimento das despesas irregularmente efetuadas.

Quando o ato de concessão de aposentadoria, reforma ou pensão for considerado ilegal, o órgão de origem faz cessar o pagamento dos proventos ou benefícios no prazo de quinze dias, contados da ciência da decisão do Tribunal de Contas da União (TCU), sob pena de responsabilidade solidária da autoridade administrativa omissa. Caso não seja suspenso o pagamento, ou havendo indício de procedimento culposo ou doloso na concessão de benefício sem fundamento legal, o tribunal determina a instauração ou a conversão do processo em tomada de contas especial, para apurar responsabilidades e promover o ressarcimento das despesas irregularmente efetuadas. Recusado o registro do ato, por ser considerado ilegal, a autoridade administrativa responsável pode emitir novo ato, se for o caso, escoimado das irregularidades verificadas. Constatada a omissão total ou parcial de vantagens a que faz jus o interessado, o tribunal considera o ato legal, independentemente das comunicações que entender oportunas para cada caso. Por fim, pelo art. 263 do Regimento Interno, o relator ou o Tribunal de Contas da União (TCU) não conhece de requerimento que lhe seja diretamente dirigido por interessado na obtenção dos benefícios de que trata este capítulo, devendo a solicitação ser arquivada após comunicação ao requerente. Os demais tribunais de contas seguem o mesmo procedimento comum no registro de aposentadoria ou pensão.

7.6. Compensação Previdenciária (COMPREV) junto ao INSS

A Lei Federal nº 9.796, de 05.05.1999, conforme o art. 2º, I, definiu como "regime de origem" aquele no qual o segurado ou servidor público esteve vinculado sem que dele receba aposentadoria ou tenha gerado pensão para seus dependentes. Por sua vez, conforme o art. 2º, II, da mesma lei, "regime instituidor" vem a ser definido como aquele responsável pela concessão e pagamento do benefício de aposentadoria e pensão dela decorrente a segurado ou servidor público ou a seus dependentes com cômputo de tempo de contribuição no âmbito do "regime de origem".

Questionando a situação desfavorável aos Regimes Próprios de Previdência Social, Marcelo Barroso Lima Brito de Campos afirma que a "Lei 9.796/99 é inconstitucional, em face dos arts. 1º, 18, 19, III, 25, 30, 32, e 201, § 9º, todos da Constituição da República, uma vez que: Trata desigualmente os regimes previdenciários, beneficiando o Regime Geral de Previdência Social, ao determinar que a compensação seja feita com aplicação das regras que lhes são inerentes, em detrimento dos regimes próprios de previdência social dos entes federados, ofendendo o Princípio Federativo (CF, art. 1º) e o Princípio da Paridade Federativa (CF, art. 19, III). A limitação da compensação à data da promulgação da Carta Magna, 05.10.1988, desconsiderou os créditos anteriores a essa data, pertencentes aos RPPS, que paga as aposentadorias e pensões, causando um enriquecimento sem causa do RGPS, como regime de origem, para o qual o servidor efetuou contribuições para custeio de sua aposentadoria e pensão quando a ele vinculado. Não se justifica a restrição, ao só momento da concessão e pagamento dos proventos de aposentadoria e pensão dela decorrente, à compensação financeira, pois com isso há inobservância da Constituição, que não impõe tal limite. A norma disposta no § 9º do art. 201 contém a expressão 'para efeito de aposentadoria', que, ao contrário, permite outros momentos para se efetuar o encontro de contas, a fim de promover o custeio da aposentadoria, sendo possível ocorrer no momento da transferência do servidor de um regime para outro, mormente considerando o caráter contributivo do novo regime previdenciário".[15]

A compensação tal como foi prevista na Lei Federal nº 9.796, de 05.05.1999, limitou à previsão legal do § 9º do art. 201 do texto constitucional, por se referir á expressão "para efeito de aposentadoria". Analisando o caso, Raul Machado Horta diz que "essa locução autoriza interpretação mais ampla da norma constitucional, abrangendo nela a sucessiva formação dos períodos contributivos, que se somam no tempo, para utilização efetiva, quando a aposentadoria estiver em condições de ser requerida ou consumar-se compulsoriamente. O **fato ocorrido** se vinculará ao efeito da aposentadoria, quando ele der, dentro de interpretação constitucional que concede a expressão – 'para efeito de aposentadoria' – como equivalente aos termos – 'para efeito de aposentadoria', que a leitura da Constituição autoriza. Consequentemente, as situações previstas na lei, em regras subordinadas à Constituição, sede de normas supremas do ordenamento jurídico, devem ajustar-se ao entendimento amplo da expressão constitucional – 'para efeito de aposentadoria' – abrangendo as contribuições e os recursos financeiros, depositados anteriormente, caracterizando **fatos ocorridos na opção**, manifestada anteriormente a 1988, quando contribuintes se afastaram do regime geral da Previdência, para ingressar no serviço público, e, também, posteriormente a 1988, por opção pelo regime jurídico único do servidor público civil do Estado (Constituição do Estado, de 21 de setembro de 1989, art. 30)".[16]

---

15 CAMPOS, Marcelo Barroso Lima Brito de. Regime Próprio de Previdência Social dos Servidores Públicos, *op. cit.*, pp. 230-1.

16 "A linguagem constitucional agasalha interpretação mais ampla, considerando que a Constituição, na redação dada do art. 202, § 2º, no texto originário, e na redação do art. 201, § 9º, da Emenda Constitucional nº 20, de 1998, emprega a expressão introdutória '**para efeito de aposentadoria**'" (HORTA, Raul Machado. Compensação Financeira entre o Regime Geral de Previdência Social e os Regimes de Previdência dos Servidores da União, dos Estados, do Distrito Federal e dos Municípios. *In: Revista da Procuradoria Geral do Estado de Minas Gerais*. Belo Horizonte: Del Rey, 1999, p. 122).

O processo administrativo de compensação previdenciária, no âmbito do Instituto Nacional da Seguridade Social, consta na Portaria MPAS nº 6.209, de 16.12.1999, alterada pela Portaria MPS nº 98, de 06.03.2007, e pela Portaria MPS nº 287, de 05.11.2009. A fixação da portaria do Ministério da Previdência Social (MPS) surgiu da consideração da necessidade do estabelecimento de procedimentos operacionais para a realização da compensação previdenciária entre o Regime Geral de Previdência Social (RGPS) e os Regimes Próprios de Previdência Social (RPPSs). Esclarece e disciplina a compensação financeira prevista na Lei Federal nº 9.796, de 05.05.1999, e no Decreto Federal nº 3.112, de 06.07.1999, alterado pelo Decreto Federal nº 3.217, de 22.10.1999.

Para os fins da compensação previdenciária de que trata essa Portaria, considera-se: a) Regime Geral de Previdência Social, o regime previsto no art. 201 da Constituição Federal, gerido pelo Instituto Nacional do Seguro Social (INSS); b) regimes próprios de previdência social, os regimes de previdência constituídos exclusivamente por servidores públicos titulares de cargos efetivos da União, dos Estados, do Distrito Federal e dos Municípios; c) regime de origem, o regime previdenciário ao qual o segurado ou servidor público esteve vinculado sem que dele receba aposentadoria ou tenha gerado pensão para seus dependentes; d) regime instituidor, o regime previdenciário responsável pela concessão e pelo pagamento de benefício de aposentadoria ou pensão dela decorrente a segurado, servidor público ou a seus dependentes com cômputo de tempo de contribuição devidamente certificado pelo regime de origem, com base na contagem recíproca prevista no art. 94 da Lei nº 8.213, de 24.07.1991.

Aplica-se o disposto nessa portaria somente aos benefícios de aposentadoria e de pensão dela decorrentes concedidos a partir de 05.10.1988, desde que em manutenção em 06 de maio de 1999, excluída a aposentadoria por invalidez decorrente de acidente em serviço, moléstia profissional ou doença grave, contagiosa ou incurável, especificada nos arts. 20, 21 e 151 da Lei Federal nº 8.213, de 24.07.1991, e a pensão dela decorrente. A compensação previdenciária não se aplica aos Regimes Próprios de Previdência Social (RPPSs) que não atendam aos critérios e limites previstos na Lei Federal nº 9.717, de 27.11.1998, e na legislação complementar pertinente, exceto, quanto aos benefícios concedidos por esses regimes no período de 05.10.1988 a 07.02.1999, desde que em manutenção em 06.05.1999. A compensação previdenciária não se aplica aos regimes próprios que não atendam aos critérios e limites previstos na Lei Federal nº 9.717, de 27.11.1998, e legislação complementar pertinente, exceto quanto aos benefícios concedidos por esses regimes no período de 05.10.1988 a 07.02.1999, desde que em manutenção em 06.05.1999. O RGPS não aplica a compensação financeira em relação aos servidores civis e militares dos Estados, do Distrito Federal e dos Municípios quanto aos períodos em que esses servidores tinham garantida apenas aposentadoria pelo ente e foram inscritos em regime especial de contribuição para fazer jus aos benefícios de família, na forma do parágrafo único do art. 3º da Lei Federal nº 3.807, de 26.08.1960, e legislação posterior pertinente.

O tempo de serviço devidamente certificado e utilizado para concessão de aposentadoria será considerado, para os fins dessa Portaria, como tempo de contribuição. Os Regimes Próprios de Previdência Social (RPPSs) somente são considerados regimes de origem, para efeito desta Portaria, quando o RGPS for o regime instituidor. Caso o regime próprio não seja administrado por entidade com personalidade jurídica, atribuem-se ao respectivo ente da Federação as obrigações e os direitos previstos nessa Portaria. Na hipótese de o Regime Próprio de Previdência Social (RPPS) ser administrado por entidade com personalidade jurídica, o respectivo ente da Federação responde solidariamente pelas obrigações previstas.

Considera-se para o cálculo do percentual de participação de cada regime de origem o tempo de contribuição total computado na concessão da aposentadoria, mesmo que superior a trinta anos para mulher e trinta e cinco anos para homem. Quando o RGPS for o regime instituidor, o INSS deve apresentar ao administrador de cada regime de origem requerimento de compensação previdenciária referente aos benefícios concedidos com cômputo de tempo de contribuição no âmbito daquele regime de origem. A compensação previdenciária devida pelos Regimes Próprios de Previdência Social (RPPSs) relativa ao primeiro mês de competência do benefício é calculada com base no valor da renda mensal inicial ou do benefício pago pelo RGPS, o que for menor.

O RGPS, como regime instituidor, deve ser devido o produto da multiplicação do valor apurado, nos termos do artigo anterior, pelo percentual correspondente ao resultado da relação entre o tempo de contribuição certificado pelo regime de origem e o tempo total de contribuição utilizado na concessão da aposentadoria, observado o art. 4º da portaria comentada. Cada administrador do Regime Próprio de Previdência Social (RPPS), como regime instituidor, deve apresentar ao INSS requerimento de compensação previdenciária referente a todo benefício concedido com cômputo de tempo de contribuição no âmbito do RGPS.

As informações referidas anteriormente servem de base para o INSS calcular qual seria a renda mensal inicial daquele benefício segundo as normas do RGPS, pelo art. 12 da portaria comentada, vigentes na data em que houve a desvinculação desse regime pelo servidor público. A renda mensal inicial apurada deve ser atualizada na data da desvinculação do servidor do RGPS até a competência anterior à data da concessão do benefício pelo administrador do Regime Próprio de Previdência Social (RPPS), não podendo seu valor corrigido ser inferior ao do salário mínimo nem superior ao do limite máximo do salário-de-contribuição fixado em lei. A compensação previdenciária devida pelo RGPS, relativa ao primeiro mês de competência do benefício, é calculada com base no valor do benefício pago pelo regime instituidor ou da renda mensal inicial apurada na forma anterior.

O Regime Próprio de Previdência Social (RPPS), como regime instituidor, é devido o produto da multiplicação do valor apurado, pelo percentual correspondente ao resultado da relação entre o tempo de contribuição certificado pelo RGPS e o tempo total de contribuição utilizado na concessão da aposentadoria. O valor da compensação previdenciária devido pelo regime de origem deve ser reajustado nas mesmas datas e pelos mesmos índices de reajustamento dos benefícios em manutenção concedidos pelo RGPS, ainda que tenha prevalecido, no primeiro mês, o valor do benefício pago pelo regime instituidor.

A critério do regime de origem, os valores apurados nos termos do artigo anterior podem ser parcelados em até duzentos e quarenta meses, atualizando-se os valores devidos nas mesmas datas e pelos mesmos índices de reajustamento dos benefícios de prestação continuada pagos pelo RGPS. Nos casos em que o RGPS for o regime de origem, os débitos referidos podem ser quitados com títulos públicos federais.

Apurados os valores devidos pelos regimes de origem, devem ser observados os seguintes procedimentos se o Regime Próprio de

Previdência Social (RPPS) for credor e tiver personalidade jurídica própria: a) se existir Certidão Negativa de Débito (CND) ou Certidão Positiva de Débito com Efeitos de Negativa (CPD-EN), válida para o regime, relativa às contribuições previdenciárias, o INSS verifica a regularidade previdenciária do ente instituidor, por meio do Certificado de Regularidade Previdenciária (CRP), emite Relatório de Informação e efetua o desembolso do valor devido, por meio do Sistema Integrado de Administração Financeira do Governo Federal (SIAFI), até o quinto dia útil do mês subsequente ao da emissão do mencionado Relatório; b) se inexistir CND ou CPD-EN, válida para o regime, relativa às contribuições previdenciárias, ou o CRP em nome do ente instituidor, o INSS suspende o desembolso até que a situação seja regularizada; c) até o antepenúltimo dia útil do mês seguinte ao da consulta, a SRP e a PGF informam ao INSS, por meio do COMPREV, vários dados.

Se o Regime Próprio de Previdência Social (RPPS) for credor, mas não tiver personalidade jurídica própria, o INSS verifica a regularidade previdenciária do ente instituidor e: a) constatada a existência de CND ou CPD-EN e CRP válidos, o INSS emitirá Relatório de Informação e efetuará o desembolso do valor devido, por meio do SIAFI, até o quinto dia útil do mês subsequente ao da emissão do mencionado Relatório; b) inexistindo CND ou CPD-EN válida, o INSS procede de acordo com o disposto no art. 3º da Portaria Interministerial MF/MPS nº 410, de 29.07.2009. Se o RGPS for credor, o INSS emite relatório de informação até o dia trinta de cada mês, devendo o regime próprio de previdência social efetuar o pagamento até o quinto dia útil do mês subsequente.

O Ministério da Previdência Social (MPS), por meio do Departamento dos Regimes de Previdência no Serviço Público da Secretaria de Previdência Social (SPS), mantém cadastro atualizado do regime próprio de previdência social de cada ente da Federação, pelo art. 20 da portaria comentada. No cadastro, devem constar os seguintes dados de cada regime próprio de previdência social, fornecidos por esse regime: a) ente da Federação; b) nome do regime; c) Cadastro Nacional de Pessoa Jurídica (CNPJ); d) banco, agência bancária e conta corrente; e) períodos de existência de regime próprio de previdência social no ente da Federação e legislação correspondente; f) CNPJ dos órgãos e entidades a ele vinculados, com período de vinculação ao respectivo regime; g) administrador do regime; h) legislação que o constituiu e o rege, bem como as normas que fixaram os valores máximos da renda mensal dos benefícios de aposentadoria e pensão dela decorrentes que são objetos da compensação previdenciária.

Os requerimentos de compensação financeira devem ser enviados por meio do COMPREV, acompanhados dos documentos previstos no Manual de Compensação Previdenciária, que constitui o Anexo I da Portaria MPAS nº 6.209, de 16.12.1999, devidamente digitalizados, pelo art. 21 da portaria comentada.

O administrador do ente instituidor de cada regime próprio de previdência social, tendo o administrador do respectivo regime como interveniente, celebra convênio com o Ministério da Previdência Social (MPS), visando: a) haver a fiel observância da legislação pertinente; b) requerer e receber transmissão de dados da CTC ou CTS entre os regimes de previdência; c) utilizar o COMPREV e o Sistema de Óbitos (SISOBI). A falta de celebração do convênio não prejudica o direito de o INSS encaminhar os requerimentos de compensação financeira relativos aos benefícios por ele concedidos e de exigir do regime devedor, ou do respectivo ente instituidor, conforme o caso, os créditos do RGPS.

Na hipótese de extinção do Regime Próprio de Previdência Social (RPPS), os valores, inclusive, o montante constituído a título de reserva técnica, existentes para custear a concessão e manutenção, presente ou futura, de benefícios previdenciários, somente poderão ser utilizados no pagamento dos benefícios concedidos, dos valores oriundos da compensação financeira com o INSS e na constituição do fundo previsto no art. 6º da Lei Federal nº 9.717, de 27.11.1998.

7.7. Procedimento de Compensação Previdenciária

A Instrução Normativa INSS/PRES nº 50, de 04.01.2011, DOU de 05.01.2001, disciplinou a Compensação Previdenciária (COMPREV) entre o Regime Geral de Previdência Social (RGPS) e os Regimes Próprios de Previdência Social (RPPS) dos servidores públicos da União, dos Estados, do Distrito Federal e dos Municípios, no âmbito do INSS. A Instrução Normativa tem por base legal, a Lei Federal nº 9.796, 05.05.1999, o Decreto Federal nº 3.112, de 06.07.1999, e a Portaria MPAS nº 6.209, de 16.12.1999 e suas alterações, bem como o disposto no Parecer MPS/CJ nº 46, de 16.05.2006 e na Nota/MPS/CJ nº 990, de 19.11. 2006. Além disto, houve a necessidade de disciplinar procedimentos para análise e decisão dos processos de Compensação Previdenciária entre o Regime Geral de Previdência Social e os Regimes Próprios de Previdência Social dos servidores públicos da União, dos Estados, do Distrito Federal e dos Municípios. Assim, a Instrução Normativa INSS/PRES nº 50, de 04.01.2011, passou a disciplinar a compensação previdenciária entre o Regime Geral de Previdência Social e os Regimes Próprios de Previdência Social dos servidores públicos, na hipótese de contagem recíproca de tempos de contribuição.

A partir de 17 de dezembro de 1999, data da publicação da Portaria MPAS nº 6.209, de 16.12.1999, o que for referente à "compensação financeira" passou a ser tratado como Compensação Previdenciária (COMPREV). A Compensação Previdenciária é o acerto de contas entre o RGPS e os RPPS dos servidores públicos da União, dos Estados, do Distrito Federal e dos Municípios, referente ao tempo de contribuição utilizado na concessão de benefício, mediante contagem recíproca na forma da Lei Federal nº 6.226, de 14.07.1975, e legislação subsequente, pelo art. 3º.

A Compensação Previdenciária é devida conforme as disposições contidas na Lei Federal nº 9.796, de 05.05.1999, no Decreto Federal nº 3.112, de 06.07.1999, e na Portaria MPAS nº 6.209, de 16.12.1999. A Compensação Previdenciária não se aplica aos RPPS que não atendam aos critérios e aos limites previstos na Lei Federal nº 9.717, de 27.11.1998, e na legislação complementar pertinente, exceto quanto aos benefícios concedidos por esses regimes no período de 5 de outubro de 1988, vigência da Constituição Federal, a 7 de fevereiro de 1999, véspera da publicação da Portaria MPAS nº 4.992, de 05.02.1999, revogada pela Portaria MPS nº 402, de 10.12.2008, desde que em manutenção em 06.05.1999, data da publicação da Lei Federal nº 9.796, de 05.05.1999. Não é devido ainda pelo RGPS a compensação financeira em relação aos servidores civis e militares dos Estados, do Distrito Federal e dos Municípios quanto aos períodos em que tinham garantida apenas aposentadoria pelo ente e foram inscritos em regime especial de contribuição para fazer jus aos benefícios de família, na forma do parágrafo único do art. 3º, da Lei Federal nº 3.807, de 26.08.1960, e legislação posterior pertinente. Não se considera para fins de Compensação Previdenciária a parcela adicional do tempo de contribuição resultante de conversão de tempo especial em comum, salvo em relação ao tempo de serviço público federal, estadual e municipal sob o regime da Consolidação das Leis do Trabalho (CLT) prestado até 11 de dezembro de 1990, desde que tenha sido aproveitado para a concessão de aposentadoria ou de pensão dela decorrente.

É objeto de Compensação Previdenciária junto aos Entes Federativos, na forma do que dispõe o art. 4º do Decreto Federal nº 3.112, de 06.07.1999, os seguintes benefícios: a) aposentadoria por invalidez, quando não isenta de carência; b) aposentadoria por idade; c) aposentadoria por tempo de serviço/contribuição; d) pensões precedidas das aposentadorias citadas. No caso de aposentadoria especial somente há Compensação Previdenciária quando o regime instituidor for o RGPS, considerando o disposto no parágrafo único do art. 5º da Lei Federal nº 9.717, de 27.11.1998, com as alterações introduzidas pela Medida Provisória nº 2.187-13, de 24.08.2001.

Pelo art. 4º, da Instrução Normativa, aplica-se o disposto também aos benefícios de aposentadoria e de pensão desta decorrente concedidos a partir de 5 de outubro de 1988, excluída a aposentadoria por invalidez decorrente de acidente do trabalho, moléstia profissional ou doença grave, contagiosa ou incurável, especificada nos arts. 20, 21 e 151, da Lei Federal nº 8.213, de 24.07.1991, e a pensão dela decorrente. Apenas têm direito à Compensação Previdenciária os benefícios citados no caput que estavam em manutenção em 06.05.1999, data da publicação da Lei Federal nº 9.796, de 05.05.1999.

Para fins da Compensação Previdenciária, pelo art. 5º, são considerados como:

> "I – Regime Geral de Previdência Social: o regime previsto no art. 201 da Constituição Federal – CF, gerido pelo Instituto Nacional do Seguro Social – INSS; II – Regimes Próprios de Previdência Social: os regimes de previdência constituídos exclusivamente por servidores públicos titulares de cargos efetivos da União, dos Estados, do Distrito Federal e dos Municípios; III – Regime de Origem: o regime previdenciário ao qual o segurado ou o servidor público esteve vinculado, sem dele ter recebido aposentadoria ou sem que ele tenha gerado pensão para seus dependentes; IV – Regime Instituidor: o regime previdenciário responsável pela concessão e pelo pagamento de benefício de aposentadoria ou pensão dela decorrente a segurado, servidor público ou a seus depen-

> dentes, com cômputo de tempo de contribuição devidamente certificado pelo regime de origem, com base na contagem recíproca prevista no art. 94 da Lei nº 8.213, de 1991".

Pelo art. 6º, da Instrução Normativa comentada, o administrador de cada RPPS deve celebrar convênio com o Ministério da Previdência Social (MPS) para: a) garantir a fiel observância da legislação pertinente; b) requerer e receber transmissão de dados da Certidão de Tempo de Serviço (CTS) ou Certidão de Tempo de Contribuição (CTC) entre os Regimes de Previdência; c) utilizar o Sistema de Compensação Previdenciária (COMPREV) e o Sistema Informatizado de Controle de Óbitos (SISOBI). O administrador de cada regime nomeia por ato próprio o usuário que utiliza os sistemas mencionados neste artigo ou outorga por instrumento público de procuração, na forma estabelecida no Código Civil de 2002, quando se trata de ente privado. Nas situações previstas, deve ser firmado termo de responsabilidade pelo usuário indicado pelo administrador do Regime Próprio de Previdência Social, que precisa ser encaminhado ao INSS.

Pelo art. 7º, da Instrução Normativa comentada, o Ministério da Previdência Social (MPS), por meio do Departamento dos Regimes de Previdência do Serviço Público (DRPSP) mantém cadastro atualizado do RPPS de cada Ente Federativo. Devem constar do cadastro, os seguintes dados de cada RPPS: a) Ente Federativo a que se vincula; b) nome do regime; c) Cadastro Nacional de Pessoa Jurídica (CNPJ); d) banco, agência bancária e conta-corrente do Ente Federativo; e) períodos de existência de RPPS no Ente Federativo e legislação correspondente; f) CNPJ dos órgãos e entidades a ele vinculados, com período de vinculação ao respectivo regime; g) administrador do regime; h) denominação do administrador do regime; i) legislação que o constituiu e o rege, bem como as normas que fixaram os valores máximos da renda mensal dos benefícios de aposentadoria e pensão desta decorrente, objetos da Compensação Previdenciária; j) declaração de vigência do RPPS. Somente os RPPS cadastrados, podem requerer Compensação Previdenciária.

Pelo art. 8º, da Instrução Normativa INSS/PRES nº 50, de 04.01.2011, a Compensação Previdenciária deve ser realizada desde que tenha havido aproveitamento de tempo de contribuição de contagem recíproca, observado o disposto nos incisos I a IV do art. 96, da

Lei Federal nº 8.213, de 24.07.1991. O tempo de atividade rural reconhecido pelo INSS, mediante CTS ou CTC expedida até 13.10.1996, véspera da publicação da Medida Provisória nº 1.523, de 11.10.1996, convalidada pela Lei Federal nº 9.528, de 10.12.1997, que tenha sido utilizada pelo regime instituidor em aposentadoria concedida até essa data, deve ser objeto de "Compensação Financeira". O tempo de atividade rural reconhecido pelo INSS, mediante CTS ou CTC emitidas a partir de 14 de outubro de 1996, somente é objeto de Compensação Previdenciária caso esse período tenha sido ou venha a ser indenizado ao INSS pelo requerente, na forma prevista no § 13 do art. 216 do Regulamento da Previdência Social (RPS), aprovado pelo Decreto Federal nº 3.048, de 06.05.1999, e o disposto no § 1º do art. 374, da Instrução Normativa nº 45/INSS/PRES, de 06.08.2010.

Pelo art. 9º, da Instrução Normativa comentada, considera-se para o cálculo do percentual de participação de cada regime de origem, o tempo de contribuição total computado na concessão da aposentadoria, mesmo que superior a trinta anos para mulher, e trinta e cinco anos para homem. Aplica-se a Compensação Previdenciária aos períodos de contribuição certificados e utilizados para fins de aposentadoria pelo INSS, em decorrência de Acordos Internacionais, conforme procedimento disposto nos incisos I e II do art. 480, da Instrução Normativa nº 45/INSS/PRES, de 06.08.2010. Não cabe ao RGPS pagar Compensação Previdenciária referente a períodos de contribuições que forem efetuadas para a Previdência Social de outro país.

O tempo de serviço, devidamente certificado e utilizado para concessão de aposentadoria, é considerado como tempo de contribuição para fins de Compensação Previdenciária, conforme o art. 11, da Instrução Normativa comentada. Para efeito de concessão da Compensação Previdenciária, os RPPS somente são considerados regimes de origem quando o RGPS for o regime instituidor. Atribuem-se ao respectivo Ente Federativo as obrigações e os direitos previstos na presente Instrução Normativa, caso o RPPS não seja administrado por entidade com personalidade jurídica própria. Na hipótese de o RPPS ser administrado por entidade com personalidade jurídica própria, o respectivo ente da federação responde solidariamente pelas obrigações previstas nessa Instrução Normativa.

Os requerimentos de Compensação Previdenciária devem ser enviados por meio do COMPREV, acompanhados dos documentos previstos no Manual de Compensação Previdenciária, que constitui o Anexo I da Portaria MPAS nº 6.209, de 16.12.1999, devidamente digitalizados, conforme o art. 13, da Instrução Normativa comentada. Deve-se discutir que o COMPREV foi um dos primeiros serviços públicos que exigiu completamente a digitalização, razão de sua celeridade.

Pelo art. 14, da Instrução Normativa comentada, o passivo de estoque corresponde aos valores devidos pelo regime de origem ao regime instituidor a título de Compensação Previdenciária referente ao período compreendido entre 05 outubro de 1988 a 5 de maio de 1999, observado o prazo estabelecido no art. 12 da Lei Federal nº 10.666, de 08.05.2003, alterada pela Medida Provisória nº 496, de 19.07.2010. Para calcular o passivo de estoque, multiplica-se o valor Pró-Rata mensal, pelo número de meses e dias existentes no período compreendido entre a Data de Início do Benefício (DIB) e a data de 5 de maio de 1999 ou na data da cessação, mesmo se ocorrida em período anterior.

Pelo art. 15, da Instrução Normativa comentada, o passivo do fluxo corresponde aos valores devidos pelo regime de origem ao regime instituidor, a título de compensação previdenciária referente ao período compreendido de 6 de maio de 1999 até a data do primeiro pagamento da Compensação Previdenciária, ou até a data de cessação do benefício, conforme o caso, observado o prazo prescricional fixado no art. 1º, do Decreto Federal nº 20.910, de 6.01.1932. Para cálculo do passivo de fluxo, multiplica-se o Pró-Rata mensal pelo número de meses e dias contados a partir de 6 de maio de 1999 até a data da concessão da Compensação Previdenciária ou até a data da cessação do benefício que gerou a concessão, conforme o caso. Apenas as parcelas relativas ao fluxo de Compensação, apuradas a partir da DIB, são devidas aos benefícios concedidos a partir de 6 de maio de 1999. O Pró-Rata mensal é o valor devido mensalmente pelo regime de origem ao regime instituidor, enquanto o benefício que deu origem à compensação for mantido.

Pelo art. 16, da Instrução Normativa INSS/PRES nº 50, de 04.01.2011, os administradores dos regimes instituidores devem comunicar ao INSS, de imediato, nos termos do constante no Manual constante do Anexo I, da Portaria MPAS nº 6.209, de 16.12.1999, qualquer revisão no valor do benefício objeto de Compensação Previdenciária, sua extinção total ou parcial, sendo tais alterações registradas no cadastro do COMPREV. Tratando-se de revisão, são utilizados os mesmos parâmetros para a concessão inicial do requerimento de Compensação Previdenciária. Constatado o não cumprimento do disposto acima, as parcelas pagas indevidamente pelo regime de origem são registradas, no mês seguinte ao da constatação, como crédito desse regime.

Pelo art. 17, da Instrução Normativa comentada, na hipótese de extinção do RPPS, os valores, inclusive o montante constituído a título de reserva técnica, existentes para custear a concessão e manutenção, presente ou futura, de benefícios previdenciários, somente podem ser utilizados no pagamento dos benefícios concedidos, dos valores oriundos da "compensação financeira" com o INSS e na constituição do fundo previsto no art. 6º, da Lei Federal nº 9.717, de 27.11.1998. Os recursos financeiros recebidos pelo regime instituidor, a título de Compensação Previdenciária, somente podem ser utilizados no pagamento de benefícios previdenciários do respectivo regime e na constituição do fundo referido acima. Ficam resguardados os direitos dos requerimentos indeferidos pelos regimes de origem, quando da apresentação de novo requerimento para o mesmo NIT/NB e mesma matrícula.

Nas situações em que o RGPS for o regime instituidor, o INSS deve apresentar ao administrador de cada regime de origem o requerimento de Compensação Previdenciária referente aos benefícios concedidos com cômputo de tempo de contribuição daquele regime de origem, pelo art. 19, da Instrução Normativa comentada. O requerimento de que trata deve conter os dados e os documentos indicados no Manual de Compensação Previdenciária, no Anexo I da Portaria MPAS nº 6.209, de 16.12.1999. A não apresentação das informações e dos documentos a que se refere esta hipótese veda a Compensação Previdenciária entre os regimes.

Pelo art. 20, da Instrução Normativa comentada, a Compensação Previdenciária devida pelos RPPS, relativa ao primeiro mês de competência do benefício, é calculada com base no valor da Renda Mensal Inicial (RMI) ou com base no valor do benefício pago pelo RGPS, o que for menor. O RPPS, como regime de origem, calcula a RMI de benefício de mesma espécie daquele concedido pelo INSS, de acordo com a legislação própria, na data da exoneração ou da desvinculação do ex-servidor, e reajusta a referida renda com os índices aplicados para correção dos benefícios mantidos pelo INSS até o mês anterior à data de início da aposentadoria no RGPS. O valor da renda mensal apurada deve ser comparado ao valor da RMI do benefício concedido pelo INSS, para escolha do menor valor, não podendo este ser inferior ao salário mínimo. Se o RPPS não registrar as remunerações do ex-servidor, independentemente da data de desvinculação, a média geral de benefícios do RGPS é considerada para fixação da RMI, conforme Portaria Ministerial publicada mensalmente. Para apuração do coeficiente de participação na Compensação Previdenciária, divide-se o tempo do RPPS pelo tempo total, ambos transformados em dias e utilizados na aposentadoria do INSS, excluindo-se o tempo concomitante.

Pelo art. 21, da Instrução Normativa comentada, o resultado da multiplicação entre o valor escolhido acima, e o coeficiente encontrado nos termos, deve ser denominado Pró-Rata inicial. O Pró-Rata apurado deve ser corrigido pelos índices de reajuste dos benefícios mantidos pelo INSS até a data do primeiro pagamento da Compensação Previdenciária, resultando, então, no valor do Pró-Rata mensal. O valor da Compensação Previdenciária referente a cada benefício não pode exceder a renda mensal do maior benefício da mesma espécie pago pelo regime de origem.

Pelo art. 22, da Instrução Normativa, cada administrador de RPPS, sendo regime instituidor, deve apresentar ao INSS requerimento de Compensação Previdenciária referente a cada benefício concedido com cômputo de tempo de contribuição no âmbito do RGPS. O requerimento deve conter os dados e os documentos indicados no Manual constante do Anexo I da Portaria MPAS nº 6.209, de 16.12.1999. A não apresentação das informações e dos documentos veda a Compensação Previdenciária entre o RGPS e o regime instituidor. Quando a comprovação do tempo de atividade no RGPS for realizada mediante CTS ou CTC expedida pela União, pelos Estados, pelo Distrito Federal ou pelos Municípios, na forma do § 2º, do art. 10 do Decreto Federal nº 3.112, de 06.07.1999, conforme disposto no § 1º do art. 370 da Instrução Normativa nº 45/INSS/PRES, de 06.08.2010, a Compensação Previdenciária somente deve ser feita caso o período de vínculo indicado seja confirmado mediante consulta ao Cadastro Nacional de Informações Sociais (CNIS). Na ausência deste registro, junta-se prova inequívoca do vínculo e do recolhimento das contribuições correspondentes a esse período, observando que: a) se detectada qualquer divergência, o órgão emitente deve ser cientificado, para fins de retificação ou de ratificação dos dados informados na referida certidão; b) se da verificação dos dados ainda resultarem divergências, ou ficar comprovado que se trata de Regime Especial, cabe o indeferimento do requerimento de compensação, com base no art. 375 da Instrução Normativa nº 45/INSS/PRES, de 06.08.2010, comunicando-se a decisão ao ente requerente; c) se verificada a ausência do registro, cientifica-se o órgão emitente da CTC.

A ausência de vínculo com o RGPS certificado pelo Ente Federativo, pode ser comprovada por meio dos seguintes documentos, entre outros: "I – registro na Carteira de Trabalho e Previdência Social – CTPS do servidor; II – folhas ou recibos de pagamentos de salários e demais registros contábeis; III – livro ou ficha de registro de empregado; IV – contrato de trabalho e respectiva rescisão; V – atos de nomeação e de exoneração publicados; VI – outros registros funcionais capazes de demonstrar o exercício da atividade e o vínculo ao RGPS". Para os Estados ou Municípios emancipados, o atual regime instituidor pode certificar o tempo de vínculo com o Estado ou Município do qual se emancipou. Não tem validade a certidão emitida pelo RPPS em caso de período de filiação ao RGPS que não tenha sido exercido no próprio ente. O RGPS aceita a certidão emitida pelo ente, mesmo que em data posterior ao início da aposentadoria de seu servidor.

Pelo art. 23, da Instrução Normativa comentada, as informações referidas acima, servem de base para o INSS calcular a RMI daquele benefício, segundo as normas do RGPS vigentes na data em que houve a desvinculação desse regime pelo servidor público. Considera-se data de desvinculação o dia seguinte ao último dia do afastamento da atividade no regime de origem. Quando a data de ingresso no regime instituidor ocorrer em concomitância com o regime de origem, considera-se como data de desvinculação o dia do ingresso no regime instituidor. Nos casos em que o servidor prestou serviço ao próprio ente instituidor, quando vinculado ao RGPS, a data de desvinculação é a data de mudança do regime nos casos de enquadramento geral ou a data em que, efetivamente, o servidor foi enquadrado no novo regime. O Período Básico de Cálculo (PBC) é fixado na competência anterior à data de desvinculação, observada a lei vigente à época, sendo as remunerações obtidas no CNIS.

Não sendo encontrada remuneração no CNIS, independentemente da data de desvinculação, considera-se para fixação da RMI a média geral de benefícios do RGPS, divulgada mensalmente em Portaria Ministerial. Quando a data de desvinculação for anterior a 5 de outubro de 1988, vigência da Constituição Federal, o cálculo integral da RMI deve ser feito manualmente, mas apenas são lançados no Sistema de Compensação Previdenciária os valores referentes ao salário-de-benefício e à RMI, que deve ser reajustada pelo sistema, até a DIB no ente federativo. Para o cálculo da RMI em aposentadorias por invalidez ocorridas no período de 5 de outubro de 1988, vigência da Constituição Federal, a 28 de abril de 1995, véspera da publicação da Lei Federal nº 9.032, de 28.04.1995, deve ser lançado no sistema o número de grupo de doze contribuições no período a informar. No caso de pensão, para efeito de cálculo da RMI, os dependentes válidos na DIB do regime instituidor considera-se, observando-se a classificação e a perda da qualidade de dependente prevista na legislação do RGPS vigente à época.

Pelo art. 24 comentada, o RGPS, como regime de origem e de acordo com legislação própria, calcula a RMI do benefício da mesma espécie do Ente Federativo, da data da desvinculação do ex-segurado e reajusta a referida renda com os índices aplicados para correção dos benefícios mantidos pelo INSS até o mês anterior à DIB da aposentadoria no Ente Federativo. A Compensação Previdenciária devida pelo RGPS, relativa ao primeiro mês de competência do benefício, é calculada com base no valor do benefício pago pelo regime instituidor ou no valor da RMI, apurada na forma do art. 20, tudo da Instrução Normativa comentada, o que for menor. O valor apurado nos termos acima não pode ser inferior ao salário mínimo nem superior ao limite máximo de contribuição fixado em lei. O percentual de participação do RGPS na Compensação Previdenciária é apurado dividindo-se o tempo de contribuição ao RGPS calculado em dias pelo tempo total de contribuição, também calculado em dias, utilizado pelo Ente Federativo na aposentadoria.

Pelo art. 25, o resultado da multiplicação entre o valor apurado no caput e nos §§ 1º e 2º, do art. 24 e o coeficiente encontrado no § 3º do mesmo artigo deve ser denominado Pró-Rata inicial, tudo da Instrução Normativa comentada. O Pró-Rata apurado deve ser corrigido pelos índices de reajustamento dos benefícios mantidos pelo INSS até a data do primeiro pagamento da Compensação Previdenciária, apurando-se, então, o valor do Pró-Rata mensal. O valor da Compensação Previdenciária referente a cada benefício não pode exceder a renda mensal do maior benefício da mesma espécie pago pelo RGPS. O valor da Compensação devida pelo regime de origem é reajustado nas mesmas datas e pelos mesmos índices de reajustamento dos benefícios em manutenção concedidos pelo RGPS, ainda que tenha prevalecido o valor do benefício pago pelo regime instituidor.

Pelo art. 27, da Instrução Normativa comentada, o INSS deve manter Sistema de Compensação Previdenciária (COMPREV), com o respectivo cadastro de todos os benefícios passíveis de Compensação Previdenciária. Mensalmente precisa ser efetuada a totalização dos valores devidos a cada RPPS, bem como a totalização do montante por eles devido, isoladamente, ao RGPS, a título de Compensação Previdenciária. Cada regime instituidor torna disponíveis os valores, lançando-os no COMPREV, nas datas definidas pelo INSS. Os desembolsos efetivados pelos regimes de origem só são efetuados para os regimes instituidores que se mostrem credores. Os valores de créditos de compensação previdenciária do Regime Próprio de Previdência Social (RPPS) utilizados para a quitação de dívidas do respectivo ente instituidor são contabilizados como pagamentos realizados, devendo o INSS registrar mensalmente essas operações e informar os respectivos valores a cada RPPS.

Pelo art. 28, da Instrução Normativa comentada, observado a apuração e sendo o RGPS credor, o RPPS deve recolher o valor devido por meio de GPS até o quinto dia útil do mês subsequente à apuração dos valores de que trata o § 1º do mesmo. Na hipótese de descumprimento do prazo de desembolso, são aplicadas as mesmas normas em vigor para atualização dos valores dos recolhimentos em atraso de contribuições previdenciárias devidas ao INSS. Os procedimentos relativos aos desembolsos dos valores de compensação previdenciária são disciplinados em ato específico.

Por outro lado, a Portaria Conjunta PGFN/RFB/INSS nº 01, de 21.03.2013, dispôs sobre o pagamento de valores oriundos da compensação previdenciária (COMPREV) entre o Regime Geral de Previdência Social (RGPS) e os Regimes Próprios de Previdência Social (RPPS).

7.8. Questão de Compensação Previdenciária

O Regime Próprio de Previdência Social (RPPS) realiza análise acurada nos processos, pois a Compensação Previdenciária (COMPREV) é de fundamental importância para o Fundo de Aposentadoria e Pensão dos servidores públicos locais. Durante os últimos anos, os processos de aposentadorias e de pensões já indeferidos pelo Instituto Nacional de Seguridade Social (INSS) foram exaustivamente analisados e discutidas as soluções junto à equipe do INSS responsável pela análise e aprovação do requerimento do COMPREV. Foram realizadas reuniões, entre o Regime Próprio e os servidores do INSS, apresentados relatórios com sugestões, mas pouco se resolveu efetivamente.

Embora se tenha obtido avanços, os mesmos foram muito aquém do necessário para que fossem resolvidos os problemas dos diversos processos que tiveram a compensação indeferida pelo INSS. Houve boa vontade dos servidores do INSS em resolver os problemas, mas se verificou que as soluções somente podem ser obtidas através de relatório circunstanciado de hierarquia superior apontando os caminhos administrativos a serem percorridos. Pois, em grande parte, são procedimentos que envolvem decisão superior, orientando o servidor sobre como proceder no que concerne a tais processos, os quais seguem relacionados abaixo os motivos dos indeferimentos dos mesmos.

É necessário discutir junto ao INSS todos os procedimentos a serem seguidos para a realização da compensação desses processos. É necessário normatizar quais documentos devem suprir e/ou definir uma linha de raciocínio para a efetivação da compensação. Não há clareza quanto aos documentos citados acima, se são suficientes para aprovação desses processos, fala-se da prova da contribuição, caso a mesma não conste no CNIS.

Para a aprovação dos mesmos, o setor responsável pela análise dos requerimentos no INSS necessita de posicionamento formal, pois se entende que a Gerência do INSS no Estado pode orientar seus servidores e estabelecer um procedimento a ser seguido a fim de resolver as questões apresentadas. Ressalte-se que a impetração da Instrução Normativa do INSS que trata sobre o COMPREV deve ser ampliativa e não restritiva para a Compensação Previdenciária. A orientação geral do INSS é de simplificar controle e se basear no princípio da verdade material. Se outro for o entendimento, que seja externada a posição do Estado, Distrito Federal ou Município para as devidas providências junto à Administração Superior do INSS, uma vez que tais situações ocorrem, também, em outros Estados ou Municípios.

7.9. Processos com Divergência do CNIS

Trata-se de processos que possuem as Certidões de Tempo de Contribuição (CTC´s) fornecidas pelo Instituto Nacional de Seguridade Social (INSS), cujo tempo de contribuição foi devidamente averbado pelo Regime Próprio de Previdência Social (RPPS) no processo de aposentadoria. Ocorre que consta no Cadastro Nacional de Informação Social (CNIS), datas de vínculos do servidor com o Estado concomitante ao período atestado na CTC. Por exemplo, um determinado servidor possui em seu processo de aposentadoria um Tempo de RGPS devidamente atestado em CTC/INSS do período de 01/01/1970 a 01/01/1980. Este mesmo servidor público, em seu processo de aposentadoria consta que o mesmo ingressou no Estado ou do Município, em 01/02/1980, um dia depois de seu tempo de CTC privado. Ocorre, que consta no CNIS data de vínculo do servidor público no Estado ou no Município de 01/05/1975, data esta, concomitante ao tempo de RGPS apresentado na CTC/INSS.

O primeiro ponto a destacar é que, embora o CNIS contenha tal data, o ingresso do servidor público do Estado ou do Município, está devidamente atestado no processo de aposentadoria, por meio do Termo de Posse e/ou Ato de Nomeação. Antes da comprovação do vínculo, o Regime Próprio de Previdência Social (RPPS) consulta a sua base de dados para certificar de que não há outro registrado no cadastro do servidor aposentado, que não o que está sendo requerido. No caso acima, o Tempo de RGPS em CTC/INSS foi devidamente utilizado para fins de aposentadoria em processo de averbação pelo Ente Público.

Quando a questão envolve ausência de vínculo, resolve-se através de apresentação de documentos comprobatórios, nos termos da Instrução Normativa INSS/PRES nº 50, de 04.01.2011, que disciplina a Compensação Previdenciária entre o Regime Geral de Previdência Social e o Regime Próprio.

> "Art. 22. [...]
>
> [...]
>
> § 3º Quando a comprovação do tempo de atividade no RGPS for realizada mediante CTS ou CTC expedida pela União, pelos Estados, pelo Distrito Federal ou pelos municípios, na forma do § 2º, do art. 10 do Decreto nº 3.112, de 1999, conforme disposto no § 1º do art. 370 da Instrução Normativa nº 45/INSS/PRES, de 2010, a compensação previdenciária somente será feita caso o período de vínculo indicado seja confirmado mediante consulta ao Cadastro Nacional de Informações Sociais – CNIS. Na ausência deste registro, deverá ser juntada prova inequívoca do vínculo e do recolhimento das contribuições correspondentes a esse período, observando que:
>
> § 4º A ausência de vínculo com o RGPS certificado pelo ente federativo, poderá ser comprovada por meio dos seguintes documentos, entre outros:
>
> I – registro na Carteira de Trabalho e Previdência Social – CTPS do servidor;
>
> II – folhas ou recibos de pagamentos de salários e demais registros contábeis;
>
> III – livro ou ficha de registro de empregado;
>
> IV – contrato de trabalho e respectiva rescisão;
>
> V – atos de nomeação e de exoneração publicados; ou
>
> VI – outros registros funcionais capazes de demonstrar o exercício da atividade e o vínculo ao RGPS". (grifo nosso)

No entanto, quando há divergência em vínculos o INSS não considera a apresentação de documentos para a resolução da questão. O processo de aposentadoria devidamente aprovado pelo Tribunal de Contas dos Estados ou dos Municípios consta nos autos documentos que provam a data de ingresso do servidor no Estado, início do vínculo, bem como a averbação para efeito de aposentadoria de Tempo de Contribuição devidamente comprovado por CTC/INSS. De acordo com o INSS, o fato de existir mais de um vínculo no CNIS gera concomitância entre os períodos, o que impede a compensação. A Compensação Previdenciária é o pagamento do tempo de contribuição contado para a aposentadoria excluindo o tempo concomitante, conforme a Portaria MPS nº 6.209, de 16.12.1999:

> "Art. 4º A compensação previdenciária realizar-se-á desde que tenha havido aproveitamento de tempo de contribuição na hipótese de contagem recíproca, excluído o período concomitante".

Entretanto, nesses casos, a própria interpretação do conceito de concomitância do INSS está equivocada, pois não diz respeito a tempo contado duas vezes para fins de aposentadoria. A correta interpretação de concomitância pode ser melhor explicada no exemplo. Determinado servidor ingressou no Estado ou no Município, em 01/09/1980, trabalhando até 2005 quando solicitou a aposentadoria por tempo de serviço. Para tanto, trouxe Tempo Privado em CTC/INSS cujo período constante na mesma é de 01/05/1975 a 1985.

Embora a CTC tenha o período acima, a averbação para fins de aposentadoria somente foi contado o período de 01/05/1975 a 01/09/1980. Na ocasião da apresentação da CTC no sistema COMPREV, somente deve ser solicitado o tempo devidamente utilizado na aposentadoria, ou seja, 01/05/1975 a 01/09/1980. O período de 1980 a 1985 é retirado do requerimento de Compensação Previdenciária em razão de está concomitante com o período do Estado ou do Município.

O mesmo entendimento vale para os processos indeferidos por apresentarem duas matrículas para o mesmo servidor no Ente Federativo. Trata-se de servidores públicos dos cargos de professor e de médico que possuíam dois vínculos com o Estado ou com o Município. São casos de direito adquirido, que pode haver acumulação constitucional, de maneira que é perfeitamente regular que os mesmos possuam duas matrículas no Estado ou no Município. Os indeferimentos se baseiam no fato de que há várias informações de vínculos do Governo do Estado ou do Município no CNIS. Geralmente, o período averbado na matrícula em que está sendo feito o requerimento é paralelo ao outro vínculo.

Ocorre que, embora seja paralelo, o fato é que o tempo só deve ser contado uma vez, em uma única matrícula, ou seja, quando o servidor se aposentar pela outra matrícula, o que é perfeitamente legal, o Estado não pode mais solicitar o compensação do tempo já concedido. Como exemplo para facilitar o entendimento, citaremos o caso d servidor (a) Marina Vilanova Costa Araújo (NIT: ...). Ela ingressou no Estado ou no Município, em 20/05/1960, no cargo de professora, com a matrícula x. Em 04/06/1976 foi admitido para exercer também cargo de professor com a matrícula y. Em 26/01/1991, solicitou aposentadoria usando a matrícula x, contando como tempo de serviço somente o tempo trabalhado no Governo do Estado. A aposentadoria foi concedida.

Embora aposentada, continuou exercendo função de professora no Estado ou no Município, na matrícula y, averbando períodos trabalhados como professora, comprovado pela CTC do INSS, de 03/03/1965 a 30/04/1989, paralelo, portanto, à matrícula x, em que não foi averbado nenhum período e nem tampouco solicitado qualquer compensação. Em 04/08/2010, o Estado solicitou a Compensação Previdenciária (COMPREV) junto ao INSS referente ao processo de aposentadoria da matrícula x, requerendo o tempo trabalhado vinculado ao RGPS. Em 16/02/2011, em seu terceiro indeferimento, o INSS nega a compensação alegando concomitância entre períodos, em função das duas matrículas. Está claro, pelo exemplo acima, que embora haja duas matrículas, o tempo solicitado é apenas de uma, que não foi contado duas vezes para duas aposentadorias e da mesma forma não deve ser contado duas vezes para o COMPREV.

7.10. Ausência de Vínculo no CNIS

São processos de servidores oriundos de Secretaria Estaduais que, em determinados períodos, foram vinculados ao Instituto Nacional de Seguridade Social (INSS). O primeiro ponto a ser observado é o vínculo do servidor estadual ou municipal com o Regime Geral de Previdência Social (RGPS). Existe o entendimento no âmbito da Gerência Regional do INSS que servidores estaduais ou municipais, de Secretarias como: Saúde, Educação, Administração, Fazenda, e outras, que sempre foram vinculados ao Fundo Estadual ou Municipal de Aposentadoria.

Em razão desse entendimento o Regime Próprio de Previdência Social (RPPS) vem requerendo a Compensação Previdenciária somente públicos dos processos das Secretarias cujos servidores foram vinculados ao RGPS. Ocorre que até mesmo os processos de tais Secretarias Estaduais ou Municipais, estão sendo aprovados com muita dificuldade pelo INSS. Para comprovar o vínculo dos servidores dos órgãos públicos vinculados ao RGPS, o INSS requer que sejam enviados no sistema COMPREV cópias de folhas de pagamentos do servidor público, que apontem recolhimento ao INSS.

O gestor do Regime Próprio, cuja previdência está vinculada, realizou procedimentos de triagem nos arquivos do Estado ou do Município, fazendo busca dos documentos solicitados pelo INSS. A autarquia exige que sejam apresentadas folhas de pagamentos referentes à todos os anos em que o servidor público esteve vinculado ao RGPS. Entretanto por se tratar de documentação antiga, existe a dificuldade em se localizar todos os documentos nos arquivos estaduais ou municipais, nestes particularmente. Ou seja, não é possível encontrar todas as folhas de pagamentos referentes aos vários anos de vínculo.

No entanto, é possível localizar folhas de pagamento que, embora não seja referente a todos os anos em questão, fazem a devida prova de que o servidor público foi vinculado ao RGPS. Primeiro por tais Secretarias em questão já terem vários processos aprovados pelo COMPREV, demonstrando assim que as mesmas realmente foram vinculadas ao RGPS. Ademais, uma só folha de pagamento de um servidor oriundo de uma Secretaria ou Órgão Público que já teve vários processos aprovados, corroborada por documentos funcionais constantes nos processos de aposentadoria, já é prova suficiente para a Compensação Previdenciária. Por último, sabe-se que o servidor que esteve vinculado ao RGPS permaneceu até a transposição ocorrida de Regime, conforme decretos publicados no Diário Oficial do Ente Federativo, que foram ou pode ser anexados aos processos requeridos. Assim, considera-se que é desnecessária a exigência de várias cópias em anos alternados.

O indeferimento desses processos ocorre por interpretação restritiva da Instrução Normativa que recepciona o assunto, no âmbito do INSS, uma vez que os mesmos dispõem de documentos acostados nos processos e enviados ao INSS no sistema COMPREV, que provam o vínculo com o Estado, conforme a Instrução Normativa INSS/PRES nº 50, de 04.01.2011, que dispõe:

> "Art. 22. [...]
>
> [...]
>
> § 4º A ausência de vínculo com o RGPS certificado pelo ente federativo, poderá ser comprovada por meio dos seguintes documentos, entre outros:
>
> I – registro na Carteira de Trabalho e Previdência Social – CTPS do servidor;
>
> II – folhas ou recibos de pagamentos de salários e demais registros contábeis;
>
> III – livro ou ficha de registro de empregado;

IV – contrato de trabalho e respectiva rescisão;

V – atos de nomeação e de exoneração publicados; ou

VI – outros registros funcionais capazes de demonstrar o exercício da atividade e o vínculo ao RGPS".

Busca-se nesses casos que o INSS não seja excessivamente rigoroso na questão da prova do vínculo, por conta do princípio da verdade material. A venda material é autorizada a Administração a valer-se de qualquer prova.[17]

7.11. Servidor que Possui Outro Benefício no INSS

Trata-se de processos submetidos à Compensação Previdenciária (COMPREV) e indeferidos sobre argumentação de existir outro benefício para o mesmo servidor no Instituto Nacional de Seguridade Social (INSS), gerando concomitância entre períodos. Este caso já foi discutido com a equipe do INSS da Gerência Regional que responde pelo COMPREV no Estado, onde o entendimento alcançado foi de que caso o Início do Benefício (DIB) tenha ocorrido primeiro no Estado ou Município, os processos devem ser aprovados tendo em vista a legalidade da aposentadoria concedida pelo Ente Federativo.

Nos casos em que a aposentadoria tenha ocorrido primeiro no INSS, o mesmo verifica se o tempo objeto de compensação foi utilizado foi o mesmo registrado na aposentadoria do Estado, Distrito Federal ou Município. Caso tenha sido, deve ser indeferido, e o INSS faz o registro por meios dos motivos para o indeferimento, para que sejam tomadas as providências cabíveis.

De acordo com relato dos servidores do INSS, responsáveis pela análise dos citados processos, o procedimento que está sendo adotado para a apuração da DIB, se dá através de solicitação pelo setor COMPREV do processo do servidor junto para a agência de benefícios do INSS a que o mesmo está vinculado. Ocorre que tal procedimento encontra-se sendo moroso e vem prejudicando o an-

---

17 "A Administração tem o direito e o dever de procurar apurar, no processo administrativo, todos os documentos, dados e informações relativas ao objeto processual, limitam-se as considerações dos sujeitos". COSTA, Nelson Nery. Processo Administrativo e Suas Espécies. 4ª ed. Rio de Janeiro: Forense, 2007, p. 18.

damento dos trabalhos. Devia-se, observar as duas situações acima descritas, para o entendimento pacifico e a segunda devendo seguir a orientação da cautela para poder compensar os respectivos períodos. Compreende-se que não há necessidade de ser feita a análise do processo que deu origem ao benefício, uma vez que o INSS tem outros meios de verificar a data da DIB, utilizando os sistemas disponíveis naquele órgão.

7.12. Procedimento de Compensação Previdenciária

A Procuradoria Geral da Fazenda Nacional (PGFN), a Receita Federal do Brasil (RFB) e o Instituto Nacional de Seguridade Social (INSS) por meio da Portaria Conjunta PGFN/RFB/INSS nº 01, de 21.03.2013, dispõe sobre o pagamento de valores oriundos da compensação financeira entre o Regime Geral de Previdência Social e os Regimes Próprios de Previdência Social dos servidores públicos da União, dos Estados, do Distrito Federal e dos Municípios. Pelo art. 1º, da Portaria Conjunta, o pagamento dos valores decorrentes da compensação financeira entre o Regime Geral de Previdência Social (RGPS) e os Regimes Próprios de Previdência Social (RPPS) dos servidores públicos da União, dos Estados, do Distrito Federal e dos Municípios deve ser realizado conforme os procedimentos estabelecidos nesta. Para fins do pagamento, são processadas as compensações financeiras relativas aos benefícios concedidos a partir de 5 de outubro de 1988, em manutenção em 5 de maio de 1999 (estoque), e aquelas relativas aos benefícios concedidos a partir de 6 de maio de 1999 (fluxo). O pagamento dos valores decorrentes de compensação financeira somente precisa ser realizado para os entes instituidores devedores de contribuições previdenciárias, depois de efetuada a compensação dos valores de estoque e de fluxo com os respectivos débitos exigíveis perante a Secretaria da Receita Federal do Brasil (RFB) e a Procuradoria-Geral da Fazenda Nacional (PGFN).

Se o RPPS for credor, pelo art. 2º, da Portaria Conjunta, anteriormente ao pagamento acima, a Divisão de Compensação Previdenciária do órgão central do Instituto Nacional do Seguro Social (INSS), localizada em Brasília (DF), deve verificar, de forma centralizada, a regularidade do ente federativo perante o Ministério da Previdência Social (MPS) e a Fazenda Nacional, relativamente a débitos previdenciários. Procedendo da seguinte forma:

> I - para verificação da regularidade perante a Fazenda Nacional, a Divisão de Compensação Previdenciária mencionada no caput encaminhará arquivo à Empresa de Tecnologia e Informações da Previdência Social (Dataprev), nos 6 (seis) dias anteriores ao último dia útil de cada mês, contendo o número de inscrição no Cadastro Nacional da Pessoa Jurídica (CNPJ) dos respectivos entes federativos, observado o Anexo I a esta Portaria, para que seja verificada a existência ou a possibilidade de emissão de Certidão Negativa de Débito (CND) ou Certidão Positiva de Débito com Efeito de Negativa (CPD-EN), para os entes federativos relacionados no arquivo; e II - para verificação da regularidade perante o MPS, a Divisão de Compensação Previdenciária mencionada no caput consultará a existência de Certificado de Regularidade Previdenciária (CRP) para os entes federativos, no sítio da Previdência Social, na Internet, no endereço http://www.previdencia.gov.br. No caso de passivo de estoque, a regularidade perante a Fazenda Nacional deve ser consultada por meio do CNPJ do ente federativo. No caso de fluxo, a regularidade perante a Fazenda Nacional consulta-se: a) por meio do CNPJ do ente federativo, quando o RPPS não possuir personalidade jurídica própria; b) por meio do CNPJ do RPPS, quando o RPPS possuir personalidade jurídica própria.

Para efeito da compensação financeira (COMPREV) são considerados somente os débitos exigíveis do ente federativo instituidor do RPPS, excluindo-se as dívidas de suas autarquias e fundações. No caso do fluxo, os débitos do RPPS que possuir personalidade jurídica própria são motivo de bloqueio do pagamento, pelo art. 4º, da Portaria Conjunta. Comprovada a existência ou a possibilidade de emissão de CND ou CPD-EN e de CRP para o ente federativo, a Divisão de Compensação Previdenciária encaminha ao setor financeiro do INSS Autorização de Pagamento (AP), conforme modelos constantes dos Anexos IV e VIII a Portaria Conjunta nº 01, de 21.03.2013, com o valor total a ser desembolsado, para que seja operada a compensação financeira, acompanhada de relação detalhada por ente do RPPS, que deve conter a identificação do ente federativo ou da autarquia gestora do RPPS, o número de inscrição no CNPJ, o valor a ser pago e os dados bancários declarados no Anexo I do Acordo de Cooperação Técnica firmado entre o MPS e o ente federativo. No caso de desembolso concomitante de valores de estoque e de fluxo, precisam ser emitidas duas AP, devendo a primeira, conter o valor total a ser desembolsado para pagamento do passivo de estoque, e a segunda, conter o valor total a ser desembolsado para pagamento do fluxo.

Pelo art. 6º, da Portaria Conjunta, o pagamento para os entes federativos e para as autarquias gestoras dos RPPS, quando relativo ao estoque, é efetuado: a) em parcela única, se o crédito for inferior ou igual a quinhentos mil reais; b) em parcelas mensais de até quinhentos mil reais, quando o crédito for superior a esse montante. Comprovada a inexistência de CRP ou a impossibilidade de sua emissão para o ente federativo, o pagamento dos valores de compensação é bloqueado, ainda que exista CND ou CPD-EN válida, ou seja, possível a sua emissão.

Comprovada a inexistência ou a impossibilidade de emissão de CND ou CPD-EN para o ente federativo, o INSS encaminha às unidades regionais da PGFN, por correio eletrônico institucional, até o terceiro dia útil do mês, relatório, conforme modelo constante do Anexo III da Portaria Conjunta, com a relação dos entes federativos para os quais há possibilidade de emissão de CRP, mas que estão em situação irregular perante a Fazenda Nacional. O relatório mencionado deve conter, separadamente, os valores relativos ao estoque e ao fluxo. Em relação ao fluxo, caso o RPPS tenha personalidade jurídica própria e esteja em situação irregular perante a Fazenda Nacional, o relatório mencionado acima não é encaminhado para as unidades regionais da PGFN, devendo o pagamento ficar suspenso até que o RPPS regularize a sua situação perante a Fazenda Nacional.

Depois do recebimento do relatório acima, a PGFN e a RFB consultam os débitos exigíveis do ente federativo, inscritos ou não em Dívida Ativa da União (DAU), adotando o seguinte procedimento, conforme o art. 9º, da Portaria Conjunta:

> "I - as unidades regionais da PGFN deverão encaminhar para as suas unidades vinculadas, nos termos do seu Regimento Interno, por correio eletrônico institucional, o relatório elaborado pelo INSS, conforme disposto no art. 8º, no prazo de 5 (cinco) dias do recebimento do relatório; II - após o recebimento do relatório, as unidades vinculadas da PGFN deverão indicar os débitos que serão quitados ou amortizados, observada a ordem estabelecida no art. 163 da Lei nº 5.172, de 25 de outubro de 1966 - Código Tributário Nacional (CTN); III - obser-

vado o disposto no § 1º, as unidades da PGFN deverão encaminhar às unidades da RFB do domicílio fiscal do ente federativo, no prazo de 10 (dez) dias do recebimento do correio eletrônico enviado pela unidade regional da PGFN com a indicação de seus débitos, se houver, o relatório elaborado pelo INSS, a fim de as unidades da RFB procedam à indicação de seus débitos previdenciários para compensação; IV - até o último dia útil do mês do recebimento do correio eletrônico referido no inciso I, as unidades da PGFN e da RFB enviarão notificação ao ente federativo, conforme anexo XI, requerendo autorização para realizar a compensação e informando os débitos selecionados para quitação ou amortização com os valores de que trata o art. 1º; V - no caso de indicação de débitos, simultaneamente, pelas unidades da PGFN e da RFB, na hipótese prevista no inciso III, cada um dos órgãos deverá encaminhar uma notificação para autorização de compensação pelo ente federativo ou autarquia gestora do RPPS, relativamente aos débitos por eles administrados; VI - o ente federativo disporá de 15 (quinze) dias, a partir do recebimento da notificação remetida pela PGFN e pela RFB, na hipótese do inciso III, para enviar a autorização da quitação ou amortização proposta e a autorização do dirigente da entidade de RPPS, conforme anexos XII e XIII; VII - a notificação a que se refere o inciso anterior deverá ser efetivada com Aviso de Recebimento (AR); VIII - recebida a autorização do ente federativo e da autarquia gestora do RPPS, na hipótese prevista no inciso IV, as unidades da PGFN e da RFB emitirão as Guias da Previdência Social (GPS) para quitação ou amortização dos débitos indicados e encaminharão, no prazo de 5 (cinco) dias, o arquivo, juntamente com o relatório do Anexo VII, às unidades regionais da PGFN e às superintendências da RFB, respectivamente; IX - as unidades regionais da PGFN e as superintendências da RFB deverão compilar os relatórios e as GPS enviadas pelas unidades a elas vinculadas e encaminhá-los, até o antepenúltimo dia útil do mês seguinte ao da formulação da consulta referida no art. 8º, em arquivo único, por correio eletrônico institucional, para o INSS, que atuará na forma do art. 10; X - após a quitação das GPS pelo setor financeiro do INSS, as unidades da PGFN e da RFB providenciarão os ajustes necessários para a alocação dos pagamentos, a fim de que ocorra a quitação ou amortização dos respectivos débitos indicados para compensação; XI - autorizada a quitação ou amortização, a cobrança dos débitos indicados deverá ficar sobrestada até a efetivação da compensação, não sendo permitido o seu parcelamento ou qualquer outro evento ou alteração de fase; XII - havendo quitação dos débitos, estes deverão ser baixados por liquidação e, na hipótese de apropriação de valor por pagamento parcial, em virtude da insuficiência da parcela, deverá ser prosseguida a cobrança do saldo remanescente dos débitos indicados para a compensação".

As unidades da PGFN somente enviam o relatório e a relação de débitos selecionados às unidades da RFB, se o valor total a ser pago ao ente federativo ou à autarquia gestora do RPPS for maior que o valor dos débitos selecionados pela unidade da PGFN para a compensação. Caso a autorização do ente federativo e do dirigente da autarquia gestora do RPPS, quando for o caso, não tenha sido recebida ou tenha sido extemporânea, a compensação é considerada não autorizada. Caso o Estado-membro ou o Município não autorize a compensação, seja pela ausência de resposta ou pela negativa expressa, as unidades da PGFN e da RFB devem enviar, no prazo de cinco dias do término do prazo de quinze dias, o relatório constante do Anexo VII, devidamente preenchido, às unidades regionais da PGFN e às superintendências da RFB, respectivamente, que o encaminham ao INSS, a fim de justificar a suspensão do pagamento. As GPS devem ser preenchidas com a data do recebimento da autorização de compensação enviada pelo Ente Federativo ou autarquia gestora do Regime Próprio de Previdência Social (RPPS). A data a ser considerada para fins de quitação ou amortização dos débitos é a do recebimento da autorização concedida pelo ente federativo ou autarquia gestora do RPPS. As autorizações enviadas pelo ente federativo ou pela autarquia gestora do regime próprio de previdência social ficam arquivadas nos processos administrativos correspondentes aos débitos quitados ou amortizados. Se o relatório encaminhado pelo INSS, contiver valores de estoque e de fluxo, os valores de estoque são utilizados prioritariamente para quitar ou amortizar os débitos e, não sendo suficientes, deverão ser utilizados os valores de fluxo.

Pelo art. 10, da Portaria Conjunta nº 01, de 21.03.2013, recebido o relatório das unidades regionais da PGFN e das superintendências da RFB, a Divisão de Compensação Previdenciária do INSS adota os seguintes procedimentos: a) se o ente federativo ou a autarquia gestora do RPPS não houver concedido a autorização de quitação ou amortização proposta e autorizada, o pagamento da compensação previdenciária (COMPREV) permanece suspenso até que a sua situação perante a PGFN ou a RFB seja regularizada; b) se o ente federativo ou a autarquia gestora do RPPS houver concedido a autorização e o valor da GPS for igual ao valor de estoque e de fluxo, observada a ordem de preferência do valor de estoque, são encaminhados para o setor financeiro do INSS os dados e o valor da

GPS a ser quitada, acompanhada de AP, conforme modelo constante do Anexo VI a portaria; c) se o ente federativo ou a autarquia gestora do RPPS houver concedido a autorização acima, e o valor dos débitos indicados pela PGFN ou pela RFB for menor que o valor de estoque e de fluxo a ser-lhe repassado, são encaminhadas ao setor financeiro do INSS duas AP, conforme modelos dos Anexos V, VI, IX e X, constando de uma o valor a ser utilizado para quitação da GPS referente aos débitos para com a Fazenda Nacional, e da outra, o valor do saldo de estoque e fluxo a ser repassado ao ente.

O procedimento de verificação da existência ou possibilidade de emissão de CRP e CND ou CPD-EN para os entes federativos é realizado mensalmente para fins de liberação do pagamento dos valores, pelo art. 11, da Portaria Conjunta. Constatada a regularização do Ente Federativo perante a Fazenda Nacional, antes do recebimento da autorização, o INSS solicita à PGFN e à RFB, por correio eletrônico institucional, o cancelamento dos procedimentos previstos e providencia o pagamento da parcela relativa ao mês em curso, acrescida do valor das parcelas que não foram pagas por motivo de irregularidade. O valor da parcela do mês em curso, acrescido das parcelas que não foram pagas por motivo de irregularidade, não pode exceder o limite previsto de quinhentos mil reais, exceto na hipótese de pagamento do fluxo. Se o valor da parcela do mês em curso, acrescido das parcelas que não foram pagas por motivo de irregularidade, exceder ao limite previsto, relativamente ao estoque, o excedente é somado ao saldo credor do ente federativo ou da autarquia gestora do RPPS, sendo redistribuído nas parcelas seguintes.

Se o RGPS for credor, o INSS emite relatório de informação até o dia trinta de cada mês, devendo o RPPS efetuar o pagamento até o quinto dia útil do mês subsequente. Na hipótese de descumprimento do prazo de desembolso estipulado, aplica-se as mesmas normas em vigor para atualização dos valores dos recolhimentos em atraso de contribuições previdenciárias arrecadadas pelo INSS. Pelo art. 13, da Portaria Conjunta, o pagamento dos valores deve ser realizado pelo Órgão Central do INSS, localizado em Brasília, Distrito Federal, estando condicionado à existência de dotação orçamentária, vinculada à Unidade Orçamentária 33904 - Fundo do Regime Geral da Previdência Social.

Pelo art. 14, a Divisão de Execução Orçamentária e Financeira (Deof) da Direção Central do INSS realiza a quitação das AP e das GPS por meio do Sistema Integrado de Administração Financeira do Governo Federal (Siafi), adotando os seguintes procedimentos:

> I) as AP deverão ser entregues à Deof da Coordenação de Orçamento e Finanças (Corfin) do INSS, devidamente preenchidas e assinadas pelas chefias do emissor e do ordenador de despesas; II) na hipótese de pagamento dos valores para o ente federativo ou para a autarquia gestora do RPPS que não possui débitos perante a Fazenda Nacional, a Divisão de Compensação Previdenciária encaminhará à Deof uma AP, conforme modelo constante do Anexo IV a esta Portaria, para o caso de passivo de estoque, ou conforme modelo constante do Anexo VIII a esta Portaria, para o caso de passivo de fluxo, acompanhada de relação contendo nome do favorecido, CNPJ, razão social e valor a ser repassado; III) se houver indicação de débitos pela PGFN ou pela RFB e o valor dos débitos for menor do que o valor da parcela a ser paga após a compensação financeira, a Divisão de Compensação Previdenciária do INSS emitirá 2 (duas) AP, sendo uma referente aos valores de estoque e outra referente aos valores de fluxo, da seguinte forma: a) a 1ª (primeira) AP deverá ser preenchida com os dados do ente federativo ou da autarquia gestora do RPPS, conforme modelos constantes dos Anexos V e IX a esta Portaria; b) a 2ª (segunda) AP deverá indicar a PGFN ou a RFB como favorecida, conforme o caso, devendo ser preenchida conforme modelos constantes dos Anexos VI e X a esta Portaria; IV) se o valor dos débitos indicados pela PGFN e pela RFB for igual ao valor da parcela, a Divisão de Compensação Previdenciária emitirá 1 (uma) AP, conforme modelos constantes dos Anexos VI e X a esta Portaria, da qual a PGFN ou a RFB constará como favorecida, conforme o caso, sendo o valor do saldo do estoque, neste caso, igual a 0 (zero).

Apesar da vigência da Portaria Conjunta PGFN/RFB/INSS nº 01, de 21.03.2013, a Instrução Normativa INSS/PRES nº 50, de 04.01.2001, também dispõe sobre a matéria. Esta é norma interna do Instituto Nacional de Seguridade Social (INSS), para orientar seus servidores a atuarem nos processos do COMPREV, enquanto a Portaria Conjunta tem força externa e serve para os Regimes Próprios de Previdência Social (RPPS) realizarem seus requerimentos administrativos de compensação previdenciária.

O Decreto Federal nº 10.188, de 20.12.2019, regulamentou a Lei Federal nº 9.796, de 05.05.1999, para dispor sobre a compensação financeira (COMPREV) entre o Regime Geral de Previdência Social e os regimes próprios de previdência social dos servidores públicos da União, dos Estados, do Distrito Federal e dos Municípios, e entre os regimes próprios, na hipótese de contagem recíproca de tempo de contribuição para efeito de aposentadoria. Aplica-se o disposto no Decreto acima aos benefícios de aposentadoria concedidos a partir de 5 de outubro de 1988, desde que em manutenção em 6 de maio de 1999 ou concedidos após essa data, com contagem recíproca de tempo de contribuição, e às pensões por morte que deles decorrerem, excluída a aposentadoria por invalidez decorrente de acidente em serviço, moléstia profissional ou doença grave, contagiosa ou incurável, especificada em lei, e a pensão dela decorrente.

Pelo art. 3º, a compensação financeira deve ser realizada exclusivamente na contagem recíproca de tempo de contribuição não concomitante utilizado na concessão da aposentadoria. O tempo de atividade rural reconhecido pelo Instituto Nacional de Seguridade Social (INSS) por meio de Certidão de Tempo de Serviço (CTS) expedida até 13 de outubro de 1996 deve ser objeto de compensação financeira, desde que tenha sido utilizado pelo regime instituidor em aposentadoria concedida até essa data. O tempo de atividade rural reconhecido pelo INSS por meio de Certidão de Tempo de Serviço emitida a partir de 14 de outubro de 1996 somente deve ser considerado para fins de compensação financeira caso esse período seja indenizado ao Regime Geral de Previdência Social (RGPS) pelo servidor. Não é devida pelo Regime Geral de Previdência Social (RGPS) a compensação financeira em relação aos servidores civis e militares dos Estados, do Distrito Federal e dos Municípios quanto aos períodos em que tinham garantidas apenas aposentadoria pelo ente federativo e que foram inscritos em regime especial de contribuição para fazer jus aos benefícios de família, na forma prevista no parágrafo único do art. 3º da Lei Federal nº 3.807, de 26.08.1960, e na legislação posterior.

Nos períodos em que tenha sido assegurado o pagamento de benefícios de aposentadoria ou pensão mediante convênios ou consórcios entre entes federativos, a compensação financeira é devida pelo ente ao qual, nos termos do convênio ou consórcio, recairia a concessão do benefício de aposentadoria.

Para fins da compensação financeira de que trata este Decreto, pelo art. 4°, considera-se:

> Art. 4°. ....
> I - Regime Geral de Previdência Social - RGPS - o regime previsto no art. 201 da Constituição; II - regime próprio de previdência social - RPPS - o regime de previdência social estabelecido no âmbito de cada ente federativo que assegure, por lei, aos servidores que ocupam cargo efetivo, no mínimo, os benefícios de aposentadoria e pensão por morte previstos no art. 40 da Constituição; III - regime de origem - o regime previdenciário ao qual o segurado ou servidor público esteve vinculado e não tenha ensejado o recebimento de aposentadoria ou de pensão aos seus dependentes; IV - regime instituidor - o regime previdenciário responsável pela concessão e pelo pagamento de benefício de aposentadoria ou pensão por morte dela decorrente a segurado ou servidor público ou a seus dependentes com cômputo de tempo de contribuição no âmbito do regime de origem; V - estoque RGPS - os valores da compensação financeira em atraso relativos ao período compreendido entre 5 de outubro de 1988 e 5 de maio de 1999 dos benefícios concedidos nesse período com contagem recíproca do tempo de contribuição do RGPS ou do RPPS, na hipótese de o RGPS ser o regime instituidor, desde que em manutenção em 5 de maio de 1999; VI - estoque RPPS - os valores da compensação financeira em atraso relativos ao período compreendido entre 5 de outubro de 1988 e 5 de maio de 1999 dos benefícios concedidos nesse período com contagem recíproca de outro RPPS, desde que em manutenção em 5 de maio de 1999 ou no período de 6 de maio de 1999 até a data de entrada em vigor deste Decreto; VII - fluxo acumulado - os valores da compensação financeira dos benefícios concedidos após o período de estoque RGPS ou de estoque RPPS relativos ao período entre a data de concessão e o deferimento do requerimento de compensação, observado o prazo prescricional; e VIII - fluxo mensal - os valores da compensação financeira pagos mensalmente pelo regime de origem ao regime instituidor, a partir da competência de concessão da compensação, enquanto os pagamentos dos benefícios objeto da compensação financeira estiverem em manutenção.

Pelo art. 5º, do Decreto Federal nº 10.188, de 20.12.2019, o regime instituidor apresenta ao regime de origem os seguintes dados e documentos referentes a cada benefício concedido com cômputo de tempo de contribuição no âmbito daquele regime de origem: a) dados pessoais e outros documentos necessários e úteis à identificação do segurado ou do servidor e, se for o caso, dos seus dependentes; b) o valor inicial da aposentadoria ou da pensão por morte dela decorrente e a data de início do benefício; c) o tempo de contribuição no âmbito do regime de origem utilizado na concessão do benefício na forma da contagem recíproca e o tempo de contribuição total do segurado ou do servidor no regime instituidor; d) cópia da Certidão de Tempo de Serviço ou da Certidão de Tempo de Contribuição fornecida pelo regime de origem e utilizada para cômputo do tempo de contribuição no âmbito do regime instituidor; e) cópia do laudo médico que reconheceu a invalidez nos casos de aposentadoria por invalidez; f) cópia do ato expedido pela autoridade competente que concedeu a aposentadoria ou a pensão por morte dela decorrente; g) cópia do registro do ato concessório da aposentadoria ou da pensão por morte pelo Tribunal de Contas competente, quando couber. A Certidão de Tempo de Contribuição (CTC) emitida pelos Regimes Próprios de Previdência Social (RPPS), observa as regras estabelecidas pela Portaria nº 154, de 15.05.2008, do extinto Ministério da Previdência Social, quando emitida a partir de 16.05.2008, deve ser dispensado o envio de cópia dos documentos previstos quando: a) o tempo de contribuição for averbado eletronicamente por meio de sistema disponibilizado pela Secretaria de Previdência da Secretaria Especial de Previdência e Trabalho do Ministério da Economia; b) os dados do registro do ato que tenha concedido a aposentadoria ou a pensão forem encaminhados eletronicamente pelo Tribunal de Contas; c) as demais informações exigidas puderem ser obtidas eletronicamente pelo órgão ou pela entidade responsável por prestar a informação". A não apresentação das informações e dos documentos acima veda a realização da compensação financeira entre os regimes.

O valor da compensação financeira deve ser o resultado da multiplicação do percentual apurado com base nas informações a que se refere acima, ao art. 6° do Decreto acima: a) valor da renda mensal inicial quando o regime instituidor for o RGPS; b) valor do benefício pago pelo regime instituidor ou pelo valor da renda mensal inicial, o que for menor, quando o regime instituidor for o RPPS. A renda mensal inicial deve ser calculada de acordo com as normas aplicáveis aos benefícios concedidos pelo regime de origem, na data da desvinculação desse regime. A Secretaria Especial de Previdência e Trabalho do Ministério da Economia, ouvido o Conselho Nacional dos Regimes Próprios de Previdência Social, disciplina a metodologia de apuração da renda mensal inicial nas hipóteses em que o regime de origem não possua informações funcionais ou contributivas individualizadas à época da desvinculação.

A renda mensal inicial apurada deve ser reajustada na forma prevista na data da desvinculação do regime de origem até a data da concessão do benefício pelo regime instituidor e o seu valor corrigido não pode ser inferior ao valor do salário-mínimo e nem superior ao: a) valor da remuneração do cargo efetivo que o servidor teria no ente de origem na data imediatamente anterior à da concessão da aposentadoria pelo regime instituidor ou que teria servido de referência para a concessão da pensão pelo regime de origem; ou b) limite máximo dos benefícios pagos pelo RGPS, quando este for o regime de origem. Ao valor do benefício pago pelo regime instituidor será acrescido o benefício especial de que trata o § 1º do art. 3º da Lei Federal nº 12.618, de 30.04.2012, no caso da União, ou o benefício que tenha essa mesma natureza, se previsto na legislação dos Estados, do Distrito Federal ou dos Municípios. O fluxo acumulado deve ser pago em parcela única. O valor da compensação financeira precisa ser reajustado nas mesmas datas e pelos mesmos índices de reajuste dos benefícios concedidos pelo RGPS.

Pelo art. 8º, os regimes instituidores devem apresentar aos regimes de origem os dados relativos aos benefícios concedidos no período do estoque Regime Geral de Previdência Social (RGPS) e no período do estoque Regime Próprio de Previdência Social (RPPS), na forma prevista no art. 5º, do Decreto Federal nº 10.188, de 20.12.2019. A compensação financeira em atraso relativa aos benefícios deve ser calculada pela multiplicação da parcela da renda mensal devida pelo regime de origem, obtida de acordo com os procedimentos estabelecidos, pelo número de meses em que o benefício tenha sido pago até a data de deferimento do requerimento de compensação.

Se for inviável financeiramente ao regime de origem desembolsar de imediato os valores apurados nos termos acima, os regimes podem firmar termo de parcelamento em até cento e oitenta meses, hipótese em que os valores devidos serão atualizados nas mesmas datas e pelos mesmos índices de reajustamento dos benefícios do Regime Geral de Previdência Social (RGPS). A parcela mínima dos parcelamentos formalizados entre os Regimes Próprios de Previdência Social (RPPS) não pode ser inferior ao limite máximo aplicável aos benefícios do Regime Geral de Previdência Social (RGPS). Comprovada a inexistência de débitos, na forma prevista no § 5º do art. 6º e no § 3º do art. 11 da Lei Federal nº 9.796, de 05.05.1999, o pagamento dos valores de estoque Regime Próprio de Previdência Social (RGPS) deve ser quitado: "I - em parcela única, se o crédito não for superior a R$ 1.500.000,00 (um milhão e quinhentos mil reais); II - em parcelas mensais de até R$ 1.500.000,00 (um milhão e quinhentos mil reais), se o crédito superar esse montante no prazo de até cento e oitenta meses, condicionada à existência de recursos financeiros para cumprimento da meta de resultado primário estabelecido na Lei de Diretrizes Orçamentárias; ou III - por meio de dação em pagamento de imóveis integrantes do Fundo do Regime Geral de Previdência Social - FRGPS, observados os demais procedimentos administrativos, orçamentários, contábeis e legais necessários para sua concretização". Caso o prazo de cento e oitenta meses não seja suficiente para a quitação dos créditos de estoque Regime Geral de Previdência Social (RGPS), o valor da parcela deve ser ajustado para garantir a quitação no referido prazo. O pagamento da compensação financeira do Regime Geral de Previdência Social (RGPS) depende da desistência de eventuais ações judiciais que tenham por objeto a dívida compensada e a manutenção do litígio ou o ajuizamento de novas ações deve ser causa da extinção dos pagamentos previstos. A Secretaria Especial de Previdência e Trabalho do Ministério da Economia, ouvido o Conselho Nacional dos Regimes Próprios de Previdência Social, estabelecerá as diretrizes gerais e os procedimentos para a formalização e a revisão dos parcelamentos referidos.

A Secretaria de Previdência da Secretaria Especial de Previdência e Trabalho do Ministério da Economia disponibiliza para adesão do INSS, órgão gestor do Regime Geral de Previdência Social (RGPS), e dos Regimes Próprios de Previdência Social (RPPS) da União, dos Estados, do Distrito Federal e dos Municípios, sistema de compensação previdenciária destinado a manter atualizado o cadastro de todos os benefícios objeto de compensação financeira e a apurar o montante devido pelos regimes. Para o processamento do requerimento de compensação financeira pelo sistema, o Instituto Nacional do Seguro Social (INSS) e os Regimes Próprios de Previdência Social (RPPS) celebram termo de adesão com a Secretaria Especial de Previdência e Trabalho do Ministério da Economia e contrato com a empresa de tecnologia desenvolvedora do sistema de compensação previdenciária. O Conselho Nacional dos Regimes Próprios de Previdência Social estabelece as diretrizes para as relações negociais do Instituto Nacional do Seguro Social (INSS) e dos os Regimes Próprios de Previdência Social (RPPS) com a empresa de tecnologia responsável pelo desenvolvimento do sistema de compensação previdenciária.

Pelo art. 11, do Decreto Federal nº 10.188, de 20.12.2019, o sistema de compensação previdenciária disponibilizado pela Secretaria de Previdência da Secretaria Especial de Previdência e Trabalho do Ministério da Economia, na forma prevista no artigo anterior, contém o cadastro atualizado de todos os benefícios objeto de compensação financeira entre o Regime Geral de Previdência Social (RGPS) e os Regimes Próprios de Previdência Social (RPPS), e destes entre si, incluído o total que cada regime deve aos demais como compensação financeira. Até o dia trinta de cada mês, deve ser disponibilizado ao regime de origem o total a ser por ele desembolsado a cada regime instituidor referente a competência do mês anterior, que corresponde ao somatório do fluxo mensal, do fluxo acumulado e do estoque Regime Geral de Previdência Social (RGPS) ou estoque Regime Próprio de Previdência Social (RPPS), cujo desembolso deve ser feito até o quinto dia útil do mês subsequente. Os desembolsos pelo regime de origem só são feitos para o regime instituidor que comprovar ser credor no cômputo da compensação financeira devida entre ambos os regimes. O pagamento da compensação financeira pelo Regime Geral de Previdência Social (RGPS) exige a comprovação da inexistência de débitos do ente federativo do regime instituidor pelo não recolhimento de contribuições previdenciárias devidas ao regime acima e pelo disposto no art. 8º da Lei nº 9.702, de 17.11.1998. A Secretaria Especial de Previdência e Trabalho do Ministério da Economia, ouvido o Conselho Nacional dos Regimes Próprios de Previdência Social, pode estabelecer a parcela mínima mensal de desembolso ao regime instituidor, cujo valor inferior ao piso deve ser acumulado até alcançar o valor estipulado.

Na hipótese de descumprimento do prazo de desembolso estipulado, são aplicadas as mesmas normas em vigor para atualização dos valores dos recolhimentos em atraso de contribuições previdenciárias arrecadadas pelo Regime Geral de Previdência Social (RGPS). O não pagamento no prazo estabelecido a qualquer regime resulta na suspensão do pagamento da compensação financeira devida pelo Regime Geral de Previdência Social (RGPS) e poderá ensejar a inscrição do ente federativo do regime de origem em dívida ativa federal, estadual, distrital ou municipal. Os pagamentos suspensos devem ser reajustados na forma prevista e esta suspensão não pode ser considerada atraso de pagamento para aplicação de mora. A Secretaria Especial de Previdência e Trabalho do Ministério da Economia, ouvido o Conselho Nacional dos Regimes Próprios de Previdência Social, estabelecer prazo para que o regime de origem analise os requerimentos apresentados pelos regimes instituidores, observada a ordem cronológica dos requerimentos, sobre o qual incide a mesma atualização dos valores dos recolhimentos em atraso de contribuições previdenciárias arrecadadas pelo Regime Geral de Previdência Social (RGPS) aos requerimentos que ultrapassarem o prazo determinado.

Aplica-se a prescrição quinquenal, nos termos do disposto no Decreto Federal nº 20.910, de 06.05.1932, aos valores não pagos nem reclamados em época própria do surgimento da pretensão, que ocorre: a) no primeiro dia subsequente ao registro do ato concessório de aposentadoria ou a pensão pelo Tribunal de Contas competente, quando o regime instituidor for o Regime Próprio de Previdência Social (RPPS); b) no primeiro dia subsequente ao recebimento da primeira prestação, quando o regime instituidor for o Regime Geral de Previdência Social (RGPS). O prazo prescricional da compensação financeira relativo ao período do estoque do Regime Próprio de Previdência Social (RPPS) deve ser contado a partir da entrada em vigor deste Decreto.

Os regimes instituidores devem registrar imediatamente no sistema de compensação previdenciária qualquer revisão do benefício objeto de compensação financeira ou sua extinção total ou parcial. Caso a revisão do benefício modifique o seu valor inicial, são utilizados os mesmos parâmetros para a concessão da compensação financeira, recalculados os valores de compensação devidos ao regime instituidor desde a data de início de pagamento do benefício, observada a prescrição quinquenal. Na hipótese de revisão do benefício pela apresentação de novos elementos que resultem em decisão administrativa ou em decisão judicial que não possuam efeitos retroativos, os valores da compensação financeira deve ser recalculados a partir do pagamento do valor do benefício revisado, observada a prescrição quinquenal. As diferenças de valores decorrentes da revisão ou do pagamento de compensação financeira em relação a benefício cessado são compensadas no mês seguinte ao da constatação. O direito de anular os atos de concessão, revisão ou indeferimento da compensação financeira decai no prazo de cinco anos, contado da data em que tenham sido praticados, exceto se comprovada má-fé, nos termos do disposto no art. 54, da Lei Federal nº 9.784, de 29.01.1999.

Caso a unidade gestora do Regime Próprio de Previdência Social (RPPS) possua personalidade jurídica própria, o ente federativo responde solidariamente pelas obrigações previstas no Decreto Federal nº 10.188, de 20.12.2019. Os recursos financeiros recebidos pelo regime a título de compensação financeira somente podem ser utilizados no pagamento de benefícios previdenciários do respectivo regime.

O tempo de serviço equivalente ao período das contribuições apuradas e parceladas nos termos do disposto no art. 154 do Regulamento da Organização e do Custeio da Seguridade Social, aprovado pelo Decreto Federal nº 2.173, de 05.03.1997, devidas por Estados, Distrito Federal e Municípios ao Instituto Nacional do Seguro Social (INSS) em razão da extinção de Regime Próprio de Previdência Social (RPPS) com o retorno dos respectivos servidores ao Regime Geral de Previdência Social (RGPS), desde que não tenha sido compensado com contribuições previdenciárias devidas a este regime, computada-se como tempo de contribuição ao Regime Geral de Previdência Social (RGPS). Inclusive, para efeito de contagem recíproca de tempo de contribuição e apuração do valor da compensação financeira de que trata este Decreto. Compete ao Instituto Nacional do Seguro Social (INSS) a emissão de Certidão de Tempo de Contribuição (CTC) referente ao tempo de contribuição tratado acima. Cabe recurso administrativo da análise dos requerimentos da compensação financeira entre o Regime Geral de Previdência Social (RGPS) e os Regimes Próprios de Previdência Social (RPPS) e entre estes regimes e do pagamento dos valores relativos à compensação financeira, que deve ser julgado pelo Conselho de Recursos da Previdência Social, na forma definida em seu regimento interno.

Pelo art. 18, fica instituído o Conselho Nacional dos Regimes Próprios de Previdência Social, com as seguintes competências:

> Art. 18. ....
> I - participar da definição das políticas e das diretrizes gerais relativas aos RPPS; II - propor a elaboração e a revisão de normas e procedimentos

> relativos aos RPPS e à compensação financeira entre o RGPS e os RPPS e destes entre si; III - examinar proposições de normas e procedimentos relativos aos RPPS e à compensação financeira entre os regimes; IV - deliberar sobre os parâmetros, as diretrizes e os critérios de responsabilidade previdenciária na instituição, na organização e no funcionamento dos RPPS, relativos a custeio, benefícios, atuária, contabilidade, aplicação e utilização de recursos e constituição e manutenção dos fundos previdenciários, a serem estabelecidos pela Secretaria Especial de Previdência e Trabalho do Ministério da Economia; V - propor metas e ações que contribuam para o aprimoramento dos RPPS e da compensação financeira; VI - participar da definição e acompanhar o desenvolvimento de sistemas relativos aos RPPS e à compensação previdenciária; VII - participar da definição de ações de educação previdenciária, de intercâmbio de informações e de articulação entre órgãos e entidades, públicas ou privadas, nacionais ou internacionais que atuem com previdência; VIII - acompanhar e avaliar a implementação de políticas, diretrizes gerais, metas, ações e a aplicação das normas e dos procedimentos relativos aos RPPS e à compensação financeira pelos entes federativos; IX - deliberar sobre o Programa de Certificação Institucional e Modernização da Gestão dos Regimes Próprios de Previdência Social da União, dos Estados, do Distrito Federal e dos Municípios - Pró-Gestão RPPS; e X - elaborar e aprovar o seu regimento interno.

Pelo art. 19, do Decreto Federal nº 10.188, de 20.12.2019, o Conselho Nacional dos Regimes Próprios de Previdência Social deve ser composto por representantes dos seguintes órgãos e entidades: "I - do Ministério da Economia: a) dois da Secretaria de Previdência da Secretaria Especial de Previdência; e b) um da Secretaria de Gestão e Desempenho de Pessoal da Secretaria Especial de Desburocratização, Gestão e Governo Digital; II - um do INSS; III - um dos Tribunais de Contas dos Estados, do Distrito Federal ou dos Municípios; IV - sete dos Estados, do Distrito Federal ou dos Municípios, dentre os quais: a) dois de RPPS dos Estados ou do Distrito Federal; b) dois de RPPS dos Municípios; c) um de entidade de âmbito nacional representativa de unidades gestoras de RPPS; d) um de entidade de âmbito nacional representativa dos Estados e do Distrito Federal; e e) um de entidade de âmbito nacional representativa dos Municípios; e V - três de segurados e beneficiários de RPPS, dentre os quais: a) um da União; b) um dos Estados ou do Distrito Federal; e c) um dos Municípios". Cada membro do Conselho Nacional dos Regimes Próprios de Previdência Social deve ter um suplente, que o substituem em suas ausências e impedimentos.

Capítulo 8

ADMINISTRAÇÃO PREVIDENCIÁRIA

Sumário: **8.1.** Certidão Negativa de Débito (CND) e Outras Exigências; **8.2.** Certificado de Regularidade Previdenciária (CRP); **8.3.** Certidão de Tempo de Contribuição; **8.4.** Equilíbrio Financeiro e Atuarial do Regime Próprio; **8.5.** CNIS e Seus Problemas. **8.6.** Administração Financeira do Regime Próprio. **8.7.** Defeitos no Processo de Aposentadoria. **8.8.** Aplicação Financeira e Outros Investimentos. **8.9.** Aplicação em Imóveis. **8.10.** Anbima, CPA-10 e CPA-20.

8.1. Certidão Negativa de Débito (CND) e Outras Exigências

A Certidão Negativa de Débito (CND) é documento fundamental para a existência financeira e econômica das empresas e também dos órgãos públicos. Com ele, atesta-se a situação regular com a Fazenda Pública, seja Federal, Estadual, Distrital ou Municipal. No âmbito federal, atualmente as contribuições sociais da seguridade são administradas pela Secretaria da Receita Federal, como responsável pelo sistema previdenciária, analisando a regularidade fiscal das empresas, conforme a Lei Federal nº 11.457, de 16.03.2007, que instituiu a Super Receita. Incluem a receita de contribuições previdenciárias, em geral empresas e empregados, ligados diretamente ao sistema de benefícios, e também das contribuições da seguridade, como o PIS/PASEP, o COFINS e a contribuição social sobre lucro líquido (CSSL), além dos impostos e das principais taxas federais.

Não existe exigência de Certidão Negativa de Débito (CND) para pessoa física, nem para os segurados ou para os empregados domésticos, que não necessitam comprovar regularidade fiscal. Cabe a cobrança apenas se a pessoa física for responsável por matrícula de obra de construção civil, ou para produtores rurais, responsáveis pelo recolhimento da sua própria contribuição. A CND pode agora ser obtida pela internet, acessando-se o site da Secretaria da Receita

Federal do Brasil (www.receita.fazenda.gov.br). Pelo Decreto Federal nº 5.512, de 15.08.2005, a validade do documento passou de noventa para cento e oitenta dias, contados da emissão, com a autenticidade estabelecida também pelo site da Receita Federal do Brasil.

A emissão de Certidão Negativa de Débito (CND) está prevista no *caput* do art. 205 do Código Tributário Nacional, Lei Federal nº 5.172, de 25.10.1966, do seguinte modo: "A lei poderá exigir que a prova da quitação de determinado tributo, quando exigível, seja feita por certidão negativa, expedida à vista de requerimento do interessado, que contenha todas as informações necessárias à identificação de sua pessoa, domicílio fiscal e ramo de negócio ou atividade e indique o período a que se refere o pedido. Parágrafo único. A certidão negativa será sempre expedida nos termos em que tenha sido requerida e será fornecida dentro de 10 (dez) dias da data da entrada do requerimento na repartição".

A matéria é tratada, ainda, pelo art. 206, que fixa a chamada Certidão Positiva com efeito de Negativa de Débito, pelo art. 207, que dispõe sobre a forma de se dispensar a prova da quitação de tributos, e pelo do art. 208, que versa sobre a Certidão Negativa de Débito (CND) expedida com dolo ou fraude e suas implicações penais. A matéria está ainda no Plano de Custeio da Seguridade Social, Lei Federal nº 8.212, de 24.07.1991, nos arts. 47 e 48, bem como no Decreto Federal nº 3.048, de 06.05.1999, nos arts. 257 ao 265. No plano da Secretaria da Receita Federal do Brasil, está no art. 33 da Lei Federal nº 8.212, de 24.07.1991.

No caso dos Estados, do Distrito Federal e dos Municípios estarem em débito com a previdência social, a União pode reter os recursos do Fundo de Participação dos Estados (FPE) e do Fundo de Participação dos Municípios (FPM). Mais ainda, não pode efetuar qualquer tipo de contratação de recursos com órgãos federais, como mais uma forma de forçar que regularizem sua situação com as dependências com o Regime Geral de Previdência Social (RGPS), através da Secretaria da Receita Federal do Brasil.

Para Ivan Kertzman, "**A inexistência de débito** em relação às contribuições devidas ao Instituto Nacional do Seguro Social é condição necessária para que os Estados, o Distrito Federal e os Municípios possam receber as **transferências dos recursos** do Fundo de Participação dos Estados, do Distrito Federal e dos Municípios, celebrar acordo, contrato, convênio ou ajuste, bem como receber empréstimo, financiamento, aval ou subvenção em geral de órgão ou entidade da administração indireta da União. Para proceder-se ao repasse dos Fundos de Participação, a União deve exigir dos entes federativos os comprovantes de recolhimento de suas contribuições à Previdência, referentes aos três meses imediatamente anteriores, inclusive em relação a débito parcelados".[1]

Existe, ainda, a Certidão Positiva de Débito com Efeitos de Negativa (CPN-EN), quando houver um meio que suspensa a exiquibilidade da cobrança do crédito tributário, no caso de penhora judicial, parcelamento, depósito judicial recurso administrativo ou outra medida com efeitos suspensivos. É importante mencionar que a falta de declaração de valores no documento próprio, valores instituídos pela legislação previdenciária, a GFIP, constitui impeditivo, também, para emissão da Certidão Negativa de Débito (CND).

O Cadastro Informativo de Créditos não Quitados do Setor Público Federal (Cadin) é tratado na Lei Federal nº 10.522, de 19.07.2002, e pela Portaria da Secretaria do Tesouro Nacional nº 685, de 14.09.2006. Esse Cadastro é um banco de dados pelo qual se registram os nomes de pessoas físicas ou jurídicas, que sejam responsáveis por obrigação tributária vencida e não paga, para com órgão ou entidade da Administração Pública Federal, direta e indireta. Se os Estados ou os Municípios tiverem algum débito, inclusive contribuição social previdenciária, são colocados no Cadin e passam a sofrer restrições quanto à realização de convênio, contrato ou financiamento. Existe, também, o Cadastro Único de Convênios (CAUC), que se trata de base de dados integrante do Sistema Integrado de Administração Financeira do Governo Federal (SIAFI), instituído pela Instrução Normativa STN nº 1, de 04.05.2001, que contém informações sobre os convênios com recursos federais. Se o Município ou o Estado não pagam uma GFIP, guia de recolhimento de contri-

1 "Lembre-se de que, na qualidade de equiparado à empresa, o órgão público possui todas as obrigações fiscais no que tange à contratação de trabalhadores vinculados ao Regime Geral de Previdência Social. Esta situação tem maior relevância quando o Município não possui regime próprio de previdência instituído, sendo, desta forma, todos seus trabalhadores incluídos no RGPS" (KERTZMAN, Ivan. *Curso Prático de Direito Previdenciário, op. cit.*, p. 261).

buição sociais da seguridade, gera inclusão no CAUC, no Cadim e impede a emissão de Certidão Negativa de Débito (CND).

O parcelamento das contribuições sociais de seguridade foi modificado pela Medida Provisória nº 449, de 04.12.1998, que revogou o art. 38 da Lei Federal nº 8.212, de 24.07.1991, que dispunha sobre a matéria. Depois, veio a Lei Federal nº 10.522, de 19.07.2002, no seu art. 10, que previu que os débitos de qualquer natureza para com a Fazenda Nacional podem ser parcelados, em até sessenta parcelas mensais. Esse parcelamento se formaliza no momento em que se paga a primeira prestação, conforme o montante do débito e o prazo determinado, com a observação de valor mínimo para cada prestação. Esse ato é formulado em conjunto com a Secretaria da Receita Federal doa Brasil e a Procuradoria-Geral da Fazenda Nacional, no art. 11 da lei acima. Depois de cumpridas as condições estabelecidas, o parcelamento deve ser consolidado na data do pedido ou considerado automaticamente deferido, depois de noventa dias, contados da data do pedido de parcelamento. O valor de cada prestação mensal é acrescido de juros equivalentes à taxa referencial do Sistema Especial de Liquidação e de Custódia (SELIC), acumulada mensalmente.

É possível também o parcelamento quando a dívida estiver inscrita na Dívida Ativa da União ou mesmo ajuízada, quando deve ser cobrado honorário, custas, emolumentos e demais encargos. Existem, ainda, os parcelamentos especiais, que abrangem um período maior de dívida, com dispensa de alguns encargos, com período que vão de cento e oitenta a duzentos e quarenta meses. De modo geral, se o Ente Federativo tiver cuidado, é uma oportunidade imperdível de regularizar a vida de seu órgão público e poder de administrar com tranquilidade.

8.2. Certificado de Regularidade Previdenciária (CRP)

O Certificado de Regularidade Previdenciária (CRP), previsto no art. 8º, do Decreto nº 3.788, de 11.04.2001, é o documento que atesta a adequação do Regime de Previdência Social (RPPS) de Estado, Distrito Federal ou de Município ao disposto na Lei Federal nº 9.717, de 1998, na Lei Federal nº 10.887, de 18.06.2004, e na Portaria MPS nº 402, de 10.12.2008, de acordo com os critérios definidos na Portaria MPS nº 204, de 10.07. 2008.

O acompanhamento e a supervisão dos RPPS são registrados no Sistema de Informações dos Regimes Públicos de Previdência Social

(CADPREV), pelo art. 9º do referido decreto, administrado pela Secretaria de Políticas de Previdência Social (SPPS), do Ministério da Previdência Social (MPS). No CADPREV constam os dados e a situação do RPPS que é divulgada em extrato previdenciário resumido, disponível para consulta no endereço eletrônico do MPS na rede mundial de computadores Internet.

O Certificado de Regularidade Previdenciária (CRP) consiste no documento emitido pela Secretaria de Políticas de Previdência Social (SPS), do Ministério da Previdência Social (MPS), que certifica a regularidade de Regime Próprio de Previdência Social (RPPS), com base nos parâmetros da Lei Federal nº 9.717, de 27.11.1998. No entanto, não existe um dispositivo de lei que autorize a exigência federal, podendo ser considerado inconstitucional por ferir o princípio da legalidade. O Certificado de Regularidade Previdenciária (CRP) foi instituído pelo Decreto Federal nº 3.788, de 11.04.2001, sendo exigível, nos casos de realização de transferências voluntárias de recursos da União, para a celebração de acordos, contratos, convênios ou ajustes. No mesmo sentido, veda a concessão de empréstimos, financiamentos, avais e subvenções em geral de órgãos ou entidades da Administração Federal direta ou indireta.

A constitucionalidade das exigências da Lei Federal nº 9.717, de 27.11.1998, que prevê sanções contra entidade previdenciária, bem como do Decreto Federal nº 3.788, de 11.04.2001, que estabeleceu o Certificado de Regularidade Previdenciária (CRP), mereceu discussão no Supremo Tribunal Federal.

Nos termos do decreto acima, esse certificado deve ser exigido sempre que os Estados, o Distrito Federal e os Municípios forem beneficiários de transferências voluntárias por parte da União; quando celebrarem acordos, contratos, convênios ou ajustes com órgãos ou entidades da Administração direta e indireta da União; quando efetuarem empréstimos, financiamentos, avais e subvenções em geral com órgãos ou entidades da União; quando celebrarem empréstimos e financiamentos com instituições financeiras federais; quando receberem repasse dos valores devidos em razão da compensação previdenciária, conforme os incisos I, II, III e IV do seu art. 1°.

A partir de um confronto, entre os textos do art. 24, inciso XII e art. 25, § 1º, da Constituição da República, e do art. 9º, da Lei nº 9.717, de 27.11.1998, observa-se que essa ultrapassou os limites constitucionais da autonomia do ente federal. A negativa da União, por intermédio de seu Ministério Previdência e Assistência Social, em emitir o Certificado de Regularidade Previdência acarreta danos praticamente irremediáveis à Administração Pública Estadual, Distrital ou Municipal, que se vêem impossibilitadas em dar continuidade aos programas de previdência própria.

Disso resultou a antecipação de tutela na Ação Civil Originária nº 830-1/Paraná, no Supremo Tribunal Federal, que teve como relator o Ministro Marco Aurélio, que decidiu, ainda em 2007, que:

> "[...]
> Colho da longa inicial de folha 2 a 26, acompanhada dos documentos de folha 27 a 65, como causa de pedir, a inconstitucionalidade da Lei nº 9.717/98, que estabelece obrigações a serem cumpridas pela entidade previdenciária estadual e, caso inobservadas, sanções. Asseveram os autores a inconstitucionalidade do Decreto nº 3.788/01, que criou o Certificado de Regularidade Previdenciária – CRP, cuja apresentação perante órgãos da administração direta e indireta da União tornou-se obrigatória. Sustentam que, ante enfoque dos órgãos próprios, a ré vem se negando a renovar o certificado. Argumentam com o princípio regulador da autonomia, para organizarem-se, das unidades da Federação, afirmando caber, a cada qual, dispor sobre matéria previdenciária e, à União, a edição de normas gerais. Asseveram que os limites reservados pela Constituição Federal à atuação da União foram extravasados, olvidando-se a legitimação concorrente dos Estados. Mediante o preceito do artigo 9º da Lei nº 9.717/98, fora concedido ao Ministério da Previdência e Assistência Social o poder de controle dos órgãos previdenciários estaduais. Em suma, teria sido editada regulamentação com eficácia nacional. Evocam precedentes desta Corte – Recurso Extraordinário nº 87.932/RS, Segunda Turma, com acórdão publicado no Diário da Justiça de 14 de setembro de 1979, e pronunciamento individual na Ação Cível Originária nº 702-1/CE.
> [...]
> Constato, neste exame preliminar, que se adentrou não o campo do simples estabelecimento de normas gerais. Atribuem-se a ente da Administração Central, ao Ministério da Previdência e Assistência Social, atividades administrativas em órgãos da Previdência Social dos Estados, do Distrito Federal, dos Municípios e dos fundos a que se refere o artigo 6º da citada lei. A tanto equivale a previsão de que compete ao Ministério da Previdência e Assistência Social orientar, supervisionar e acompanhar as práticas relativas à previdência social dos servidores públicos das unidades da Federação. Mais do que isso, mediante o preceito do artigo 7º, dispôs-se sobre sanções diante do descumprimento das normas – que se pretende enquadradas como gerais. Deparo, assim, com quadro normativo federal que, à primeira vista, denota o extravasamento dos limites constitucionais, da autonomia própria, em se tratando de uma Federação. Uma coisa é o estabelecimento de normas gerais a serem observadas pelos Estados membros. Algo diverso é, a pretexto da edição dessas normas, a ingerência na administração dos Estados, quer sob o

ângulo direto, quer sob o indireto, por meio de autarquias. Vale frisar que não prospera o paralelo feito entre a legislação envolvida na espécie e a denominada Lei de Responsabilidade Fiscal, editada a partir de previsão expressa contida no artigo 169 da Constituição Federai, impondo limites a serem atendidos pelos Estados, Distrito Federal e Municípios".

A Portaria MPS/GM nº 307, de 20.06.2013, alterou a Portaria MPS/GM nº 204, de 10.07.2008, e a Portaria MPS/GM nº 402, de 10.12.2008, particularmente sobre o Certificado de Regularidade Previdenciária (CRP) e suas informações essenciais. Por outro lado, a Portaria nº 312, de 02.07.2013, de 02.07.2013, alterou igualmente a Portaria MPS/GM nº 204, de 10.07.2008, quanto à emissão do Certificado de Regularidade Previdenciária (CRP) e do CADPREV. Se houver débito do ente federativo para com o Regime Próprio de Previdência Social, a Portaria MPS nº 400, de 16.09.2013, autorizou parcelamento de débitos de caráter excepcional.

8.3. Certidão de Tempo de Contribuição

Os Regimes Próprios de Previdência Social dos servidores públicos titulares de cargos efetivos, dos Magistrados, dos Ministros e dos Conselheiros dos Tribunais de Contas, e dos membros do Ministério Público de qualquer dos poderes da União, dos Estados, do Distrito Federal e dos Municípios, incluídas suas autarquias e fundações, emitirão Certidão de Tempo de Contribuição (CTC), nos termos da Portaria nº 154, de 15.05.2008.

O tempo de contribuição para Regime Próprio de Previdência Social (RPPS) deve ser provado com CTC fornecida pela unidade gestora do RPPS ou, excepcionalmente, pelo órgão de origem do servidor, desde que devidamente homologada pela respectiva unidade gestora do RPPS, conforme o art. 2º da portaria acima. O ente federativo expede a CTC mediante requerimento formal do interessado, no qual esclarecerá o fim e a razão do pedido. Até que seja instituído sistema integrado de dados que permita a emissão eletrônica de CTC pelos RPPS, a certidão deve ser datilografada ou digitada e conterá numeração única no ente federativo emissor, não podendo conter espaços em branco, emendas, rasuras ou entrelinhas que não estejam ressalvadas antes do seu desfecho.

O tempo de contribuição para o Regime Geral de Previdência Social – RGPS deverá ser comprovado com CTC fornecida pelo setor competente do Instituto Nacional do Seguro Social (INSS). Para fins de concessão de aposentadoria, na forma de contagem recíproca, só pode ser aceita CTC emitida por regime de previdência social, geral ou próprio. O setor competente da União, do Estado, do Distrito Federal e do Município promove o levantamento do tempo de contribuição para o RPPS à vista dos assentamentos funcionais do servidor.

Pelo art. 6º da portaria comentada, após as providências acima e observado, quando for o caso, a unidade gestora do RPPS ou o órgão de origem do servidor deve emitir a CTC sem rasuras, constando, obrigatoriamente, no mínimo: a) órgão expedidor; b) nome do servidor, matrícula, RG, CPF, sexo, data de nascimento, filiação, PIS ou PASEP, cargo efetivo, lotação, data de admissão e data de exoneração ou demissão; c) período de contribuição ao RPPS, de data a data, compreendido na certidão; d) fonte de informação; e) discriminação da frequência durante o período abrangido pela certidão, indicadas as alterações existentes, tais como faltas, licenças, suspensões e outras ocorrências; f) soma do tempo líquido; g) declaração expressa do servidor responsável pela certidão indicando o tempo líquido de efetiva contribuição em dias, ou anos, meses e dias; h) assinatura do responsável pela emissão da certidão e do dirigente do órgão expedidor; i) indicação da lei que assegure ao servidor aposentadorias voluntárias por idade e por tempo de contribuição e idade, aposentadorias por invalidez e compulsória e pensão por morte, com aproveitamento de tempo de contribuição prestado em atividade vinculada ao RGPS ou a outro RPPS; j) documento anexo contendo informação dos valores das remunerações de contribuição, por competência, a serem utilizados no cálculo dos proventos da aposentadoria; k) homologação da unidade gestora do RPPS, no caso da certidão ser emitida por outro órgão da administração do ente federativo.

A CTC deve ser expedida em duas vias, das quais a primeira deve ser fornecida ao interessado, mediante recibo passado na segunda via, implicando sua concordância quanto ao tempo certificado. A primeira via original da CTC compõe o processo de averbação de tempo de contribuição perante o regime instituidor do benefício, bem como o processo da aposentadoria em que houver a contagem recíproca de tempo de contribuição. A segunda via da certidão, com recibo do interessado, é arquivada no órgão emissor ou na unidade gestora do RPPS, para fins de controle.

Pelo art. 8º da portaria comentada, a unidade gestora do RPPS e o órgão emissor da CTC devem efetuar, respectivamente, no registro individualizado do participante no RPPS e nos assentamentos funcionais do servidor, anotação contendo, no mínimo, os seguintes dados: a) número da CTC e respectiva data de emissão; b) o tempo líquido de contribuição somado na certidão expresso em dias e em anos, meses e dias; c) os períodos certificados.

Quando solicitado pelo servidor que exerceu cargos constitucionalmente acumuláveis é permitida a emissão de CTC única com destinação do tempo de contribuição para, no máximo, dois regimes previdenciários distintos, devendo constar o período integral de contribuição ao RPPS, bem como os períodos a serem aproveitados em cada um dos regimes instituidores, segundo indicação do requerente. A CTC deve ser expedida em três vias, das quais a primeira e a segunda serão fornecidas ao interessado, mediante recibo passado na terceira via, implicando sua concordância quanto ao tempo certificado. A CTC só pode ser fornecida para os períodos de efetiva contribuição para o RPPS. Podem ser certificados os períodos de afastamento, desde que o cômputo seja autorizado por lei e tenha havido a correspondente contribuição ao RPPS.

Pelo art. 11 da portaria comentada são vedadas: a) a contagem de tempo de contribuição de atividade privada com a de serviço público ou de mais de uma atividade no serviço público, quando concomitantes; b) a emissão de CTC para período que já tiver sido utilizado para a concessão de aposentadoria, em qualquer regime de previdência social; c) a emissão de CTC para período fictício, salvo se o tempo fictício tiver sido contado até 16 de dezembro de 1998 como tempo de serviço para efeito de aposentadoria, conforme previsão legal; d) a emissão de CTC com conversão de tempo de serviço exercido sob condições especiais em tempo de contribuição comum. Entende-se como tempo fictício aquele considerado em lei como tempo de contribuição para fins de concessão de aposentadoria sem que tenha havido, por parte do servidor, a prestação de serviço ou a correspondente contribuição. O tempo de serviço considerado para efeito de aposentadoria por lei e cumprido até 16 de dezembro de 1998 deve ser contado como tempo de contribuição. Podem constar na CTC os períodos de filiação a RPPS posteriores a data acima em que tenha havido a prestação de serviço sem ocorrência de contribuição por falta de alíquota de contribuição instituída pelo ente. As informações das remunerações de contribuições devem corresponder aos valores das respectivas remunerações do cargo efetivo.

A CTC só pode ser emitida para ex-servidor. Na hipótese de vinculação do servidor ao RGPS por força de lei do ente federativo, pode ser emitida a CTC relativamente ao período de vinculação ao RPPS, mesmo que o servidor não esteja exonerado ou demitido do cargo efetivo na data do pedido. No caso de acumulação lícita de cargos efetivos no mesmo ente federativo, só é ser emitida CTC relativamente ao tempo de contribuição no cargo do qual o servidor se exonerou ou foi demitido. Na apuração das remunerações de contribuições, deve ser observada a legislação vigente em cada competência a ser discriminada, bem com as alterações das remunerações de contribuições que tenham ocorrido, em relação às competências a que se referirem. Entende-se como remuneração de contribuição os valores da remuneração ou subsídio utilizado como base para o cálculo da contribuição do servidor ao RPPS a que esteve vinculado.

Concedido o benefício, cabe ao órgão concessor comunicar o fato, por ofício, ao regime previdenciário emitente da CTC, para os registros e providências cabíveis. Pode haver revisão da CTC pelo ente federativo emissor, inclusive para fracionamento de períodos, desde que previamente devolvida a certidão original. É admitida revisão da CTC para fracionamento de períodos somente quando a certidão comprovadamente não tiver sido utilizada para fins de aposentadoria no RGPS ou para fins de averbação ou de aposentadoria em outro RPPS, ou ainda, uma vez averbado o tempo, este não tiver sido utilizado para obtenção de qualquer direito ou vantagem no RPPS.

Pelo art. 16, da portaria comentada, para possibilitar a revisão da CTC, o interessado deve apresentar: a) requerimento escrito de cancelamento da certidão, no qual esclarece o fim e a razão do pedido; b) a certidão original, anexa ao requerimento; c) declaração emitida pelo regime previdenciário a que se destinava a certidão, contendo informações sobre a utilização, ou não, dos períodos lavrados na certidão e, em caso afirmativo, para que fins foram utilizados. No caso de solicitação de 2ª via da CTC, o requerimento deve expor as razões que justificam o pedido.

Os entes federativos e o INSS devem disponibilizar na rede mundial de computadores – internet – as respectivas CTC´s emitidas, digitalizadas, para permitir a confirmação da veracidade por parte do regime previdenciário destinatário. O endereço eletrônico para consulta na internet deve constar na própria CTC. Quando não for possível a disponibilização e confirmação da veracidade da CTC na página da internet do órgão emissor, o órgão destinatário pode solicitar ao emissor, por ofício, sua ratificação ou retificação. Caso a CTC não tenha a veracidade confirmada ou caso seja retificada pelo órgão emissor, eventual concessão de benefício ou vantagem já ocorrida com base na certidão deve ser revista, de ofício, pelo regime destinatário. Após a conclusão do processo de revisão, o resultado deve ser comunicado ao órgão emissor da CTC para eventual revisão de compensação previdenciária, caso esta já tenha sido requerida e concedida.

Pelo art. 19 da portaria comentada, cabe revisão da CTC, inclusive de ofício, quando for constatado erro material e desde que tal revisão não importe em dar à certidão destinação diversa da que lhe foi dada originariamente. A revisão deve ser precedida de solicitação de devolução da certidão original ao órgão destinatário da CTC. Na impossibilidade de prévio resgate da certidão original, cabe ao órgão emissor encaminhar a nova CTC ao órgão destinatário, acompanhada de ofício informando os motivos da revisão e o cancelamento da CTC anteriormente emitida, para fins de anulação dos seus efeitos.

Para revisão da CTC que tenha sido utilizada no RGPS ou em outro RPPS, aplica-se o prazo decadencial estabelecido para esse fim na forma da legislação do ente federativo, salvo comprovada má-fé. No caso de ausência de lei do ente federativo que estabeleça prazo decadencial para revisão da CTC, aplica-se o prazo decadencial de dez anos, contados da data de emissão da certidão, salvo comprovada má-fé, conforme estabelece no âmbito do RGPS a Lei Federal nº 8.213, de 24.07.1991.

Pelo art. 21 da portaria comentada, os entes federativos fornecem ao servidor detentor exclusivamente de cargo de livre nomeação e exoneração, e ao servidor titular de cargo, emprego ou função amparado pelo RGPS, documento comprobatório do vínculo funcional, para fins de concessão de benefícios ou para emissão de CTC pelo RGPS, sem prejuízo da apresentação da Guia de Recolhimento do Fundo de Garantia por Tempo de Serviço e Informações à Previdência Social (GFIP). O ente federativo deve fornecer, também, Declaração de Tempo de Contribuição na forma do formulário constante no Anexo III, da Portaria comentada. Cabe ao ente federativo disciplinar os procedimentos internos adequados ao cumprimento do disposto nesta Portaria.

8.4. Equilíbrio Financeiro e Atuarial do Regime Próprio

O equilíbrio financeiro e atuarial está previsto no *caput* do art. 40 da Constituição Federal. Para se obter esse equilíbrio, informa Magadar Rosália Costa Briguet e outros que "o custo previdenciário é sempre um 'valor' estimado e seus cálculos dependem de três elementos: a) da base normativa dos benefícios, também conhecida como desenho do plano que define as características do plano previdenciário, isto é, os aspectos relativos aos benefícios que são oferecidos, indicando o rol de benefícios oferecidos, apontando as regras de cálculo dos valores de cada um deles, estabelecendo o método de indexação, ou seja, de reajuste do valor de cada benefício, explicitando os critérios de carência para a aquisição do direito aos benefícios e, ainda, determinando outros requisitos de exigibilidade; b) da base atuarial, ou seja, nas hipóteses atuarias adotadas para o cálculo do valor futuro dos pagamentos de cada benefício, tais como: previsão do crescimento real das remunerações, expectativa de vida, estimativa da taxa de inflação futura, taxa de juros futuros; c) da base cadastral, ou seja, das características individuais de cada servidor participante do regime próprio. Daí a importância dos cadastramentos ou recadastramentos dos servidores para dar suporte de montagem, manutenção e ajustes/reajustes do custo previdenciário".[2]

O equilíbrio atuarial é obtido através da ciência atuarial, que consiste em técnicas específicas de análise de riscos e expectativas, em especial na administração de seguros e de fundos de pensão, compreendendo conhecimentos específicos das matemáticas estatística e financeira. A atuária moderna nasceu com o advento da probabilidade, no final da primeira metade do século XIX, na Grã-

---

2 BRIGUET, Magadar Rosária Costa, VICTORINO, Maria Cristina Lopes, e HORVATH JÚNIOR, Miguel. *Previdência Social*: aspectos práticos e doutrinários dos regimes jurídicos próprios, *op. cit.*, p. 134.

Bretanha, em estudos destinados a entidades da área de seguros de vida por morte, basicamente com o objetivo de estudar a mortalidade da população. As fontes com referência a jogos de azar, até o começo deste século, não faziam uma distinção clara entre probabilidade e acaso, nem come eventos como a morte, o jogo de dados, a roleta, as cartas ou as loterias. A diferença entre tais eventos resulta de que o seguro é uma aposta contra um risco conhecido e esperado, um risco inerente às atividade humanas, ao passo que, na aposta em jogos de azar, o jogador chama para si um risco desnecessário à sua vida habitual.

Por conta de um mercado financeiro sedento de novos negócios, criou-se a base para o surgimento da "matemática atuarial", depois do cálculo da probabilidade de Blaise Pascal (1623-1662). John Graunt (1620-1674) e Edmond Halley (1656-1742), na Grã-Bretanha, com base nos registros de nascimentos e óbitos, estudaram o problema levando em conta as leis da probabilidade e da expectativa de vida humanas. Depois houve novo avanços no cálculo de rendas, com James Dodson (1723-1757) e De Witt (1769-1828), na Holanda, a quem se atribui a invenção da ciência atuarial. Ocorreu a constituição e especialização das "tábuas de vida", assim como as comutações, bases para a ciência atuarial.

No século XX, a área de seguros cresceu bastante e aumentou a abrangência do estudo atuarial. Passou a haver a inserção cada vez mais regular das empresas de seguro e de aposentadorias no mercado financeiro, permitindo que a ciência atuarial se especializasse cada vez mais em campos econômicos e financeiros. O atuário desenvolve suas atividades várias atividades econômicas e financeiras, como previdência social, seguros, resseguros, capitalização, fundos de pensão, loterias, planos de financiamento, investimentos, prêmios, sorteios e jogos de azar. Existe uma demanda particular, no século XXI, com os Regimes Próprios de Previdência Social (RPPS), que exigem cálculos complexos das receitas do custeio e dos custos dos benefícios.

Para Antonio Cordeiro Filho, "para que se estude uma massa de vivos que podem ficar doentes, é necessário fazer um corte – para efeito de análise estatística – de quantos ficarão doentes durante a vida e quantos morrerão durante o período de análise e consequentemente não precisarão utilizar-se de seguros-saúde, planos ou convênios. Esse é um dos caminhos. O outro é analisar massas de pessoas vivas que possam sofrer morbidade ao longo do tempo sem considerar que elas falecerão num determinado momento da tábua biométrica. Dos fatores que influem diretamente nas morbidades, dois deles são os mais visíveis: a idade e o sexo. Assim, é possível montar tábuas de morbilidade. Não é simples. A capacidade orgânica se enfraquece de forma gradual e a média anual de dias de uma doença aumenta com a idade de forma correlacionada. Há diferenças de problemas de saúde entre o homem e a mulher. Homens, por exemplo, não sofrem das intercorrências de parto. Outro fator é o meio ambiente. A insalubridade, regiões muito úmidas, falta de saneamento e proximidade de florestas podem afetar a saúde da população".[3]

A Portaria MPA nº 402, de 10.12.2008, como suas alterações pelas Portarias MPS nº 83, de 18.03.2009, nº 230, de 28.08.2009, e nº 298, de 17.11.2009, dispôs que devem ser observadas as normas gerais previstas para a avaliação atuarial inicial e reavaliações realizadas em cada exercício financeiro para a organização e revisão do plano de custeio e de benefícios. O atuário precisa observar os seguintes aspectos: a) cálculo das obrigações do plano previdenciário, ou seja, o valor total dos seus compromissos; b) cálculo das contribuições necessárias para financiar essas obrigações estimadas; c) reavaliação anual dos planos previdenciários para averiguar o comportamento dos fatos da realidade e confrontá-los com as hipóteses atuariais que adotarem.

8.5. CNIS e Seus Problemas

Foi instituído inicialmente o Cadastro Nacional do Trabalhador, pelo Decreto Federal nº 97.936, de 10.07.1989, DOU de 11.07.1989. Por ele, conforme o art. 1º, fica destinado a registrar informações de interesse do trabalhador, do Ministério do Trabalho (MTb), do Ministério da Previdência Social (MPS) e da Caixa Econômica Federal (CEF). Pelo art. 2º, o CNT é composto pelo sistema de identificação do trabalhador e pelo sistema de coleta de informações so-

3 "Tais fatores estão também relacionados com hereditariedade, profissão, alimentação, qualidade de vida, drogas e ações dos governos, as quais afetam as taxas de morbilidade" (CORDEIRO FILHO, Antonio. *Cálculo Atuarial Aplicado*: teoria e aplicações: exercícios resolvidos e propostos. São Paulo: Atlas, 2009, p. 199).

ciais, compreende os trabalhadores: a) já inscrito no Programa de Integração Social (PIS) e no Programa de Formação do Patrimônio do Servidor Público (PASEP); b) cadastrados no sistema de contribuinte individual da Previdência Social; c) que vierem a ser cadastrados no CNT. A organização inicial do CNT é feita a partir de informações constantes dos cadastros do PIS e do PASEP. O CTN acabou sendo a base para o Conselho Nacional de Informações Sociais (CNIS).

Para efeito de identificação do trabalhador junto ao CNT ficam instituídos: a) o Número de Identificação do Trabalhador (NIT); b) o Documento de Cadastramento do Trabalhador (DCT). O DCT substituíra a Ficha de Declaração de que tratava o § 2º, do art. 13, da Consolidação das Leis do Trabalho (CLT), pelo art. 3º, do decreto. O DCT deve ser preenchido: a) pelos postos competentes, a cada emissão da Carteira do trabalho e Previdência Social (CTPS); b) no caso de contribuintes individuais, pela Previdência Social, que pode utilizar-se dos serviços da rede bancária. Os órgãos e as entidades da Administração Pública identificam os trabalhadores do servidor público não regidos pela CLT, ainda não inscritos no CNT. A cada trabalhador é atribuído em Número de Informação do Trabalhador (NIT), que lhe faculta o acesso às informações referentes aos seus direitos trabalhistas e previdenciários.

Pelo art. 4º do decreto comentado, a coleta de informações sociais é feita por meio do Documento de informações Sociais (DIS), a ser preenchido pelos empregadores, que devem: a) identificar-se pelo número de inscrição no Cadastro Geral de Contribuinte do Ministério da Fazenda (CGC/MF); b) identificar cada trabalhador pelo respectivo NIT. O DIS contem informações relativas: a) à nacionalização do trabalho (CLT, art. 360); b) ao controle dos registros relativos ao Fundo de Garantia por Tempo de Serviço (FGTS), Lei Federal nº 5.107, de 13.09.1966; c) ao salário-de-contribuição do trabalhador, para concessão e manutenção de benefícios por parte da Previdência Social; d) ao pagamento do abono previsto pelo § 3º, do art. 239, da Constituição Federal; e) ao pagamento e controle do serguro-desemprego; f) à admissão e dispensa de empregados, Lei Federal nº 4.923, de 23.12.1965. As informações sociais referentes aos trabalhadores contribuintes individuais da Previdência Social são prestadas ao CNT pelo Ministério da Previdência Social (MPS).

O DIS substituiu os seguintes documentos, pelo art. 5º: "a) Relação Anual de Informações Sociais (RAIS), Decreto nº 76.900, de 23.12.1965; b) formulário de comunicação de admissão e dispensa (Lei Federal nº 4.923, de 23.12.1965); c) Relação de Empregados (RE), Lei Federal nº 5.107, de 13.09.1966; d) Relação de Salários-de-Contribuições (RSC) da Previdência Social; e) Comunicação de Dispensa (CD), Decreto nº 92.608, de 30.04.1986".

Fica criado o Grupo Gestor do CNT, encarregado de administrar e fiscalizar a implantação e execução do CNT, sob supervisão coordenada pelo Ministro de Estado do Trabalho, pelo art. 6º, do decreto, com a seguinte composição: "I – 1 (um) representante do Ministério da Previdência e Assistência Social (MPAS); II – 1 (um) representante do Ministério do Trabalho (MTb); III – 1 (um) representante da Caixa Econômica Federal (CEF); IV – 1 (um) representante dos trabalhadores; V – 1 (um) representante dos empregadores. Regimento interno, aprovado pelos Ministros de Estado da Fazenda, do Trabalho e da Previdência e Assistência Social, disporá sobre o funcionamento do Grupo Gestor do CNT".

O Ministério do Trabalho, o Ministério da Previdência Social por intermédio da Empresa de Processamento de Dados da Previdência Social (DATAPREV), e a Caixa Econômica Federal (CEF), atendem as despesas comuns do CNT com dotações ou recursos próprios, em partes iguais. O Grupo Gestor do CNT pode celebrar convênio com Serviço Federal de Processamento de Dados (SERPRO) para o processamento do CNT, bem assim se utilizar dos serviços da rede bancária. Pelo art. 8º, pelo descumprimento do disposto no art. 4º desse decreto, os infratores estão sujeitos, conforme a infração, às penalidades previstas nos seguintes dispositivos legais: a) art. 364, da CLT; b) art. 10, da Lei Federal nº 4.923, de 23.12.1965. No caso de mais de uma infração, as respectivas penalidades são aplicadas cumulativamente. As contribuições devidas à Previdência Social, ao Programa de Integração Social (PIS), ao Programa de Formação do Patrimônio do Servidor Público (PASEP), bem assim os depósitos relativos ao Fundo de Garantia por Tempo de Serviço (FGTS), continuam a ser recolhidos mediante documento próprio. Os Ministros de Estado da Fazenda, do Trabalho e da Previdência Social expedem as instruções necessárias à execução do disposto nesse decreto comentado. Por outro lado, a Instrução Normativa INSS/PRES nº 45, de 06.08.2010, DOU de 11.08.2010, trata da administração de informações dos segurados, o reconhecimento, a manutenção e a revisão de direitos dos beneficiários da Previdência Social e disciplina o processo administrativo previdenciário no âmbito do Instituto Nacional do Seguro Social (INSS).

Quanto à Administração de Informações de Segurados, a partir de 31 de dezembro de 2008, data da publicação do Decreto Federal nº 6.722, de 30.12. 2008, em seu art. 47, os dados constantes do Cadastro Nacional de Informação social (CNIS) relativos a vínculos, remunerações e contribuições valem, a qualquer tempo, como prova de filiação à Previdência Social, tempo de contribuição e salários-de-contribuição. Não constando do CNIS informações sobre contribuições ou remunerações, ou havendo dúvida sobre a regularidade do vínculo, motivada por divergências ou insuficiências de dados relativos ao empregador, ao segurado, à natureza do vínculo, ou à procedência da informação, esse vínculo ou o período respectivo somente é confirmado mediante a apresentação pelo segurado da documentação comprobatória solicitada pelo Instituto Nacional de Seguridade Social (INSS), conforme disposto no art. 48, do decreto acima. Por este, o segurado pode solicitar, a qualquer momento, a inclusão, exclusão, validação ou retificação das informações constantes do CNIS, com a apresentação de documentos comprobatórios dos dados pendentes de validação ou divergentes, independentemente de requerimento de benefício, de acordo com os seguintes critérios:

> "I – para atualização de dados cadastrais será exigido, em relação às alterações de: a) nome, nome da mãe, data de nascimento e sexo: o documento legal de identificação; b) endereço: mero ato declaratório do segurado; c) identificador do trabalhador/segurado: o comprovante de inscrição do NIT Previdência ou número do PIS/PASEP/SUS ou outro NIS. II – para atualização de remunerações será exigido: a) do segurado empregado: 1. ficha financeira; 2. contracheque ou recibo de pagamento contemporâneos ao período que se pretende comprovar; 3. declaração fornecida pela empresa com a informação dos salários de contribuição, devidamente assinada e identificada por seu responsável, acompanhada do original ou cópia autenticada da Ficha de Registro de Empregados ou do Livro de Registro de Empregados ou da Carteira Profissional – CP ou da Carteira de Trabalho e Previdência Social – CTPS, onde conste o referido registro do trabalhador; b) do trabalhador avulso: Relação dos Salários-de-Contribuição – RSC emi-

> tida pelo sindicato ou órgão gestor de mão-de-obra; III – para atualização do vínculo do empregado e do trabalhador avulso deverá ser exigido, no que couber, os documentos previstos nos arts. 80 a 82; IV – para atualização da atividade e dos recolhimentos do empregado doméstico e contribuinte individual deverá ser exigido, no que couber, os documentos previstos nos arts. 83 a 88".

Se, após a análise da documentação prevista, for verificado que esta é contemporânea, não apresentam indícios de irregularidade e forma convicção de sua regularidade, deve ser efetuado o acerto ou validação dos dados, emitindo-se a comunicação ao segurado, informando a inclusão, alteração, validação ou exclusão do período ou remuneração pleiteada. Caso os documentos apresentados pelo segurado contenham suspeitas de irregularidades, cabe à Agência da Previdência Social (APS) confirmar a veracidade da informação, através de Pesquisa Externa, antes de incluir, validar ou excluir o período. Na impossibilidade de apresentação da documentação contemporânea deve ser emitida Pesquisa Externa. Informações inseridas extemporaneamente no CNIS, independentemente de serem inéditas ou retificadoras de dados anteriormente informados, somente são aceitas se corroboradas por documentos que comprovem a sua regularidade.

Respeitadas as definições vigentes sobre a procedência e origem das informações, considera-se extemporânea a inserção de dados:

> "I – decorrentes de documento apresentado após o transcurso de cento e vinte dias do prazo estabelecido pela legislação relativo a: a) data do início do vínculo; b) remuneração do contribuinte individual informado em GFIP a partir de abril de 2003; II – relativos às remunerações, sempre que decorrentes de documento apresentado: a) após o último dia do quinto mês subsequente ao mês da data de prestação de serviço pelo segurado, quando se tratar de dados informados por meio da GFIP; b) após o último dia do exercício seguinte a que se referem as informações, quando se tratar de dados informados por meio da Relação Anual de Informações Sociais – RAIS; III – relativos às contribuições, sempre que o recolhimento tiver sido feito sem observância do estabelecido em lei".

A extemporaneidade acima deve ser relevada após um ano da data do documento que tiver gerado a informação, desde que, cumulativamente:

> "I – o atraso na apresentação do documento não tenha excedido o prazo de que trata a alínea "a", inciso II do § 5º deste artigo; II – o segurado não tenha se valido da alteração para obter benefício cuja carência mínima seja de até doze contribuições mensais".

O INSS pode definir critérios para apuração das informações constantes da Guia Financeira de Informação Previdenciária (GFIP) que ainda não tiverem sido processadas, bem como para aceitação de informações relativas a situações cuja regularidade depende de atendimento de critério estabelecido em lei. A comprovação de vínculos e remunerações de que trata o art. 62 do Regulamento de Previdência Social (RPS), pode ser utilizada para suprir omissão do empregador, para corroborar informação inserida ou retificada extemporaneamente ou para subsidiar a validação dos dados do CNIS. O INSS e a Empresa de Tecnologia e Informações da Previdência Social (DATAPREV) devem implantar as informações, até o mês de junho de 2011.

Pelo art. 49, da Instrução Normativa INSS/PRES nº 45, de 06.08.2010, as solicitações de acertos de dados cadastrais e de atividades, alteração, inclusão, exclusão e validação de vínculos, remunerações e contribuições, e transferência de recolhimentos, devem ser iniciadas mediante a apresentação do requerimento de atualização dos dados do CNIS, disponível no sítio da Previdência Social e demonstrado no Anexo XXIII, salvo em situações dispensáveis definidas pelo INSS.

Pelo art. 69, da Instrução Normativa, mediante o disposto no art. 29-A, da Lei Federal nº 8.213, de 24.07.1991 e no art. 19, 19-A e 19-B do RPS e manifestação da Consultoria Jurídica do Ministério da Previdência Social (MPS) por meio do Parecer/Conjur/MPS nº 57, de 05.02.2009, são consideradas quitadas em tempo hábil as contribuições previdenciárias devidas pelos contribuintes individuais, contribuintes em dobro, facultativos, equiparados a autônomos, empresários e empregados domésticos, relativas ao período compreendido entre abril de 1973 e fevereiro de 1994, quitadas até essa data, dispensando-se a exigência da respectiva comprovação por parte do contribuinte quando estas constarem do CNIS.

A empresa e o equiparado, sem prejuízo do cumprimento de outras obrigações acessórias previstas na legislação previdenciária, estão obrigados a fornecer ao contribuinte individual que lhes presta serviços, comprovante do pagamento de remuneração, consignando a identificação completa da empresa, inclusive com o seu número no CNPJ, o número de inscrição do segurado no RGPS, o valor da remuneração paga, o desconto da contribuição efetuado e o compromisso de que a remuneração paga será informada em GFIP e a contribuição correspondente será recolhida. Fica o INSS, por meio da APS, obrigado a fornecer aos segurados contribuinte individual, facultativo e empregado doméstico, quando por eles solicitados, extrato de recolhimento das suas contribuições conforme disposto no inciso I do art. 368 do Regulamento de Previdência Social (RPS), Decreto Federal nº 3.048, de 06.05.1999, podendo valer-se, para esta finalidade, do disposto no art. 68, da Instrução Normativa comentada.

8.6. Administração Financeira do Regime Próprio

A Resolução BACEN nº 3.922, de 25.11.2010, tratou dos recursos dos regimes próprios de previdência social instituídos pela União, Estados, Distrito Federal e Municípios, nos termos da Lei nº 9.717, de 27.11.1998, devendo ser aplicados conforme suas disposições, tendo presentes as condições de segurança, rentabilidade, solvência, liquidez e transparência. Esta modificou e ampliou a Resolução BACEN nº 3.790, de 24.09.2009, que restringia a competência para fazer aplicações financeiras. Observadas as limitações e condições estabelecidas nesta resolução, os recursos dos Regimes Próprios de Previdência Social (RPPS) devem ser alocados nos seguintes segmentos de aplicação: a) renda fixa; b) renda variável; c) imóveis.

Pelo art. 3º, dessa resolução, são considerados recursos: a) as disponibilidades oriundas das receitas correntes e de capital; b) os demais ingressos financeiros auferidos pelo Regime Próprio de Previdência Social (RPPS); c) as aplicações financeiras; d) os títulos e os valores mobiliários; e) os ativos vinculados por lei ao Regime Próprio de Previdência Social (RPPS); f) demais bens, direitos e ativos com finalidade previdenciária do Regime Próprio de Previdência Social (RPPS). Os últimos quatro itens são acréscimos da resolução atual, em relação à Resolução Bacen nº 3.790, de 24.09.2009.

Os responsáveis pela gestão do Regime Próprio de Previdência Social (RPPS); antes do exercício a que se referir, devem definir a política anual de aplicação dos recursos de forma a contemplar, no mínimo: a) o modelo de gestão a ser adotado e, se for o caso, os critérios para a contratação de pessoas jurídicas autorizadas nos termos da legislação em vigor para o exercício profissional de administração de carteiras; b) a estratégia de alocação dos recursos entre os diversos segmentos de aplicação e as respectivas carteiras de investimentos; c) os parâmetros de rentabilidade perseguidos, que devem buscar compatibilidade com o perfil de suas obrigações, tendo em vista a necessidade de busca e manutenção do equilíbrio financeiro e atuarial e os limites de diversificação e concentração previstos nessa resolução; d) os limites utilizados para investimentos em títulos e valores mobiliários de emissão ou coobrigação de uma mesma pessoa jurídica. A política anual de investimentos dos recursos do Regime Próprio de Previdência Social (RPPS) e suas revisões devem ser aprovadas pelo órgão superior competente, antes de sua implementação.

Para fins de cômputo dos limites definidos na Resolução BACEN nº 3.922, de 25.11.2010, não são consideradas as aplicações no segmento de imóveis. No segmento de renda fixa, as aplicações dos recursos dos Regimes Próprios de Previdência Social (RPPS) subordinam-se aos seguintes limites: "I – até 100% (cem por cento) em: a) títulos de emissão do Tesouro Nacional, registrados no Sistema Especial de Liquidação e Custódia (SELIC); b) cotas de fundos de investimento, constituídos sob a forma de condomínio aberto, cujos regulamentos prevejam que suas respectivas carteiras sejam representadas exclusivamente pelos títulos definidos na alínea *a* deste inciso e cuja política de investimento assuma o compromisso de buscar o retorno de um dos subíndices do Índice de Mercado Anbima (IMA) ou do Índice de Duração Constante Anbima (IDkA), com exceção de qualquer subíndice atrelado à taxa de juros de um dia; II – até 15% (quinze por cento) em operações compromissadas, lastreadas exclusivamente pelos títulos definidos na alínea a do inciso I; III – até 80% (oitenta por cento) em cotas de fundos de investimento classificados como renda fixa ou como referenciados em indicadores de desempenho de renda fixa, constituídos sob a forma de condomínio aberto e cuja política de investimento assuma o compromisso de buscar o retorno de um dos subíndices do Índice de Mercado Anbima (IMA) ou do Índice de Duração Constante Anbima (IDkA), com exceção de qualquer subíndice atrelado à taxa de juros de um dia; IV – até 30% (trinta por cento) em cotas de fundos de investimento classificados como renda fixa ou como referenciados em indicadores de desempenho de renda fixa, constituídos sob a forma de condomínio aberto; V – até 20% (vinte por cento) em depósitos de poupança em instituição financeira considerada como de baixo risco de crédito pelos responsáveis pela gestão de recursos do regime próprio de previdência social, com base, dentre outros critérios, em classificação efetuada por agência classificadora de risco em funcionamento no país; VI – até 15% (quinze por cento) em cotas de fundos de investimento em direitos creditórios, constituídos sob a forma de condomínio aberto; VII – até 5% (cinco por cento) em: a) cotas de fundos de investimento em direitos creditórios, constituídos sob a forma de condomínio fechado; ou b) cotas de fundos de investimento classificados como renda fixa ou como referenciados em indicadores de desempenho de renda fixa que contenham em sua denominação a expressão crédito privado". Nos parágrafos 1º ao 5º, foram estabelecidas a norma com qual se realizou as operações.

Pelo art. 8º, da resolução acima, no segmento de renda variável, as aplicações dos recursos dos Regimes Próprios de Previdência Social (RPPS) subordinam-se aos seguintes limites: a) até trinta por cento em cotas de fundos de investimento constituídos sob a forma de condomínio aberto e classificados como referenciados que identifiquem em sua denominação e em sua política de investimento indicador de desempenho vinculado ao índice Ibovespa, IBrX ou IBrX-50; b) até vinte por cento em cotas de fundos de índices referenciados em ações, negociadas em bolsa de valores, admitindo-se exclusivamente os índices Ibovespa, IBrX e IBrX-50; c) até quinze por cento em cotas de fundos de investimento em ações, constituídos sob a forma de condomínio aberto, cujos regulamentos dos fundos determinem que as cotas de fundos de índices referenciados em ações que compõem suas carteiras estejam no âmbito dos índices previstos acima; d) até cinco por cento em cotas de fundos de investimento classificados como multimercado, constituídos sob a forma de condomínio aberto, cujos regulamentos determinem tratar-se de fundos sem alavancagem; e) até cinco por cento em cotas de fundo de investimento em participações, constituídos sob a forma de condomínio fechado; f) até cinco por cento em cotas de fundos de investimento imobiliário, com cotas negociadas em bolsa de valores. As aplicações acima, cumulativamente, limita-se a trinta por cento da totalidade das aplicações dos recursos do regime próprio de previdência social e aos limites de concentração por emissor conforme regulamentação editada pela Comissão de Valores Mobiliários.

As aplicações no segmento de imóveis serão efetuadas exclusivamente com os imóveis vinculados por lei ao regime próprio de previdência social, pelo art. 9º, da resolução. Os imóveis podem ser utilizados para a aquisição de cotas de fundos de investimento imobiliário, cujas cotas sejam negociadas em ambiente de bolsa de valores. Para cumprimento integral dos limites e requisitos estabelecidos, equiparam-se às aplicações dos recursos realizadas diretamente pelos regimes próprios aquelas efetuadas por meio de fundos de investimento ou de carteiras administradas. As cotas de fundos de investimento dos segmentos de renda fixa e renda variável podem ser consideradas ativos finais desde que os prospectos dos respectivos fundos contemplem previsão de envio das informações das respectivas carteiras de aplicações para o Ministério da Previdência Social (MPS) na forma e periodicidade por ele estabelecidas.

As aplicações dos Regimes Próprios de Previdência Social (RPPS) em fundos de investimento em cotas de fundos de investimento são admitidas desde que seja possível identificar e demonstrar que os respectivos fundos mantenham as composições, limites e garantias exigidas para os fundos de investimento de que trata essa resolução, no art. 12. As aplicações em cotas de um mesmo fundo de investimento ou fundo de investimento em cotas de fundos de investimento, não podem exceder a vinte por cento das aplicações dos recursos do Regime Próprio de Previdência Social (RPPS). O total das aplicações dos recursos do regime próprio em um mesmo fundo de investimento deve representar, no máximo, vinte e cinco por cento do patrimônio líquido do fundo. A observância do limite de que trata é facultativa nos cento e vinte dias subsequentes à data de início das atividades do fundo.

Pelo art. 15, a gestão das aplicações dos recursos dos regimes próprios de previdência social pode ser própria, por entidade autorizada e credenciada ou mista. Para fins dessa resolução, considera-se: a) gestão própria, quando as aplicações são realizadas diretamente pelo órgão ou entidade gestora do Regime Próprio de Previdência Social; b) gestão por entidade autorizada e credenciada, quando as aplicações são realizadas por intermédio de instituição financeira ou de outra instituição autorizada nos termos da legislação em vigor para o exercício profissional de administração de carteiras; c) gestão mista, quando as aplicações são realizadas, parte por gestão própria e parte por gestão por entidade autorizada e credenciada, observados os critérios definidos.

Os Regimes Próprios de Previdência Social (RPPS) somente podem aplicar recursos em carteira administrada ou em cotas de fundo de investimento geridos por instituição financeira, demais instituições autorizadas a funcionar pelo Banco Central do Brasil ou pessoas jurídicas autorizadas pela Comissão de Valores Mobiliários para o exercício profissional de administração de carteira considerada, pelos responsáveis pela gestão de recursos do regime próprio de previdência social, com base, dentre outros critérios, em classificação efetuada por agência classificadora de risco em funcionamento no Brasil, como de baixo risco de crédito, ou de boa qualidade de gestão e de ambiente de controle de investimento.

Salvo para as aplicações realizadas por meio de fundos de investimento, a atividade de agente custodiante e responsável pelos fluxos de pagamentos e recebimentos relativos às operações realizadas no âmbito dos segmentos de renda fixa e de renda variável deve ser exercida por pessoas jurídicas registradas na Comissão de Valores Mobiliários, pelo art. 17, da Resolução BACEN nº 3.922, de 25.11.2010. Na hipótese de contratação objetivando a prestação de serviços de consultoria com vistas ao cumprimento dessa resolução, esta deve recair sobre pessoas jurídicas registradas na CVM ou credenciadas por entidade autorizada para tanto por esta.

Pelo art. 19, os títulos e valores mobiliários integrantes dos diversos segmentos de aplicação dos recursos dos Regimes Próprios de Previdência Social (RPPS) devem ser registrados no Sistema Especial de Liquidação e de Custódia (SELIC), em sistemas de registro e de liquidação financeira de ativos autorizados pelo Banco Central do Brasil ou mantidos em conta de depósito individualizada em instituição ou entidade autorizada à prestação desse serviço pela Comissão de Valores Mobiliários. Os registros permitem a identificação do comitente final, com a consequente segregação do patrimônio do Regime Próprio de Previdência Social (RPPS), do patrimônio do agente custodiante e liquidante.

Os recursos dos Regimes Próprios de Previdência Social (RPPS), representados por disponibilidades financeiras, devem ser depositados em contas próprias, em instituições financeiras bancárias devidamente autorizadas a funcionar no país pelo Banco Central do País, controlados e contabilizados de forma segregada dos recursos do ente federativo.

Os Regimes Próprios de Previdência Social (RPPS) que possuírem, na data da entrada em vigor da Resolução BACEN nº 3.922, de 25.11.2010, aplicações em desacordo com o estabelecido, podem mantê-las em carteira até o correspondente vencimento ou, na inexistência deste, por até cento e oitenta dias, pelo art. 21. Até o respectivo enquadramento nos limites e condições estabelecidos, ficam os regimes próprios impedidos de efetuar novas aplicações que onerem os excessos porventura verificados, relativamente aos limites ora estabelecidos. Não são considerados como infringência dos limites de aplicações estabelecidos os eventuais desenquadramentos decorrentes de valorização ou desvalorização de ativos financeiros, pelo prazo de cento e oitenta dias, contados da data da ocorrência.

Pelo art. 23, da referida resolução, é vedado aos Regimes Próprios de Previdência Social (RPPS): a) aplicar recursos na aquisição de cotas de fundo de investimento cuja atuação em mercados de derivativos gere exposição superior a uma vez o respectivo patrimônio líquido; b) aplicar recursos na aquisição de cotas de fundo de investimento cujas carteiras contenham títulos que ente federativo figure como devedor ou preste fiança, aval, aceite ou coobrigação sob qualquer outra forma; c) aplicar recursos na aquisição de cotas de fundo de investimento em direitos creditórios não padronizados; d) praticar as operações denominadas *day-trade*, assim consideradas aquelas iniciadas e encerradas no mesmo dia, independentemente de o regime próprio possuir estoque ou posição anterior do mesmo ativo, quando se tratar de negociações de títulos públicos federais realizadas diretamente pelo regime próprio de previdência social; e) atuar em modalidades operacionais ou negociar com duplicatas, títulos de crédito ou outros ativos que não os previstos nessa resolução.

Foi publicada no Diário Oficial da União de 11 de outubro de 2013, a Portaria do Ministério da Previdência Social nº 440, de 28.08.2011, que dispõe sobre as aplicações dos recursos dos Regimes Próprios de Previdência Social (RPPS). A Portaria estabelece novos parâmetros mínimos de organização e de funcionamento dos RPPS, com o objetivo de aperfeiçoar o processo decisório de investimento e assegurar a transparência da gestão. Dentre estes, destacam-se: a) obrigatoriedade de divulgação, aos seus segurados e beneficiários, das datas das reuniões dos órgãos de deliberação colegiada e do comitê de investimentos, das informações contidas nas Autorizações de Aplicação e Resgate – APR, das carteiras de investimentos, dos processos de credenciamento e dos relatórios de acompanhamento da gestão; b) requisitos mínimos para o processo de credenciamento, a ser revisto a cada seis meses, voltados à verificação da qualificação jurídica, técnica, econômico-financeira e regularidade fiscal das entidades aptas a atuar com a unidade gestora do RPPS, exigindo um período mínimo de dois anos para análise de aderência da rentabilidade aos indicadores de desempenho e riscos assumidos dos fundos de investimento sob sua gestão ou administração; c) as aplicações que apresentem prazos para desinvestimento deverão ser precedidas de atestados do responsável legal pelo RPPS, evidenciando a sua compatibilidade com as obrigações presentes e futuras do regime; d) a partir de 2015, a obrigatoriedade da certificação dos responsáveis pela gestão dos RPPS com total de recursos inferior a cinco milhões de reais e, até 31 de julho de 2014, a comprovação da certificação da maioria dos membros do comitê de investimento.

A Portaria MPS/GM nº 170, de 25.12.2012, alterou a Portaria MPS/GM nº 24.08.2011, que dispõe sobre as aplicações dos recursos financeiros dos Regimes Próprios de Previdência Social, instituída pela União, Estados, Distrito Federal e Municípios. Por outro lado, a Portaria nº 440, de 09.10.2013, que alterou a Portaria MPS/GM nº 519, de 24.08.2011, que dispõe sobre as aplicações dos recursos financeiros dos Regimes Próprios de Previdência Social instituídos pela União, Estados, Distrito Federal e Municípios.

8.7. Defeitos no Processo de Aposentadoria

Quanto aos erros materiais, são processos indeferidos pelo Instituto Nacional de Seguridade Social (INSS) por apresentarem divergências ou erros matérias no processo de aposentadoria. As divergências ou erros são as seguintes: a) processos cujo servidor se aposentou com mais de setenta anos de idade; b) processo com matrículas com erro na Resolução do Tribunal de Contas do Estado ou dos Municípios. A Portaria MPS n° 6.209, de 16.12.1999, que dispõe sobre a compensação previdenciária, prevê o seguintes:

> "Art. 4º A compensação previdenciária realizar-se-á desde que tenha havido aproveitamento de tempo de contribuição na hipótese de contagem recíproca, excluído o período concomitante.
> [...]

> Art. 7º Considerar-se-á para o cálculo do percentual de participação de cada regime de origem o tempo de contribuição total computado na concessão da aposentadoria, mesmo que superior a trinta anos para mulher e trinta e cinco asno para homem.
>
> [...]
>
> Art. 11. Cada administrador do regime próprio de previdência social, como regime instituidor, deverá apresentar ao INSS requerimento de compensação previdenciária referente a cada benefício concedido com cômputo de tempo de contribuição no âmbito do RGPS.
>
> § 1º O requerimento de que trata este artigo deverá conter os dados c documentos indicados no Anexo 1 desta Portaria.
>
> § 2º A não apresentação das informações e dos documentos a que se refere este artigo veda a compensação previdenciária entre o RGPS e o regime instituidor.
>
> Art. 12. As informações referidas no artigo anterior servirão de base para o INSS calcular qual seria a renda mensal inicial daquele benefício segundo as normas do RGPS vigentes na data em que houve a desvinculação desse regime pelo servidor publico".

O primeiro ponto a destacar é o fato do processo de aposentadoria ter sido aprovado pelo Tribunal de Contas do Estado ou dos Municípios, caracterizando-se como um ato jurídico perfeito. Depois, verifica-se nos casos em questão que não se trata de fato que altere os dados necessários para o INSS calcular e pagar a compensação previdenciária. No caso de aposentadoria concedida após os setenta anos, o tempo de serviço ultrapassou o limite e não gera prejuízo no pagamento da compensação.

Por outro lado, caso haja divergência que possa alterar o tempo e o valor de cálculo, é preciso que o INSS informe para que o Estado para possa retirar o período ou o valor divergente, abrindo mão do mesmo, a exemplo do que dispõe o § 3° do art. 11, da Portaria MPS n° 6.209, de 1.12.1999:

> "Art. 11. [...]
>
> [...]
>
> §3º Não será considerada para fins de compensação financeira a parcela adicional do tempo de contribuição resultante de conversão de tempo especial em comum, salvo em relação ao tempo de serviço público federal sob regime da Consolidação das Leis do Trabalho – CLT

> prestado até 11 de dezembro de 1990, desde que tenha sido aproveitado para a concessão de aposentadoria ou pensão dela decorrente".

A competência para julgar a legalidade do ato e do processo de aposentadoria não cabe ao INSS, ela é de competência do Tribunal de Contas do Estado ou dos Municípios. Por outro lado, a Portaria MPAS n° 6.209, de 16.12.1999 e a Instrução Normativa INSS/PRES n° 50, de 04.01.2011, em nenhum momento orienta o INSS a negar a realização da compensação previdenciária de tempo de contribuição, com base em defeitos no processo de aposentadoria cuja legalidade do mesmo foi atestada pelo Tribunal de Contas do Estado ou dos Municípios.

8.8. Aplicação Financeira e Outros Investimentos

O Conselho Monetário Nacional (CMN), que foi instituído pela Lei Federal nº 4.595, de 31.12.1964, é o órgão responsável por expedir diretrizes gerais para o bom funcionamento do Sistema Financeiro Nacional (SFN). Integram o CMN o Ministro da Fazenda (Presidente), o Ministro do Planejamento, Orçamento e Gestão e o Presidente do Banco Central do Brasil. Dentre suas funções estão: a) adaptar o volume dos meios de pagamento às reais necessidades da economia; b) regular o valor interno e externo da moeda e o equilíbrio do balanço de pagamentos; c) orientar a aplicação dos recursos das instituições financeiras; d) propiciar o aperfeiçoamento das instituições e dos instrumentos financeiros; e) zelar pela liquidez e solvência das instituições financeiras; f) coordenar as políticas monetária, creditícia, orçamentária e da dívida pública interna e externa.

O CMN tem a responsabilidade de formular a política da moeda e do crédito, objetivando a estabilidade da moeda e o desenvolvimento econômico e social do Brasil. Os seus membros reúnem-se uma vez por mês para deliberarem sobre assuntos relacionados com as competências do CMN. Em casos extraordinários pode acontecer mais de uma reunião por mês. As matérias aprovadas são regulamentadas por meio de Resoluções, normativo de caráter público, sempre divulgado no Diário Oficial da União e na página de normativos do Banco Central do Brasil. De todas as reuniões são lavradas atas, cujo extrato é publicado no DOU.

Junto ao CMN funciona a Comissão Técnica da Moeda e do Crédito (Comoc) como órgão de assessoramento técnico na formulação da política da moeda e do crédito do País. A Comoc manifesta-se previamente sobre os assuntos de competência do CMN. Além da Comoc, a legislação prevê o funcionamento de mais sete comissões consultivas. O Banco Central do Brasil é a Secretaria-Executiva do CMN e da Comoc. Compete ao Banco Central organizar e assessorar as sessões deliberativas, como preparar, assessorar e dar suporte durante as reuniões, elaborar as atas e manter seu arquivo histórico.

O Comitê de Política Monetária (Copom) foi instituído, em 20 de junho de 1996, com o objetivo de estabelecer as diretrizes da política monetária e de definir a taxa de juros. A criação do Comitê buscou proporcionar maior transparência e ritual adequado ao processo decisório, a exemplo do que já era adotado pelo Federal *Open Market Committee* (FOMC) do banco central dos Estados Unidos e pelo *Central Bank Council*, do banco central da Alemanha. Em junho de 1998, o Banco da Inglaterra também instituiu o seu *Monetary Policy Committee* (MPC), assim como o Banco Central Europeu, desde a criação da moeda única em janeiro de 1999. Atualmente, uma vasta gama de autoridades monetárias em todo o mundo adota prática semelhante, facilitando o processo decisório, a transparência e a comunicação com o público em geral. Desde 1996, o Regulamento do Copom tem sido atualizado no que se refere ao seu objetivo, à periodicidade das reuniões, à composição e às atribuições e competências de seus integrantes. Essas alterações visaram não apenas aperfeiçoar o processo decisório no âmbito do Comitê, como também refletiram as mudanças de regime monetário.

Destaca-se a adoção, pelo Decreto Federal nº 3.088, em 21.07.1999, da sistemática de metas para a inflação como diretriz de política monetária. Desde então, as decisões do Copom passaram a ter como objetivo cumprir as metas para a inflação definidas pelo Conselho Monetário Nacional. Segundo o mesmo decreto, se as metas não forem atingidas, cabe ao presidente do Banco Central divulgar, em Carta Aberta ao Ministro da Fazenda, os motivos do descumprimento, bem como as providências e prazo para o retorno da taxa de inflação aos limites estabelecidos.

Formalmente, os objetivos do Copom são: "implementar a política monetária, definir a meta da Taxa Selic e seu eventual viés, e analisar o Relatório de Inflação". A taxa de juros fixada na reunião do Copom é a meta para a Taxa Selic (taxa média dos financiamentos diários, com lastro em títulos federais, apurados no Sistema Especial de Liquidação e Custódia), a qual vigora por todo o período entre reuniões ordinárias do Comitê. Se for o caso, o Copom também pode definir o viés, que se trata da prerrogativa dada ao presidente do Banco Central para alterar, na direção do viés, a meta para a Taxa Selic a qualquer momento entre as reuniões ordinárias.

O Banco Central do Brasil foi instituído pela Lei Federal nº 4.595, de 31.12.1964. É o principal executor das orientações do Conselho Monetário Nacional e responsável por garantir o poder de compra da moeda nacional, tendo por objetivos: a) zelar pela adequada liquidez da economia; b) manter as reservas internacionais em nível adequado; c) estimular a formação de poupança; d) zelar pela estabilidade e promover o permanente aperfeiçoamento do sistema financeiro. Dentre suas atribuições estão: a) emitir papel-moeda e moeda metálica; b) executar os serviços do meio circulante; c) receber recolhimentos compulsórios e voluntários das instituições financeiras e bancárias; d) realizar operações de redesconto e empréstimo às instituições financeiras; e) regular a execução dos serviços de compensação de cheques e outros papéis; f) efetuar operações de compra e venda de títulos públicos federais; g) exercer o controle de crédito; h) exercer a fiscalização das instituições financeiras; i) autorizar o funcionamento das instituições financeiras; j) estabelecer as condições para o exercício de quaisquer cargos de direção nas instituições financeiras; k) vigiar a interferência de outras empresas nos mercados financeiros e de capitais; l) controlar o fluxo de capitais estrangeiros no país.

A sede do Banco Central do Brasil fica em Brasília, capital do país, e tem representações nas capitais dos Estados do Rio Grande do Sul, Paraná, São Paulo, Rio de Janeiro, Minas Gerais, Bahia, Pernambuco, Ceará e Pará. O Banco Central do Brasil foi criado, no dia 31 de dezembro de 1964, e pela transformação da Superintendência da Moeda e do Crédito (Sumoc) em autarquia federal. As atribuições, competências, composição da Diretoria e outros aspectos específicos do Banco Central foram estabelecidos pelo Capítulo II, arts. 8º a 16, da citada Lei Federal nº 4.595, de 31.12.1964. A composição inicial da Diretoria, com quatro integrantes (um Presidente e três Diretores) foi estabelecida no art. 14 da lei acima. No período de 1965 a 1969, os diretores do Banco Central eram escolhidos entre os membros nomeados do Conselho Monetário Nacional. A Lei Federal nº 6.045, de 15.05.1974, alterou a composição da Diretoria para seis membros (um Presidente e cinco Diretores) e os diretores do Banco Central passam a ser nomeados pelo Presidente da República; além disto, deixam de ser membros do Conselho Monetário Nacional, participando das reuniões do CMN sem direito a voto.

O Decreto Federal nº 91.961, de 19.11.1985, alterou a composição da Diretoria para nove membros (um Presidente e oito Diretores) e está em vigor atualmente. Em 24 de janeiro de 1992, foi introduzido o conceito de Diretoria Colegiada, com atribuições e competências agrupadas por assuntos. A Lei Federal nº 9.069, de 29.06.1995, que criou o Plano Real, determinou expressamente, em seu art. 8º, § 5º, que "o Banco Central do Brasil funcionará como secretaria-executiva do Conselho Monetário Nacional". A Portaria do BACEN nº 267, de 04.03.1996, aprovou o Regimento Interno do Banco Central do Brasil. Recentemente, em 24 de fevereiro de 2005, foi aprovada versão reformulada e atualizada do Regimento Interno do Banco Central, que passou a contemplar as competências até o nível de Unidade e as atribuições até o nível da função comissionada de chefe-adjunto. O Regimento Interno atualizado foi publicado como anexo da Portaria do BACEN nº 29.971, de 10.03.2005.

O Sistema de Pagamentos Brasileiro (SPB) apresenta alto grau de automação, com crescente utilização de meios eletrônicos para transferência de fundos e liquidação de obrigações, em substituição aos instrumentos baseados em papel. A maior eficiência e, em especial, a redução dos prazos de transferência de recursos sempre se colocaram como pontos centrais no processo de evolução do SPB até meados da década de noventa do século passado, presente o ambiente de inflação crônica até então existente no país. Na reforma conduzida pelo Banco Central do Brasil em 2001 e 2002, o foco foi redirecionado para a questão do gerenciamento de riscos no âmbito dos sistemas de compensação e de liquidação.

A base legal relacionada com os sistemas de liquidação foi fortalecida por intermédio da Lei Federal nº 10.214, de 27.03.2001, que, entre outras disposições, reconhece a compensação multilateral e possibilita a efetiva realização de garantias no âmbito desses sistemas mesmo no caso de insolvência civil de participante. Caso uma entidade opere algum sistema sistemicamente importante, a critério do Banco Central do Brasil, é necessário que atue como contraparte central e, ressalvado o risco de emissor, assegure a liquidação dessas operações em seu sistema. As entidades que atuam como contraparte central devem adotar adequados mecanismos de proteção, dependendo do tipo de sistema e da natureza das operações cursadas em seus sistemas, e devem ser autorizadas pelo Banco Central do Brasil. O princípio da entrega contra pagamento é observado em todos os sistemas de compensação e de liquidação de títulos e valores mobiliários. No caso de operação em câmara de compensação e de liquidação envolvendo moeda estrangeira, o princípio correspondente à situação, de pagamento contra pagamento, também é observado.

Em 2002, entrou em operação pelo Banco Central do Brasil, o Sistema de Transferência de Reservas (STR), um sistema de liquidação bruta em tempo real entre contas mantidas por instituições financeiras nesta Autarquia e foi alterado o *modus operandi* do Sistema Especial de Liquidação e Custódia (Selic), também operado pelo Banco Central do Brasil, o qual, a partir do citado mês, passou a liquidar operações com títulos públicos federais em tempo real. O STR é o sistema responsável pela transferência financeira entre contas de seus participantes, mantidas no Banco Central do Brasil. São participantes do STR as instituições financeiras e as câmaras de compensação e liquidação. Para as câmaras consideradas sistemicamente importantes, por determinação regulamentar, os resultados líquidos apurados devem ter sua liquidação final por meio de transferências em contas no Banco Central do Brasil. Também por disposição regulamentar, todas as transferências de fundos entre contas de reservas bancárias têm de ser feitas por intermédio do STR.

As transferências interbancárias de fundos são também liquidadas por intermédio da Câmara Interbancária de Pagamentos (CIP) e da Centralizadora da Compensação de Cheques (Compe). O Sitraf, um dos sistemas operados pela CIP, utiliza modelo híbrido de liquidação, o qual combina características dos sistemas de liquidação diferida (LDL) e dos sistemas de liquidação bruta (LBTR). O Siloc, que também é operado pela CIP, e a Compe são sistemas LDL com compensação multilateral de obrigações e liquidação em D+1.

Para o funcionamento do sistema de pagamentos no ambiente de liquidação em tempo real, três aspectos são especialmente importantes: a) o Banco Central do Brasil concede, aos participantes do STR que sejam instituições financeiras, crédito intradia na forma de operações compromissadas com títulos públicos federais, sem custos financeiros, isto é, o preço da operação de volta é igual ao preço da operação de ida; b) a verificação de cumprimento dos recolhimentos compulsórios é feita com base em saldos de final do dia, valendo dizer que esses recursos podem ser livremente utilizados ao longo do dia para fins de liquidação de obrigações; c) o Banco Central do Brasil, se e quando julgar necessário, pode acionar rotina para otimizar o processo de liquidação das ordens de transferência de fundos mantidas em filas de espera no âmbito do STR.

Na liquidação de operações com títulos e valores mobiliários, o SPB apresenta segmentação. O Selic, conforme já mencionado, liquida operações com títulos públicos federais em tempo real. A Câmara de Ativos da BM&FBOVESPA também liquida operações com títulos públicos federais custodiados no Selic, assumindo a posição de contraparte central (CPC). A Câmara de Ações da BM&FBOVESPA (antiga CBLC) liquida principalmente operações com ações, títulos de dívida corporativa e derivativos de ações. A BM&FBOVESPA também opera a Câmara de Derivativos, que liquida operações com derivativos padronizados e de balcão.

As operações contratadas na BM&FBOVESPA podem ser realizadas tanto em mercado de bolsa quanto em mercado de balcão. Na Câmara de Ativos, o Sisbex é a plataforma de negociação. Na Câmara de Ações, o Megabolsa é a plataforma de negociação e ambiente de registro de balcão. Nas Câmaras de Derivativos e de Câmbio, o PUMA é a plataforma de negociação, desde outubro de 2011. A BM&BOVESPA planeja que, em alguns anos, o PUMA seja a plataforma de negociação única dos quatro sistemas. A Cetip S. A. – Mercados Organizados registra derivativos de balcão, títulos de renda fixa privados e custodia títulos de dívida corporativa e alguns títulos de dívida pública. Em 2011, a CIP passou a operar a Central de Cessão de Crédito (C3). A partir de 30.01.2012, o sistema passou a coordenar entrega contra pagamento (ECP), liquidando as operações em tempo real.

As operações envolvendo compra e venda de moeda estrangeira podem ser liquidadas entre as partes ou por meio da Câmara de Câmbio da BM&FBOVESPA. No caso de liquidação entre as partes, a liquidação da perna em (R$) reais deve ocorrer, necessariamente, de forma bruta no STR e a liquidação da perna em moeda estrangeira ocorre da forma acordada entre as partes. No caso de liquidação por meio da Câmara de Câmbio, esta assume o papel de contraparte central das operações, e garante a liquidação da operação.

O Banco Central do Brasil tem procurado atuar de forma mais intensiva também no sentido de promover o desenvolvimento dos sistemas de pagamentos de varejo, visando, sobretudo, à obtenção de ganhos de eficiência relacionados, por exemplo, com o maior uso de instrumentos eletrônicos de pagamento, com a melhor utilização das redes de máquinas de atendimento automático (ATM) e de transferências de crédito a partir do ponto de venda (PDV), bem como com a maior integração entre os pertinentes sistemas de compensação e de liquidação.

A utilização de recursos mantidos em contas de reservas bancárias, cujo saldo é considerado para fins de verificação do recolhimento compulsório e encaixe obrigatório relacionados com recursos à vista, independe de qualquer providência especial. Para utilização de outros recursos, registrados em outras contas de recolhimento compulsório/encaixe obrigatório, o participante precisa encaminhar ao STR ordem específica determinando a transferência dos recursos, da conta em que se encontravam registrados, para sua conta de reservas bancárias.

O STR é o centro de liquidação das operações interbancárias, em decorrência da conjunção dos seguintes fatos: a) por disposição legal, todas as instituições bancárias têm de manter suas disponibilidades de recursos no Banco Central do Brasil; b) por determinação regulamentar, os resultados líquidos apurados nos sistemas de liquidação considerados sistemicamente importantes devem ter sua liquidação final em contas mantidas no Banco Central do Brasil; c) também por disposição regulamentar, todas as transferências de fundos entre contas mantidas no Banco Central do Brasil têm de ser feitas por intermédio do STR. As transferências interbancárias de fundos são também liquidadas por intermédio do Sitraf, Siloc e Compe. O Sitraf utiliza modelo híbrido de liquidação – os sistemas híbridos de liquidação combinam características da liquidação líquida defasada e da liquidação bruta em tempo real – e os demais sistemas, liquidação diferida com compensação multilateral. Entre esses sistemas, apenas o Sitraf é considerado sistemicamente importante.

Para o suave funcionamento do sistema de pagamentos no ambiente de liquidação em tempo real implantado em 2002, três aspectos são especialmente importantes: a) o Banco Central do Brasil concede crédito intradia aos participantes do STR titulares de conta de reservas bancárias. Para tanto são utilizadas operações compromissadas com títulos públicos federais, sem custos financeiros, isto é, o preço da operação de volta é igual ao preço da operação de ida; b) a verificação de cumprimento dos recolhimentos compulsórios é feita com base em saldos de final do dia, valendo dizer que esses recursos podem ser livremente utilizados ao longo do dia para fins de liquidação de obrigações; c) o Banco Central do Brasil, se e quando julgar necessário, pode acionar rotina para otimizar o processo de liquidação das ordens de transferência de fundos mantidas em filas de espera no âmbito do STR.

No Brasil, a maioria dos títulos é desmaterializada, existindo apenas sob a forma de registros eletrônicos. Os sistemas de negociação, de compensação e de liquidação são automatizados e o STP (*straight-through processing*) é amplamente utilizado. O princípio da entrega contra pagamento (EcP) é observado em todos os sistemas de liquidação de títulos e valores mobiliários. No caso das operações interbancárias de câmbio, o princípio equivalente, de pagamento contra pagamento (PcP), é observado se a liquidação é feita por intermédio da Câmara de Câmbio da BM&FBOVESPA.

Na liquidação de operações com títulos e valores mobiliários, o SPB apresenta segmentação. O Selic liquida operações com títulos públicos federais em tempo real. A Câmara de Ativos da BM&FBOVESPA também liquida operações com títulos públicos federais custodiados no Selic, assumindo a posição de contraparte central (CPC). A Câmara de Ações da BM&FBOVESPA (antiga CBLC) liquida operações com ações, títulos de dívida corporativa e derivativos de ações. A

BM&FBOVESPA também opera a Câmara de Derivativos, que liquida operações com derivativos padronizados e de balcão.

As operações contratadas na BM&FBOVESPA podem ser realizadas tanto em bolsa quanto em mercado de balcão. Na Câmara de Ativos, o Sisbex é a plataforma de negociação. Na Câmara de Ações, assim como nas Câmaras de Derivativos e Câmbio, o PUMA é a plataforma de negociação e ambiente de registro de balcão, enquanto que o BovespaFix é a plataforma de negociação para títulos privados de renda fixa, nas operações definitivas no mercado à vista. A Cetip registra derivativos de balcão e títulos de renda fixa privados, e faz a custódia de títulos de dívida corporativa e de alguns títulos de dívida pública. Em 2011, a CIP passou a operar o Sistema Central de Cessão de Crédito (C3). A partir de 30.01.2012, o sistema passou a coordenar entrega contra pagamento (ECP), liquidando as operações em tempo real.

A BM&FBOVESPA S.A. - Bolsa de Valores, Mercadorias e Futuros foi criada em 2008 com a integração entre a Bolsa de Mercadorias & Futuros (BM&F) e a Bolsa de Valores de São Paulo (BOVESPA). Juntas, as companhias formam a terceira maior bolsa do mundo em valor de mercado, a segunda das Américas e a líder no continente latino-americano. No cenário global, em que acompanhar a velocidade das transformações torna-se um diferencial competitivo, a BM&FBOVESPA apresenta atraentes opções de investimentos[4] com custos de operação alinhados ao mercado. A nova

---

4 INVESTIMENTO. Aplicação de recursos (dinheiro ou títulos) em empreendimentos que renderão juros ou lucros, em geral a longo prazo. Num sentido amplo, o termo aplica-se tanto à compra de máquinas, equipamentos e imóveis para a instalação de unidades produtivas como a compra de títulos financeiros (letra de câmbio, ações, etc). Nesses termos, sentido estrito, em economia, investimento significa a aplicação de capital em meios que levam ao crescimento da capacidade produtiva (instalações, máquinas, meio de transporte), ou seja, em bens de capital. [...] O *investimento bruto* corresponde a todos os gastos realizados com bens de capital (máquinas e equipamentos) e formação de estoque. O *investimento líquido* exclui as despesas com manutenção e reposição de peças, equipamentos e instalações desgastadas pelo uso. [...] Os investimentos com capital circulante (formado pelos estoques de produtos finais) compõem o item "variação de estoque" (SANDRONI, Paulo. *Dicionário de Economia do Século XXI*. Rio de Janeiro: Record, 2005, p. 436).

bolsa oferece para negociação ações, títulos e contratos referenciados em ativos financeiros, índices, taxas, mercadorias e moedas nas modalidades a vista e de liquidação futura.

A missão da BM&FBOVESPA é atuar na dinâmica macroeconômica de crescimento do mercado latino-americano e posicionar não apenas a Bolsa, mas também o Brasil como centro financeiro internacional de negociação de ações, commodities e outros instrumentos financeiros, com excelência operacional e atitudes socialmente responsáveis, inclusive porque é líder de valores e derivativos da América Latina. Os mercados da BM&FBOVESPA abrangem a negociação de títulos e valores mobiliários, de renda variável e renda fixa, nos mercados de bolsa e de balcão organizado, com a seguinte classificação: a) títulos e valores mobiliários – ações, certificados de depósito sobre ações (BDR), cotas de fundos de investimentos[5], debêntures, recibos de ações; b) derivativos agropecuários – açúcar cristal, algodão, bezerro, boi gordo, café arábica, café robusta conillon, etanol, milho, soja; c) derivativos financeiros – ouro, índices de ações (Ibovespa, IBrX-50), índices de inflação (IGP-M, INPC, IPCA), taxas de câmbio, taxas de juro, títulos da dívida soberana; d) minicontratos – boi gordo, café, dólar, ibovespa; e) mercados de balcão – termo, swaps, opções flexíveis; f) dólar pronto – com liquidação

5 Investimento (*Investiment*). A. Em ciências sociais, **investimento** pode designar: a) o ato de investir em sentido de conceder poder, privilégio ou autoridade a uma pessoa ou a um grupo; b) ato de investir no sentido de trocar um ativo por outro, do qual se espera rendimento maior num período mais longo; c) o ativo investimento ou o ativo adquirido em resultado do ato de investir no sentido *b*. [...] A3. Em economia, investimento nos sentidos *b* e *c* restringe-se a ativos que podem ser avaliados em termos de um preço monetário. A maioria dos investimentos que se estuda é realmente de dinheiro, embora este se deva ser visto como um meio de troca por outros ativos. Mesmo nesse caso, a forma de investimento de maior relevância para a teoria econômica tem sido restrita ao que caracteriza a economia como um todo, só possibilitado por uma produção interna que exceda o consumo corrente ou pelo comércio exterior. [...] B3. Se o investimento do excesso de produção sobre o consumo é a principal força responsável pelo crescimento de uma economia industrial, é também a força que mantém a economia em expansão, evitando a retratação (CLEMENTE, Richard. V. Investimento. *In*: SILVA, Benedicto da (coord.). *Dicionário de Ciências Sociais*. 2ª ed. Rio de Janeiro: Fundação Getúlio Vargas, 1987, p. 641-2).

em D+0, D+1 e D+2; g) títulos públicos federais – pós-fixados, prefixados e indexados a taxas de inflação e de câmbio.

As principais atividades da BSM são analisar, supervisionar e fiscalizar: a) as operações e as atividades dos Participantes que atuam nos mercados de bolsa e de balcão organizado; b) as atividades dos agentes que desenvolvem atividades de compensação e liquidação de operações e/ou de custódia; c) o cumprimento das normas legais e regulamentares emitidas pelos órgãos reguladores e auto-reguladores a que estejam sujeitos participantes e agentes, apontar eventuais deficiências verificadas no cumprimento das mesmas e acompanhar os programas e medidas adotadas para saná-las; d) o cumprimento das normas legais e regulamentares emitidas pelos órgãos reguladores e pela BSM a que estejam sujeitas as operações realizadas pela BVSP e CBLC, apontar eventuais deficiências verificadas no seu cumprimento e acompanhar os programas e medidas adotadas para saná-las; e) o cumprimento, por parte da BVSP e da CBLC, das obrigações dos emissores de títulos e valores mobiliários listados na BVSP, apontar as deficiências verificadas e acompanhar os programas e medidas adotadas para saná-las. Deve, ainda, manifestar-se sobre a adequação e eficácia das normas regulamentares editadas pela BVSP e/ou CBLC, relativas às suas atividades.

A Bolsa de valores é o local onde se negociam ações e outros títulos. A BMF& BOVESPA, com sede em São Paulo (SP) e, as bolsas são supervisionadas pela Comissão de Valores Mobiliários (CVM), que se trata de um órgão estatal, criada pela Lei nº 6.385, de 07.12.1976. A CVM tem poderes para disciplinar, normatizar e fiscalizar a atuação dos diversos integrantes do mercado. Seu poder normatizador abrange todas as matérias referentes ao mercado de valores mobiliários. As ações só podem ser negociadas na bolsa, através de agentes credenciados, como corretoras, no site da BOVESPA pode-se verificar a lista atualizada. Pode-se conhecer a BOVESPA sozinho ou com um grupo de pessoas, mas acima de vinte pessoas é necessário agendar.

Como o próprio nome sugere, renda variável é toda a aplicação que não se pode estabelecer um percentual fixo de ganhos. Como o mercado de ações mostra-se dinâmico, milhares de compras e vendas, o mercado é muito volátil, se alternando segundo a segundo. São milhões de ordens de compra e venda ao mesmo tempo e a lei da oferta e da procura fazem as ações subirem ou caírem. Logicamente que existem uma série de fatores que podem influenciar também na valorização das ações, mas isso é discutido em tópicos específicos aqui mesmo no "Portal de Renda Variável". O mercado de ações é, assim, renda variável.

As ações são pequenas partes de uma empresa, representada por títulos. Sendo mais formal, podemos definir ações como títulos nominativos negociáveis que representam, para quem as possui, uma fração do capital social de uma empresa. Tendo ações pode se tornar sócio de uma empresa e têm direitos assegurados em lei em decorrência disso, inclusive direito a receber dividendos e bonificações se a empresa der lucro. Pode comprar e vender quando bem desejar utilizando um intermediário, que pode ser uma corretora de valores ou um banco, ou mesmo através de um clube de investimentos[6]. Não existe um valor mínimo exigido para investir na Bolsa. Isso varia em função do preço das ações que se deseja comprar e até mesmo da corretora que você escolher. Uma alternativa para quem está começando é participar de um clube de investimento, associação na qual várias pessoas contribuem com uma pequena quantia e, com isso, acumulam mais recursos para investir, além de outros benefícios fiscais.

As ações podem ser: a) **ordinárias (ON)**: que concedem o direito de voto nas assembleias da empresa (código 3); b) **preferenciais (PN)**: que oferecem preferência no recebimento de resultados ou no reembolso do capital em caso de liquidação da companhia. Entretanto, as ações preferenciais não concedem o direito de voto, ou o restringem (código 4). As ações preferenciais podem ainda ser diferenciadas por classes: A, B, C ou alguma outra letra que apareça após o PN. As características de cada classe são estabelecidas pela empresa emissora da ação, em seu estatuto social. Essas diferenças

---

6 Em sentido comum, traz idêntica acepção de *investidura*. [...] Mas, na técnica dos negócios, é tido no mesmo sentido de *inversão*. Exprime, pois, o emprego ou aplicação de capital em títulos mobiliários ou em qualquer outro empreendimento comercial ou fabril, com intuitos especulativos. E, por essa razão, denominam-se empresas ou sociedades de investimentos aquelas que se incumbem de colocar títulos ou ações com a finalidade de se empregarem neles fundos disponíveis (DE PLÁCIDO E SILVA. *Vocabulário Jurídico*. 24ª ed. Rio de Janeiro: Forense, 2004, p. 775).

variam de empresa para empresa, portanto, não é possível fazer uma definição geral das classes de ações.

Os valores mobiliários são títulos com valor financeiro. Podem ser ações, bônus de subscrição (preferência na compra de novas ações), debêntures (títulos que as empresas emitem e que garantem aos compradores uma remuneração certa em prazos definidos) ou notas promissórias (títulos de crédito emitidos pelas empresas, que dão a seu titular o direito de crédito contra a emitente). A debênture é um título de crédito representativo de empréstimo que uma companhia faz junto a terceiros e que assegura a seus detentores direitos contra a emissora, nas condições constantes da escritura de emissão. Para emitir uma debênture uma empresa tem que ter uma *escritura de emissão*, onde estão descritos todos os direitos conferidos pelos títulos, suas garantias e demais cláusulas e condições da emissão e suas características. A expressão inglesa derivada – debênture – é geralmente mais empregada no Brasil do que a sua correspondente francesa *obligation*, também adotada na legislação brasileira, como obrigações.

As debêntures são valores mobiliários emitidos pelas sociedades anônimas, representativas de empréstimos contraídos pelas mesmas, cada título dando, ao debenturista, idênticos direitos de crédito contra as sociedades, estabelecidos na escritura de emissão. A captação de recursos pela sociedade através de debêntures gera um lançamento contábil em seu ativo (caixa) e outro em seu passivo (circulante e/ou exigível a longo prazo). A finalidade desse tipo de financiamento é a de satisfazer, de maneira mais econômica, as necessidades financeiras das sociedades por ações, evitando, com isso, os contra-tempos das constantes e caras operações de curto prazo, junto ao mercado financeiro. Dessa forma, as sociedades por ações têm à sua disposição as facilidades necessárias para captação de recursos junto ao público, a prazos longos e juros mais baixos, com atualização monetária e resgates a prazo fixo ou mediante sorteio, conforme suas necessidades para melhor adequar o seu fluxo de caixa.

Uma empresa deve dividir os lucros com seus acionistas. Essa parcela direcionada aos detentores de ações é conhecida como dividendo. Ou seja, os dividendos correspondem à parcela de lucro distribuída aos acionistas, na proporção da quantidade de ações detida, apurado ao fim de cada exercício social. O estatuto social de uma companhia pode estabelecer o dividendo mínimo a ser distribuído, desde que não seja inferior a vinte e cinco por cento de seu lucro líquido ajustado. Caso não haja previsão no estatuto social, o dividendo obrigatório deve corresponder, no mínimo, à metade do lucro líquido ajustado. Os dividendos podem chegar ao investidor de duas maneiras: a) o pagamento de dividendos dos acionistas que detém ações no livro de registros da empresa é realizado diretamente pela empresa aos acionistas por meio de crédito em conta corrente ou disponibilizado no caixa do banco da empresa, mediante apresentação de documentos; b) para aqueles que têm suas ações custodiadas na CBLC, os valores são repassados pela empresa à CBLC que os repassa para os Agentes de Custódia, responsáveis pelo repasse do pagamento aos acionistas.

A subscrição é um aumento de capital deliberado por uma empresa, com o lançamento de novas ações, para obtenção de recursos. Os acionistas da empresa têm preferência na compra dessas novas ações emitidas pela companhia, na proporção que lhe couber, pelo preço e no prazo preestabelecidos pela empresa. Essa preferência detida pelos acionistas é chamada de direito de subscrição. O direito de subscrição é um ativo negociado no pregão da BM&FBOVESPA, no decorrer do prazo preestabelecido para o exercício do direito de subscrição. Transcorrido o prazo, o ativo deixa de existir. O direito de subscrição é um direito de preferência do acionista de subscrever (adquirir) novas ações de uma companhia aberta, quando do aumento de capital desta, na proporção das ações que já possuir. Isso significa que é permitido ao acionista comprar novo lote de ações lançado pela empresa por um valor preestabelecido e em período determinado. Este direito pode ser negociado no mercado secundário da BM&FBOVESPA, o que permite ao acionista transferi-lo a terceiros.

As corretoras são instituições que compram e vendem ações para você, diretamente, ou indiretamente, através do seu *home broker*. As corretoras constituem instituições financeiras credenciadas pelo Banco Central, pela CVM e pelas próprias bolsas, e estão habilitadas, entre outras atividades, a negociar valores mobiliários com exclusividade no sistema eletrônico da BM&FBOVESPA. Para se credenciar como corretoras estas depositam um capital mínimo junto ao Banco Central, hoje com o mínimo de cinquenta milhões de reais como garantia para os seus clientes. As corretoras possuem sistemas interligados com as bolsas de valores e você opera o sistema, no seu equipamento, através do sistema fornecido pela corretora chamado *home broker*. Cada uma tem seu próprio sistema e seu *home broker* seu próprio nome, mas todos esses sistemas seguem algumas exigências mínimas legais de requisitos e de segurança.

As corretoras também cobram pelas operações que você faz através do seu *home broker*. Você deve checar o perfil da corretora escolhida, checar no Banco Central, junto a clientes, instituições financeiras ou especialistas do mercado e analisar o sistema e o suporte oferecido por cada uma delas antes de fazer uma opção. Todas elas fornecem atendimento *online* e suporte, bem como técnicos e analistas para dar o necessário apoio ao investidor com análises técnicas e projeções. Existem algumas bem antigas que seus proprietários chegaram a ser dirigentes da Bovespa no passado. Hoje o sistema de controle dessas corretoras, no Brasil, é muito grande o que traz grande segurança aos investidores, mas há muitos anos não se houve falar em fraude nem em quebra de corretora.

O Índice Bovespa (Ibovespa) é o mais importante indicador do desempenho do mercado de ações brasileiro, pois retrata o comportamento das principais ações negociadas na BM&FBOVESPA. Ele é formado a partir de uma aplicação imaginária, em Reais, em uma quantidade teórica de ações (carteira). A finalidade básica consiste em servir como indicador médio do comportamento do mercado. Para tanto, as ações que fazem parte do índice representam mais de oitenta por cento do número de negócios e do volume financeiro negociados no mercado à vista. Como as ações que fazem parte dessa carteira têm grande representatividade, pode-se dizer que se a maioria delas estiver subindo, o mercado, medido pelo Índice Bovespa, está em alta, e se estiver caindo, está em baixa. O Ibovespa é alterado, segundo a segundo, de acordo com o comportamento de mercado e os principais *sites* de economia, bem como meios de comunicação, corretoras e a própria Bovespa informam o índice de fechamento, que serve para análise dos técnicos e de investidores.

São realizadas reavaliações, periodicamente, para que o índice acompanhe as mudanças do mercado e continue representando fielmente o seu comportamento. Na BM&FBOVESPA, as revisões são feitas a cada quatro meses, com base nos dados de negociação dos doze meses anteriores, quando se verifica se alguma ação ainda não pertencente está atendendo aos critérios de inclusão e nesse caso ela será incorporada à nova carteira. Se as ações incluídas nos índices continuam cumprindo esses critérios. Se uma ação não atende mais aos critérios necessários, ela deve ser retirada da carteira, conforme estabelecido na metodologia de cada índice. As vigências das carteiras dos índices da BM&FBOVESPA são: a) janeiro a abril; b) maio a agosto; c) setembro a dezembro.

O Mercado Primário compreende o lançamento de novas ações no mercado, sendo uma forma de captação de recursos para a empresa. Uma vez ocorrendo esse lançamento inicial ao mercado, as ações passam a ser negociadas no Mercado Secundário, onde ocorre a troca de propriedade de título. Ou seja, no Mercado Primário, quem vende as ações é a companhia, usando os recursos para se financiar. No Mercado Secundário, o vendedor é o investidor que se desfaz das ações para reaver o seu dinheiro. Por isso, os negócios que se realizam em Bolsa de Valores correspondem ao Mercado Secundário. Toda empresa tem suas ações negociadas em lotes, que podem ser de uma, dez, cem ações, etc. Se, por exemplo, você não desejar comprar um lote-padrão de cem ações, mas sim cento e cinquenta ações, é necessário usar o mercado fracionário. Neste caso, o lote-padrão, ou seja, as cem ações, são negociadas no mercado integral e as cinquenta restantes, no fracionário. Reconhece-se a negociação e a ação fracionária pela letra "F", por exemplo, uma ação da Petrobrás PETR4 no mercado fracionário é escrita PETR4F.

A Mega Bolsa é o sistema de informática utilizado pela BM&FBOVESPA para o movimento de ordens de compra e venda de ações, mas apenas as corretoras e operadores credenciado tem acesso direto ao Mega Bolsa. Os investidores operam o Mega Bolsa indiretamente, acessando o sistema através do *home broker* desenvolvido pelas corretoras. Após a realização do negócio, ocorre a liquidação da operação, processo pelo qual se dá a transferência da propriedade dos títulos e o pagamento/recebimento do montante financeiro envolvido. Para se ter disponibilizado o valor na sua conta-corrente fora da corretora deve-se pedir o resgate do valor disponível após a liquidação das operações que leva três dias úteis. Após esse período para a liquidação das operações o resgate é imediato e as corretoras transferem os valores por TED ou DOC.

A Governança Corporativa pode ser definida como o esforço contínuo em alinhar os objetivos da administração das empresas aos interesses dos acionistas. Isso envolve as práticas e os relacionamentos entre os acionistas/cotistas, o Conselho de Administração, a

Diretoria, uma Auditoria Independente e até mesmo um Conselho Fiscal. A boa governança corporativa permite uma administração ainda melhor e a monitoração da direção executiva da empresa. A empresa que opta pelas boas práticas de governança corporativa adota como linhas mestras transparência, prestação de contas e equidade.

O Novo Mercado é um segmento de listagem destinado à negociação de ações emitidas por empresas que se comprometem, voluntariamente, com a adoção de práticas de governança corporativa adicionais em relação ao que é exigido pela legislação. Essas regras ampliam os direitos dos acionistas, melhoram a qualidade das informações usualmente prestadas pelas companhias entre outros benefícios. A principal inovação do Novo Mercado, em relação à legislação, é a proibição de emissão de ações preferenciais. Porém, esta não é a única. A adesão a essas práticas de governança distingue a companhia como Nível 1, Nível 2 ou Novo Mercado dependendo do grau de compromisso assumido pela empresa:

Entre as vantagens de investir em ações está a liquidez, facilidade de venda e compra, pois não há carência para o resgate dos papéis, e a rentabilidade no longo prazo. Por outro lado, o risco é maior. O investimento em ações é uma aplicação financeira de renda variável, ou seja, a rentabilidade oscila por conta de influências econômicas internas e externas. É impossível prever com exatidão perdas ou lucros. O risco, porém, pode ser muito bem controlado se o investidor pensar em ações como investimento de longo prazo, por cinco ou dez anos.

Ao investir no mercado de ações, é importante saber os custos envolvidos: a) a **taxa de corretagem** é cobrada pela corretora pelo acesso ao mercado, pode ser um valor fixo ou uma porcentagem sobre o negócio; b) a **taxa de custódia,** o valor cobrado pela corretora para custear a guarda do título; c) os **emolumentos** são cobrados pela bolsa de valores para negociar e liquidar os negócios; d) o **imposto de renda (IR),** a alíquota de quinze por cento sobre os ganhos de capital. Os investidores que venderem menos de vinte mil no mês estão isentos de IR. Quando uma empresa obtém lucro, os acionistas recebem benefícios como: a) **dividendos,** a parcela do lucro distribuída de forma proporcional ao número de ações por acionista, a empresa deve distribuir pelo menos vinte e cinco por cento do lucro líquido (descontados IR e outros tributos) apurados ao final do ano fiscal; b) **ganho de capital,** o resultado da venda de uma ação por um valor acima do de compra, mas a diferença é tributada em quinze por cento a título de IR; c) **bonificação,** a distribuição de novas ações aos acionistas atuais, por meio do aumento de capital, o lucro da empresa é reinvestido. O investidor pode ainda optar por formas coletivas de investimento, como os clubes de investimento e fundos, sob a administração de instituições e intermediários financeiros.

Os Fundos DI são os mais populares dentre os chamados Fundos Referenciados, que recebem este nome porque têm noventa e cinco por cento de sua carteira composta por ativos que acompanhem um determinado indicador. Nesse caso, os fundos são atrelados ao CDI (Certificado de Depósito Interbancário) e têm o objetivo de acompanhar a variação diária das taxas de juros no mercado interbancário. Trata-se de um investimento de baixo risco, especialmente quando há expectativa de aumento na taxa de juros. Os Fundos DI aplicam pelo menos noventa e cinco por cento em papéis pós-fixados de renda fixa, com rendimento próximo ao CDI e aplica pelo menos oitenta por cento em papéis da dívida federal ou papéis de empresas com baixo risco. Por isso, dentre os fundos de renda fixa, são vistos como os mais conservadores, aplicações financeiras. Por se tratar de um fundo de investimento, cobra taxa de administração, que varia de produto para produto e de banco para banco. Diferentemente do imposto, ela incide sobre todo o dinheiro aplicado, e não apenas sobre o rendimento.

O imposto também varia de acordo com o tempo. Por isso, quem deixar o dinheiro aplicado por um prazo mais longo paga menos tributos. Aplicações até cento e oitenta dias pagam vinte e dois e meio por cento sobre o rendimento. Aplicações até trezentos e sessenta dias pagam vinte por cento. Até setecentos e vinte dias pagam dezessete e meio por cento. E de mais dois anos pagam a menor alíquota, que é de quinze por cento sobre o rendimento. Os fundos DI também pagam IOF se os saques forem feitos em menos de trinta dias. A taxa de administração tem impacto considerável no rendimento dos Fundos DI e pode chegar a corroer os ganhos. Por isso é aconselhável pesquisar sempre e optar por taxas de até dois por cento, que os tornam ainda mais atraentes.

O CDB (Certificado de Depósito Bancário) é um título de captação de recursos emitido pelos bancos, que funciona como um empréstimo que você faz à instituição financeira, recebendo uma remuneração em troca. Ao final da aplicação, o valor investido é acrescido de juros. O prazo para o resgate é definido pelo banco, mas o investidor pode retirar antes a sua rentabilidade sem prejuízos, se respeitar o prazo mínimo de aplicação, que varia de um dia a um ano, dependendo da remuneração desejada. As taxas de rentabilidade podem ser pré-fixadas, pós-fixadas, flutuantes ou ter mais de uma base para remuneração, desde que o cliente obtenha a mais vantajosa: a) títulos pré-fixados quando o investidor já sabe na hora da aplicação quanto vai receber em juros; b) título pós-fixados quando a remuneração é definida depois do vencimento do título; c) taxas flutuantes estão ligadas a um percentual de variação de um índice, normalmente o Certificado de Depósito Interbancário (CDI), mas também pode ser TR, TJLP ou inflação.

As aplicações em CDB podem ser feitas por qualquer pessoa que seja correntista de um banco e tenha dinheiro para investir. O prazo varia de trinta a cento e oitenta dias e o valor mínimo depende da modalidade disponível no banco. Geralmente, os bancos oferecem taxas maiores de acordo com o valor investido. No CDB há incidência do Imposto de Renda, que varia de quinze a vinte e dois e meio por cento, de acordo com o tempo investido, pago no resgate da aplicação. Não há taxa de administração. Se o valor ficar aplicado por menos de trinta dias, será cobrado o Imposto sobre Operação Financeira (IOF). As variações que ocorrem com o CDB estão relacionadas à Selic, a taxa básica de juros, se a taxa estiver baixa, o rendimento também vai ser menor. Toda aplicação financeira deve ser avaliada com base em três fatores: a) garantia; b) liquidez, facilidade de compra e venda; c) rentabilidade. Na prática, os CDBs não têm diferenças significativas quando comparados com os fundos, seja de Renda Variável ou Renda Fixa.

É importante considerar a variação da taxa de inflação para os títulos pós-fixados e flutuantes. O cálculo para comparação dos ganhos diante da inflação é simples. Se um aplicador fez um CDB no primeiro dia de janeiro de 2011 e terminou o ano com dez e meio por cento acima do valor aplicado, já descontado o imposto de renda, significa dizer que teve um ganho real de quatro por cento, calculado linearmente, considerando que a inflação no ano foi de seis e meio por cento. O risco de aplicação em CDBs é baixo, pois está associado à solidez do banco. O investidor só perde a aplicação caso a instituição vá à falência. Porém, o FGC (Fundo Garantidor de Crédito) garante o valor de até setenta mil reais por CPF, se a instituição for associada ao Fundo.

A compra e a venda de moeda estrangeira são realizadas por instituições financeiras autorizadas pelo Banco Central. As aplicações são feitas de acordo com a taxa de câmbio, que é o valor de uma moeda em relação à outra. As taxas praticadas no Brasil são estabelecidas pelos bancos ou agências e definidas segundo a oferta e a demanda da moeda. As taxas são atualizadas diariamente e podem ser consultadas no site do Banco Central, onde também é possível fazer a conversão de moedas. No Brasil, a moeda mais negociada é o dólar norte-americano. Para cada aplicação, ocorre uma taxa de conversão diferente. O Dólar Comercial é utilizado para transações de comércio exterior, entrada e saída de recursos, transações financeiras feitas pelo governo com países estrangeiros, quando algum brasileiro que mora no exterior realiza empréstimos registrados no Banco Central, dentre outras situações. Já o Dólar Turismo é utilizado para balizar valores de passagens, compras no exterior feitas por cartão de crédito ou débito, ou outras operações de turismo. Não há limite de transações com o Dólar Turismo, mas a legislação brasileira não permite que seja utilizado como poupança. Se o valor a ser comprado ultrapassar dez mil reais, deve ser declarado à Receita Federal. Existe ainda o chamado Dólar Paralelo (ou *Black*), que é considerado ilícito por ser adquirido fora dos meios oficiais – com doleiros, por exemplo –, sem a autorização do Banco Central.

Outra opção é o Fundo Cambial em Dólar, que consiste no investimento feito na moeda norte-americana por meio de títulos emitidos por bancos e empresas e ativos relacionados à variação da moeda. O Fundo Cambial não corresponde exatamente à cotação do dólar, pois cobra uma taxa de administração de um a três por cento ao ano, além de Imposto de Renda, que varia de quinze a vinte e dois e meio por cento, conforme o período de investimento, além da variação da taxa de juros. Nessas operações, podem ser feitos contratos que estabelecem a troca de riscos e rentabilidade entre investidores, chamados de Swap Cambial. O contrato permite a troca de taxas de dólar por juros pós-fixados. Dessa forma, o investidor corre menos risco quanto à variação da moeda. Para quem deseja obter rentabilidade com investimento, o Fundo Cambial é menos indicado, pois pode haver desvalorização da moeda com as oscilações do mercado.

Geralmente, este fundo é utilizado para proteger o dólar para uso futuro. O Fundo Cambial é mais adequado para: a) quem vai viajar para o exterior; b) pessoas ou empresas que tenham dívidas em dólar; c) quem tem planos de morar em outro país; d) pessoas que mandam dinheiro para a família em outro país; e) estudantes ou profissionais que pretendem fazer um curso no exterior.

As instituições financeiras disputam no mercado os recursos disponíveis para captação. Devido à volatilidade das taxas dos diferentes papéis em mercado, os recursos financeiros disponíveis estarão procurando as melhores aplicações, quer seja em CDB, LC ou LI. De forma a garantir uma distribuição de recursos que atenda ao fluxo de recursos demandados pelas instituições, foi criado, em meados da década de oitenta do século passado, o CDI. Os Certificados de Depósito Interbancário são os títulos de emissão das instituições financeiras, que lastreiam as operações do mercado interbancário. Suas características são idênticas às de um CDB, mas sua negociação é restrita ao mercado interbancário. Sua função é, portanto, transferir recursos de uma instituição financeira para outra. Em outras palavras, para que o sistema seja mais fluido, quem tem dinheiro sobrando empresta para quem não tem. As operações se realizam fora do âmbito do Banco Central, tanto que, neste mercado, não há incidência de qualquer tipo de imposto, as transações são fechadas por meio eletrônico e registradas nos computadores das instituições envolvidas e nos terminais da Câmara de Custódia e Liquidação (CETIP). A maioria das operações é negociada por um só dia, como no antigo overnight.

O Selic é o depositário central dos títulos que compõem a dívida pública federal interna (DPMFi) de emissão do Tesouro Nacional e, nessa condição, processa a emissão, o resgate, o pagamento dos juros e a custódia desses títulos. É também um sistema eletrônico que processa o registro e a liquidação financeira das operações realizadas com esses títulos pelo seu valor bruto e em tempo real, garantindo segurança, agilidade e transparência aos negócios. Por seu intermédio, é efetuada a liquidação das operações de mercado aberto e de redesconto com títulos públicos, decorrentes da condução da política monetária. O sistema conta ainda com módulos complementares, como o Ofpub e o Ofdealer, por meio dos quais são efetuados os leilões, e o Lastro, para especificação dos títulos objeto das operações compromissadas contratadas entre o Banco Central e o mercado. Todos os títulos são escriturais, isto é, emitidos exclusivamente na forma eletrônica. A liquidação da ponta financeira de cada operação é realizada por intermédio do STR, ao qual o Selic é interligado.

O sistema, que é gerido pelo Banco Central do Brasil e por ele operado em parceria com a Anbima, tem seus centros operacionais, com centro principal e centro de contingência localizados na cidade do Rio de Janeiro. O horário normal de funcionamento segue o do STR, das 6h30 às 18h30, em todos os dias considerados úteis para o sistema financeiro. Para comandar operações, os participantes liquidantes encaminham mensagens por meio da RSFN, observando padrões e procedimentos previstos em manuais específicos da rede. Os demais participantes utilizam outras redes, conforme procedimentos previstos no Regulamento do Selic.

Além do Banco Central do Brasil e do Tesouro Nacional, podem ser participantes do Selic bancos, caixas econômicas, distribuidoras e corretoras de títulos e valores mobiliários e demais instituições autorizadas a funcionar pelo Banco Central. As câmaras ou prestadores de serviços de compensação e de liquidação têm a sua participação no Selic definida no Regulamento do Selic. São considerados participantes liquidantes, respondendo diretamente pela liquidação financeira de operações, além do Banco Central do Brasil, os participantes titulares, no STR, de conta Reservas Bancárias ou Conta de Liquidação, desde que, nesta última hipótese, tenham optado pela condição de liquidante no Selic.

Os não liquidantes liquidam suas operações por intermédio de participantes liquidantes, conforme acordo entre as partes, e operam dentro de limites fixados por estes. Cada participante não liquidante pode utilizar os serviços de mais de um participante liquidante, exceto no caso de operações específicas, previstas no Regulamento do Selic, tais como pagamento de juros, amortização e resgate de títulos, que são obrigatoriamente liquidadas por intermédio de um liquidante-padrão previamente indicado pelo participante não liquidante. Na forma do Regulamento do Selic, são admitidas algumas associações de operações. Nesses casos, embora ao final a liquidação seja feita operação por operação, são considerados, na verificação da disponibilidade de títulos e de recursos financeiros, os resultados líquidos relacionados com o conjunto de operações associadas.

8.9. Aplicação em Imóveis

As aplicações dos recursos dos Regimes Próprios devem ocorrer, em geral, através de recursos financeiros, conforme as determinações do Banco Central. As aplicações financeiras, no Brasil, sempre tiveram rentabilidade elevada mas, atualmente estão próxima dos índices aplicados nos outros países. Assim, além dos recursos em instituições financeiras, podem haver inversões em outros ativos, inclusive em imóveis. Observe-se que os Fundos de Previdência dos Regimes Fechados das empresas estatais realizam aplicação em imóveis, para fins de locação ou de arrendamento, como a Previ e outros.

A Lei Federal nº 9.717, de 27.11.1998, dispõe sobre as regras gerais para a organização e o funcionamento dos Regimes Próprios de Previdência Social (RPPS) dos servidores públicos da União, dos Estados, do Distrito Federal e dos Municípios, dos militares dos Estados e do Distrito Federal, nos seguintes termos:

> Art. 1º Os regimes próprios de previdência social dos servidores públicos da União, dos Estados, do Distrito Federal e dos Municípios, dos militares dos Estados e do Distrito Federal deverão ser organizados, baseados em normas gerais de contabilidade e atuária, de modo a garantir o seu equilíbrio financeiro e atuarial, observados os seguintes critérios:
>
> [...]
>
> I - realização de avaliação atuarial inicial e em cada balanço utilizando-se parâmetros gerais, para a organização e revisão do plano de custeio e benefícios;
>
> II - financiamento mediante recursos provenientes da União, dos Estados, do Distrito Federal e dos Municípios e das contribuições do pessoal civil e militar, ativo, inativo e dos pensionistas, para os seus respectivos regimes;
>
> III - as contribuições e os recursos vinculados ao Fundo Previdenciário da União, dos Estados, do Distrito Federal e dos Municípios e as contribuições do pessoal civil e militar, ativo, inativo, e dos pensionistas, somente poderão ser utilizadas para pagamento de benefícios previdenciários dos respectivos regimes, ressalvadas as despesas administrativas estabelecidas no art. 6º, inciso VIII, desta Lei, observado os limites de gastos estabelecidos em parâmetros gerais;
>
> IV - cobertura de um número mínimo de segurados, de modo que os regimes possam garantir diretamente a totalidade dos riscos cobertos no plano de benefícios, preservando o equilíbrio atuarial sem necessidade de resseguro, conforme parâmetros gerais;

V - cobertura exclusiva a servidores públicos titulares de cargos efetivos e a militares, e a seus respectivos dependentes, de cada ente estatal, vedado o pagamento de benefícios, mediante convênios ou consórcios entre Estados, entre Estados e Municípios e entre Municípios;

VI - pleno acesso dos segurados às informações relativas à gestão do regime e participação de representantes dos servidores públicos e dos militares, ativos e inativos, nos colegiados e instâncias de decisão em que os seus interesses sejam objeto de discussão e deliberação;

VII - registro contábil individualizado das contribuições de cada servidor e dos entes estatais, conforme diretrizes gerais;

VIII - identificação e consolidação em demonstrativos financeiros e orçamentários de todas as despesas fixas e variáveis com pessoal inativo civil, militar e pensionistas, bem como dos encargos incidentes sobre os proventos e pensões pagos;

IX - sujeição às inspeções e auditorias de natureza atuarial, contábil, financeira, orçamentária e patrimonial dos órgãos de controle interno e externo.

X - vedação de inclusão nos benefícios, para efeito de percepção destes, de parcelas remuneratórias pagas em decorrência de local de trabalho, de função de confiança ou de cargo em comissão, exceto quando tais parcelas integrarem a remuneração de contribuição do servidor que se aposentar com fundamento no art. 40 da Constituição Federal, respeitado, em qualquer hipótese, o limite previsto no § 2º do citado artigo;

XI - vedação de inclusão nos benefícios, para efeito de percepção destes, do abono de permanência de que tratam o § 19 do art. 40 da Constituição Federal, o § 5º do art. 2º e o § 1º do art. 3º da Emenda Constitucional no 41, de 19 de dezembro de 2003.

Parágrafo único. Aplicam-se, adicionalmente, aos regimes próprios de previdência social dos entes da Federação os incisos II, IV a IX do art. 6º.

Art. 1º-A. O servidor público titular de cargo efetivo da União, dos Estados, do Distrito Federal e dos Municípios ou o militar dos Estados e do Distrito Federal filiado a regime próprio de previdência social, quando cedido a órgão ou entidade de outro ente da federação, com ou sem ônus para o cessionário, permanecerá vinculado ao regime de origem.

[...]

Art. 6º Fica facultada à União, aos Estados, ao Distrito Federal e aos Municípios, a constituição de fundos integrados de bens, direitos e ativos, com finalidade previdenciária, desde que observados os critérios de que trata o artigo 1º e, adicionalmente, os seguintes preceitos:

[...]

> II - existência de conta do fundo distinta da conta do Tesouro da unidade federativa;
>
> [...]
>
> IV - aplicação de recursos, conforme estabelecido pelo Conselho Monetário Nacional;
>
> [...]
>
> VI - vedação à aplicação de recursos em títulos públicos, com exceção de títulos do Governo Federal;
>
> [...]
>
> VII - avaliação de bens, direitos e ativos de qualquer natureza integrados ao fundo, em conformidade com a Lei 4.320, de 17 de março de 1964 e alterações subseqüentes;
> IX - constituição e extinção do fundo mediante lei.

Por outro lado, a Portaria do Ministério da Previdência Social (MPS) nº 402, de 10.12.2008, disciplina os parâmetros e as diretrizes gerais para organização e funcionamento dos Regimes Próprios de Previdência Social dos Servidores Públicos (RPPS) ocupantes de cargos efetivos da União, dos Estados membros, do Distrito Federal e dos Municípios, em cumprimento da Lei Federal nº 9.717, de 27.11.1998, e da Lei Federal nº 10.887, de 18.06.2004, nos seguintes termos:

> Art. 1º Os parâmetros e as diretrizes gerais previstos na Lei nº 9.717, de 27 de novembro de 1998, que dispõe sobre regras para organização e funcionamento dos regimes próprios de previdência social dos servidores públicos, ocupantes de cargos efetivos da União, dos Estados, do Distrito Federal e dos Municípios e o cumprimento do disposto nos arts. 1º, 2º e 15 da Lei nº 10.887, de 18 de junho de 2004, serão regidos conforme as disposições desta Portaria.
>
> [...]
>
> Art. 13. São considerados recursos previdenciários as contribuições e quaisquer valores, bens, ativos e seus rendimentos vinculados ao RPPS ou ao fundo de previdência de que trata o art. 11, inclusive a totalidade dos créditos do ente instituidor, reconhecidos pelo regime de origem, relativos à compensação financeira disciplinada na Lei nº 9.796, de 5 de maio de 1999.
>
> [...]
>
> Art. 20. As disponibilidades financeiras vinculadas ao RPPS serão aplicadas no mercado financeiro e de capitais brasileiro em conformidade com regras estabelecidas pelo Conselho Monetário Nacional.

Aliás, a Portaria do Ministério da Previdência Social (MPS) nº 519, de 24.08.2011, dispõe sobre as aplicações dos recursos financeiros dos Regimes Próprios de Previdência Social instituídos pela União, Estados-membro, Distrito Federal e Municípios, altera redação da Portaria MPS nº 204, de 10.07.2008, e da Portaria do Ministério da Previdência social (MPS) nº 402, de 10.12.2008 do seguinte modo:

> Art. 1º A União, os Estados, o Distrito Federal e os Municípios, em relação a seus Regimes Próprios de Previdência Social - RPPS, comprovarão a elaboração da política anual de investimentos de que trata a Resolução do Conselho Monetário Nacional - CMN, que dispõe sobre a aplicação dos recursos dos RPPS, mediante o envio à Secretaria de Políticas de Previdência Social - SPPS, do Demonstrativo da Política de Investimentos - DPIN. *(Nova redação dada pela Portaria MPS nº 170/2012)*
>
> [...]
>
> Art. 3º A União, os Estados, o Distrito Federal e os Municípios deverão observar na gestão dos recursos de seus RPPS as seguintes obrigações, além daquelas previstas na Resolução do CMN que dispõe sobre a aplicação dos recursos dos RPPS: *(Nova redação dada pela Portaria MPS nº 170/2012)*
>
> I - na gestão por entidade autorizada e credenciada, realizar processo seletivo e submetê-lo à instância superior de deliberação, tendo como critérios, no mínimo, a solidez patrimonial da entidade, a compatibilidade desta com o volume de recursos e a experiência positiva no exercício da atividade de administração de recursos de terceiros; *(Nova redação dada pela Portaria MPS nº 170/2012)*
>
> II - exigir da entidade autorizada e credenciada, mediante contrato, no mínimo mensalmente, relatório detalhado contendo informações sobre a rentabilidade e risco das aplicações;
>
> III - realizar avaliação do desempenho das aplicações efetuadas por entidade autorizada e credenciada, no mínimo semestralmente, adotando, de imediato, medidas cabíveis no caso da constatação de performance insatisfatória;
>
> IV - zelar pela promoção de elevados padrões éticos na condução das operações relativas às aplicações dos recursos operados pelo RPPS, bem como pela eficiência dos procedimentos técnicos, operacionais e de controle das aplicações;
>
> V - elaborar relatórios detalhados, no mínimo, trimestralmente, sobre a rentabilidade, os riscos das diversas modalidades de operações realiza-

> das nas aplicações dos recursos do RPPS e a aderência à política anual de investimentos e suas revisões e submetê-los às instâncias superiores;
>
> I - de deliberação e controle;
>
> VI - assegurar-se do desempenho positivo de qualquer entidade que mantiver relação de prestação de serviços e ou consultoria ao RPPS nas operações de aplicação dos recursos do RPPS;
>
> X - na gestão própria, antes da realização de qualquer operação, assegurar que as instituições escolhidas para receber as aplicações tenham sido objeto de prévio cadastramento. *(Incluído pela Portaria MPS nº 170/2012)*
>
> Art. 3º-A A União, os Estados, o Distrito Federal e os Municípios deverão manter Comitê de Investimentos dos recursos dos seus respectivos RPPS, como órgão auxiliar no processo decisório quanto à execução da política de investimentos, cujas decisões serão registradas em ata. *(Incluído pela Portaria MPS nº 170/2012)*
>
> § 1º Compete ao ente federativo estabelecer em ato normativo a estrutura, composição e funcionamento do Comitê de Investimentos previsto no caput, respeitada a exigência de que seus membros mantenham vínculo com o RPPS, na forma definida no § 4º do art. 2º. (Incluído pela Portaria MPS nº 170/2012).

Por fim, a Resolução do Conselho Monetário Nacional nº 3.922, de 25.11.2010, que dispõe sobre as aplicações dos recursos dos regimes próprios de previdência social instituídos pela União, Estados-membros, Distrito Federal e Municípios:

> Art. 2º Observadas as limitações e condições estabelecidas nesta Resolução, os recursos dos regimes próprios de previdência social devem ser alocados nos seguintes segmentos de aplicação:
> I - renda fixa;
>
> II - renda variável; e
>
> III - imóveis.
>
> Art. 3º Para efeito desta Resolução, são considerados recursos:
>
> I - as disponibilidades oriundas das receitas correntes e de capital;
>
> II - os demais ingressos financeiros auferidos pelo regime próprio de previdência social;
>
> III - as aplicações financeiras;
>
> IV - os títulos e os valores mobiliários;
>
> V - os ativos vinculados por lei ao regime próprio de previdência social; e

VI - demais bens, direitos e ativos com finalidade previdenciária do regime próprio de previdência social.

[...]

Art. 6º Para fins de cômputo dos limites definidos nesta Resolução, não são consideradas as aplicações no segmento de imóveis.

Art. 7º No segmento de renda fixa, as aplicações dos recursos dos regimes próprios de previdência social subordinam-se aos seguintes limites:

I - até 100% (cem por cento) em:

a) títulos de emissão do Tesouro Nacional, registrados no Sistema Especial de Liquidação e Custódia (SELIC);

b) cotas de fundos de investimento, constituídos sob aforma de condomínio aberto, cujos regulamentos prevejam que suas respectivas carteiras sejam representadas exclusivamente pelos títulos definidos na alínea "a" deste inciso e cuja política de investimento assuma o compromisso de buscar o retorno de um dos subíndices do Índice de Mercado Anbima (IMA) ou do Índice de Duração Constante Anbima (IDkA), com exceção de qualquer subíndice atrelado à taxa de juros de um dia;

II - até 15% (quinze por cento) em operações compromissadas, lastreadas exclusivamente pelos títulos definidos na alínea "a" do inciso I;

III - até 80% (oitenta por cento) em cotas de fundos de investimento classificados como renda fixa ou como referenciados em indicadores de desempenho de renda fixa, constituídos sob a forma de condomínio aberto e cuja política de investimento assuma o compromisso de buscar o retorno de um dos subíndices do Índice de Mercado Anbima (IMA) ou do Índice de Duração Constante Anbima (IDkA),com exceção de qualquer subíndice atrelado à taxa de juros de um dia;

IV - até 30% (trinta por cento) em cotas de fundos de investimento classificados como renda fixa ou como referenciados em indicadores de desempenho de renda fixa, constituídos sob a forma de condomínio aberto;

V - até 20% (vinte por cento) em depósitos de poupança em instituição financeira considerada como de baixo risco de crédito pelos responsáveis pela gestão de recursos do regime próprio de previdência social, com base, dentre outros critérios, em classificação efetuada por agência classificadora de risco em funcionamento no País;

VI - até 15% (quinze por cento) em cotas de fundos de investimento em direitos creditórios, constituídos sob a forma de condomínio aberto;

VII - até 5% (cinco por cento) em:

a) cotas de fundos de investimento em direitos creditórios,constituídos sob a forma de condomínio fechado; ou

b) cotas de fundos de investimento classificados como renda fixa ou como referenciados em indicadores de desempenho de renda fixa que contenham em sua denominação a expressão "crédito privado".

§ 1º As operações que envolvam os ativos previstos na alínea "a" do inciso I deste artigo deverão ser realizadas por meio de plataformas eletrônicas administradas por sistemas autorizados a funcionar pelo Banco Central do Brasil ou pela Comissão de Valores Mobiliários (CVM), nas suas respectivas áreas de competência,admitindo-se, ainda, aquisições em ofertas públicas do Tesouro Nacional por intermédio das instituições regularmente habilitadas,desde que possam ser devidamente comprovadas.

§ 2º As aplicações previstas nos incisos III e IV deste artigo.

Art. 8º No segmento de renda variável, as aplicações dos recursos dos regimes próprios de previdência social subordinam-se aos seguintes limites:

I - até 30% (trinta por cento) em cotas de fundos de investimento constituídos sob a forma de condomínio aberto e classificados como referenciados que identifiquem em sua denominação e em sua política de investimento indicador de desempenho vinculado ao índice Ibovespa, IBrX ou IbrX-50;

II - até 20% (vinte por cento) em cotas de fundos de índices referenciados em ações, negociadas em bolsa de valores, admitindo-se exclusivamente os índices Ibovespa, IBrX e IBrX-50;

III - até 15% (quinze por cento) em cotas de fundos de investimento em ações, constituídos sob a forma de condomínio aberto, cujos regulamentos dos fundos determinem que as cotas de fundos de índices referenciados em ações que compõem suas carteiras estejam no âmbito dos índices previstos no inciso II deste artigo;

IV - até 5% (cinco por cento) em cotas de fundos de investimento classificados como multimercado, constituídos sob aforma de condomínio aberto, cujos regulamentos determinem tratar-sede fundos sem alavancagem;

V - até 5% (cinco por cento) em cotas de fundo de investimento em participações, constituídos sob a forma de condomínio fechado;

VI - até 5% (cinco por cento) em cotas de fundos de investimento imobiliário, com cotas negociadas em bolsa de valores.

Parágrafo único. As aplicações previstas neste artigo, cumulativamente, limitar-se-ão a 30% (trinta por cento) da totalidade das aplicações dos recursos do regime próprio de previdência social e aos limites de concentração por emissor conforme regulamentação editada pela Comissão de Valores Mobiliários.

Art. 9º As aplicações no segmento de imóveis serão efetuadas exclusivamente com os imóveis vinculados por lei ao regime próprio de previdência social.

Parágrafo único. Os imóveis de que trata o caput poderão ser utilizados para a aquisição de cotas de fundos de investimento imobiliário, cujas cotas sejam negociadas em ambiente de bolsa de valores.

Art. 10. Para cumprimento integral dos limites e requisitos estabelecidos nesta Resolução, equiparam-se às aplicações dos recursos realizadas diretamente pelos regimes próprios aquelas efetuadas por meio de fundos de investimento ou de carteiras administradas.

Parágrafo único. As cotas de fundos de investimento dos segmentos de renda fixa e renda variável podem ser consideradas ativos finais desde que os prospectos dos respectivos fundos contemplem previsão de envio das informações das respectivas carteiras de aplicações para o Ministério da Previdência Social na forma e periodicidade por ele estabelecidas.

[...]

Art. 14. O total das aplicações dos recursos do regime próprio de previdência social em um mesmo fundo de investimento deverá representar, no máximo, 25% (vinte e cinco por cento) do patrimônio líquido do fundo.

Parágrafo único. A observância do limite de que trata o caput é facultativa nos 120 (cento e vinte) dias subseqüentes à data de início das atividades do fundo.

Pode-se dizer, então, que as aplicações financeiras dos Regimes Próprios de Previdência Social (RPPS) estão reguladas pelo Banco Central, com sérias restrições e controles. Pode haver ainda aplicações em imóveis, limitando a vinte e cinco por cento dos valores disponíveis nos Fundos do Regime Próprio, por conta dos arts. 9º e 14, da Resolução do Conselho Monetário Nacional nº 3.922, de 25.11.2010.

O investimento em imóveis sempre foi considerado uma forma segura de preservar um patrimônio. Um imóvel bem escolhido mantém o seu valor de mercado e muitas vezes valoriza-se mais do que a rentabilidade de outros tipos de investimentos mais conservadores, como a caderneta de poupança ou um fundo de investimento DI. Além disso, os investimentos em imóveis sempre foram considerados investimentos de baixo risco. Com um cenário altamente favorecido pelo ambiente macroeconômico positivo, o investimento imobiliário apresenta grandes vantagens por sua solidez, segurança e, principalmente, pelo potencial de crescimento futuro do mercado imobiliário. Quanto mais um país cresce, mais valorizados ficam os seus imóveis: o crescimento econômico de qualquer nação envolve necessariamente o avanço do mercado imobiliário e da construção civil. Com o Brasil, não vem sendo diferente.

Investir em imóveis é seguro. Um imóvel é um patrimônio físico. Em outras palavras, é um bem tangível: podemos tocá-lo, podemos vê-lo. Mesmo que o valor deste ativo venha a se desvalorizar por um momento de instabilidade econômica ou por uma crise financeira, este bem nunca vai deixar de ser seu. O imóvel não pode ser congelado como a caderneta de poupança. Também não tem o seu valor reduzido à pó, como os contratos de opções que possuem prazo de validade, ou como as ações, cujas empresas podem ir à falência. Dentre todos os tipos de investimento, sem sombra de dúvida, o investimento imobiliário é o que possui, historicamente, a maior estabilidade.

Investir em imóveis é obter uma fonte de renda em potencial. Um imóvel bem escolhido é uma fonte de renda vitalícia. Além da possibilidade de revenda do imóvel a um preço superior ao valor pago para adquiri-lo, há a possibilidade de remuneração mensal através de seu aluguel. Um imóvel bem escolhido mantém o seu valor de mercado e muitas vezes valoriza-se mais do que a rentabilidade de outros tipos de investimentos mais conservadores.

O investimento em imóveis representa uma oportunidade de diversificação para o investidor, pois a rentabilidade está relacionada ao mercado imobiliário. A rentabilidade precisa ser garantida com boas aquisições de imóveis, principalmente em prédios que possam ser locados ou arrendados. A locação pode ser por instituição privada, mas também por órgão publico, inclusive o Regime Próprio. É possível, assim, haver investimento em imóvel pelos Fundos de Previdência até vinte e cinco por cento do seu montante, inclusive locado o bem ou os bens para o Município, conforme a Resolução do Conselho monetário Nacional nº 3.922, de 25.11.2010, arts. 9º e 14.

A solvência, em finanças e em contabilidade, é o estado do devedor que possui seu ativo maior do que o passivo, ou a sua capacidade de cumprir os compromissos com os recursos que constituem seu patrimônio ou seu ativo. Desse modo, do ponto de vista econômico, uma aplicação é solvente quando está em condições de fazer frente a suas obrigações correntes e ainda apresentar uma situação patrimonial e uma expectativa de lucros que garantam sua sobrevivência no futuro. O cálculo atuarial serve para as metas serem definidas afim de que seja mantido o equilibrar financeiro através de repasse complementares se necessário.

Aplicação de recursos financeiros dos Fundos dos Regime Próprios uma certa coerência entre a natureza dos investimentos e a origem dos recursos financeiros. A prudência e a lógica tem incentivado que os investimentos de longo prazo sejam financiados por consisti nos capitais permanentes ou seja, capital + reservas + obrigações de médio e longo prazo. Uma dívida de curto prazo deve financiar um bem imobilizado. Os capitais permanentes não só devem financiar o ativo fixo, mas também uma parte do ativo circulante. A parte do ativo circulante financiada com capitais permanentes constitui o chamado capital de giro. O excesso de capital permanente sobre o ativo fixo, que é o capital de giro, constitui uma margem de garantia ou de segurança solvência financeira, que permite compensar os desajustes entre os fluxos financeiros de entrada e saída provocados pelo ciclo operacional.

A liquidez vem a ser um dos principais obstáculos do investimento em imóveis. Porém, a liquidez pode variar bastante, embora seja considerada uma alternativa atraente para muitos investidores, principalmente levando em conta a segurança que proporciona, a aplicação em imóveis traz também desvantagem: baixa liquidez. Ao contrário de fundos de investimentos ou de ações, a possibilidade de se vender um imóvel no curtíssimo prazo é remota. Isso faz com que o investidor em imóveis deva adotar uma postura de médio e de longo prazo. A recomendação para todo o aplicador que resolve investir em ativos de menor liquidez. Com uma perspectiva mais longa, o risco de não encontrar um comprador nas condições adequadas de preço acaba caindo. Assim, a liquidez varia. Não se pode considerar que existe liquidez uniforme para o mercado imobiliário. Alguns imóveis são mais líquidos que outros, ou seja, são transformados em dinheiro vivo com maior facilidade.

Quando o assunto é investimento, a liquidez desempenha um papel mais que importante. E não é só na hora de vender seu imóvel. Uma propriedade que é facilmente vendida também é facilmente alugada. O que minimiza esse risco, no caso específico de Município, é um projeto que demonstre o potencial de crescimento da área do imóvel, o potencial de desenvolvimento, sobretudo de englobando em meio comercial e do planejamento estratégico municipal, o que permite maior facilidade de venda do imóvel caso necessidade ou os fundos com a locação não corresponda às necessidades do Fundo do Regime Próprio.

8.10. Anbima, CPA-10 e CPA-20

A *ANBIMA* (Associação Brasileira das Entidades dos Mercados Financeiro e de Capitais) representa as instituições do mercado de capitais brasileiro, reunindo o maior número de protagonistas do setor para uma atuação coesa junto ao governo, ao próprio mercado e à sociedade. A instituição tem por objetivo fortalecer os segmentos que representamos, para apoiar a evolução de um mercado de capitais capaz de financiar o desenvolvimento econômico e social do país e influenciar o mercado global. A ANBIMA, para ser uma instituição cada vez mais forte, precisou assumir quatro compromissos com o mercado, investidores e o país: a) representação; b) autorregulação; c) informação; d) educação.

O objetivo das iniciativas de Educação da ANBIMA é oferecer aos atuais e potenciais investidores informações adequadas, didáticas e de fácil acesso para que eles possam tomar decisões maduras e conscientes de investimento. Além disso, a associação também apoia as iniciativas cujo intuito seja o de fomentar a educação financeira no país, ajudando os brasileiros a adquirir conhecimentos que os ajudem a lidar com suas finanças. Para guiar a nossa atuação nos próximos anos na construção de uma entidade cada vez mais forte que representa instituições igualmente fortes, elegeu-se cinco prioridades estratégicas. São estes: a) desenvolver o mercado de títulos privados e ações no Brasil; b) promover o aperfeiçoamento tributário nos mercados financeiros e de capitais; c) estimular a transformação do mercado com maior foco na distribuição; d) incentivar a educação financeira do investidor; e) fortalecer a representação e a coordenação dos interesses dos associados.

A ANBIMA determina as normas éticas e os padrões de conduta básicos que devem ser observados na condução de suas atividades profissionais e no relacionamento com clientes e agentes do mercado. Seus associados entendem que conduzir seus negócios de acordo com padrões éticos é de suma importância, daí influenciando o mercado como um todo. Por isso, o Conselho de Ética da ANBIMA instituiu o Código de Ética que deve ser observado e cumprido por todos os associados na condução de seus negócios nos mercados financeiros e de capitais.

A CPA-10 se destina a certificar profissionais das instituições participantes que desempenham atividades de comercialização e distribuição de produtos de investimento diretamente junto ao público investidor, inclusive em agências bancárias ou Plataformas de Atendimento. O profissional vinculado à instituição participante pode se inscrever diretamente para a CPA-10. Também pode se inscrever o estudante ou profissional sem vínculo com instituição fiscalizada pelo Banco Central (Bacen) ou pela Comissão de Valores Mobiliários (CVM). Não existe pré-requisito quanto à formação acadêmica. É necessário que os gestores do Regime Próprio (RPPS) tenham, no mínimo, o CPA-10.

A Necessidade de atualização foi instituída com a entrada em vigor do novo Código de Regulação e Melhores Práticas para o Programa de Certificação Continuada, em janeiro de 2008, e deve ser observada por todos os profissionais já certificados na CPA-10, de acordo com as seguintes regras: a) cinco anos a partir da data de obtenção da aprovação (data de realização do exame) se mantiver vínculo empregatício com instituições participantes; b) três anos a partir da data de obtenção da aprovação se não possuir vínculo com instituições participantes; c) se o profissional perder o vínculo empregatício com uma instituição participante (*status* sem vínculo no site), deve atualizar sua certificação em três anos desta perda, respeitando o prazo máximo de cinco anos a partir da obtenção da aprovação.

São dois os instrumentos destinados à atualização: a) participação em Programas de Treinamento, oferecidos ou validados ela Instituição Participantes, com este propósito específico; b) realização de Exame de Atualização. O profissional que, na data da certificação ou atualização da CPA-20/CEA possuir CPA-10 ainda válida, terá sua certificação CPA-10 atualizada automaticamente, passando a nova data de vencimento da sua certificação a data de vencimento da CPA-20 / CEA.

A CPA-20 se destina a certificar Profissionais das Instituições Participantes que desempenham atividades de comercialização e distribuição de produtos de investimento diretamente junto a investidores qualificados, bem como para os segmentos *private*, *corporate* e investidores institucionais, que atendam em agências bancárias ou Plataformas de Atendimento. Caso a instituição seja aderente ao Código de Regulação e Melhores Práticas para Fundos de

Investimentos, os profissionais que atuem em centrais de atendimento devem possuir, obrigatoriamente, a CPA-20.

Segundo a Instrução CVM nº 409, de 18.08.2004, em seu artigo 109, o conceito de Investidor Qualificado abrange: a) instituições financeiras; b) companhias seguradoras e sociedades de capitalização; c) entidades abertas e fechadas de previdência complementar; d) pessoas físicas ou jurídicas que possuam investimentos financeiros em valor superior a trezentos mil reais e que atestem por escrito sua condição de investidor qualificado; e) fundos de investimento destinados exclusivamente a investidores qualificados; f) administradores de carteira e consultores de valores mobiliários autorizados pela CVM. Com a Instrução nº 450, de 30.03.2007, passaram a ser considerados investidores qualificados os regimes próprios de previdência social instituídos pela União, pelos Estados, pelo Distrito Federal ou por Municípios.

O Profissional que obtiver a CPA-20 deve se submeter a atualização de sua certificação de acordo com as seguintes regras: a) cinco anos a partir da data de obtenção da aprovação (data de realização do exame) se mantiver vínculo empregatício com instituições participantes; b) três anos a partir da data de obtenção da aprovação se não possuir vínculo com instituições participantes; c) se o profissional perder o vínculo empregatício com uma instituição participante (*status* sem vínculo no site), deve atualizar sua certificação em três anos desta perda, respeitando o prazo máximo de cinco anos a partir da obtenção da aprovação.

São dois os instrumentos destinados à atualização: a) participação em programas de treinamento, oferecidos ou validados ela instituição participantes, com este propósito específico; b) realização de Exame de Atualização. Os profissionais de *Middle Market* devem seguir as regras de acordo com a certificação obtida, ou seja, quem é certificado pela CPA-20 deve seguir as regras de atualização da CPA-20, o mesmo aplica-se a profissionais certificados pela CPA-10. O profissional que, na data da certificação ou atualização da CPA-20 possuir CPA-10 ainda válida, deve ter sua certificação CPA-10 atualizada automaticamente, passando a nova data de vencimento da sua certificação a data de vencimento da CPA-20.

BIBLIOGRAFIA

ACQUAVIVA, Marcus Cláudio. *Dicionário Jurídico Brasileiro Acquaviva*. São Paulo: Jurídica Brasileira, 1993.

ADORNO, Theodor e HORKHEIMER, Max. *Dialética do Esclarecimento*. Rio de Janeiro: Jorge Zahar Editor, 1985.

AGOSTINHO, Theodoro Vicente / SALVADOR, Sérgio Henrique. Desaposentação – Aspectos Teóricos e Práticos. 1ª ed. São Paulo: Ltr, 2012, pp. 38-9.

BANDEIRA DE MELLO, Oswaldo Aranha. *Princípios Gerais de Direito Administrativo*. 2ª ed. Rio de Janeiro: Forense, 1979, vol. I.

BANDEIRA DE MELLO, Celso Antônio. *Curso de Direito Administrativo*. 25ª ed. São Paulo: Malheiros, 2008.

BASTOS, Celso Ribeiro. Art. 201. *In*: BASTOS, Celso Ribeiro, e MARTINS, Yves Gandra. *Comentários à Constituição do Brasil*. São Paulo: Saraiva, 1998.

BEVERIDGE, William Henry. ANDRADE, Almir (trad.). *Plano Beveridge*. Rio de Janeiro: José Olympio, 1942.

BOBBIO, Noberto. *O Futuro da Democracia*: uma defesa das regras do jogo. 3ª ed. Rio de Janeiro: Paz e Terra, 1987.

BONAVIDES, Paulo. *Curso de Direito Constitucional*. 9ª ed. São Paulo: Malheiros Editores, 2000.

BRONOWSKI, J. e MAZLISH, Bruce. *A Tradição Intelectual do Ocidente*. Lisboa: Edições 70, s/d.

BRIGUET, Magadar Rosária Costa, VICTORINO, Maria Cristina Lopes, e HORVATH JÚNIOR, Miguel. *Previdência Social*: aspectos práticos e doutrinários dos regimes jurídicos próprios. São Paulo: Atlas, 2007.

BOTTOMORE, Tom. Marxismo e Sociologia. *In*: BOTTOMORE, Tom e NISBET, Robert (orgs.). *História da Análise Sociológica*. Rio de Janeiro: Zahar Editores, 1980.

BURNS, Edward Mchall, LERNER, Robert E., e MEACHAM, Standish. *História da Civilização Ocidental: Do Homem das Cavernas a Naves Espaciais*. 30ª ed. Rio de Janeiro: Editora Globo, 1989, vol. II.

CAMPOS, Marcelo Barroso Lima Brito de. *Regime Próprio de Previdência Social dos Servidores Públicos*. 2ª ed. Curitiba: Juruá, 2010.

CANOTILHO, J. J. Gomes. *Direito Constitucional*. Coimbra: Almedina, 1991.

CARNEIRO, Daniel Zanetti Marques. *Custeio da Seguridade Social*: aspectos constitucionais e contribuições específicas. São Paulo: Atlas, 2010.

CHASIN, J. Marx e a Revolução Alemã de 1848. *In*: *Nova Escrita/Ensaio*. São Paulo: Escrita, 1982, nº 10.

CORREIA, Marcus Orione Gonçalves, e CORREIRA, Érica Paula Barcha. *Curso de Direito da Seguridade Social*. São Paulo: Saraiva, 2007.

COSTA, Nelson Nery. *Ciência Política*. 2ª ed. Rio de Janeiro: Forense, 2006.

__________. *Constituição Federal Anotada e Explicada*. 4ª ed. Rio de Janeiro: Forense, 2009.

__________. *Direito Municipal Brasileiro*. 4ª ed. Rio de Janeiro: Forense, 2010.

__________. *Teoria e Realidade da Desobediência Civil*. 2ª ed. Rio de Janeiro: Forense, 2000.

CORDEIRO FILHO, Antonio. *Cálculo Atuarial Aplicado*: teoria e aplicações: exercícios resolvidos e propostos. São Paulo: Atlas, 2009.

CLEMENTE, Richard. V. Investimento. *In*: SILVA, Benedicto da (coord.). *Dicionário de Ciências Sociais*. 2ª ed. Rio de Janeiro: Fundação Getúlio Vargas, 1987.

CRETELLA JÚNIOR, José. *Comentários à Constituição Brasileira de 1988*. Rio de Janeiro: Forense Universitária, 1993, vol. 8.

__________. *Curso de Direito Administrativo*: de acordo com a constituição vigente. 18ª ed. Rio de Janeiro: Forense, 2003.

CRUZ, José Raimundo Gomes. Esquemas de Direito Privado no Mundo Administrativo. *In*: *Revista de Direito Civil*: imobiliário, agrário e empresarial. São Paulo: Revista dos Tribunais, 1983, nº 26.

CUSTÓDIO, A. J. Ferreira. Eficácia das Decisões dos Tribunais de Contas. *In*: Revista de Direito Administrativo. Rio de Janeiro: Renovar, Fundação Getúlio Vargas, jul/set de 1991, nº 185.

DE PLÁCIDO E SILVA. *Vocabulário Jurídico*. 24ª ed. Rio de Janeiro: Forense, 2004.

DERZI, Misabel de Abreu Machado. A Sobrevivência do Direito Privado e do Direito Público. *In*: *Revista de Direito Público*. São Paulo: Revista dos Tribunais, 1982, nº 62.

Dicionário Enciclopédico Brasileiro Ilustrado. Rio de Janeiro: Editora Globo, 1953, vol. II.

DIAS, Eduardo Rocha, e MACÊDO, José Eduardo Monteiro de. *Curso de Direito Previdenciário*. 2ª ed. São Paulo: Método, 2010.

DINIZ, Paulo de Matos Ferreira. *Reforma da Previdência na Vida do Servidor Público Civil da União* (Coletânea Administração Pública). Brasília: Brasília Jurídica, vol. 5, 1999.

PAIXÃO, Floriceno. *A Previdência Social em Perguntas e Respostas*. 36ª ed. Porto Alegre: Síntese, 1999.

Grande Enciclopédia Larousse Cultural. São Paulo: Nova Cultural, 1998, vols. IV, XII, XVI e XXIII.

FELIPE, Jorge Franklin Alves. *Teoria e Prática do Direito Previdenciário*. 13ª ed. Belo Horizonte: Del Rey, 2010.

FERREIRA FILHO, Manoel Gonçalves. *Comentários à Constituição Brasileira de 1988*. São Paulo: Saraiva, 1995, vol. 4.

FRANÇA, Rubens Limongi. Direito Privado. *In*: *Revista de Direito Civil*: imobiliário, agrário e empresarial. São Paulo: Revista dos Tribunais, 1980, nº 11.

GUALAZZI, Eduardo Lobo Botelho. *Regime Jurídico dos Tribunais de Contas*. São Paulo: Revista dos Tribunais, 1992.

GARCÍA-PELAYO, Manuel. *Las Transformaciones del Estado Contemporáneo*. 3ª ed. Madrid: Alianza Editorial, 1982.

GARCÍA DE ENTERRÍA, Eduardo, e FERNÁNDEZ, Tomás-Ramon. *Curso de Direito Administrativo*. São Paulo: Revista dos Tribunais, 1990.

HARDING, Walter. *The Days of Henry Thoreau:* a biography. New York: Dover Publications, 1982.

HELD, David. Escola de Frankfurt. *In:* BOTTOMORE, Tom (ed.). *Dicionário do Pensamento Marxista*. Rio de Janeiro: Jorge Zahar Editor, 1988.

__________. Marcuse, Herbert. *In:* BOTTOMORE, Tom (ed.). *Dicionário do Pensamento Marxista*. Rio de Janeiro: Jorge Zahar Editor, 1988.

HORTA, Raul Machado. Compensação Financeira entre o Regime Geral de Previdência Social e os Regimes de Previdência dos Servidores da União, dos Estados, do Distrito Federal e dos Municípios. *In: Revista da Procuradoria Geral do Estado de Minas Gerais*. Belo Horizonte: Del Rey, 1999.

HOBSBAWN, Eric J. Marx, Engels e o Socialismo Pré-Marxiano. *In:* HOBSBAWN, Eric J. (org.). *História do Marxismo:* o marxismo no tempo de Marx. Rio de Janeiro: Paz e Terra, 1983, vol. I.

HORVATH JÚNIOR, Miguel. *Direito Previdenciário.* 8ª ed. São Paulo: Quartier Latin, 2010.

JONES, Gareth Stedman. Engels. *In:* BOTTOMORE, Tom (ed.). *Dicionário do Pensamento Marxista.* Rio de Janeiro: Jorge Zahar Editor, 1988.

JUSTEN FILHO, Marçal. *Curso de Direito Administrativo.* São Paulo: Atlas, 2005.

KOOGAN/HOUAISS. *Enciclopédia e Dicionário Ilustrado.* Rio de Janeiro: Delta, 1998.

KEMMERICH, Clóvis. Apresentação. *In:* KEMMERICH, Clóvis (org.). *Lei dos Planos de Benefícios da Previdência Social Anotada.* São Paulo: Saraiva, 2000.

KERTZMAN, Ivan. *Curso Prático de Direito Previdenciário.* 7ª ed. Salvador: *Jus Podium*, 2010.

KIERNAN, V. G. Lassalle. *In:* BOTTOMORE, Tom (ed.). *Dicionário do Pensamento Marxista.* Rio de Janeiro: Jorge Zahar Editor, 1988.

LEITE, Celso Barroso. Conceito de Seguridade Social. *In:* BALERA, Wagner (coord.). *Curso de Direito Previdenciário:* homenagem a Moacyr Velloso Cardoso de Oliveira. São Paulo: LTr, 1992.

MARTINS, Ives Gandra. Art. 195. *In:* BASTOS, Celso Ribeiro, e MARTINS, Ives Gandra. *Comentários à Constituição do Brasil.* São Paulo: Saraiva, 1998, vol. 8º.

MARTINS, Sergio Pinto. *Direito da Seguridade Social.* 29ª ed. São Paulo: Atlas, 2010.

MARX, Karl, e ENGELS, Friendrich. *Manifesto do Partido Comunista.* São Paulo: Global, 1988.

__________. *Revolución y Contrarrevolución.* México: Editoral Grijalbo, 1967.

__________. O 18 Brumário de Luís Bonaparte. *In:* Os Pensadores: Marx. 2ª ed. São Paulo: Abril Cultural, 1978.

MEDAUAR, Odete. *Controle da Administração Pública.* São Paulo: Revista dos Tribunais, 1993.

__________. *Direito Administrativo Moderno.* 13ª ed. São Paulo: Revista dos Tribunais, 2009.

MEIRELLES, Hely Lopes. *Direito Administrativo Brasileiro.* 34ª ed. São Paulo: Malheiros, 2008.

__________. *Direito Municipal Brasileiro*. 15ª ed. São Paulo: Malheiros, 2006.

MENTE, Paulo. A Previdência Privada Fechada. *In*: BALERA, Wagner (coord.). *Curso de Direito Previdenciário*: homenagem a Moacyr Velloso Cardoso de Oliveira. São Paulo: LTr, 1992.

MODESTO, Paulo. A Reforma da Previdência e as peculiaridades do regime previdenciário dos agentes públicos. *In: Revista Brasileiro de Direito Público (RBDP)*. Belo Horizonte: Fórum, 2003.

MORAES, Vinicius de. Poética (I). *In*: Livro de Sonetos. 15ª reimpressão. São Paulo: Companhia das Letras, 2001.

OLIVEIRA, Antonio Carlos. Os Benefícios. *In*: BALERA, Wagner (coord.). *Curso de Direito Previdenciário*: homenagem a Moacyr Velloso Cardoso de Oliveira. São Paulo: LTr, 1992.

OLIVEIRA, Moacyr Velloso Cardoso de. *Previdência Social*. Rio de Janeiro: Forense Universitária, 1987.

OMMATI, Fides Angélica. *Manual Elementar de Direito Previdenciário*. Rio de Janeiro: Forense, 1978.

OSTERGAARD, G. Bakunin. *In*: BOTTOMORE, Tom (ed.). *Dicionário do Pensamento Marxista*. Rio de Janeiro: Jorge Zahar Editor, 1988.

PEREIRA, Cláudia Fernanda de Oliveira. *Reforma da Previdência*. Brasília: Brasília Jurídica, 1999.

PESSANHA, José Américo Motta. Vida e Obra. *In*: *Os Pensadores:* Jeremy Bentham/ John Stuart Mill. 2ª ed. São Paulo: Abril Cultural, 1979.

PINTO FERREIRA. *Comentários à Constituição Brasileira*. São Paulo: Saraiva, 1989, vol 3º e 4º.

PLAMENATZ, J. P. Utilitarismo (Utilitarianism). In: SILVA, Benedicto (coord.). Dicionário de Ciências Sociais. 2ª ed. Rio de Janeiro: Fundação Getúlio Vargas, 1987.

POGGI, Giafranco. *A Evolução do Estado Moderno*. Rio de Janeiro: Zahar, 1981.

REED, John. *10 Dias que Abalaram o Mundo*. 7ª ed. São Paulo: Global, 1978.

REGONINI, Gloria. Estado do Bem-estar. *In*: BOBBIO, Noberto, MATTEUCCI, Nicola, e PASQUINO, Gianfranco. *Dicionário de Política*. 13ª ed. Brasília: Universidade de Brasília, 2007, vol. 1.

REIS, Ernesto José Pereira dos. Previdência Privada Aberta. *In*: BALERA, Wagner (coord.). *Curso de Direito Previdenciário*: homenagem a Moacyr Velloso Cardoso de Oliveira. São Paulo: LTr, 1992.

REX, John. Benjamin, Walter. *In:* BOTTOMORE, Tom (ed.). *Dicionário do Pensamento Marxista*. Rio de Janeiro: Jorge Zahar Editor, 1988.

__________. Bloch, Ernst. *In:* BOTTOMORE, Tom (ed.). *Dicionário do Pensamento Marxista*. Rio de Janeiro: Jorge Zahar Editor, 1988.

RUFFIA, Paolo Biscaretti di. *Direito Constitucional*: instituições de direito público. São Paulo: Revista dos Tribunais, 1984.

RUSSOMANO, Rosah. *Curso de Direito Constitucional*. 3ª ed. Rio de Janeiro: Livraria Freitas Bastos, 1978.

SANDRONI, Paulo. *Dicionário de Economia do Século XXI*. Rio de Janeiro: Record, 2005.

SAVELLE, Max (coord.). *História da Civilização Mundial:* o mundo em que vivemos. Belo Horizonte: Villa Rica, 1990, vol. 4.

__________. *História da Civilização Mundial:* os tempos modernos. Belo Horizonte: Villa Rica, 1990, vol. 3.

SILVA, Delúbio Gomes Pereira. *Regime de Previdência Social dos Servidores Público no Brasil*: perspectiva. São Paulo: Ltr, 2003.

SILVA, Neil Ribeiro da. Prefácio. *In: A Democracia na América*. 4ª ed. Belo Horizonte: EDUSP Itatiaia, 1998.

SOARES, José Eduardo. *Contribuições Sociais no Sistema Tributário*. 2ª ed. São Paulo: Malheiros, 1996.

TAVARES, Marcelo Leonardo. *Direito Previdenciário*: regime geral de previdência social e regras constitucionais dos regimes próprios de previdência social. 12ª ed. Niterói: Impetus, 2010.

TEIXEIRA, Flávio Germano de Sena. *O Controle das Aposentadorias pelos Tribunais de Contas*. Belo Horizonte: Fóruns, 2004.

The Declaration of Independence/The Constitution of The United States of America. USA: *United States Information Agency*, s/d.

TOCQUEVILLE, Aléxis de. *A Democracia na América*. 4ª ed. Belo Horizonte: EDUSP Itatiaia, 1998.

TSUTIYA, Augusto Massayuki. *Curso de Direito da Seguridade Social*. São Paulo: Saraiva, 2007.

VELHO, Otávio Guilherme. Fato Social. *In:* SILVA, Benedicto (coord.). *Dicionário de Ciências Sociais*. 2ª ed. Rio de Janeiro: Fundação Getúlio Vargas, 1987.

WEBER, Max. *Economia e Sociedade*. Brasília: Universidade de Brasília, 1994, vol. 1.

WILSON, Edmund. *Rumo à Estação Finlândia:* São Paulo: Companhia das Letras, 1986.

Universo: a enciclopédia para todos. São Paulo: Delta/Editora Três, 1973, vol. VI.